Excel im Unternehmen

Zeit und Kosten sparen mit professionellen Lösungen aus der Praxis

Haufe Mediengruppe

Freiburg • Berlin • München

Bibliografische Information Der Deutschen Bibliothek
Die Deutsche Bibliothek verzeichnet diese Publikation in der
Deutschen Nationalbibliografie; detaillierte bibliografische Daten
sind im Internet über http://dnb.ddb.de abrufbar.

ISBN: 978-3-8092-2084-8 Mat.-Nr. 01598-0004

Excel im Unternehmen
© Haufe-Lexware GmbH & Co. KG

Haufe-Lexware GmbH & Co. KG
Munzinger Straße 9
D-79111 Freiburg

Kommanditgesellschaft, Sitz Freiburg
Registergericht Freiburg, HRA 4408
Komplementäre: Haufe-Lexware Verwaltungs GmbH, Sitz Freiburg, Registergericht Freiburg, HRB 5557
Martin Laqua

Geschäftsführung: Jörg Frey, Matthias Mühe, Markus Reithwiesner, Andreas Steffen
Beiratsvorsitzende: Andrea Haufe

Steuernummer: 06392/11008
Umsatzsteuer-Identifikationsnummer: DE 812398835

Redaktion: Dipl.-Physiker Volker Jung (verantwortlich i.S.d.P.), Sabine Wißler (Redaktionsassistentin)
Anschrift der Redaktion: Postfach 100121, 79120 Freiburg, Tel. 0761/898-3139, Fax: 0761/898-3919
E-Mail: computer@redmark.de, Internet: http://www.redmark.de/excel
Druck: Himmer AG, 86167 Augsburg

Dieses Buch und alle darin enthaltenen Beiträge und Abbildungen sind urheberrechtlich geschützt. Jede Verwertung, die nicht ausdrücklich vom Urheberrechtsgesetz zugelassen ist, bedarf der vorherigen Zustimmung des Verlags. Das gilt insbesondere für Vervielfältigungen, Bearbeitungen, Übersetzungen, Mikroverfilmung und für die Einspeicherung in elektronische Systeme.

Wir weisen darauf hin, dass die verwendeten Bezeichnungen und Markennamen der jeweiligen Firmen im Allgemeinen warenzeichen-, marken- oder patentrechtlichem Schutz unterliegen. Die im Werk gemachten Angaben erfolgen nach bestem Wissen, jedoch ohne Gewähr. Für mögliche Schäden, die im Zusammenhang mit den Angaben im Buch stehen könnten, wird keine Gewährleistung übernommen.

Vorwort

*Der Mensch hat dreierlei Wege, klug zu handeln:
erstens durch Nachdenken, das ist der edelste;
zweitens durch Nachahmen, das ist der leichteste;
drittens durch Erfahrung, das ist der bitterste.*

KONFUZIUS
Chinesischer Philosoph
551–479 v. Chr.

Excel ist bei vielen betrieblichen Problemstellungen das Werkzeug der ersten Wahl. Gerade in kleinen und mittelständischen Unternehmen werden Probleme wie Preiskalkulation, Arbeitszeiterfassung oder Liquiditätsplanung bevorzugt mit Excel gelöst.

Häufig stecken die Probleme dabei jedoch im Detail, sodass sich die Erstellung einer Excel-Lösung extrem in die Länge ziehen kann und aus Minuten leicht „bittere" Stunden oder gar Tage werden. Dabei sind es oft nur Kleinigkeiten oder passende Mustervorlagen, die den Umgang mit Excel im betrieblichen Alltag schnell erleichtern.

Dieses Buch verfolgt daher den zweiten Weg des Zitats und wird Ihnen durch „Nachahmen" das Arbeiten mit Excel leichter machen. Dafür sorgen die vielen Musterlösungen und Beispieldateien zu den einzelnen Bereichen der betrieblichen Praxis, die wir für Sie auf der CD zu diesem Buch unter der Rubrik **Excel-Lösungen** zusammengestellt haben.

Über Budgetkontrolle, ABC-Analyse, Projektkalkulation bis hin zu Risikomanagement und Rating nach Basel II finden Sie hier für jeden betrieblichen Bereich Mustervorlagen mit begleitenden Fachinformationen, die Sie schnell einsetzen und Ihren eigenen Bedürfnissen anpassen können.

Darüber hinaus geben wir Ihnen in den einführenden Kapiteln wertvolle Tipps, Formeln & Funktionen sowie Praxisbeispiele, wie Sie mit Excel fehlerfrei kaufmännische Berechnungen durchführen sowie Geschäftsdaten auswerten und professionelle Präsentationen erstellen.

Alle wichtigen betrieblichen Funktionen finden Sie außerdem auf der CD unter dem Reiter **Formeln & Funktionen** anhand von Praxisbeispielen anschaulich erklärt.

Programmierung mit der Makrosprache Visual Basic für Applikationen (VBA) ist kein Zauberwerk und auch für Nicht-Programmierer erlernbar. Die Techniken der Makroprogrammierung lassen sich am besten mit Beispielen aus der Praxis einüben und nachvollziehen. In der VBA-Beispiel-Datenbank und der UserForm-Toolbox finden Sie daher über 100 fertige professionelle Lösungen, die Sie Zeit sparend in Ihrer täglichen Arbeit einsetzen können.

Ich wünsche Ihnen mit dieser Fülle an Ideen und Lösungen zum „Nachahmen" eine erfolgreiche und qualitativ hochwertige Arbeit mit Excel in Ihrem Unternehmen.

Volker Jung
Chefredakteur

PS: Weitere aktuelle Tipps & Tools finden Sie unter **www.redmark.de/excel**. Wie Sie diesen exklusiven Service freischalten können, erfahren Sie auf der nächsten Seite.

CD mit allen Musterlösungen und Funktionen

Alle **Musterlösungen** finden Sie auf der CD in der gleichnamigen Rubrik unter **Excel-Lösungen**. Darüber hinaus haben wir für Sie die wichtigsten betrieblichen Funktionen im Reiter **Formeln & Funktionen** zusammengestellt (s. Abb. 1).

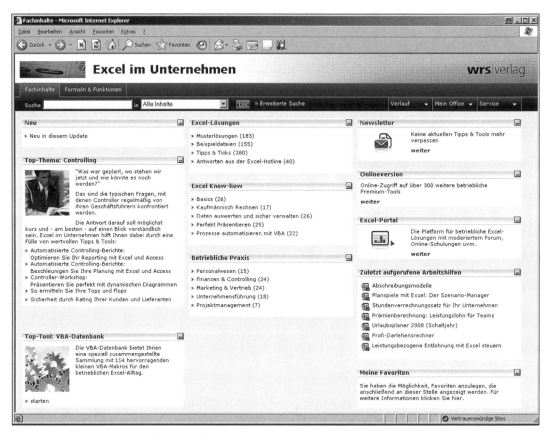

Abb. 1: Startseite der CD von Excel im Unternehmen

Suche

Mit der **Suche** links oben können Sie nach allen Inhalten im **Volltext** suchen. Einfach Ihren gesuchten Begriff eingeben und mit **Enter** bestätigen. In der erscheinenden Übersicht können Sie bequem in allen Fundstellen recherchieren.

Onlineversion

In der Onlineversion von Excel im Unternehmen haben Sie Zugriff auf über 300 weitere Premium-Tools. Einfach auf der CD unter Onlineversion den Link anklicken oder anmelden unter **www.redmark.de/excel** und in der gelben Leiste **Meine Online-Abonnements** starten (s. Abb.2).

Newsletter

Der WRS **Newsletter** Excel im Unternehmen bietet Ihnen regelmäßig Neuigkeiten sowie wertvolle Tipps und fertige Musterlösungen rund um Excel. Im Vordergrund stehen dabei Excel-Lösungen zu betrieblichen Problemstellungen. Diesen **Newsletter** können Sie entweder direkt unter **www.redmark.de/excel** oder auf der CD unter der Rubrik **Newsletter** freischalten.

Excel-Portal für betriebliche Excel-Lösungen

Zusätzlich zu Ihrem Praxisratgeber haben Sie im Rahmen Ihres Abonnements vollen Zugriff auf das Excel-Portal für betriebliche Excel-Lösungen unter **www.redmark.de/excel**.

Abb. 2: Startseite des Excel-Portals für betriebliche Excel-Lösungen unter www.redmark.de/excel

Ihre Vorteile:

- **Mobiler Zugriff** auf die Onlineversion mit über 300 weiteren Premium-Tools
- **Sofort-Hilfe** durch das von unserem Experten Bernd Held moderierte Forum
- **Zugriff** auf das Artikel- und Heftarchiv mit allen Fachartikeln und Musterlösungen
- **Regelmäßige Online-Schulungen** zu betrieblichen Excel-Themen
- **Aktuelle Top-Themen** mit speziell aufbereiteten Fachbeiträgen und Musterlösungen
- **Newsletter** mit Antworten unseres Experten Bernd Held zu aktuellen Leseranfragen

Um alle Vorteile dieses Excel-Portals nutzen zu können, ist es erforderlich, dass Sie sich wie gewohnt mit Ihrer E-Mail-Adresse und ihrem persönlichen Passwort anmelden.

Über die gelbe Leiste **Meine Online-Abonnements** haben Sie darauf hin vollen Zugriff auf die Onlineversion sowie auf das Artikelarchiv von Excel im Unternehmen.

Autorenverzeichnis

Reinhard Bleiber ist Diplom-Kaufmann und trägt seit Jahren in der Geschäftsleitung mittelständischer Produktionsunternehmen die kaufmännische Gesamtverantwortung. Der Schwerpunkt seiner Tätigkeit liegt im Controlling und in der Informationsverarbeitung. Nebenberuflich ist er als Fachautor und Dozent für alle betriebswirtschaftlichen Bereiche tätig.

Hartmut Erb ist Dipl. Betriebswirt (FH) und arbeitete über 18 Jahren im Controlling. Durch seine Tätigkeiten als Leiter Controlling von mehreren mittelständischen Unternehmen kennt er den Alltag eines Controllers sehr genau. Seine Erfahrungen gibt er in mehreren Veröffentlichungen und Seminaren weiter. Darüber hinaus ist er seit über 10 Jahren tätig als selbstständiger Unternehmensberater. Seine Schwerpunkte liegen bei der Einführung von Controlling-Lösungen bis hin zu OLAP-Datenbanken und Data Warehousing.

Jörgen Erichsen ist Diplom-Betriebswirt mit Schwerpunkt Controlling und Datenverarbeitung. Langjährige Tätigkeiten als Controller, Leiter Finanzen und Projektmanager in der Forschung und Entwicklung in mehreren Industrieunternehmen, u. a. Johnson & Johnson, Siemens-Nixdorf und Deutsche Telekom. Gründer und Partner der International Knowledge Management Research GmbH. Er ist langjähriger Autor für die Haufe Verlagsgruppe. Als Dozent an der Berufsakademie Mosbach lehrt er u. a. Standortpolitik und Kosten- und Leistungsrechnung.

Dr. Karsten Füser ist Partner der Ernst & Young AG Wirtschaftsprüfungsgesellschaft, Stuttgart. Er leitet die Grundsatzabteilung „Intelligente Informationstechnologie", die sich vornehmlich mit der Entwicklung von innovativen Risikomanagement-, Prüfungs- und Beratungsprodukten beschäftigt. Für zahlreiche Banken hat Dr. Füser Systeme zur Kreditwürdigkeitsprüfung entwickelt oder deren Entwicklung begleitet. Innerhalb der Grundsatzabteilung von Ernst & Young verantwortet Dr. Füser Themen wie „Scoring/Rating", „Basel II" und „MaK". **Dr. Mirjam Heidusch** ist Assistentin in der Grundsatzabteilung „Intelligente Informationstechnologie" der Ernst & Young AG Wirtschaftsprüfungsgesellschaft, Stuttgart. Sie beschäftigt sich vornehmlich mit den Themen „Basel II" und „Scoring/Rating".

Bernd Held ist gelernter Informatiker und arbeitete jahrelang im Controlling und in der Anwendungsentwicklung, bevor er sich Anfang 2002 selbstständig gemacht hat. Er schreibt Computerartikel und verfasst Computerbücher, führt Software-Schulungen durch und programmiert im Auftrag von Kunden. Sein Spezialgebiet ist das komplette Office-Paket. Seit acht Jahren ist Herr Held als MVP (Most Valuable Professional) von der Firma Microsoft für den Bereich Microsoft Excel ausgezeichnet.

Michael Kiermeier ist Wirtschaftsinformatiker und seit 1992 freiberuflich als Unternehmensberater tätig. Neben insgesamt 16 Fachbüchern zu unterschiedlichen Themenbereichen liefert er seit dieser Zeit regelmäßig Beiträge zu zahlreichen Werken der Haufe Mediengruppe. Sein Tätigkeitsschwerpunkt liegt derzeit in der Durchführung von Betriebsberatungen und Seminaren, schwerpunktmäßig zu Themen der Betriebsorganisation und Betriebswirtschaft.

Autorenverzeichnis

Isolde Kommer ist seit 1991 selbstständige Grafikerin und arbeitete zunächst als Freelancerin im Print-Bereich. In der Zwischenzeit ist sie vor allem als Gestalterin von Fachbüchern, Zeitschriften und Webseiten tätig. Diese Erfahrung hat sie bereits in verschiedenen Fachbüchern und -artikeln weitergegeben. Aus der täglichen Praxis weiß sie, welche Themen bei der kreativen Arbeit und bei der Weiterverarbeitung wichtig sind.

Susanne Kowalski verfügt über eine langjährige Berufserfahrung im Controling. Ihre Fachkompetenz gibt sie jetzt seit zehn Jahren als Dozentin und Autorin weiter. Sie verfügt über Schulungserfahrungen im Rahmen der Erwachsenenbildung und aus Firmenseminaren. Als freie Autorin hat sie verschiedene Computer-Fachbücher sowie Artikel zu Themen der Datenverarbeitung und dem Rechnungswesen geschrieben. Darüber hinaus hat sie zahlreiche Musterlösungen und Software-Anwendungen entwickelt.

Reinhold Scheck ist Berater für den effizienten Einsatz von Standardsoftware, Entwickler von Lehr- und Lernkonzepten, Dozent für Spezialistenseminare sowie Autor mehrerer Fachbücher bzw. E-Learning-Modulen zu Microsoft Excel, Microsoft Word und Microsoft Project. In seine jetzigen freiberuflichen Tätigkeiten bringt er mehr als 25 Jahre Leitungserfahrung aus den Bereichen Pädagogik, Medizin, Softwareentwicklung und Softwareanwendung ein.

Ignatz Schels ist Technik-Informatiker und selbstständig als Referent, VBA-Programmierer und Consultant für Office-Automatisierung mit Schwerpunkt Excel und Access tätig. Als Autor hat er zahlreiche Fachbücher und Fachartikel veröffentlicht, seit 20 Jahren schreibt er für Haufe-Computerwerke. Seine Spezialität sind Tabellenmodelle im Themenbereich Controlling/Finanzen mit Excel-Funktionen, VBA-Lösungen und Datenimport aus externen Datenquellen.

Helma Spona ist Diplom-Kauffrau und arbeitet selbstständig in einer EDV-Beratung. Darüber hinaus schreibt sie Bücher und Fachbeiträge zu verschiedenen IT-Themen. In den letzten zehn Jahren sind dabei über 40 Bücher schwerpunktmäßig zur VBA-Programmierung in Excel, Word und Access, sowie zu allgemeinen Programmierthemen wie PHP, VB und .NET entstanden.

Dirk Umbach ist Diplom-Wirtschaftsingenieur und berät als selbstständiger Unternehmensberater kleine und mittelständische Unternehmen in betriebswirtschaftlichen Belangen und der effektiven Unterstützung durch Informationssysteme. In diesem Umfeld hat er verschiedene Praxislösungen und Softwaresysteme entwickelt. Seine Erfahrungen gibt er seit acht Jahren in zahlreichen Firmenseminaren weiter.

Inhaltsverzeichnis

Musterlösungen von A–Z   **14**

Funktionen von A–Z   **16**

I. Kaufmännisch Rechnen   19

Richtig rechnen   **20**
- 1   Einfache Formeln als Grundlage von Berechnungen   20
- 2   Absolute und relative Zellbezüge   23
- 3   Bedeutung und Einsatz von Funktionen   25
- 4   Mit Namen rechnen   29
- 5   Zusammenfassung – die wichtigsten Schritte für Ihre Berechnungen   31

Prozentrechnen   **32**
- 1   Anforderungen aus der Praxis   32
- 2   Berechnung von Prozentwert, Prozentsatz und Grundwert   32
- 3   Prozentrechnung vom vermehrten und verminderten Grundwert   35
- 4   Praxisbeispiel: Zuschlagskalkulation   36
- 5   Zusammenfassung: Die wichtigsten Formeln im Überblick   38

Zins- und Zinseszinsrechnung   **39**
- 1   Soll- und Habenzinsen im Griff   39
- 2   Berechnen von Zinsen   39
- 3   Die Funktion ZINSZ()   40
- 4   Effektivverzinsung   42
- 5   Zinseszinsrechnung   45
- 6   Regelmäßige Geldanlagen verzinsen   47
- 7   Barwert bei regelmäßigen Zahlungen   49
- 8   Einen Tilgungsplan erstellen   50
- 9   Monatliche Spareinlagen ausrechnen   51
- 10   Zusammenfassung: Die wichtigsten Formeln und Funktionen   52

Betriebliche Kennzahlen   **53**
- 1   Kennziffern für unterschiedliche betriebliche Bereiche   53
- 2   Rentabilitätskennzahlen   53
- 3   Liquiditätskennzahlen   54
- 4   Umschlagskennzahlen   55
- 5   Lagerkennzahlen   55
- 6   Der Cash Flow   55
- 7   Betriebswirtschaftliche Kennziffern als benutzerdefinierte Funktion   57
- 8   Zusammenfassung   60

Investitionsrechnung   **61**
- 1   Möglichkeiten und Wege   61
- 2   Statische Modelle   61
- 3   Dynamische Modelle   64
- 4   Zusammenfassung   68

Tipps und Tricks: Fehlerfrei Rechnen   **69**
- 1   Formeln analysieren mit der Formelauswertung   69
- 2   Fehler aufspüren mit dem Detektiv   70
- 3   Zirkelbezüge   71
- 4   Scheinfehler: Falsche Summenbildung   73
- 5   Ergebnisse werden nicht aktualisiert   73
- 6   Mit ISTFEHLER() weiterrechnen   74
- 7   Fehlertypen: Diese Fehler sollten Sie vermeiden   74
- 8   Zusammenfasung   75

Online: Leasing als alternative Finanzierungsform   **76**

II. Daten auswerten und sicher verwalten — 77

Betriebliche Daten auswerten und aufbereiten — 78
1. Möglichkeiten zum Auswerten von Informationen — 78
2. Datenfilter — 79
3. Teilergebnisse — 83
4. Gruppieren und Gliedern von Daten — 85
5. Zusammenfassung — 87

Geschäftsdaten analysieren mit Pivot-Tabellen — 88
1. So bewältigen Sie große Datenbestände — 88
2. Die Datenanalyse — 89
3. Berechnungen durchführen — 93
4. Pivot-Tabellen formatieren — 95
5. Die Funktion PIVOTDATENZUORDNEN() — 96
6. Interaktive Diagramme — 97
7. Zusammenfassung — 98

Excel-Datenbanken im Praxiseinsatz — 99
1. Datenbanken sind überall — 99
2. Praxisbeispiel: Artikelliste im Warenlager — 99
3. Aus Listen werden Datenbanken — 100
4. Navigieren in Listen — 103
5. Datenerfassung mit der Datenmaske — 104
6. Datenbank sortieren — 105
7. Die Liste in Office Excel 2003 — 106
8. Zusammenfassung: Datenbanken im Praxiseinsatz — 107

Schutz von sensiblen Geschäftsdaten — 108
1. Arbeitsmappen schützen — 108
2. Formeln in einem Controlling-Modell schützen — 109
3. Versteckte Kalkulation bei der Deckungsbeitragsrechnung — 111
4. Vertrauliche Daten als unveränderbare „Grafik" versenden — 112
5. Formeln durch Festwerte ersetzen — 113
6. Die Notbremse: Tabellenschutz aufheben — 113
7. Zusammenfassung — 113

Formeln & Funktionen: Betriebliche Aufgaben mit Datenbankfunktionen lösen — 114
1. Anforderungen aus der Praxis — 114
2. Grundlegendes zu den Datenbankfunktionen — 114
3. Praxisbeispiel: Umsatzauswertungen im Vertrieb — 116
4. Weitere Praxisbeispiele — 119
5. Zusammenfassung — 122

Online: Copyright-Schutz durch versteckte Zellbereichsnamen — 123

III. Perfekt Präsentieren — 125

Aus Zahlen werden Diagramme — 126
1. Die Diagrammfunktion in Excel — 126
2. Praxisbeispiel: Regionale Umsätze auswerten — 127
3. Monatliche Umsatzverteilung im Kreisdiagramm — 130
4. Umsatzprognose mit Trendreihe und Liniendiagramm — 132
5. Formatierung und Diagrammoptionen — 133
6. Umsatzentwicklung berichten mit PowerPoint und Word — 135
7. Zusammenfassung: Zahlen in Diagramme verwandeln — 136

Geschäftsdaten professionell darstellen — 137
1. Excel-Charts – alt oder bewährt? — 137
2. Der richtige Diagrammtyp — 138

3	Auf die Botschaft kommt es an	142
4	Diagramme richtig formatieren	144
5	Neue Standards für bessere Diagramme	150
6	Zusammenfassung	152

Perfekt Präsentieren mit dynamischen Diagrammen — 153

1	Ein Diagramm, das automatisch „mitwächst"	153
2	Interaktive Datenreihen	158
3	Zusammenfassung	164

Online: Professionelles Berichtswesen für Basel II — 165

Online: Unternehmens-Cockpit – Professionelle Instrumente für Ihr Controlling — 166

IV. Personalwesen — 167

Die wichtigsten Datumsfunktionen in Excel — 168

1	Allgemeines zur Datums- und Zeitberechnung in Excel	169
2	Projektzeiten über 24 Stunden fehlerfrei summieren	169
3	Die zur Verfügung stehenden Arbeitstage für ein Projekt ermitteln	171
4	Produktionsfertigstellungstermine errechnen	171
5	Texte in gültige Datumswerte wandeln	172
6	Fälligkeitstermine errechnen	172
7	Schnellere Datenerfassung im Lager durchführen	173
8	An welchem Tag genau ist der Zahlungslauf am Monatsende?	173
9	Bestimmte Wochentage (Wochenenden) im Kalender hervorheben	173
10	Eine Mitarbeiterliste nach Geburtsmonat/-tag sortieren	175
11	Unterschiedliche Stundensätze werktags und am Wochenende berechnen	176
12	Zusammenfassung	176

Arbeitszeitplanung und -erfassung — 177

1	Moderne Arbeitszeitregelungen	177
2	Ein persönliches Zeitkonto	177
3	Das erste Monatsblatt	179
4	Saldoberechnungen	184
5	Die Zeitkonten-Jahresplanung	187
6	Zusammenfassung	189

Urlaubsplaner — 191

1	Abwesenheiten erfassen	191
2	Das Menü zur Urlaubsplanung	192
3	Bereich eingrenzen	194
4	Diagrammfunktion	195
5	Einzelauswertung der Mitarbeiter	197
6	Druckfunktionen des Urlaubsplaners	198
7	Tipps für Anpassungen	199
8	Zusammenfassung	200

Online: Abrechnung von geringfügig Beschäftigten — 201

Online: Personalplanung und -auswahl — 202

V. Finanzen & Controlling — 203

Kalkulation: So ermitteln Sie Ihre Preise — 204

1	So kalkulieren Sie mit geeigneten Werkzeugen	204
2	Kalkulationsschema für den Warenhandel	204
3	Zuschlagskalkulation für eigene Erzeugnisse	208
4	Excel-Techniken	210
5	Zusammenfassung	211

Liquiditätssteuerung — **212**
1. Auswirkungen fehlender Liquidität — 212
2. Die Einflussfaktoren der Liquidität — 213
3. Schrittweiser Aufbau der Liquiditätssteuerung — 215
4. Einsatz der Excel-Tabelle — 217

Budgetkontrolle — **220**
1. So behalten Sie den Überblick über Einnahmen und Ausgaben — 220
2. Die Arbeitsmappe Budgetkontrolle.xls — 221
3. Die Budgetübersichten — 223
4. Anpassungsarbeiten — 228
5. Zusammenfassung — 228

Profi-Darlehensrechner — **229**
1. Darlehensvarianten — 229
2. Beschreibung des Darlehensrechners — 230
3. Zusammenfassung — 233

Online: Abschreibungsrechner — **234**

Online: Erfolgrechnung mit integriertem Frühwarnsystem — **235**

Online: Ansparpläne mit Zins und Zinseszins — **236**

VI. Marketing & Vertrieb — **237**

Die Kundenstruktur mit Hilfe der ABC-Analyse beurteilen — **238**
1. Diese Fragestellungen beantwortet eine ABC-Analyse — 238
2. Eine Kundenstrukturanalyse nach Umsatzdaten — 238
3. Die Kundenzuordnung — 242
4. Eine Gewinnstrukturanalyse — 243
5. Das Histogramm — 245
6. Zusammenfassung — 247

Marketingplaner — **248**
1. Gründe für einen Marketingplan — 248
2. Aufbau des Jahresplaners — 248
3. Überblick: Für jeden Kunden das richtige Werbemittel — 249
4. Die Budgetierung — 251
5. Kombinierter Zeit-/Kostenplan — 252
6. Anpassungsarbeiten — 256
7. Zusammenfassung — 256

Auftragskontrolle — **257**
1. So arbeiten Sie mit der Anwendung — 257
2. So interpretieren Sie die Ergebnisse — 258
3. Zusammenfassung — 259

Forderungsverwaltung: Behalten Sie den Überblick über Ihre Außenstände — **260**
1. So verwalten Sie Rechnungen und Mahnungen — 260
2. Aufbau der Musterlösung — 261
3. So arbeiten Sie mit der Musterlösung — 262
4. Rechnungen schreiben und verwalten — 263
5. Offene Forderungen verwalten und anmahnen — 265
6. Die Forderungsstatistik — 269
7. Zusammenfassung — 270

Online: Angebotsübersicht — **271**

Online: Konkurrenzanalyse — **272**

Online: Beschwerdemanagement — **273**

VII. Unternehmensführung — 275

Deckungsbeitragsrechnung — 276
1. Gute Gründe für eine sorgfältige Deckungsbeitragsrechnung — 276
2. Mehrstufige Deckungsbeitragsrechnung — 276
3. Engpasssituationen — 279
4. Solver: Deckungsbeitragsrechnung bei mehreren Engpässen — 280
5. Zusammenfassung — 283

Balanced Scorecard — 284
1. Grundlagen — 284
2. Bedienung — 287
3. Zusammenfassung — 291

Risiken in Unternehmen frühzeitig erkennen und analysieren — 292
1. Risikomanagement mit Excel — 292
2. Warum Risikomanagement für jedes Unternehmen wichtig ist — 292
3. Excel im praktischen Einsatz — 295
4. Eine Risk-Map erstellen — 296
5. Ermittlung von Risikofaktoren — 297
6. Berichte mit Blick in die Zukunft — 298
7. Abhängigkeit und Auswirkung verketteter Indikatoren — 299
8. Checklisten und Analysewerkzeuge — 299
9. Zusammenfassung — 302

Rating nach Basel II — 303
1. Das eigene Rating — 303
2. Easy-Rating — 303
3. Teilrating I „Wirtschaftliche Verhältnisse (quantitative Unternehmensbewertung)" — 304
4. Teilrating II „Qualitative Unternehmensbewertung" — 306
5. Teilrating III „Branchen-, Produkt- und Umfeldanalyse" — 307

Online: Businessplan — 309

Online: Stundenverrechnungssätze — 310

Online: GuV- und Bilanzanalyse — 311

VIII. Projektemanagement — 313

Projektmanagement mit Outlook und Excel — 314
1. Vorarbeiten fürs Projektteam — 314
2. Aufbau der Musterlösung — 315
3. Der Ressourcenpool — 317
4. Termine erfassen per Kalender — 319
5. Projektverlauf überwachen — 320
6. Ergebnisse kommunizieren — 322
7. Projektplan individuell anpassen — 323
8. Zusammenfassung — 324

IT-Projekte durch Controlling erfolgreich machen — 325
1. Die Sollwerte werden geplant — 325
2. Ist-Wert ermitteln — 326
3. Der Vergleich — 327
4. Die Umsetzung mit Hilfe des Tools — 328
5. Zusammenfassung — 332

Projektkalkulation — 333
1. Aufbau der Musterlösung — 333
2. Zusammenfassung — 336

Planspiele mit Excel: Der Szenario-Manager		**337**
1	Anforderungen aus der Praxis	337
2	Der Szenario-Manager	337
3	Praxisbeispiel: Die Umsatzerwartungen des Managements	338
4	Ein Szenario Schritt für Schritt einrichten	340
5	Der Szenario-Bericht	343
6	Szenarien löschen und bearbeiten	344
7	Weitere Praxisbeispiele	345
8	Zusammenfassung	347

Online: Projektplaner	**348**
Online: Budgetkontrolle für mehrere Projekte	**349**

IX. Prozesse automatisieren mit VBA — 351

Der Einstieg – VBA für Pragmatiker		**352**
1	Programmierung in Excel – Luxus oder Notwendigkeit?	352
2	Die Werkzeuge für die VBA-Programmierung	353
3	Die Kunst, Makros zu schreiben	359
4	UserForms für mehr Dialog	365
5	Zusammenfassung	368
Makros im Praxiseinsatz: Die VBA-Beispiel-Datenbank		**369**
1	Zellenprogrammierung	369
2	Zeilen- und Spaltenprogrammierung	370
3	Tabellenprogrammierung	371
4	Arbeitsmappenprogrammierung	373
5	Die VBA-Datenbank	375
Dialogfenster im Praxiseinsatz: Die UserForm-Toolbox		**376**
1	Bedienungshinweise	376
2	Zusammenfassung	379

X. Anhang — 381

Excel-Shortcuts – schneller arbeiten mit Tastaturkürzeln	**382**
Stichwortverzeichnis	**384**

Musterlösungen von A–Z

Alle im Buch vorgestellten Musterlösungen finden Sie auf der CD oder in der Onlineversion von Excel im Unternehmen.

Geben Sie hierzu einfach den Haufelndex (HI) in die jeweilige Suchmaske ein.

Musterlösung	Seite	HI
ABC-Analyse	238	913153
Abschreibungsrechner	234	Online: 933407
Angebotsübersicht	271	Online: 931771
Angebotsvergleich	120	1335211
Ansparpläne	236	Online: 933410
Arbeitszeitplanung und -erfassung	177	856464
Artikelliste	99	1335206
Auftragskontrolle	257	931762
Balanced Scorecard	284	671073
Barwert berechnen	49	1332572
Berichtswesen für Basel II	165	1561179
Beschwerdemanagement	273	Online: 1336764
Bilanzanalyse	311	Online: 1210994
Budgetkontrolle	220	875074
Businessplan	309	Online: 1100913
Cash Flow	53	1335202
Copyright-Schutz	123	Online: 1315612
Darlehensrechner	229	1240909
Deckungsbeitragsrechnung	276	913416
Diagramme, dynamische	153	1413281
Effektivzinsberechnung	43	1332572
Finanzierungsvergleich	76	1561175
Forderungsverwaltung	260	1485539
Frühwarnsystem	235	Online: 1384517
Geschäftsdaten schützen	108	1335210
GuV-Analyse	311	Online: 1210994
Interner Zinsfuß	66	1335190
Investitionsrechnung, statisch	62	1335190
Investitionsrechnung, dynamisch	64	1335190

Musterlösung	Seite	HI
IT-Projektcontrolling	325	664736
Kalkulationsschema	36	1332572
Kennzahlen	53	1335202
Konkurrenzanalyse	272	Online: 592429
Lagerkennzahlen	55	1335202
Lagerliste analysieren	120	1335211
Leasing	76	Online: 1134805
Liquiditätskennzahlen	54	1335202
Liquiditätssteuerung	212	435891
Marketingplaner	248	1453001
Mini-Jobs abrechnen	201	Online: 933409
Personalkostenplanung	346	1119064
Personalplanung und -auswahl	202	Online: 1561177
Preiskalkulation	205	1335224
Projektcontrolling	325	664736
Projektkalkulation	333	664751
Projektmanagement	314	913393
Projektplaner	348	Online: 404137
Rating (Basel II)	303	846001
Rentabilitätskennzahlen	53	1335202
Risikomanagement	292	928462
Spareinlagen	51	1332572
Skonto berechnen	44	1332572
Stundenverrechnungssatz	310	Online: 1033855
Szenario-Manager	337	1119064
Tilgungsplan	50	1332572
Umsatzauswertung	116	1335211
Umsatzerwartungen	338	1119064
Umschlagskennzahlen	55	1335202
Unternehmens-Cockpit	166	Online: 1509847
Urlaubsplaner	191	875088
UserForm-Toolbox	376	976671
VBA-Beispiel-Datenbank	369	976594
Werbemaßnahmen auswerten	122	1335211
Zinseszinsrechnung	45	1332572
Zuschlagskalkulation	36	1332572

Funktionen von A–Z

Auf der CD finden Sie die wichtigsten betrieblichen Funktionen anhand von Praxisbeispielen anschaulich erklärt. Geben Sie hierzu unter **Suche** einfach den Haufelndex (**HI**) ein.

A	HI
ABRUNDEN	1511809
ABS	1511800
ADRESSE	1511867
ANZAHL	1511894
ANZAHL2	1511894
ANZAHLLEEREZELLEN	1511894
ARBEITSTAG	1511717
AREAEMPTY	1511928
AUFRUNDEN	1511811
AUSZAHLUNG	1511698

B	
BEREICH.VERSCHIEBEN	1511869
BW	1511665

C	
CHARTONR	1511927
CODE	1511786
COUNTCOL	1511920
COUNTDAYS	1511926

D	
DATEDIF	1511733
DATUM	1511726
DATWERT	1511735
DBANZAHL	1511712
DBANZAHL2	1511712
DBAUSZUG	1511710
DBMAX	1511708
DBMIN	1511706
DBMITTELWERT	1511714
DBSUMME	1511703
DIA	1511686

E	
EDATUM	1511737
ERSETZEN	1511772

F	
FALSCH	1511840
FEHLER.TYP	1511849
FEST	1511776
FINDEN	1511774

G	HI
GANZZAHL	1511813
GDA	1511690
GERADE	1511815
GLÄTTEN	1511765
GROSS	1511761

H	
HÄUFIGKEIT	1511902
HEUTE	1511739
HYPERLINK	1511881

I	
IDENTISCH	1511778
IKV	1511692
INDEX	1511865
INDIREKT	1511875
INFO	1511843
ISTLEER	1511845
ISTFEHL	1511845
ISTFEHLER	1511845
ISTLOG	1511845
ISTNV	1511845
ISTKTEXT	1511845
ISTZAHL	1511845
ISTBEZUG	1511845
ISTTEXT	1511845
ISTGERADE	1511845
ISTUNGERADE	1511845

J	
JAHR	1511728
JETZT	1511741

K	
KÜRZEN	1511817
KALENDERWOCHE	1511732
KAPZ	1511672
KGRÖSSTE	1511896
KKLEINSTE	1511898
KUMKAPITAL	1511678
KUMZINSZ	1511676

L	HI
LÄNGE	1511780
LASTCELLC	1511921
LASTCELLR	1511922
LIA	1511688
LINKS	1511754

M	
MAX	1511886
MIN	1511888
MINUTE	1511745
MITTELWERT	1511900
MONAT	1511730
MONATSENDE	1511721
MTRANS	1511883

N	
NBW	1511667
NETTOARBEITSTAGE	1511719
NICHT	1511838

O	
OBERGRENZE	1511807
ODER	1511833

P	
PIVOTDATENZUORDNEN	1511877

R	
RANG	1511904
READFILTER	1511924
READFORMAT	1511923
RECHTS	1511756
REMOVECHAR	1511925
RENDITE	1511696
REST	1511819
RMZ	1511680
RUNDEN	1511802

S	
SÄUBERN	1511782
SCHÄTZER	1511906
SEKUNDE	1511745
SPALTE	1511871
SPALTEN	1511871
STABW	1511908
STUNDE	1511745
SUCHEN	1511758
SUMCOL	1511919
SUMME	1511791
SUMMENPRODUKT	1511796
SUMMEWENN	1511793
SVERWEIS	1511859

T	HI
TAG	1511747
TAGE360	1511749
TEIL	1511759
TEILERGEBNIS	1511798
TEXT	1511767

T	
TREND	1511910
TYP	1511851

U	
UND	1511835
UNGERADE	1511815

V	
VERGLEICH	1511863
VERKETTEN	1511784
VERWEIS	1511857
VORZEICHEN	1511822
VRUNDEN	1511805

W	
WAHL	1511879
WAHR	1511840
WECHSELN	1511763
WENN	1511829
WERT	1511788
WIEDERHOLEN	1511769
WOCHENTAG	1511723
WVERWEIS	1511861

X	
XINTZINSFUSS	1511694

Z	
ZÄHLENWENN	1511890
ZEICHEN	1511771
ZEILE	1511873
ZEILEN	1511873
ZEIT	1511743
ZEITWERT	1511751
ZELLE	1511853
ZINS	1511682
ZINSSATZ	1511700
ZINSZ	1511674
ZUFALLSBEREICH	1511824
ZUFALLSZAHL	1511826
ZW	1511668
ZW2	1511670
ZZR	1511684

I. Kaufmännisch Rechnen

*Stellst Du einen Mann an die Spitze, mag er sein, was er will,
Jurist oder Techniker; bewährt er sich, so ist er ein Kaufmann.*

WALTHER RATHENAU
Deutscher Industrieller und Politiker
29.9.1867 – 24.6.1922

Egal ob Kleinunternehmen, Mittelständler oder Konzern, in jedem Unternehmen ist Wissen rund um das Thema kaufmännisches Rechnen erforderlich. Aus diesem Grund haben wir dieses Thema als Einstieg für dieses Buch gewählt. Es soll Sie als Praxisratgeber bei der Umsetzung kaufmännischer Rechenvorgänge in Excel unterstützen.

Die einzelnen Kapitel behandeln die wichtigsten kaufmännischen Themenbereiche von der **Prozentrechnung** bis zu **betrieblichen Kennzahlen**. Dabei gehen wir nicht nur auf wichtige Funktionen und Formeln ein, sondern berücksichtigen darüber hinaus den betriebswirtschaftlichen Background und vermitteln das notwendige Fachwissen. Die Inhalte werden in Zahlenbeispiele gefasst und direkt in der Kalkulationstabelle mit Hilfe von Formeln und Funktionen umgesetzt und gelöst.

Das Kapitel **Investitionsrechnung** zeigt Ihnen, wie Sie Ihr erworbenes Wissen anwenden können. In diesem Zusammenhang werden zeitliche Unterschiede bei Einnahmen und Ausgaben sowie **Zinseszinseffekte** berücksichtigt. Auch wenn sich das zunächst kompliziert anhört, mit einem geeigneten Tabellenaufbau bleiben sowohl die Daten als auch die Rechenwege übersichtlich.

Oft sind es aber die kleinen Dinge, die dem Anwender das Leben schwer machen. Bereits eine falsch gesetzte Klammer kann zu unbrauchbaren Rechenergebnissen führen. Immer dann, wenn die Berechnungen komplexer werden, schleicht sich leicht der Fehlerteufel ein. Unsere Tipps helfen Ihnen, mit Werkzeugen wie **Formelauswertung** und **Detektiv** Fehler künftig zu vermeiden. Mit dem richtigen Know-how werden Sie Probleme schnell meistern und Aufgaben im Arbeitsalltag zügig lösen.

Viele weitere Tools zu diesem Thema finden Sie online unter **www.redmark.de/excel**.

Aus dem Inhalt:

- Richtig rechnen
- Prozentrechnen
- Zins- und Zinseszinsrechnung
- Betriebliche Kennzahlen
- Investitionsrechnung
- Tipps & Tricks: Fehlerfrei Rechnen
- Online: Leasing als alternative Finanzierungsform

Richtig rechnen

Susanne Kowalski

Mit Hilfe Ihrer Tabellenkalkulation Excel sind Sie in der Lage, kaufmännische Berechnungen jeglicher Art durchzuführen, Termin- und Zeitberechnungen vorzunehmen sowie logische Abfragen zu erstellen. Damit Sie korrekte Rechenergebnisse und stets den Überblick über Ihre Kalkulationsmodelle erhalten, stellt Ihnen dieser Beitrag unter anderem das folgende wichtige Rüstzeug für Ihre Berechnungen vor:

- **Absolute und relative Bezüge:** Formeln werden häufig verschoben oder kopiert. Dann ist es wichtig, darauf zu achten, ob die Bezüge relativ oder absolut sind. Ein relativer Bezug passt beim Verschieben und Kopieren von Formeln in andere Zellen die Zellbezüge automatisch an. Dies ist jedoch nicht immer erwünscht. Selbstverständlich ist es möglich, die so genannten relativen Bezüge in absolute zu verwandeln und die Formeln in ihrer Ursprungsform zu übernehmen.

- **Funktions-Assistent:** Häufig können Sie sich das mühsame Erstellen einer Formel schenken. Excel verfügt nämlich über zahlreiche vordefinierte Rechenvorschriften in Form von Funktionen. Diese werden im so genannten Funktions-Assistenten verwaltet. Eine Funktion ist immer dann hilfreich, wenn die Formel nicht auf einfache Art und Weise über die Tastatur eingegeben werden kann.

- **Bereichsnamen:** Lassen Sie Namen sprechen. Oft kommt es vor, dass die Formeln aufgrund komplizierter Rechenschritte sehr komplex sind. Damit Sie einen besseren Überblick über Ihr Tabellenarbeitsblatt haben, sollten Sie mit Bereichsnamen arbeiten.

> **HINWEIS**
>
> Die Rechenbeispiele zu diesem Kapitel finden Sie in der Datei **KaufmaennischesRechnen.xls** in der Tabelle **Grundlagen**.

1 Einfache Formeln als Grundlage von Berechnungen

Eine Formel ist die Grundlage für jegliche Art der Berechnung, egal ob Sie lediglich Zahlen addieren oder den Mehrwertsteueranteil aus einem Bruttobetrag ermitteln wollen.

1.1 So rechnen Sie mit Zellbezügen, Zahlenwerten und arithmetischen Operatoren

Die Formel ist die Anweisung, bestimmte Rechenschritte in einer Zelle durchzuführen, und beginnt in der Regel mit einem Gleichheitszeichen (s. Abb. 1).

B7	▼	f_x =B4+B5+B6	
	A	B	C
3		Kosten	
4	Januar	22.458,00 €	
5	Februar	23.548,00 €	
6	März	31.458,00 €	
7	Gesamt	77.464,00 €	

Abb. 1: Hier werden Zellinhalte addiert.

Rechnen mit Zellbezügen

Im Zusammenhang mit der Formel
=B4+B5+B6
wird die Summe aller Zahlen gebildet, die sich in den genannten Zellen befindet. Dabei wird mit so genannten Zellbezügen gearbeitet. Die Angabe **B4** bildet den Bezug zur Zelle **B4**, **B5** den Bezug zur Zelle **B5** usw. Die einzelnen Zellbezüge werden durch einen arithmetischen Operator, in diesem Fall ein Pluszeichen, miteinander verknüpft.

Rechnen mit Zahlenwerten

Anstatt mit Zellbezügen, haben Sie auch die Möglichkeit, direkt mit Zahlenwerten zu arbeiten und diese mit den Operatoren zu verknüpfen. Eine solche Berechnung kann beispielsweise wie folgt aussehen:
=35894-2715

Rechnen mit Zellbezügen und Zahlenwerten

Sie haben auch die Möglichkeit, Zellbezüge und Zahlenwerte innerhalb einer Formel zu kombinieren. In der Tabelle der Abb. 2 wird der Bruttowert einer Leistung aus der Zelle **E3** durch den Faktor **1,19** dividiert. Auf diese Weise ergibt sich der zugehörige Nettowert ohne Mehrwertsteuer. Alternativ könnte die Formel wie folgt lauten:
=E3/E4

	D	E
3	Brutto	2.320,00 €
4	Mehrwertsteuersatz	19%
5		
6	errechneter Nettowert	**1.949,58 €**

Abb. 2: Der Nettowert wird mit Hilfe eines Zellbezugs und der Division durch die Zahl 1,19 gebildet.

1.2 Operatoren

Operatoren definieren den Rechenweg, der mit den Elementen einer Formel durchgeführt werden soll. Excel unterscheidet folgende Arten von Operatoren:

- **Arithmetische Operatoren** wie Plus- oder Minuszeichen führen, wie Sie bereits gesehen haben, elementare mathematische Operationen aus, wie zum Beispiel eine Addition oder eine Subtraktion.

- **Vergleichsoperatoren** vergleichen zwei Werte und liefern den Wahrheitswert WAHR oder FALSCH (s. Abb. 3).

E12	▼	f_x =B17>C17		
A	B	C	D	E
10 Vergleichsoperatoren				
11				
12 Ist der Deckungsbeitrag von Produkt A höher als der von Produkt B?				FALSCH
13				
14 Produkt	A	B		
15 Umsatz	15.924,00 €	16.111,00 €		
16 Kosten	9.545,00 €	10.213,00 €		
17 Deckungsbeitrag	15.924,00 €	16.111,00 €		

Abb. 3: Hier werden zwei Deckungsbeiträge mit Hilfe eines Vergleichsoperators verglichen.

- **Textoperatoren** verknüpfen mehrere Texte oder Werte und Texte zu einem einzigen Text (s. Abb. 4).

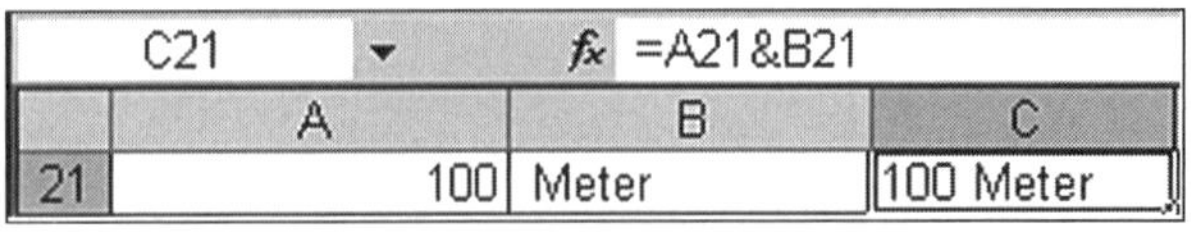

I. Kaufmännisch Rechnen

Abb. 4: Das kaufmännische UND verknüpft Zellangaben miteinander.

- **Bezugsoperatoren** stellen eine Verbindung zu anderen Zellen her. Bezüge können eine Zelle oder Gruppen von Zellen in einem Tabellenblatt bezeichnen. In der Praxis ist der Doppelpunkt als Bezugsoperator für einen Bereich von größter Bedeutung (s. Abb. 5).

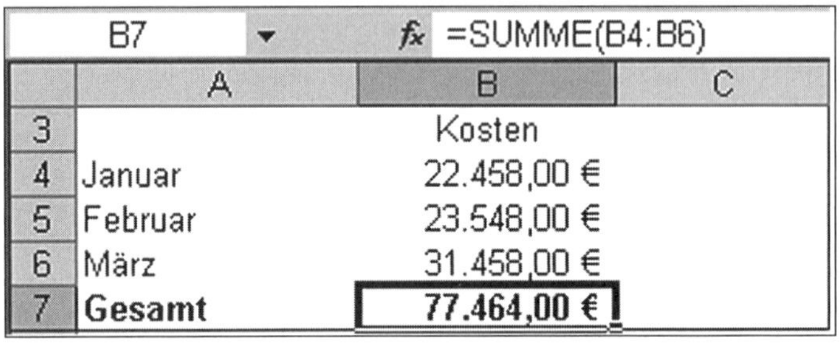

Abb. 5: Hier wird die Summe für einen Zellbereich gebildet.

Eine Übersicht über die wichtigsten Operatoren enthält Tabelle 1.

Operator	Kategorie	Bedeutung
–	Arithmetischer Operator	Negatives Vorzeichen
%	Arithmetischer Operator	Prozent
^	Arithmetischer Operator	Potenz
*	Arithmetischer Operator	Multiplikation
/	Arithmetischer Operator	Division
+	Arithmetischer Operator	Addition
–	Arithmetischer Operator	Subtraktion
=	Vergleichsoperator	Gleich
>	Vergleichsoperator	Größer als
<	Vergleichsoperator	Kleiner als
>=	Vergleichsoperator	Größer oder gleich
<=	Vergleichsoperator	Kleiner oder gleich
<>	Vergleichsoperator	Ungleich
& (Kaufmännisches Und)	Textoperator	Textverknüpfung (verbindet zwei Textwerte zu einem zusammenhängenden Text)
: (Doppelpunkt)	Bezugsoperator	Bezug eines Zellbereichs
; (Semikolon)	Bezugsoperator	Vereinigung
(Leerzeichen)	Bezugsoperator	Schnittmenge

Tab. 1: Operatoren

1.3 Bedeutung von Klammern

Ein weiterer bedeutender Bestandteil von Excel-Formeln sind die Klammern. Fehler bei der Klammersetzung führen zu falschen Ergebnissen oder Fehlermeldungen. Excel geht wie in der Mathematik nach der **„Punkt-vor-Strich-Regel"** vor:

- Multiplikationen und Divisionen werden demnach vor Additionen oder Subtraktionen ausgeführt. Das bedeutet, über die Berechnungsreihenfolge entscheiden die Prioritäten der einzelnen Operatoren.
- Die Reihenfolge der Punkt-vor-Strich-Regel kann man mit Hilfe von Klammern verändern, da diese eine höhere Priorität besitzen als alle Operatoren.

Der Einsatz von Klammern wird zum Beispiel benötigt, wenn Sie wie in Abb. 6 den monatlichen Durchschnittsumsatz ermitteln wollen.

	A	B	C	D
B7		f_x =(B2+B3+B4+B5+B6)/5		
1		Umsatz		
2	Januar	125.878,00 €		
3	Februar	214.578,00 €		
4	März	298.714,00 €		
5	April	321.458,00 €		
6	Mai	478.936,00 €		
7	Durchschnitt	287.912,80 €		
8				

Abb. 6: Berechnung unter Einsatz von Klammern

> **HINWEIS**
>
> Bei einer Kombination von Zellbezügen, Zahlenwerten, verschiedenen Operatoren und dem Einsatz von Klammern sind komplexe Berechnungen möglich. Dazu erfahren Sie mehr im weiteren Verlauf dieses Kapitels.

2 Absolute und relative Zellbezüge

Excel macht die Arbeit für seine Anwender besonders dadurch komfortabel, dass Sie Formeln, die Sie häufiger benötigen, vervielfältigen, das heißt kopieren können. Wenn Sie wie in Abb. 7 in **B31** die Formel

=B26+B27+B28+B29+B30

gebildet haben, müssen Sie diese nicht in den nachfolgenden Spalten erneut angeben. Sie kopieren diese lediglich in die Spalten **C** bis **F**:

1. Aktivieren Sie die Zelle **B31**. Bewegen Sie den Mauszeiger in die linke untere Ecke, bis er die Form eines kleinen schwarzen Kreuzes erhält. Ziehen Sie die Markierung mit gedrückter linker Maustaste nach rechts bis zur Zelle **F31**.

2. Lassen Sie die Maustaste erst los, wenn der Bereich **C31** bis **F31** komplett umrandet ist. Auf diese Weise kopieren Sie die Formel in die markierten Felder. Excel passt dabei die zu addierenden Zellen automatisch den entsprechenden Zellbereichen an. Möglich ist dies, da Excel mit so genannten relativen Zellbezügen arbeitet. Relative Zellbezüge sind im Gegensatz zu absoluten Zellbezügen von der Position der Formelzelle abhängig. ∎

I. Kaufmännisch Rechnen

	F31	▼	f_x	=F26+F27+F28+F29+F30	
	A	B	C	D	E	F
25	Umsatz	Januar	Februar	März	April	Mai
26	Artikel 1	123.458,00 €	133.087,72 €	143.468,57 €	154.659,11 €	166.722,53 €
27	Artikel 2	58.789,00 €	63.374,54 €	68.317,76 €	73.646,54 €	79.390,97 €
28	Artikel 3	22.456,00 €	24.207,57 €	26.095,76 €	28.131,23 €	30.325,46 €
29	Artikel 4	7.712,00 €	8.313,54 €	8.961,99 €	9.661,03 €	10.414,59 €
30	Artikel 5	45.678,00 €	49.240,88 €	53.081,67 €	57.222,04 €	61.685,36 €
31	Gesamt	258.093,00 €	278.224,25 €	299.925,75 €	323.319,95 €	348.538,91 €

Abb. 7: Hier ist das Kopieren von Formeln sinnvoll.

Allerdings ist das Anpassen der Formel an die Zellposition nicht immer erwünscht. Dann müssen Sie mit absoluten Zellbezügen arbeiten. Die Unterschiede zwischen absoluten und relativen Zellbezügen zeigen sich beim Kopieren und Verschieben von Formeln in andere Zellen. Beim Verschieben oder Kopieren einer Formel mit einem absoluten Bezug wird die Formel exakt so wiedergegeben, wie sie in der Ausgangsformel steht. Zum besseren Verständnis vergleichen Sie hierzu Abb. 8.

	D2	▼	=	=C2/$C$13	
	A	B	C	D	E
1	Menge	Einzelpreis	Gesamtpreis	Anteil	
2	10	2,10 €	21,00 €	5%	
3	5	5,30 €	26,50 €	6%	
4	30	1,11 €	33,30 €	7%	
5	9	2,55 €	22,95 €	5%	
6	10	6,40 €	64,00 €	14%	
7	1	58,80 €	58,80 €	13%	
8	4	9,20 €	36,80 €	8%	
9	20	4,50 €	90,00 €	20%	
10	5	7,80 €	39,00 €	9%	
11	6	3,20 €	19,20 €	4%	
12	2	18,00 €	36,00 €	8%	
13	Gesamt		447,55 €	100%	
14					

Abb. 8: Excel unterscheidet zwischen absoluten, relativen und gemischten Zellbezügen.

In **D2** wird der Anteil des Gesamtpreises aus **C2** an der Gesamtsumme aus **C13** mit Hilfe der Formel =C2/$C$13 ermittelt. Hier wird mit einem relativen Bezug (**C2**) und einem absoluten Bezug (**$C$13**) gearbeitet. Absolute Bezüge erkennt man an dem Dollarzeichen.

Beim Kopieren der Formel aus **D2** wird diese in **D3** wie folgt geändert:

=C3/$C$13

Das heißt, die Zahl, die dividiert wird, wird in Anhängigkeit von der Zellposition angepasst. Der Bezug auf die Zelle **C13** bleibt bestehen.

PRAXIS-TIPP

Wenn Sie Koordinaten absolut setzen wollen, können Sie das über die Tastatur oder mit Hilfe der Funktionstaste **F4** erreichen. Führen Sie in der Bearbeitungsleiste genau auf der Zellbezeichnung einen Doppelklick aus, um diese zu markieren. Drücken Sie die Taste **F4**. Dadurch werden die Koordinaten absolut gesetzt. Wenn Sie die Taste **F4** erneut drücken, erhalten Sie einen so genannten gemischten Zellbezug.

3 Bedeutung und Einsatz von Funktionen

Eine Funktion ist eine Rechenvorschrift und ein wichtiger Bestandteil einer Tabellenkalkulation. Mit den integrierten Excel-Funktionen lassen sich Standardberechnungen wie zum Beispiel Ermitteln von Zinsen, Renten, technischen Daten oder Wurzeln durchführen. Der Funktions-Assistent unterstützt Sie bei dieser Aufgabe.

3.1 Eine Funktion eingeben

Es gibt verschiedene Möglichkeiten, Funktionen einzugeben:

- Sie geben den Funktionsnamen sowie die Argumente manuell ein. Hierbei ist erforderlich, dass Sie die genaue Syntax, sprich Zeichenfolge, der Funktion kennen. Um zum Beispiel die Wurzel der Zahl 1089 zu ermitteln, benötigen Sie die Syntax =WURZEL(1089).
- Alternativ benutzen Sie den Funktions-Assistenten über die Befehlsfolge **Einfügen** → **Funktion**.

So arbeiten Sie mit dem Funktions-Assistenten

Um die Wurzel der Zahl 1089 mit Hilfe des Funktions-Assistenten zu ermitteln, gehen Sie wie folgt vor:

1 Markieren Sie zunächst die Zelle, in der Sie das Ergebnis zeigen möchten. Wählen Sie **Einfügen** → **Funktion**. Entscheiden Sie sich im folgenden Dialogfeld unter **Kategorie auswählen** (Excel 2000: **Funktionskategorie**) für den Eintrag **Math. & Trigonom**.

2 Klicken Sie nacheinander in der Liste unter **Funktion auswählen** (Excel 2000: **Name der Funktion**) auf den Eintrag **Wurzel** und die Schaltfläche **OK** (s. Abb. 9).

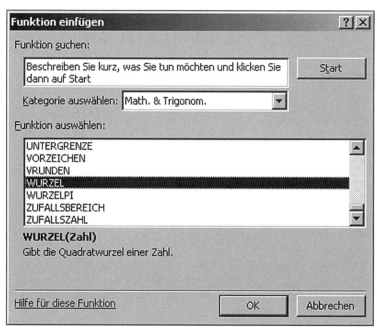

Abb. 9: Das Dialogfeld Funktion einfügen

3 Sie gelangen in den zweiten Schritt des Funktions-Assistenten, den Dialog **Funktionsargumente** (s. Abb. 10) (in Excel 2000 wird der Dialog ohne Titelleiste eingeblendet). Dort geben Sie die geforderten Argumente ein. Im Falle einer Wurzelberechnung wird nur ein Argument benötigt. Das ist die Zahl, aus der die Wurzel gezogen werden soll. Anstelle der Zahl können Sie auch einen Zellbezug eingeben. Verlassen Sie das Dialogfeld durch einen Klick auf **OK**. Das Formelergebnis können Sie bereits im unteren Teil des Fensters ablesen. ■

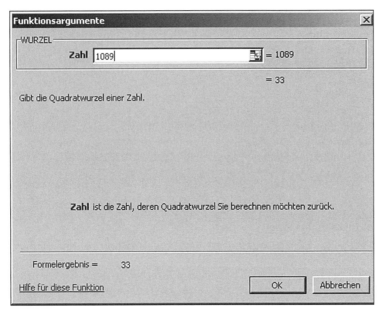

Abb. 10: Der Funktions-Assistent der Funktion Wurzel

3.2 Die Funktionskategorien

Damit Sie sich innerhalb der zahlreichen unterschiedlichen Funktionen zurechtfinden, werden diese in Excel so genannten Funktionskategorien zugeordnet. Man unterscheidet folgende Funktionskategorien:

- Finanzmathematische Funktionen
- Datums- und Zeitfunktionen
- Mathematische & trigonometrische Funktionen
- Statistische Funktionen
- Datenbankfunktionen
- Textfunktionen
- Logische Funktionen
- Informationsfunktionen
- Matrixfunktionen
- Technische Funktionen
- Benutzerdefinierte Funktionen

Die **finanzmathematischen Funktionen** behandeln Themen wie beispielsweise Abschreibung oder Zinsrechnung. Mit Hilfe der Funktion LIA() wird zum Beispiel die lineare Abschreibung von Wirtschaftsgütern ermittelt. Dabei wird der Anschaffungswert (Ansch_Wert) um den Restwert der Investition vermindert. Die Differenz wird durch die Nutzungsdauer in Jahren dividiert. Bei einem Anschaffungswert von 100.000 EUR und einem Restwert von 4.000 EUR ergibt sich bei fünfjähriger Nutzungsdauer somit ein Abschreibungsbetrag von 19.200 EUR. Weitere finanzmathematische Funktionen werden im Verlauf dieses Kapitels besprochen.

Im Zusammenhang mit den **Datums- und Zeitfunktionen** geht es um die Berechnung von Zeitwerten. Mit der Funktion HEUTE() erhalten Sie das aktuelle Tagesdatum. Bei dieser Funktion wird kein Argument benötigt (s. Abb. 11). Mehr zu den Datums- und Zeitfunktionen finden Sie im Kapitel **Personalwesen.**

A59 | fx =HEUTE()

	A	B
56		
57	Heute	
58		
59	18.01.2005	

Abb. 11: Hier wurde das aktuelle Tagesdatum mit Hilfe der Funktion HEUTE() eingefügt.

Mathematische und trigonometrische Funktionen beschäftigen sich sowohl mit den Grundrechenarten wie Subtraktion, Addition, Multiplikation, Division als auch mit Potenzen, Logarithmen oder Rundungen.

Statistische Funktionen bieten eine Vielzahl von Auswertungen sowohl für professionelle als auch für recht einfache Anwendungen, wie zum Beispiel das Ermitteln des Mittelwertes (s. Abb. 12).

G64 | fx =MITTELWERT(B64:F64)

	A	B	C	D	E	F	G
63	**Umsatz**	**Januar**	**Februar**	**März**	**April**	**Mai**	**Mittelwert**
64	Artikel 1	123.458,00 €	133.087,72 €	143.468,57 €	154.659,11 €	166.722,53 €	144.279,19 €

Abb. 12: Die Funktion MITTELWERT() ermittelt in diesem Beispiel den durchschnittlichen Umsatz der letzten fünf Monate.

Folgende Kategorien wollen wir an dieser Stelle aus Platzgründen nicht weiter vertiefen.

- Excel verfügt über spezielle **Datenbankfunktionen**, die man auf Datenbanken und listenförmige Tabellen anwenden kann. Diese Thematik wird ausführlich im Kapitel **Daten auswerten und sicher verwalten** besprochen.
- **Textfunktionen** arbeiten mit Texten. Damit sind Sie unter anderem in der Lage, Textelemente zu suchen, zu ersetzen oder zu verknüpfen.
- **Logische** Funktionen operieren mit Wahrheitswerten und vergleichen zwei Werte. Sie liefern von zwei möglichen Werten den Wahrheitswert WAHR oder FALSCH.
- Im Rahmen der **Informationsfunktionen** werden zwei Gruppen unterschieden. Die eine Gruppe bilden die so genannten IST-Funktionen. Sie liefern einen Wahrheitswert, WAHR oder FALSCH. Die übrigen Informationen beginnen nicht mit IST. Sie liefern und bearbeiten Informationen zu Ihrer Excel-Umgebung.
- Mit Hilfe der **Matrixfunktionen** lassen sich Matrizen sowie Zellbereiche berechnen. Matrixformeln verkürzen die Eingabezeit für immer wiederkehrende Formeln.
- Im Rahmen der **technischen Funktionen** geht es unter anderem um das Umrechnen von Maßeinheiten oder das Rechnen mit Fakultäten.
- **Alle** umfasst alle Funktionen, die zur Verfügung stehen. Unter **Zuletzt verwendet** finden Sie die zehn Funktionen, mit denen Sie zuletzt gearbeitet haben. **Benutzerdefinierte Funktionen** erstellen Sie selber und setzen fortgeschrittene Excel-Kenntnisse voraus. Lesen Sie hierzu auch den Beitrag Betriebliche Kennzahlen.

3.3 Der Aufbau einer Funktion

Unbedingt zu beachten bei der Arbeit mit Funktionen ist, dass Sie sich genau an die Vorgaben hinsichtlich des Aufbaus und der Schreibweise einer Funktion halten. Alle Funktionen enthalten die in Tabelle 2 aufgelisteten Komponenten.

Komponente	Bedeutung
Funktionsname	Anhand der Bezeichnung erkennt Excel, welche Funktion verwendet werden soll. Funktionsnamen sind zum Beispiel SUMME oder PRODUKT.
Argumente	Werte, mit denen eine Funktion Berechnungen durchführt. Man unterscheidet Argumente, die zwingend erforderlich sind, und jene, die nicht unbedingt notwendig sind.
Syntax	Die Zeichenreihenfolge einer Funktion heißt Syntax. Sie entspricht der genauen Schreibweise einschließlich der Argumente. Wenn Sie mit dem Funktions-Assistenten arbeiten, brauchen Sie sich nicht um die Syntax zu kümmern.
Gleichheitszeichen	Wie eine Formel wird auch eine Funktion mit einem Gleichheitszeichen eingeleitet. Wenn Sie mit dem Funktions-Assistenten arbeiten, brauchen Sie sich um die Gleichheitszeichen nicht zu kümmern.
Klammern	Die Klammern schließen die Argumente der Funktion ein. Vor und hinter einer Klammer sind keine Leerzeichen erlaubt.
Semikolon	Semikola trennen die einzelnen Argumente. Sie werden nur für Funktionen benötigt, in denen es mindestens zwei Argumente gibt.

Tab. 2: Komponenten einer Funktion

3.4 Verschachtelte Funktionen

Excel bietet die Möglichkeit, Funktionsaufrufe miteinander zu verschachteln (s. Abb. 13). Das bedeutet, dass man beim Aufruf einer Funktion als Argument eine andere Funktion angibt:

```
=WENN(ISTFEHLER(MITTELWERT(B2:B6));"Es sind keine Zahlen in der Tabelle vorhanden!";MITTELWERT(B2:B6))
```

Es wurden an dieser Stelle drei Funktionen miteinander verknüpft:

- WENN (aus der Kategorie Logik)
- ISTFEHLER (aus den Informationsfunktionen)
- MITTELWERT (aus dem Bereich Statistik)

Die **WENN-Funktion** prüft in diesem Fall, ob eine Fehlerquelle vorliegt. Das Ergebnis kann bekanntlich WAHR oder FALSCH sein. Der **DANN-Wert** ist das Ergebnis der Funktion, wenn die Wahrheitsprüfung WAHR ergibt, also ein Fehler existiert. Für WAHR steht in diesem Fall quasi stellvertretend der Text „Es sind keine Zahlen in der Tabelle vorhanden". **Sonst-Wert** ist das Resultat der Funktion, wenn die Wahrheitsprüfung FALSCH ergibt – in diesem Fall keine Fehlerquelle vorhanden ist und der zu errechnende Wert zu übergeben ist – hier, `MITTELWERT(B2:B6)`.

Die Argumente der WENN-Funktion zum besseren Verständnis noch einmal in der Übersicht:

- Prüfung: ISTFEHLER (das Argument von ISTFEHLER wird durch `MITTELWERT(B2:B6)` gebildet)

- Dann-Wert: Es erscheint der Text: „Es sind keine Zahlen in der Tabelle vorhanden!"
- Sonst-Wert: `MITTELWERT(B2:B6)`

	B7	▼	fx	=WENN(ISTFEHLER(MITTELWERT(B2:B6));"Es sind keine Zahlen in der Tabelle vorhanden!";MITTELWERT(B2:B6))						
	A	B	C	D	E	F	G	H	I	J
1		Umsatz								
2	Januar	125.878,00 €								
3	Februar	214.578,00 €								
4	März	298.714,00 €								
5	April	321.458,00 €								
6	Mai	478.936,00 €								
7	Durchschnitt	287.912,80 €								
8										

Abb. 13: Hier wurden Funktionen miteinander verschachtelt.

4 Mit Namen rechnen

In Excel haben Sie die Möglichkeit, für bestimmte Zellbereiche oder einzelne Zellen Namen zu vergeben. Auf diese Namen können Sie bei der Arbeit mit Formeln und Funktionen zurückgreifen. Der Einsatz von Namen erleichtert das Verständnis von Formeln und verschafft Ihnen einen besseren Überblick über Ihre Tabellenmodelle. Zum Beispiel ist die Formel `=SUMME (KostenErstesHalbjahr)` aussagekräftiger als die Formel `=SUMME(C10:C30)`. Wir werden Ihnen die Arbeit mit Namen zunächst an einem sehr einfachen Beispiel erläutern und anschließend auf ein komplexeres Beispiel eingehen.

4.1 So vergeben Sie Bereichsnamen

In einer Tabelle befinden sich die Umsatzzahlen der Monate Januar bis März (s. Abb. 14). Die Zelle **B2** soll den Namen **Umsatz_Januar**, C2 die Bezeichnung **Umsatz_Februar** und **D2** den Namen **Umsatz_März** erhalten. Um einen Namen zu vergeben, führen Sie folgende Arbeitsschritte durch:

1 Markieren Sie den zu benennenden Zellbereich bzw. die Zelle, die Sie benennen wollen, und wählen Sie **Einfügen → Namen → Definieren**.

2 Geben Sie in der Dialogbox **Namen definieren** (s. Abb. 14) im Feld **Namen in der Arbeitsmappe** den gewünschten Namen, zum Beispiel **Umsatz_Januar**, ein und klicken Sie auf die Schaltfläche **Hinzufügen**.

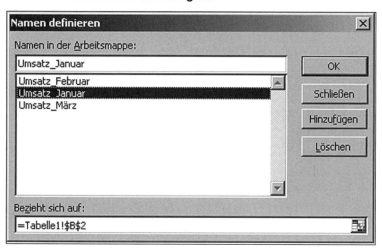

Abb. 14: Das Dialogfeld Namen definieren

3 Verlassen Sie das Dialogfeld über **OK**. Wenn Sie anschließend die Namensliste im Namensfeld der Bearbeitungsleiste öffnen, werden Sie die entsprechenden Bereichsnamen finden.

4 Addieren Sie die Werte der Zellen **B2** bis **D2** in der Zelle **E2**. Excel verwendet automatisch die zuvor definierten Namen (s. Abb. 15). ■

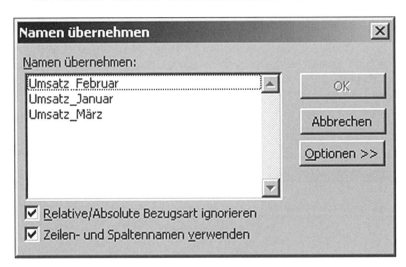

Abb. 15: Hier wurden die zuvor definierten Namen eingesetzt.

> **PRAXIS-TIPP**
>
> Alternativ zu der beschriebenen Vorgehensweise markieren Sie den zu benennenden Zellbereich bzw. die gewünschte Zelle und schreiben den gewünschten Namen direkt links oben in das Namensfeld in der Bearbeitungszeile. Bestätigen Sie die Einstellung mit Hilfe der **Enter**-Taste.

4.2 Namen nachträglich vergeben

Möglicherweise haben Sie bereits Formeln erstellt und entschließen sich zu einem spätern Zeitpunkt dazu, mit Bereichsnamen zu arbeiten. Mit den folgenden Arbeitsschritten machen Sie sich die Namen nachträglich zu Nutze:

1 Wählen Sie **Einfügen → Namen → Übernehmen**. Markieren Sie im Bereich **Namen übernehmen** die gewünschten Namen (s. Abb. 16). Mit Hilfe der **Strg**-Taste lassen sich bei Bedarf mehrere Namen in einem Rutsch auswählen.

Abb. 16: Über diesen Dialog tauschen Sie nachträglich Zellbezeichnungen gegen Bereichsnamen aus.

2 Ist das Kontrollkästchen **Relative/Absolute Bezugsart ignorieren** aktiviert, ersetzt Excel alle Feldbezüge durch Namen ohne Rücksicht darauf, ob die Bezugsart absolut oder relativ ist. Beim Deaktivieren dieser Option achtet Excel auf die Bezugsart und nimmt entsprechende Ersetzungen vor.

3 Sollte Excel die genauen Namen nicht finden, werden die Namen der Zeilen- und Spaltenbereiche eingesetzt, auf die sich die Zellen beziehen, falls Sie das Kontrollkästchen **Zeilen- und Spaltennamen** verwenden abgehakt haben.

4 Über die Schaltfläche **Optionen** erweitern Sie das Dialogfeld **Namen übernehmen** um weitere Einstellungsmöglichkeiten. ■

5 Zusammenfassung – die wichtigsten Schritte für Ihre Berechnungen

Formeln

Eine Formel ist eine Anweisung, eine bestimmte Berechnung durchzuführen. Sie wird in der Regel mit einem Gleichheitszeichen eingeleitet und zeigt das Ergebnis in einer Zelle an. Eine Formel kann sich aus

- Zellbezügen
- Werten
- Operatoren
- Namen
- Bereichen
- Funktionen
- Klammern

zusammensetzen. Häufig werden Kombinationen dieser Elemente verwendet.

Funktion und Funktions-Assistent

Der Funktions-Assistent unterstützt Sie mit vordefinierten Rechenschritten. Wählen Sie **Einfügen → Funktion**. Entscheiden Sie sich im folgenden Dialogfeld unter **Kategorie auswählen** (Excel 2000: **Funktionskategorie**) für die gewünschte Funktionskategorie und klicken Sie nacheinander in der Liste unter **Funktion auswählen** (Excel 2000: **Name der Funktion**) auf die erforderliche Funktion und die Schaltfläche **OK**. Im Dialogfeld **Funktionsargumente** geben Sie die Argumente ein.

Absolute und relative Zellbezüge

Beim Kopieren und Verschieben von Formeln ergeben sich Unterschiede beim Einsatz von relativen und absoluten Zellbezügen. **Absolute Bezüge** erkennt man an einem **Dollarzeichen**. Sie geben die Zellenangabe exakt so wieder, wie in der Ausgangsformel. Relative Bezüge passen sich an die Position der Formelzelle an.

Arbeiten mit Bereichsnamen

Der Einsatz von Namen erleichtert die Arbeit mit Formeln und die Übersicht über komplexe Berechnungen. Markieren Sie den zu benennenden Zellbereich bzw. die Zelle, die Sie benennen wollen, und wählen Sie **Einfügen → Namen → Definieren**. Geben Sie in der Dialogbox **Namen definieren** im Feld **Namen in der Arbeitsmappe** den gewünschten Namen ein und klicken Sie auf die Schaltfläche **Hinzufügen**.

Prozentrechnen

Susanne Kowalski

Prozentrechnung ist eine Verhältnisrechnung mit dem Maßstab 100, deren Name seinen Ursprung in der lateinischen Sprache hat (vom Hundert = pro centum). Sie ist in zahlreichen kaufmännischen Bereichen wie zum Beispiel bei der Ermittlung von Kennzahlen, Kalkulationszuschlägen, Skonti, Boni oder Rabatten von Bedeutung. Kenntnisse im Zusammenhang mit der Prozentrechnung sind im kaufmännischen Bereich für zahlreiche Berechnungen von großer Bedeutung. Alle Beispieltabellen finden Sie auf der CD-ROM in der Datei **Kaufmaennisches-Rechnen.xls** unter der Tabelle **Prozentrechnen**.

1 Anforderungen aus der Praxis

In der Prozentrechnung werden folgende drei Größen unterschieden:

- Grundwert (z. B. 1.200,00 EUR)
- Prozentwert (z. B. 60,00 EUR)
- Prozentsatz (z. B. 5 %)

Der Grundwert ist der Wert, der mit der Vergleichszahl 100 verglichen wird. Er entspricht immer 100 %. Der Prozentwert ist der Wert, der aus dem Grundwert mit Hilfe des Prozentsatzes berechnet wird. Der Prozentsatz ist die Zahl, die das Verhältnis zur Vergleichszahl 100 angibt.

> **HINWEIS**
> Wenn man anstelle von 100 die Vergleichszahl 1000 nimmt, handelt es sich um Promillerechnung.

Mit den richtigen Excel-Formeln lassen sich Grundwert, Prozentwert und Prozentsatz schnell ermitteln. Das trifft auch auf die Prozentrechnung vom vermehrten und verminderten Grundwert zu. Dieses Wissen können Sie dann jederzeit auf komplexere Rechenmodelle übertragen und zum Beispiel im Rahmen einer Zuschlagskalkulation nicht nur Gemeinkostenzuschläge, Skonti, Vertreterprovisionen oder Kundenrabatte, sondern auch den Barverkaufspreis errechnen.

2 Berechnung von Prozentwert, Prozentsatz und Grundwert

Zwei der drei Größen müssen bekannt sein, um die dritte Größe berechnen zu können.

2.1 Berechnung des Prozentwertes

Zur Ermittlung des Prozentwertes müssen der Prozentsatz und der Grundwert gegeben sein.

Beispiel:
Von einem Rechnungsbetrag über 1.500,00 EUR werden 3 % Skonto abgezogen. Wie viel EUR beträgt der Skonto?

Die allgemeine Lösungsformel lautet:

Prozentwert = Grundwert x Prozentsatz

Prozentrechnen 33

In Excel gehen Sie zur Berechnung des Prozentwertes folgendermaßen vor:

1 Tragen Sie zunächst die bekannten Größen in ein leeres Tabellenarbeitsblatt ein (s. Abb. 2).

2 Bevor Sie die Ziffer 3 in Zelle **B5** eintragen, klicken Sie das Prozentzeichen (s. Abb. 1) in der Format-Symbolleiste an (umgekehrt würden Sie 300 % erhalten).

Abb. 1: Die Schaltfläche Prozentformat

3 Die Excel-Formel in Zelle **B7** lautet:

=B3*B5

Um die Formel zu erfassen, klicken Sie in die gewünschte Zelle. Leiten Sie die Formel mit einem Gleichheitszeichen ein. Klicken Sie die Zelle **B3** an und geben Sie anschließend ein Multiplikationszeichen ein. Multipliziert wird mit der Zelle **B5**, die den Prozentsatz enthält. Klicken Sie diese Zelle ebenfalls an. Bestätigen Sie Ihre Eingabe, indem Sie die Enter-Taste drücken. ■

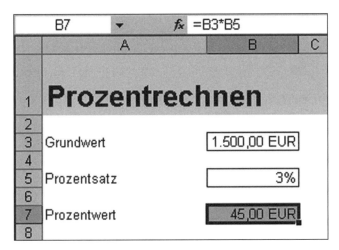

Abb. 2: Den Prozentwert ermitteln Sie mit einer einfachen Formel.

2.2 Berechnung des Prozentsatzes

Zur Berechnung des Prozentsatzes (häufig auch Prozentzahl genannt) müssen Grundwert und Prozentwert bekannt sein.

Beispiel:

Wie viel Prozent beträgt der Rabatt, wenn der Preisnachlass für eine Ware 270 EUR und der Warenwert 3.000 EUR ausmachen (s. Abb. 3)?

Die allgemeine Lösungsformel lautet:

Prozentsatz = Prozentwert : 1 % des Grundwerts

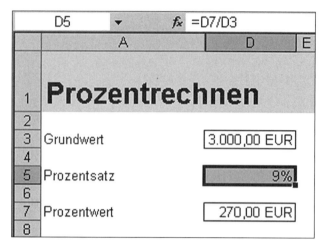

Abb. 3: Division als Lösungsansatz zur Ermittlung des Prozentsatzes

2.3 Berechnung des Grundwertes

Zur Berechnung des Grundwertes müssen Prozentsatz und Prozentwert bekannt sein (s. Abb. 4).

Beispiel:

Wie hoch ist der Bruttopreis einer Ware, wenn 15 % Rabatt 36,00 EUR entsprechen?

Die allgemeine Lösungsformel lautet:

Grundwert = Prozentwert x 100 : Prozentsatz

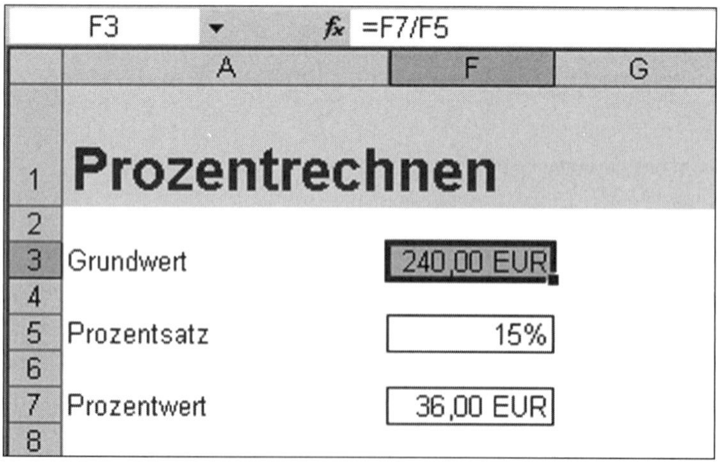

Abb. 4: Der Grundwert ergibt sich in Excel durch die Division des Prozentsatzes durch den Prozentwert.

> **HINWEIS**
>
> Auf die Multiplikation mit 100 bzw. Division durch 100 kann in Excel verzichtet werden, wenn Sie mit Zellen arbeiten, die als Prozent-Wert markiert sind.

3 Prozentrechnung vom vermehrten und verminderten Grundwert

Vom vermehrten bzw. verminderten Grundwert spricht man immer dann, wenn die gegebenen Größen größer bzw. kleiner als 100 % sind. Gesucht wird dann im Allgemeinen der reine Grundwert.

3.1 Prozentrechnung vom vermehrten Wert - auf Hundert

Beispiel:

Der Verkaufspreis einer Ware beträgt nach einer Preiserhöhung um 30 % 1.820,00 EUR. Wie hoch sind der bisherige Preis und die Preiserhöhung?

Vermehrter Wert = Grundwert + Prozentwert

1 Die Preiserhöhung bezieht sich auf den alten Wert, der dem Grundwert, also 100 % entspricht. Folglich entspricht der neue Verkaufspreis 130 % (vermehrter Wert).

2 Geben Sie zunächst die Daten in Ihr Tabellenarbeitsblatt ein. Vergleichen Sie dazu Abb. 5. Die Werte in **B16** bis **B20** werden wie folgt errechnet:

B16: `=100%+B12`

B18: `=B14/B16`

B20: `=B14-B18` ■

D18 fx =B14/(100%+B12)

	A	B	C	D	E	F
10	**Vermehrter Grundwert**					
11						
12	Preiserhöhung in Prozent	30%				
13						
14	Neuer Preis	910,00 EUR				
15						
16	Alter Preis in Prozent	130,00%		direkter Rechenweg		
17						
18	Alter Preis in Euro	700,00 EUR		700,00 EUR		
19						
20	Preiserhöhung in Euro	210,00 EUR		210,00 EUR		
21						

Abb. 5: : Im Zusammenhang mit dem vermehrten Grundwert gibt es in Excel zwei Lösungswege.

Auf direktem Wege ermitteln Sie die Werte wie folgt:

Alter Preis: `=B14/(100%+B12)`

Preiserhöhung: `=B14/(100%+B12)*B12`

3.2 Prozentrechnung vom verminderten Wert - im Hundert

Beispiel:

Beim Verkauf einer veralteten Ware zum Preis von 82,99 EUR hat der Händler einen Verlust von 4 %. Wie hoch ist der Verlust in EUR und wie lautet der ursprüngliche Preis?

Verminderter Wert = Grundwert - Prozentwert

Der Verlust bezieht sich auf den ursprünglichen Preis (= 100 %). Daraus folgt, dass durch den Verlust von 4 % der verminderte Verkaufspreis 96 % entspricht (s. Abb. 6).

I. Kaufmännisch Rechnen

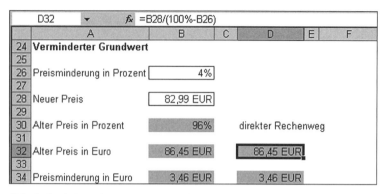

Abb. 6: Ermittlung des verminderten Grundwertes bei alternativen Vorgehensweisen

Die Werte in **B30** bis **B34** werden wie folgt errechnet:

B30: `=100%-B26`

B32: `=B28/B30`

B34: `=B32-B28`

Auch hier können Sie den alten Preis und den Verlust auf direktem Wege ermitteln:

Alter Preis: `=B28/(100%-B26)`

Preisminderung: `=B28/(100%-B26)*B26`

4 Praxisbeispiel: Zuschlagskalkulation

Praktische Anwendung findet die Prozentrechnung unter anderem in der Zuschlagskalkulation, wie im Kalkulationsschema, das bei der Herstellung eigener Erzeugnisse angewendet wird. Hier die Struktur:

Materialkosten

+ Fertigungskosten

= Herstellkosten

+ Verwaltungsgemeinkosten

+ Vertriebsgemeinkosten

+ Sondereinzelkosten des Vertriebs

= Selbstkosten

+ Gewinn

= Barverkaufspreis

+ Kundenskonto

+ Vertreterprovision

= Zielverkaufspreis

+ Kundenrabatt

= Listenverkaufspreis

+ Mehrwertsteuer

Bruttoverkaufspreis

> **HINWEIS**
>
> Eine Musterlösung finden Sie auf der CD-ROM unter der Bezeichnung **KaufmaennischesRechnen.xls** in der Tabelle **Zuschlagskalkulation** (s. Abb. 7).

	Zuschlagssatz	Betrag	Anteil
Fertigungsmaterial		27,58 EUR	10,06%
Materialgemeinkosten	25,00%	6,90 EUR	2,51%
Materialkosten		34,48 EUR	12,57%
Fertigungslöhne		35,90 EUR	13,09%
Fertigungsgemeinkosten	30,00%	10,77 EUR	3,93%
Sondereinzelkosten der Fertigung		12,00 EUR	4,38%
Fertigungskosten		58,67 EUR	21,39%
Herstellkosten		93,15 EUR	33,96%
Verwaltungsgemeinkosten	37,00%	34,46 EUR	12,57%
Vertriebsgemeinkosten	25,00%	23,29 EUR	8,49%
Sondereinzelkosten des Vertriebs		5,00 EUR	1,82%
Selbstkosten		155,89 EUR	56,84%
Gewinn	10,00%	15,59 EUR	5,68%
Barverkaufspreis		171,48 EUR	62,52%
Kundenskonto	2,00%	3,69 EUR	1,34%
Vertreterprovision	5,00%	9,22 EUR	3,36%
Zielverkaufspreis		184,39 EUR	67,23%
Kundenrabatt	20,00%	46,10 EUR	16,81%
Listenverkaufspreis		230,49 EUR	84,03%
MwSt	19%	43,79 EUR	15,97%
Bruttoverkaufspreis		274,28 EUR	100,00%

Abb. 7: Im Kalkulationsschema wird die Prozentrechnung an verschiedenen Stellen benötigt.

4.1 Das Kalkulationsschema umsetzen

Wenn Sie mit dem Kalkulationsschema arbeiten wollen, sind folgende Eingaben erforderlich:

- **Fertigungsmaterialkosten** als absoluter Betrag
- Prozentualer **Materialgemeinkostenzuschlag**
- **Fertigungslöhne** als absoluter Betrag
- **Fertigungsgemeinkosten** als Prozentwert
- **Sondereinzelkosten der Fertigung** als absoluter Betrag
- **Verwaltungsgemeinkosten** als prozentualer Wert
- **Vertriebsgemeinkosten** als prozentualer Wert
- Ggf. **Sondereinzelkosten des Vertriebs** als absoluter Wert
- **Gewinnzuschlag** als Prozentwert
- **Kundenskonto**, **Vertreterprovision** und **Kundenrabatt** jeweils als Prozentwert

Kundenskonto

Falls Sie einem Kunden bei vorzeitiger Zahlung Skonto gewähren, geben Sie den entsprechenden Prozentwert ein. Der Skontobetrag ergibt sich dann in **D18** wie folgt:
=C18*$D$17/(100%-C18-C19)

Die allgemeine Formel lautet:
Kundenskonto in Prozent * Barverkaufspreis / (100% - Kundenskonto in Prozent — Vertreterprovision in Prozent)

In diesem Zusammenhang liegt ein verminderter Grundwert vor: Kundenskonto wird dem Kunden vom Zielverkaufspreis aus gewährt. Aus diesem Grunde muss Skonto im Hundert vom Barverkaufspreis errechnet werden. Da sich der Barverkaufspreis außerdem um die Vertreterprovision reduziert, muss die prozentuale Vertreterprovision ebenfalls subtrahiert werden.

Vertreterprovision

Häufig ist von Seiten des Unternehmens auch Vertreterprovision zu entrichten. Den zugehörigen Prozentwert tragen Sie in **C19** ein. Auch hierbei muss ein verminderter Grundwert berücksichtigt werden. Entsprechend lautet die Formel in **D19**:
=C19*$D$17/(100%-C19-C18)

I. Kaufmännisch Rechnen

Die allgemeine Formel lautet:

```
Vertreterprovision in Prozent x Barverkaufspreis / (100 % - Kundenskonto
in Prozent — Vertreterprovision in Prozent)
```

Kundenrabatt

Schließlich muss unter Umständen noch ein Kundenrabatt berücksichtigt werden. Diesen Wert gibt man ebenfalls als Prozentwert in **B21** ein. Der zugehörige Betrag wird in **D21** wie folgt errechnet:

```
=C21*D20/(100%-C21)
```

Die allgemeine Formel lautet:

```
Kundenrabatt in Prozent x Zielverkaufspreis / (100 % - Kundenrabatt
in Prozent)
```

In diesem Zusammenhang arbeiten Sie wiederum mit einem verminderten Grundwert.

4.2 Die Anteile

Zur Ermittlung der Anteile der einzelnen Positionen, die sich im Kalkulationsschema ergeben, setzen Sie wiederum die Prozentrechnung ein. Der Barverkaufspreis entspricht 100 %. Die Anteile der einzelnen Positionen am Barverkaufspreis können der Spalte **Anteile** entnommen werden.

Der Anteil des Fertigungsmaterials ergibt sich durch Division der Fertigungsmaterialkosten durch den Bruttoverkaufspreis. Die Formel (s. Abb. 8) lautet in **E4**:

```
=WENN($D$24=0;"";D4/$D$24)
```

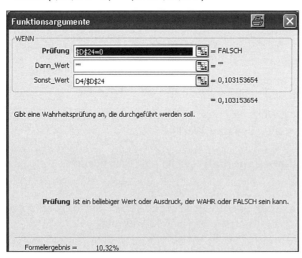

Abb. 8: WENN-Funktionen werden häufig eingesetzt, um Fehler abzufangen.

5 Zusammenfassung: Die wichtigsten Formeln im Überblick

- **Prozentwert** = Grundwert x Prozentsatz
- **Prozentsatz** = Prozentwert : 1 % des Grundwerts
- **Grundwert** = Prozentwert x 100 : Prozentsatz
- **Vermehrter Wert** = Grundwert + Prozentwert
- **Verminderter Wert** = Grundwert − Prozentwert

Zins- und Zinseszinsrechnung

Susanne Kowalski

In Excel gibt es eine Vielzahl Funktionen zur Ermittlung von Zinsen und Zinseszinsen, die sich für unterschiedliche Zwecke eignen. Vielfach ist es aber auch sinnvoll, mit manuellen Formeln zu arbeiten. Werden die Anforderungen komplexer, ist häufig der Einsatz umfangreicher Rechenschritte notwendig. Wann Sie welche Funktion für welche Aufgabenstellung einsetzen oder ob Sie besser mit selbst erstellten Formeln arbeiten, ist Thema dieses Kapitels. Dabei werden verschiedene praxisrelevante Probleme wie

- Berechnen von **Tages-, Monats-** und **Jahreszinsen**
- Berechnen der **Effektivverzinsung** sowie der Vorteile der **Skontonutzung**
- Zukünftiger Wert bei **wechselnden Zinsen**
- Ermittlung des **Barwerts**
- Ermitteln von Zinseszins-Effekten im Zusammenhang mit **Darlehen** und **Spareinlagen**

berücksichtigt.

> **HINWEIS**
> Alle Beispieltabellen finden Sie auf der CD-ROM unter der Bezeichnung **Kaufmaennisches-Rechnen.xls**.

1 Soll- und Habenzinsen im Griff

Zinsrechnung ist nichts anderes als Prozentrechnung unter Berücksichtigung des Zeitfaktors. Dabei wird mit vier Größen gearbeitet:

- Zinsen
- Kapital
- Zinsfuß
- Zeit

Die Zinsen sind der Preis für das leihweise überlassene Kapital. Sie entsprechen dem Prozentwert in der Prozentrechnung. Das Kapital entspricht der geliehenen bzw. bereitgestellten Geldsumme und ist vergleichbar mit dem Grundwert in der Prozentrechnung. Der Zinsfuß (Prozentsatz in der Prozentrechnung) gibt an, wie viel Prozent die Kosten für ein Jahr betragen. Die Zeit definiert, für welchen Zeitraum die Zinsen zu zahlen sind.

Mit diesen Grundlagen der Zinsrechnung haben Sie in Excel die Möglichkeit, alle grundlegenden Berechnungen rund um die Zins- und Zinseszinsrechnung durchzuführen.

2 Berechnen von Zinsen

Die allgemeine Zinsformel lautet:

Zinsen = Kapital x Zinsfuß x Zeit / 100

Für den Faktor Zeit ist ein Jahr als Bezugseinheit festgelegt. Monate und Tage werden als Bruchteile des Jahres angegeben, wobei das Jahr mit 360 Tagen und der Monat mit 30 Tagen ausgewiesen wird. Je nachdem, ob Sie Tages-, Monats- oder Jahreszinsen ermitteln möchten, müssen Sie unterschiedliche Formeln einsetzen.

Die allgemeine Zinsformel zur Ermittlung der Tageszinsen lautet:

Tageszinsen = Kapital x Zinssatz x Tage / 100 x 360

Um diese Formel in Excel anzuwenden, geben Sie zunächst die Daten aus Abb. 1 in ein leeres Tabellenarbeitsblatt ein. Die Umsetzung in Excel in Zelle **B9** lautet:

=B3*B5*B7/360

Auf die Division durch 100 kann an dieser Stelle verzichtet werden, da in **B5** mit einem Prozentwert gearbeitet wird.

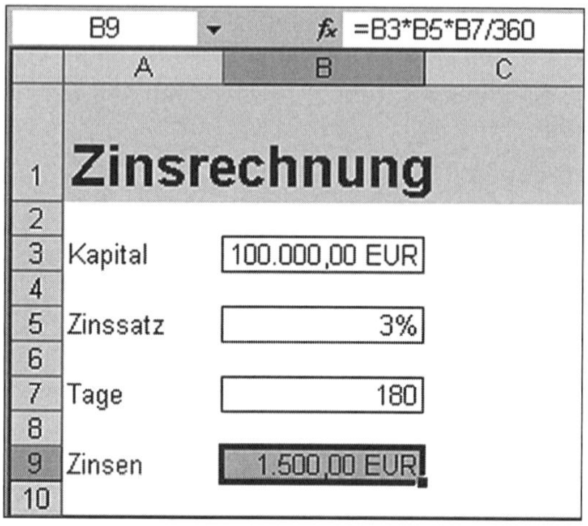

Abb. 1: Hier werden die Tageszinsen ermittelt.

Entsprechend errechnen Sie die Monatszinsen (s. Abb. 2). Hier wird anstatt durch 360 durch 12 dividiert.

Monatszinsen = Kapital x Zinssatz x Monate / 100 x 12

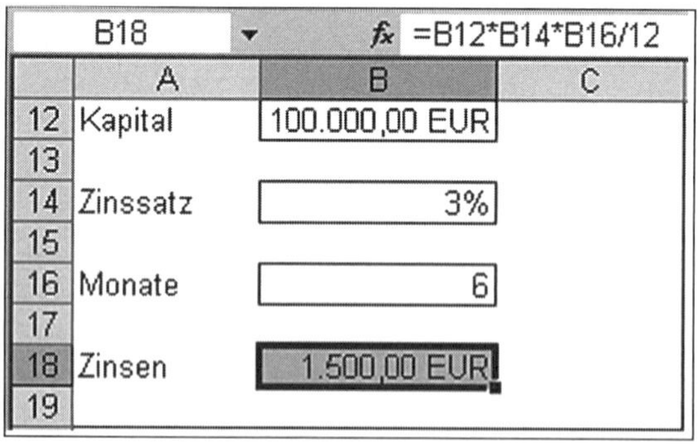

Abb. 2: Die Monatszinsen werden mit einer manuellen Formel errechnet.

3 Die Funktion ZINSZ()

Zinsen können Sie in Excel außerdem mit Hilfe der Funktion ZINSZ() ermitteln. Allerdings errechnet diese Funktion die Zinsen immer nur für eine bestimmte Periode, zum Beispiel einen Monat oder einen Tag. Die zuvor vorgestellten manuellen Formeln weisen dagegen die Zinsen für einen kompletten Zeitraum aus.

1 Setzen Sie die Eingabemarkierung in die gewünschte Zelle und wählen Sie **Einfügen → Funktion → Finanzmathematik**.

2 Bei den Funktionen entscheiden Sie sich für **ZINSZ**. Führen Sie einen Doppelklick auf **ZINSZ** aus, um in das zweite Dialogfeld des Assistenten zu gelangen.

Zins- und Zinseszinsrechnung

3 Im zweiten Schritt des Assistenten tragen Sie die einzelnen Argumente der Funktion ZINSZ ein (s. Abb. 3). Anschließend verlassen Sie das Dialogfeld über **OK**. ■

Bei der Funktion ZINSZ() müssen Sie unbedingt darauf achten, dass Sie zueinander passende Zeiteinheiten verwenden.

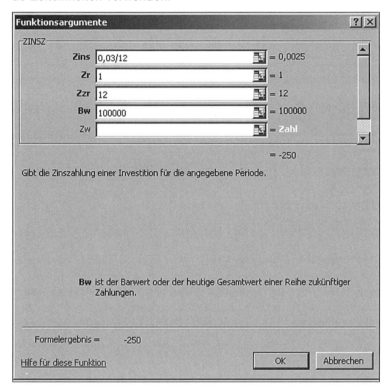

Abb. 3: Das Dialogfeld Funktionsargumente von ZINSZ

Die Argumente der Funktion **ZINSZ()** werden in den meisten Funktionen rund um die Zinsrechnung verwendet. Eine Erläuterung der einzelnen Argumente finden Sie in Tabelle 1.

Argument	Erläuterung
Zins	Steht für den Zinssatz der Periode. Wenn Sie eine monatliche Zinsermittlung durchführen möchten, müssen Sie den Zins durch 12 dividieren. Bei einer täglichen Betrachtungsweise teilen Sie entsprechend durch 360.
Zr	Periode, für die der Zinsbetrag ermittelt werden soll, zum Beispiel der erste Monat eines Jahres.
Zzr	Laufzeit des Darlehens. Bei einer jährlichen Zinsermittlung trägt man die Laufzeit in Jahren ein. Bei einer monatlichen Zinsrechnung müssen Sie die Jahre mit der Zahl 12 multiplizieren. Bei einer tageweise Zinsermittlung multiplizieren Sie entsprechend die Anzahl der Jahre mit 360.
BW	Gesamtwert der Spareinlage bzw. des Kredits
F	Gibt an, wann Zahlungen fällig sind, und kann den Wert **0** oder **1** annehmen. Fehlt das Argument **F**, wird es als **0** angenommen. **0** bedeutet, dass die Zahlung am Ende der Periode fällig ist; **1** bedeutet, dass die Zahlung am Anfang der Periode fällig ist.

Tab. 1: Argumente der Funktion ZINSZ()

> **PRAXIS-TIPP**
>
> Das Ergebnis der Funktion ZINSZ() wird als negative Zahl ausgegeben. Mit Hilfe der Funktion ABS() können Sie das verhindern.

Mit der Funktion ZINSZ können Sie auch Tages- (s. Abb. 4) und Jahreszinsen ermitteln.

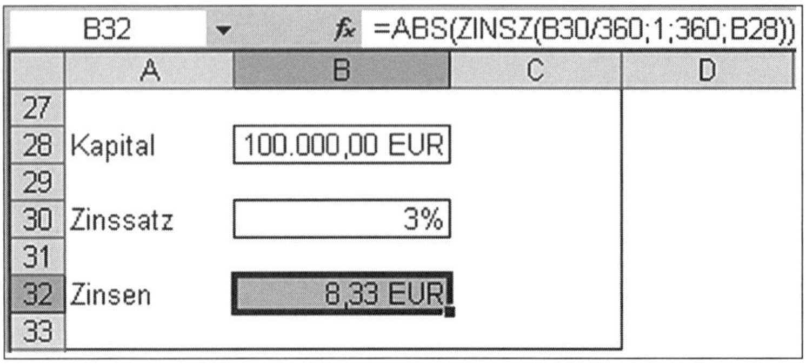

Abb. 4: Hier gibt ZINSZ() die Zinsen für den ersten Tag an.

Exkurs: Bankenlatein und Excel-Argumente im Einklang

In den Kreditangeboten der Banken werden zahlreiche Fachausdrücke verwendet. Auch die Argumente in den finanzmathematischen Excel-Funktionen lassen nicht immer auf den ersten Blick erkennen, welche Größe gemeint ist. In der Praxis bereitet es deshalb häufig Schwierigkeiten, wenn Sie die Begriffe der Banken und Excel-Argumente zusammenbringen wollen:

- Unter **Kreditsumme** versteht man die Höhe eines Darlehens. Sie wird in den Excel-Funktionen als Barwert, abgekürzt **BW**, bezeichnet.
- **ZINS** steht sowohl bei Banken als auch in Excel für den Zinssatz pro Periode.
- Die **Laufzeit** umfasst die Anzahl der Zahlungsperioden. Sie wird in Excel durch das Kürzel **ZZR** repräsentiert und wahlweise in Jahren oder Monaten angegeben.
- Der **Endwert** ist der Betrag, den Sie nach der letzten Zahlung anstreben. Excel verwendet die Abkürzung **ZW**. Wenn der Kredit nach Ablauf abgezahlt sein soll, bedeutet das, dass der Endwert gleich Null ist.
- In den Excel-Funktionen ist außerdem das Argument **ZR** von Bedeutung. Es bestimmt die Periode, für die Sie Zinsen oder Tilgung ermitteln wollen. Um zum Beispiel die Höhe der Zinsen für das erste Jahr auszurechnen, geben Sie die Ziffer 1 ein.

4 Effektivverzinsung

Der Zinssatz wird standardmäßig als Normalzins angegeben. Das heißt, Kreditkosten in Form von Gebühren oder sonstigen Kosten bleiben unberücksichtigt. Nur wer den Effektivzins kennt, kann aus mehreren Kreditangeboten die günstigste Finanzierungsalternative ermitteln.

4.1 So ermitteln Sie den Effektivzins

Der effektive Jahreszinssatz berücksichtigt auf der Basis der Gesamtlaufzeit eines Kredits folgende Faktoren:

- Auszahlungsbetrag
- Tilgungsleistungen

- Nominalzins
- Gebühren
- Sonstige Kosten

Im Beispiel in Abb. 5 beläuft sich der Kreditbetrag auf 100.000 EUR. Die Laufzeit beträgt fünf Jahre. Ausgezahlt werden 98 % des Kreditbetrags, das heißt, es ist ein Damnum (Auszahlungsabschlag) in Höhe von 2.000 EUR zu leisten. Die jährlichen Zinsen liegen bei 5 %. Außerdem fallen Gebühren in Höhe von 150 EUR und sonstige Kosten in Höhe von 100 EUR an.

	A	B	C
1	**Effektivzins**		
2			
3	Kreditbetrag	100.000,00 EUR	
4			
5	Laufzeit in Jahren	5	
6			
7	Auszahlungsquote	98,00%	
8			
9	Auszahlungsbetrag	98.000,00 EUR	
10			
11	Zinssatz	5,00%	
12			
13	Gebühr	150,00 EUR	
14			
15	Sonstige Kosten	100,00 EUR	
16			
17	jährliche Zinsen	5.000,00 EUR	
18			
19	Anteiliges Damnum	400,00 EUR	
20			
21	Anteilige Kosten	50,00 EUR	
22			
23	Jährliche Kosten	5.450,00 EUR	
24			
25	Effektivzins	5,56%	
26			

Abb. 5: Ermittlung des Effektivzinses

Um den Effektivzins zu berechnen, müssen zunächst folgende Positionen ermittelt werden:

- Jährliche Zinsen **(B17:** =B3*B11**)** als Produkt aus Kreditbetrag und Zinssatz
- Anteiliges Damnum **(B19:** =(B3-B9)/B5**)** als Differenz aus Kredit und Auszahlungsbetrag dividiert durch die Laufzeit des Kredits
- Anteilige Kosten **(B21:** =(B13+B15)/B5**)** als Summe der Gebühren und sonstigen Kosten dividiert durch die Laufzeit des Kredits
- Jährliche Kosten **(B23:** =SUMME(B17:B21)**)** als Summe aus jährlichen Zinsen, anteiligem Damnum und anteiligen Kosten

Der Effektivzins in **B25** errechnet sich durch Division von jährlichen Kosten durch den Auszahlungsbetrag:

=B23/B9

4.2 Vorteil von Skonti ermitteln

Dem Effektivzinssatz kommt in der Beurteilung der Vorteilhaftigkeit der Skontoausnutzung eine bedeutende Rolle zu. Oft ist die Ausnutzung des Skontos auch dann von Vorteil, wenn die Finanzierung über einen Kontokorrentkredit erfolgen muss. Dann vergleichen Sie die Effektivzinsen mit dem Lieferantenkredit.

Beispiel:

Eine Rechnung beläuft sich auf einen Betrag von 4.127 EUR. Die Zahlungsbedingungen lauten 30 Tage Ziel oder Zahlung innerhalb von zehn Tagen bei 2,5 % Skonto. Es soll ermittelt werden, ob sich der Skontoabzug lohnt, wenn ein Kredit notwendig wird, dessen Zinssatz bei 12 % liegt (s. Abb. 6).

	A	B
1	**Skonto**	
3	Rechnungsbetrag	4.127,00 EUR
5	Zahlungsziel in Tagen ohne Skonto	30
7	Zahlungsziel in Tagen mit Skonto	10
9	Skonto	2,5%
11	Effektivzins Kontokorrentkredit	12%
13	Kostenpflichtiger Zeitrahmen in Tagen	20
15	Skontobetrag	103,18 EUR
17	Zahlbetrag bei Skontoausnutzung	4.023,83 EUR
19	Zinsen für Kontokorrentkredit	26,83 EUR
21	Vorteil/Nachteil Skontonutzung	76,35 EUR

Abb. 6: In dieser Beispielkonstellation sollte unbedingt Skonto gezogen werden.

Zunächst müssen folgende Positionen aus Tabelle 2 ermittelt werden.

Position	Zelle	Formel	Erläuterung
Kostenpflichtiger Zeitrahmen in Tagen	B13	=B5-B7	Differenz zwischen Zahlungsziel mit Skonto und Zahlungsziel ohne Skonto
Skontobetrag	B15	=B9*B3	Produkt von Rechnungsbetrag und Skontosatz
Zahlbetrag bei Skontoausnutzung	B17	=B3-B15	Differenz zwischen Rechnungsbetrag und Skontobetrag. Dieser Betrag wird zur Ermittlung der ggf. zu leistenden Zinsen herangezogen
Zinsen für Kontokorrentkredit	B19	=B17*B11*B13/360	Zinsbetrag

Tab. 2: Formeln im Zusammenhang mit Skontovorteilen

Ob Kontokorrentkredit oder Lieferantenkredit (Ausnutzung von Skonto) vorteilhaft ist, zeigt **B21**: =B15-B19

5 Zinseszinsrechnung

Während bei der Zinsrechnung nur das Kapital verzinst wird, werden bei der Zinseszinsrechnung die Zinsen am Ende einer Periode dem Kapital hinzugefügt und in den folgenden Perioden mitverzinst. Dadurch wächst das Endkapital im Zeitablauf überproportional. Die Berechnung des Endwerts des Kapitals heißt in der Fachsprache Aufzinsung.

Die allgemeine Formel zur Ermittlung der Jahreszinsen lautet:

$K_n = K_o \times q^n$

- **K** steht in der allgemeinen Formel als Abkürzung für Kapital.
- K_n ist das Kapital am Ende der Laufzeit.
- K_o steht für das Kapital zu Beginn der Abrechnung.
- **q** wird stellvertretend für den Prozentsatz verwendet.

Beispiel:

Ermittelt werden soll das Endkapital einschließlich Zinseszinsen, wenn ein Startkapital von 10.000 EUR fünf Jahre lang zu einem Zinssatz von 5 % angelegt wird (s. Abb. 7).

In Excel haben Sie zwei alternative Lösungsmöglichkeiten zur Ermittlung der Zinsen:

- Einsatz einer manuellen Formel, wobei die Funktion POTENZ() eingesetzt wird.
- Arbeiten mit der Funktion ZW().

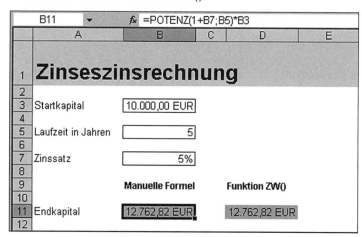

Abb. 7: Alternative Berechnungsformen des Zinseszinses

5.1 Einsatz der Funktion POTENZ()

Im Rahmen der manuellen Formel setzen Sie die Funktion POTENZ() ein (s. Abb. 8):

=POTENZ(1+Zinssatz;Laufzeit)*Startkapital

Die Funktion POTENZ() arbeitet mit den Argumenten **Zahl** und **Potenz**:

- **Zahl** ist die Zahl, die potenziert werden soll (1 + Zinssatz, für das Beispiel also 1,05).
- **Potenz** entspricht dem Exponenten, hier der Anzahl der Jahre.
- Um das Endkapital zu erhalten, muss das Ergebnis mit dem Startkapital multipliziert werden.

In **B11** lautet die zugehörige Formel:

=POTENZ(1+B7;B5)*B3

I. Kaufmännisch Rechnen

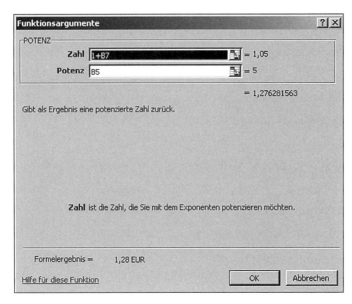

Abb. 8: Der Funktions-Assistent von POTENZ()

5.2 Einsatz der Funktion ZW()

Die Funktion ZW() (s. Abb. 9) wird zur Ermittlung von Endwerten bei regelmäßig eingehenden Beträgen eingesetzt. Um sie auch bei einer einmaligen Zahlung zu verwenden, lassen Sie das Argument **Rmz** frei.

Rmz entspricht dem Betrag, der in jeder Periode gezahlt wird. Dieser Betrag bleibt während der gesamten Laufzeit konstant. In der Beispielkonstellation erfolgt keine regelmäßige Zahlung während der Laufzeit, der Wert von **Rmz** entspricht demnach Null. Lediglich das bereits vorhandene Kapital (**Bw**) wird verzinst.

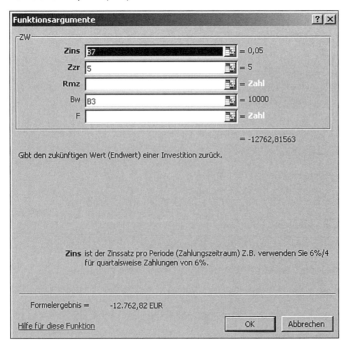

Abb. 9: Die Funktion ZW()

> **HINWEIS**
> Da der Endwert als negative Zahl ausgewiesen wird, wurde in der Beispieltabelle mit der Funktion ABS() gearbeitet.

5.3 Weitere Funktionen

Weitere Funktionen zur Ermittlung der Zinsen finden Sie in Tabelle 3.

Funktion mit Syntax	Beschreibung
EFFEKTIV(Nominalzins; Perioden)	Berechnet den jährlichen Effektivzins für Darlehen und Geldanlagen.
ISPMT(Zins;Zr;Zzr;Bw)	Ermittelt die Höhe der Zinsen, die während einer bestimmten Periode für eine Investition ausgezahlt werden.
NOMINAL(Effektiver_Zins; Perioden)	Berechnet den jährlichen Nominalzins für Darlehen und Geldanlagen.
QIKV(Werte;Investition; Reinvestition)	Ermittelt die interne Ertragsrate einer Reihe von Ein- und Auszahlungen.
XINTZINSFUSS(Werte; Zeitpkte;Schätzwert)	Ermittelt den internen Zinsfuß für Zahlungen, die zu unterschiedlichen Zeitpunkten erfolgen.
ZINS(Zzr;Rmz;Bw;Zw;F; Schätzwert)	Berechnet den Zinssatz einer Investition bei regelmäßigen Auszahlungen. Mit Schätzwert wird angegeben, mit welcher Zinshöhe Sie rechnen. Dadurch kann das Rechenverfahren beschleunigt werden.

Tab. 3: Funktionen zur Ermittlung von Zinsen

6 Regelmäßige Geldanlagen verzinsen

Zur Ermittlung von Endbeträgen regelmäßiger Geldanlagen stellt Excel ebenfalls Funktionen bereit. Dabei müssen Sie insbesondere darauf achten, ob konstante oder variable Zinsen ausgezahlt werden.

6.1 Zukünftiger Wert bei konstanten Zinsen

Angenommen Sie sparen über einen Zeitraum von zehn Jahren jährlich 3.000 EUR, die zu 2,5 % verzinst werden. Um zu ermitteln, wie hoch das ersparte Kapital am Ende der Laufzeit sein wird, setzen Sie die Funktion ZW() ein.

Die Syntax lautet ZW(Zins;Zzr;Rmz;BW;F). Für das Beispiel geben Sie
=ZW(2,5%;10;3000)
ein. Alternativ schreiben Sie die Werte in Zellen und verwenden diese als Argumente. Sie erhalten ein Ergebnis von 33.610,15 EUR (s. Abb. 10).

Um die Bedeutung der Zeitraumangaben zu verdeutlichen, wird das Beispiel weiter differenziert: Die Zahlung von 3.000 EUR erfolgt nicht einmal jährlich, sondern wie in der Praxis üblich, einmal monatlich mit einer Zahlung von 250 EUR. Die Formel lautet dann:
=ZW(2,5%/12;120;250)

Der Betrag fällt mit 34.042,99 EUR höher aus (s. Abb. 10), als bei der jährlichen Betrachtung. Das liegt daran, dass bei monatlicher Betrachtungsweise die Teilbeträge früher, nämlich zu jedem Monatsende eingehen. Das hat wiederum Auswirkungen auf die Zinserträge und damit gleichzeitig auf die Zinseszinsen. Erfolgt die Zahlung am Anfang einer Periode, lautet die Formel:
=ZW(2,5%/12;120;250;1)

Das Ergebnis erhöht sich auf 34.113,91 EUR.

I. Kaufmännisch Rechnen

[Excel screenshot: E22 =ABS(ZW(E20/12;E18;E16))]

	A	B	C	D	E	F
13						
14	Regelmäßige Geldanlagen verzinsen					
15						
16	Sparrate	3.000,00 EUR		Sparrate	250,00 EUR	
17						
18	Laufzeit in Jahren	10		Laufzeit in Monaten	120	
19						
20	Zinssatz	3%		Zinssatz	3%	
21						
22	Endkapital	33.610,15 EUR		Endkapital	34.042,99 EUR	
23						

Abb. 10: Endkapital bei jährlicher und monatlicher Betrachtungsweise

> **HINWEIS**
> Die Angabe der Argumente **BW** und **F** ist nicht zwingend erforderlich. Wird **BW** nicht angegeben, so nimmt Excel den Wert Null an. **BW** entspricht dem aktuellen Kontostand.

Künftiger Kontostand bei vorhandenem Kapital

Liegt der aktuelle Kontostand bei 10.000 EUR und werden zusätzlich monatlich zehn Jahre lang 250 EUR bei einem Zinssatz von 2,5 % eingezahlt, lautet die Formel:

`=ZW(5%/12;120;250;10000)`

Sie erhalten ein Ergebnis von 46.879,90 EUR.

6.2 Zukünftiger Wert bei wechselnden Zinsen

Einige Sparbriefe bieten zum Einstieg einen niedrigen Zins, der sich dann jährlich erhöht. Zur Ermittlung des Endkapitals verwenden Sie die Funktion ZW2(). Deren Syntax lautet:

`=ZW2(Kapital;Zinsen)`

Das Argument **Kapital** entspricht dem Anfangskapital. **Zinsen** sind die jeweiligen Zinssätze, die in der Regel in einem zusammenhängenden Bereich einer Excel-Tabelle eingetragen werden. Die Jahre werden nicht angegeben, Sie ergeben sich aus der Zahl der eingegebenen Zinssätze (s. Abb. 11).

[Excel screenshot: B39 =ZW2(B27;B29:B37)]

	A	B	C	D
24				
25	Zukünftiger Wert bei wechselnden Zinsen			
26				
27	Startkapital	25.000,00 EUR		
28				
29	Zinsen 1. Jahr	1,75%		
30				
31	Zinsen 2. Jahr	2,00%		
32				
33	Zinsen 3. Jahr	2,50%		
34				
35	Zinsen 4. Jahr	3,00%		
36				
37	Zinsen 5. Jahr	3,75%		
38				
39	Endkapital	28.419,98 EUR		
40				

Abb. 11: Endkapital bei steigenden Zinsen

7 Barwert bei regelmäßigen Zahlungen

Wenn Sie wissen wollen, wie viel Kapital Sie benötigen, um 20 Jahre lang regelmäßig einen Betrag von 10.000 EUR ausgezahlt zu bekommen, setzen Sie die Funktion BW() ein. Als Zinssatz wird 4 % angenommen. Die Syntax der Funktion lautet (s. Abb. 12):
=BW(Zins;Zzr;Rmz;Zw;F)

Abb. 12: Einsatz der Funktion BW() an einem Zahlenbeispiel

Sie erhalten ein Ergebnis von –135.903,26 EUR. Das bedeutet, dass Sie exakt diesen Betrag bei einer Bank einzahlen müssten, damit Sie die gewünschte jährliche Auszahlung erhalten.

Weitere Funktionen zur Ermittlung von Kapitalerträgen sind **NBW()** und **XKAPITALWERT()**:

- NBW(Zins;Wert1;Wert2;...): Berechnet den Nettokapitalwert periodischer Ein- oder Auszahlungen. Wert1, Wert2 usw. entsprechen den Ein- bzw. Auszahlungen.
- XKAPITALWERT(Zins;Werte;Zeitpkte): Ermittelt den Nettokapitalwert für Zahlungen, die zu unterschiedlichen Zeitpunkten erfolgen.

Barwert: Vergleichbarkeit von Zahlungszeitpunkten

Ein erwarteter Geldeingang ist umso weniger wert, je weiter er in der Zukunft liegt. Entsprechend ist eine zu leistende Auszahlung umso belastender, je näher der Zahlungszeitpunkt liegt. Angenommen Sie erwarten heute eine Zahlung in Höhe von 10.000 EUR und in drei Jahren. Die Zahlung in drei Jahren ist weniger wert als die von heute, da der Zahlungszeitpunkt weiter entfernt liegt. Umgekehrt ist eine Zahlung in Höhe von 10.000 EUR, die Sie heute leisten müssen, belastender als der gleiche Betrag in einem Jahr.

Angenommen Sie können zwischen zwei Zahlungsvarianten wählen: Entweder Sie erhalten heute 9.000 EUR oder in zwei Jahren 10.000 EUR. Welche Variante ist vorteilhafter?

Die Vergleichbarkeit von Zahlungen wird nur dadurch hergestellt, dass alle künftigen Einzahlungen und Auszahlungen auf einen bestimmten Zeitpunkt abgezinst werden. Das heißt, das Zeitmoment muss in der Rechnung berücksichtigt werden. Wenn Sie die beiden Zahlungen zum heutigen Zeitpunkt vergleichbar machen möchten, müssen Sie den Betrag, den Sie in der Zukunft erhalten, also die 10.000 EUR, abzinsen.

Eine auf einen Zeitpunkt abgezinste Zahlung bezeichnet man als Barwert. Die Abzinsung erfolgt mit einem Zinssatz, der Kalkulationszinsfuß genannt wird.

Für die Vergleichsrechnung wird von einer Verzinsung von 5,5 % ausgegangen. Der Abzinsungsfaktor bei einem Kalkulationszinsfuß von 5,5 % und einem Zeitraum von zwei Perioden liegt bei 0,89845.

Er wird nach folgender Formel errechnet:
$1/(1+i)^n$

I. Kaufmännisch Rechnen

- i steht stellvertretend für den Kalkulationszinsfuß
- n steht stellvertretend für den Zeitraum

In Excel können Sie eine solche Rechnung mit Hilfe der Funktion POTENZ() lösen:

=POTENZ(1/(1+0,055);2)

Alternativ arbeiten Sie mit den Zellangaben Ihrer Tabelle (s. Abb. 13).

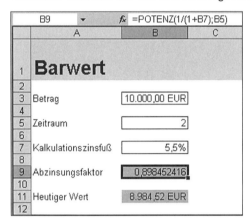

Abb. 13: Zur Ermittlung des heutigen Vergleichswertes muss zunächst der Abzinsungsfaktor gebildet werden.

Den Abzinsungsfaktor müssen Sie mit dem Betrag von 10.000 EUR multiplizieren, um den heutigen Wert zu erhalten.

8 Einen Tilgungsplan erstellen

Wenn Sie im Zusammenhang mit einer größeren Investition ein Darlehen oder eine Hypothek aufnehmen, stellt sich die Frage, wie sich die Schulden im Zeitablauf entwickeln. Häufig werden jährlich gleich bleibende Beträge (Annuitäten) zur Tilgung und als Zinsen gezahlt. Der Anteil von Tilgung und Zinsen ändert sich von Jahr zu Jahr.

Beispiel:

Wie entwickeln sich Tilgung, Zinsen und Restschuld bei einem Darlehen von 100.000 EUR, einer Laufzeit von zehn Jahren und einem Zinssatz von 6 %?

Die komplette Tabelle aus Abb. 14 beruht auf folgenden Angaben:

- Darlehensbetrag
- Laufzeit in Jahren
- Zinssatz

Die zugehörigen Formeln und ihre Erläuterung finden Sie in Tabelle 4:

Zelle	Formel	Erläuterung
E5	=WENN(D5>$B$8;0;ZINSZ($B$10;D5;$B$8;$B$6))	Der Zinsanteil wird mit Hilfe der Funktion ZINSZ() ermittelt. Über die WENN-Funktion wird die Laufzeit des Darlehens abgefragt.
F5	=WENN(D5>$B$8;0;KAPZ($B$10;D5;$B$8;$B$6))	Der Tilgungsanteil der einzelnen Jahre wird mit der Funktion KAPZ() ausgerechnet. Diese Funktion verwendet dieselben Argumente wie die Funktion ZINSZ().

Zins- und Zinseszinsrechnung

Zelle	Formel	Erläuterung
G5	=G4+F5	Die Restschuld ergibt sich durch Addition von Restschuld und Tilgung. Eine Addition ist dadurch möglich, da der Wert in **F5** als negative Zahl ausgewiesen wird.
B13	=ABS(E5+F5)	Die monatliche Belastung (Annuität) ergibt sich durch Addition von Zinsen und Tilgungsanteil. Sie ist in jedem Jahr gleich hoch.

Tab. 4: Formeln im Tilgungsplan

Tilgungsplan

Darlehnsbetrag: 100.000,00 EUR
Laufzeit in Jahren: 10
Zinssatz: 6,00%
Jährliche Rate: 13.586,80 EUR

Jahr	Zinsanteil	Tilgung	Restschuld
			100.000,00 EUR
1	-6.000,00 EUR	-7.586,80 EUR	92.413,20 EUR
2	-5.544,79 EUR	-8.042,00 EUR	84.371,20 EUR
3	-5.062,27 EUR	-8.524,52 EUR	75.846,68 EUR
4	-4.550,80 EUR	-9.036,00 EUR	66.810,68 EUR
5	-4.008,64 EUR	-9.578,15 EUR	57.232,53 EUR
6	-3.433,95 EUR	-10.152,84 EUR	47.079,68 EUR
7	-2.824,78 EUR	-10.762,01 EUR	36.317,67 EUR
8	-2.179,06 EUR	-11.407,74 EUR	24.909,93 EUR
9	-1.494,60 EUR	-12.092,20 EUR	12.817,73 EUR
10	-769,06 EUR	-12.817,73 EUR	0,00 EUR
11	0,00 EUR	0,00 EUR	0,00 EUR
12	0,00 EUR	0,00 EUR	0,00 EUR
13	0,00 EUR	0,00 EUR	0,00 EUR
14	0,00 EUR	0,00 EUR	0,00 EUR
15	0,00 EUR	0,00 EUR	0,00 EUR
16	0,00 EUR	0,00 EUR	0,00 EUR
17	0,00 EUR	0,00 EUR	0,00 EUR
18	0,00 EUR	0,00 EUR	0,00 EUR
19	0,00 EUR	0,00 EUR	0,00 EUR
20	0,00 EUR	0,00 EUR	0,00 EUR
21	0,00 EUR	0,00 EUR	0,00 EUR
22	0,00 EUR	0,00 EUR	0,00 EUR
23	0,00 EUR	0,00 EUR	0,00 EUR
24	0,00 EUR	0,00 EUR	0,00 EUR
25	0,00 EUR	0,00 EUR	0,00 EUR
26	0,00 EUR	0,00 EUR	0,00 EUR
27	0,00 EUR	0,00 EUR	0,00 EUR
28	0,00 EUR	0,00 EUR	0,00 EUR
29	0,00 EUR	0,00 EUR	0,00 EUR
30	0,00 EUR	0,00 EUR	0,00 EUR

Abb. 14: Jährlicher Tilgungsplan

Die fertige Tabelle sowie einen monatlichen Tilgungsplan finden Sie in der Datei **Kaufmaennisches-Rechnen.xls** im Register **Tilgungsplan jährl.** bzw. **Tilgungsplan monatl.**

9 Monatliche Spareinlagen ausrechnen

Insbesondere im Zusammenhang bei der Entwicklung langfristiger Geldanlagen spielt die Zinseszinsrechnung eine entscheidende Rolle. Wenn Sie wissen möchten, wie viel Sie monatlich sparen müssen, um ein bestimmtes Wunschkapital zu erhalten, können Sie die Funktion RMZ() einsetzen.

Beispiel:

Sie möchten in den nächsten zehn Jahren ein Kapital von 100.000 EUR ansparen und haben die Möglichkeit, einen Zinssatz von 3,75 % zu erhalten. Vergleichen Sie die Eingaben mit Abb. 15.

I. Kaufmännisch Rechnen

Abb. 15: Die monatliche Sparrate beläuft sich auf 688,11 EUR.

Mit Hilfe der folgenden Formel wird die Höhe der monatlichen Sparrate ermittelt:

=RMZ(B7/12;B5;0;B3)

Da nach monatlichen Sparraten gefragt wird, muss der Zins durch 12 dividiert werden. Die Angabe des Zeitraums (Zzr) erfolgt entsprechend als Monatsangabe. Der Ausgangswert (BW) beträgt 0 EUR.

10 Zusammenfassung: Die wichtigsten Formeln und Funktionen

Formeln

- **Jahreszinsen einfache Verzinsung** = Kapital x Zinsfuß x Zeit / 100
- **Tageszinsen einfache Verzinsung** = Kapital x Zinssatz x Tage / 100 x 360
- **Monatszinsen einfache Verzinsung** = Kapital x Zinssatz x Monate / 100 x 12
- **Jahreszinsen bei Zinseszinsrechnung:** $K_n = K_0 \times q^n$

Funktionen

- Zinsen können Sie in Excel mit Hilfe der Funktion **ZINSZ()** ermitteln. Allerdings errechnet diese Funktion die Zinsen immer nur für eine bestimmte Periode, zum Beispiel für einen Monat oder einen Tag.
- Die Funktion **ZW()** wird zur Ermittlung von Endwerten bei regelmäßig eingehenden Beträgen eingesetzt.
- Zur Ermittlung des Endkapitals verwenden Sie die Funktion **ZW2()**, wenn die Zinsen während der Laufzeit unterschiedlich hoch sind.
- Wenn Sie wissen wollen, wie viel Kapital Sie benötigen, um für eine bestimmte Dauer von Jahren regelmäßig eine gewünschte Auszahlung zu erhalten, setzen Sie die Funktion **BW()** ein.

Betriebliche Kennzahlen

Susanne Kowalski

Kennzahlen stellen in komprimierter Form wichtige betriebswirtschaftliche Zusammenhänge dar und fassen messbare betriebliche Tatbestände zusammen. Sie zeigen die Stärken und Schwächen eines Unternehmens. Zwar stellt Excel eine kaum überschaubare Menge an Funktionen zur Verfügung, in der Praxis zeigt sich jedoch immer wieder, dass diese für die individuellen Bedürfnisse der einzelnen Anwender nicht unbedingt ausreichen. Das trifft insbesondere auf betriebswirtschaftliche Kennziffern zu, die viele Anwender regelmäßig einsetzen. Entsprechende Zahlen müssen in Excel mit eigenen Formeln hergeleitet werden. Wir zeigen Ihnen in diesem Kapitel, wie Sie Excel um betriebliche Kennzahlen mit Hilfe von benutzerdefinierten Funktionen ergänzen.

> **HINWEIS**
> Begleitend zu diesem Kapitel steht Ihnen auf der CD-ROM die Datei **Kennzahlen.xls** zur Verfügung. Dort finden Sie die Tabellen **Kennzahlen** und **Cash Flow**. Darüber hinaus enthält die Musterlösung verschiedene benutzerdefinierte Funktionen.

1 Kennziffern für unterschiedliche betriebliche Bereiche

Betriebliche Kennziffern dienen als Maßstabwerte für innerbetriebliche und zwischenbetriebliche Vergleiche sowie der Kontrolle des Betriebsergebnisses. Sie basieren auf betrieblichen Daten und verfügen, richtig angewandt, über eine konzentrierte Aussagekraft. Nicht nur Gewinne, sondern auch andere Faktoren geben Auskunft über Erfolg oder Misserfolg des wirtschaftlichen Handelns. Daraus resultieren in der Betriebswirtschaft unterschiedliche Kennzahlensysteme. Zwar werden die meisten Kennzahlen im Finanzbereich benötigt, darüber hinaus sind Kennziffern aus anderen betrieblichen Bereichen wie zum Beispiel Vertrieb oder Lager ebenfalls bedeutend. Im Rahmen dieses Kapitels stellen wir Ihnen Kennzahlen aus folgenden Bereichen vor:

- Rentabilität
- Liquidität
- Lager
- Umschlag
- Cash Flow

Eine große Arbeitserleichterung ist es, Kennziffern, die Sie regelmäßig einsetzen, als benutzerdefinierte Funktion einzurichten. Eine benutzerdefinierte Funktion unterscheidet sich in ihrer Verwendung nicht von den integrierten Excel-Funktionen. Das heißt, sie stehen genauso zur Verfügung, wie eine integrierte Excel-Funktion, die Sie über **Einfügen → Funktion** aufrufen.

2 Rentabilitätskennzahlen

Rentabilitätskennzahlen (s. Abb. 1) zeigen das Verhältnis von Gewinn zum Eigen-, Gesamtkapital oder Umsatz und messen die Ertragskraft des Unternehmens (s. Tabelle 1).

Bezeichnung	Allgemeine Formel	Excel-Formel in Kennzahlen.xls
Eigenkapital-Rentabilität	Gewinn / Eigenkapital x 100	=WENN(B3=0;0;B5/B3)
Gesamt-Rentabilität	(Gewinn + Fremdkapitalzinsen) / Gesamtkapital x 100	=WENN(B3+B6=0;0;(B5+B7)/(B3+B6))
Umsatz-Rentabilität	(Gewinn + Fremdkapitalzinsen) / Umsatz x 100 (Quelle: Hilmar J. Vollmuth – Bilanzen)	=WENN(B4=0;0;(B5+B7)/B4)

Tab. 1: Rentabilitätskennzahlen

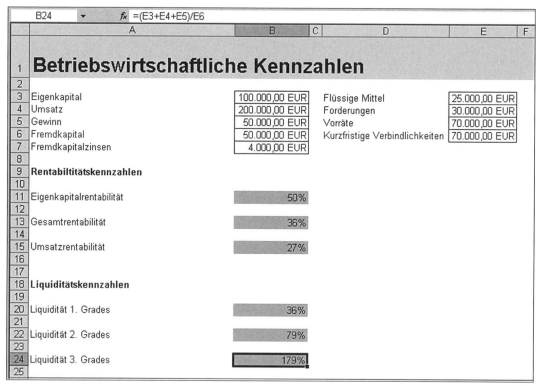

Abb. 1: Kennzahlen für Rentabilität und Liquidität

3 Liquiditätskennzahlen

Liquiditätskennzahlen (Abb. 1) in verschiedenen Abstufungen zeigen, wie flüssig ein Unternehmen ist (s. Tabelle 2).

Bezeichnung	Allgemeine Formel	Excel-Formel in Kennzahlen.xls
Liquidität 1. Grades	Flüssige Mittel / kurzfristige Verbindlichkeiten x 100	=WENN(E6=0;0;E3/E6)
Liquidität 2. Grades	(Flüssige Mittel + Forderungen) / kurzfristige Verbindlichkeiten x 100	=WENN(E6=0;0;(E3+E4)/E6)
Liquidität 3. Grades	(Flüssige Mittel + Forderungen + Vorräte)/kurzfristige Verbindlichkeiten x 100	=WENN(E6=0;0;(E3+E4+E5)/E6)

Tab. 2: Liquiditätskennzahlen

4 Umschlagskennzahlen

Umschlagskennzahlen stehen zur Beurteilung unterschiedlicher Faktoren zur Verfügung. Die Kennzahl **Umschlagshäufigkeit der Forderungen** zum Beispiel unterstützt neben den Liquiditätskennzahlen die Beurteilungsmöglichkeiten der Liquidität. Umschlagskennzahlen finden Sie in Tabelle 3.

Bezeichnung	Allgemeine Formel	Excel-Formel in Kennzahlen.xls
Umschlagshäufigkeit der Forderungen	Umsatzerlöse / Forderungsbestand	=WENN(B4=0;0;B4/E4)
Durchschnittliche Kreditdauer	360 / Umschlagshäufigkeit der Forderungen	=WENN(B29=0;0;360/B29)
Umschlagshäufigkeit des Eigenkapitals	Umsatzerlöse / Eigenkapital	=WENN(B3=0;0;B4/B3)
Umschlagshäufigkeit des Gesamtkapitals	Umsatzerlöse / Gesamtkapital	=WENN(B3+B6=0;0;B4/(B3+B6))
Durchschnittliche Kapitalumschlagshäufigkeit	360 / Kapitalumschlagshäufigkeit	=WENN(B35=0;0;360/B35)

Tab. 3: Umschlagskennzahlen

5 Lagerkennzahlen

Lagerkennzahlen zeigen Zusammenhänge von Risiken und Kosten auf und sind im Hinblick auf eine wirtschaftliche Lagerhaltung ein wichtiges Instrument (s. Tabelle 4). Je höher die Umschlagshäufigkeit des Lagerbestandes ist, desto kürzer ist die Lagerdauer. Damit verbunden sind ein geringerer Kapitaleinsatz und ein kleineres Lagerrisiko. Dadurch werden die Kosten der Lagerhaltung, wie Zinsen, Schwund, Verwaltungskosten etc. reduziert. Die Wirtschaftlichkeit und damit Gewinn und Rentabilität erhöhen sich.

Bezeichnung	Allgemeine Formel	Excel-Formel in Kennzahlen.xls
Lagerumschlagshäufigkeit	Jahresverbrauch / Monatsdurchschnittsbestand	=WENN(H4=0;0;H3/H4)
Lagerdauer	360 / Lagerumschlagshäufigkeit	=WENN(B42=0;0;360/B42)
Lagerzinsen	Jahreszinssatz * durchschnittliche Lagerdauer /100	=H5*B44/100

Tab. 4: Lagerkennzahlen

6 Der Cash Flow

Der Cash Flow wird wie die Rentabilitätskennzahlen aus den Zahlen des Jahresabschlusses abgeleitet. Mit seiner Hilfe kann eine Aussage über die Selbstfinanzierungskraft eines Unternehmens getroffen werden. Eine einheitliche Definition dieses Begriffs gibt es nicht. Die unterschiedlichen Ansätze resultieren aus den diversen Auffassungen darüber, welche Vorgänge als finanzwirksam anzusehen sind und welche nicht. Die einzelnen Cash Flow-Begriffe setzen sich aus unterschiedlichen Komponenten zusammen.

> **HINWEIS**
> Aufgrund der international geltenden Rechnungslegungsgrundsätze gewinnt der Cash Flow auch in Deutschland zunehmend an Bedeutung. Für die Konzernabschlüsse börsennotierter Unternehmen ist die Cash Flow-Rechnung bereits Pflicht. Immer mehr Unternehmen integrieren sie freiwillig in ihren Jahresabschluss.

In der Praxis hat sich heute eine Dreiteilung des Cash Flows herausgebildet:
- Cash Flow aus laufender Geschäftstätigkeit
- Cash Flow aus Investitionstätigkeit
- Cash Flow aus Finanzierungstätigkeit

Die drei Bereiche werden in einer Summe zum Netto-Cash Flow zusammengefasst.

Der **Cash Flow aus laufender Geschäftstätigkeit** (s. Abb. 2) wird auch als Cash Flow im engeren Sinne bezeichnet, da er die operativ erwirtschafteten bzw. verbrauchten Finanzmittel zeigt. Ausgangspunkt ist der Jahresüberschuss, bereinigt um die außerordentlichen Posten.

Beim **Cash Flow aus Investitionstätigkeit** werden die Verwendung von Zahlungsmitteln für Investitionen sowie die Vereinnahmung aus Anlageverkäufen zusammengefasst. Unterschieden werden Ein- und Auszahlungen für Sachanlagen, immaterielles Anlagevermögen sowie Finanzanlagen.

Der **Cash Flow aus Finanzierungstätigkeit** ergibt sich aus Eigenkapitalzuführungen, Auszahlungen an Gesellschafter, Einzahlungen aus Darlehensaufnahmen sowie Auszahlungen für Darlehenstilgungen.

Die Summe des aus der Dreiteilung ermittelten Cash Flows ergibt den Finanzmittelfonds bzw. **Netto-Cash Flow**.

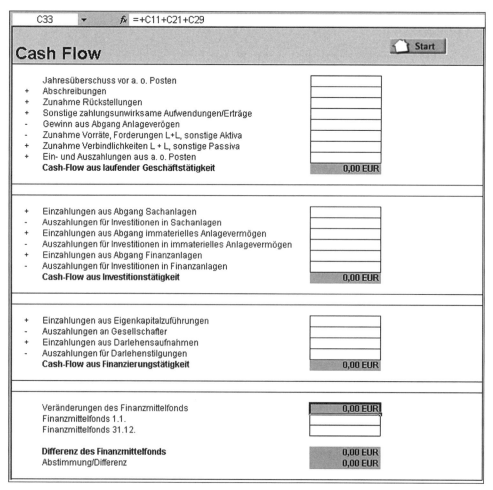

Abb. 2: Die Herleitung des Cash Flows

Da in den zugehörigen Formeln lediglich Grundrechenarten verwendet werden, gehen wir an dieser Stelle nicht weiter auf die einzelnen Rechenschritte ein.

> **HINWEIS**
>
> Über die in diesem Kapitel vorgestellten Kennzahlensysteme hinaus wird in weiteren betrieblichen Bereichen wie beispielsweise im Personalwesen, Vertriebsbereich oder in der Produktion mit Kennziffern gearbeitet.

7 Betriebswirtschaftliche Kennziffern als benutzerdefinierte Funktion

Wer betriebswirtschaftliche Kennziffern regelmäßig einsetzt, für den empfiehlt es sich, diese als benutzerdefinierte Funktion einzurichten. Eine benutzerdefinierte Funktion unterscheidet sich in ihrer Verwendung nicht von den integrierten Excel-Funktionen. Das heißt, sie werden genauso angewendet wie eine bereits integrierte Excel-Funktion, beispielsweise SUMME(). Der Unterschied besteht lediglich darin, dass der Name, die Argumente und der Rückgabewert vom Anwender selbst festgelegt werden.

Benutzerdefinierte Funktionen sind vergleichbar mit einem Makro, unterscheiden sich jedoch dadurch, dass in Makros Aktionen ausgeführt werden, benutzerdefinierte Funktionen hingegen einen Rückgabewert liefern.

7.1 Eine benutzerdefinierte Funktion anlegen

Nachfolgend wird an einem praktischen Beispiel, der Kennziffer **Eigenkapitalrentabilität**, gezeigt, wie Sie eine benutzerdefinierte Funktion einrichten.

1 Wählen Sie **Extras → Makro → Visual Basic Editor** oder drücken Sie die Tastenkombination **Alt + F11**, um in den Visual Basic Editor zu gelangen. Über **Einfügen → Modul** erhalten ein Modulblatt. Als Erkennungszeichen verlangt die benutzerdefinierte Funktion einen Namen.

2 Tragen Sie den Begriff **Function** gefolgt von einem Leerzeichen und dem Namen **Eigenkapitalrentabilität** ein. Nach einem weiteren Leerzeichen öffnen Sie die Klammer. Anschließend geben Sie die Argumente an, mit denen Sie Excel mitteilen, welche Werte zu berechnen sind. Diese müssen Sie in einer benutzerdefinierten Funktion selber festlegen. Die Argumente werden jeweils durch ein Komma getrennt eingegeben. Die Beispielfunktion verlangt die Argumente, Gewinn und Eigenkapital. Tragen Sie die Begriffe ein. Trennen Sie diese durch ein Komma und ein Leerzeichen.

3 Schließen Sie die Klammer und bestätigen Sie Ihre Eingaben mit der **Enter**-Taste. Excel trägt automatisch das Ende der Funktion, nämlich die Anweisung **End Function**, ein. Der Cursor erscheint jedoch an der richtigen Stelle für die Eingaben. Jetzt müssen Sie der Funktion eine Anweisung geben, welche Berechnungen durchzuführen sind, also eine Kombination von Zahlen, Variablen und mathematischen Operatoren, die einen Wert ergibt und mit einer Formel vergleichbar ist.

4 Drücken Sie die Tabulatortaste und erfassen Sie den folgenden Code aus Abb. 3. Anschließend ist die benutzerdefinierte Funktion vollständig und kann eingesetzt werden. ■

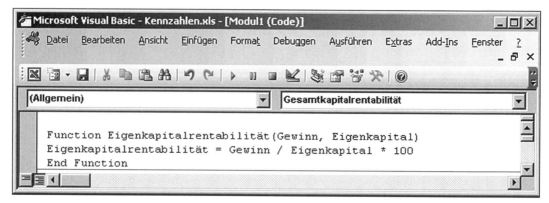

Abb. 3: Benutzerdefinierte Funktion im Visual Basic Editor

> **HINWEIS**
>
> In dieser Form gibt die Funktion **Eigenkapitalrentabilität** einen absoluten Wert wieder. Das bedeutet, dass Sie die Zelle, die das Ergebnis zeigt, nicht im Prozentformat formatieren dürfen. Möchten Sie das Ergebnis im Prozentformat zeigen, entfällt die Multiplikation mit 100. Die Formel lautet dann: Eigenkapitalrentabilität = Gewinn/Eigenkapital.

7.2 Benutzerdefinierte Funktionen einsetzen

Diese benutzerdefinierte Funktion können Sie wie eine integrierte Excel-Funktion anwenden.

1 Wechseln Sie in Ihr Tabellenarbeitsblatt. Geben Sie in die Zelle **A1** zu Testzwecken die Zahl 25.000, in **A2** die Zahl 250.000 ein. Schreiben Sie in Zelle **A3** ein Gleichheitszeichen und unmittelbar dahinter den Namen der Funktion, also **Eigenkapitalrentabilität**.

2 Öffnen Sie die Klammer. Tragen Sie **A1** als erstes Argument und **A2** als zweites Argument ein. Trennen Sie die Argumente durch ein Semikolon. Die Syntax lautet =Eigenkapitalrentabilität(A1;A2).

3 Schließen Sie die Klammer und drücken Sie die **Enter**-Taste. Sie erhalten das gewünschte Ergebnis in Höhe von **10**. ■

Alternativ können Sie eine benutzerdefinierte Funktion auch wie gewohnt über **Einfügen** → **Funktion** aufrufen. In der Dialogbox **Funktion einfügen** wählen Sie die Kategorie **Benutzerdefiniert**. Führen Sie einen Doppelklick auf **Eigenkapitalrentabilität** aus. Sie gelangen in den bekannten Eingabedialog für Funktionen. Tragen Sie die Zellbezüge in das vorgesehene Feld ein und verlassen Sie das Dialogfeld über **OK**.

Testen können Sie die benutzerdefinierten Funktionen in der Datei **Kennzahlen.xls** in der Tabelle **Test**.

7.3 Codes für benutzerdefinierte Funktionen

Abweichend zu der benutzerdefinierten Funktion **Eigenkapitalrentabilität**, in der mit zwei Argumenten gearbeitet wird, werden zum Teil mehr Argumente benötigt. Funktionen können jedoch auch mit nur einem Argument arbeiten. Das ist zum Beispiel bei der Funktion **Lagerdauer** der Fall. Der Code lautet:

```
Function Lagerdauer(Lagerumschlagshäufigkeit)
Lagerdauer = 360 / Lagerumschlagshäufigkeit
End Function
```

Das Argument wird ohne Komma, in Klammern, hinter der Bezeichnung in der ersten Codezeile aufgeführt. Einige Funktionen, wie zum Beispiel **LiquiditätDrittenGrades** benötigen mehr als zwei Argumente. Der Code lautet in diesem Fall:

```
Function LiquiditätDrittenGrades(FlüssigeMittel, Forderungen, _
Vorräte, KurzfrVerbindl)
LiquiditätDrittenGrades = (FlüssigeMittel + Forderungen _
+ Vorräte) / KurzfrVerbindl * 100
End Function
```

Das Zeichen „ _ " dient hierbei als Umbruchmarke für den Quellcode, da sonst der Code nicht richtig erkannt wird. In der Datei **Kennzahlen.xls** finden Sie weitere Kennziffern in Form von benutzerdefinierten Funktionen. Über die bereits im Rahmen diesen Kapitels besprochenen Kennziffern hinaus sind dies folgende Funktionen:

```
Function WorkingCapital(Umlaufvermögen, KurzfrVerbindl)
WorkingCapital = Umlaufvermögen - KurzfrVerbindl
End Function

Function Marktanteil(Umsatz, Branchenumsatz)
Marktanteil = Umsatz / Branchenumsatz * 100
End Function

Function Stammkunden(Altkunden, Gesamtkundenbestand)
Stammkunden = Altkunden / Gesamtkundenbestand * 100
End Function

Function Angebotserfolg(Aufträge, Abgabe)
Angebotserfolg = Aufträge / Abgabe * 100
End Function

Function GewinnJeAktie(Gewinn, Anzahl)
GewinnJeAktie = Gewinn / Anzahl
End Function

Function Bilanzkurs(Eigenkapital, GezeichnetesKapital, _
Aktiennennbetrag)
Bilanzkurs = Eigenkapital / GezeichnetesKapital * Aktiennennbetrag
End Function

Function KursGewinnVerhältnis(Preis, Gewinn)
KursGewinnVerhältnis = Preis / Gewinn
End Function
```

Eine vollständige Auflistung aller Funktionen und deren Code finden Sie in der Tabelle **BenutzerdefinierteFunktionen**.

Um zu den benutzerdefinierten Funktionen zu gelangen, wählen Sie **Extras → Makro → Visual Basic-Editor**. Sie gelangen in den Visual Basic-Editor. Dort drücken Sie die Tastenkombination **Strg + R**, um den Projekt-Explorer einzublenden. Klicken Sie im Pfad **Module** doppelt auf **Modul3**.

8 Zusammenfassung

Betriebliche Kennzahlen können Sie als benutzerdefinierte Funktionen im Visual Basic Editor (**Extras** → **Makro** → **Visual Basic-Editor**) in einem Modul einrichten. Auf diese Weise stehen sie dann jederzeit über **Einfügen** → **Funktion** unter der Kategorie **Benutzerdefiniert** für Berechnungen zur Verfügung. Die Syntax lautet dabei zum Beispiel:

```
Function Eigenkapitalrentabilität(Gewinn, Eigenkapital)
Eigenkapitalrentabilität = Gewinn / Eigenkapital * 100
End Function
```

Analog dazu können Sie weitere Kennzahlen definieren:

- **Eigenkapital-Rentabilität** = Gewinn / Eigenkapital x 100
- **Gesamt-Rentabilität** = (Gewinn + Fremdkapitalzinsen) / Gesamtkapital x 100
- **Umsatz-Rentabilität** = (Gewinn + Fremdkapitalzinsen) / Umsatz x 100
- **Liquidität 1. Grades** = Flüssige Mittel / kurzfristige Verbindlichkeiten x 100
- **Liquidität 2. Grades** = (Flüssige Mittel + Forderungen) / kurzfristige Verbindlichkeiten x 100
- **Liquidität 3. Grades** = (Flüssige Mittel + Forderungen + Vorräte) / kurzfristige Verbindlichkeiten x 100
- **Umschlagshäufigkeit der Forderungen** = Umsatzerlöse / Forderungsbestand
- **Durchschnittliche Kreditdauer** = 360 / Umschlagshäufigkeit der Forderungen
- **Umschlagshäufigkeit des Eigenkapitals** = Umsatzerlöse / Eigenkapital
- **Umschlagshäufigkeit des Gesamtkapitals** = Umsatzerlöse / Gesamtkapital
- **Durchschnittliche Kapitalumschlagshäufigkeit** = 360 / Kapitalumschlagshäufigkeit
- **Lagerumschlagshäufigkeit** = Jahresverbrauch / Monatsdurchschnittsbestand
- **Lagerdauer** = 360 / Lagerumschlagshäufigkeit
- **Lagerzinsen** = Jahreszinssatz x durchschnittliche Lagerdauer / 100

Investitionsrechnung

Susanne Kowalski

Die Anschaffung neuer Wirtschaftsgüter bindet hohe Kapitalbeträge. Ob sich eine Investition lohnt oder nicht, kann man häufig auf den ersten Blick nicht erkennen. Deshalb empfiehlt es sich, Investitionsvorhaben sorgfältig unter Einsatz geeigneter Rechenverfahren mit Hilfe der Tabellenkalkulation zu analysieren. Diese Rechenmodelle unterstützen Sie bei der Entscheidungsfindung für oder gegen die Anschaffung eines Wirtschaftsgutes.

> **HINWEIS**
>
> Die Musterlösung zu diesem Kapitel finden Sie auf Ihrer CD-ROM unter dem Namen **Investition.xls**. Dort stehen die Arbeitsblätter **StatischeRechnung** und **Dynamische Rechnung** mit Beispieldaten zur Verfügung.

1 Möglichkeiten und Wege

Wenn Sie in Ihr Unternehmen investieren wollen, sollten Sie so weit wie möglich abchecken, ob sich diese Investition nach wirtschaftlichen Gesichtspunkten lohnt oder nicht. Dazu führt man eine Investitionsrechnung durch. Eine Investitionsrechnung ist ein Verfahren, mit dessen Hilfe Sie die Vorteilhaftigkeit einer Investitionsmaßnahme überprüfen. Dabei müssen Sie Anschaffungskosten, Nutzungsdauer sowie laufende Kosten und Erlöse, die durch das Investitionsobjekt verursacht werden, miteinander verknüpfen.

- Wenn Sie eine Investitionsrechnung durchführen wollen, haben Sie die Möglichkeit, wahlweise mit statischen oder dynamischen Verfahren zu arbeiten. Statische Verfahren haben den Vorteil, dass sie relativ einfach durchzuführen sind. Es handelt sich im Prinzip um einfache Vergleichsverfahren, bei denen Sie die zeitlichen Unterschiede bei Einnahmen und Ausgaben entweder gar nicht oder nicht exakt berücksichtigen. Die Betrachtungen führen Sie lediglich für eine Periode durch.

- Bei dem statischen Verfahren der Kostenvergleichsrechnung wird ausschließlich die Kostenseite einer Investition ins Kalkül gezogen. In der Gewinnvergleichsrechnung wird darüber hinaus die Erlösseite in die Betrachtungen integriert. Excel-Funktionen gibt es für diese Verfahren nicht, vielmehr müssen Sie die Daten in Tabellen erfassen und die Wirtschaftlichkeit mit Hilfe eigener, geeigneter Formeln ermitteln.

- Wenn Sie dynamische Verfahren einsetzen, berücksichtigen Sie zeitliche Unterschiede bei Einnahmen und Ausgaben sowie Zinseszinseffekte. Dadurch werden die Rechenmodelle komplexer und gleichzeitig genauer als die Ergebnisse der statischen Verfahren.

- Auch im Zusammenhang mit den dynamischen Verfahren Kapitalwert- und Annuitätenmethode müssen Sie den größten Teil der Investitionsdaten in einer Tabelle erfassen und mit Hilfe eigener Formeln verdichten.

- Einzig für die Interne Zinssatzmethode stellt Excel die Funktion IKV(), die den internen Zins ermittelt, zur Verfügung.

2 Statische Modelle

Bei den statischen Modellen handelt es sich um einfache Vergleichsverfahren, die zeitliche Unterschiede bei Einnahmen und Ausgaben entweder gar nicht oder nicht exakt berücksichtigen. Die Betrachtungen gehen nur über eine Periode. Dabei wird unterstellt, dass dieser Zeitraum für die gesamte Investitionsdauer repräsentativ ist. Außerdem werden lediglich durchschnittliche Investitionskosten und -erträge pro Periode in der Rechnung berücksichtigt. Das trifft auch auf die Anschaffungsausgaben zu.

2.1 Statische Verfahren der Investitionsrechnung

Bei den statischen Verfahren differenziert man wie folgt:

- Kostenvergleichsrechnung
- Gewinnvergleichsrechnung
- Rentabilitätsrechnung
- Amortisationsrechnung

Die statischen Verfahren bauen teilweise aufeinander auf. In der Praxis werden die Verfahren häufig miteinander kombiniert.

Kostenvergleichsrechnung

Die Kostenvergleichsrechnung empfiehlt, von zwei oder mehr sich ausschließenden alternativen Investitionsprojekten das Projekt mit den geringsten Kosten zu wählen. Sie ist ein simples Verfahren, um die Vorteilhaftigkeit von Investitionsmaßnahmen zu beurteilen.

Gewinnvergleichsrechnung

Bei der Gewinnvergleichsrechnung wird der Saldo aus durchschnittlichen Kosten und Erlösen gebildet und als Entscheidungskriterium herangezogen.

Rentabilitätsrechnung

Da Kosten- und Gewinnvergleichsrechnung keine Differenzinvestitionen berücksichtigen, ist es in der Praxis häufig zweckmäßig, die Rechnungen durch eine Rentabilitätsrechnung zu ergänzen. Insbesondere dann, wenn der Gewinn der Handlungsalternativen mit unterschiedlichem Kapitaleinsatz erwirtschaftet wird, ist eine Rentabilitätsrechnung unerlässlich. Die Rentabilität errechnet sich dabei aus der durchschnittlichen Kostenersparnis und dem Kapitaleinsatz. Die Formel lautet:
Rentabilität = durchschnittlicher Gewinn – durchschnittliche Kostenersparnis pro Periode x 100 / durchschnittlicher Kapitaleinsatz

Amortisationsrechnung

Im Rahmen der Amortisationsrechnung wird die Zeitdauer ermittelt, die verstreicht, bis die Anschaffungsausgabe durch die Einnahmeüberschüsse zurück erwirtschaftet wird. Die Amortisationsrechnung kann sowohl für statische als auch dynamische Verfahren durchgeführt werden.

2.2 Praxisbeispiel: Statische Investitionsrechnung

Die Tabelle **StatischeRechnung** (s. Abb. 1) zeigt eine Kosten- und Gewinnvergleichsrechnung. Sie ermöglicht den Vergleich von sechs Investitionsobjekten. Bei Bedarf kann die Tabelle jederzeit erweitert werden.

Einzugeben sind folgende Daten:

- Anschaffungskosten
- Geplante Nutzungsdauer in Jahren
- Voraussichtliche Jahresleistung (z. B. Produktionseinheiten oder Kilometerangaben für ein Fahrzeug)
- Fixe Betriebskosten pro Periode
- Variable Betriebskosten pro Mengeneinheit
- Erlöse pro Mengeneinheit
- Zinssatz

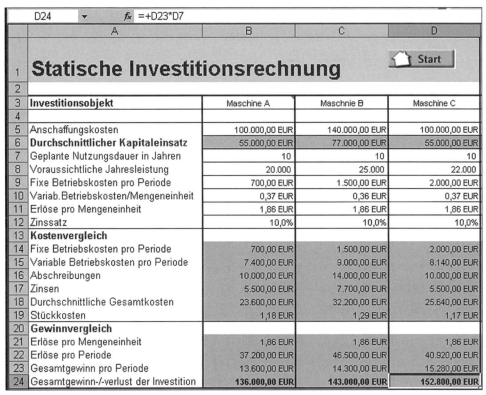

Abb. 1: Beispiel für das Grundgerüst einer statischen Investitionsrechnung

Die Formeln im Zusammenhang mit der Kosten- und Gewinnvergleichsrechnung finden Sie in Tabelle 1.

Zelle	Formel	Erläuterung
B6	=WENN(B7=0;"";(B5+(B5/B7))/2)	Durchschnittlicher Kapitaleinsatz nach Schierenbeck (Grundzüge der Betriebswirtschaftslehre). Hierbei werden Anschaffungskosten und Nutzungsdauer berücksichtigt.
B14	=B9	Übernahme der fixen Betriebskosten pro Periode
B15	=B10*B8	Variable Betriebskosten pro Periode
B16	=WENN(B7=0;"";B5/B7)	Ermitteln der Abschreibung
B17	=WENN(ODER(B12=0;B6=0);0;B12*B6)	Errechnen der Zinsen
B18	=SUMME(B14:B17)	Summe der durchschnittlichen Gesamtkosten
B19	=WENN(B8=0;"";B18/B8)	Kosten pro Stück
B21	=B11	Erlöse pro Mengeneinheit
B22	=B21*B8	Erlöse pro Periode als Produkt der Jahresleistung und dem Erlös pro Mengeneinheit
B23	=B22-B18	Gesamtgewinn pro Periode als Differenz zwischen Erlösen pro Periode und der Summe der durchschnittlichen Gesamtkosten
B24	=B23*B7	Gesamtgewinn/-verlust der Investition als Produkt aus dem Gesamtgewinn pro Periode und der Anzahl der Nutzungsjahre

Tab. 1: Formeln zur Kosten- sowie Gewinn- und Vergleichsrechnung

> **PRAXIS-TIPP**
>
> Um bei fehlenden Eingaben die Anzeige der Nullen zu unterdrücken, deaktivieren Sie unter **Extras → Optionen** auf der Registerkarte **Ansicht** das Kontrollkästchen **Nullwerte**.

3 Dynamische Modelle

Im Gegensatz zu den statischen Verfahren berücksichtigen dynamische Modelle den zeitlichen Ablauf der Investitionsvorgänge. Zeitliche Unterschiede bei Einnahmen und Ausgaben fließen ebenso wie Zinseszinseffekte in das Ergebnis der Investitionsrechnung ein. Anstatt mit Durchschnittszahlen wird mit exakten Werten gerechnet. Die Anschaffungsausgaben werden zu Beginn der Investitionsperiode voll in die Betrachtungen einbezogen.

3.1 Dynamische Verfahren der Investitionsrechnung

Die bekanntesten dynamischen Investitionsrechnungsverfahren sind:

- Kapitalwertmethode
- Annuitätenmethode
- Interne-Zinsatzmethode

Bei der Kapitalwertmethode werden die jährlichen Einnahmeüberschüsse bzw. die Unterdeckungen unter Berücksichtigung des Zeitfaktors ermittelt. Die Annuitätenmethode ist im Prinzip eine Variante der Kapitalwertmethode, bei der der Kapitalwert in gleich große jährliche Zahlungen umgerechnet wird. Auch die interne Zinsfußmethode basiert auf der Kapitalwertmethode. Sie errechnet den Zinsfuß, der sich bei einem Kapitalwert von Null ergibt. Diese Variante wird neben der Kapitalwertmethode nachfolgend anhand eines praktischen Beispiels detailliert vorgestellt.

3.2 Praxisbeispiel: Dynamische Investitionsrechnung

In einem Beispielunternehmen ist die Anschaffung einer neuen Fertigungsmaschine geplant (s. Abb. 2). Mit Hilfe dieser Rationalisierungsinvestition sollen Arbeitsabläufe automatisiert und dadurch der Einsatz von Arbeitskräften reduziert werden.

Im Zusammenhang mit dem Investitionsprojekt sind folgende Daten zu berücksichtigen:

- Die Anschaffungskosten für die Maschine belaufen sich auf 400.000 EUR.
- Die Nutzungsdauer der Anlage beträgt zehn Jahre.
- Die jährlichen Energiekosten werden voraussichtlich bei ca. 5.000 EUR liegen.
- Für Instandhaltung und Wartung werden etwa 4.000 EUR anfallen.
- Die Kosten für die Mitarbeiterschulung werden sich auf 15.000 EUR im Jahr der Anschaffung belaufen.
- Für eingespartes Personal wird ein Betrag von 120.000 EUR angesetzt.
- Die Abschreibung erfolgt linear.
- Für die Anschaffung stehen Eigenmittel zur Verfügung, die zu einem Zinssatz von 3,25 % angelegt werden könnten.
- Man geht von einer jährlichen Preissteigerungsrate von 1,25 % aus.
- Steuerliche Aspekte werden nicht ins Kalkül gezogen.

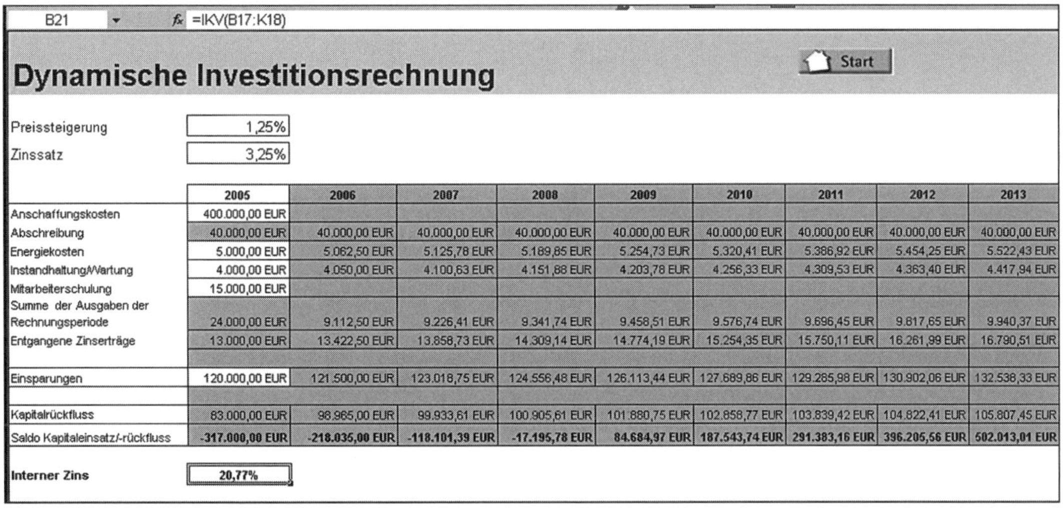

B21 | =IKV(B17:K18)

Dynamische Investitionsrechnung

Start

Preissteigerung	1,25%
Zinssatz	3,25%

	2005	2006	2007	2008	2009	2010	2011	2012	2013
Anschaffungskosten	400.000,00 EUR								
Abschreibung	40.000,00 EUR	40.000,00 EUR	40.000,00 EUR	40.000,00 EUR	40.000,00 EUR	40.000,00 EUR	40.000,00 EUR	40.000,00 EUR	40.000,00 EUR
Energiekosten	5.000,00 EUR	5.062,50 EUR	5.125,78 EUR	5.189,85 EUR	5.254,73 EUR	5.320,41 EUR	5.386,92 EUR	5.454,25 EUR	5.522,43 EUR
Instandhaltung/Wartung	4.000,00 EUR	4.050,00 EUR	4.100,63 EUR	4.151,88 EUR	4.203,78 EUR	4.256,33 EUR	4.309,53 EUR	4.363,40 EUR	4.417,94 EUR
Mitarbeiterschulung	15.000,00 EUR								
Summe der Ausgaben der Rechnungsperiode	24.000,00 EUR	9.112,50 EUR	9.226,41 EUR	9.341,74 EUR	9.458,51 EUR	9.576,74 EUR	9.696,45 EUR	9.817,65 EUR	9.940,37 EUR
Entgangene Zinserträge	13.000,00 EUR	13.422,50 EUR	13.858,73 EUR	14.309,14 EUR	14.774,19 EUR	15.254,35 EUR	15.750,11 EUR	16.261,99 EUR	16.790,51 EUR
Einsparungen	120.000,00 EUR	121.500,00 EUR	123.018,75 EUR	124.556,48 EUR	126.113,44 EUR	127.689,86 EUR	129.285,98 EUR	130.902,06 EUR	132.538,33 EUR
Kapitalrückfluss	83.000,00 EUR	98.965,00 EUR	99.933,61 EUR	100.905,61 EUR	101.880,75 EUR	102.858,77 EUR	103.839,42 EUR	104.822,41 EUR	105.807,45 EUR
Saldo Kapitaleinsatz/-rückfluss	**-317.000,00 EUR**	**-218.035,00 EUR**	**-118.101,39 EUR**	**-17.195,78 EUR**	**84.684,97 EUR**	**187.543,74 EUR**	**291.383,16 EUR**	**396.205,56 EUR**	**502.013,01 EUR**

Interner Zins	**20,77%**

Abb. 2: Dynamische Investitionsrechnung

Die zugehörigen Berechnungsgrundlagen finden Sie in Tabelle 2.

Zelle	Formel	Erläuterung
C7	`=B7+1`	Fortschreiben der Jahre: Um eine zehnjährige Betrachtung zu erlauben, werden Spalten bis zum Jahr 2014 benötigt. Damit Sie die Datei in den Folgejahren für weitere Investitionsrechnungen einsetzen können, wird mit einer Formel gearbeitet. Diese Formel kann in die nachfolgenden Spalten kopiert werden.
B9	`=LIA($B$8;0;10)`	Ermitteln der Abschreibung mit Hilfe der Funktion LIA.
C10	`=B10*(1+$B$3)`	Errechnen der Preissteigerung im Bereich Energiekosten. Diese Formel kann in die nachfolgenden Spalten kopiert werden.
C11	`=B11*(1+$B$3)`	Instandhaltung/Wartung (vgl. **C10**)
B13	`=B10+B11+B12`	Summe der Ausgaben. Diese Formel kann in die nachfolgenden Spalten kopiert werden.
B14	`=B49`	Entgangene Zinserträge: Würde der Kapitaleinsatz von 400.000 EUR angelegt, kann mit einer Verzinsung von 3,25 % gerechnet werden. Die Höhe der monatlichen Zinsen wird in einer Nebenrechnung ermittelt. Die Formeln finden Sie in Tabelle 3 (s. auch Abb. 3).
C16	`=B16*(1+$B$3)`	Einsparungen (vgl. **C10**).
B17	`=B8*(-1)`	Nebenrechnung für internen Zins (die Anschaffungskosten werden als negative Zahl generiert, da zur Ermittlung des internen Zinsfußes das Argument **Werte** mindestens einen positiven und einen negativen Wert enthalten muss)
B18	`=B16-B13-B14`	Ermitteln des Kapitalrückflusses (diese Formel kann in die nachfolgenden Spalten kopiert werden)
B19	`=B18-B8`	Saldo Kapitaleinsatz/Kapitalrückfluss (diese Formel kann in die nachfolgenden Spalten kopiert werden)
B21	`=IKV(B17:K18)`	Ermittlung des internen Zinses, wobei das Argument **Schätzwert** nicht benötigt wird (die Funktion IKV() wird in einem eigenen Abschnitt in diesem Kapitel behandelt)

Tab. 2: Formeln dynamische Investitionsrechnung

B49 | =A49*$B$48

	A	B	C
47		Zinssatz	
48	Nebenrechnung	3,25%	
49	400.000,00 €	13.000,00 €	413.000,00 €
50	413.000,00 €	13.422,50 €	426.422,50 €
51	426.422,50 €	13.858,73 €	440.281,23 €
52	440.281,23 €	14.309,14 €	454.590,37 €
53	454.590,37 €	14.774,19 €	469.364,56 €
54	469.364,56 €	15.254,35 €	484.618,91 €
55	484.618,91 €	15.750,11 €	500.369,02 €
56	500.369,02 €	16.261,99 €	516.631,01 €
57	516.631,01 €	16.790,51 €	533.421,52 €
58	533.421,52 €	17.336,20 €	550.757,72 €
59			
60			

Abb. 3: Nebenrechnung zur dynamischen Investitionsrechnung

Zelle	Formel	Erläuterung
B48	`=B5`	Übernahme Zinssatz.
A49	`=B8`	Übernahme zu verzinsender Betrag. Der Wert entspricht den Anschaffungskosten der Investition.
B49	`=A49*$B$48`	Errechnen der Zinsen für das erste Jahr.
C49	`=A49+B49`	Addition von Ausgangskapital und Zinsen.
A50	`=C49`	Übernahme des Wertes aus **C49**. Dieser Betrag wird in **B50** verzinst. Aufgrund des Zinseszinseffekts müssen die Zinsen ab dem zweiten Jahr von dem höheren Kapital berechnet werden.

Tab. 3: Nebenrechnungen zur dynamischen Zinsrechnung

3.3 Der interne Zinsfuß

Unter dem internen Zins versteht man die Rendite oder die Effektivverzinsung, die eine Investition erbringt. Es wird genau der Zinsfuß ermittelt, der sich bei einem Kapitalwert von Null ergibt. Wenn der interne Zinsfuß, das heißt, die erwartete Rendite einer Investition mindestens so groß ist wie die Mindestverzinsungsanforderungen, die ein Investor an ein Investitionsobjekt stellt, so ist die betreffende Investition vorteilhaft. Die Frage nach der Vorteilhaftigkeit einer Investition ist nur dann zu beantworten, wenn die beiden Zinsfüße interner Zins und Mindestverzinsung bekannt sind. Für das aktuelle Beispiel liegt die Mindestverzinsung bei 3,25 %.

Excel stellt zur Ermittlung des internen Zinsfußes die Funktion IKV() zur Verfügung (s. Abb. 4). Deren Syntax lautet:

IKV(Werte;Schätzwert)

Investitionsrechnung

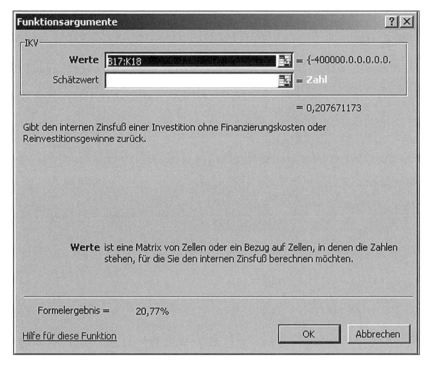

Abb. 4: Der Funktions-Assistent der Funktion IKV()

- Das Argument **Werte** entspricht der zu der Investition gehörenden Zahlungsreihe und verlangt mindestens einen positiven und einen negativen Wert. Die Funktion unterstellt, dass die Zahlungen in der Reihenfolge erfolgen, in der sie im Argument **Werte** angegeben sind.

- Das Argument **Schätzwert** ist eine Zahl, von der Sie annehmen, dass sie in der Größenordnung des Ergebnisses liegt. Excel arbeitet mit einem Schätzwert, weil zur Berechnung der Funktion IKV() ein Iterationsverfahren eingesetzt wird. Das Verfahren beginnt mit dem Schätzwert. IKV() wird so lange ausgeführt, bis das Ergebnis eine Genauigkeit von 0,00001 Prozent hat. Sollte nach 20 Durchgängen kein geeignetes Ergebnis erzielt werden, wird der Fehler #ZAHL! ausgewiesen. Fehlen die Angaben zum Schätzwert, geht Excel automatisch von 10 % aus

In unserem Beispiel erhalten Sie ein Ergebnis von 20,77 %. Der interne Zinsfuß liegt damit erheblich über der geforderten Mindestverzinsung von 3,25 %. Somit ist die Investition vorteilhaft.

> **HINWEIS**
>
> Beim Vergleich alternativ zu wählender Investitionsprojekte führt die Methode des internen Zinsfußes nur bei gleichen Anschaffungswerten und gleicher Nutzungsdauer zum richtigen Ergebnis.

4 Zusammenfassung

Im Rahmen der Investitionsrechnungsverfahren werden statische und dynamische Investitionsrechnungsverfahren unterschieden und in der begleitenden Beispieldatei **Investition.xls** vorgestellt.

Statische Verfahren

Zu den statischen Verfahren gehören folgende Rechenmodelle:

- Kostenvergleichsrechnung
- Gewinnvergleichsrechnung
- Rentabilitätsrechnung
- Amortisationsrechnung

Dynamische Verfahren

Zu den dynamischen Modellen zählen:

- Kapitalwertmethode
- Annuitätenmethode
- Interne Zinsatzmethode

Funktionen

Die Funktion IKV liefert den internen Zinsfuß einer Investition. Die Syntax lautet: **IKV(Werte;Schätzwert)**

Eine Musterlösung zu diesem Thema finden Sie auf Ihrer CD-ROM unter dem Namen **Investition.xls**.

Tipps und Tricks: Fehlerfrei Rechnen

Susanne Kowalski

„Wer viel arbeitet, macht viele Fehler" ist ein oft genanntes Zitat. Doch das muss für Ihre Tabellenkalkulationen nicht stimmen. Excel bietet für diesen Zweck eine Vielzahl von Möglichkeiten, die wir Ihnen in diesem Tipps & Tricks-Beitrag kurz und bündig vorstellen. Sie können mit Excel zum Beispiel ohne Weiteres

- Formeln analysieren mit der **Formelauswertung**,
- Fehler aufspüren mit dem **Detektiv**,
- irrtümliche **Zirkelbezüge** untersuchen,
- **Scheinfehler** aufgrund von Excel-Eigenheiten auf die Schliche kommen,
- sowie **Fehlermeldungen** abfangen und weiterrechnen.

> **HINWEIS**
> Zu Testzwecken eignen sich die Tabellen **Zuschlagskalkulation** und **Tipps & Tricks** der Datei **KaufmaennischesRechnen.xls**.

1 Formeln analysieren mit der Formelauswertung

Wenn Sie häufig mit verschachtelten Formeln arbeiten, werden Sie die Formelauswertung von Excel, die seit der Version Excel 2002 zur Verfügung steht, besonders zu schätzen wissen. Sie zeigt die einzelnen Elemente komplizierter Rechenwege an, präsentiert diese in der richtigen Reihenfolge und ist auch für geschützte Zellen verfügbar. Darüber hinaus ist das Feature aus dem Menü **Extras** bei der Auswertung von Zwischenergebnissen hilfreich. In der praktischen Arbeit können Sie damit bei fehlerhaften Formeln erkennen, wo der Fehler liegt. Darüber hinaus lässt sich die Funktion zu Informationszwecken nutzen, indem Sie die Werte der einzelnen Rechenschritte abfragen.

1 Setzen Sie die Eingabemarkierung in die Zelle, deren Formel Sie analysieren möchten, und wählen Sie **Extras → Formelüberwachung → Formelauswertung**. Falls Sie versehentlich eine leere Zelle markieren, sind die Schaltflächen des folgenden Dialogs abgeblendet.

2 Excel ruft das Dialogfeld **Formel auswerten** auf. Dort wird unter **Bezug** die Bezeichnung der aktuell markierten Zelle gezeigt. Unter **Auswertung** finden Sie die dort vorhandene Formel. Ein Teil dieser Formel ist unterstrichen. Das bedeutet, dass es für diesen Part ein Zwischenergebnis gibt.

3 Klicken Sie auf **Auswerten**, um das Ergebnis dieser Komponente zu zeigen. Die Formel im Bereich **Auswertung** wird verändert. Anstelle eines Formelteils erscheint das Zwischenergebnis. Über die Schaltfläche **Auswerten** lassen Sie sich jetzt nacheinander alle Teilergebnisse anzeigen, bis das Endergebnis erscheint.

4 Sobald der Wert angezeigt wird, verwandelt sich die Schaltfläche **Auswerten** in **Neu starten**. Mit ihrer Hilfe können Sie die Teilergebnisse erneut anzeigen lassen. Neben **Auswerten** finden Sie im Dialogfeld **Formel auswerten** die Schaltfläche **Einzelschritt** und **Prozedurschritt**.

5 **Einzelschritt** setzen Sie ein, wenn der Zellbezug sich aus anderen Zellen errechnet. Der Bereich unter **Auswertung** wird geteilt und der Einzelschritt gezeigt. Unter **Bezug** wird aufgeführt, aus welchem Tabellenarbeitsblatt und welcher Zelle bzw. welchen Zellen der Wert stammt (s. Abb. 1).

6 Prozedurschritt wird nach Einzelschritt verwendet, um wieder in den herkömmlichen Modus der Formelauswertung zurückzukehren. Häufig haben Sie gar keine andere Wahl, als diese Schaltfläche einzusetzen. Die übrigen Schaltflächen sind dann bis auf **Schließen** abgeblendet. ■

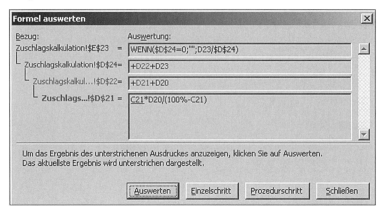

Abb. 1: Das Fenster Formel auswerten ist gut geeignet, um komplexe Formeln zu entwerfen und zu verstehen.

> **HINWEIS**
>
> Ein Patentrezept, wann man die verschiedenen Schaltflächen der Formelauswertung einsetzen sollte, gibt es nicht. Das hängt ganz von der jeweiligen Anwendung und Ihren Fragen ab. Wenn Sie einige Male mit den Funktionen gearbeitet haben, werden Sie die Schaltfläche intuitiv einzusetzen wissen.

2 Fehler aufspüren mit dem Detektiv

Der Detektiv aus Excel unterstützt Sie bei der Suche nach Fehlern. Er hilft, das Verhältnis zwischen Formeln und Zellen im Tabellenblatt zu analysieren, indem er Spurenpfeile zeichnet und Bestandteile von Formeln einrahmt. Sie können mit den Befehlen unter **Extras → Formelüberwachung** arbeiten, komfortabler ist aber der Einsatz einer speziellen Symbolleiste, die Sie über **Extras → Formelüberwachung → Detektivsymbolleiste anzeigen** einblenden. Im Gegensatz zur Formelüberwachung stehen die Detektivbefehle nur in ungeschützten Tabellen zur Verfügung.

- Die **Spur zum Vorgänger** zeichnet eine Linie zu allen Zellen, auf die sich eine Formel bezieht, und umrandet diese (s. Abb. 2). Um zu zeigen, von welchen Zellen eine Formel Werte bezieht, klicken Sie nacheinander die gewünschte Zelle und das Symbol **Spur zum Vorgänger** an. Ist die markierte Zelle von weiteren Zellen abhängig, wird eine blaue Pfeillinie zur aktiven Zelle gezogen. Die Vorgängerzelle selber wird durch einen Punkt gekennzeichnet. Existiert kein Vorgänger, erhalten Sie einen Hinweis. Hat der Vorgänger selber noch einen Vorgänger, klicken Sie das Icon **Spur zum Vorgänger** erneut an. Die Methode lässt sich für mehrere Zellen wiederholen. Entsprechend zieht **Spur zum Nachfolger** Pfeile zwischen der aktiven Zelle und allen Zellen, die von ihr abhängig sind.

- Sobald eine Zelle einen Fehlerwert anzeigt, hilft **Spur zum Fehler**. Excel sucht nach allen Zellen, auf die sich die Formel bezieht. Bei einer Fehlerspur wird die Linie durchgehend rot dargestellt.

- So, wie sich die Spuren von der aktiven Zelle ausgehend Stufe um Stufe weiterverfolgen lassen, können Sie von einer aktiven Zelle aus auch wieder gelöscht werden. Über **Alle Spuren entfernen** beseitigen Sie in einem Schlag alle Spuren.

	Zuschlagssatz	Betrag	Anteil
Fertigungsmaterial		27,58 EUR	10,32%
Materialgemeinkosten	25,00%	6,90 EUR	2,58%
Materialkosten		34,48 EUR	12,89%
Fertigungslöhne		35,90 EUR	13,43%
Fertigungsgemeinkosten	30,00%	10,77 EUR	4,03%
Sondereinzelkosten der Fertigung		12,00 EUR	4,49%
Fertigungskosten		58,67 EUR	21,94%
Herstellkosten		93,15 EUR	34,84%
Verwaltungsgemeinkosten	37,00%	34,46 EUR	12,89%
Vertriebsgemeinkosten	25,00%	23,29 EUR	8,71%
Sondereinzelkosten des Vertriebs		5,00 EUR	1,87%
Selbstkosten		155,89 EUR	58,31%
Gewinn	10,00%	15,59 EUR	5,83%
Barverkaufspreis		171,48 EUR	64,14%
Kundenskonto	2,00%	3,69 EUR	1,38%
Vertreterprovision	5,00%	9,22 EUR	3,45%
Zielverkaufspreis		184,39 EUR	68,97%
Kundenrabatt	20,00%	46,10 EUR	17,24%
Listenverkaufspreis		230,49 EUR	86,21%
MwSt	16%	36,88 EUR	13,79%
Bruttoverkaufspreis		267,37 EUR	100,00%

Abb. 2: Spurenpfeile und die Symbolleiste Formelüberwachung

HINWEIS

Beachten Sie, dass mit Hilfe des Detektivs nur Fehler gefunden werden, die auch eine Fehlermeldung verursachen. Wenn Sie z. B. ein Plus- und Minuszeichen verwechseln, berechnet Excel ein falsches Ergebnis, da es nicht möglich ist, vertauschte Rechenzeichen zu erkennen.

3 Zirkelbezüge

Zirkelbezüge können die Ursache für Fehlermeldungen sein. Im Zusammenhang mit Zirkelbezügen unterscheidet man:

- Irrtümliche Zirkelbezüge
- Beabsichtigte Zirkelbezüge

3.1 Irrtümliche Zirkelbezüge

Wenn Sie in einer Formel versehentlich die Zelle einbeziehen, in der die Formel steht, liegt ein irrtümlicher Zirkelbezug vor. Excel blendet einen Dialog mit einem Hinweis ein. Ist der Zirkelbezug beabsichtigt, verlassen Sie das Hinweisfenster über **Abbrechen**, sonst klicken Sie auf **OK**.

Excel blendet die Symbolleiste **Zirkelverweis** (Excel 2000: **Zirkelbezug**) ein. Auch in der Statusleiste weist Excel auf den Zirkelbezug hin. Dort finden Sie außerdem eine Information über den Bezug auf eine der Zellen, die im Zirkelbezug enthalten ist. Fehlt die Angabe der Zelle, befindet sich der Zirkelbezug nicht im aktiven Tabellenblatt.

HINWEIS

Wenn die Symbolleiste **Zirkelverweis** (Excel 2000: **Zirkelbezug**) nicht angezeigt wird, wählen Sie **Extras → Anpassen**. Aktivieren Sie auf der Registerkarte **Symbolleisten** das Kontrollkästchen **Zirkelverweis** (Excel 2000: **Zirkelbezug**).

Zirkelbezug aufspüren

Um einen Zirkelbezug aufzuspüren, klicken Sie auf der Symbolleiste **Zirkelverweis** (Excel 2000: **Zirkelbezug**) auf die erste Zelle im Feld **Zirkelbezug analysieren**. Überprüfen Sie die Formel dieser Zelle (s. Abb. 3) und korrigieren Sie diese gegebenenfalls. Sollten Sie feststellen, dass die markierte Zelle nicht die Ursache für den Zirkelbezug ist, klicken Sie auf die nächste Zelle im Feld **Zirkelbezug analysieren**. Fahren Sie fort, bis der Hinweis auf den Zirkelbezug in der Statusleiste verschwindet.

	Zuschlagssatz	Betrag	Anteil
Fertigungsmaterial		27,58 EUR	10,32%
Materialgemeinkosten	25,00%	6,90 EUR	2,58%
Materialkosten		34,48 EUR	12,89%
Fertigungslöhne		35,90 EUR	13,43%
Fertigungsgemeinkosten	30,00%	10,77 EUR	4,03%
Sondereinzelkosten der Fertigung		12,00 EUR	4,49%
Fertigungskosten		58,67 EUR	21,94%
Herstellkosten		93,15 EUR	34,84%
Verwaltungsgemeinkosten	37,00%	34,46 EUR	12,89%
Vertriebsgemeinkosten	25,00%	23,29 EUR	8,71%
Sondereinzelkosten des Vertriebs		5,00 EUR	1,87%
Selbstkosten		155,88 EUR	58,31%
Gewinn	10,00%	15,59 EUR	5,83%
Barverkaufspreis		171,47 EUR	64,14%
Kundenskonto	2,00%	3,69 EUR	1,38%
Vertreterprovision	5,00%	9,22 EUR	3,45%
Zielverkaufspreis		184,39 EUR	68,97%
Kundenrabatt	20,00%	46,10 EUR	17,24%
Listenverkaufspreis		230,49 EUR	86,21%
MwSt	16%	36,88 EUR	13,79%
Bruttoverkaufspreis		267,37 EUR	100,00%

Abb. 3: Analyse eines Zirkelbezugs und Symbolleiste Zirkelverweis

3.2 Gewünschte Zirkelbezüge

Zirkelbezüge werden in einigen Fällen ganz bewusst eingesetzt. In diesem Zusammenhang spricht man von einer iterativen Berechnung. Sie werden z. B. bei Gleichungen verwendet, bei denen sich lediglich Näherungswerte ermitteln lassen. In der Praxis sind derartige Berechnungen in der Kostenrechnung denkbar: Angenommen zwei Kostenstellen A und B verrechnen Kosten untereinander. A übernimmt einen prozentualen Kostenanteil von B und umgekehrt. Bei solchen beabsichtigten Zirkelbezügen müssen Sie das Vorgehen von Excel steuern und Näherungswerte ermitteln.

1 Wählen Sie **Extras → Optionen** und aktivieren Sie auf der Registerkarte **Berechnung** das Kontrollkästchen **Iteration**. Auf diese Weise wird eine wiederholte Berechnung erlaubt. Anschließend bestimmen Sie die maximale Anzahl der Wiederholungen.

2 Tragen Sie den gewünschten Wert in das Feld **Maximale Iterationszahl** ein. Der Wert entspricht der Anzahl der Iterationsschritte, die Microsoft Excel maximal durchführen soll. Je höher die Zahl der Iterationsschritte ist, desto länger dauert die Berechnung des Arbeitsblattes. Das bedeutet, dass die Berechnung spätestens nach der Anzahl der Wiederholungen abgebrochen wird, die im Feld **Maximale Iterationszahl** angegeben ist. Excel zeigt das bis dahin ermittelte Ergebnis.

3 Mit Hilfe des Feldes **Maximale Änderung** wird festgelegt, dass die Berechnungen dann gestoppt werden, wenn sie zu Ergebnissen führen, deren Differenz kleiner ist als der Änderungshöchstwert. ∎

4 Scheinfehler: Falsche Summenbildung

In Abb. 4 wird eine Summe, trotz korrekter Formel, falsch ausgewiesen. Das liegt daran, dass die Nachkommastellen der Zahlen nicht angezeigt werden. Das Tabellenkalkulationsprogramm hat durchaus richtig gerechnet. Zugrunde liegen die Zahlen aus Abb. 5.

A5	▼	f_x	=SUMME(A1:A4)	
	A	B	C	D
1	4			
2	5			
3	7			
4	8			
5	25			
6				

Abb. 4: Die Anzeige des Ergebnisses scheint falsch zu sein.

A5	▼	f_x	=SUMME(A1:A4)	
	A	B	C	D
1	4,4			
2	5,4			
3	6,9			
4	8,0			
5	24,7			
6				

Abb. 5: Excel rechnet hier durchaus korrekt.

In derart gelagerten Fällen ist es hilfreich, wenn Sie bei den Zahlen, die in die Rechnung eingehen, eine oder mehrere Nachkommastellen anzeigen. Dazu markieren Sie den gewünschten Zellbereich und klicken anschließend sooft wie nötig auf die Schaltfläche **Dezimalstelle hinzufügen** (s. Abb. 6).

 Abb. 6: Die Schaltfläche Dezimalstelle hinzufügen

> **PRAXIS-TIPP**
>
> Alternativ haben Sie die Möglichkeit, eine Ungenauigkeit bei den Rechenergebnissen in Kauf zu nehmen. Wählen Sie **Extras → Optionen → Berechnung**. Aktivieren Sie auf der aktiven Registerkarte das Kontrollkästchen **Genauigkeit wie angezeigt** im Bereich **Arbeitsmappenoptionen**. Auf diese Weise entfernt Excel dauerhaft das genaue Ergebnis (hier 24,7) und ersetzt es durch den gerundeten Wert (hier 25). Die zuvor vorhandenen Werte verschwinden endgültig und lassen sich nicht zurückholen. Die Funktion tritt allerdings nur dann in Kraft, wenn Sie den folgenden Sicherheitshinweis mit einem Klick auf die Schaltfläche **OK** akzeptieren.

5 Ergebnisse werden nicht aktualisiert

Standardmäßig aktualisiert Excel umgehend bei der Eingabe von Werten alle Ergebnisse, die auf diesen Werten basieren. Falls dies bei einer Datei, die Sie von Dritten erhalten haben, nicht der Fall ist, wurde die automatische Berechnung außer Kraft gesetzt. Die entsprechende Einstellung finden Sie unter **Extras → Optionen → Berechnung** im Bereich **Berechnung**. Wurde hier die Option **manuell** ausgewählt, muss die Berechnung durch den Anwender mit Hilfe der Taste **F9** durchgeführt werden. Um die Berechnung wieder zu automatisieren, müssen Sie lediglich die Option auf **automatisch** umstellen.

> **HINWEIS**
>
> Sinnvoll ist diese Einstellung nur in sehr komplexen Tabellenmodellen, in denen Anpassungen der Rechenergebnisse nur mit erheblicher zeitlicher Verzögerung durchgeführt werden.

6 Mit ISTFEHLER() weiterrechnen

Die Funktion **Istfehler()** gehört zu den Informationsfunktionen. Ihre Syntax lautet: Istfehler(Wert). Das Argument **Wert** entspricht dem Wert, der geprüft werden soll. Dabei kann es sich um eine leere Zelle, einen Fehlerwert, einen logischen Wert, einen Text, eine Zahl, einen Bezugswert oder einen Namen handeln. Liegt ein Fehler vor, liefert Istfehler() den Wahrheitswert **WAHR**, ansonsten erhalten Sie die Meldung **FALSCH**. Befindet sich in **A1** eine Fehlermeldung und fragen Sie den Wert von **A1** mit Hilfe der Funktion Istfehler() ab, erhalten Sie dementsprechend den Wahrheitswert WAHR. Würde in **A1** ein korrekter Eintrag, beispielsweise eine Ziffer stehen, würde Istfehler() als Ergebnis **FALSCH** wiedergeben.

Angenommen Sie wollen eine Reihe von Zellinhalten addieren, die sich aus einer Division ergeben. Dabei weist eine Zahl den Fehler **#Div/0!** aus (s. Abb. 7). Der Wert in Spalte C ergibt sich aus der Division von Spalte B durch Spalte A. Die Formel in **C1** lautet entsprechend =A1/B1.

Da die Zelle **B4** den Wert Null enthält und durch Null nicht dividiert werden darf, erscheint in **C4** der Fehler **#Div/0!**. Eine Addition der Werte der Spalte C ist somit nicht möglich und ergibt ebenfalls den Fehler **#Div/0!**.

Unter Zuhilfenahme von Istfehler() soll eine Summenbildung ermöglicht werden. Zunächst wird in Spalte D geprüft, ob in C ein Fehler vorliegt. In **D1** wird folgende Formel benötigt:
=ISTFEHLER(C1)

In Spalte E wird mit Hilfe einer WENN-Funktion überprüft, ob der Wert aus D **FALSCH** oder **WAHR** ist. Mit anderen Worten, es wird ermittelt, ob ein Fehler vorliegt oder nicht. Liegt kein Fehler vor, soll in Spalte E der Wert aus Spalte C erscheinen, ansonsten soll der Wert gleich Null sein. Die Formel in **E1** lautet:
=WENN(D1=FALSCH;C1;0)

Auf diese Weise erreichen Sie, dass anstatt der Fehlermeldung in **E4** eine Null erscheint. Anschließend ist die Summenbildung in Spalte E möglich.

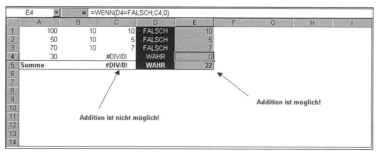

Abb. 7: Aufgrund des Fehlers ist in Spalte C keine Summenbildung möglich.

> **PRAXIS-TIPP**
>
> Wenn Sie in der Zelle **C4** mit der Formel =WENN(B4="";0;A4/B4) arbeiten, ist das Weiterberechnen ebenfalls möglich, allerdings erhalten Sie dann keinen Hinweis auf einen Fehler. Außerdem ist die Fehleranalyse auf die Fehlermeldung **#DIV/0!** begrenzt.

7 Fehlertypen: Diese Fehler sollten Sie vermeiden

Fehler können beispielsweise dadurch auftreten, wenn in einer Formel anstelle einer Zahl Text verwendet wird oder eine Zelle, auf die sich eine Formel bezieht, entfernt wird. Auch Divisionen durch Null führen zu Fehlern. Wenn Sie mit Formeln arbeiten, werden in der täglichen Arbeit immer wieder einmal Probleme auftauchen und Sie werden mit der einen oder anderen Fehlermeldung konfrontiert. Je nach Art des vorliegenden Fehlers zeigt Excel Ihnen den speziellen Fehlertyp an:

Fehlertyp	Bedeutung
#####	Das Ergebnis der Zelle ist zu lang, um innerhalb der Zelle angezeigt zu werden. Diese Art von Fehlern ist schnell zu beheben. Führen Sie lediglich einen Doppelklick auf der Spaltenbegrenzungslinie aus, um die optimale Spaltenbreite einzustellen. Außerdem kann diese Fehlermeldung bei der Subtraktion von Datums- und Zeitangaben auftreten. Prüfen Sie in diesem Fall, ob Sie positive Werte verwendet haben, da Excel in diesem Fall negative Werte als Fehler wiedergibt.
#NULL	Dieser Fehlerwert wird gemeldet, wenn Sie einen Schnittpunkt für zwei Bereiche angeben, für den kein Schnittpunkt existiert.
#DIV/0!	Im Zusammenhang mit Berechnungen kommt es häufig zu der Fehlermeldung #DIV/0!. Zwar sind die Formeln in der Tabelle häufig durchaus korrekt, fehlt allerdings die Eingabe des Wertes, durch den dividiert werden soll, beanstandet Excel diesen Umstand, da eine Division durch Null mathematisch nicht erlaubt ist.
#WERT	Dieser Fehlerwert tritt auf, wenn für ein Argument oder einen Operanden der falsche Typ verwendet wird. Das ist u. a. dann der Fall, wenn Sie in einer Formel anstelle einer Zahl einen Text eingeben.
#BEZUG	Wenn Sie Zellen löschen, die sich auf andere Formeln beziehen, erhalten Sie diese Fehlermeldung. Zur Korrektur müssen Sie entweder die fehlenden Zellen im Arbeitsblatt wieder herstellen oder die Formel ändern.
#NAME?	Die Fehlermeldung #Name? deutet darauf hin, dass etwas mit einer Bezeichnung nicht stimmt. Mögliche Gründe sind falsche Zugriffe auf Bereichsnamen oder Namen, die nicht korrekt geschrieben wurden.
#ZAHL!	Dieser Fehlerwert tritt in der Regel auf, wenn eine Formel oder Funktion ungültige numerische Werte enthält.
#NV	NV steht für „Nicht vorhanden" und erscheint, wenn ein Wert für eine Funktion oder Formel nicht verfügbar ist. Der Grund ist häufig, dass in einer der Funktionen WVERWEIS(), VERWEIS(), VERGLEICH() oder SVERWEIS() ein ungültiger Wert für das Argument **Suchkriterium** angegeben wird. Auch unsortierte Datenbereiche erweisen sich häufig als Stolperfalle im Zusammenhang mit den zuvor genannten Funktionen.

Tab. 1: Fehlermeldungen

8 Zusammenfasung

Excel bietet Ihnen einige Möglichkeiten, um Fehler aufzuspüren oder am besten gleich ganz zu vermeiden:

Formeln analysieren mit der Formelauswertung (ab Excel 2002):
Extras → Formelüberwachung → Formelauswertung

Fehler aufspüren mit dem Detektiv:
Extras → Formelüberwachung → Detektivsymbole anzeigen

Zirkelbezüge aufspüren:
Extras → Anpassen → Unter Symbolleiste Zirkelbezug auswählen

Fehlermeldungen abfangen und weiterrechnen mit ISTFEHLER() und WENN()-Abfrage
Die Syntax ist Istfehler(A1). **A1** ist dabei die zu untersuchende Zelle.

Online: Leasing als alternative Finanzierungsform

Susanne Kowalski

Leasing ist zu einem festen Bestandteil unseres Wirtschaftslebens geworden. Diese interessante Finanzierungsalternative schont die Liquidität und die Kreditlinie gleichermaßen. Ob das Leasing im jeweiligen Investitionsfall tatsächlich vorteilhaft ist, bedarf einer detaillierten Analyse und eines Vergleichs mit einer alternativen Finanzierungsform.

Die Musterlösung zeigt Ihnen, unter welchen Bedingungen die Leasingalternative im Vergleich zu einer Kreditalternative günstiger ist. Eine zentrale Rolle bei den Berechnungen spielt dabei der verwendete interne Kalkulationszinsfuß.

> **HINWEIS**
>
> Sie finden diese Musterlösung auf der Onlineversion von Excel im Unternehmen unter **Premium-Tools** in der Kategorie **Finanzen & Controlling**.

Leasingalternative

	A	B
3	Darlehensbetrag	100.000,00 EUR
4	Disagio	1.000,00 EUR
5	Auszahlungsbetrag	99.000,00 EUR
6	Bearbeitungsgebühr	500,00 EUR
7	Zinssatz pro Jahr	5%
8	Laufzeit in Jahren	10
9	Annuität	12.950,46 EUR
10	Steuersatz	25%
11	Anschaffungswert	100.000,00 EUR
12	Restwert	0,00 EUR
13	Nutzungsdauer	10

Jahresende	Abzinsungsfaktor	Zahlung Leasing	Steuervorteil	Differenz Steuervorteil	Barwert
1	0,952	12.000,00 €	3.000,00 EUR	9.000,00 EUR	8.571,43 EUR
2	0,907	12.000,00 €	3.000,00 EUR	9.000,00 EUR	8.163,27 EUR
3	0,864	12.000,00 €	3.000,00 EUR	9.000,00 EUR	7.774,54 EUR
4	0,823	12.000,00 €	3.000,00 EUR	9.000,00 EUR	7.404,32 EUR
5	0,784	12.000,00 €	3.000,00 EUR	9.000,00 EUR	7.051,74 EUR
6	0,746	12.000,00 €	3.000,00 EUR	9.000,00 EUR	6.715,94 EUR
7	0,711	12.000,00 €	3.000,00 EUR	9.000,00 EUR	6.396,13 EUR
8	0,677	12.000,00 €	3.000,00 EUR	9.000,00 EUR	6.091,55 EUR
9	0,645	12.000,00 €	3.000,00 EUR	9.000,00 EUR	5.801,48 EUR
10	0,614	12.000,00 €	3.000,00 EUR	9.000,00 EUR	5.525,22 EUR
		120.000,00 EUR	30.000,00 EUR	90.000,00 EUR	69.495,61 EUR

Abb. 1: Finanzierungsvergleich zwischen Kredit und Leasing

II. Daten auswerten und sicher verwalten

Manchmal sieht man den Wald vor lauter Bäumen nicht!

CHRISTOPH MARTIN WIELAND
Deutscher Dichter
5.9.1733 – 20.1.1813

In vielen Unternehmen liegen Datenbestände wie Kundendaten oder Lagerzahlen in einem so hohen Maße vor, dass man als Anwender leicht den Überblick verliert. Excel ist hier das Werkzeug der ersten Wahl, um das Wesentliche nicht aus den Augen zu verlieren.

Dafür sorgen Excel-Funktionen wie die **Gliederungsfunktion** oder der **Teilsummen-Assistent**, mit denen Sie diese Daten auswerten und aufbereiten können.

Dank der komfortablen **Sortierfunktion** bringen Sie die Informationen darüber hinaus genau in die Reihenfolge, in der diese benötigt werden.

Mit **Filterfunktionen** selektieren Sie in einer Umsatzliste gezielt nach bestimmten Kriterien wie zum Beispiel Produkten, Mitarbeitern oder Verkaufsgebieten.

Ein wirklich mächtiges Werkzeug stellt Ihnen Excel durch den **Pivot-Tabellen**-Assistenten zur Verfügung, mit dessen Hilfe Sie Informationen nach verschiedenen Kriterien zusammenstellen und gestalten können.

Excel ist kein Datenbankprogramm und erhebt auch nicht den Anspruch, ein solches zu sein. Viele Anwender nutzen die Software trotzdem intensiv als Datenhaltungs- und Datenverwaltungsprogramm. Excel unterstützt diese Arbeitsweise durch leicht zu bedienende **Datenbankfunktionen**. Eine Artikeldatenbank in der Lagerwirtschaft ist somit schnell erstellt und einfach zu pflegen.

„Hacker" machen auch vor Ihrer Firmen-Firewall nicht Halt. **Schützen** Sie daher Ihre sensiblen Geschäftsdaten und Ihr geistiges Eigentum. Excel bietet Ihnen dazu einige Möglichkeiten, wie zum Beispiel das Verbergen von wichtigen Formeln.

Viele weitere Tools zu diesem Thema finden Sie online unter **www.redmark.de/excel**.

Aus dem Inhalt:

- Betriebliche Daten auswerten und aufbereiten
- Geschäftsdaten analysieren mit Pivot-Tabellen
- Excel-Datenbanken im Praxiseinsatz
- Schutz von sensiblen Geschäftsdaten
- Formeln & Funktionen: Betriebliche Aufgaben mit Datenbankfunktionen lösen
- Online: Copyright-Schutz durch versteckte Zellbereichsnamen

Betriebliche Daten auswerten und aufbereiten

Susanne Kowalski

In Excel lassen sich Informationen in Form von Datensätzen in einer Datenliste verwalten. Das Tabellenkalkulationsprogramm stellt zahlreiche komfortable Analyse- und Filterwerkzeuge zur Verfügung. Damit haben Sie ein Instrument zur Hand, gewünschte Informationen bereitzustellen und Entscheidungen vorzubereiten. In diesem Kapitel stellen wir Ihnen die Funktionen **Datenfilter**, **Teilergebnisse** sowie **Gliederung** und **Gruppierung** vor.

> **HINWEIS**
> Die Beispieldaten (s. Abb. 1) zu diesem Kapitel finden Sie auf der CD-ROM unter dem Namen **Informationen.xls** in den Tabellen 1 und 2.

1 Möglichkeiten zum Auswerten von Informationen

Welche Artikel haben im vergangenen Quartal den höchsten Gewinn erbracht? Welche Produktgruppen haben letztes Jahr rote Zahlen geschrieben? Welche Kunden im europäischen Raum beziehen schwerpunktmäßig welche Waren? Diese und ähnliche Fragestellungen soll ein Datenbanksystem beantworten können. Wer große Datenmengen in einer Datenliste zusammenstellt, muss diese auch auswerten können. Excel stellt Ihnen zu diesem Zweck u. a. folgende Funktionen aus dem Menü **Daten** zur Verfügung:

- **Datenfilter** unter anderem mit AutoFilter und Spezialfilter zur Auswahl von Informationen, wie die Umsätze eines bestimmten Monats.

- Die Funktion **Top 10** ist eine Sonderform der **AutoFilter**, die auf die Selektion numerischer Daten begrenzt ist. Damit rufen Sie zum Beispiel in einer Produktliste ausschließlich die Artikel mit dem höchsten Deckungsbeitrag auf.

- Die Funktion **Benutzerdefiniert** erlaubt Ihnen die Arbeit mit individuellen Vergleichsoperatoren und das Verknüpfen logischer Bedingungen. Auf diese Weise finden Sie unter anderem heraus, welche Produkte zwischen bestimmten Preisgrenzen liegen.

- **Spezialfilter** bieten komplexere Abfragemöglichkeiten als AutoFilter und ermöglichen es, logische Verknüpfungen zwischen mehreren Feldern zu erstellen. Damit filtern Sie zum Beispiel Filialen unterhalb einer bestimmten Umsatz- und gleichzeitig oberhalb einer bestimmten Mitarbeitergrenze.

- **Teilergebnisse** unterstützen Sie bei der Auswertung von Tabellen und Datenlisten nach bestimmten Datengruppen. Dabei kann es sich beispielsweise um Produktgruppen oder Filialen handeln. Oft wird jedoch vergessen, dass dieser Befehl nur dann sinnvoll eingesetzt werden kann, wenn die Daten Ihrer Liste bzw. Tabelle zuvor sortiert wurden.

- Wie Word stellt auch Excel eine **Gliederungsfunktion** zur Verfügung, die vor allem bei der Arbeit mit sehr umfangreichen Tabellen interessant ist. Durch die Vergabe unterschiedlicher Gliederungsebenen verschaffen Sie sich eine bessere Übersicht über den umfangreichen Datenbestand. Damit haben Sie ein Instrument, Daten schneller und komfortabler auszuwerten. Unter anderem eignen sich zeitliche oder räumliche Kriterien zur Strukturierung von Datenbeständen.

Betriebliche Daten auswerten und aufbereiten

	A	B	C	D	E	F	G
1	Artikel	Filiale	Monat	Absatzmenge	EK	VK	Gewinn
2	Spielzeugauto	Köln	Januar	57	2,83 €	4,99 €	123,12 €
3	Spielzeugauto	Düsseldorf	Januar	112	2,83 €	5,10 €	254,24 €
4	Spielzeugauto	Aachen	Januar	93	2,17 €	3,55 €	128,34 €
5	Stoffbär	Aachen	Januar	55	19,78 €	29,99 €	561,55 €
6	Stoffbär	Köln	Februar	22	19,50 €	29,99 €	230,78 €
7	Spielzeugauto	Bonn	Februar	88	2,75 €	4,99 €	197,12 €
8	Puppenstube	Bonn	Februar	44	78,00 €	119,00 €	1.804,00 €
9	Puppenstube	Köln	Februar	54	82,50 €	129,00 €	2.511,00 €
10	Stoffbär	Düsseldorf	März	96	22,10 €	39,95 €	1.713,60 €
11	Zelt	Köln	März	36	78,00 €	199,00 €	4.356,00 €
12	Zelt	Bonn	März	58	75,80 €	199,00 €	7.145,60 €
13	Zelt	Aachen	März	43	72,90 €	189,00 €	4.992,30 €
14	Puppenbett	Bonn	März	79	55,00 €	99,00 €	3.476,00 €
15	Puppenbett	Düsseldorf	März	71	55,70 €	99,00 €	3.074,30 €

Abb. 1: Die Daten dieser Beispieldatei werden in diesem Beitrag ausgewertet.

2 Datenfilter

Zum Selektieren von Daten gibt es unterschiedliche Verfahren. Der AutoFilter, den Excel zur Verfügung stellt, ist für diese Aufgabe sehr geeignet. Darüber hinaus stellt Excel auch noch so genannte Spezialfilter zur Verfügung.

2.1 AutoFilter

AutoFilter zeichnen sich durch besonders einfache Handhabung aus. Mit wenigen Arbeitsschritten können Sie Ihre Daten selektieren. Wenn nur die Daten des Monats Januar der Beispielliste **Tabelle 1** unserer Datei **Informationen.xls** eingeblendet werden sollen, gehen Sie dazu folgendermaßen vor:

1 Stellen Sie die Eingabemarkierung in die Datenliste und wählen Sie den Eintrag **Daten → Filter → AutoFilter**.

2 Sollte sich die Eingabemarkierung nicht in der Datenliste befinden, erhalten Sie von Excel eine Meldung, dass keine Liste ausgewählt werden kann. Sonst erscheinen in der Überschriftenleiste hinter den Feldnamen so genannte Pulldown-Pfeile (s. Abb. 2). Diese können Sie verwenden, um einzelne Daten zu selektieren.

3 Klicken Sie den Pulldown-Pfeil hinter **Monat** an und in der sich öffnenden Dropdown-Liste **Januar**. Anschließend werden auf dem Bildschirm ausschließlich die Datensätze gezeigt, die unter **Monat** den Eintrag **Januar** haben. Die übrigen Daten werden ausgeblendet.

4 Wenn Sie sich die Zeilenköpfe anschauen, werden Sie feststellen, dass diese ebenso wie der Pulldown-Pfeil im Feld **Monat** in blauer Farbe erscheinen. Dadurch signalisiert Excel, dass Sie sich im Suchmodus befinden. In der Statuszeile wird zusätzlich die Anzahl der gefundenen Datensätze angezeigt.

5 Sie können die Auswahl weiter reduzieren, um beispielsweise herauszufinden, welche Gewinne im Januar in Aachen erzielt wurden. Klicken Sie den Pulldown-Pfeil hinter **Filiale** an und anschließend in der sich öffnenden Liste **Aachen**. Die Anzeige wird auf zwei Datensätze reduziert. ∎

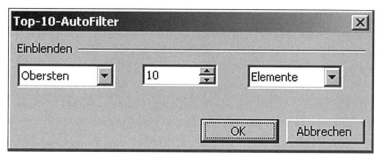

	A	B	C	D	E	F	G
1	Artikel	Filiale	Monat	Absatzmenge	EK	VK	Gewinn
2	Spielzeugauto	Köln	Januar	57	2,83 €	4,99 €	123,12 €
3	Spielzeugauto	Düsseldorf	Januar	112	2,83 €	5,10 €	254,24 €
4	Spielzeugauto	Aachen	Januar	93	2,17 €	3,55 €	128,34 €
5	Stoffbär	Aachen	Januar	55	19,78 €	29,99 €	561,55 €

Abb. 2: Feldnamen mit Pulldown-Pfeilen im Auswahlmodus

Um den Filter wieder auszuschalten, wählen Sie **Filter → Daten → AutoFilter.** Die komplette Liste der Datensätze wird wieder angezeigt. Alternativ entscheiden Sie sich in der Liste, die Sie über den Pulldown-Pfeil öffnen, für **(Alle)**. Der Unterschied zu der oben beschriebenen Möglichkeit ist, dass die Auswahlpfeile erhalten bleiben und Sie sofort eine andere Selektion durchführen können.

2.2 Die Top 10

Wenn Sie die Funktion **AutoFilter** wählen und mithilfe des Pfeils die Liste eines Feldes öffnen, finden Sie unter anderem die Option **(Top 10)**. Über diese Selektionsmöglichkeit haben Sie die Wahl, sich entweder die größten oder die kleinsten Werte anzeigen zu lassen. Die Funktion **Top-10-AutoFilter** können Sie allerdings nur auf numerische Daten anwenden. Das heißt, für die ersten drei Spalten der Beispieldatenbank ist die Funktion **Top 10** nicht brauchbar.

Abb. 3: Dialogbox Top-10-AutoFilter.

In der Dialogbox **Top-10-AutoFilter** (s. Abb. 3) haben Sie verschiedene Einstellmöglichkeiten: Im ersten Feld entscheiden Sie, ob Sie die **Obersten**, also größten Werte, oder die **Untersten**, also die kleinsten Werte, anzeigen möchten. Die Funktion heißt zwar **Top 10**, die Anzahl der Positionen legen Sie jedoch letztendlich im mittleren Feld fest. Im dritten und letzten Feld können Sie sich anstatt für eine bestimmte Anzahl von Elementen für Prozent entscheiden. Der Prozentsatz wird dabei im mittleren Feld definiert.

Wenn Sie die vier größten Absatzmengen anzeigen wollen, gehen Sie folgendermaßen vor:

1 Positionieren Sie die Eingabemarkierung in der Datenliste und wählen Sie für den Fall, dass Sie den AutoFilter zwischenzeitlich deaktiviert haben **Daten → Filter → AutoFilter**.

2 Öffnen Sie die Liste des Feldes **Absatzmenge** und wählen Sie den Eintrag **(Top 10)**. In der folgenden Dialogbox tragen Sie im mittleren Feld die Ziffer 4 ein und drücken die **Enter**-Taste. Excel blendet anschließend die Datensätze mit den vier größten Absatzmengen ein. ∎

2.3 Weitere Selektionsmöglichkeiten

Über den Eintrag **Benutzerdefiniert,** den Sie ebenfalls über den Auswahlpfeil neben dem Feldnamen erreichen, haben Sie differenzierte Selektionsmöglichkeiten. Hier verwenden Sie bei Bedarf Vergleichsoperatoren, die über zwei Bedingungen logisch miteinander verknüpft werden. Dazu erhalten Sie die Dialogbox **Benutzerdefinierter AutoFilter**. Über das erste Feld in der ersten Zeile dieses Dialogs können Sie eine Liste mit zahlreichen Vergleichsmöglichkeiten öffnen. Das Feld rechts daneben enthält die Werte der entsprechenden Spalte. Weiter haben Sie die Möglichkeit, die Selektion über die Optionen **Und** beziehungsweise **Oder** weiter zu differenzieren.

Wenn Sie alle Datensätze herausfiltern möchten, die im Einkaufspreis zwischen 15 EUR und 30 EUR liegen, öffnen Sie die Liste des Feldes **Einkaufspreis** durch einen Klick auf den Pfeil und wählen den Eintrag **Benutzerdefiniert**. Tragen Sie in das folgende Dialogfeld die Werte der Abb. 4 ein. Excel blendet anschließend drei Datensätze ein, die diese Kriterien erfüllen.

Abb. 4: Hier wurden zwei Kriterien miteinander verknüpft.

2.4 Spezialfilter

Der Umgang mit Spezialfiltern ist vom Handling her nicht ganz so einfach wie beim AutoFilter, dafür bietet diese Funktion komplexere Abfragemöglichkeiten. Es besteht die Möglichkeit, logische Verknüpfungen zwischen mehreren Feldern zu erstellen. Die selektierten Daten kopieren Sie bei Bedarf in einen anderen Tabellenbereich, Duplikate blenden Sie aus.

Voraussetzung für die Arbeit mit Spezialfiltern ist ein so genannter Kriterienbereich, der die Bedingungen für den Filter enthält. Dafür benötigen Sie innerhalb des Tabellenblattes mindestens zwei leere Zeilen. Am besten ist, wenn Sie einen Kriterienbereich oberhalb der Liste verwenden. Wenn Sie nämlich den Kriterienbereich neben der Datenbank anlegen, werden unter Umständen einzelne Kriterien beim Filtern ausgeblendet. Für den Fall, dass Sie den Kriterienbereich statt dessen unterhalb der Datensätze positionieren, besteht die Gefahr, dass der Bereich beim Eintragen neuer Datensätze irrtümlich überschrieben wird. Um mit Spezialfiltern anhand des vorliegenden Beispiels zu arbeiten, gehen Sie folgendermaßen vor:

1 Markieren Sie den Spaltenkopf der ersten Zeile und drücken Sie die Tastenkombination **Strg** ++ (Plus-Zeichen). Auf diese Weise erhalten Sie eine neue Zeile. Wiederholen Sie den Vorgang für alle benötigten Zeilen. Kopieren Sie die Feldnamen für die Spalten, die Sie als Bedingung einsetzen möchten, und fügen Sie diese in die erste leere Zeile des Kriterienbereichs ein. In unserem Beispiel handelt es sich um die Spaltenüberschriften **Gewinn** und **EK**.

2 Die zweite und gegebenenfalls weitere Zeilen enthalten Bedingungen. Geben Sie zu diesem Zweck in den Zeilen unterhalb der Kriterienbeschriftungen die Kriterien ein, die Sie anwenden möchten. Zwischen den Kriterienwerten und der Liste sollte sich eine leere Zeile befinden (s. Abb. 5).

II. Daten auswerten und sicher verwalten

	A	B	C	D	E	F	G
1	Gewinn	EK					
2	>1000	<50					
3							
4	Artikel	Filiale	Monat	Absatzmenge	EK	VK	Gewinn
5	Spielzeugauto	Köln	Januar	57	2,83 €	4,99 €	123,12 €
6	Spielzeugauto	Düsseldorf	Januar	112	2,83 €	5,10 €	254,24 €
7	Spielzeugauto	Aachen	Januar	93	2,17 €	3,55 €	128,34 €
8	Stoffbär	Aachen	Januar	55	19,78 €	29,99 €	561,55 €
9	Stoffbär	Köln	Februar	22	19,50 €	29,99 €	230,78 €
10	Spielzeugauto	Bonn	Februar	88	2,75 €	4,99 €	197,12 €
11	Puppenstube	Bonn	Februar	44	78,00 €	119,00 €	1.804,00 €
12	Puppenstube	Köln	Februar	54	82,50 €	129,00 €	2.511,00 €
13	Stoffbär	Düsseldorf	März	96	22,10 €	39,95 €	1.713,60 €
14	Zelt	Köln	März	36	78,00 €	199,00 €	4.356,00 €
15	Zelt	Bonn	März	58	75,80 €	199,00 €	7.145,60 €
16	Zelt	Aachen	März	43	72,90 €	189,00 €	4.992,30 €
17	Puppenbett	Bonn	März	79	55,00 €	99,00 €	3.476,00 €
18	Puppenbett	Düsseldorf	März	71	55,70 €	99,00 €	3.074,30 €

Abb. 5: Die Kriterien müssen Sie oberhalb der Datenliste definieren.

3 Wählen Sie **Daten** → **Filter** → **Spezialfilter**. Excel öffnet das gleichnamige Dialogfeld. Übernehmen Sie im Bereich **Aktion** die Standardeinstellung **Liste an gleicher Stelle filtern**.
Wenn Sie das Ergebnis in einen anderen Tabellenbereich kopieren möchten, wählen Sie die Option **An eine andere Stelle kopieren** in der Dialogbox **Spezialfilter**. Im Ausgabebereich klicken Sie die obere linke Zelle des Ausgabebereichs an.
Aktivieren Sie das Kontrollkästchen **Keine Duplikate**, wenn Sie Datensätze, die zweimal oder öfter auftauchen, nur ein einziges Mal anzeigen möchten.

4 Tragen Sie in den Feldern **Listenbereich** und **Kriterienbereich** die erforderlichen Angaben ein. Übernehmen Sie die Einstellungen aus Abb. 6. Verlassen Sie die Dialogbox über **OK**.

Abb. 6: In diesem Fenster definieren Sie die Spezialfilter.

5 Die entsprechenden Datensätze werden von Excel gefiltert. In diesem Beispiel handelt es sich lediglich um einen Datensatz (s. Abb. 7). ∎

	A	B	C	D	E	F	G
1	Gewinn	EK					
2	>1000	<50					
3							
4	Artikel	Filiale	Monat	Absatzmenge	EK	VK	Gewinn
13	Stoffbär	Düsseldorf	März	96	22,10 €	39,95 €	1.713,60 €

Abb. 7: Das Ergebnis besteht aus einem einzigen Datensatz.

Um den Spezialfilter wieder zu entfernen, wählen Sie **Daten** → **Filter** → **Alle Anzeigen**.

3 Teilergebnisse

In der Praxis ist häufig die Auswertung von Tabellen und Datenlisten nach bestimmten Datengruppen gefragt. Excel bietet zur Lösung derartiger Problemstellungen die Funktion **Teilergebnisse** an, die Sie ebenfalls im Menü **Daten** finden. Bevor Sie diesen Befehl anwenden, sollten Sie Daten Ihrer Liste bzw. Tabelle sortieren. Anschließend können Sie diverse statistische Auswertungen wie

- Summe
- Mittelwert
- Anzahl
- Anzahl Zahlen
- Minimum
- Maximum
- Produkt
- Varianz (Stichprobe)
- Varianz (Grundgesamtheit)
- Standardabweichung (Stichprobe)
- Standardabweichung (Grundgesamtheit)

durchführen. Die Datenliste wird nach dem ausgewählten Feld ausgewertet. Voraussetzung für das erfolgreiche Anwenden der Funktion **Teilergebnisse** in einer Datenliste ist, dass mehrere Datensätze mindestens in einer Hinsicht identisch sind.

Bezogen auf das aktuelle Beispiel bedeutet dies, dass mehrere Datensätze die gleiche Filiale, den gleichen Artikel oder den gleichen Monat aufweisen. Darüber hinaus muss die Datenliste in sortierter Reihenfolge vorliegen. Für die Beispieldatenbank sollen die Gewinnsummen für jeden einzelnen Artikel ermittelt werden.

1 Sortieren Sie die Artikel der Spalte A in aufsteigender Reihenfolge. Aktivieren Sie hierzu eine beliebige Zelle der Spalte A innerhalb der Datenliste und klicken Sie auf die Schaltfläche **Aufsteigend sortieren** der Standard-Symbolleiste.

2 Aktivieren Sie anschließend eine beliebige Zelle innerhalb der Datenliste und wählen Sie **Daten → Teilergebnisse**.

Abb. 8: Das Dialogfeld Teilergebnisse

II. Daten auswerten und sicher verwalten

3 Excel öffnet automatisch das gleichnamige Dialogfeld. Übernehmen Sie die Einstellungen der Abb. 8 und verlassen Sie das Dialogfeld.

4 Nach Bestätigung der Angaben stellt Excel die Ergebnisse im Arbeitsblatt dar (s. Abb. 9). Sie werden feststellen, dass zu diesem Zweck neue Zeilen eingefügt wurden, in denen die Gewinne der einzelnen Artikelgruppen enthalten sind. Am Ende der Datenliste wird außerdem das Gesamtergebnis aufgeführt. Neben den Berechnungsergebnissen wurden Gliederungsebenen für Ihr Arbeitsblatt eingerichtet. Diese werden im nächsten Abschnitt dieses Beitrags näher erläutert. ■

	A	B	C	D	E	F	G
1	Artikel	Filiale	Monat	Absatzmenge	EK	VK	Gewinn
2	Puppenbett	Bonn	März	79	55,00 €	99,00 €	3.476,00 €
3	Puppenbett	Düsseldorf	März	71	55,70 €	99,00 €	3.074,30 €
4	Puppenbett Ergebnis						6.550,30 €
5	Puppenstube	Bonn	Februar	44	78,00 €	119,00 €	1.804,00 €
6	Puppenstube	Köln	Februar	54	82,50 €	129,00 €	2.511,00 €
7	Puppenstube Ergebnis						4.315,00 €
8	Spielzeugauto	Köln	Januar	57	2,83 €	4,99 €	123,12 €
9	Spielzeugauto	Düsseldorf	Januar	112	2,83 €	5,10 €	254,24 €
10	Spielzeugauto	Aachen	Januar	93	2,17 €	3,55 €	128,34 €
11	Spielzeugauto	Bonn	Februar	88	2,75 €	4,99 €	197,12 €
12	Spielzeugauto Ergebnis						702,82 €
13	Stoffbär	Aachen	Januar	55	19,78 €	29,99 €	561,55 €
14	Stoffbär	Köln	Februar	22	19,50 €	29,99 €	230,78 €
15	Stoffbär	Düsseldorf	März	96	22,10 €	39,95 €	1.713,60 €
16	Stoffbär Ergebnis						2.505,93 €
17	Zelt	Köln	März	36	78,00 €	199,00 €	4.356,00 €
18	Zelt	Bonn	März	58	75,80 €	199,00 €	7.145,60 €
19	Zelt	Aachen	März	43	72,90 €	189,00 €	4.992,30 €
20	Zelt Ergebnis						16.493,90 €
21	Gesamtergebnis						30.567,95 €

Abb. 9: Die Teilergebnisse der Beispieldaten

Hier die Funktionen des Dialogs **Teilergebnisse** im Einzelnen:

- Unter **Gruppieren nach** wird der Feldname gewählt, nach dem die Datenliste gruppiert werden soll.

- Unter **Verwendung von** bestimmen Sie, welche statistische Auswertung erfolgen soll, beispielsweise **Summe** oder **Maximum**.

- In der Liste **Teilergebnis addieren zu** entscheiden Sie, für welches Feld ein Teilergebnis berechnet werden soll.

- Das Kontrollkästchen **Vorhandene Teilergebnisse ersetzen** ist zu beachten, wenn Sie bereits Teilergebnisse berechnet haben und diese entfernt werden sollen.

- Wenn Sie nach jeder Datensatzgruppe beim Ausdruck ein neues Blatt wünschen, aktivieren Sie das Kontrollkästchen **Seitenwechsel zwischen Gruppen einfügen**.

- Über das Kontrollkästchen **Ergebnisse unterhalb der Daten anzeigen** entscheiden Sie, wo die Teilergebnisse im Arbeitsblatt erscheinen sollen. Deaktivieren dieses Kontrollkästchens hat zur Folge, dass die Ergebnisse nicht unterhalb, sondern oberhalb der einzelnen Datengruppen positioniert werden.

Um die Teilergebnisse wieder aus Ihrer Datenliste bzw. Tabelle zu entfernen, wählen Sie erneut **Daten → Teilergebnisse**. In der folgenden Dialogbox klicken Sie auf die Schaltfläche **Alle Entfernen**.

> **PRAXIS-TIPP**
>
> Die durch die Funktion **Teilergebnisse** erstellte Auswertung können Sie wie jede andere Tabelle weiterverarbeiten und dort zum Beispiel das **AutoFormat** für Tabellen anwenden.

4 Gruppieren und Gliedern von Daten

Anwender, die mit Textverarbeitungsprogrammen wie Microsoft Word arbeiten, kennen vielleicht die Möglichkeit, Dokumente zu gliedern. Auch in Excel steht eine entsprechende Funktion zur Verfügung. Die Gliederungsfunktion ist in erster Linie bei der Arbeit mit sehr umfangreichen Tabellen interessant. Durch die Vergabe unterschiedlicher Gliederungsebenen verschaffen Sie sich eine bessere Übersicht über den umfangreichen Datenbestand und werten ihn auf diese Weise schneller und komfortabler aus. Die Aufteilung kann dabei in horizontaler und vertikaler Richtung erfolgen.

4.1 Die AutoGliederung

Am einfachsten ist das automatische Gliedern eines Tabellenblatts. Dazu müssen allerdings folgende Voraussetzungen erfüllt sein:

- Die Tabelle muss Formeln mit Bezügen auf andere Zellen enthalten.
- Die Formeln beziehen sich auf Zellen in derselben Spalte oder in derselben Zeile.
- Es liegen einheitliche Bezüge vor, die nur in eine Richtung gehen.

> **HINWEIS**
>
> Wenn Sie versuchen sollten, eine Tabelle automatisch zu gliedern, die nur Texte und Konstanten (wie beispielsweise eine Adressenliste) enthält, erhalten Sie von Excel einen Hinweis, dass die Gliederung nicht erstellt werden kann. In einem solchen Fall bleibt Ihnen nur die Möglichkeit, die Liste manuell zu strukturieren.

Excel ermöglicht insgesamt acht Gliederungsebenen in beide Richtungen, das heißt spalten- und zeilenweise. Eine Gliederung kann pro Tabelle nur einmal verwendet werden. Es ist somit nicht möglich, mehrere Teiltabellen mit je einer eigenen Gliederung zu versehen.

Da die Vorgehensweise an einer anderen Beispieltabelle besser nachzuvollziehen ist, verwenden Sie Tabelle 2 unserer Datei **Informationen.xls** (s. Abb. 10). Markieren Sie dort den zu gliedernden Zellbereich.

	A	B	C	D	E	F	G	H	I
1	Produkt	Januar	Februar	März	1. Quartal	April	Mai	Juni	2. Quartal
2	Zelt	234.456,00 €	45.123,00 €	321.456,00 €	601.035,00 €	258.963,00 €	265.478,00 €	254.789,00 €	779.230,00 €
3	Stoffbär	248.794,00 €	156.789,00 €	335.678,00 €	741.261,00 €	270.564,00 €	280.500,00 €	264.571,00 €	815.635,00 €
4	Puppenstube	263.132,00 €	268.455,00 €	349.900,00 €	881.487,00 €	282.165,00 €	295.522,00 €	274.353,00 €	852.040,00 €
5	Puppenbett	277.470,00 €	380.121,00 €	364.122,00 €	1.021.713,00 €	293.766,00 €	310.544,00 €	284.135,00 €	888.445,00 €
6	Spielzeugauto	291.808,00 €	491.787,00 €	378.344,00 €	1.161.939,00 €	305.367,00 €	325.566,00 €	293.917,00 €	924.850,00 €
7	Gesamt	1.315.660,00 €	1.342.275,00 €	1.749.500,00 €	4.407.435,00 €	1.410.825,00 €	1.477.610,00 €	1.371.765,00 €	4.260.200,00 €

Abb. 10: Diese Beispieldaten sollen gegliedert werden.

Wenn Sie das gesamte Tabellenblatt gliedern möchten, genügt ein Klick auf eine beliebige Zelle. Wählen Sie **Daten → Gruppierung und Gliederung → AutoGliederung**.

Die Tabelle wird in verschiedene Ebenen eingeteilt (s. Abb. 11). Oberhalb der Spaltenköpfe und links neben den Zeilenköpfen finden Sie Schaltflächen mit den Nummern der Ebenen. Der Bereich der einzelnen Ebenen wird durch einen Balken, die so genannte Ebenenleiste, gekennzeichnet.

Mit den Schaltflächen des Gliederungsbereichs besteht die Möglichkeit, einzelne Zellbereiche ein- und auszublenden. Durch Ein- und Ausblenden bestimmter Bereiche lassen sich Tabellen und Zahlengruppen hervorheben und veranschaulichen. Ein Klick auf die Schaltfläche mit den Gliederungsebenen verändert die Bildschirmanzeige.

II. Daten auswerten und sicher verwalten

	A	B	C	D	E	F	G	H	I
1	Produkt	Januar	Februar	März	1. Quartal	April	Mai	Juni	2. Quartal
2	Zelt	234.456,00 €	45.123,00 €	321.456,00 €	601.035,00 €	258.963,00 €	265.478,00 €	254.789,00 €	779.230,00 €
3	Stoffbär	248.794,00 €	156.789,00 €	335.678,00 €	741.261,00 €	270.564,00 €	280.500,00 €	264.571,00 €	815.635,00 €
4	Puppenstube	263.132,00 €	268.455,00 €	349.900,00 €	881.487,00 €	282.165,00 €	295.522,00 €	274.353,00 €	852.040,00 €
5	Puppenbett	277.470,00 €	380.121,00 €	364.122,00 €	1.021.713,00 €	293.766,00 €	310.544,00 €	284.135,00 €	888.445,00 €
6	Spielzeugauto	291.808,00 €	491.787,00 €	378.344,00 €	1.161.939,00 €	305.367,00 €	325.566,00 €	293.917,00 €	924.850,00 €
7	Gesamt	1.315.660,00 €	1.342.275,00 €	1.749.500,00 €	4.407.435,00 €	1.410.825,00 €	1.477.610,00 €	1.371.765,00 €	4.260.200,00 €

Abb. 11: Die gegliederte Tabelle

Das Symbol mit der höchsten Zahl zeigt immer alle Ebenen an, das Symbol mit der Ziffer 1 gibt die Daten in der höchstmöglichen Komprimierungsstufe wieder.

> **HINWEIS**
>
> Die Zahlensymbole blenden komplette Ebenen ein- bzw. aus. Mit den Plus- und Minussymbolen können Sie hingegen auch den Teil einer Ebene ein- bzw. ausschalten. Wenn Sie die Monate des ersten Quartals nicht zeigen möchten, die des zweiten Quartals hingegen wohl, arbeiten Sie mit dem Minussymbol.

Wenn Sie die Schaltfläche mit der **1** anklicken, die zu den Spalten gehört, werden die einzelnen Monate ausgeblendet. Nur noch die Quartalsdaten werden gezeigt (s. Abb. 12). Mithilfe der Schaltfläche mit der Nummer **2** blenden Sie die Ebenen wieder ein.

	A	E	I
2	Zelt	601.035,00 €	779.230,00 €
3	Stoffbär	741.261,00 €	815.635,00 €
4	Puppenstube	881.487,00 €	852.040,00 €
5	Puppenbett	1.021.713,00 €	888.445,00 €
6	Spielzeugauto	1.161.939,00 €	924.850,00 €
7	Gesamt	4.407.435,00 €	4.260.200,00 €

Abb. 12: Die Monate wurden ausgeblendet.

Über **Daten** → **Gruppierung und Gliederung** → **Gliederung** entfernen heben Sie die Gliederung wieder auf.

4.2 Bereiche und Ebenen bestimmen

Die Funktion **AutoGliederung** ist einfach in der Bedienung. Sollte sie jedoch nicht das gewünschte Gliederungsergebnis bringen, haben Sie die Möglichkeit, Bereiche und Ebenen selber festzulegen. Allerdings sollten Sie zuvor überprüfen, welche Bereiche sich verschiedenen Ebenen zuordnen lassen, damit Sie auch wirklich sinnvolle Ergebnisse erhalten.

1 Markieren Sie den Bereich, den Sie gliedern möchten. Markieren Sie beim Gruppieren von Zeilen und Spalten lediglich die Detailzeilen oder -spalten, aus denen sich die Gruppe zusammensetzt. Die dazugehörige Zeilen- oder Spaltenzusammenfassung darf nicht in die Markierung aufgenommen werden.

2 Wählen Sie **Daten** → **Gruppierung und Gliederung** → **Gruppierung**. Excel blendet das Dialogfeld **Gruppierung** ein. Dort können Sie einstellen, ob Sie vertikal, also nach Zeilen, oder horizontal nach Spalten gliedern möchten. Verlassen Sie die Dialogbox über **OK**.

3 Die Gliederungssymbole werden neben der Gruppe eingeblendet. Fahren Sie mit dem Markieren von Detailzeilen oder -spalten fort und klicken Sie so häufig auf den Befehl **Gruppierung**, bis Sie alle gewünschten Gliederungsebenen erstellt haben.

4 Standardmäßig werden Zeilenzusammenfassungen unterhalb der Detailzeilen und Spaltenzusammenfassungen rechts neben den Detailspalten angeordnet. Falls die Zeilenzusammenfassungen über den Detailzeilen oder die Spaltenzusammenfassungen links neben den Detailspalten liegen, können Sie im Dialogfeld **Einstellungen** die Kontrollkästchen in der Gruppe **Richtung** deaktivieren. Das Dialogfeld **Einstellungen** rufen Sie über **Daten → Gruppierung und Gliederung → Einstellungen** auf (s. Abb. 13). Excel präsentiert Ihnen umgehend das Ergebnis. ■

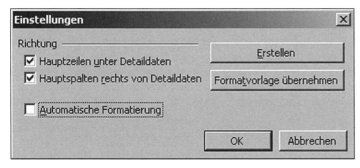

Abb. 13: Über die Dialogbox Einstellungen erzeugen Sie eine manuelle Gruppierung.

Wenn Sie eine Gliederung entfernen, werden die Daten im Tabellenblatt nicht geändert. Um eine Gliederung vollständig zu entfernen, setzen Sie die Eingabemarkierung auf eine beliebige Zelle im Tabellenblatt und wählen Sie **Daten → Gruppierung und Gliederung → Gliederung entfernen**. Für den Fall, dass Sie lediglich die Zeilen- oder Spaltengruppierung in einer Gliederung entfernen möchten, markieren Sie die Zeilen oder Spalten, deren Gruppierung Sie aufheben möchten. Zeigen Sie im Menü **Daten** auf **Gruppierung und Gliederung** und klicken Sie dann auf **Gruppierung aufheben**.

> **PRAXIS-TIPP**
>
> Wenn Sie eine gegliederte Tabelle in eine andere Datei kopieren möchten, besteht die Möglichkeit, die Gliederung mitzukopieren. Dazu wählen Sie das **Alles-auswählen-Feld** in der linken oberen Ecke des Arbeitsblattes, bevor Sie die Befehlsfolge **Bearbeiten → Kopieren** aktivieren. Wenn Sie lediglich die Daten kopieren möchten, markieren Sie den zu kopierenden Bereich und gehen wie gewohnt vor.

5 Zusammenfassung

- AutoFilter eignen sich für eine einfache Selektion von Daten. Diese Funktion erreichen Sie über **Daten → Filter → AutoFilter**.
- Die Funktionen **Top 10** und **Benutzerdefiniert** sind Sonderformen der AutoFilter und werden über **Daten → Filter → AutoFilter → Top 10** bzw. **Daten → Filter → AutoFilter → Benutzerdefiniert** aufgerufen.
- Für die Arbeit mit Spezialfiltern legen Sie zunächst einen Kriterienbereich an. Die Funktion selber rufen Sie über **Daten → Filter → Spezialfilter** auf.
- Die Funktion **Teilergebnisse** finden Sie im Menü **Daten**. Sie ist nur im Zusammenhang mit sortierten Listen bzw. Tabellen sinnvoll.
- Um ein komplettes Tabellenblatt zu gliedern, klicken Sie in eine beliebige Zelle. Wählen Sie **Daten → Gruppierung und Gliederung → AutoGliederung**.
- Flexibler als mit der AutoGliederung arbeiten Sie mit der manuellen Gliederung, die Sie über **Daten → Gruppierung und Gliederung → Gruppierung** erzeugen.

Geschäftsdaten analysieren mit Pivot-Tabellen

Susanne Kowalski

Mit dem Pivot-Tabellen-Assistenten steht Ihnen ein Instrument zur Verfügung, mit dessen Hilfe Sie Geschäftsdaten nach verschiedenen Kriterien zusammenstellen und gestalten können. Dadurch haben Sie die Möglichkeit, vorhandene Daten schneller zu analysieren und gezielt aufzubereiten. Auf diese Weise sind Fragestellungen wie beispielsweise nach der Altersstruktur von Arbeitnehmern oder nach der Verteilung von Umsätzen bestimmter Produkte nach Regionen schnell beantwortet. Außerdem können Sie in Pivots zusammengefasste Daten auch weiter verrechnen. Wie das im Einzelnen funktioniert und wie Sie die Funktionen zum Erstellen von Pivot-Tabellen einsetzen, lesen Sie in diesem Beitrag.

> **HINWEIS**
>
> Die Musterdatei **Pivot_Leer.xls** sowie die Beispieldatei **Pivot_Beispiel.xls** finden Sie auf der CD-ROM. Die Daten wurden aus der Kunden-Tabelle der Access-Beispieldatenbank **Nordwind.mdb** gebildet und um einige Informationen ergänzt.

1 So bewältigen Sie große Datenbestände

Um Ihnen das Auswerten von Daten mit Hilfe möglichst praxisrelevanter Beispiele näher zu bringen, stellen wir Ihnen den Umgang mit Pivot-Tabellen anhand der Auswertung einer Kundendatenbank vor.

1.1 Diese Möglichkeiten haben Sie

- Im Rahmen einer Datenanalyse beantworten Sie mit Hilfe einer Pivot-Tabelle zum Beispiel spielend leicht Fragestellungen wie eine Umsatzauswertung nach Vertretern und Verkaufsgebieten.

- Innerhalb einer Pivot-Tabelle sind Berechnungen erlaubt. Sinn macht das zum Beispiel, wenn Differenzen aus Ist- und Plandaten gebildet werden sollen.

- Zwar besteht die Möglichkeit, Pivot-Tabellen manuell zu formatieren, bequemer und schneller erledigen Sie dies mit dem Einsatz der AutoFormate.

- Mit der Funktion PIVOTDATENZUORDNEN() lassen sich Pivot-Tabellen-Daten weiter verrechnen. Auf diese Weise ermitteln Sie zum Beispiel mit nur wenig Arbeitsaufwand Vertreterprovisionen auf der Basis von Umsatzzahlen.

- Ein Bild sagt mehr als tausend Worte. PivotCharts sind interaktive Diagramme, mit deren Hilfe Sie auch umfangreiches Datenmaterial mit nur wenigen Mausklicks visualisieren.

1.2 Die Beispieldaten

Den Umgang mit Pivottabellen wollen wir anhand einer Kundendatenbank demonstrieren. Für die Auswertung der Kundenliste wird in diesem Beitrag mit einem Kundenstamm gearbeitet. Die Kunden können nach Ländern, Vertretern und verschiedenen Umsatzdaten analysiert und verdichtet werden. Im Einzelnen werden folgende Informationen verwaltet:

- Kunden-Nr.
- Firma
- Kontaktperson
- Position der Kontaktperson

- Adressdaten: Straße, PLZ, Ort, Land, Telefon und Telefax
- Planumsatz
- Istumsatz
- Vorjahresumsatz
- Vertreter

2 Die Datenanalyse

In einer ersten Datenanalyse soll die Fragestellung untersucht werden, welche Umsätze die Vertreter in den unterschiedlichen Orten und Ländern erwirtschaftet haben.

2.1 Mit dem Pivot-Assistenten arbeiten

Der Pivot-Assistent unterstützt Sie Schritt für Schritt bei der Verdichtung der Daten aus der Datei **Pivot.xls**:

1 Um den Pivot-Assistenten zu aktivieren, wählen Sie **Daten → PivotTable- und PivotChart-Bericht**. Die Pivot-Tabelle soll aus einer Excel-Datenliste erzeugt werden. Dazu übernehmen Sie die Standardeinstellungen **Microsoft (Office) Excel-Liste oder -Datenbank** sowie **PivotTable** im ersten Dialogfeld durch einen Klick auf Weiter (s. Abb. 1).

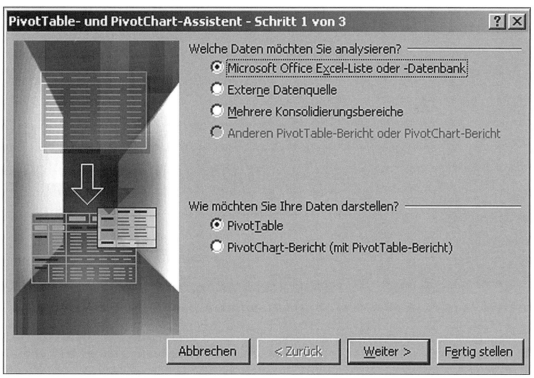

Abb. 1: Der Pivot-Table-Assistent führt Sie Schritt für Schritt zur gewünschten Datenstruktur

2 Im zweiten Dialogfeld (s. Abb. 2) schlägt Excel den zu analysierenden Datenbereich vor. Diesen können Sie bei Bedarf korrigieren. Über die Schaltfläche **Weiter** setzen Sie jeweils Ihre Arbeit fort.

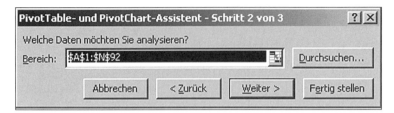

Abb. 2: Der zweite Schritt des Assistenten

3 Im dritten Schritt des Pivot-Assistenten entscheiden Sie, ob der Pivot-Bericht auf einem neuen, eigenen Blatt oder auf einem bestehenden Arbeitsblatt ausgegeben werden soll. Nehmen Sie die Option **In neuem Blatt**.

4 Über die Schaltfläche **Optionen** haben Sie die Möglichkeit, den von Excel automatisch vorgegebenen Namen für die Pivot-Tabelle zu überschreiben. Darüber hinaus definieren Sie dort bei Bedarf zahlreiche Formatierungsoptionen. Öffnen Sie das Dialogfeld **PivotTable-Optionen** und geben Sie als Name **Umsatzauswertung** ein (s. Abb. 3). Verlassen Sie das Dialogfeld anschließend über **OK**.

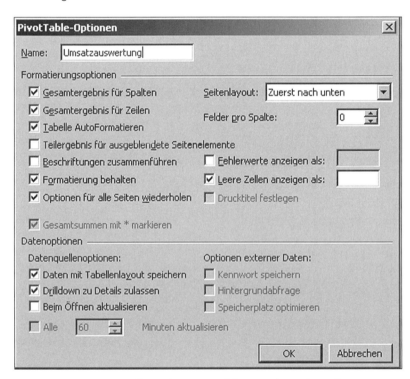

Abb. 3: Hier werden u. a. Formatierungs- und Datenoptionen festgelegt

5 Verlassen Sie den dritten Assistenten-Schritt über die Schaltfläche **Fertig stellen**. Excel ruft ein neues Tabellenblatt auf mit einer leeren Grundstruktur für Pivot-Tabellen (s. Abb. 4). Außerdem wird eine spezielle Pivot-Symbolleiste eingeblendet, die Sie bei der weiteren Bearbeitung der Pivot-Tabelle unterstützt. Gearbeitet wird mit folgenden Bereichen:

- Seite
- Zeile
- Spalte
- Daten

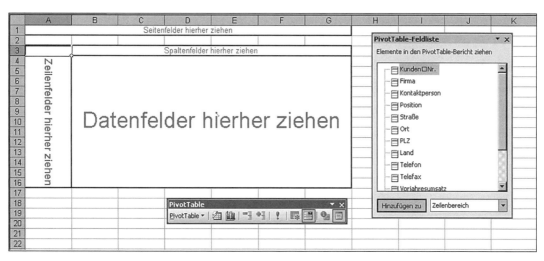

Abb. 4: Die Grundstruktur einer leeren Pivot-Tabelle

Die PivotTable-Symbolleiste dient zum einen der Gestaltung. Darüber hinaus finden Sie für jedes Feld der Datenleiste eine Schaltfläche. Wenn nicht alle Feld-Schaltflächen auf der Pivot-Symbolleiste sichtbar sind, werden diese mit Hilfe der Pfeiltasten angezeigt.

2.2 Die Tabellenstruktur festlegen

Als Nächstes wird die Tabelle mit Zahlen gefüllt. In diesem Zusammenhang müssen Sie die Tabellenstruktur definieren.

1 Ziehen Sie die benötigten Schaltflächen aus der PivotTable-Feldliste wie folgt in die einzelnen Bereiche:

- **Land** in den Bereich **Seitenfelder hierher ziehen**
- **Ort** in den Bereich **Zeilenfelder hierher ziehen**
- **Vertreter** den Bereich **Spaltenfelder hierher ziehen**
- **Istumsatz** in den Bereich **Daten hierher ziehen**

2 Sie erhalten eine Übersicht mit den einzelnen Orten und Vertretern (s. Abb. 5). Standardmäßig werden zunächst die Umsätze aller Länder berücksichtigt. Über das Seitenfeld haben Sie die Möglichkeit, die angezeigten Daten hinsichtlich der Länder zu filtern. ■

> **PRAXIS-TIPP**
>
> Die Daten einer Pivot-Tabelle liegen in zusammengefasster Form vor. Wenn Sie erkennen, dass Zahlen stark vom Durchschnitt anderer Daten abweichen, gibt es in Excel eine recht simple Methode, diese einzusehen. Führen Sie einfach einen Doppelklick auf dem Wert, den sie sich anschauen möchten, aus. Excel richtet automatisch ein neues Tabellenarbeitsblatt ein und zeigt dort die entsprechenden Datensätze an.

II. Daten auswerten und sicher verwalten

	A	B	C	D	E	F	G	H
1	Land	(Alle)						
2								
3	Summe von lstumsatz	Vertreter						
4	Ort	Ahorn	Fürst	Maier	Müller	Schulte	Schulz	Gesamtergebnis
5	Aachen						50500	50500
6	Albuquerque					96000		96000
7	Anchorage					72900		72900
8	Århus			137700				137700
9	Barcelona				272700			272700
10	Barquisimeto	52100						52100
11	Bergamo	59000						59000
12	Berlin				137400			137400
13	Bern						66900	66900
14	Boise			109900				109900
15	Bräcke				180100			180100
16	Brandenburg	35900						35900
17	Bruxelles	61300						61300
18	Buenos Aires	70600				93700	101700	266000
19	Butte			126100				126100
20	Campinas				17300			17300
21	Caracas				22000			22000
22	Charleroi			121500				121500
23	Cork				31200			31200
24	Cunewalde					91400		91400
25	Elgin				28900			28900
26	Eugene				19700			19700
27	Frankfurt a.M.	47400						47400
28	Genève			103000				103000
29	Graz						106100	106100
30	Hedge End	33500						33500
31	Helsinki		153900					153900
32	I. de Margarita	54400						54400

Abb. 5: Die strukturierten Daten in der Pivot-Tabelle

Die Daten in der Pivot-Tabelle sind zeilen- und spaltenweise geordnet. Wenn Sie die Felder später umordnen möchten, erledigen Sie das wiederum mit Hilfe der Maus. Dazu schieben Sie die Schaltfläche lediglich an die gewünschte Position. Während Sie die Schaltfläche verschieben, sehen Sie eine stilisierte Tabelle.

2.3 Die Möglichkeiten der Seitenfelder

Seitenfelder sind Felder einer Liste oder Tabelle, die in einer Pivot-Tabelle im Seitenformat ausgerichtet werden. Im aktuellen Beispiel repräsentieren die Länder die Seitenfelder, mit denen die zusammengefassten Daten nach Ländern gefiltert werden können. Wenn Sie Seitenfelder definiert haben, wird jeweils nur eine dieser Seiten angezeigt. Sie haben zwar die Möglichkeit, über die Option **Alle** den kompletten Datenbestand anzuzeigen (Standard), die einzelnen Seiten können Sie allerdings nur nacheinander über das Listenfeld abrufen. Bei Bedarf besteht jedoch die Möglichkeit, für jeden einzelnen Eintrag im Seitenfeld ein neues Tabellenarbeitsblatt mit den Daten der einzelnen Einträge als Pivot-Tabelle darzustellen:

1 Markieren Sie das Seitenfeld **Land.** Klicken Sie in der PivotTable-Symbolleiste auf die Schaltfläche **Seiten anzeigen.** Excel ruft das gleichnamige Dialogfeld auf (s. Abb. 6).

2 Bestätigen Sie im folgenden Dialogfeld den Excel-Vorschlag. Ihr Tabellenkalkulationsprogramm legt anschließend für jeden Eintrag eine eigene Seite an. ■

Geschäftsdaten analysieren mit Pivot-Tabellen

Abb. 6: Die Daten der Pivot-Tabelle legen Sie bei Bedarf seitenweise an

PRAXIS-TIPP

Bei der eben vorgestellten Methode wird unter Umständen eine große Anzahl Blätter angelegt. Eine andere Möglichkeit besteht darin, sich die Seitendaten einfach nur anzeigen zu lassen. Klicken Sie auf den Pfeil hinter **Alle** neben dem Seitenfeld und wählen Sie den gewünschten Eintrag aus der folgenden Liste. Bestätigen Sie Ihre Auswahl über **OK**.

3 Berechnungen durchführen

In einer Pivot-Tabelle lassen sich u. a. Berechnungen durchführen. Wenn Sie beispielsweise die Differenz zwischen dem Plan- und dem tatsächlich Umsatz für die einzelnen Länder anzeigen wollen, ordnen Sie die Pivot-Tabelle wie folgt um:

1 Klicken Sie in der Symbolleiste **Pivot Table** auf **Pivot Table → Assistent**. Sie gelangen in den dritten Schritt des Assistenten. Dort klicken Sie auf die Schaltfläche **Layout**, um in das gleichnamige Dialogfeld zu gelangen.

2 Übernehmen Sie die Daten aus Abbildung 7 und bestätigen Sie die Änderungen. Das folgende Fenster verlassen Sie über **Fertig stellen**.

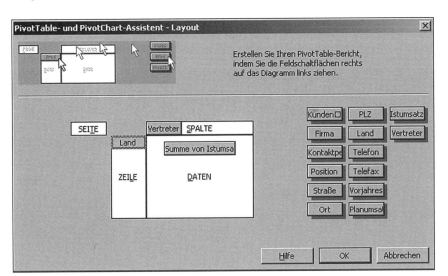

Abb. 7: Diese Einstellung wird für die Weiterberechnung benötigt

3 Die Pivot-Tabelle wird an die neue Struktur angepasst. Klicken Sie in eine beliebige Zelle innerhalb der Pivot-Tabelle und anschließend auf das Menü **PivotTable** in der PivotTable-Symbolleiste.

4 Wählen Sie den Eintrag **Formeln → Berechnetes Feld**. In das folgende Dialogfeld geben Sie einen Namen für das Feld ein. Tragen Sie für das Beispiel **Soll/Ist Vergleich** ein.

5 Klicken Sie nacheinander in das Feld Formel, im Bereich Felder auf den Eintrag Istumsatz und die Schaltfläche **Feld einfügen**. Geben Sie ein Minuszeichen ein und subtrahieren Sie den Planumsatz (s. Abb. 8).

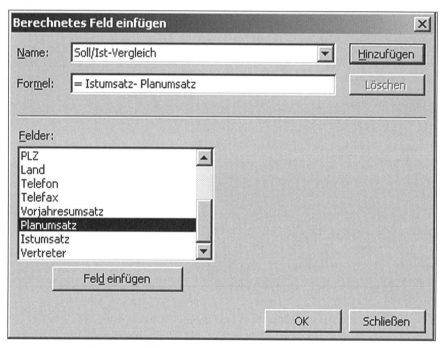

Abb. 8: Die Berechnungsgrundlage

6 Nachdem Sie das Dialogfeld über **OK** verlassen haben, erhalten Sie die gewünschte Auswertung (s. Abb. 9). ■

	A	B	C	D	E	F	G	H	I
1									
2									
3			Vertreter						
4	Land	Daten	Ahorn	Fürst	Maier	Müller	Schulte	Schulz	Gesamtergebnis
5	Argentinien	Summe von Istumsatz	70600				93700	101700	266000
6		Summe von Soll/Ist-Vergleich	6373	0	0	0	8413	9139	23925
7	Belgien	Summe von Istumsatz	61300		121500				182800
8		Summe von Soll/Ist-Vergleich	5497	0	10941	0	0	0	16438
9	Brasilien	Summe von Istumsatz		149200	233600	41600	175900	174000	774300
10		Summe von Soll/Ist-Vergleich	0	13369	20906	3704	15856	15613,5	69448,5
11	Dänemark	Summe von Istumsatz			252200				252200
12		Summe von Soll/Ist-Vergleich	0	0	22658	0	0	0	22658
13	Deutschland	Summe von Istumsatz	149200	144600	306200	336000	166600	50500	1153100
14		Summe von Soll/Ist-Vergleich	13381	12981	27518	30185	14980	4513	103558
15	Finnland	Summe von Istumsatz		300800					300800
16		Summe von Soll/Ist-Vergleich	0	27032	0	0	0	0	27032
17	Frankreich	Summe von Istumsatz	78700		741900	217200	77500	230600	1345900
18		Summe von Soll/Ist-Vergleich	7108	0	66659	19545	6955	20662	120929
19	Großbritannien	Summe von Istumsatz	101800		267900			238700	608400
20		Summe von Soll/Ist-Vergleich	9148	0	24037	0	0	21456,5	54641,5
21	Irland	Summe von Istumsatz				31200			31200
22		Summe von Soll/Ist-Vergleich	0	0	0	2775	0	0	2775

Abb. 9: Ausschnitt aus dem Ergebnis der Berechnungen

4 Pivot-Tabellen formatieren

Optisch ist die Tabelle alles andere als ansprechend. Excel verwendet zur Darstellung der Datenfelder das Format **Standard**. Dadurch erhalten die Ergebniswerte unter Umständen unterschiedliche Stellenanzahlen in der Anzeige.

Grundsätzlich besteht die Möglichkeit, den Ergebnisbereich zu markieren und diesen über **Format → Zellen** zu formatieren. Allerdings wird bei der nächsten Aktualisierung der Tabelle alles im ursprünglichen Format überschrieben. Formatänderungen sollten Sie deshalb über das Menü PivotTable durchführen.

Am einfachsten ändern Sie das Layout der Tabelle über **PivotTable → Bericht formatieren**. Über diese Befehlsfolge erreichen Sie den Dialog **AutoFormat**. Dort müssen Sie nur noch das passende Design auswählen (s. Abb. 10).

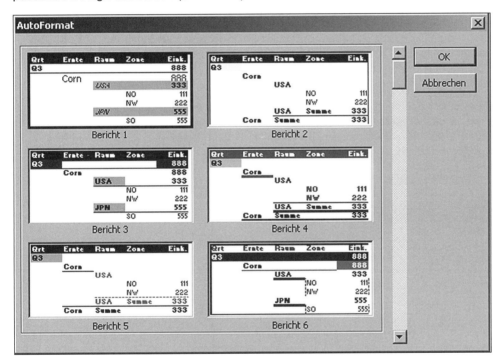

Abb. 10: Im Dialogfeld AutoFormat stehen zahlreiche Layoutvarianten zur Verfügung

Wenn eine manuelle Bearbeitung der Formate erforderlich ist, gehen Sie wie folgt vor:

1 Markieren Sie eine Zelle im Datenfeld. Klicken Sie auf die Schaltfläche **Feldeinstellungen** (s. Abb. 11), um in das Dialogfeld **PivotTable-Feld** zu gelangen.

Abb. 11: Die Schaltfläche Feldeinstellungen

2 Über die Schaltfläche **Zahlen** erreichen Sie das gleichnamige Dialogfeld. Dort wählen Sie das gewünschte Format aus. Verlassen Sie die beiden Dialoge nacheinander über **OK**. Unter Umständen müssen Sie die Formatierung für mehrere Datengruppen durchführen. ∎

5 Die Funktion PIVOTDATENZUORDNEN()

Pivot-Tabellendaten lassen sich weiter verrechnen. Dazu stellt Excel eine spezielle Funktion **PIVOTDATENZUORDNEN()** zur Verfügung. Die Funktion arbeitet mit den Argumenten **Datenfeld** und **PivotTable**. Für **Datenfeld** geben Sie einen Bezug zu einer Pivot-Tabelle ein, in der sich die abzurufenden Daten befinden. Mit **PivotTable** bestimmen Sie, für welche Werte Sie die Informationen abrufen möchten. Das kann zum Beispiel ein Spaltenfeld oder eine Gesamtsumme sein. Damit nutzen Sie die Beispieldaten, um eine Provisionsabrechnung für die Vertreter zu erstellen. Als Berechnungsgrundlage für die Provisionen soll der Umsatz der Vertreter dienen.

1 Richten Sie zunächst eine strukturierte Pivot-Tabelle ein, in der sich die Umsatzdaten der einzelnen Vertreter befinden. Markieren Sie den Pivot-Tabellenbereich und legen Sie hierfür über **Einfügen → Name → Definieren** einen Namen fest. Arbeiten Sie für dieses Beispiel mit der Bezeichnung **Vertreterabrechnung**.

2 Wechseln Sie in ein leeres Tabellenarbeitsblatt. Dort wählen Sie **Einfügen → Funktion → Pivotdatenzuordnen**. Tragen Sie als erstes Argument **Vertreterabrechnung** und als zweites Argument den Namen des gewünschten Mitarbeiters ein. Bestätigen Sie Ihre Eingaben (s. Abb. 12).

3 Excel übernimmt den Wert in das Arbeitsblatt. Die eigentliche Provision ergibt sich durch Multiplikation des Umsatzes mit dem Provisionssatz. Das Ergebnis für den Vertreter Müller bei einem Provisionssatz von einem viertel Prozent beläuft sich auf 4.892,75 EUR. Die zugehörige Formel lautet:

=PIVOTDATENZUORDNEN(Vertreterabrechnung;"Müller")*0,0025

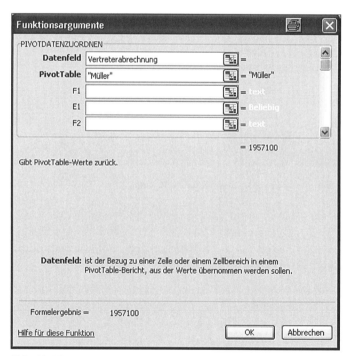

Abb. 12: Mit dieser Funktion können Sie Pivot-Daten weiter verrechnen

> **HINWEIS**
>
> Die Arbeit mit Bereichsnamen wird ausführlich im Beitrag **Richtig rechnen** der Rubrik **Kaufmännisches Rechnen** erklärt.

6 Interaktive Diagramme

Zusätzlich zu Pivot-Tabellen haben Sie seit der Version Excel 2000 die Möglichkeit, Pivot-Diagramme, so genannte PivotCharts, zu erstellen. Die entsprechende Option können Sie bereits im ersten Dialogfeld des Pivot-Assistenten auswählen.

6.1 PivotCharts

Die folgenden Arbeitsschritte unterscheiden sich zunächst nicht von denen, die Sie beim Erstellen einer herkömmlichen Pivot-Tabelle durchführen. Wenn Sie allerdings den Assistenten über **Fertig stellen** verlassen, wird neben der Pivot-Tabelle ein damit verknüpftes Diagramm erstellt.

> **HINWEIS**
> PivotCharts werden auch dann in einem neuen Blatt erstellt, wenn die Pivot-Tabelle selbst nicht auf einem eigenen Blatt erzeugt wird.

Bei der weiteren Arbeit haben Sie die Alternative, sowohl in der leeren Pivot-Tabelle als auch im Diagrammblatt festzulegen, welche Daten ausgewertet bzw. strukturiert werden sollen (Abb. 13).

Wenn Sie dies im Diagramm definieren möchten, ziehen Sie die Felder, die Sie auf der Rubrikenachse zeigen wollen, mit der Maus an die gewünschte Position. Für die übrigen Daten gehen Sie entsprechend vor.

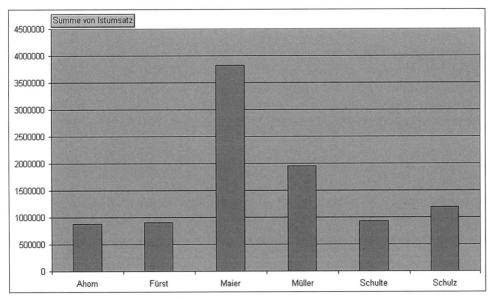

Abb. 13: Vertreter-Umsätze im PivotChart

> **PRAXIS-TIPP**
> Mit Hilfe der Schaltfläche **Diagramm-Assistent** (s. Abb. 14) können Sie für das Diagramm auch andere Diagrammtypen und weitere Optionen definieren. Auch die Formatierungsmöglichkeiten für die einzelnen Elemente eines Diagramms stehen für PivotCharts zur Verfügung.

Abb. 14: Die Schaltfläche Diagramm-Assistent

6.2 PivotCharts nachträglich erstellen

Wenn Sie sich nicht bereits im Vorfeld darüber im Klaren waren, ob Sie ein Diagramm benötigen oder nicht, ist das Einrichten eines Charts selbstverständlich auch nachträglich möglich. Am schnellsten funktioniert das, indem Sie eine Zelle in der Pivot-Tabelle anklicken und anschließend die Diagramm-Schaltfläche in der Pivot-Symbolleiste.

Alternativ arbeiten Sie mit den Standard-Diagramm-Funktionen von Excel. Die nachfolgend aufgeführten Arbeitsschritte haben einen entscheidenden Vorteil gegenüber der Schaltfläche aus der Pivot-Symbolleiste: Sie können direkt Einfluss auf das Layout des Diagramms nehmen.

1. Setzen Sie die Eingabemarkierung in eine beliebige Zelle außerhalb der Pivot-Tabelle. Die Funktionen der Pivot-Symbolleiste werden abgeblendet. Klicken Sie die Schaltfläche **Diagramm-Assistent** in der Standard-Symbolleiste an und wählen Sie den gewünschten Diagrammtyp aus.

2. Über **Weiter** erreichen Sie den zweiten Schritt des Diagramm-Assistenten. Dort klicken nacheinander in das Feld **Datenbereich** und in eine Zelle der Pivot-Tabelle. Excel schlägt dann automatisch die komplette Pivot-Tabelle als Datenbereich vor. Die weitere Vorgehensweise unterscheidet sich nicht von der, die Sie von den Standarddiagrammen her kennen. ■

> **HINWEIS**
>
> Das Thema Diagramme wird ausführlich im Kapitel **Perfekt präsentieren** besprochen.

7 Zusammenfassung

Hier die wichtigsten Arbeitsschritte noch einmal im Überblick:

- Der **Pivot-Assistent** unterstützt Sie mit Hilfe von drei Schritten bei der Datenanalyse. Er wird über die Befehlsfolge **Daten → PivotTable- und PivotChart-Bericht** aufgerufen. Den jeweils nächsten Schritt erreichen Sie durch einen Klick auf die Schaltfläche **Weiter**.

- Die eigentliche Tabellenstruktur definieren Sie über Seiten-, Spalten-, Zeilen und Datenfelder. Diese werden mit Hilfe der Maus in die entsprechenden Bereiche der Pivot-Tabelle geschoben.

- In einer Pivot-Tabelle lassen sich u. a. Berechnungen durchführen. Dazu müssen Sie zuvor die gewünschte Struktur der Pivot-Tabelle festlegen. Die zugehörige Berechnungsformel legen Sie unter **PivotTable → Formel → Berechnetes Feld** fest.

- Pivot-Tabellen formatieren Sie wahlweise manuell oder mit Hilfe der vorgegebenen AutoFormate. Letztere erreichen Sie über **PivotTable → Bericht formatieren**.

- Mit Hilfe der Funktion **PIVOTDATENZUORDNEN()** lassen sich die Zahlen von Pivots weiter verrechnen.

- Visualisieren lassen sich die Daten einer Pivot-Tabelle sowohl mit den Funktionen von PivotChart als auch mit den Standard-Diagrammfunktionen. Dazu arbeiten Sie mit den Diagramm-Schaltflächen der PivotTable- bzw. Standard-Symbolleiste.

Excel-Datenbanken im Praxiseinsatz

Ignatz Schels, Wolnzach

Excel ist kein Datenbankprogramm und erhebt auch nicht den Anspruch, ein solches zu sein. Viele Anwender nutzen die Software trotzdem intensiv als Datenhaltungs- und Datenverwaltungsprogramm für so genannte „Massendaten". Dagegen spricht nichts, solange das Volumen überschaubar bleibt. Excel unterstützt diese Arbeitsweise durch leicht zu bedienende Werkzeuge und Auswertungsfunktionen, die den Einsatz „großer" Datenbanksoftware wie Microsoft Access oder SQL Server oft überflüssig machen.

> **HINWEIS**
> Die Beispieldatei **Warenlager.xls** finden Sie auf der CD-ROM.

1 Datenbanken sind überall

Die Einsatzgebiete für Excel-Datenbanken sind zahlreich und unbegrenzt, es gibt keinen Bereich, der auf Datenbanken verzichten könnte:

- **Büro und Verwaltung:** Adress- und Telefonlisten, Mitarbeiter und Fremdfirmen, Hotelverzeichnisse, Inventur, Termin- und Urlaubspläne ...
- **Produktion, Forschung und Technik:** Artikel- und Materiallisten, Lagerbestände, Messwerte, CAD-**Zeichnungsdaten** für Konstruktion, technische Datenblätter ...
- **Controlling** & **Finanzen:** Budgets und Forecasts, Soll/Ist-Vergleiche, Kostenstellen- und Kostenartenberichte, Liquidität, Basisdaten für Kennzahlen (z. B. Erlöse, Deckungsbeiträge) ...
- **Verkauf** & **Marketing:** Umsätze und Bestellungen, regionale Absätze, Preislisten, Kundenadressen, Mitbewerberübersichten, Vergleichsdaten aus der Marktforschung u. a.

1.1 Excel-Datenbanken: Vor- und Nachteile

Die Vorteile einer Excel-Datenbank liegen eindeutig in der einfachen Handhabung. Eine Excel-Datenbank ist schnell erstellt, leicht zu bearbeiten und einfach zu pflegen. Sie erfordert keinen Aufbau von Feldstrukturen, keine relationalen Verbindungen und keine Schlüsselfelder oder Indizierungen.

Nachteile birgt diese Arbeitstechnik, wenn die Datenmengen zunehmen und Tabellen mit Tausenden und Zehntausenden Sätzen zu pflegen sind. Da Excel-Datenbanken aus einzelnen Tabellen bestehen, ist eine relationale Verknüpfung zwischen unterschiedlichen Datenpools nur eingeschränkt möglich, eine Mehrfachbeziehung, die beispielsweise in Microsoft Access Standard ist, kann Excel nur mit komplexen Formelkonstrukten oder mit Makroprogrammieraufwand leisten.

2 Praxisbeispiel: Artikelliste im Warenlager

Nehmen wir an, die Bestände im Warenlager Ihres Unternehmens werden abteilungsintern verwaltet, ein Warenwirtschaftssystem wäre zu kostspielig und unrentabel. Der Sachbearbeiter entscheidet sich für eine Datenbank in Excel. Er legt eine Liste an (s. Abb. 1), die alle Artikeldaten enthält.

II. Daten auswerten und sicher verwalten

	A	B	C	D	E	F	G
1	Artikelnummer	Bezeichnung	Kategorie	Lagermenge	Gebinde	Einkaufspreis	Verkaufspreis
2	F-32002	Tapeziertisch	Farben & Lacke	34	Stück	8,60	11,61
3	F-32003	Alpinweiß Wandfarbe	Farben & Lacke	56	Stück	3,20	4,32
4	F-32004	Farbspachtel	Farben & Lacke	15	Stück	4,80	6,48
5	F-32005	Farbspachtel groß	Farben & Lacke	17	Stück	5,90	7,97
6	F-32010	Pinsel, Maler 5x5	Farben & Lacke	23	Stück	1,00	1,35
7	F-32011	Pinsel. Maler, 10x5	Farben & Lacke	23	Stück	2,90	3,92
8	F-32021	Holzschutzlösung 10l	Farben & Lacke	10	Kanister	5,45	7,36
9	F-32022	Gartenschere massiv	Haus & Garten	40	Stück	5,80	7,83
10	F-32023	Heckenschneider	Haus & Garten	12	Stück	34,80	46,98
11	H-32001	Zollstock	Heimwerkerbedarf	25	Stück	12,20	16,47
12	H-32015	Bohrmaschine B&D	Heimwerkerbedarf	15	Stück	78,50	105,98
13	H-32016	Hammer, Maurer	Heimwerkerbedarf	45	Stück	12,80	17,28
14	H-32017	Hammer, Zimmerm.	Heimwerkerbedarf	45	Stück	14,90	20,12
15	H-32018	Kelle 3-Spitz	Heimwerkerbedarf	12	Stück	6,90	9,32
16	H-32019	Kelle flach eckig	Heimwerkerbedarf	12	Stück	5,90	7,97
17	H-32020	Kelle 10x8	Heimwerkerbedarf	45	Stück	8,20	11,07
18	H-32024	Fuchsschwanz 25x3	Heimwerkerbedarf	17	Stück	12,80	17,28
19	H-32025	Handsäge 0,75 m	Heimwerkerbedarf	21	Stück	15,80	21,33
20	H-32026	Tischsäge B&D	Heimwerkerbedarf	21	Stück	45,70	61,70
21	H-32027	Tacker 0,8x3	Heimwerkerbedarf	38	Stück	21,90	29,57
22	H-32028	Tacker 2x3	Heimwerkerbedarf	12	Stück	34,90	47,12
23	H-32029	Bohrer HSS 5-tlg	Heimwerkerbedarf	20	Packung	2,90	3,92
24	H-32030	Gips 5 kg	Heimwerkerbedarf	30	Packung	1,10	1,49

Abb. 1: Die Artikeldatenbank für das Warenlager

> **PRAXIS-TIPP**
>
> Legen Sie die Datenbank nicht ab der ersten Zeile an, lassen Sie mindestens fünf Zeilen Platz am oberen Rand, dann haben Sie Raum für eine Überschrift und außerdem können Sie Spaltensummen und andere Formelauswertungen eintragen. Unterhalb der Daten sollten diese nicht stehen. Wenn die Datenbank zeilenweise größer wird, gehen die Formeln sonst verloren.

3 Aus Listen werden Datenbanken

Excel hat eigentlich keine Datenbank, der Begriff ist mit der Version Excel 5.0 aus (fast) allen Dialogen und Hilfetexten verschwunden. Tabellen, die sich mit Datenbankwerkzeugen bearbeiten lassen, werden in Excel grundsätzlich Listen genannt. In Excel 4.0 mussten Listen noch über Bereichsnamen als Datenbanken ausgewiesen werden, eine Version später erkannte Excel selbst, wo sich die Liste befindet.

3.1 Das Listenprinzip

Eine Liste ist ein Datenbereich in einer Tabelle, der nach bestimmten Regeln aufgebaut ist:

- **Kopfzeile:** Die Liste muss eine Kopfzeile enthalten, in der möglichst ausschließlich Texte als Spaltenüberschriften stehen. Zahlen werden u. U. auch akzeptiert, können aber bei Sortierungen und Filterungen störend wirken.

- **Keine Leerzeilen, keine Leerspalten:** Die Liste darf keine Leerzeile und keine leere Spalte enthalten. Ab dieser beginnt nämlich die nächste Liste. Jede Liste endet vertikal an der ersten Leerzeile und horizontal an der ersten Leerspalte.
- **Keine Zwischensummen:** Die Liste darf keine Zwischensummen enthalten. Benutzen Sie für diese Aufgabe die Teilergebnisse aus dem Daten-Menü, die sich jederzeit ein- und wieder ausschalten lassen.
- **Einheitliche Daten:** Die einzelnen Spalten der Liste sollten nach der Überschrift einheitlich im Datenformat sein. Eine Spalte „Geburtsdatum" darf demnach nur Datumswerte enthalten, eine Spalte „Betrag" nur Zahlen im Währungsformat und eine Spalte „Wohnort" nur die Namen der Städte und Gemeinden ohne die Postleitzahl. Auch das ist zwar kein Muss in Excel-Tabellen, aber bestimmte Auswertungstechniken wie Teilergebnisse, Datenbankfunktionen oder der Pivot-Tabellenbericht sind darauf angewiesen, dass die Datenstruktur pro Feld (Spalte) einheitlich ist.

3.2 Die Datenstruktur im Warenlager

Überprüfen Sie Ihre Tabelle **Warenlager**, ob alle Regeln für eine Liste eingehalten wurden. Die Kopfzeile enthält durchgehend Beschriftungen im Textformat. Die Artikelnummer ist keine Zahl, die für Rechenoperationen verwendet wird. Sie wird Sonderzeichen wie Bindestriche und alphanumerische Zeichen enthalten und kann deshalb mit dem Textformat belegt werden:

1 Markieren Sie die Spalte **A**.

2 Wählen Sie **Format → Zellen**.

3 Wählen Sie die Kategorie **Text** und weisen Sie der Spalte das Format mit **OK** zu. ∎

Die restlichen Spalten erhalten ebenfalls über **Format → Zellen** ein Zahlenformat, das ihrem Datentyp entspricht. Währungsbeträge werden nur in Preislisten mit dem Währungsformat ausgezeichnet, in normalen Listen reicht es, wenn die Währung in der Kopfzeile steht (z. B. „Preis in EUR").

3.3 Der Bereichsname „Datenbank"

Sie können sich die Arbeit mit Listen wesentlich erleichtern, wenn Sie den Bereich der Liste mit dem Bereichsnamen **Datenbank** versehen. Auswertungsfunktionen wie DBSUMME() oder Referenzfunktionen wie SVERWEIS() lassen sich flexibler gestalten, wenn sie den benannten Bereich als Argument bekommen anstelle des relativen oder absoluten Zellbezuges. Ändert sich der Bereich nämlich, ist es einfacher, den Namen neu zuzuweisen als alle Formelargumente zu überprüfen. So machen Sie die Liste zur Datenbank:

1 Markieren Sie den Bereich der Liste, setzen Sie den Zellzeiger in eine beliebige Zelle und drücken Sie **Strg + Shift + ***.

2 Wählen Sie **Einfügen → Namen → Definieren** bzw. **Einfügen → Namen → Festlegen** (Excel 97).

3 Tragen Sie den Bereichsnamen **Datenbank** ein.

4 Kontrollieren Sie, ob unter **Bezieht sich auf** der Bereich richtig angezeigt wird.

5 Bestätigen Sie mit Klick auf **OK**. ∎

Der Bereich wird benannt, in den Formeln, die sich auf die Datenbank beziehen, können Sie jetzt diesen Namen anstelle des Bezuges verwenden. Hier einige Beispiele:

Formel	Ergebnis
=ZEILEN(Datenbank)-1	Zählt die Datensätze der Datenbank
=SPALTEN(Datenbank)	Zählt die Spalten in der Datenbank
=SUMMEWENN(INDEX(Datenbank;;3); "Heimwerkerbedarf"; INDEX(Datenbank;;4)	Summiert die Zahlen in der vierten Spalte der Datenbank, die in der gleichen Zeile der dritten Spalte den Eintrag „Heimwerkerbedarf" haben.

Tab. 1: Beispiele für Formeln mit dem Bereichsnamen Datenbank

> **PRAXIS-TIPP**
>
> So weisen Sie der Liste den Bereichsnamen **Datenbank** schneller zu: Markieren Sie den Bereich und schreiben Sie den Bereichsnamen in das Namensfeld links oben (s. Abb. 2), in dem die Zelladresse der aktiven Zelle gezeigt wird. Bestätigen Sie den Eintrag mit der Eingabetaste. Aber Achtung: Diese Zuweisung funktioniert nur einmal. Wenn Sie einen bereits zugewiesenen Bereichsnamen eintragen, wird nach Drücken der Eingabetaste der alte Bereich markiert.

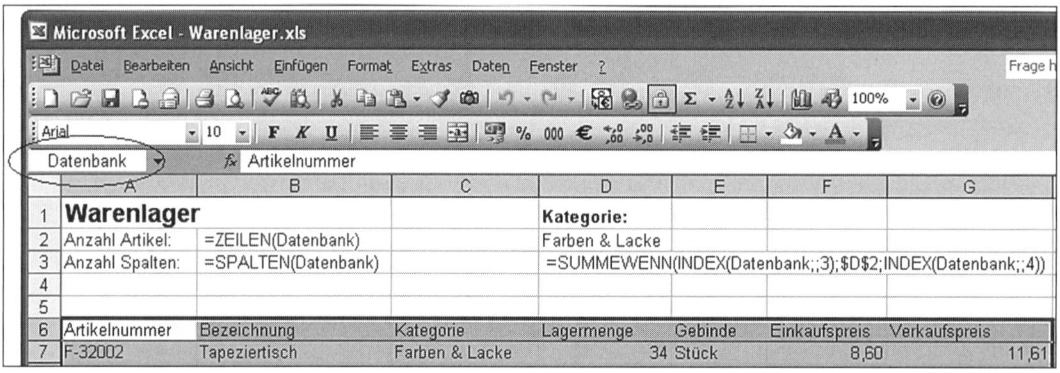

Abb. 2: Die Datenbank mit Auswertungsformeln

3.4 Praxis: Mindestlagermenge berechnen

Legen Sie zwei neue Spalten in Ihrer Datenbank an und erfassen Sie in der ersten Spalte die Mindestlagermenge pro Artikel. In der zweiten Spalte berechnen Sie für die Artikel, die diese Menge unterschreiten, die Bestellmenge (s. Abb. 3). Die WENN-Funktion prüft im ersten Argument die Bedingung ab und subtrahiert die Mindestmenge von der Lagermenge. Vergessen Sie nicht, den Bezug für den Bereichsnamen **Datenbank** auf die beiden Spalten zu erweitern.

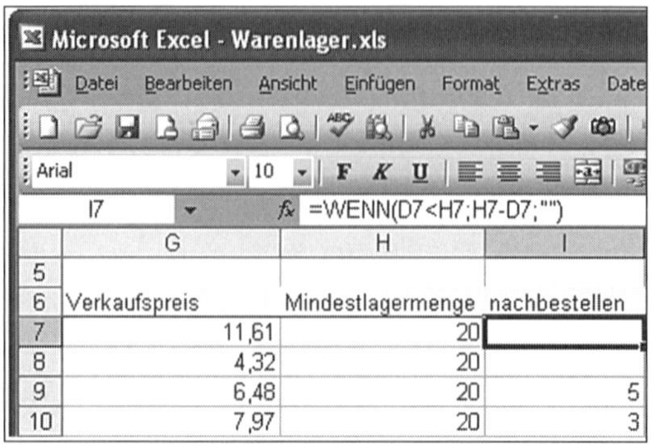

Abb. 3: Bestellmengen berechnen mit WENN()

4 Navigieren in Listen

Wenn Listen und Datenbanken größere Ausmaße haben, ist die Markierung mit gedrückter Maustaste gewöhnungsbedürftig. Gerät diese nämlich zu weit nach unten, links oder rechts aus dem Listenbereich heraus, rollt die Liste im Schnellgang und der Vorgang lässt sich kaum kontrolliert stoppen.

- Ziehen Sie die Markierung nach unten nur bis zur Registerleiste, um die Liste langsam Zeile für Zeile zu rollen.
- Ziehen Sie die Markierung nach rechts nur bis zum Rollbalken, um die Liste langsam Spalte für Spalte zu rollen.

Mit ein paar nützlichen Tastenkombinationen bewegen Sie den Zellzeiger gezielt in der Liste:

Sprung zur letzten Zeile oder Spalte

Drücken Sie die **Strg**-Taste und setzen Sie den Zellzeiger mit gleichzeitig gedrückter Cursortaste an das äußerste Ende der Liste:

Strg + ↓ **Cursor ab**	Bewegt den Zellzeiger zur letzten Zeile der Liste
Strg + ↑ **Cursor auf**	Bewegt den Zellzeiger zur ersten Zeile der Liste
Strg + → **Cursor rechts**	Bewegt den Zellzeiger zur letzten Spalte der Liste
Strg + ← **Cursor links**	Bewegt den Zellzeiger zur ersten Spalte der Liste

Tab. 2: Tastenkombinationen zur Navigation in Listen

Ganze Liste markieren

Um eine komplette Tabelle zu markieren, setzen Sie den Mauszeiger in die linke obere Ecke des Linealbereichs, in dem sich Zeilennummern und Spaltenbuchstaben treffen. Klicken Sie dieses Kästchen an, wird die gesamte Tabelle im Bereich **A1:IV65536** markiert.

Um nur eine Liste zu markieren, brauchen Sie einen besonderen Trick:

1 Setzen Sie den Zellzeiger in die Liste.

2 Wählen Sie **Bearbeiten** → **Gehezu** → **Inhalte**.

3 Klicken Sie auf die Option **Ganzer Bereich** und bestätigen Sie mit **OK**. ■

Schneller geht's wieder mit einer Tastenkombination: Drücken Sie **Strg** + **Shift** + ***** bzw. **Strg** + ***** (Multiplikationszeichen auf der Zehnertastatur), um die Liste rund um den Zellzeiger zu markieren.

Zellzeiger innerhalb der Liste bewegen

Ist die Markierung richtig angebracht, steht der Zellzeiger in der ersten Zelle der Liste. Drücken Sie jetzt eine Cursortaste, hebt diese die gesamte Markierung wieder auf. So befördern Sie den Zellzeiger innerhalb der Liste:

- Drücken Sie die **Tab**-Taste, um den Zellzeiger nach rechts zu bewegen.
- Mit **Shift** + **Tab** bewegen Sie den Zellzeiger nach links. Steht dieser in der ersten Zelle, bewegen Sie ihn zur letzten Zelle in der Markierung.

Kopfzeile fixieren

Unverzichtbar für die Navigation in größeren Listen ist die Fixierung der Kopfzeile. Markieren Sie dazu die erste Datenzeile der Datenbank unterhalb der Kopfzeile und wählen Sie **Fenster → Fenster fixieren**. Jetzt bleibt die Kopfzeile beim Rollen der Liste stehen. Wenn Sie das Fenster an einer Zelle (zum Beispiel **B7**) fixieren, bleiben auch die Spalten links von der Zelle stehen. Mit **Fenster → Fixierung aufheben** lösen Sie die Fixierung wieder auf.

5 Datenerfassung mit der Datenmaske

Für die Aufnahme der Neueingänge, für Änderungen am Artikelstamm und für Zu- oder Abbuchungen stellt Excel eine Datenmaske zur Verfügung, die auch eine gefilterte Sicht auf einzelne Artikelgruppen ermöglicht. Diese Maske ist besonders nützlich für weniger geübte Excel-Anwender, die Tabellen lieber im Dialog bedienen. Sie bietet neben der übersichtlichen Präsentation der einzelnen Felder noch einen weiteren Vorteil: Enthält die Datenbank in einer der Spalten Formeln, wird die Datenmaske diese Spalte zwar anzeigen, aber nicht zur Erfassung von Daten anbieten.

1 Setzen Sie den Zellzeiger in die Liste oder markieren Sie die Liste.

2 Wählen Sie **Daten → Maske**.

3 Die Maske zeigt den ersten Datensatz an (s. Abb. 4), die aktuelle Datensatznummer wird in der rechten oberen Ecke angezeigt. Blättern Sie mit dem Rollbalken oder mit den Cursortasten durch die Datensätze. Zwischen den Feldern schalten Sie mit der **Tab**-Taste oder (rückwärts) mit **Shift** + **Tab**.

4 Mit Klick auf **Neu** legen Sie den nächsten Datensatz an und **Löschen** entfernt den angezeigten Satz aus der Liste. Die Schaltflächen **Vorherigen Suchen** und **Weitersuchen** bieten die Möglichkeit, Datensätze zu suchen, die einem Kriterium entsprechen. Tragen Sie dieses zuvor nach einem Klick auf **Kriterien** in das entsprechende Feld ein. ∎

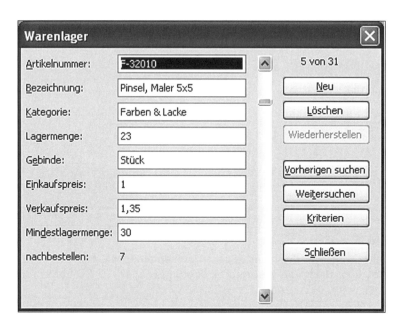

Abb. 4: Die Datenmaske bietet nur die Datenfelder zur Bearbeitung an.

> **HINWEIS**
>
> Wenn Sie der Liste den Bereichsnamen **Datenbank** zugewiesen hatten, wird dieser automatisch um eine Zeile erweitert, sobald Sie mit der Maske einen neuen Datensatz aufnehmen. Natürlich wird der Bereich auch wieder angepasst, wenn Sie einen Datensatz löschen.

6 Datenbank sortieren

Für die Sortierung der Datenbank nach einer einzelnen Spalte reicht es, wenn Sie den Zellzeiger in der entsprechenden Spalte platziert haben. Klicken Sie auf das Sortiersymbol (s. Abb. 5) in der Symbolleiste **Standard**, um die Liste auf- oder absteigend zu sortieren.

Abb. 5: Die Sortiersymbole in der Symbolleiste Standard

> **HINWEIS**
>
> Markieren Sie nur dann ganze Spalten einer Datenbank, wenn Sie nur diese sortieren wollen. Excel wird nach dem Aufruf des Sortierbefehls eine Meldung bringen, die Sie davor warnt, nur diese Spalte zu sortieren. Wählen Sie **Sortierung erweitern**, wenn Sie die Datenbank sortieren wollen. Die Option **Mit bestehender Markierung fortfahren** sortiert nur die markierte Spalte.

6.1 Sortieren per Menü

Bis zu drei Sortierspalten (s. Abb. 6) können Sie mit dem Sortierbefehl aus dem Daten-Menü bestimmen. Wählen Sie **Daten → Sortieren** und legen Sie für jeden Sortierschlüssel die Spalte (das Datenbankfeld) und die Sortierreihenfolge fest.

Abb. 6: Unter Daten → Sortieren kann nach bis zu drei Spalten sortiert werden.

7 Die Liste in Office Excel 2003

Eine besondere Neuerung zum Thema Listen bietet Excel mit der Version 2003, die Listenautomatik. Wer schon Listen angelegt und ausgewertet hat, wird das Problem kennen: Auswertungsformeln wie DBSUMME() oder Verweise (SVERWEIS()) beziehen sich auf den Bereich von der Kopfzeile bis zum letzten Datensatz. Kommen neue Datensätze hinzu, werden diese meist unten angehängt und damit fehlen sie in den Formeln, die sich auf den alten Bereich beziehen.

Die Listenautomatik erzeugt eine Liste und kennzeichnet diese in der Tabelle. Neue Datensätze werden in die freie letzte Zeile der Liste geschrieben und die Auswertungsformeln beziehen sich immer auf den aktuellen Listenbereich. So legen Sie eine Liste an:

1 Positionieren Sie den Zellzeiger irgendwo im Bereich. Sie müssen den Bereich nicht markieren, es reicht, wenn der Zellzeiger im Bereich steht.

2 Wählen Sie **Daten** → **Liste** → **Liste erstellen**.

3 Der Bereich rund um den Zellzeiger wird markiert, eine Dialogbox erscheint und schlägt den erkannten Bereich vor. Auch die Kopfzeile wird erkannt. Sie können jetzt den Bereich korrigieren. Ziehen Sie dazu mit dem Mauszeiger eine neue Auswahl.

4 Bestätigen Sie mit Klick auf **OK**, wenn der Bereich komplett markiert ist. Die Liste wird erstellt, die Kopfzeile wird mit Filtersymbolen bestückt und eine neue Symbolleiste **Liste** steht im Listenbereich (s. Abb. 7). ∎

6	Artikelnummer	Bezeichnung	Kategorie	Lagermenge	Gebinde	Einkaufspreis
7	F-32002	Tapeziertisch	Farben & Lacke	34	Stück	8,60
8	F-32003	Alpinweiß Wandfarbe	Farben & Lacke	56	Stück	3,20
9	F-32004	Farbspachtel	Farben & Lacke	15	Stück	4,80
10	F-32005	Farbspachtel				5,90
11	F-32010	Pinsel, Male				1,00
12	F-32011	Pinsel, Maler, 10x5	Farben & Lacke	25	Stück	2,90
13	F-32021	Holzschutzlösung 10l	Farben & Lacke	10	Kanister	5,45
14	F-32022	Gartenschere massiv	Haus & Garten	40	Stück	5,80
15	F-32023	Heckenschneider	Haus & Garten	12	Stück	34,80
16	H-32001	Zollstock	Heimwerkerbedarf	25	Stück	12,20
17	H-32015	Bohrmaschine B&D	Heimwerkerbedarf	15	Stück	78,50
18	H-32016	Hammer, Maurer	Heimwerkerbedarf	45	Stück	12,80
19	H-32017	Hammer, Zimmerm.	Heimwerkerbedarf	45	Stück	14,90
20	H-32018	Kelle 3-Spitz	Heimwerkerbedarf	12	Stück	6,90
21	H-32019	Kelle flach eckig	Heimwerkerbedarf	12	Stück	5,90
22	H-32020	Kelle 10x8	Heimwerkerbedarf	45	Stück	8,20

Abb. 7: Die Listenfunktion in Office Excel 2003

Sobald der Zellzeiger in der Liste platziert wird, taucht eine Symbolleiste **Liste** auf, die alle wichtigen Einstellungen für die Liste enthält. Sie können über das erste Symbol Zeilen und Spalten einfügen, die Datenmaske aktivieren, die Listengröße ändern oder die Liste wieder in einen normalen Bereich zurückverwandeln.

Die Ergebniszeile

Mit dem Symbol **Ergebniszeile umschalten** aktivieren Sie am unteren Rand der Liste eine neue Zeile, die für jede Spalte ein Auswahlfeld mit Funktionen enthält. Klicken Sie auf das Pfeilsymbol und wählen Sie die für den Datentyp der Spalte passende Funktion, wird das Ergebnis automatisch berechnet. Hier im Bild (s. Abb. 8) sind die Lagerwerte mit der Funktion **Summe** aufsummiert und die Lagermengen mit **Anzahl** addiert worden.

Abb. 8: Die Ergebniszeile berechnet Spaltensummen oder andere Spaltenauswertungen.

> **HINWEIS**
>
> Ein Blick in die Bearbeitungsleiste verrät Ihnen, dass die Ergebniszeile die Funktion TEIL-ERGEBNIS() benutzt, die auch in der gleichnamigen Menüoption aus dem Daten-Menü zum Einsatz kommt.

8 Zusammenfassung: Datenbanken im Praxiseinsatz

Datenbanken sind Listen. So arbeiten Sie effektiv mit Excel-Datenbanken:

- Regeln für Listen: Beschriften Sie jede Spalte mit einem Texteintrag, verwenden Sie einen einheitlichen Datentyp pro Spalte und halten Sie die Liste frei von Leerzeilen und Zwischensummen.

- Der Bereichsname **Datenbank** erleichtert bei vielen Funktionen die Arbeit. Namen fügen Sie ein über **Einfügen → Namen → Definieren** bzw. **Einfügen → Namen → Festlegen** (Excel 97).

- Legen Sie Auswertungsformeln mit Funktionen wie SUMME() oder SUMMEWENN() im Kopfbereich über der Datenbank an. Fügen Sie über der Kopfzeile einige Leerzeilen ein. Damit bleibt die Datenbank nach unten erweiterbar.

- Mit der **Datenmaske (Daten → Maske)** erfassen und bearbeiten Sie Datenbankdaten sicher und zuverlässig, Formeln werden nicht versehentlich überschrieben und die Datenmaske hilft bei der Suche nach Datengruppen.

- Sortiert wird die Datenbank mit den Sortiersymbolen aus der Symbolleiste **Standard** oder mit **Daten → Sortieren**.

- Wichtige Tastenkombinationen für schnelles Navigieren:

Tastenkombination	Ergebnis
Strg + ↓ Cursor ab	Bewegt den Zellzeiger zur letzten Zeile der Liste
Strg + ↑ Cursor auf	Bewegt den Zellzeiger zur ersten Zeile der Liste
Strg + → Cursor rechts	Bewegt den Zellzeiger zur letzten Spalte der Liste
Strg + ← Cursor links	Bewegt den Zellzeiger zur ersten Spalte der Liste
Strg + Shift + *	Ganze Liste markieren

- Excel bietet in der Version 2003 eine spezielle Listenautomatik, mit der Sie Listen kennzeichnen und in der Ergebniszeile mit Teilergebnis-Funktionen auswerten können.

Schutz von sensiblen Geschäftsdaten

Bernd Held, Stuttgart

In Excel haben Sie die Möglichkeit, Ihre Geschäftsdaten zu schützen. Dies ist angebracht, wenn es sich um personenbezogene Daten handelt oder um Informationen, die für den Wettbewerber interessant sein könnten wie interne Preislisten, technische Beschreibungen von Geräten oder Testwerte. Schutz ist aber auch dann angebracht, wenn die Daten auf keinen Fall mehr geändert werden dürfen – etwa bei Kostenträgerblättern oder bei Bilanzen.

Sie haben eine ganze Reihe Möglichkeiten, Ihre sensiblen Geschäftsdaten in Excel zu schützen. Angefangen vom **Schutz der kompletten Arbeitsmappe** bis hin zum **Schützen einzelner Tabellen** sowie dem **Sperren und Verbergen von Zellen und Bereichen** reicht die Bandbreite. Dieser Artikel stellt die Schutzmechanismen von Excel anhand folgender Praxisbeispiele vor:

- Schutz von Formeln bei der Berechnung eines Controlling-Modells
- Versteckte Kalkulation bei der Deckungsbeitragrechnung
- Vertrauliche Daten als unveränderbare Grafik versenden
- Interne Formeln vor Weitergabe der Arbeitsmappe durch Festwerte ersetzen
- Die Notbremse: Tabellenschutz aufheben

> **HINWEIS**
>
> Die im Artikel besprochenen Beispiele können Sie auf der mitgelieferten Datei **Schutz.xls** nachvollziehen.

1 Arbeitsmappen schützen

Einen Rund-um-Schutz bietet Ihnen der Schutz der kompletten Arbeitsmappe vor **fremden Zugriff** oder gegen **unbefugte Änderungen**. Am bequemsten können Sie diesen Schutz einstellen, wenn Sie die Arbeitsmappe speichern. Gehen Sie hierzu wie folgt vor.

1 Wählen Sie aus dem Menü **Datei** den Befehl **Speichern unter**.

2 Wählen Sie **Extras → Allgemeine Optionen** (Excel 97: **Speichern unter → Optionen**).

Abb. 1: Einen Schreibschutz einstellen

3 Aktivieren Sie das Kontrollkästchen **Sicherungsdatei erstellen** (s. Abb. 1), wenn Sie vorsichtshalber eine Sicherungskopie der Arbeitsmappe anlegen möchten.

4 Geben Sie im Feld **Lese-/Schreibkennwort** ein Passwort für Ihre Arbeitsmappe ein. Dieses Passwort wird dann bei jedem Öffnen der Arbeitsmappe abgefragt. Ohne Kenntnis dieses Passworts ist es nicht möglich, die Arbeitsmappe zu öffnen. Das Passwort unterliegt der Groß-/Kleinschreibung und kann bis zu 15 Zeichen – einschließlich Buchstaben, Zahlen und Sonderzeichen – umfassen.

5 Geben Sie im Feld **Schreibschutzkennwort** ein Passwort ein. Dadurch kann die Arbeitsmappe zwar mit dem richtigen Passwort geöffnet werden, eventuelle Änderungen an dieser Mappe müssen aber dann in einer separaten Arbeitsmappe gespeichert werden. Die Originalinhalte der Arbeitsmappe bleiben so immer unverändert.

6 Aktivieren Sie das Kontrollkästchen **Schreibschutz empfehlen**, um dafür Sorge zu tragen, dass die Arbeitsmappe schreibgeschützt geöffnet wird. Es ist dann nicht möglich, Änderungen an dieser Arbeitsmappe vorzunehmen und zu speichern.

7 Bestätigen Sie mit **OK**.

8 In den folgenden zwei Dialogen müssen Sie Ihre eingegebenen Passwörter nochmals bestätigen und mit **OK** quittieren.

9 Klicken Sie danach auf die Schaltfläche **Speichern**. ■

HINWEIS

Der Schutz der Arbeitsmappe ist nun eingestellt. Solange die Arbeitsmappe noch geöffnet ist, können Sie nach Belieben Änderungen an der Mappe durchführen. Erst nach erneutem Öffnen der Arbeitsmappe werden Sie nach den einzelnen Passwörtern gefragt.

2 Formeln in einem Controlling-Modell schützen

Eine weitere Sicherungsmöglichkeit ist der Schutz der einzelnen Tabellenblätter. Diesen **Blattschutz** können Sie entweder für ein einzelnes Tabellenblatt oder auch für mehrere Tabellenblätter gleichzeitig einstellen. Im folgenden bewusst einfach gehaltenen Beispiel aus Abb. 2 wird ein Excel-Modell vor Veränderungen geschützt.

	A	B	C	D	E	F
1	Modell: Die größte prozentuale Abweichung erkennen					
2						
3			IST	PLAN		
4		Produkt	Kosten 2004	Kosten 2004	Abweichung	
5		Produkt 1	23.500 €	24.567 €	1,05	
6		Produkt 2	17.550 €	25.612 €	1,46	
7		Produkt 3	12.968 €	10.987 €	0,85	
8		Produkt 4	21.986 €	15.412 €	0,70	
9		Produkt 5	29.861 €	31.234 €	1,05	
10		Produkt 6	34.879 €	31.908 €	0,91	
11						

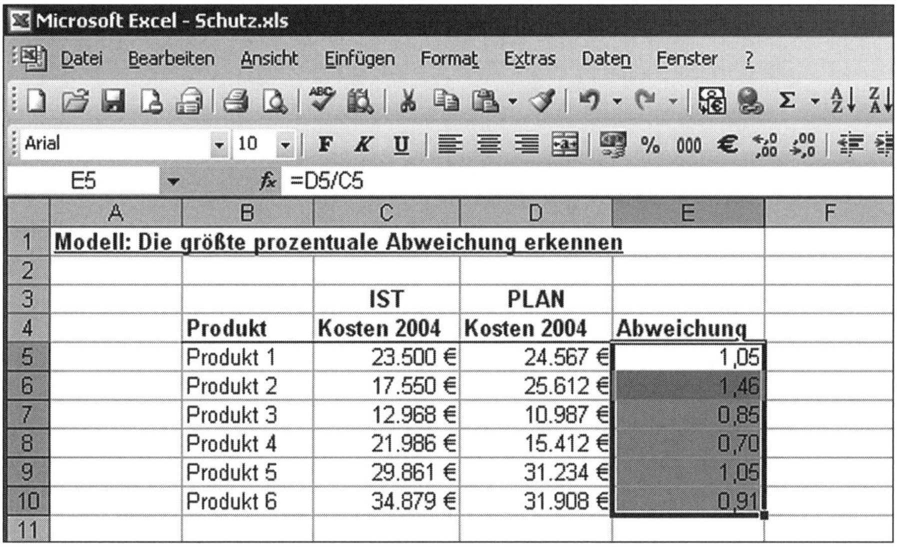

Abb. 2: Das zu schützende Controlling-Modell

II. Daten auswerten und sicher verwalten

Dabei werden die geplanten Kosten sowie die tatsächlichen Kosten verschiedener Produkte miteinander verglichen, um festzustellen, bei welchem Produkt die Abweichung am größten ist. In dieser Tabelle müssen die Zellen **E4:E10** vor Veränderungen geschützt werden.

Wenn Sie in Excel einen Blattschutz einstellen, dann werden standardmäßig erst einmal alle Zellen geschützt. Sie müssen daher vorher alle Zellen von diesem Schutzmechanismus ausnehmen, die frei editierbar sein sollen. In diesem Beispiel ist das der Bereich **B5:D10**. Befolgen Sie nun die folgenden Schritte:

1 Markieren Sie den Zellenbereich **B5:D10**.

2 Wählen Sie aus dem Menü **Format** den Befehl **Zellen**.

3 Wechseln Sie auf die Registerkarte **Schutz**.

4 Deaktivieren Sie das Kontrollkästchen **Gesperrt**.

5 Bestätigen Sie mit **OK**.

6 Wählen Sie aus dem Menü **Extras** den Befehl **Schutz** → **Blatt schützen** (s. Abb. 3).

Abb. 3: Den Tabellenschutz einstellen

7 Vergeben Sie im Feld **Kennwort zum Aufheben des Blattschutzes** ein Kennwort.

8 Im darunter liegenden Feld können Anwender ab der Version Excel 2002 Aktionen definieren, die trotz eingestelltem Blattschutz durchgeführt werden können. Hier ist beispielsweise das Filtern und Gruppieren in geschützten Tabellen zu nennen, das in früheren Versionen nur über den Einsatz von Makros möglich war.

9 Klicken Sie auf **OK** und bestätigen Sie nochmals die Eingabe des Kennwortes. ■

Sie können Ihre Tabellen auch ohne Kennwort schützen. Vorteil: Ihre Daten sind vor unabsichtlichen Änderungen sicher, während Sie über **Extras** → **Schutz** → **Blattschutz aufheben** unabhängig von einem Kennwert den Schutz entfernen können.

Wenn zukünftig versucht wird beispielsweise eine Formel im Bereich **E4:E10** zu entfernen bzw. anzupassen, erscheint die Meldung aus Abb. 4.

Abb. 4: Änderungen an geschützten Zellen werden nicht zugelassen.

> **HINWEIS**
>
> Falls Sie die erweiterten Schutzmechanismen ab Excel 2002 wie beispielsweise das Auswählen von gesperrten Zellen deaktivieren, dann können Anwender dieser Version gesperrte Zellen in einer geschützten Tabelle nicht mehr auswählen. Allerdings wird diese Schutzeinstellung verworfen, wenn Sie die so geschützte Arbeitsmappe in einer früheren Version wie z. B. Excel 97 öffnen. Dann können auch gesperrte Zellen wieder markiert werden, ohne dass Excel eine Warnmeldung anzeigt.

3 Versteckte Kalkulation bei der Deckungsbeitragsrechnung

Aus Konkurrenz- oder Sicherheitsgründen dürfen oft bestimmte Kalkulationen nicht angezeigt werden. Markieren Sie dazu die Zellen, bei denen Sie die Formeln in der Bearbeitungsleiste nicht mehr anzeigen möchten. Rufen Sie danach aus dem Menü **Format** über den Befehl **Zellen** die Registerkarte **Schutz** auf. Aktivieren Sie dort das Kontrollkästchen **Ausgeblendet** und stellen Sie anschließend den Tabellenschutz ein.

Abb. 5: Die zugrunde liegenden Formeln werden in der Bearbeitungsleiste nicht angezeigt.

II. Daten auswerten und sicher verwalten

In diesem Beispiel wurden die Zellen **C6** und **D6** von der Anzeige gesperrt, da in diesen beiden Zellen eine sensible Berechnung der realen Umsatzerlöse aufgrund von Erlösschmälerungen durchgeführt wird, die nicht für jedermann sofort erkennbar sein soll.

4 Vertrauliche Daten als unveränderbare „Grafik" versenden

Falls Sie Daten per E-Mail versenden wollen, die auf keinen Fall mehr geändert werden dürfen bzw. bei denen nicht ersichtlich werden soll, wie die einzelnen Berechnungen zustande gekommen sind, dann können Sie ebenso eine Grafik aus Ihrer Tabelle erstellen und per Mail versenden. Um eine Tabelle zu fotografieren, verfahren Sie wie folgt:

1 Markieren Sie zunächst den Bereich der Tabelle, den Sie fotografieren möchten.

2 Halten Sie die **Shift**-Taste gedrückt und wählen Sie aus dem Menü **Bearbeiten** den Befehl **Bild kopieren**.

3 Im Dialog **Bild kopieren** bestätigen Sie mit **OK**.

4 Rufen Sie ein Grafikprogramm, beispielsweise MS Paint aus dem Zubehör von Windows, auf.

5 Drücken Sie die Tastenkombination **Strg** + **V**, um die als Grafik kopierte Tabelle einzufügen.

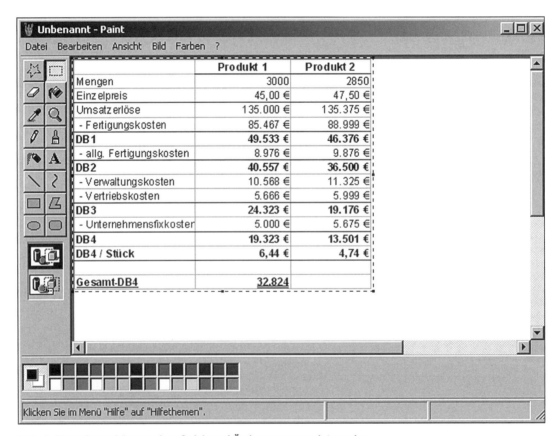

Abb. 6: Diese Daten können ohne Gefahr auf Änderung versendet werden.

5 Formeln durch Festwerte ersetzen

Eine weitere Möglichkeit, die Berechnungsgrundlagen von Daten zu verbergen, ist die Umwandlung der Formeln in Festwerte vor der Auslieferung der Daten. Dabei verfahren Sie wie folgt:

1 Markieren Sie Ihre Daten, die Sie durch Festwerte ersetzen möchten. Am besten Sie setzen den Mauszeiger in Zelle **A1** und drücken die Tastenkombination **Strg** + **Shift** + **Ende**, um alle Daten der Tabelle zu markieren.

2 Drücken Sie die Tastenkombination **Strg** + **C**, um die Daten zu kopieren.

3 Wählen Sie aus dem Menü **Bearbeiten** den Befehl **Inhalte einfügen**.

4 Im Dialog **Inhalte einfügen** aktivieren Sie die Option **Werte**.

5 Bestätigen Sie mit **OK**. ■

Nach diesen Arbeitsschritten sind alle Formeln wie übrigens auch Verknüpfungen zu anderen Tabellen oder Arbeitsmappen aus der Tabelle durch Festwerte ersetzt worden.

6 Die Notbremse: Tabellenschutz aufheben

Für den Fall, dass ein Mitarbeiter die Firma verlässt und mit unbekanntem Passwort geschützte Tabellen zurücklässt, gibt es die Möglichkeit, so genannte Passwort-Knacker einzusetzen. Bitte respektieren Sie aber fremde Tabellen und setzen Sie diese Tools wirklich nur für den gerade beschriebenen Fall ein. Mehrere Tools zum Entfernen von Kennwörtern aus geschützten Tabellen und Arbeitsmappen finden Sie im Internet mit Hilfe der Eingabe von **Excel Password Remover** in eine Suchmaschine wie zum Beispiel Google. Einige Tools können Sie sofort gratis downloaden, installieren und einsetzen.

---

7 Zusammenfassung

Excel bietet eine ganze Reihe Sicherheitsmaßnahmen für den Schutz Ihrer Geschäftsdaten:

Arbeitsmappenschutz:

Datei → Speichern unter → Extras → Allgemeine Optionen (Excel 97: Speichern unter → Optionen) und Kennwörter vergeben

Tabellenschutz:

Extras → Schutz → Blatt schützen

Formeln schützen:

Format → Zellen → Schutz → Gesperrt deaktivieren → OK und Tabellenschutz

Formeln ausblenden:

Format → Zellen → Schutz → Ausgeblendet aktivieren und Tabellenschutz

Vertrauliche Daten als Grafik kopieren:

Shift-Taste + Bearbeiten → Bild kopieren → OK

Formeln durch Festwerte ersetzen:

Bereich kopieren und Bearbeiten → Inhalte einfügen → Werte aktivieren → OK

Formeln & Funktionen: Betriebliche Aufgaben mit Datenbankfunktionen lösen

Bernd Held, Stuttgart

Etwas versteckt in Excels Oberfläche sind die Datenbankfunktionen, die Sie Gewinn bringend gerade bei großen Listen einsetzen können. Lesen Sie hier, wie Sie alltägliche Problemstellungen aus der betrieblichen Praxis mithilfe von Datenbankfunktionen elegant lösen können.

> **HINWEIS**
>
> Die im Artikel besprochenen Beispiele können Sie auf der mitgelieferten Datei **DB.XLS** nachlesen.

1 Anforderungen aus der Praxis

Auch große Listen lassen sich in Excel problemlos auswerten. Immer dann, wenn Sie eine Liste nach mehreren Gesichtspunkten auswerten möchten, können Sie elegant die Datenbankfunktionen von Excel einsetzen, um möglichst schnell und ohne viel Aufwand exakte Ergebnisse zu erhalten. Im Rahmen dieses Beitrags werden die Datenbankfunktionen anhand folgender Praxisbeispiele vorgestellt:

- **Vertrieb**: In diesem Beispiel werden die Umsätze verschiedener Mitarbeiter regionsbezogen in einem vorgegebenen Zeitraum summiert.

- **Lagerwirtschaft**: Hier werden in einer Lagerliste die Anzahl sowie der Warenwert einer bestimmten Lager-Kategorie ermittelt.

- **Controlling**: Aus einer Angebotsliste wird das günstigste Angebot aus einer Kategorie herausgesucht. Dabei wird ein finanzieller Rahmen (von – bis) vorgegeben, in dem sich das gesuchte Angebot befinden darf.

- **Marketing**: Aus einer Liste mit diversen Werbeaktionen wird die durchschnittliche Erfolgsquote in einem vorgegebenen Zeitraum für eine bestimmte Werbemaßnahme errechnet.

2 Grundlegendes zu den Datenbankfunktionen

Neben den normalen Tabellenfunktionen können Sie in Excel auch die so genannten Datenbankfunktionen einsetzen, die Sie im Funktionsassistenten unter der Kategorie **Datenbank** finden können. Wenn Sie sich eine Excel-Tabelle genau ansehen, dann kann man, was die Kapazität der Tabelle angeht, schon von einer kleinen Datenbank sprechen. Mit genau 65536 Zeilen und 256 Spalten haben Sie genügend Platz, um Ihre Daten zu erfassen. Um diese unter Berücksichtigung verschiedener Kriterien auswerten zu können, stehen Ihnen einige sehr gute Datenbankfunktionen zur Verfügung. Der Einsatz der verschiedenen Datenbankfunktionen gestaltet sich sehr übersichtlich, da jede einzelne Funktion aus dieser Kategorie dieselbe Syntax aufweist, d. h. wenn Sie eine Datenbankfunktion beherrschen, dann können Sie auch alle anderen Funktionen erfolgreich einsetzen.

Dabei lautet die Syntax der Datenbankfunktionen wie folgt (exemplarisch hier die Funktion **DBSUMME**):

DBSUMME(Datenbank;Datenbankfeld;Suchkriterien)

Im Argument **Datenbank** geben Sie den Zellenbereich an, in dem die auszuwertenden Daten enthalten sind. Das Argument **Datenbankfeld** gibt an, welches Feld in der jeweiligen Funktion verwendet werden soll. Dabei kann entweder ein Zellenbezug angegeben werden oder ein Text der Spaltenbeschriftung, den Sie in doppelten Anführungszeichen erfassen. Das letzte Argument **Suchkriterien** gibt den Zellbereich an, der die gewünschten Bedingungen enthält. Für das Argument **Suchkriterien** können Sie jeden Bereich verwenden, der mindestens eine Spaltenbeschriftung und eine Zelle, darunter zur Festlegung der Bedingung, enthält.

Entnehmen Sie der folgenden Tabelle alle verfügbaren Datenbankfunktionen von Excel.

Funktion	Kurzbeschreibung
DBANZAHL	Gibt die Anzahl der Zellen in einer Spalte einer Liste oder Datenbank zurück, welche die angegebenen Bedingungen erfüllen.
DBANZAHL2	Gibt die Anzahl der nicht leeren Zellen in einer Spalte einer Liste oder Datenbank zurück, welche die angegebenen Bedingungen erfüllen.
DBAUSZUG	Liest einen einzelnen Wert aus einer Spalte einer Liste oder einer Datenbank, der die angegebenen Bedingungen erfüllt.
DBMAX	Gibt den größten Wert aus einer Spalte einer Liste oder Datenbank zurück, der den angegebenen Suchkriterien entspricht.
DBMIN	Gibt den kleinsten Wert aus einer Spalte einer Liste oder Datenbank zurück, der den angegebenen Suchkriterien entspricht.
DBMITTELWERT	Bildet den Mittelwert der Werte, die in einer Spalte einer Liste oder Datenbank stehen, welche die angegebenen Bedingungen erfüllt.
DBPRODUKT	Multipliziert die Werte in einer Spalte einer Liste oder Datenbank, die den angegebenen Bedingungen entsprechen.
DBSTDABW	Schätzt, ausgehend von einer Stichprobe, die Standardabweichung einer Grundgesamtheit und verwendet dazu die Zahlen aus einer Spalte einer Liste oder einer Datenbank, die den angegebenen Bedingungen entsprechen.
DBSTDABWN	Berechnet die Standardabweichung einer Grundgesamtheit und verwendet dazu die Zahlen aus einer Spalte einer Liste oder einer Datenbank, die den angegebenen Bedingungen entsprechen.
DBSUMME	Summiert die Zahlen aus einer Spalte einer Liste oder einer Datenbank, die den angegebenen Bedingungen entsprechen.
DBVARIANZ	Schätzt, ausgehend von einer Stichprobe, die Varianz einer Grundgesamtheit und verwendet dazu die Zahlen aus einer Spalte einer Liste oder einer Datenbank, die den angegebenen Bedingungen entsprechen.
DBVARIANZEN	Berechnet die Varianz einer Grundgesamtheit und verwendet dazu die Zahlen aus einer Spalte einer Liste oder einer Datenbank, die den angegebenen Bedingungen entsprechen.

Tab. 1: Die verfügbaren Datenbankfunktionen von Excel im Überblick

3 Praxisbeispiel: Umsatzauswertungen im Vertrieb

Starten wir mit einem typischen Beispiel aus dem Vertrieb. Dabei werden in einer Tabelle tagesgenaue Umsatzdaten der einzelnen Vertriebsmitarbeiter gesammelt. Nun sollen die Umsätze aus den einzelnen Regionen in einem bestimmten Zeitraum summiert werden. Dabei soll der Zeitraum sowie die gewünschte Region dynamisch einzustellen sein.

3.1 Vorbereitende Arbeiten

Legen Sie zunächst eine Tabelle wie in Abb. 1 an.

	A	B	C	D	E
1	Umsatz in einem bestimmten Zeitraum ermitteln				
2					
3					
4					
5					
6					
7					
8	Region	Datum	Mitarbeiter	Umsatz	
9	Ost	10.01.2008	Müller	2.750 €	
10	Süd	10.01.2008	König	2.968 €	
11	West	10.01.2008	Schmitt	2.768 €	
12	Nord	10.01.2008	Belz	2.045 €	
13	Ost	10.01.2008	Krieger	1.726 €	
14	West	10.01.2008	Balmer	3.112 €	
15	Ost	11.01.2008	Müller	2.094 €	
16	Süd	11.01.2008	König	2.991 €	
17	West	11.01.2008	Schmitt	3.117 €	
18	Nord	11.01.2008	Belz	1.807 €	
19	Ost	11.01.2008	Krieger	2.803 €	
20	West	11.01.2008	Balmer	1.915 €	
21	Ost	12.01.2008	Müller	2.628 €	

Abb. 1: Die Ausgangssituation (gekürzte Liste)

Die Auswertung der Liste wird in den Zeilen 3 und 4 stattfinden. Erfassen Sie zu diesem Zweck einen so genannten Kriterienbereich und schreiben Sie dazu die folgenden Daten in die vorgegebenen Zellen:

- **A3:** Region
- **B3:** Datum
- **C3:** Datum
- **D3:** Umsatz

Wichtig hierbei ist, dass Sie zweimal das Feld **Datum** erfassen. Nur so können Sie den gewünschten Zeitraum (von – bis) später abfragen. Achten Sie darauf, dass die Feldnamen in Zeile 3 mit den Feldnamen der darunter liegenden Liste in Zeile **8** übereinstimmen. Einzelne Felder wie beispielsweise das Feld **Datum** können mehrfach verwendet werden, um Zeiträume bzw. Wertgrenzen oder Ähnliches festlegen zu können. Es müssen auch nicht alle Felder aus Zeile 8 in den Kriterienbereich übernommen werden. Nehmen Sie nur die Felder, die Sie für Ihre Auswertung auch wirklich brauchen.

Legen Sie nun Ihre Kriterien in Zeile 4 fest und tippen Sie folgende Kriterien:

- **A4:** Süd
- **B4:** >= 10.01.2005
- **C4:** <= 13.01.2005

Nach den gerade erfassten Kriterien sollen also alle Umsätze in der Region **Süd** vom **10.01.2005** bis zum **13.01.2005** summiert werden. Diese Kriterien können natürlich jederzeit angepasst werden.

3.2 Die Kalkulation

Über den Einsatz der Datenbankfunktion **DBSUMME** können alle Umsätze, die dem Kriterienbereich entsprechen, schnell und sicher summiert werden.

Erfassen Sie jetzt die Formel =DBSUMME(A8:D44;D3;A3:C4) in Zelle **D4** (s. Abb.2).

	A	B	C	D	E
1	Umsatz in einem bestimmten Zeitraum ermitteln				
2					
3	Region	Datum	Datum	Umsatz	
4	Süd	>=10.01.2008	<=13.01.2008	10.255 €	
5					
6					
7					
8	Region	Datum	Mitarbeiter	Umsatz	
9	Ost	10.01.2008	Müller	2.750 €	
10	Süd	10.01.2008	König	2.968 €	
11	West	10.01.2008	Schmitt	2.768 €	
12	Nord	10.01.2008	Belz	2.045 €	
13	Ost	10.01.2008	Krieger	1.726 €	
14	West	10.01.2008	Balmer	3.112 €	
15	Ost	11.01.2008	Müller	2.094 €	
16	Süd	11.01.2008	König	2.991 €	
17	West	11.01.2008	Schmitt	3.117 €	
18	Nord	11.01.2008	Belz	1.807 €	
19	Ost	11.01.2008	Krieger	2.803 €	

Abb. 2: Alle Umsätze der Region Süd in einem bestimmten Zeitraum feststellen

> **HINWEIS**
>
> Kontrollieren können Sie das Ergebnis dieser Berechnung übrigens ganz schnell durch den Einsatz des Autofilters von Excel. Stellen Sie dazu den Autofilter von Excel ein, indem Sie die Zelle **A8** markieren und aus dem Menü **Daten** den Befehl **Filter → AutoFilter** auswählen. Danach wählen Sie aus dem Dropdown der Zelle **A8** die Region **Süd** aus. Markieren Sie danach die Zellen **D10**, **D16**, **D22** und **D28** und lesen Sie das Ergebnis in der Statusleiste ab (s. Abb. 3).

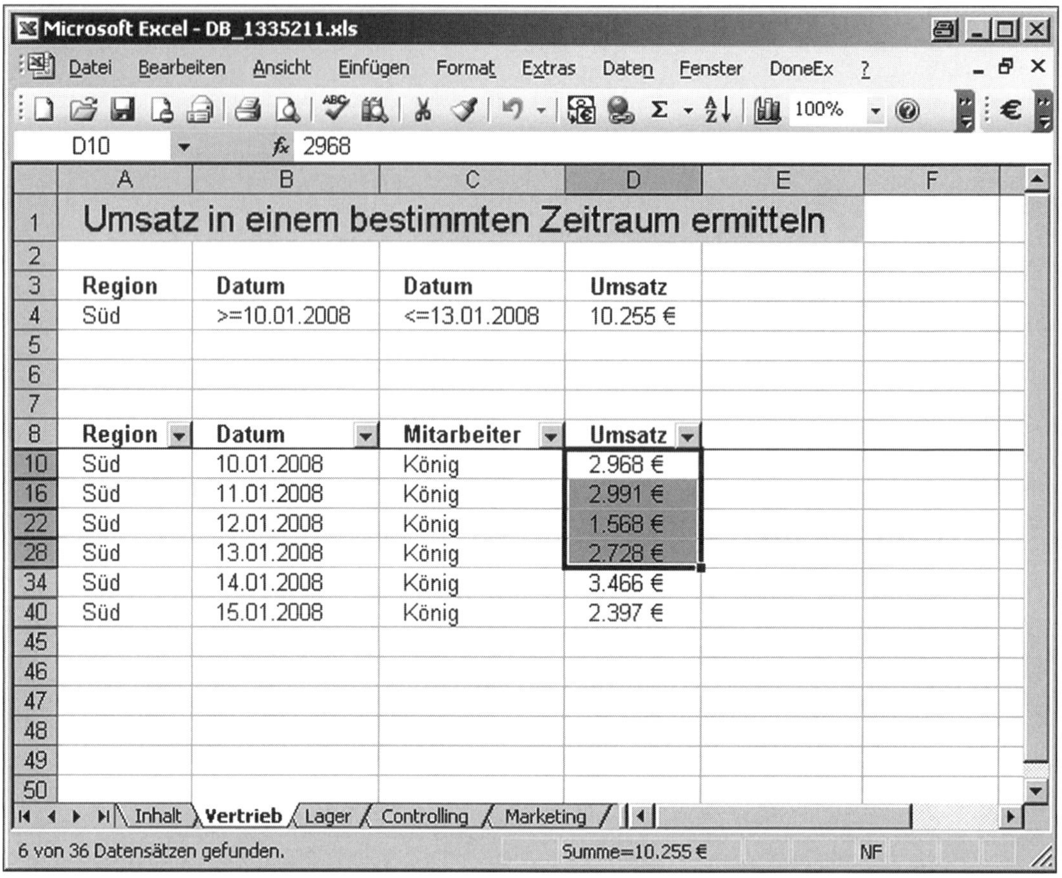

II. Daten auswerten und sicher verwalten

[Screenshot einer Excel-Tabelle "Umsatz in einem bestimmten Zeitraum ermitteln"]

Abb. 3: Die Kontrolle des Ergebnisses

3.3 Noch eine Erleichterung ...

An der gerade vorgestellten Lösung ist sehr vorteilhaft, dass Sie die Kriterien völlig dynamisch einstellen und wieder entfernen bzw. anpassen können. Bestimmte Eingaben im Kriterienbereich lassen sich weiter ausbauen. So können Sie die Eingabe der Region in Zelle **A4** automatisieren, indem Sie die verfügbaren Regionen aus einem so genannten Zellendropdown flexibel auswählen.

Um ein Zellendropdown für diese Zelle zu erstellen, verfahren Sie wie folgt:

1. Markieren Sie die Zelle **A4**.
2. Wählen Sie aus dem Menü **Daten** den Befehl **Gültigkeit**.
3. Füllen Sie die Registerkarte **Einstellungen** wie in Abb. 4 aus.
4. Bestätigen Sie mit **OK**. ■

Sobald Sie zukünftig die Zelle **A4** ansteuern, wird automatisch am rechten Zellenrand ein Pfeilsymbol angezeigt. Beim Klick auf dieses Pfeilsymbol bietet Excel Ihnen die verfügbaren Regionen elegant in einer Liste an. Selbstverständlich können Sie trotz dieser Einstellung auch die Region wie gewohnt direkt in die Zelle schreiben.

Datenbankfunktionen 119

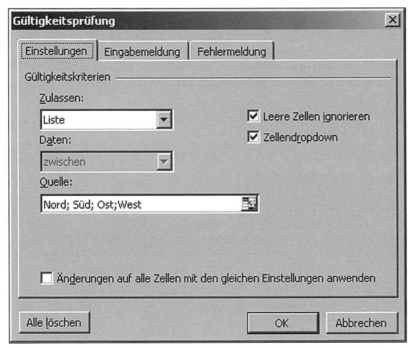

Abb. 4: Ein Zellendropdown definieren

4 Weitere Praxisbeispiele

In der Datei **DB.xls** finden Sie weitere Beispiele für den Einsatz von Datenbankfunktionen. Dabei werden neben der gerade vorgestellten Lösung weitere Lösungen aus den folgenden Bereichen vorgestellt:

- Lagerwirtschaft
- Controlling
- Marketing

Über die Schaltflächen der Startseite der Arbeitsmappe gelangen Sie bequem zum gewünschten Beispiel (s. Abb. 5).

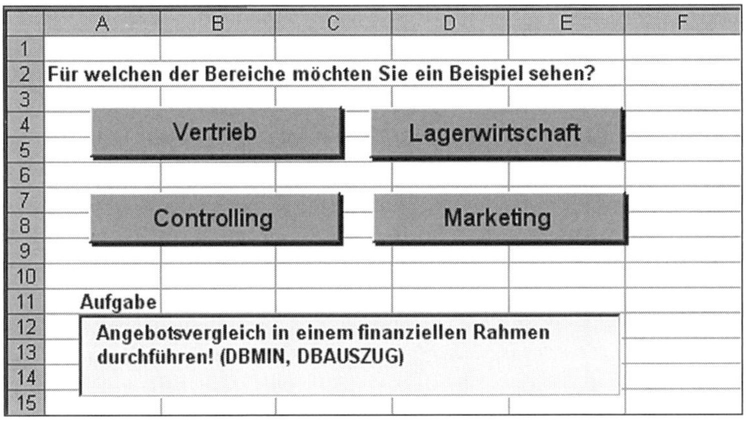

Abb. 5: Das gewünschte Beispiel auswählen

4.1 Lagerwirtschaft

Für den Bereich Lagerwirtschaft haben wir ein Beispiel ausgewählt, bei dem die Anzahl sowie der Wert einer bestimmten Kategorie aus einer Lagerliste ermittelt wird (s. Abb. 6). Dabei sollen alle **Netzwerke** mit dem Status **lieferbar** ausgegeben werden. Des Weiteren soll der daraus resultierende Lagerwert errechnet werden. Beide Aufgaben werden über die Funktionen **DBANZAHL2** bzw. **DBSUMME** durchgeführt.

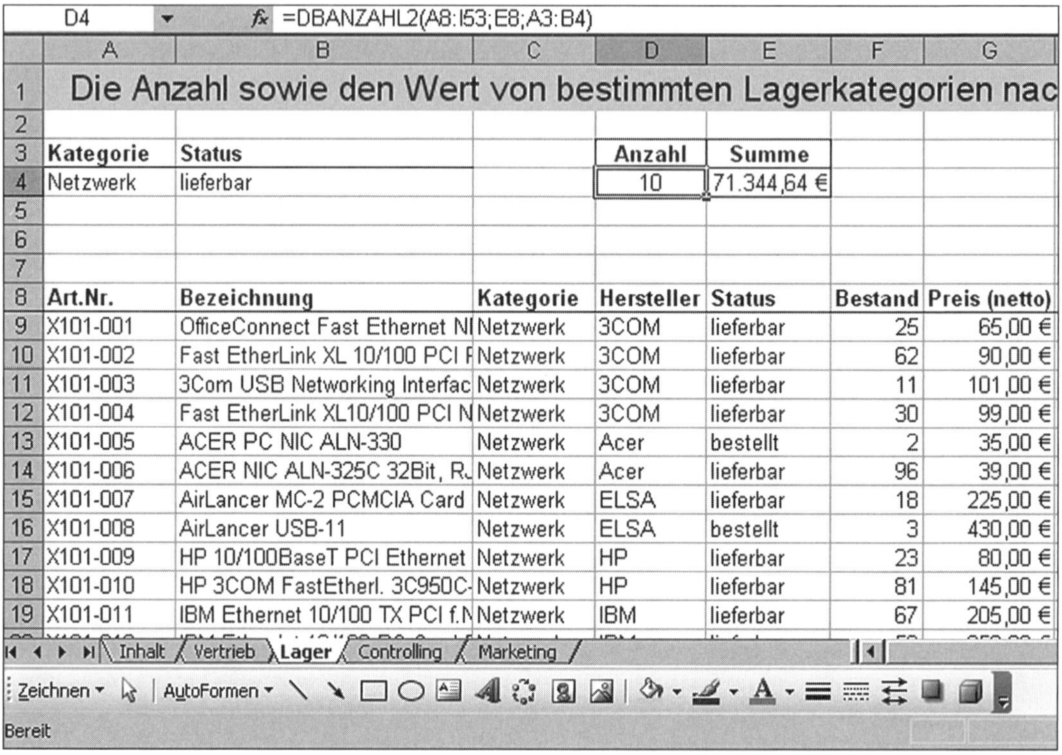

D4 =DBANZAHL2(A8:I53;E8;A3:B4)

	A	B	C	D	E	F	G
1	Die Anzahl sowie den Wert von bestimmten Lagerkategorien nac						
2							
3	**Kategorie**	**Status**		**Anzahl**	**Summe**		
4	Netzwerk	lieferbar		10	71.344,64 €		
5							
6							
7							
8	**Art.Nr.**	**Bezeichnung**	**Kategorie**	**Hersteller**	**Status**	**Bestand**	**Preis (netto)**
9	X101-001	OfficeConnect Fast Ethernet NI	Netzwerk	3COM	lieferbar	25	65,00 €
10	X101-002	Fast EtherLink XL 10/100 PCI F	Netzwerk	3COM	lieferbar	62	90,00 €
11	X101-003	3Com USB Networking Interfac	Netzwerk	3COM	lieferbar	11	101,00 €
12	X101-004	Fast EtherLink XL10/100 PCI N	Netzwerk	3COM	lieferbar	30	99,00 €
13	X101-005	ACER PC NIC ALN-330	Netzwerk	Acer	bestellt	2	35,00 €
14	X101-006	ACER NIC ALN-325C 32Bit, R.	Netzwerk	Acer	lieferbar	96	39,00 €
15	X101-007	AirLancer MC-2 PCMCIA Card	Netzwerk	ELSA	lieferbar	18	225,00 €
16	X101-008	AirLancer USB-11	Netzwerk	ELSA	bestellt	3	430,00 €
17	X101-009	HP 10/100BaseT PCI Ethernet	Netzwerk	HP	lieferbar	23	80,00 €
18	X101-010	HP 3COM FastEtherl. 3C950C-	Netzwerk	HP	lieferbar	81	145,00 €
19	X101-011	IBM Ethernet 10/100 TX PCI f.N	Netzwerk	IBM	lieferbar	67	205,00 €

Inhalt / Vertrieb / Lager / Controlling / Marketing

Zeichnen AutoFormen

Bereit

Abb. 6: Die Anzahl der verfügbaren Netzwerke mit Status „lieferbar" wird ermittelt.

In der Kategorie **Netzwerk** sind insgesamt **10** Artikel mit einem Warenwert von **71.344 EUR** lieferbar. Auch bei dieser Aufgabe können die Zellen **A4** und **B4** über die Funktion **Gültigkeit** mit einem Zellendropdown ausgestattet werden.

4.2 Controlling

Für eine bevorstehende Investition soll ein Angebotsvergleich im Controlling durchgeführt werden. Dazu liegt eine Liste wie in Abb. 7 gezeigt vor. Jetzt soll das beste Angebot ermittelt werden. Dabei legen Sie zusätzlich einen Wertbereich fest, in dem dieses niedrigste Angebot liegen soll. Diese Aufgabe wird mithilfe der Funktion **DBMIN** durchgeführt.

Das niedrigste Angebot im festgelegten Wertbereich zwischen **1600** und **1800 EUR** liegt bei **1711 EUR**. Über die Datenbankfunktion **DBAUSZUG** können Sie jetzt noch den dazugehörigen Anbieter ermitteln.

Erfassen Sie dazu in Zelle **G4** die folgende Formel:

```
=DBAUSZUG(A6:C21;A6;F3:F4)
```

Verfahren Sie dazu wie folgt:

Datenbankfunktionen

121

1. Markieren Sie den Zellenbereich **A7:C21**.
2. Wählen Sie aus dem Menü **Format** den Befehl **Bedingte Formatierung**.
3. Stellen Sie im Dropdown **Bedingung 1** den Wert **Formel ist** ein.
4. Erfassen Sie folgende Formel: =$F$4=$C7.
5. Klicken Sie auf die Schaltfläche **Format** und legen Sie das gewünschte Format auf der Registerkarte **Muster** fest.
6. Bestätigen Sie zweimal mit **OK**. ∎

	A	B	C	D	E	F	G	H
1	Angebotsvergleich in einem finanziellen Rahmen durchführen							
2								
3	Kategorie	Preis	Preis			Preis	Anbieter	
4	A	>=1600	<=1800			1.711 €	Lieferant 13	
5								
6	Anbieter	Kategorie	Preis					
7	Lieferant 1	A	1.819 €					
8	Lieferant 2	B	1.524 €					
9	Lieferant 3	C	1.761 €					
10	Lieferant 4	A	1.524 €					
11	Lieferant 5	B	1.830 €					
12	Lieferant 6	C	1.638 €					
13	Lieferant 7	A	1.783 €					
14	Lieferant 8	B	1.603 €					
15	Lieferant 9	C	1.799 €					
16	Lieferant 10	A	1.873 €					
17	Lieferant 11	B	1.693 €					
18	Lieferant 12	C	1.704 €					
19	Lieferant 13	A	1.711 €					
20	Lieferant 14	B	1.779 €					
21	Lieferant 15	C	1.507 €					

Abb. 7: Das beste Angebot ermitteln

Bei der bedingten Formatierung wird die Zelle **F4** mit den einzelnen Zellen im Bereich **C7:C21** verglichen. Wenn eine Übereinstimmung festgestellt wird, dann wird die entsprechende Zeile mit einer Hintergrundfarbe hervorgehoben.

4.3 Marketing

Im letzten Beispiel dieses Artikels werden über einen längeren Zeitraum Werbemaßnahmen in einer Liste erfasst und ihre Erfolgsquoten eingetragen. Die Aufgabe besteht nun darin, die durchschnittliche Erfolgsquote einer Werbemaßnahme in einem bestimmten Zeitabschnitt zu errechnen. Setzen Sie für diese Aufgabe die Funktion **DBMITTELWERT** ein.

Die durchschnittliche Erfolgsquote der Werbemaßnahme **Flyer** beträgt **22,75** % (s. Abb. 8).

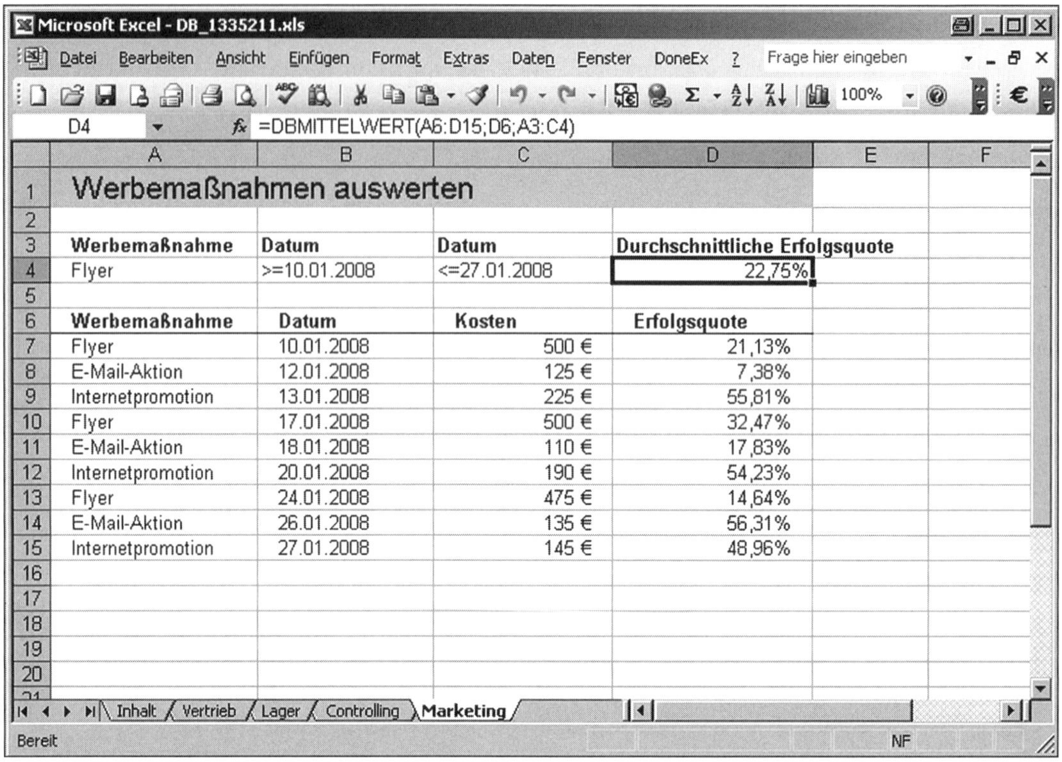

Microsoft Excel - DB_1335211.xls

D4 =DBMITTELWERT(A6:D15;D6;A3:C4)

	A	B	C	D
1	Werbemaßnahmen auswerten			
2				
3	**Werbemaßnahme**	**Datum**	**Datum**	**Durchschnittliche Erfolgsquote**
4	Flyer	>=10.01.2008	<=27.01.2008	22,75%
5				
6	**Werbemaßnahme**	**Datum**	**Kosten**	**Erfolgsquote**
7	Flyer	10.01.2008	500 €	21,13%
8	E-Mail-Aktion	12.01.2008	125 €	7,38%
9	Internetpromotion	13.01.2008	225 €	55,81%
10	Flyer	17.01.2008	500 €	32,47%
11	E-Mail-Aktion	18.01.2008	110 €	17,83%
12	Internetpromotion	20.01.2008	190 €	54,23%
13	Flyer	24.01.2008	475 €	14,64%
14	E-Mail-Aktion	26.01.2008	135 €	56,31%
15	Internetpromotion	27.01.2008	145 €	48,96%

Inhalt / Vertrieb / Lager / Controlling / Marketing

Abb. 8: Durchschnittsberechnungen durchführen

5 Zusammenfassung

Bei großen Excel-Listen können Sie effektiv und schnell die Datenbankfunktionen einsetzen. Da alle Datenbankfunktionen von der Syntax her identisch sind, können Sie dabei ganz allgemein wie folgt vorgehen:

- Erstellen Sie einen Kriterienbereich ober- oder unterhalb Ihrer Liste. Achten Sie darauf, dass Sie nur Felder aus der Überschrift Ihrer Liste verwenden. Um Wertgrenzen zu definieren, können einzelne Felder auch mehrfach im Kriterienbereich eingesetzt werden.
- Tragen Sie die Kriterien ein.
- Die Syntax der Datenbankfunktionen lauter immer wie folgt (exemplarisch hier die Funktion DBSUMME): **DBSUMME(Datenbank;Datenbankfeld;Suchkriterien)**
- Wenden Sie die gewünschte Datenbankfunktion an, indem Sie die drei Argumente **Datenbank**, **Datenbankfeld** und **Suchkriterium** angeben.
- Um Schreibarbeit zu sparen, können Sie über **Daten** → **Gültigkeit** und Eingabe der zugelassenen Werte den Kriterienbereich mit Zellendropdowns ausstatten. Damit kann der Anwender dann künftig die verfügbaren Elemente aus einem Dropdown-Menü auswählen.
- Kontrollieren Sie das Ergebnis, falls Sie es erforderlich halten, mit dem Autofilter (**Daten** → **Filter** → **Autofilter**).

Online: Copyright-Schutz durch versteckte Zellbereichsnamen

Helma Spona, Kerken-Stenden

Vertrauen ist gut, Kontrolle ist besser. Schützen Sie Ihre sensiblen Unternehmensdaten sowie Ihr geistiges Eigentum vor fremdem Zugriff und Missbrauch durch einen Copyright-Schutz. In Excel ist dieser Schutz durch versteckte Bereichsnamen schnell umgesetzt.

Excel bietet zwar den Weg an, Namen mit Hilfe eines Dialogfensters zu verwalten. Damit können Sie jedoch nur die öffentlich sichtbaren Namen bearbeiten und neue erstellen.

Besonders interessant sind aber vor allem die versteckten Namen, weil der normale Anwender diese eben weder sieht, noch bearbeiten kann; es sei denn, er setzt VBA ein.

Nutzen Sie daher unser Add-In **Namen.xla**, mit dem Sie auch ohne VBA solche Namen erstellen und für den Schutz Ihres geistigen Eigentums nutzen können.

Den hundertprozentigen Copyright-Schutz Ihrer Daten wird es nie geben. Sie können es aber „Hackern" so schwer wie möglich machen, indem Sie diesen eher unbekannten Schutzmechanismus einsetzen.

> **HINWEIS**
>
> Sie finden dieses Add-In auf der Onlineversion von Excel im Unternehmen unter **Premium-Tools** in der Kategorie **Unternehmensführung**.

Abb. 1: Add-In für einen Copyright-Schutz durch versteckte Bereichsnamen

III. Perfekt Präsentieren

Ein Bild sagt mehr als tausend Worte.

SPRICHWORT

Sie wollen andere mit Ihren Daten überzeugen? Tun Sie es. Aber – jede ernsthafte Untersuchung der Wirksamkeit von Präsentationen kommt zu dem Ergebnis, dass Ihr mehr oder weniger geneigtes Publikum in erster Linie nicht etwa informiert, sondern beeindruckt und unterhalten werden möchte.

Wie Sie dies in Excel erreichen, zeigt Ihnen diese Rubrik. Alle Beispiele finden Sie auf der CD in der Rubrik **Musterlösungen**. Diese Beispiele können Sie Ihren Anforderungen anpassen, mit Ihren Daten füllen oder als Anregung für Ihre erste eigene Präsentation mit „dynamischen" Diagrammen verwenden.

Viele weitere Tools zu diesem Thema finden Sie online unter **www.redmark.de/excel**.

Aus dem Inhalt:
- Aus Zahlen werden Diagramme
- Geschäftsdaten professionell darstellen
- Perfekt Präsentieren mit dynamischen Diagrammen
- Online: Professionelles Berichtswesen für Basel II
- Online: Unternehmens-Cockpit – Professionelle Instrumente für Ihr Controlling

Aus Zahlen werden Diagramme

Ignatz Schels, Wolnzach

Diagramme oder Charts, um den verbreiteten amerikanischen Ausdruck für Businessgrafiken zu gebrauchen, haben sich mit den Tabellenkalkulationsprogrammen in allen Unternehmen etabliert und sind aus keiner Präsentation mehr wegzudenken. Das Diagramm verdeutlicht komplexe Sachverhalte, bringt Zusammenhänge, Entwicklungen und Trends sofort auf den Punkt und liefert Informationen auf einen Blick, wo Zahlen keine Aussagekraft haben. Wir stellen Ihnen anhand der verschiedenen Möglichkeiten der **Auswertung einer Umsatzübersicht** die wichtigsten Diagrammtypen vor:

Auswertung und Kernaussage	Diagrammtyp
Zeitliche Umsatzentwicklung der einzelnen Regionen	Balken- oder Säulendiagramm
Monatliche Umsatzverteilung innerhalb einer Region	Kreisdiagramm
Umsatzprognose mit Trendreihe für das kommende Halbjahr	Liniendiagramm

Tab. 1: Diagrammtypen und Kernaussagen

HINWEIS
Die Diagramme finden Sie auf der Beispieldatei **Diagramme1.xls**.

1 Die Diagrammfunktion in Excel

Excel bietet mit dem Diagramm-Assistenten und dem Diagramm-Menü (s. Abb. 1) zwei Werkzeuge, die Zahlen aller Art in wenigen Handgriffen zu Diagrammen umformen, vorausgesetzt, sie liegen in einer für die Darstellung benötigten Form vor. Da Excel auch für Diagramme Formeln benutzt, lassen sich Diagramme und Diagrammteile aber auch nachbessern und mit zusätzlichen Informationen versorgen.

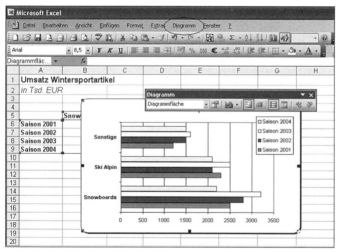

Abb. 1: Für Diagramme stellt Excel ein Menü und eine Symbolleiste bereit

1.1 Diagramme in Excel – zwei Varianten

Diagramme werden in zwei Formen produziert:
- Als Objekte in Excel-Tabellen eingezeichnet und auf dem Blatt positioniert. Sie visualisieren unmittelbar am Zahlenmaterial, was der Übermittler der Zahlen ausdrücken möchte.
- Als Diagrammblätter im A4-Querformat. Sie werden separat gedruckt, die Zahlen können auf Wunsch als Datentabelle angehängt werden.

Aus Zahlen werden Diagramme

> **HINWEIS**
> Da für Diagrammobjekte meist wenig Platz zur Verfügung steht, sollten sie nur zum Einsatz kommen, wenn sich die Anzahl der darzustellenden Datenreihen in Grenzen hält.

In beiden Darstellungsformen gilt: Diagramm und Tabelle sind dynamisch miteinander verbunden. Ändert sich eine Zahl in der Tabelle, stellt das Diagramm seine Säulen, Balken, Linien oder Tortensegmente automatisch neu ein.

2 Praxisbeispiel: Regionale Umsätze auswerten

Die Umsatzübersicht aus den einzelnen Filialen liegt vor (s. Abb. 2). Sie haben nun die Aufgabe, die Zahlenmenge so in Diagramme umzuwandeln, dass auf einen Blick erkennbar ist, ob die Umsätze steigen oder fallen. Die erste Tabelle **Umsatz** enthält die Übersicht, die Zahlen sind horizontal und vertikal beschriftet, die Zeilen erhalten als Überschrift die Region und die Spaltenwerte sind mit den Monatsnamen in der ersten Spalte gekennzeichnet.

	A	B	C	D	E
1		Nord	West	Ost	Süd
2	Januar	250	600	120	800
3	Februar	400	680	150	900
4	März	500	720	180	1000
5	April	600	650	200	1200
6	Mai	650	610	250	1500
7	Juni	800	550	300	1800

Abb. 2: Umsatzübersicht nach Regionen

2.1 Säulendiagramm: Umsatz pro Monat für alle Regionen

Erstellen Sie ein Säulendiagramm, das die Verteilung der Umsätze der vier Regionen auf die einzelnen Monate anzeigt:

1 Markieren Sie die Matrix mit allen Zahlen und Beschriftungen, in diesem Fall also den Bereich **A1:E7**.

2 Klicken Sie auf das Symbol des Diagramm-Assistenten in der Symbolleiste **Standard**.

3 Bestätigen Sie im ersten Schritt den vorgeschlagenen Diagrammtyp. Mit **Schaltfläche gedrückt halten für Beispiel** sehen Sie eine Vorschau auf das endgültige Diagramm (s. Abb. 3).

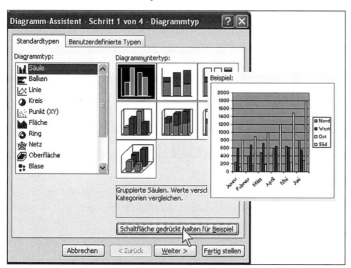

Abb. 3: Der Standard-Diagrammtyp „Säule"

Ein Blick in die zweite Registerkarte zeigt noch weitere Diagrammtypen. Bei den benutzerdefinierten Typen handelt es sich weniger um neue Diagrammformen, es sind vielmehr Varianten der Standardformen oder Kombinationen aus diesen. So bietet beispielsweise das Säulen-Flächen-Diagramm eine Mischung aus Säulen und Flächen, aufgetragen auf einer gemeinsamen Rubrikenachse.

4 Klicken Sie nach Auswahl des Diagrammtyps auf **Weiter**. Im nächsten Schritt bestätigen Sie die zuvor markierten Zellen als Datenbereich für das Diagramm. Mit den beiden Optionen geben Sie die Anordnung der Daten vor. Die Voreinstellung ist **Reihen in Spalten**, damit landen die Monate in der Rubriken-Achse und die Regionen stehen in der Legende. Klicken Sie auf **Reihen in Zeilen**, werden die Regionen als Balken der horizontalen Achse entlang aufgetragen und die Legende zeigt die Monate an (s. Abb. 4).

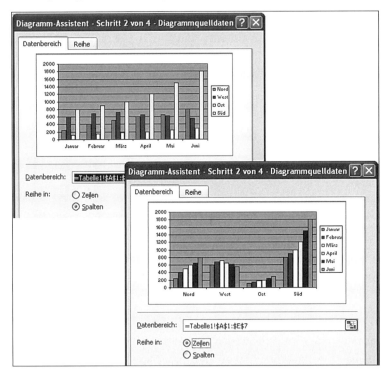

Abb. 4: Der Datenbereich kann wahlweise nach Zeilen oder Spalten angeordnet sein

5 Auf der zweiten Registerkarte **Reihen** finden Sie die Zuweisung der Datenbereiche. Klicken Sie auf eine Datenreihe (z. B. **Nord**), sehen Sie unter **Name**, wie diese beschriftet wird, und das Feld **Werte** zeigt an, aus welchem Bereich der Tabelle die Daten für diese Reihe kommen.

6 Schalten Sie mit Klick auf **Weiter** zum vorletzten Schritt (Schritt 3), erhalten Sie für alle Elemente des Diagramms Eingabefelder für Formate und Beschriftungen angezeigt:

- **Titel**: Hier wird der Diagrammtitel, die Überschrift eingegeben. Tragen Sie die Hauptaussage des Diagramms ein: **Umsatzentwicklung 1. Halbjahr**

- Die Beschriftungen für die beiden Achsen sind ebenfalls Titel. In unserem Beispiel geben Sie für die Rubrikenachse den Titel **Monate** ein und für die Größenachse den Titel **in Euro**.

Achsen, **Gitternetzlinien** und **Legende** können Sie wie vorgeschlagen übernehmen. Auf der Karte **Datenbeschriftungen** wird bestimmt, dass der Zahlenwert oder die Legende über den Balken angezeigt wird (s. Abb. 5).

Aus Zahlen werden Diagramme

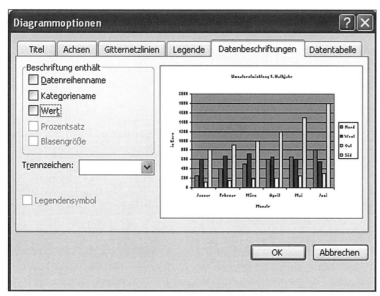

Abb. 5: Die Diagrammoptionen mit sechs Registerkarten

7 Die Datentabelle, die auf der letzten Registerkarte der Diagrammoptionen einzuschalten ist, wird für das Diagrammobjekt nicht benötigt, da die Zahlen in der Tabelle sichtbar sind. Klicken Sie auf **Weiter**.

8 Im letzten Schritt entscheiden Sie, ob Sie das Diagramm als Objekt auf der Tabelle anlegen wollen oder als eigenständiges Blatt in der Arbeitsmappe im A4-Querformat. Schließen Sie die Diagrammherstellung mit Klick auf **Fertig stellen** ab. ■

Ein neues Diagramm wird angelegt (s. Abb. 6) und als ein Objekt in die Tabelle integriert. Sie können das Objekt verschieben, vergrößern und verkleinern.

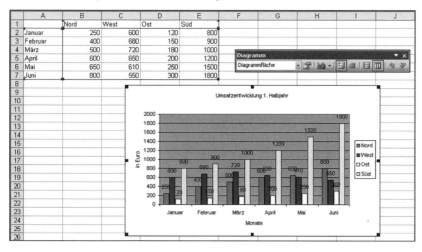

Abb. 6: Das Diagrammobjekt wird in die Tabelle gezeichnet

2.2 Die Funktion DATENREIHE()

Wenn Sie auf eine der vier Balkenreihen klicken, zeigt Ihnen Excel, aus welchen Zahlen diese erzeugt wurden. In der Bearbeitungsleiste finden Sie die Formel mit der Funktion DATENREIHE, die das Diagramm produziert und dafür sorgt, dass neue oder geänderte Daten automatisch wieder im Diagramm angezeigt werden (s. Abb. 7).

III. Perfekt Präsentieren

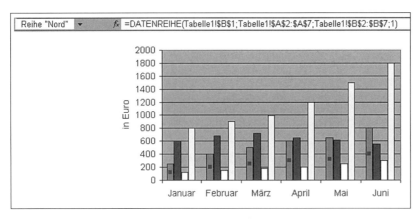

Abb. 7: Die Funktion DATENREIHE produziert die Säulen im Diagramm

Diese Kennzeichnung der mit dem Diagramm verknüpften Daten ist besonders praktisch, wenn sich die Daten für das Diagramm ändern. Nehmen wir an, die Zahlen für das nächste Halbjahr sind eingetroffen und Sie wollen das Diagramm updaten. Fügen Sie die neuen Werte einfach am unteren Ende der Tabelle an. Markieren Sie dann die erste Reihe im Diagramm und ziehen Sie das Füllkästchen am Rubrikenbereich nach unten bis zur letzten Zeile Ihrer Umsatzliste. Auf diese Art können Sie schnell alle Datenreihen anpassen.

2.3 Diagrammobjekt in Diagrammblatt verwandeln

Wenn das Diagramm zu groß für ein Objekt ist oder die Tabelle keinen Platz mehr lässt für die optische Umsetzung der Zahlen, können Sie das Objekt in ein Blatt exportieren.

1 Markieren Sie das Diagrammobjekt per Mausklick.

2 Wählen Sie **Diagramm → Speicherort**.

3 Klicken Sie auf **Als neues Blatt**. Der Name **Diagramm1** wird vorgeschlagen. Schreiben Sie gleich einen passenden Namen für das neue Diagrammblatt und schließen Sie mit Klick auf **OK** ab. ■

3 Monatliche Umsatzverteilung im Kreisdiagramm

Um die Verteilung der Werte einer einzelnen Reihe auf eine Gesamtmenge anzuzeigen, verwenden Sie das Kreisdiagramm. Jedes Segment verdeutlicht über seine Fläche die Größe des Wertes im Verhältnis zur 100%-Menge aller Werte. Für die Diagrammform Kreisdiagramm sind die Daten in den seltensten Fällen so kompakt, dass der Bereich geschlossen markiert werden kann. Lernen Sie deshalb die Mehrfachmarkierung für die Basisdaten des Diagramm-Assistenten kennen.

3.1 Ein Kreisdiagramm für die erste Region

Für das erste Kreisdiagramm markieren Sie die entsprechenden Daten wie zuvor inklusive aller Beschriftungen:

1 Markieren Sie die Monate und die erste Reihe im Bereich **A1:B7.**

2 Starten Sie den Diagramm-Assistenten per Klick auf das Symbol in der Symbolleiste **Standard** und wählen Sie als Diagrammtyp das Kreisdiagramm mit dem Untertyp 2.

3 Bestätigen Sie den Datenbereich und Reihenbildung aus den Spalten und tragen Sie im nächsten Schritt einen Titel ein.

Aus Zahlen werden Diagramme

4 Schalten Sie die Datenbeschriftung in Prozent ein, wird jedes Kreissegment mit dem prozentualen Anteil gekennzeichnet.

5 Legen Sie mit **Fertig stellen** das erste Diagramm als Objekt auf der Tabelle an (s. Abb. 8). ■

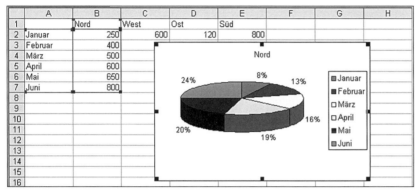

Abb. 8: Die Umsätze der ersten Region im 3D-Kreisdiagramm

3.2 Mit Mehrfachmarkierung zur zweiten Region

Das nächste Diagramm erfordert eine Mehrfachmarkierung, da die Beschriftungen für die Legende und die Datenreihe der Umsätze in der Region West nicht zusammenstehen:

1 Markieren Sie die Monatsreihe von Januar bis Juni, nehmen Sie aber die erste (leere) Zelle aus dem Spaltenkopf mit (Bereich **A1:A7**).

2 Halten Sie die **Strg**-Taste gedrückt, und markieren Sie die West-Reihe von **C1:C7**.

3 Erstellen Sie das Kreisdiagramm und positionieren Sie es neben dem ersten Kreisobjekt auf der Tabelle.

4 Legen Sie auch für die beiden Regionen Ost und Süd je ein Kreisdiagramm (s. Abb. 9) mit Mehrfachmarkierung an (**A1:A7** und mit **Strg**-Taste **D1:D7** für Ost, **A1:A7** und **E1:E7** für Süd). ■

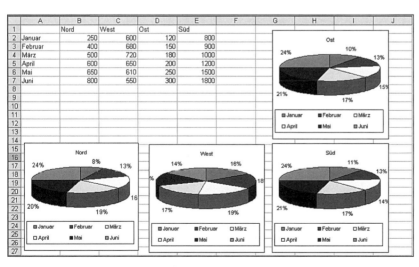

Abb. 9: Für jede Region ein Kreisdiagramm

> **PRAXIS-TIPP**
>
> Die einzelnen Diagrammobjekte können Sie mit einem Trick sauber ausrichten und auf die gleiche Größe skalieren: Drücken Sie nach dem Markieren des Objektes die **Alt**-Taste und ziehen Sie den linken oberen Markierungspunkt. Mit **Alt** steuert der Objektrahmen automatisch die nächste Ecke der Zelle an.

4 Umsatzprognose mit Trendreihe und Liniendiagramm

Der Diagrammtyp **Liniendiagramm** eignet sich vor allem für die Visualisierung von zeitlichen Abläufen. Er würde hier für die Gegenüberstellung der Monatsumsätze aller Regionen auch passen. Besonders hilfreich ist er aber, wenn es um die Ermittlung von Trends geht. Excel bietet eine Funktion an, die den linearen Trend einer Zahlenreihe ermittelt.

4.1 Trendlinie berechnen mit TREND

1 Schreiben Sie die nächsten Monatsnamen in die erste Spalte mit den Rubrikenbeschriftungen.

2 Markieren Sie den Bereich für die erste Region und wählen Sie **Einfügen → Funktion**.

3 Suchen Sie die Funktion TREND und tragen Sie die Argumente ein:

    =TREND(B2:B7;;{7;8;9;10;11;12})

4 Schließen Sie die Funktion mit **Strg** + **Shift** + **Eingabe** ab, da es sich hier um eine Matrixformel handelt (s. Abb. 10).

Die TREND-Funktion benötigt im ersten Argument die bereits vorhandenen X-Werte (hier die Umsätze bis zum letzten Monat) und im dritten Argument eine Zahlenreihe für die neuen Werte (das zweite Argument muss nicht besetzt sein). Zählen Sie dazu eine Monatszahlenreihe hoch und tragen die Zahlen in geschweifte Klammern ein, ermittelt die Funktion, wie viel Umsatz bei linear steigender oder fallender Umsatzentwicklung zu erwarten ist. Kopieren Sie die sechs Zellen geschlossen auf die übrigen Spalten, erhalten Sie die Trends für alle Regionen.

	A	Nord	West	Ost	Süd
1		Nord	West	Ost	Süd
2	Januar	250	600	120	800
3	Februar	400	680	150	900
4	März	500	720	180	1000
5	April	600	650	200	1200
6	Mai	650	610	250	1500
7	Juni	800	550	300	1800
8	*Juli*	893	582	322	1900
9	*August*	996	567	357	2100
10	*September*	1099	552	392	2300
11	*Oktober*	1202	537	427	2500
12	*November*	1305	521	461	2700
13	*Dezember*	1408	506	496	2900

Abb. 10: Die Trendreihen für die Regionen sind berechnet

4.2 Ein Liniendiagramm für den Umsatztrend

Das Diagramm erstellen Sie wieder mit dem Diagramm-Assistenten. Markieren Sie hierzu die gesamte Liste und schalten Sie im ersten Schritt auf den Diagrammtyp **Linie** und den ersten Untertyp um (s. Abb. 11).

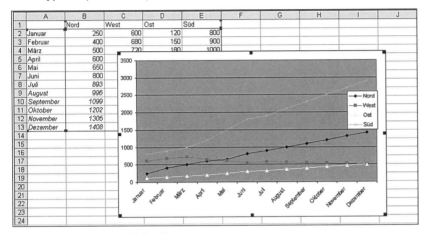

Abb. 11: Trendreihen im Liniendiagramm

5 Formatierung und Diagrammoptionen

Für die Formatierung von Diagrammen in Objekten oder Blättern stellt Excel die Standard-Werkzeuge zur Verfügung, die auch für die Zuweisung von Schriftarten und -größen, Farben und Mustern an Zellbereiche zum Einsatz kommen. Spezielle Diagrammformatierungen wie Balkenabstände, Achsenskalierung etc. finden Sie im Diagramm-Menü oder in der Symbolleiste Diagramm, die automatisch aktiv wird, sobald ein Diagrammobjekt oder –blatt markiert ist.

5.1 Elemente im Diagramm formatieren

Das Diagramm besteht aus Elementen, jedes Element trägt eine Bezeichnung. Damit Sie nicht beispielsweise auf einer Achse jeden Wert einzeln oder in der Balkenreihe Balken für Balken formatieren müssen, sind einige Elemente in Gruppen zusammengefasst. Klicken Sie auf ein Element im Diagramm, wird dessen Bezeichnung (einzeln oder Gruppe) in der Symbolleiste oder im Namensfeld sichtbar.

Hier eine Übersicht über die Elemente, die mehrere Elemente in Gruppen zusammenfassen:

Gruppe	Elemente
Datenreihe	Alle Säulen, Balken, Linien oder Tortensegmente, Datenpunkte genannt. Um einen Datenpunkt aus der Reihe zu formatieren, klicken Sie diesen noch einmal an.
Datenbeschriftung	Alle Beschriftungen einer Datenreihe, z. B. Werte.
Größenachse	Die (im Säulendiagramm) vertikale Achse mit allen Werten.
Rubrikenachse	Die (im Säulendiagramm) horizontale Achse mit allen Rubriken.

Tab. 2: Gruppenelemente im Diagramm

Um ein Element zu formatieren, klicken Sie es an und wählen **Format → Markiertes Element** (die Menüoption wechselt je nach Element, z. B. Legende oder Größenachse). Excel präsentiert die Formatauswahl, die Anzahl und Auswahl der Registerkarten variiert je nach Elementtyp. Achten Sie hierbei auf die Titelzeile der Dialogbox (s. Abb. 12).

Abb. 12: Die Formatoptionen, hier für die markierte Datenreihe im Liniendiagramm

> **PRAXIS-TIPP**
>
> Schneller geht's mit Doppelklick: Klicken Sie zweimal auf das Element, um die Formatauswahl zu aktivieren.

Muster

Weisen Sie der Diagrammfläche, der inneren Zeichnungsfläche oder den Balkenreihen ein Muster zu. Klicken Sie auf Fülleffekte, finden Sie Farbverläufe und sogar die Möglichkeit, Strukturen und Grafikdateien für den Hintergrund auszuwählen. Für Achsen kann die Auswahl an Hilfsstrichen variiert werden.

Schrift

Schriftart, -farbe und Schriftgröße kann für jedes Textelement gewählt werden. Wenn Sie eine Textstelle markieren (zum Beispiel im Titel), bietet die **Format**-Dialogbox nur das Register **Schrift** an.

Skalierung

Wird nur bei Achsen aktiv und ermöglicht die manuelle Skalierung der Achse mit Angabe des Höchst- und Tiefwertes, der sonst automatisch aus den Maximal-/Minimalwerten im Datenbereich berechnet wird. Um die Anzahl der angezeigten Nullen zu reduzieren, können Sie die Anzeige auf Hunderter- oder Tausender-Einheiten schalten.

Zahlen

Hier spezifizieren Sie das Zahlenformat einer Größenachse (in Punktdiagrammen für beide Achsen möglich). Weisen Sie Achsenwerten keine Währungszeichen zu und entfernen Sie alle Kommastellen.

Ausrichtung

Auf dieser Registerkarte finden Sie ein Drehfeld für die Ausrichtung von Achsenbeschriftungen oder Achsenwerten. Stellen Sie diese im 45°- oder 90°-Winkel dar, wenn die Breite des Objektes eine vollständige Anzeige der horizontal ausgerichteten Achsentexte nicht zulässt.

Aus Zahlen werden Diagramme 135

6 Umsatzentwicklung berichten mit PowerPoint und Word

Businessgrafiken werden in Excel produziert, lassen sich aber mit wenig Aufwand an Office-Programme übergeben, die zur Aufbereitung von Berichten und Präsentationen besser geeignet sind als Excel.

6.1 Umsatzbericht präsentieren mit PowerPoint

PowerPoint ist das Office-Programm für Präsentationen, die auf Folien kopiert oder mittels Overhead-Projektor auf die Leinwand projiziert werden. Die Diagramme produziert der Vortragende in Excel und importiert sie aus dem Excel-Objekt oder –diagrammblatt in die Folien. Das Verfahren ist einfach und schnell. Folie und Diagramm lassen sich sogar dynamisch verknüpfen, damit letzte Änderungen am Zahlenmaterial beim Vortrag berücksichtigt werden.

1 Erstellen Sie eine neue Präsentation in PowerPoint und bereiten Sie eine leere Folie mit der Überschrift **Umsatzanalyse** vor.

2 Markieren Sie im Excel-Fenster das erste Umsatzdiagramm und wählen Sie **Bearbeiten → Kopieren**.

3 Schalten Sie zum PowerPoint-Fenster und wählen Sie **Bearbeiten → Inhalte einfügen**. Entscheiden Sie sich für einen Datentyp zur Einfügung und klicken Sie auf die Option **Verknüpft einfügen**, wenn Sie die Daten dynamisch verbinden wollen (s. Abb. 13).

4 Holen Sie auf diese Weise auch die anderen Auswertungsdiagramme in die Präsentation.

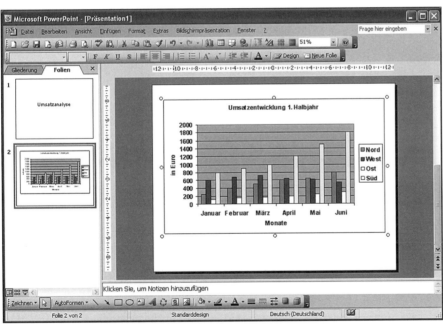

Abb. 13: Das Excel-Diagramm auf der PowerPoint-Folie

6.2 Berichterstellung in Word

Für Geschäftsberichte aller Art in Druckform oder zur Produktion von HTML-Dateien für Internet-/Intranet-Auftritte bietet sich das Textverarbeitungsprogramm Word an. Wie PowerPoint kann auch Word die grafischen Excel-Daten dynamisch integrieren, auch hier sind nur wenige Handgriffe nötig.

1. Starten Sie Word aus dem Office-Paket und bereiten Sie das leere Dokument für den Umsatzbericht vor.
2. Erstellen Sie im Word-Dokument eine zweispaltige Tabelle mit mehreren Zeilen.
3. Kopieren Sie zuerst die Daten-Tabellen und anschließend die Diagrammobjekte und holen Sie diese mit **Bearbeiten → Inhalte einfügen** als Excel-Objekte in die Tabellenzellen des Dokumentes. In diesen können Sie die Größe der eingefügten Objekte besser kontrollieren. ∎

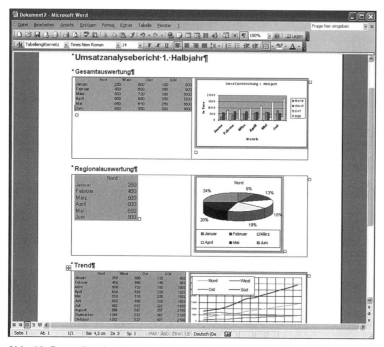

Abb. 14: Reporting der Umsatzzahlen und -diagramme im Word-Dokument

7 Zusammenfassung: Zahlen in Diagramme verwandeln

Diagramme sind Ausdrucksmittel für Zusammenhänge, Vergleiche oder Entwicklungen. Der richtige Diagrammtyp und die Formatierung entscheiden über die Klarheit der Aussage eines Diagramms.

- Setzen Sie Diagrammobjekte in Tabellen, wenn sie zusammen mit den Zahlen gedruckt werden, ansonsten sind Diagrammblätter besser.
- Verwenden Sie die Diagramm-Assistenten über **Einfügen → Diagramm**. Markieren Sie vorher bereits alle Zahlen und vergessen Sie die Beschriftungen nicht.
- Änderungen führen Sie am schnellsten in der Funktion **DATENREIHE** durch.
- Formatiert wird per Doppelklick auf das gewünschte Element oder die Elementgruppe.
- Zur Berichterstattung (Reporting) kopieren Sie Zahlen und Diagramme am besten mittels **Bearbeiten → Inhalte einfügen** als dynamische Excel-Objekte in Power Point-Präsentationen oder Word-Dokumente.

Geschäftsdaten professionell darstellen

Ignatz Schels, Wolnzach

Die grafische Information hat im Zeitalter der Informationsüberflutung eine vorherrschende Stellung eingenommen. Aus Zeitungen und Magazinen springen uns Infografiken an, Internetseiten versuchen, ihre Botschaften mit Balken, Linien und Tortendiagrammen so dicht wie möglich zu halten und jeder Vortrag wird von der obligatorischen PowerPoint-Präsentation begleitet, die auf möglichst vielen Folien möglichst viele Charts an den Kopf wirft. Der Effekt: Wir sehen nicht mehr hin, nehmen wichtige Botschaften nicht mehr auf, weil sie in viel zu oft gesehener Gestalt daherkommen.

> **HINWEIS**
> Die Beispieldatei zu diesem Thema finden Sie unter **Diagramm_professionell.xls** auf der CD.

1 Excel-Charts – alt oder bewährt?

Seit den ersten Versionen Mitte der 80er Jahre bietet Excel zu seinen Tabellen auch Diagramm-Werkzeuge an und seit dieser Zeit hat sich hier nichts verändert. Ein Standard-Diagramm ist schnell erstellt, ein Knopfdruck genügt:

1 Markieren Sie die Matrix mit allen Datenreihen einschließlich horizontalen und vertikalen Beschriftungen.

2 Drücken Sie die Funktionstaste **F11**.

3 Excel erstellt ein Diagrammblatt mit dem Diagrammtyp **Säulen**. ■

Über die Diagrammoptionen bekommt das Diagramm noch eine Überschrift und Achsenbeschriftungen und fertig ist die Geschäftsgrafik.

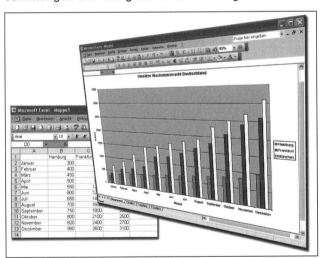

Abb. 1: Standard seit 20 Jahren: Excel-Diagrammtyp Säulen

1.1 Neue Wege im Chart-Design

Geschäftsgrafiken müssen von anderem Kaliber sein, damit sie ihren Zweck erfüllen. Sie müssen prägnant in der Aussage sein und klar in der grafischen Form. Von den vielen Elementen, die ein Diagramm enthalten kann, sind die wenigsten wirklich notwendig und aus der Auswahl Dutzender Diagrammtypen ist nur eine Handvoll brauchbar. Zudem ist es mit der Auswahl eines Diagrammtyps nicht getan, in den meisten Fällen muss der Gestalter mit zusätzlichen Elementen arbeiten, um Kernaussagen zu visualisieren.

1.2 Praxisbeispiel: Umsatzanalyse

Sehen wir uns die alternativen Diagrammtechniken an einem praktischen Beispiel an:

Die Firma TopBüro GmbH bietet ein Sortiment an Büroartikeln vom Bleistift bis zur Komplett-Ausstattung mit Büromöbeln, Schreibtischen und Stühlen. Eine weitere Sparte bietet Drucker in allen Varianten sowie Kopiergeräte an und in eigener Fertigung werden Werbeartikel nach Kundenwünschen gefertigt (Kugelschreiber, Feuerzeug u. a.). Die drei Sparten sind gleichzeitig die Kostenstellen, jede Sparte hat einen verantwortlichen Leiter, der monatlich an den Leiter des Vertriebs berichtet.

Spielen Sie für dieses Beispiel die Rolle des Vertriebsleites, der die Aufgabe bekommt, die Deckungsbeiträge zu berechnen und die Gewinn/Verlust-Rechnung für den Vorstand zu erstellen. Die Zahlen für den Halbjahresbericht liegen vor und sie sehen nicht gut aus (s. Abb. 2):

	A	B	C	D	E	F	G	H
1	TopBüro GmbH							
2	Umsatz- und Gewinnanalyse							
3								
4		Umsätze 1. Halbjahr						
5		alle Angaben in Euro						
6		Bürobedarf	Drucker/Kopierer	WerbeArtikel	Summe	Kosten	Deckungs-beitrag I	Deckungs-beitrag I in %
7	Januar	50.600	120.000	16.000	186.600	176.000	10.600	5,68%
8	Februar	52.300	150.000	45.000	247.300	210.000	37.300	15,08%
9	März	54.200	156.000	44.000	254.200	250.000	4.200	1,65%
10	April	56.500	154.000	49.000	259.500	280.000	-20.500	-7,90%
11	Mai	56.200	160.000	52.000	268.200	298.000	-29.800	-11,11%
12	Juni	58.000	172.000	62.000	292.000	320.000	-28.000	-9,59%
13		327.800	912.000	268.000	1.507.800	1.534.000	-26.200	
14								

Abb. 2: Die DB-Rechnung aus der GuV liegt vor

Obwohl die Umsätze kontinuierlich steigen, sind die Deckungsbeiträge im zweiten Quartal „eingebrochen", die Kosten übersteigen die erzielten Erlöse. Bereiten Sie eine Präsentation vor, in der die Lage mit Hilfe von Excel-Tabellen und Diagrammen kurz und prägnant auf den Punkt gebracht wird, und arbeiten Sie für die Firmenleitung konkrete Lösungsvorschläge aus.

2 Der richtige Diagrammtyp

Gene Zelazny, der amerikanische Chart-Guru („Say it with charts"), hat vor vielen Jahren schon einige Grundregeln für die Verwendung von Diagrammtypen aufgestellt.

2.1 Fünf Grundtypen, fünf Vergleichsarten

Excel bietet im Diagramm-Assistenten und unter dem Menüpunkt Diagrammtyp Dutzende von Diagrammarten an. Die wenigsten davon lassen sich benutzen, manche sind aus der Mode (Kegel, Pyramiden), andere wie das Netz-, Flächen- oder Ringdiagramm eignen sich nicht für eine einfache Visualisierung. Beschränken Sie sich bei der Auswahl auf einige wenige Varianten, die eine klare und einfache Visualisierung ermöglichen. Mit diesen fünf Grundtypen lassen sich die meisten Geschäftsdiagramme aufbereiten:

Geschäftsdaten professionell darstellen

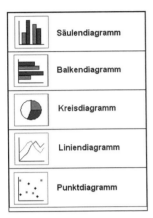

Abb. 3: Fünf Grundtypen reichen aus

Die Entscheidung für einen dieser Typen trifft sich leichter, wenn Sie die zu treffende Aussage als Vergleich kategorisieren. Auch dafür gibt es fünf Grundtypen:

- Struktur-Vergleich
- Rangfolge-Vergleich
- Zeitreihen-Vergleich
- Häufigkeits-Vergleich
- Korrelations-Vergleich

In dieser Matrix finden Sie die Zuordnung der Diagrammtypen zu den Vergleichsarten:

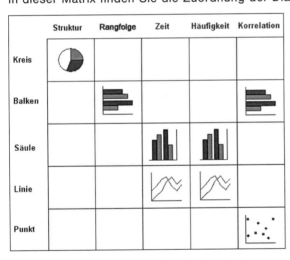

Abb. 4: Das richtige Diagramm für jede Vergleichsart

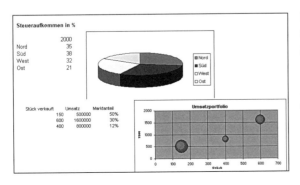

Der **Strukturvergleich** liefert die Anteile an einer Gesamtheit, wie z. B. die Umsätze pro Region oder die Marktanteile eines Unternehmens in einer Branche. Das **Kreisdiagramm** verdeutlicht die Aussage am besten. **Portfolio-Diagramme** erweitern die Aussage um eine zusätzliche Dimension.

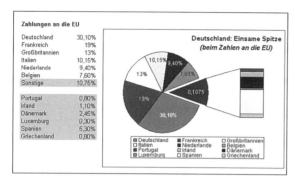

Das Kreisdiagramm sollte nicht mehr als sechs Segmente enthalten. Lassen Sie den wichtigsten Sektor an der 12-Uhr-Linie beginnen, die übrigen Sektoren werden im Uhrzeigersinn angeordnet. Der wichtigste Sektor erhält die stärkste Farbe oder dunkelste Schraffur. Enthält das Kreisdiagramm zu viele kleine Segmente, fassen Sie diese in einer Gruppe zusammen und erstellen ein **Kreis-im-Kreis-Diagramm** oder ein **Balken-im-Kreis-Diagramm**.

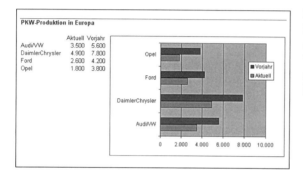

Die **Rangfolge** von Objekten und die Gegenüberstellung von Werten visualisiert das **Balkendiagramm** am besten. In der Vertikalen sind die Objekte angeordnet, die Horizontalachse enthält die Unterteilung (z. B. Prozente).

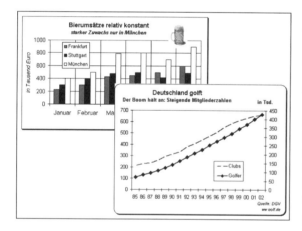

Veränderungen über einen bestimmten Zeitraum hinweg (**Zeitreihen**) verdeutlichen Sie mit dem **Säulen- oder Liniendiagrammtyp**. Säulen sollten nur bei wenigen Punkten zum Einsatz kommen, Linien verwenden Sie bei größeren Datenmengen. Passen Sie die Abstände zwischen den Säulen so an, dass diese optisch gut erfassbar sind. Soll das Säulendiagramm mehr als eine Reihe darstellen, verwenden Sie am besten Überlappungen. Gestapelte Säulen geben zusätzlich die Anteile der einzelnen Werte an der Gesamtheit wieder.

Im Kurvendiagramm bringen Sie mehr Punkte unter als im Säulendiagramm. Excel bietet auch die Möglichkeit, Linien zu glätten, was besonders nützlich ist für Funktionskurven.

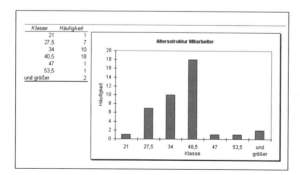

Die Besetzung der Größenklassen bringt der **Häufigkeitsvergleich** zum Ausdruck, der in der Praxis ebenfalls über das **Säulen- oder Liniendiagramm** visualisiert wird. Die Hauptachse enthält dabei die Objektbezeichnungen.

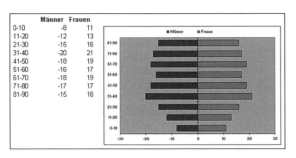

Die Vergleichsart **Korrelation** zeigt auf, ob eine Beziehung zwischen zwei Variablen besteht (Beispiel: Steigt der Absatz, wenn die Preise niedrig sind?). Er wird mit **zwei Balkendiagrammen** mit gemeinsamer Achse oder über das **Punktediagramm** dargestellt.

2.2 Praxisbeispiel Umsatzanalyse

Erstellen Sie die ersten Diagramme aus den vorliegenden Umsatzzahlen. Die Umsätze der einzelnen Monate sind ein Zeitreihenvergleich, hier ist ein Liniendiagramm angebracht. Für die Gegenüberstellung von Umsätzen und Kosten verwenden Sie ein Säulendiagramm. Hier einige wichtige Designtipps:

- Die Anzeige in der Größenachse reduzieren Sie jeweils auf Tausender, weisen Sie der Achse mit **Format → Markierte Achse** das entsprechende Zahlenformat zu. Unter **Skalierung** finden Sie hierzu **Einheiten anzeigen als**.

- Verstärken Sie die Linien im Liniendiagramm, damit diese besser zum Vorschein kommen. Klicken Sie dazu doppelt auf eine Linie und ändern Sie auf dem Reiter **Muster** die Linienstärke.

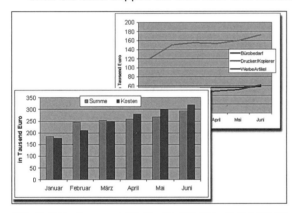

Abb. 5: Zeitreihenvergleich für die Umsätze, Vergleich mit Kosten im Säulendiagramm

Die wichtigste Botschaft des Vortrags ist die Präsentation der Deckungsbeiträge, die im Laufe des Jahres ins Minus abgerutscht sind. Ein Säulendiagramm zeigt diese Entwicklung.

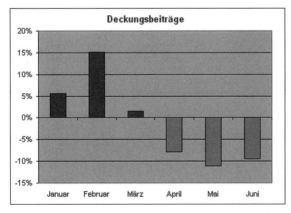

Abb. 6: Zeitreihe für die Deckungsbeiträge, die negativen Zahlen sind rot

Um die Rubrikenbeschriftungen (Monate) am unteren Rand anzuordnen, klicken Sie doppelt auf die Rubrikenachse und wählen auf der Registerkarte **Muster** die Option Achsenbeschriftung **Tief**.

Mit einem kleinen Trick färben Sie die negativen Zahlen in einer anderen Farbe:

1 Klicken Sie doppelt auf die Datenreihe für den Dialog **Datenreihe formatieren**.

2 Kreuzen Sie auf der Registerkarte **Muster** die Option **Invertieren falls negativ** an.

3 Entfernen Sie das Häkchen vor der Option wieder und klicken Sie auf **Fülleffekte**.

4 Weisen Sie der Balkenreihe einen zweifarbigen Farbverlauf zu. Verwenden Sie als erste Farbe Blau und als zweite Farbe Rot.

5 Bestätigen Sie den Farbverlauf und starten Sie die Datenreihenformatierung noch einmal.

6 Kreuzen Sie jetzt die Option **Invertieren, falls negativ** an und klicken Sie auf die blaue Farbe, um den Farbverlauf zu entfernen.

7 Damit werden die negativen Werte in der zweiten Farbe formatiert, die zuvor für den Farbverlauf reserviert war. ∎

3 Auf die Botschaft kommt es an

Die größten Fehler werden bei der Diagrammgestaltung nicht mit Grafiken, sondern mit Text gemacht. Wer seinem Chart keine Botschaft (Aussage, Message) mitgibt, zwingt den Betrachter, selbst zu interpretieren, was Sie ihm sagen wollen, und genau das sollte die Grafik ja vermeiden. Wenn Sie wissen, was Sie zu sagen haben, schreiben Sie das groß und deutlich über oder in das Diagramm, damit ersparen Sie dem Betrachter die Eigeninterpretation und sich selbst die Peinlichkeit, die Aussage zusätzlich (z. B. mündlich in Präsentationen) formulieren zu müssen.

Eine Überschrift „Produktionsübersicht Werk Hamburg" ist zwar richtig, aber in ihrer Nicht-Botschaft absolut nutzlos. Selbst zaghafte Versuche wie „Produktionsteigerung zufriedenstellend" reichen nicht aus, sie bringen die Botschaft nicht auf den Punkt. Zögern Sie nicht, einen ganzen, grammatikalisch korrekten Satz als Überschrift einzusetzen:

```
Mit einem Steigerungsgrad von durchschnittlich 20% weist das Werk
Hamburg ein überdurchschnittliches Ergebnis aus.
```

Es ist keineswegs falsch, Zahlen in der Aussage zu verwenden, im Gegenteil. Mit der Zahl wird die Botschaft auf den Punkt gebracht und der Betrachter kann sich in Ruhe dem im Diagramm visualisierten Vergleich widmen:

```
Wir haben die Kosten für externe Dienstleistungen gegenüber dem Vor-
jahr um 5 Mio. Euro gesenkt
```

Achten Sie darauf, dass die Botschaft nur einen Gedanken enthalten darf, versuchen Sie nicht, alles hineinzupacken, was das Diagramm an Aussagen zu bieten hat:

Falsch	Sinkende Umsätze im Juli und August trotz höherer Ausgaben für Werbung
Richtig	Die Mehrausgaben für Werbung schlagen sich nicht auf die Umsätze nieder

3.1 Der Unterschied zwischen Botschaft und Titel

Eine Botschaft ersetzt nicht den Titel des Diagramms. Im Kopfbereich sollte deshalb nicht nur eine Überschrift stehen, sondern – in etwas kleinerer Schrift – ein Titelbereich, der wichtige Informationen enthält (s. Abb. 7):

- Datum, Schlussdatum oder Periode (z. B. 1. Halbjahr, Januar – März etc.)
- Firmenname oder Unternehmensbereich, wenn dieser nicht schon in der Folienvorlage der Präsentation auftaucht

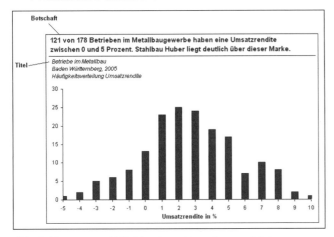

Abb. 7: Message und Titel in einem Branchenvergleich

Das Titelelement des Diagramms ist nicht so flexibel wie ein einfaches Textfeld, es passt seine Größe an die Textbreite an. Löschen Sie das Element am besten aus dem Diagramm und schreiben Sie frei positionierbare Textelemente in das Diagramm. Vergessen Sie aber bei Diagrammobjekten nicht, das Objekt zuvor zu markieren, sonst gehört das Textfeld zur Tabelle und verschwindet hinter dem Objekt.

3.2 Praxisbeispiel: Botschaften und Titel

Ihre grafische Umsatzanalyse gewinnt erheblich an Aussagekraft, wenn Sie sprechende Botschaften in die Kopfzeile schreiben. Verwenden Sie Titel, wenn es die Größe des Diagrammobjektes zulässt.

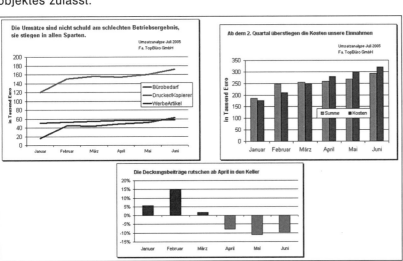

Abb. 8: Die Diagramme in der Umsatzanalyse erhalten Botschaften und Titel

4 Diagramme richtig formatieren

4.1 Säulen neu anordnen und formatieren

Ein Säulendiagramm wirkt noch viel besser, wenn Sie die Säulen so anordnen, dass die kleineren Werte links stehen. Der Schlüssel zu dieser Sortierung liegt in der Funktion DATENREIHE und zwar im letzten Argument. Die Ziffer repräsentiert nämlich die Position der Reihe im Diagramm.

1 Markieren Sie die dritte Datenreihe, klicken Sie eine beliebige Säule daraus an.

2 Überprüfen Sie in der Bearbeitungsleiste die DATENREIHE-Funktion und ändern Sie im letzten Argument die Position. Geben Sie die Zahl 1 ein.

3 Drücken Sie zum Abschluss die **Eingabe**-Taste und die Datenreihe wird an die erste Stelle verschoben. ∎

4.2 Überflüssige Formatierungen entfernen

Die meisten Diagramme, die mit Excel erstellt werden, sind völlig überladen. Sie enthalten Elemente, die Sachverhalte wiederholen oder unterstreichen, obwohl sie bereits eindeutig erkennbar sind. Das einfachste Beispiel ist das Diagramm mit einer Datenreihe und Legende. Hier drückt die Botschaft bereits alles aus, was es zu sagen gibt, die Legende ist überflüssig:

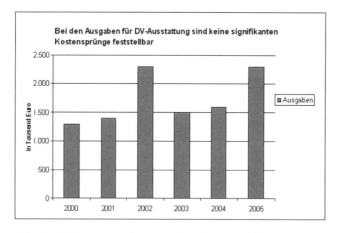

Abb. 9: Ein Diagramm mit einer Datenreihe braucht keine Legende

Entfernen Sie Infomationen, die keinen Bezug zur Botschaft des Diagramms haben. Eine zweite Balkenreihe mit den Vorjahreswerten gehört nicht ins Diagramm, wenn sich die Botschaft nicht darauf bezieht. Wenn Sie den Diagramm-Assistenten einsetzen oder mit **F11** das Standard-Diagramm bemühen, enthält das Resultat Formatierungen, die Sie meist gar nicht brauchen:

Hintergrund
Ein farbiger Hintergrund ist völlig unnötig, er erhöht den Informationsgehalt nicht, sondern trägt meist dazu bei, von den Zahlen abzulenken oder sie „abzudunkeln". Benutzen Sie weder graue Standardhintergründe noch farbige Flächen oder gar Farbverläufe. Dieser Schmuck ist nicht zeitgemäß und macht Ihre Charts nur unleserlich in Präsentationen und im Ausdruck (s. Abb. 10).

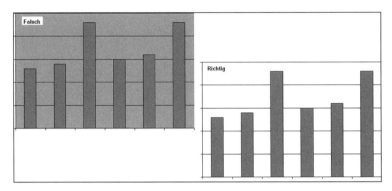

Abb. 10: Keine Hintergründe verwenden

Gitternetzlinien

Horizontale und vertikale Linien im Hintergrund sind meist keine richtige Hilfe, da sie ab einer bestimmten Entfernung nicht mehr zur Größenachse zuordenbar sind. Außerdem stört es den Gesamteindruck, wenn im Standarddiagramm durchgezogene Linien mit Linienstärke 1 Punkt formatiert sind. Weisen Sie den Linien eine leichte Punktlinie zu oder – noch besser - entfernen Sie alle Gitternetze aus dem Chart und arbeiten Sie besser mit Reihenbeschriftung. Die Zahl auf dem Balken ist sehr viel schneller aufnehmbar als die Markierung zu Größenachsenwert.

Vertikale Achsen

Aus demselben Grund, der gegen Gitternetze spricht, sollten Sie auch die vertikalen Achsen entfernen und durch Zahlen auf den Balken oder neben den Säulen ersetzen. Die Zahl zeigt die Wertigkeit besser als die Größenangabe auf der Achse (s. Abb. 11).

In vielen Fällen ist die vertikale Achse sogar sinnverzerrend, weil sie bei stark divergierenden Werten keine plausiblen Skalierungen zu bieten hat.

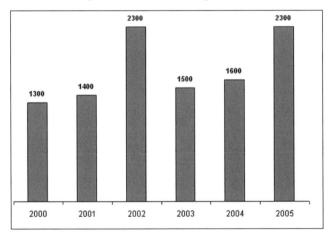

Abb. 11: Keine Gitternetze, keine Größenachse. Einfach die Zahl auf den Balken setzen

Rahmen und Schatten

Es gibt keinen Grund, einen Rahmen um die Diagrammfläche oder um einzelne Elemente wie Titel, Legende oder Achsenbeschriftungen zu ziehen. Auch der einst so beliebte Schatten hat ausgedient und wirkt nur aufgesetzt. Mit markanter Schrift (Fettdruck) erhöhen Sie die Lesbarkeit deutlicher als mit Rahmen und Schatten (s. Abb. 12).

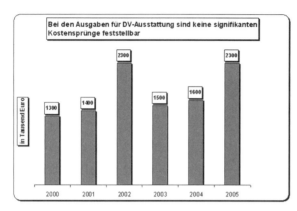

Abb. 12: Ausrangiert und ohne erkennbaren Vorteil: Rahmen und Schatten in Diagrammelementen

3D-Diagramme

Nicht mehr zeitgemäß sind die früher allzu beliebten 3D-Diagramme. Sie können diesen Untertyp für einzelne Reihen oder im Kreisdiagramm nutzen, bei mehreren Datenreihen stört dieser Look mehr als er zum Verständnis beiträgt. Besonders das Säulendiagramm mit der zusätzlichen dritten Achse sollte man meiden (s. Abb. 13).

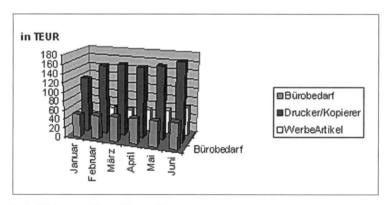

Abb. 13: Nicht zeitgemäß: 3D-Diagramme

4.3 Wichtiges hervorheben

Die Diagramm-Werkzeuge von Excel reichen in der Praxis nicht aus, um eine Aussage hervorzuheben. Nutzen Sie die Möglichkeiten, auf signifikante Punkte hinzuweisen, zum Beispiel im Kreisdiagramm:

1 Markieren Sie die Kreisfläche mit einem Klick auf ein beliebiges Segment.

2 Klicken Sie ein zweites Mal, etwas langsamer, auf das Segment, das Sie extrahieren wollen. Jetzt wird dieses mit umlaufenden schwarzen Markierungspunkten gekennzeichnet.

3 Ziehen Sie das Segment mit gedrückter Maustaste aus dem Diagramm heraus.

4 Um das Segment wieder einzuordnen, schieben Sie es wieder nach innen. ■

Im Balken- oder Säulendiagramm können Sie einen einzelnen Balken mit einer anderen Farbe versehen.

4.4 Bessere Punktmarkierungen in Liniendiagrammen

Wenn Sie im Liniendiagramm Punktmarkierungen verwenden, sollten Sie nicht auf die hässlichen Objekte aus dem Excel-Angebot zurückgreifen, die meist zu klein sind und selbst bei Anpassung der Größe über das Formatmenü störend wirken. Packen Sie Ihre eigenen Punktmarkierungen auf die Linie, hier haben Sie eine unbegrenzte Auswahl an Varianten. Was auf dem Datenpunkt zu sehen ist, können Sie nämlich selbst zeichnen oder als Grafik bereitstellen:

1 Erstellen Sie ein Liniendiagramm im Untertyp 4 mit Punktmarkierung.

2 Zeichnen Sie mit dem Ellipse-Werkzeug aus der Symbolleiste **Zeichnen** einen Kreis auf die Tabelle und kopieren Sie diesen in die Zwischenablage.

3 Markieren Sie die Linie und wählen Sie **Bearbeiten** → **Einfügen**. Damit wird der gezeichnete Kreis zur Punktmarkierung. Sie können auch kleine ClipArts, Logos oder Ähnliches verwenden, um markante Datenpunkte herzustellen (s. Abb. 14). ∎

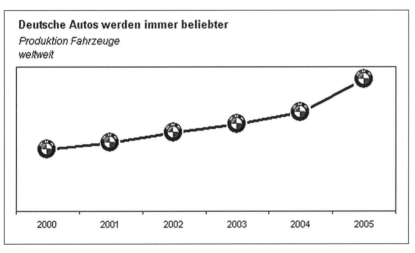

Abb. 14: Markante Linienmarkierungen selbst gemacht

4.5 Legende neu besetzen

Die Legende wird im günstigsten Fall aus den Beschriftungen generiert, die beim Aufruf des Diagramm-Assistenten zusammen mit den Zahlen markiert wurden. Wenn Sie für die Legende keine Beschriftung haben, können Sie diese einfach in der Funktion DATENREIHE nachtragen:

1 Markieren Sie die Datenreihe im Diagramm per Mausklick.

2 Suchen Sie in der Funktion, die in der Bearbeitungsleiste angezeigt wird, die Position der Legende und setzen Sie den Cursor in die Zeile.

3 Ziehen Sie die Markierung über die Texte, die Sie in der Legende sehen wollen. ∎

Im Kreisdiagramm steht die Legende an zweiter Stelle, im Balken-, Linien- und Säulendiagramm ist das zweite Argument für die Rubrik oder die Legende verantwortlich, je nach Ausrichtung. Der Legendenbereich muss natürlich in der Größe mit der Anzahl Datenpunkte übereinstimmen.

4.6 Praxisbeispiel: Kostenanalyse

Die Ursache für die schlechten Deckungsbeiträge sind die hohen Kosten. In der Kostenaufstellung berechnen Sie zunächst die Summen der einzelnen Sparten (s. Abb. 15):

		Bürobedarf			Drucker/Kopierer			WerbeArtikel			
		Einkauf	Wartung	Summe	Einkauf	Wartung	Summe	Fertigung	Service	Summe	Summe Monat
19	Januar	42.000	5.200	47.200	76.200	4.100	80.300	45.000	3.500	48.500	176.000
20	Februar	32.000	4.100	36.100	120.000	3.500	123.500	45.000	5.400	50.400	210.000
21	März	45.000	3.500	48.500	142.000	5.400	147.400	51.000	3.100	54.100	250.000
22	April	90.000	3.900	93.900	110.000	3.200	113.200	67.500	5.400	72.900	280.000
23	Mai	63.100	6.000	69.100	140.500	3.200	143.700	82.000	3.200	85.200	298.000
24	Juni	82.000	3.500	85.500	150.000	2.100	152.100	80.300	2.100	82.400	320.000
25				380.300			760.200			393.500	

Abb. 15: Kostenaufstellung

Das Kreisdiagramm, das die Verteilung der Kosten visualisiert, erstellen Sie zunächst ohne Legende. Bereiten Sie dann die Texte für die Legende vor und fügen Sie diese nachträglich in die Funktion ein.

1. Markieren Sie die drei Spartensummen mit gedrückter **Strg**-Taste und starten Sie den Diagramm-Assistenten.

2. Erstellen Sie ein Kreisdiagramm und weisen Sie den Segmenten eine Datenbeschriftung zu, mit der die Verteilung in Werten und in Prozent angezeigt wird.

3. Schreiben Sie die drei Sparten in einen freien Bereich der Tabelle.

4. Markieren Sie das Kreisdiagramm und setzen Sie den Cursor zwischen das erste und das zweite Semikolon in der Funktion DATENREIHE.

5. Ziehen Sie die Markierung über die drei Legendentexte und drücken Sie die Eingabetaste. Damit holen Sie die fehlenden Legendentexte in das Diagramm (s. Abb. 16).

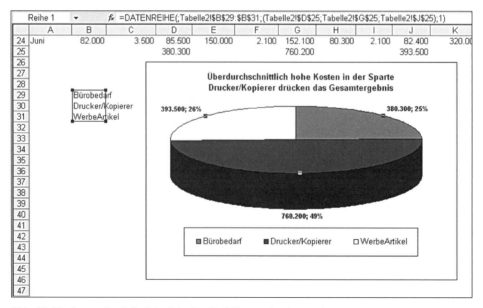

Abb. 16: Die Legende wird einfach in der Funktion nachgebessert

4.7 Grafiken im Diagramm

Was der Diagramm-Assistent nicht kann und das Diagramm-Menü nicht anbietet, müssen Sie als Diagrammgestalter selbst zeichnen. Sie können Ihre Charts in Excel nachgestalten oder in Rohform auf eine PowerPoint-Folie kopieren und in PowerPoint zeichnen. Die Zeichenwerkzeuge sind in beiden Programmen identisch in Umfang und Handhabung.

1 Aktivieren Sie aus dem Kontextmenü der Symbolleisten die Symbolleiste **Zeichnen**.

2 Markieren Sie das Linienwerkzeug, das Pfeilwerkzeug oder ein anderes Symbol und zeichnen Sie ein Grafikobjekt in das Diagramm.

3 Formatieren Sie die markierte Zeichnung mit den Werkzeugen oder über die Registerkarten unter **Format → AutoForm**. Hier können Sie auch bestimmen, ob das Objekt zusammen mit dem Diagramm positioniert und gedruckt wird.

4 Um ein gezeichnetes Objekt wieder zu löschen, drücken Sie die **Entf**-Taste. ■

HINWEIS
Achten Sie auf den Zusammenhang zwischen Markierung des Diagrammobjektes und Zeichnen des Objektes: Ist das Diagramm nicht markiert, zeichnen Sie auf die Tabelle.

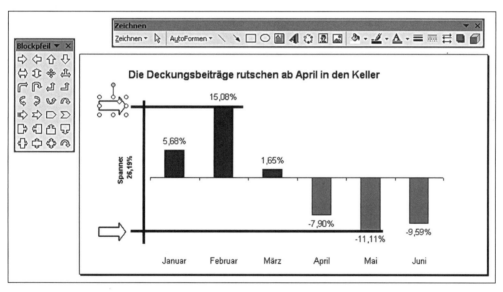

Abb. 17: Eigene Zeichnungen machen das Diagramm noch informativer

Externe Grafiken

Grafiken, von und mit anderen Programmen erstellt und in einem speziellen Grafikformat abgespeichert, lassen sich beliebig auf Excel-Diagrammobjekte (nicht auf Diagrammblätter) portieren und dort anordnen. Damit wird nicht nur das Firmenlogo in der Ecke des Diagrammblattes möglich, auch Zeichnungen und Illustrationen, Fotos und sogar Videobilder, gekoppelt mit dem Diagramm, werden Realität. So binden Sie eine externe Grafik in ein Diagramm ein:

1 Klicken Sie auf das Diagrammobjekt, um es zu markieren.

2 Wählen Sie **Einfügen → Grafik**.

3 Holen Sie eine Grafik aus einer Datei, aus den ClipArt-Sammlungen oder direkt von der angeschlossenen Digitalkamera. ■

5 Neue Standards für bessere Diagramme

5.1 Corporate Identidy für Excel-Charts

Zu den Hauptsünden der Präsentation über Excel-Charts gehört die fehlende Definition eines Standards. In den meisten Firmen ist zwar ein einheitliches Erscheinungsbild festgelegt, dieses hält zwar penibel fest, welche Schriftart benutzt werden darf und wie viele Millimeter das Firmenlogo misst, lässt aber den Excel-Anwendern mit Diagrammen freien Lauf. Das führt dazu, dass entweder die langweiligen und unzeitgemäßen Standardtypen zum Einsatz kommen oder gewagte Eigenkompositionen in 3D und wilden Schmuckfarben.

Mit den gezeigten Techniken wird es nicht schwer fallen, einen eigenen oder auch firmeninternen Standard für Diagramme und Diagrammlayouts zu kreieren. Diese Punkte sollten auf der Agenda stehen, wenn Sie CI-gerechte Chartvorgaben erstellen möchten:

Diagrammtypen
Definieren Sie die Grundtypen, halten Sie fest, was wofür eingesetzt wird. Beispiel:
Balken und Säulen grundsätzlich für Struktur-, Linien immer für Zeitreihenvergleiche, keine Kreisdiagramme. Linienstärke fett, Linienmarkierungen nur Kreise, farbig abgesetzt.

Elemente
Definieren Sie, welche Elemente in Diagrammen erlaubt sind, welche vorgeschrieben sind und was Sie nicht sehen wollen (Achsen, Legenden, Zahlen auf Balken oder im Balken usw.).

Schrift
Welche Schriften kommen zum Einsatz, welche CI-Schriften eignen sich für Diagramme? Setzen Sie Schriftgrößen für Folien oder Diagrammblätter fest und definieren Sie, welche Schnitte (fett, kursiv etc.) erlaubt sind.

Farben
Halten Sie fest, welche Farben grundsätzlich benutzt werden sollten, und definieren Sie diese zweckabhängig. Beispiel:

Umsätze grundsätzlich in Blau, Kosten in Rot

Linien immer magenta, Linienmakierung blau abgesetzt

Summen im Diagramm immer mit Kontrastfarbe, z. B. Türkis

> **HINWEIS**
>
> Unter **Extras** → **Optionen** finden Sie auf der Registerkarte **Farben** das Farbschema, das für die aktive Arbeitsmappe gilt. Hier kann auch ein Schema aus einer anderen aktiven Mappe kopiert werden. Speichern Sie die Mappe als Vorlage, gilt das Farbschema automatisch für alle Mappen, die mit dieser Vorlage erzeugt werden.

5.2 Das Standarddiagramm

Sie können jedes gestaltete und formatierte Diagramm zum Standarddiagramm erklären und damit für alle neu zu erstellenden Diagramme zur Verfügung stellen. Brauchen Sie beispielsweise bestimmte Schriften (CI-Schrift), spezifische Farben und Muster oder vordefinierte Elemente im Diagramm, ändern Sie den installierten Standarddiagrammtyp einfach ab.

1. Formatieren und gestalten Sie ein Diagrammobjekt, wie Sie es als Standarddiagramm sehen wollen. Weisen Sie auch den Typ zu, den der Assistent vorschlagen soll.

2. Markieren Sie das Diagrammobjekt und wählen Sie **Diagramm** → **Diagrammtyp**.

3. Klicken Sie auf der Registerkarte **Standardtypen** auf die Schaltfläche **Standarddiagrammtyp**.

4 Eine Meldung erscheint und weist Sie darauf hin, dass Ihr Diagramm ab sofort als Vorlage für neue Diagramme verwendet wird. Bestätigen Sie mit Klick auf **Ja**.

5 Damit ist das neue Standarddiagramm fixiert, Sie können neue Zahlen markieren und den Assistenten starten. Mit Klick auf **Fertig stellen** erhalten Sie ein neues Diagramm nach Ihren Vorgaben. ■

5.3 Benutzerdefinierte Diagrammtypen

Mit zunehmender Praxis werden Sie feststellen, dass zur Aufbereitung von Diagrammen immer wieder die gleichen Schritte erforderlich sind (Titel, Beschriftungen, Legende usw.). Excel bietet sowohl für Tabellen als auch für Diagramme die Möglichkeit, die Formatierung von Diagrammen abzuspeichern und für neue Diagramme zu aktivieren. Diese Typen stehen sowohl im Assistenten als auch beim Abruf des Diagrammtyps zur Verfügung:

1 Wählen Sie **Diagramm → Diagrammtyp**.

2 Schalten Sie auf die zweite Registerkarte **Benutzerdefinierte Typen** um.

3 Aktivieren Sie links unten die Option **Benutzerdefiniert** (**Integriert** ist die Standardvorgabe) und klicken Sie auf **Hinzufügen**. ■

Das Diagramm wird in die Liste eingefügt, die Formatierungen stehen für weitere Zahlenreihen zur Verfügung.

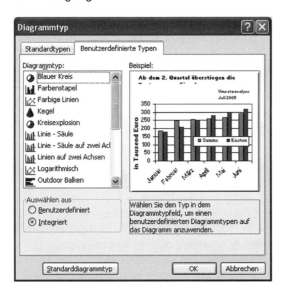

Abb. 18: Benutzerdefinierte Diagrammtypen

Das neue Format gilt nicht nur für die Diagramme aus der aktiven Mappe, sondern für alle Diagramme, die mit der aktiven Excel-Programmversion angelegt werden. Diese Diagrammvorlagen speichert Excel in einer Datei mit der Bezeichnung **XL8GALRY.XLS** in seinem Programme-Ordner, genauer hier (Laufwerk C als Programmlaufwerk angenommen, Betriebssystem Windows XP):

`C:\Programme\Microsoft Office\OFFICE11\1031`

Sie können diese Datei tatsächlich öffnen, die benutzerdefinierten Vorlagen einsehen, wenn nötig sogar abändern und wieder speichern. Sie können auch neue Diagrammblätter in diese Mappe einfügen. Die eigenen Vorlagen, die unter **Benutzerdefiniert** abgespeichert werden, kommen nicht in diese Mappe, sondern in eine andere, die im Benutzerprofil ablegt ist (user gallery):

`C:\Dokumente und Einstellungen\Benutzername\Anwendungsdaten\Microsoft\Excel\XLUSRGAL.XLS`

5.4 Mustervorlage für Diagrammblätter

Falls Sie eine Mappe zur Standardvorlage für alle neuen Mappen hinterlegen wollen, gehen Sie wie folgt vor:

1 Erstellen oder aktivieren Sie eine Arbeitsmappe, die Sie als Mustervorlage verwenden wollen. Die Arbeitsmappe darf nur ein einziges Blatt, ein Diagrammblatt, enthalten.

2 Formatieren und gestalten Sie dieses Blatt so, wie neue Diagrammblätter schon bei der Anlage aussehen sollen.

3 Wählen Sie **Datei → Speichern unter**. Wechseln Sie auf den Dateityp **Mustervorlage**. Suchen Sie den Startordner von Excel unter diesem Pfad:

`C:\Programme\Microsoft Office\Office11\XLSTART`

4 Geben Sie als Dateiname DIAGRAMM.XLS ein und speichern Sie die Arbeitsmappe ab. ∎

Eigene, selbst gestaltete Diagrammblätter können ebenfalls als Mustervorlagen für neue Diagrammblätter hinterlegt werden. Die Mustervorlage eines Diagramms speichert zwar alle Formatierungen, Beschriftungen, freien Texte etc., nicht aber die Bezüge zur Tabelle. Wenn Sie eine Mustervorlage laden, übernimmt diese automatisch die Bezüge aus der aktuellen Markierung und stellt sie als Diagramm in der Vorzugsform dar, die in der Mustervorlage festgehalten ist. Sind in der Tabelle keine Daten markiert, wird das Diagrammfenster mit einer Kopie der Mustervorlage leer geöffnet; viele Formatierungen erscheinen erst, wenn das Fenster mit einem Diagramm bestückt wird.

6 Zusammenfassung

Mit den Uralt-Standards von Excel werden Sie keine Lorbeeren mehr ernten. Vermeiden Sie die Vorgaben von Excel, gönnen Sie Ihren Diagrammen ein Facelifting.

Starten Sie eine Initiative, um neue Standards für Diagramme und Diagrammgestaltung zu etablieren. Jedes Diagramm sollte auf diesen Standard ausgerichtet sein, technisch schaffen Sie die Voraussetzungen dafür, indem Sie entsprechend präparierte Mustervorlagen hinterlegen.

Definieren Sie diesen Standard auch für die Informationsübermittlung. Das Diagramm sollte eine Botschaft haben, keine überflüssigen Elemente aufweisen und nicht überladen sein.

Der Erfolg wird sich einstellen, Ihre Präsentationen werden klarer und in der Führungsebene werden Ihre Berichte auch wieder gelesen.

Perfekt präsentieren mit dynamischen Diagrammen

Isolde Kommer, Großerlach

Excel-Diagramme sind von „Natur aus" dynamisch: Bei Änderungen in der Datentabelle werden die Diagramme sofort angepasst. Bei vielen betrieblichen Problemstellungen sind jedoch auch darüber hinausgehende dynamische Anpassungen von Vorteil.

In diesem Beitrag stellen wir Ihnen daher zwei dynamische Diagramme vor, mit deren Hilfe Sie Daten professionell und übersichtlich darstellen können:

- **„Wachsendes Diagramm"**, das sich ohne jeden Benutzereingriff hinzugefügten Daten anpasst.
- **Interaktive Auswahl** der angezeigten Datenreihen.

Die Beispieldateien **WachsendesDiagramm.xls** und **Auswahldiagramm.xls** finden Sie zusammen mit diesem Beitrag auf der CD unter der Rubrik **Perfekt Präsentieren**.

1 Ein Diagramm, das automatisch „mitwächst"

Wer kennt nicht dieses Problem? Mühsam haben Sie ein ausgefeiltes Diagramm für Ihre Daten erstellt. Doch am Quartalsende kommen neue Daten hinzu, die ebenfalls mit in das Diagramm aufgenommen werden müssen. Was tun? Lesen Sie hier, wie Sie Ihr Diagramm manuell oder noch besser automatisch den neuen Daten anpassen können.

1.1 Vorbereitungen

Zunächst erstellen wir ein Diagramm aus einem Datenbereich, dessen Umfang variabel sein soll.

1 Legen Sie ein neues Arbeitsblatt an, dem Sie den Namen **Wachsendes Diagramm** geben.

2 Geben Sie die Beispieldaten gemäß der folgenden Abbildung ein (s. Abb. 1). ■

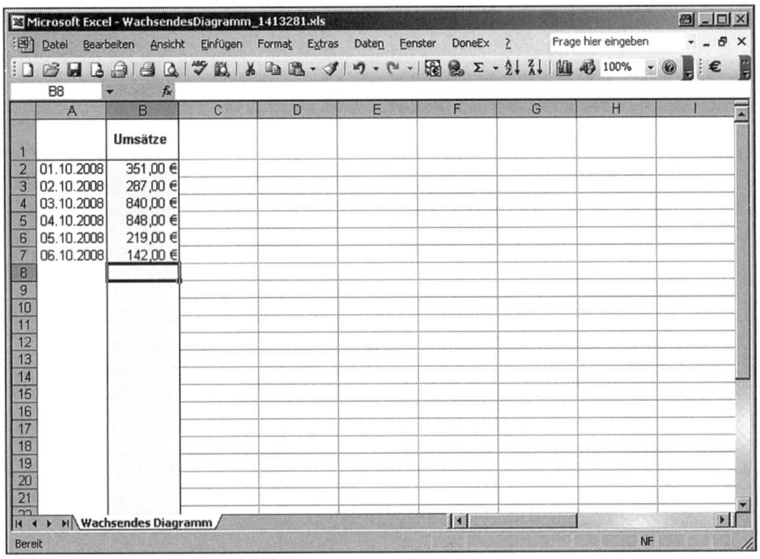

Abb. 1: Geben Sie ein paar Beispieldaten ein.

III. Perfekt Präsentieren

Erstellen Sie nun eine passende Visualisierung, beispielsweise ein Säulen- oder Liniendiagramm:

1 Starten Sie den **Diagramm-Assistenten** über die entsprechende Schaltfläche in der Symbolleiste **Standard**.

 Abb. 2: Diagramm-Assistent

2 In Schritt 1 wählen Sie als **Diagrammtyp** das **Säulen-** oder **Liniendiagramm**.

 Abb. 3: Liniendiagramm

3 Klicken Sie auf **Weiter**.

4 In Schritt 2 des Diagramm-Assistenten klicken Sie in das Feld **Datenbereich**.

5 Falls Excel den korrekten Datenbereich hier nicht automatisch gefunden und eingetragen hat, wählen Sie mit gedrückter Maustaste im Arbeitsblatt die Zellen **A1:B7**.

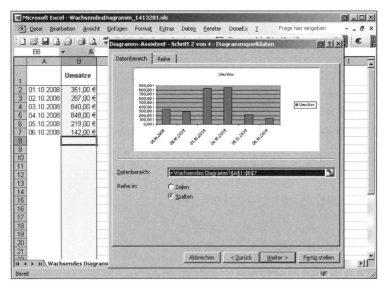

Abb. 4: Wählen Sie in Schritt 2 des Diagramm-Assistenten den gewünschten Bereich mit gedrückter Maustaste aus.

6 Klicken Sie auf **Weiter** und geben Sie die gewünschten Formatierungsoptionen für Ihr Diagramm an.

7 Bestätigen Sie erneut mit **Weiter**. Im letzten Schritt des Assistenten aktivieren Sie das Optionsfeld **Als Objekt in**, damit das Diagramm im aktuellen Arbeitsblatt angezeigt wird.

8 Bestätigen Sie mit **Fertig stellen**, um das Diagramm in das Arbeitsblatt einzufügen.

Fügen Sie der Datentabelle nun am Ende Daten hinzu: Es ändert sich nichts (s. Abb. 5).

Perfekt präsentieren mit dynamischen Diagrammen

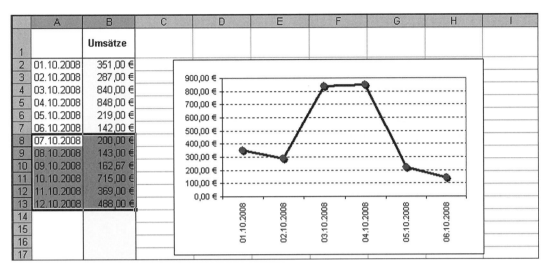

Abb. 5: Im Bereich A8:B12 wurden neue Daten eingefügt – die Diagrammdarstellung ändert sich nicht.

1.2 Das Diagramm manuell anpassen

Um das Diagramm den geänderten Daten anzupassen, könnten Sie es nun anklicken und anschließend die blau bzw. violett markierten Bereiche für die Datenreihe und die Beschriftungen in der Datentabelle mit gedrückter Maustaste nach unten ziehen, bis alle Daten, die Sie visualisieren möchten, in diesen Markierungen eingeschlossen sind (s. Abb. 6).

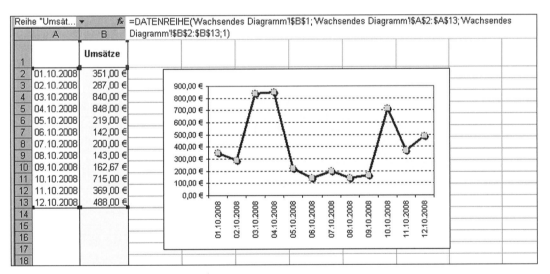

Abb. 6: Das Diagramm wurde markiert und die Rahmen für Datenreihe und Beschriftungen wurden mit gedrückter Maustaste nach unten gezogen, sodass sie alle zu visualisierenden Daten einschließen.

1.3 Die dynamische Lösung

Besonders komfortabel ist diese Vorgehensweise nicht; zu schnell vergisst man einmal die manuelle Aktualisierung! Aus diesem Grund werden wir nun dafür sorgen, dass sich das Diagramm der veränderten Datentabelle automatisch anpasst.

1 Heben Sie die Markierung des Diagramms auf, indem Sie in die Tabelle klicken.

2 Wählen Sie den Befehl **Einfügen** → **Namen** → **Definieren**.

3 Im angezeigten Dialogfeld geben Sie als Name **Werte** ein.

4 In das Feld **Bezieht sich auf** tippen Sie folgende Zeile (s. Abb. 7):

`=BEREICH.VERSCHIEBEN('Wachsendes Diagramm'!$B$1;1;0;ANZAHL2('Wachsendes Diagramm'!$B:$B)-1;1)`

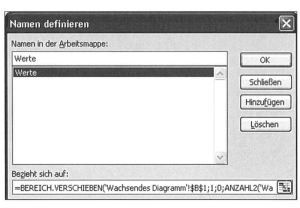

Abb. 7: Legen Sie den Namen Werte an.

> **HINWEIS**
>
> Die Funktion **BEREICH.VERSCHIEBEN** dient dazu, einen Bezug zu erstellen, der gegenüber dem angegebenen Bezug versetzt ist.
>
> Hier die Syntax:
>
> `=BEREICH.VERSCHIEBEN(Bezug;Zeilen;Spalten;Höhe;Breite)`
>
> - **Bezug** ist der Ausgangspunkt des Verschiebevorgangs.
> - **Zeilen** ist die Anzahl der Zeilen, um die Sie die obere linke Eckzelle des Bereichs nach oben oder nach unten verschieben möchten.
> - **Spalten** ist die Anzahl der Spalten, um die Sie die obere linke Eckzelle des Bereichs nach links oder nach rechts verschieben möchten.
> - Das optionale Argument **Höhe** ist die Höhe des neuen Bezugs in Zeilen.
> - **Breite** ist die Breite des neuen Bezugs.
>
> Mit der hier eingesetzten Funktion erstellen Sie demnach einen Bereich, der eine Spalte breit ist und der Anzahl von Einträgen in der Spalte **B** entspricht. Allerdings müssen Sie **1** abziehen (-1), um den Spaltenkopf auszuschließen.

5 Klicken Sie nun auf **Hinzufügen**, um den Namen zu erstellen.

6 Legen Sie auf die gleiche Weise einen weiteren Namen **Beschriftungen** an.

7 Hier geben Sie in das Feld **Bezieht sich auf** Folgendes ein (s. Abb. 8):

`=BEREICH.VERSCHIEBEN(wachsendesDiagramm.xls!Werte;0;-1)`

Damit erstellen Sie einen Bereich, der sich eine Spalte links vom Bereich **Werte** befindet. ∎

Perfekt präsentieren mit dynamischen Diagrammen

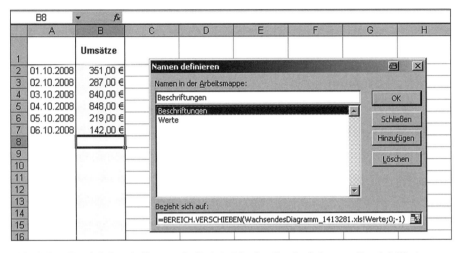

Abb. 8: Der Bereich Beschriftungen befindet sich eine Spalte links vom Bereich Werte.

Das war es schon beinahe!

1.4 Die Diagramm-Datenquelle ändern

Ändern Sie jetzt noch die Datenquelle des Diagramms:

1 Markieren Sie im Diagramm die Datenreihe mit einem Klick.

2 Klicken Sie in die Bearbeitungszeile unterhalb der Symbolleisten.

3 Ersetzen Sie die Zellverweise durch die soeben erstellten benannten Bereiche (s. Abb. 9):

=DATENREIHE('Wachsendes Diagramm'!$B$1; wachsendesDiagramm.xls!Beschriftungen;wachsendesDiagramm.xls!Werte;1) ∎

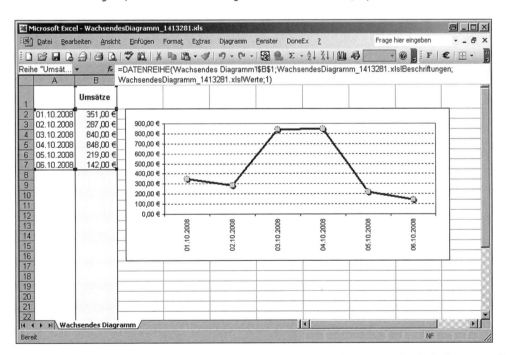

Abb. 9: In der Bearbeitungsleiste ersetzen Sie die Zellverweise des Diagramms durch die benannten Bereiche.

III. Perfekt Präsentieren

1.5 Test

Testen Sie das Diagramm: Erweitern Sie Ihre Datentabelle nach unten – Sie sehen, wie sich das Diagramm automatisch entsprechend ändert (s. Abb. 10).

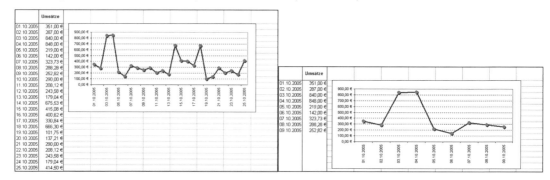

Abb. 10: Von nun an ist es gleichgültig, wie viele Daten Sie eingeben – das Diagramm ändert sich automatisch.

2 Interaktive Datenreihen

Das zweite Beispiel in diesem Beitrag zeigt, wie der Benutzer die angezeigten Datenreihen selbst auswählen kann. Interessant ist diese Lösung zum Beispiel bei einem Diagramm mit sehr vielen Datenreihen, bei dem die Übersichtlichkeit und der direkte Vergleich schnell verloren gehen können.

2.1 Vorbereitungen

Geben Sie wieder die Beispieldaten gemäß der folgenden Abbildung ein (s. Abb. 11).

	A	B	C	D
1	Umsätze 1. bis 15. September 2008			
2				
3		☑ Anzeigen	☑ Anzeigen	☑ Anzeigen
4				
5		Meyerling	Schlosser	Scheuer
6	01.09.2008	71	810	549
7	02.09.2008	287	410	533
8	03.09.2008	840	951	106
9	04.09.2008	848	779	710
10	05.09.2008	219	553	887
11	06.09.2008	142	634	112
12	07.09.2008	186	898	161
13	08.09.2008	294	328	362
14	09.09.2008	998	621	244
15	10.09.2008	60	402	744
16	11.09.2008	211	336	461
17	12.09.2008	239	142	450
18	13.09.2008	705	870	103
19	14.09.2008	583	668	753
20	15.09.2008	752	534	316

Abb. 11: Füllen Sie den Bereich A5:D20 mit den abgebildeten Daten.

Außerdem benötigen Sie die Symbolleiste **Formular**, da zur Verwirklichung dieses Vorhabens Kontrollkästchen vorhanden sein müssen. Sie blenden diese Symbolleiste über den Befehl **Ansicht → Symbolleisten → Formular** ein (s. Abb. 12).

Abb. 12: Für das folgende Beispiel benötigen Sie die Symbolleiste Formular.

2.2 Die Kontrollkästchen zeichnen

Zeichnen Sie nun über jede Umsatz-Spalte ein Kontrollkästchen.

1 Klicken Sie in der Symbolleiste **Formular** auf das Symbol **Kontrollkästchen**.

2 Klicken Sie über die erste Spalte, um das Kontrollkästchen in der Standardgröße zu erstellen.

3 Verfahren Sie analog mit den Kontrollkästchen für die anderen beiden Spalten.

4 Klicken Sie die Kontrollkästchen nacheinander mit der rechten Maustaste an und wählen Sie jeweils aus dem Kontextmenü den Befehl **Text bearbeiten**.

5 Überschreiben Sie den Standardnamen **Kontrollkästchen** # mit **Anzeigen**.

6 Um den Textbearbeitungsmodus zu verlassen, klicken Sie jeweils an eine beliebige Stelle außerhalb der Kontrollkästchenbegrenzungen. ∎

Wahrscheinlich sind Ihre Kontrollkästchen noch nicht sauber angeordnet. Am besten verwenden Sie für diese Aufgabe die Symbolleiste **Zeichnen**, die Sie über den Befehl **Ansicht → Symbolleisten → Zeichnen** einblenden (s. Abb. 13).

Abb. 13: Für die folgenden Arbeiten benötigen Sie die Symbolleiste Zeichnen.

1 Klicken Sie in der Symbolleiste **Zeichnen** auf die Schaltfläche **Objekte markieren**.

 Abb. 14: Objekte markieren

2 Nun können Sie die einzelnen Kontrollkästchen problemlos markieren und an die richtige Position ziehen (s. Abb. 15).

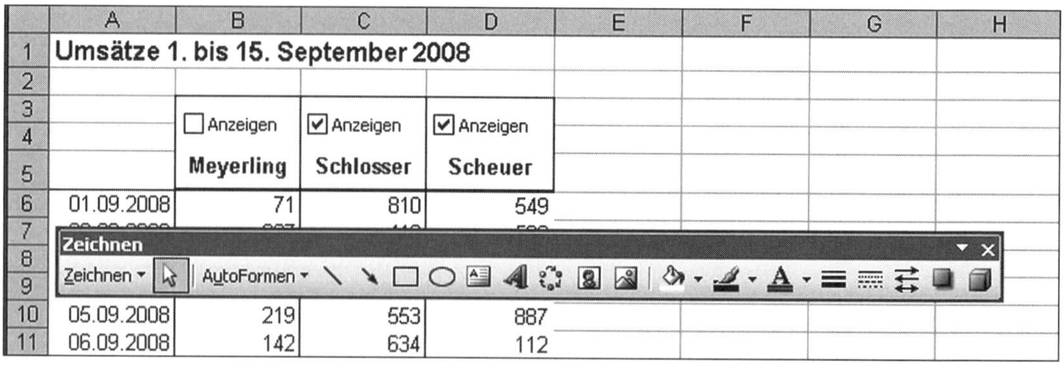

III. Perfekt Präsentieren

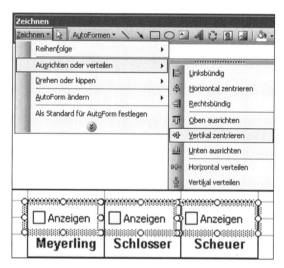

Abb. 15: Erst wenn Sie die Schaltfläche Objekte markieren in der Symbolleiste Zeichnen angeklickt haben, lassen sich die Formularelemente problemlos mit der linken Maustaste markieren.

3 Um sie exakt aneinander auszurichten, wählen Sie sie mit gedrückter **Shift**-Taste nacheinander aus, klicken auf die Schaltfläche **Zeichnen** und anschließend auf **Ausrichten oder verteilen**.

4 Aus dem Menü wählen Sie nun beispielsweise **Vertikal zentrieren**, um die Kontrollkästchen in der Waagerechten aneinander auszurichten (s. Abb. 16). ■

Abb. 16: Mit dem Befehl Vertikal zentrieren richten Sie die markierten Kontrollkästchen exakt in einer Reihe aus.

2.3 Die Funktionalität der Kontrollkästchen

Nach diesen Formatierungsarbeiten sorgen Sie für die Funktionalität der Kontrollkästchen.

1 Falls die Schaltfläche **Objekte markieren** in der Symbolleiste **Zeichnen** noch aktiviert ist, betätigen Sie die **Esc**-Taste, um diesen Modus zu beenden.

2 Klicken Sie das erste Kontrollkästchen mit der rechten Maustaste an und wählen Sie aus dem Kontextmenü den Befehl **Steuerelement formatieren**.

3 Im folgenden Dialogfeld zeigen Sie das Register **Steuerung** an.

4 Geben Sie hier eine Zellverknüpfung an; für unser Beispiel wählen wir **$B$2** (s. Abb. 17).

Perfekt präsentieren mit dynamischen Diagrammen

Abb. 17: Geben Sie als Zellverknüpfung für das linke Kontrollkästchen **$B$2** an.

5 Bestätigen Sie mit **OK**.

6 Für das mittlere Kontrollkästchen geben Sie als Verknüpfung **$C$2**, für das rechte **$D$2** an. ∎

Suchen Sie sich nun einen Parallel-Zellbereich zur Datentabelle in **B5:D20** aus – im Beispiel verwenden wir **E5:G20**.

1 In **E5** geben Sie die folgende Formel ein:

=WENN(B$2;B5;"")

> **HINWEIS**
>
> Mit der Funktion WENN führen Sie eine Wahrheitsprüfung durch. Die Syntax der Funktion:
>
> WENN(Prüfung;Dann_Wert;Sonst_Wert)
>
> Die Prüfung kann entweder WAHR oder FALSCH sein. **Dann_Wert** wird zurückgegeben, wenn der Parameter Prüfung **WAHR** ist. **Sonst_Wert** wird zurückgegeben, wenn der Parameter Prüfung **FALSCH** ist.

2 Ziehen Sie das schwarze Quadrat in der rechten unteren Ecke der Zelle **E5** mit gedrückter Maustaste bis zur Zelle **G5**. Damit füllen Sie auch die Zellen **F5** und **G5** mit der (entsprechend angepassten) Formel.

3 In die Zelle **E6** geben Sie die folgende Formel ein:

=WENN(B$2;B6;NV())

4 Auch diese Formel kopieren Sie, indem Sie das Ausfüllkästchen in der rechten unteren Ecke der Zelle **E6** mit gedrückter Maustaste bis zur Zelle **G6** ziehen.

5 Lassen Sie die Maustaste los (die Zellen aber weiterhin markiert) und ziehen Sie nun mit gedrückter Maustaste bis zur Zelle **G20**. ∎

III. Perfekt Präsentieren

Das Arbeitsblatt ist damit bereit für einen ersten Test:

1 Klicken Sie die Kontrollkästchen nacheinander an.

2 Die Spalten der aktivierten Kontrollkästchen in der Paralleltabelle werden jeweils mit den Zahlen aus der Ursprungstabelle gefüllt. Wenn ein Kontrollkästchen aktiviert ist, wird die entsprechende Zelle im Bereich **B2:D2** WAHR – die Formel gibt die Daten vom Originalbereich zurück. Wenn das Kontrollkästchen deaktiviert ist, wird die entsprechende Zelle im Bereich **B2:D2** FALSCH – der jeweilige Spaltenkopf in der Paralleltabelle bleibt leer und in der Spalte wird **#NV** angezeigt. **#NV** bedeutet, dass kein Wert verfügbar ist.

3 Gleichzeitig zeigt Excel in den Spalten **B2:D2** jeweils entweder WAHR oder FALSCH an (s. Abb. 18). ■

	A	B	C	D	E	F	G	H
1	Umsätze 1. bis 15. September 2008							
2								
3		☑ Anzeigen	☐ Anzeigen	☑ Anzeigen				
4								
5		Meyerling	Schlosser	Scheuer	Meyerling		Scheuer	
6	01.09.2008	71	810	549	71	#NV	549	
7	02.09.2008	287	410	533	287	#NV	533	
8	03.09.2008	840	951	106	840	#NV	106	
9	04.09.2008	848	779	710	848	#NV	710	
10	05.09.2008	219	553	887	219	#NV	887	
11	06.09.2008	142	634	112	142	#NV	112	
12	07.09.2008	186	898	161	186	#NV	161	
13	08.09.2008	294	328	362	294	#NV	362	
14	09.09.2008	998	621	244	998	#NV	244	
15	10.09.2008	60	402	744	60	#NV	744	
16	11.09.2008	211	336	461	211	#NV	461	
17	12.09.2008	239	142	450	239	#NV	450	
18	13.09.2008	705	870	103	705	#NV	103	
19	14.09.2008	583	668	753	583	#NV	753	
20	15.09.2008	752	534	316	752	#NV	316	

Abb. 18: Über die Kontrollkästchen werden die Einträge in der Paralleltabelle gesteuert.

2.4 Das Diagramm erstellen

Erstellen Sie jetzt das Diagramm – ein beinahe magisch wirkender Vorgang!

1 Klicken Sie in der Symbolleiste **Standard** auf die Schaltfläche **Diagramm-Assistent**.

Abb. 19: Diagramm-Assistent

2 Wählen Sie das Säulen- oder Liniendiagramm und klicken Sie auf **Weiter**.

3 In Schritt 2 des Diagramm-Assistenten klicken Sie in das Feld **Datenbereich**.

4 Ziehen Sie mit gedrückter Maustaste von **A5:A20**.

5 Halten Sie die **Strg**-Taste gedrückt und ziehen Sie nun von **E5:G20** (s. Abb. 20).

Perfekt präsentieren mit dynamischen Diagrammen

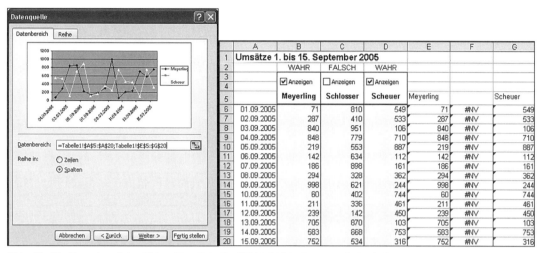

Abb. 20: Als Datenbereich wählen Sie =Tabelle1!$A$5:$A$20;Tabelle1!$E$5:$G$20 (Tabelle1 ist der Name des aktuellen Arbeitsblattes).

6 Bestätigen Sie mit **Weiter**.

7 Stellen Sie das Diagramm fertig. ■

Testen Sie das Diagramm: Durch Klicks auf die Kontrollkästchen steuern Sie nun, welche Daten visualisiert werden, nämlich nur diejenigen, deren Kontrollkästchen Sie aktiviert haben (s. Abb. 21 und 22).

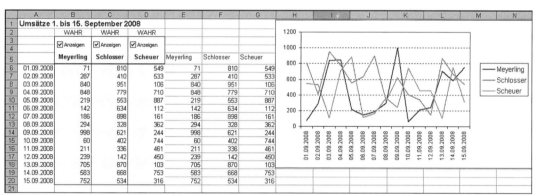

Abb. 21: Alle Kontrollkästchen sind aktiviert; die Umsätze der drei Vertriebsmitarbeiter werden visualisiert.

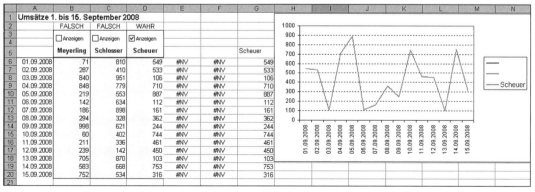

Abb. 22: Nur das Kontrollkästchen für den Mitarbeiter Scheuer ist aktiviert und dementsprechend wird nur der Umsatz dieses Mitarbeiters im Diagramm dargestellt.

2.5 Letzte Formatierungsarbeiten

Um den Benutzer Ihrer fertigen Visualisierung (s. Abb. 23) nicht zu irritieren, blenden Sie einige Zellen aus.

1 Wählen Sie die Zellen **B2:D2** aus.

2 In der Symbolleiste **Format** klicken Sie auf den Pfeil neben der Schaltfläche **Schriftfarbe**.

3 Wählen Sie **Weiß** als Schriftfarbe.

4 Wiederholen Sie diesen Vorgang für die Zellen **E5:G20**. ∎

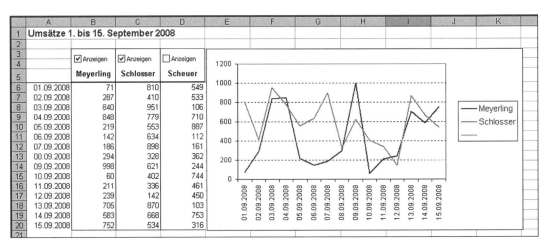

Abb. 23: Die fertige Lösung

3 Zusammenfassung

Dynamische Diagramme sind eine sehr wirkungsvolle Hilfe für die professionelle und übersichtliche Darstellung von Daten. Excel unterstützt Sie dabei mit folgenden Techniken:

„Mitwachsende" **Diagramme** mit Hilfe von BEREICH.VERSCHIEBEN:

Syntax: BEREICH.VERSCHIEBEN(Bezug;Zeilen;Spalten;Höhe;Breite)

- Bezug ist der Ausgangspunkt des Verschiebevorgangs.
- Zeilen ist die Anzahl der Zeilen, um die Sie die obere linke Eckzelle des Bereichs nach oben oder nach unten verschieben möchten.
- Spalten ist die Anzahl der Spalten, um die Sie die obere linke Eckzelle des Bereichs nach links oder nach rechts verschieben möchten.
- Das optionale Argument Höhe ist die Höhe, Breite ist die Breite des neuen Bezugs.

Interaktive Datenreihen:

- Kontrollkästchen für die Auswahl einfügen über **Ansicht** → **Symbolleisten** → **Formular** und über **Steuerelement formatieren** → im Register **Steuerung** eine **Zellverknüpfung** angeben mit WAHR/FALSCH-Ausgabe
- Originaldaten anschließend je nach Status des Kontrollkästchens mit Hilfe der Funktion WENN(Prüfung;Dann_Wert;Sonst_Wert) in eine Paralleltabelle kopieren.

Online: Professionelles Berichtswesen für Basel II

Reinhold Scheck, Berlin

Basel II verändert die Anforderungen an das Berichtswesen im Mittelstand. Insbesondere muss sichergestellt sein, dass alle von den Banken geforderten Daten zeitnah zur Verfügung gestellt werden können.

Ein flexibles und adressatenorientiertes Berichtswesen sollte daher nicht nur Schlagwort, sondern Standard sein. Darin steckt die Aufforderung, aus einer bestimmten Datenmenge sehr viele und sehr unterschiedlich gestaltete Berichte generieren zu können, sei es in Excel selbst oder mit der zusätzlichen Verwendung von Word und PowerPoint.

Viel Aufwand? Bei unsystematischer Vorgehensweise schon. Wir zeigen Ihnen exemplarisch, wie es besser geht: Ein Ansatz zur variablen Gestaltung von tabellarischen und diagrafischen Berichtsinhalten, schnell unter Excel erstellt, schnell in andere Programme wie Word oder Powerpoint übertragen.

> **HINWEIS**
> Sie finden diesen Fachartikel sowie die Musterlösung auf der **Onlineversion** von Excel im Unternehmen unter **Premium-Tools** in der Kategorie **Unternehmensführung**.

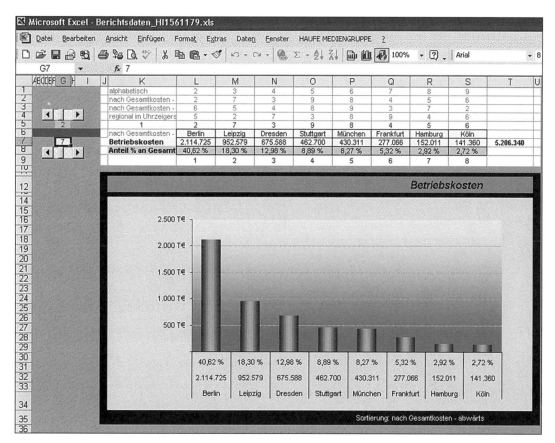

Abb. 1: Berichte mit variabler Diagrammgestaltung und dynamischem Export nach Word oder PowerPoint

Online: Unternehmens-Cockpit – Professionelle Instrumente für Ihr Controlling

Reinhold Scheck, Berlin

Eine Darstellung von Werten wird erheblich besser verstanden, wenn sie mit Bezugssystemen und Visualisierungen gekoppelt ist, die jedem Betrachter aus seinen alltäglichen Wahrnehmungen vertraut sind. Dies ist der zentrale Vorteil sog. **„Cockpit-Instrumente"** wie Tachometer, Regler oder Messlatten, deren Gemeinsamkeit bewegliche Zeiger bzw. Anzeigen sind.

Für den erfahrenen Excel-Anwender sind zahlreiche solcher dynamischen Modelle in Hunderten von Varianten herstellbar – ganz ohne fremde Hilfe. Denn dazu braucht es weder Programmierkenntnisse noch komplizierte Formelstrukturen. Ein kleiner Griff in die Trickkiste genügt.

Wir zeigen Ihnen hier, wie Sie auch als Einsteiger schnell zu überzeugenden und professionell wirkenden Lösungen für Ihr Unternehmens-Cockpit gelangen. Zugegeben – anfangs ist da wohl schon ein wenig Geduld und Freude am „Basteln" nötig. Nach einiger Übung aber können Sie sich und andere mit dynamischen und flexiblen Modellen beeindrucken, die relativ wenig Erstellungsaufwand erfordern, aber viel Eindruck machen.

> **HINWEIS**
>
> Den Fachbeitrag und die Musterlösung finden Sie auf der **Onlineversion** von Excel im Unternehmen unter **Premium-Tools** in der Kategorie **Unternehmensführung**.

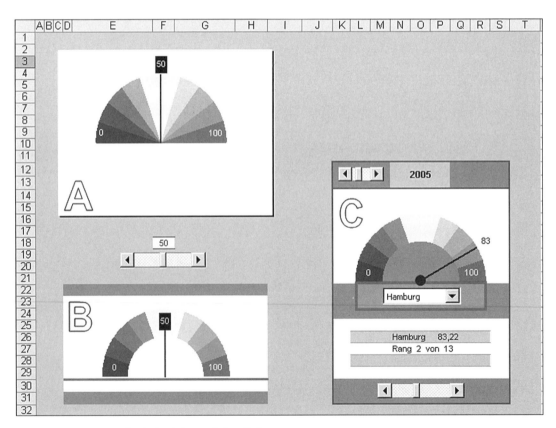

Abb. 1: Unternehmens-Cockpit mit beweglichen Zeigern

IV. Personalwesen

Gebraucht der Zeit, sie geht so schnell von hinnen,
Doch Ordnung lehrt Euch Zeit gewinnen.

JOHANN WOLFGANG VON GOETHE
Deutscher Dichter
28.8.1749 – 22.3.1832

Das Rechnen mit Datums- und Zeitwerten sowie die Anwendung der Datumsfunktionen gehört mit zu den häufigsten Schwierigkeiten beim betrieblichen Excel-Einsatz. Dies zeigen zahlreiche Anfragen bei unserer Excel-Hotline.

Grundlegende Kenntnisse im Umgang mit Zeitberechnungen sind in vielen betrieblichen Situationen notwendig. Die korrekte Berechnung von Fertigstellungsterminen und Zahlungszielen oder – wie in unseren Musterlösungen – die **Erfassung** und Planung der **Arbeitszeit** und der **Abwesenheitszeiten** sind ohne ein Verständnis für Datums- und Zeitwerte nicht möglich.

Schwierigkeiten ergeben sich zum Beispiel, wenn Sie mit mehr als 24 Stunden rechnen wollen oder wenn Sie in einer Zelle, in die Sie zuvor ein Datum eingetragen haben, eine Dezimalzahl sehen möchten. Wie Sie diese Probleme lösen, zeigen wir Ihnen ebenso wie den Einsatz der wichtigsten Datums- und Zeitfunktionen.

Datumsfunktionen werden in der Praxis zur Ermittlung, Glättung und Weiterverrechnung von Zeitwerten eingesetzt. Werden beispielsweise in der Praxis bei der Berechnung von Überstunden nur komplette Stunden berücksichtigt, kümmert sich STUNDE() darum, dass alle Minuten automatisch vom Zeitkonto gestrichen werden.

Oft sind es nur Kleinigkeiten oder einige Mausklicks, die – gewusst wie – Ihre Probleme schnell lösen. Mit dem in diesem Abschnitt vermittelten Know-how werden Sie künftig in der Lage sein, Berechnungen rund um Datumsangaben und Uhrzeiten schnell und sicher durchzuführen.

Viele weitere Tools zu diesem Thema finden Sie online unter **www.redmark.de/excel**.

Aus dem Inhalt:

- Formeln & Funktionen: Mit Zeiten und Datum rechnen
- Arbeitszeitplanung und -erfassung
- Urlaubsplaner
- Online: Abrechnung von geringfügig Beschäftigten
- Online: Personalplanung und -auswahl

Die wichtigsten Datumsfunktionen in Excel

Bernd Held, Stuttgart

Das Rechnen mit Datums- und Zeitwerten sowie die Anwendung der Datumsfunktionen gehört zu den häufigsten Anfragen bei unserer Excel-Hotline. Wir stellen Ihnen daher in diesem Artikel anhand Problemstellungen aus der betrieblichen Praxis vor, wie Excel Zeitwerte interpretiert und welche Datumsfunktionen Sie wann und wie einsetzen können. Folgende Fragen aus den verschiedensten Bereichen werden unter anderem dabei beantwortet:

- Projektzeiten richtig summieren
- Die zur Verfügung stehenden Arbeitstage für ein Projekt ermitteln
- Produktionsfertigstellungstermine errechnen
- Texte in gültige Datumswerte wandeln
- Fälligkeitstermine errechnen
- Schnellere Datenerfassung im Lager durchführen
- An welchem Tag genau ist der Zahlungslauf am Monatsende?
- Bestimmte Wochentage (Wochenenden) im Kalender hervorheben
- Eine Mitarbeiterliste nach Geburtsmonat/-tag sortieren
- Unterschiedliche Stundensätze werktags und am Wochenende berechnen

> **HINWEIS**
> Die im Artikel vorgestellten Beispiele finden Sie in der Datei **DATUM.XLS**.

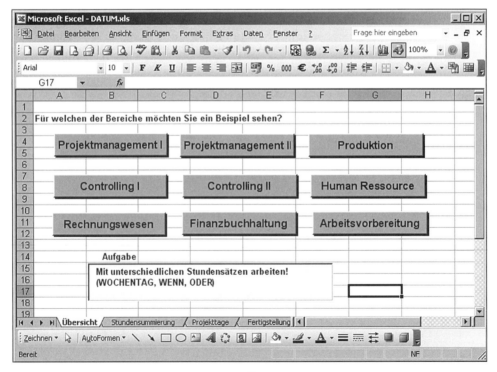

Abb. 1: Die Datumsfunktionen in der praktischen Übersicht

1 Allgemeines zur Datums- und Zeitberechnung in Excel

Das Tabellenkalkulationsprogramm Microsoft Excel interpretiert Datumswerte intern als Zahlenwerte. Die Zeitzählung beginnt bei Excel standardmäßig am 01.01.1900. Dieses Datum entspricht der Zahl 1. Wenn Sie zum Beispiel das Datum 07.02.2005 eingeben und diese Zelle dann mit dem Format **Standard** belegen, so liefert Ihnen dieses Datum die Zahl 38390.

Vielleicht haben Sie auch schon einmal folgende Erfahrung gemacht: Sie subtrahieren zwei Datumswerte voneinander und als Ergebnis werden in der Zelle anstatt des Ergebnisses nur Lattenzäune (####) ausgegeben. Egal wie breit Sie die Spalte dann vergrößern, jeweils die gesamte Zelle wird dann mit Lattenzäunen aufgefüllt. Stoßen Sie auf dieses Problem, dann gehen Sie wie folgt vor:

1. Wählen Sie aus dem Menü **Extras** den Befehl **Optionen**.
2. Wechseln Sie auf die Registerkarte **Berechnung**.
3. Aktivieren Sie das Kontrollkästchen **1904-Datumswerte**.
4. Bestätigen Sie diese Einstellung mit **OK**. ∎

Excel bietet hier also ein weiteres Datumssystem an. Diese Variante erlaubt es auch, mit negativen Zeiten zu rechnen. Sie müssen sich allerdings für ein Datumssystem entscheiden. Entnehmen Sie der folgenden Tabelle die wichtigsten Datumsfunktionen von Excel.

Funktion	Kurzbeschreibung
ARBEITSTAG	Gibt das Datum zurück, das vor oder nach der angegebenen Anzahl von Arbeitstagen liegt.
DATUM	Liefert die fortlaufende Zahl eines bestimmten Datums.
DATWERT	Wandelt ein als Text vorliegendes Datum in eine fortlaufende Zahl um.
EDATUM	Gibt das Datum zurück, das die angegebene Anzahl von Monaten vor oder nach dem Startdatum darstellt.
HEUTE	Gibt das aktuelle Tagesdatum zurück.
JAHR	Extrahiert den Jahresanteil aus einer Datumsangabe.
JETZT	Gibt das aktuelle Datum und die aktuelle Uhrzeit zurück.
MONAT	Extrahiert den Monatsanteil aus einer Datumsangabe.
MONATSENDE	Gibt den letzten Tag eines Monats zurück.
NETTOARBEITSTAGE	Gibt die Anzahl von ganzen Arbeitstagen zwischen zwei Datumsangaben zurück.
TAG	Extrahiert den Tagesanteil aus einer Datumseingabe.
WOCHENTAG	Wandelt eine fortlaufende Zahl in einen Wochentag um.

Tab. 1: Die wichtigsten Datumsfunktionen von Excel im Überblick

2 Projektzeiten über 24 Stunden fehlerfrei summieren

In unserem ersten Beispiel liegt eine Projektliste wie in Abb. 2 gezeigt vor, bei der die einzelnen Projektschritte mit den dafür benötigten Zeiten aufgelistet werden. Am Ende soll die Gesamtdauer des Projekts in Stunden über die Tabellenfunktion **SUMME** ermittelt werden.

IV. Personalwesen

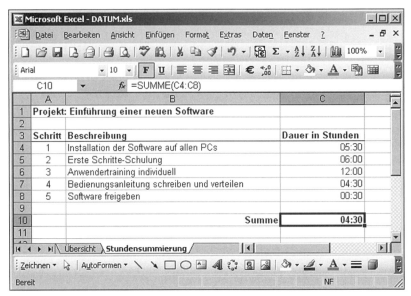

Abb. 2: Das Summieren von Stunden liefert ein falsches Ergebnis.

Wie Sie sehen, rechnet Excel hier die Summe der Stunden nicht richtig zusammen. Bei der Standardeinstellung diesbezüglich reagiert Excel so, dass es immer, wenn 24 Stunden voll sind, wieder von vorne anfängt. Um dieses Verhalten abzustellen und das richtige Ergebnis zu ermitteln, verfahren Sie wie folgt:

1 Wählen Sie die Ergebniszelle aus **C10** aus.

2 Drücken Sie die Tastenkombination **Strg** + **1**, um den Dialog **Zellen formatieren** aufzurufen.

3 Wechseln Sie auf die Registerkarte **Zahlen**.

4 Klicken Sie im Listenfeld **Kategorie** auf den Eintrag **Benutzerdefiniert**.

5 Geben Sie im Feld **Typ** das Format **[hh]:mm** ein.

6 Bestätigen Sie mit **OK**. ∎

Abb. 3: Excel zeigt jetzt das richtige Ergebnis an.

3 Die zur Verfügung stehenden Arbeitstage für ein Projekt ermitteln

In der folgenden Praxisaufgaben sollen die zur Verfügung stehenden Arbeitstage für ein Projekt ermittelt werden. Dabei sollen arbeitsfreie Tage wie Samstage, Sonntage und Ferien nicht mit berücksichtigt werden. Um diese Aufgabe zu lösen, setzen Sie die Tabellenfunktion **NETTOARBEITSTAGE** ein. Um diese Funktion nützen zu können, müssen Sie das Add-In **Analyse-Funktionen** über das Menü **Extras** → **Add-Ins** (ab Excel 2002) einbinden. In vorherigen Versionen lautet der Befehl **Extras** → **Add-Ins-Manager**.

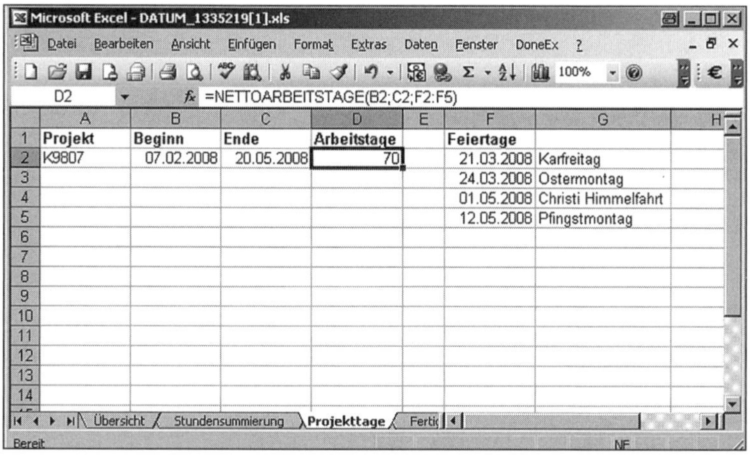

Abb. 4: Arbeitstage zwischen zwei Terminen berechnen

Die Funktion **NETTOARBEITSTAGE** liefert Ihnen hier die Anzahl der Arbeitstage in dem Zeitintervall **B2** bis **C2**. Nicht zu den Arbeitstagen gezählt werden Wochenenden sowie die Tage, die als Ferien (Feiertage) angegeben sind. In unserem Beispiel sind die Feiertage im Bereich **F2:F5** verzeichnet.

4 Produktionsfertigstellungstermine errechnen

Im folgenden Beispiel wird auf Basis eines Startdatums **(A2)** sowie der Dauer einer Produktion **(B2)** das Enddatum für das Fertigen eines Produktes errechnet. Auch bei dieser Aufgabe werden Sonn- und Feiertage **(E2:E3)** berücksichtigt. Sehen Sie sich dazu die Abb. 5 an.

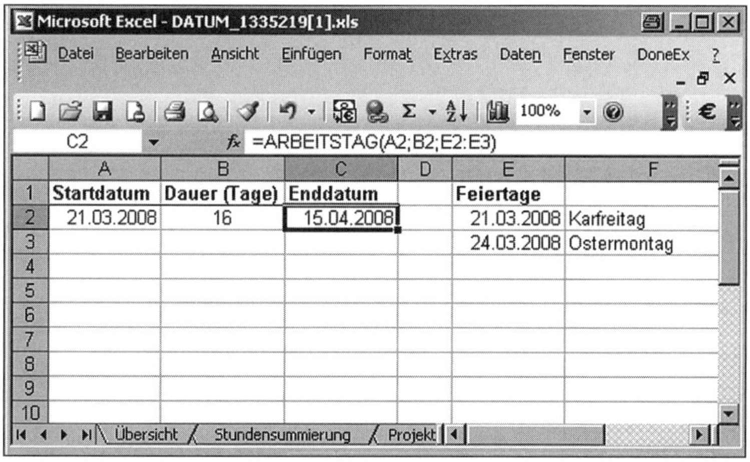

Abb. 5: Sonn- und Feiertage werden berücksichtigt.

Die Funktion **ARBEITSTAGE** aus dem Add-In **Analyse-Funktionen** berechnet den Endtermin, der nach bzw. vor einer angegebenen Anzahl von Arbeitstagen liegt.

5 Texte in gültige Datumswerte wandeln

Mit der folgenden Aufgabenstellung haben Sie immer dann zu kämpfen, wenn Sie Daten aus fremden Systemen verarbeiten müssen. Nicht selten werden dabei Datumsangaben nicht richtig erkannt. Wenn Sie beispielsweise eine Tabelle mit zahlreichen Datumswerten haben, die als Texte interpretiert werden und welche Sie in ein gültiges Datumsformat umwandeln möchten, dann zerlegen Sie die Datumswerte in einzelne Stücke und bauen Sie zu einem gültigen Datum wieder zusammen.

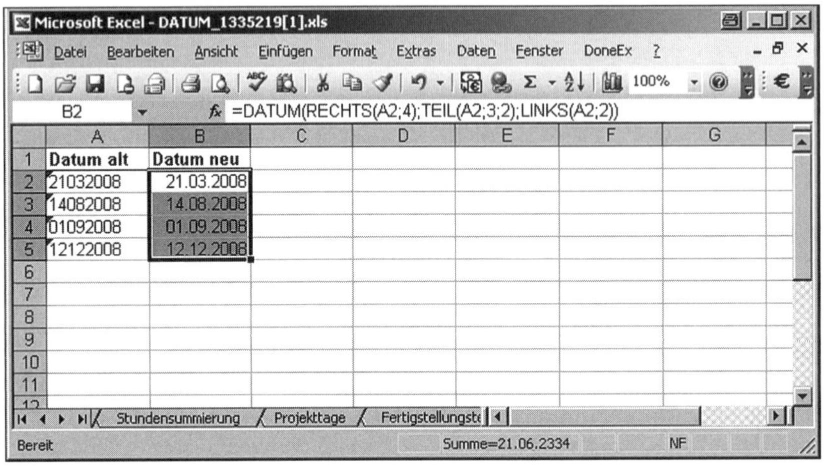

Abb. 6: Datumsangaben richtig interpretieren

Die Funktion **DATUM** erwartet drei Argumente (Jahr, Monat, Tag). Mit der Tabellenfunktion **RECHTS** separieren Sie aus dem Text in Spalte **A** das Jahr. Dabei geben Sie an, dass genau vier Zeichen als Jahreszahl übertragen werden sollen. Um den Monat aus dem Text herauszufiltern, setzen Sie die Tabellenfunktion **TEIL** ein. Bei dieser Funktion müssen Sie die Startposition (3) angeben, ab der Zeichen übertragen werden sollen. Außerdem geben Sie zusätzlich noch die Anzahl der Zeichen (2) an, die als Monat übertragen werden sollen. Für die letzte Information, den Tag, greifen Sie auf die Funktion **LINKS** zurück. Diese Funktion gibt Ihnen eine bestimmte Anzahl (2) Zeichen beginnend vom linken Rand der Zelle zurück.

6 Fälligkeitstermine errechnen

Wenn Sie Fälligkeitstermine oder Zahlungstermine ermitteln möchten, setzen Sie die Funktion **EDATUM** aus dem **Analyse-Add-In** ein. Diese Tabellenfunktion benötigt zwei Argumente. Im ersten Argument legen Sie das Startdatum fest, welches sich entweder aus einem Zellenbezug oder einem in Anführungsstrichen eingegebenen Datum zusammensetzt. Beim zweiten Argument geben Sie die Anzahl der Monate vor oder nach dem Startdatum an. Sehen Sie in der folgenden Tabelle ein paar typische Beispiele für diese Funktion.

Funktion	Erklärung	Ergebnis
=EDATUM("07.02.2008";3)	Fälligkeit drei Monate nach Startdatum	07.05.2008
=EDATUM("07.02.2008";-3)	Das Datum vor genau drei Monaten	07.11.2007
=EDATUM(HEUTE();6)	Das Datum nach genau sechs Monaten - (jeweils vom aktuellen Tagesdatum aus gehend)	Ergebnis ändert sich jeden Tag

7 Schnellere Datenerfassung im Lager durchführen

Der Ziffernblock auf der rechten Seite Ihrer Tastatur eignet sich hervorragend für das schnelle Eingeben von Zahlen. Wenn Sie mit Hilfe dieses Ziffernblocks auch Zeiten zügig eingeben möchten, ist es sehr umständlich, jedes Mal für den Doppelpunkt den Ziffernblock verlassen zu müssen und die Tastenkombination mit der Umschalttaste und der Punkttaste auf der normalen Tastatur zu drücken. Um den Ziffernblock zeittauglich zu machen, arbeiten Sie am besten mit einem benutzerdefinierten Format.

Ein benutzerdefiniertes Format kann Ihnen die Eingabe von bestimmten Einheiten, Kommas oder Punkten ersparen. Sie haben ebenso die Möglichkeit, den Doppelpunkt bei der Eingabe zu sparen, sodass Sie bei einer Zeiteingabe nur noch eine vierstellige Zahl eingeben müssen. Aus der Eingabe **1010** soll Excel dann automatisch **10:10 Uhr** machen. Dabei wenden Sie diese Formatierung am besten auf eine ganze Spalte an, indem Sie wie folgt vorgehen:

1 Klicken Sie auf den Spaltenkopf der Spalte, für die Sie das benutzerdefinierte Format anwenden möchten.

2 Drücken Sie die Tastenkombination **Strg + 1**, um den Dialog **Zellen formatieren** aufzurufen.

3 Wechseln Sie auf die Registerkarte **Zahlen**.

4 Klicken Sie im Listenfeld **Kategorie** auf den Eintrag **Benutzerdefiniert**.

5 Geben Sie im Feld Typ das **Format 00":"00 „Uhr"** ein.

6 Bestätigen Sie mit **OK**. ∎

8 An welchem Tag genau ist der Zahlungslauf am Monatsende?

Oft muss der letzte Tag eines Monats für Abrechnungen und Auszahlungen ermittelt werden. Dazu steht Ihnen die Funktion **MONATSENDE** aus dem **Analyse Add-In** zur Verfügung. Mit dieser Tabellenfunktion können Sie zum einen den letzten Tag des eingegebenen Datums ermitteln und sogar noch die letzten Tage der Vormonate bzw. der folgenden Monate ausgeben. Entnehmen Sie der folgenden Tabelle ein paar klassische Anwendungsmöglichkeiten.

Funktion	Erklärung	Ergebnis
=MONATSENDE("2.2.2008";0)	Das Argument 0 ermittelt den letzten Tag des Monats in Abhängigkeit des eingegebenen Datums.	28.02.2008
=MONATSENDE("2.2.2008";3)	Ausgehend vom eingegebenen Datum wirddas Monatsende nach genau drei Monaten ermittelt.	31.05.2008
=MONATSENDE("2.2.2008";-12)	Ausgehend vom eingegebenen Datum wird genau zwölf Monate in die Vergangenheit geschaut.	28.02.2007

9 Bestimmte Wochentage (Wochenenden) im Kalender hervorheben

In der folgenden Praxisaufgabe sollen die Wochenenden in einer Tabelle automatisch gekennzeichnet werden. Dazu wenden Sie die Funktion **WOCHENTAG** in Verbindung mit der **bedingten Formatierung** an. Die Funktion **WOCHENTAG** wandelt eine fortlaufende Zahl in einen Wochentag um. Der Tag wird standardmäßig als ganze Zahl ausgegeben, die einen Wert von 1 (Sonntag) bis 7 (Samstag) annehmen kann.

IV. Personalwesen

Um diese Aufgabe zu lösen, verfahren Sie wie folgt:

1 Markieren Sie den Bereich **A1:B14**.

2 Wählen Sie aus dem Menü **Format** den Befehl **Bedingte Formatierung**.

3 Stellen Sie im ersten Dropdown den Wert **Formel ist** ein.

4 Erfassen Sie wie in Abb. 7 folgende Formeln:

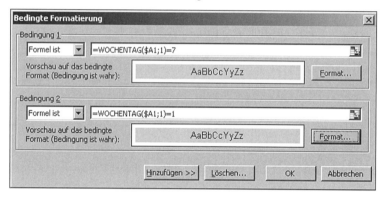

Abb. 7: Samstage und Sonntage kennzeichnen

5 Klicken Sie auf die Schaltfläche **Format**, um das gewünschte Format auf der Registerkarte **Muster** zuzuweisen.

6 Bestätigen Sie zweimal mit **OK**. ■

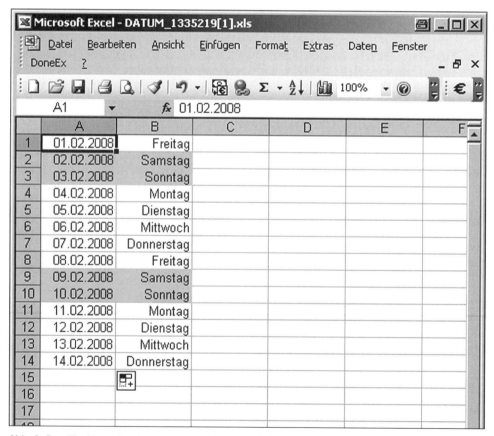

Abb. 8: Das Wochenende wird automatisch hervorgehoben.

10 Eine Mitarbeiterliste nach Geburtsmonat/-tag sortieren

In der folgenden Aufgabe liegt eine Mitarbeiterliste vor. Diese Liste aus Abb. 9 soll nach Monat sortiert werden.

Abb. 9: Diese Liste soll nach Monat sortiert werden.

Da die Monatsangabe inmitten des Datums liegt, muss der Monatsanteil des Datums ausgewertet werden. Dazu verfahren Sie wie folgt:

1 Markieren Sie den Datenbereich **C2:C8**.

2 Erfassen Sie folgende Formel =MONAT(B2)*100+TAG(B2)

3 Schließen Sie die Formel über die Tastenkombination **Strg** + **Enter** ab.

4 Setzen Sie den Mauszeiger in Zelle **C2**.

5 Klicken Sie in der Symbolleiste **Standard** auf das Symbol **Aufsteigend sortieren**. ■

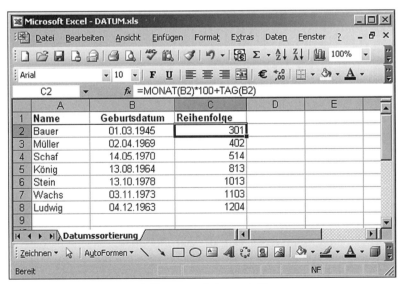

Abb. 10: Die Sortierung nach Monat wurde hergestellt.

Bei der Sortierung nach Monat wird die Jahresangabe nicht berücksichtigt. Die Hilfsspalte **C** kann selbstverständlich auch ausgeblendet werden.

11 Unterschiedliche Stundensätze werktags und am Wochenende berechnen

Beim letzten Beispiel in diesem Artikel werden in einer Tabelle mit Hilfe der Funktion

```
=WENN(ODER(WOCHENTAG(A2)=1;WOCHENTAG(A2)=7);C2*$I$3;C2*$I$2)
```

Arbeitslöhne mit unterschiedlichen Stundensätzen berechnet. So gilt für Arbeit am Samstag ein etwas höherer Stundensatz als für Arbeit an normalen Wochentagen. Sehen Sie sich dazu die Abb. 11 an.

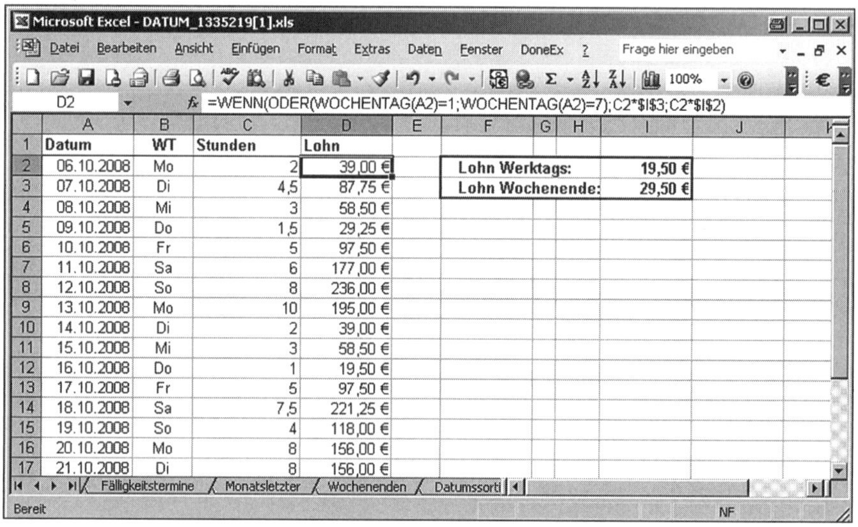

	A	B	C	D	F	I
1	Datum	WT	Stunden	Lohn		
2	06.10.2008	Mo	2	39,00 €	Lohn Werktags:	19,50 €
3	07.10.2008	Di	4,5	87,75 €	Lohn Wochenende:	29,50 €
4	08.10.2008	Mi	3	58,50 €		
5	09.10.2008	Do	1,5	29,25 €		
6	10.10.2008	Fr	5	97,50 €		
7	11.10.2008	Sa	6	177,00 €		
8	12.10.2008	So	8	236,00 €		
9	13.10.2008	Mo	10	195,00 €		
10	14.10.2008	Di	2	39,00 €		
11	15.10.2008	Mi	3	58,50 €		
12	16.10.2008	Do	1	19,50 €		
13	17.10.2008	Fr	5	97,50 €		
14	18.10.2008	Sa	7,5	221,25 €		
15	19.10.2008	So	4	118,00 €		
16	20.10.2008	Mo	8	156,00 €		
17	21.10.2008	Di	8	156,00 €		

Abb. 11: Unterschiedliche Stundensätze berechnen

12 Zusammenfassung

In der Funktionskategorie **Datum** & **Zeit** finden Sie eine ganze Reihe von nützlichen Datums- und Zeitfunktionen:

- Um einige dieser Funktionen nutzen zu können, müssen Sie das Add-In **Analyse-Funktionen** über das Menü **Extras** → **Add-Ins** (ab Excel 2002) einbinden. In vorherigen Versionen lautet der Befehl **Extras** → **Add-Ins-Manager**.
- Excel kennt zwei Arten von Datumssystemen. Falls Sie bei der Subtraktion zweier Datumswerte als Ergebnis nur Lattenzäune (####) erhalten, müssen Sie unter **Extras** → **Optionen** → **Berechnung** → **1904-Datumswerte** auf das **1904**-System umschalten.
- Über den Funktions-Assistenten können Sie sich bei der Eingabe unterstützen lassen. Oft gibt es für die Lösung von Datums- und Zeitfragen mehrere Varianten. Welche Variante für Ihren Fall die beste ist, hängt vom jeweiligen Anwendungsgebiet ab.

Arbeitszeitplanung und -erfassung

Ignatz Schels, Wolnzach

Die Zeiten der Stechuhr sind vorbei. Das moderne Unternehmen definiert die Arbeitszeit nicht mehr als die Zeit, in der ein Mitarbeiter seine Arbeitskraft zur Verfügung stellt, sondern als den Zeitraum, den dieser zur Erledigung seiner Aufgaben benötigt. Ergebnisorientierung statt Verfügbarkeit heisst die Devise, die Stempelkarte wird durch das persönliche Zeitkonto abgelöst. Diese Flexibilisierung der Arbeitszeit erfordert neben Umstrukturierungsprozessen auch individuelle Werkzeuge für Zeiterfassung und Zeitauswertung und was wäre geeigneter für eine solche Aufgabe als das Office-Kalkulationstool Excel. Dieser Beitrag zeigt anhand der fertigen Lösung **Arbeitszeit.xls**, wie Sie mit Excel ein ganz persönliches Zeitkonten-Modell für die Zeiterfassung und Arbeitszeitauswertung anlegen.

> **HINWEIS**
>
> Die Datei **Arbeitszeit.xls** können Sie direkt von der CD-ROM übernehmen.

1 Moderne Arbeitszeitregelungen

Die Erfassung der Arbeitszeiten sowie die Berechnung der Soll/Ist-Abweichungen mit Frei- und Überstunden sind abhängig vom Arbeitszeitmodell des Unternehmens. In größeren Unternehmen sind zwischen Arbeitgeber und Arbeitnehmer Regelarbeitszeiten ausgehandelt und über unterschiedliche Arbeitszeitmodelle realisiert (Gleitzeit, flexible Standardarbeitszeit, Wahlarbeitszeit u. a.). Zeiterfassungssysteme, die mit Projektdatenbanken und Personalsystemen für Gehaltsabrechnungen verbunden sind, sorgen für eine sichere Erfassung und Abrechnung der Zeitdaten. Der Mitarbeiter kontrolliert über das Intranet sein persönliches Zeitkonto oder ruft seine Daten über Excel-Schnittstellen der netzwerkfähigen Zeiterfassungssoftware ab.

Für kleine Unternehmen und freiberuflich Tätige rechnen sich solche Zeiterfassungssysteme nicht. Der Aufwand für die Aufstellung und Wartung von Zeiterfassungsgeräten und entsprechender Software ist zu hoch. Mit der Tabellenkalkulation MS Excel lässt sich jedoch sehr einfach eine Arbeitszeiterfassung und -auswertung mit allem Komfort erstellen. Dank der Hilfe von passenden Formeln und Formatierungen können Sie neben der Erfassung von Kommen-/Gehen-Zeiten auch Soll/Ist-Vergleiche durchführen und weitere Aufgaben erledigen lassen:

- **Urlaubsplanung:** Eintrag von Urlaubstagen, Resturlaubsberechnung
- **Abwesenheitserfassung:** Eintrag von Fehlzeiten durch Krankheit, Schulungsmaßnahmen und Fortbildung, Freistellungen

2 Ein persönliches Zeitkonto

Für eine individuelle Aufstellung der Arbeitszeiten genügt es zwar, die Kommen- und Gehen-Zeit aufzuschreiben und zu berechnen, ob die Differenz der Regelarbeitszeit entspricht. Aber Excel bietet weit mehr als das: Sowohl für die Erfassung als auch zur Auswertung lassen sich Zeitkontentabellen in allen Varianten erstellen. Soll-Zeiten können individuell für einzelne Wochentage bestimmt werden, Pausenzeiten werden berücksichtigt, Feiertags- und Urlaubsverwaltung finden Einzug in die Tabelle. Erstellen wir gemeinsam ein Tabellenmodell, das eine Zeitkontenübersicht für alle Monate des Jahres enthält (s. Abb. 1).

IV. Personalwesen

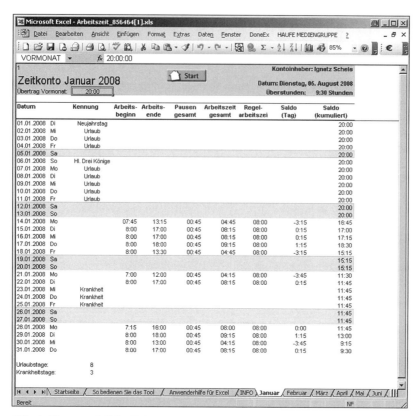

Abb. 1: Eine persönliche Zeitkontenauswertung

Dazu wird nur die erste Tabelle für den Januar gestaltet, die übrigen sollten mit geringstem Aufwand durch Kopieren der Grundtabelle erzeugt werden können. Zuletzt werden Sie auch noch eine Gesamtauswertung mit Statistiken anlegen.

2.1 Das Info-Blatt

Für die Informationen, die auf allen Monatsblättern benötigt werden, legen Sie am besten eine eigene Tabelle an. Zu diesen Informationen gehören:

- Persönliche Daten, Name, Vorname, Abteilung, Kostenstelle, evtl. auch Anschrift und Bankverbindung.

- Regelarbeitszeiten für Montag bis Freitag und – falls erforderlich – Samstag und Sonntag sowie feste Pausenzeiten.

- Das Erfassungsjahr – für die Zeiterfassung sollte zum Jahresanfang eine neue Mappe angelegt werden.

1 Benennen Sie das erste Blatt einer neuen Mappe mit **INFO**. Klicken Sie dazu doppelt in das Register der **Tabelle1** und tragen Sie den Namen ein. Bestätigen Sie mit **Enter**.

2 Tragen Sie die Beschreibungstexte und Basisdaten ein. Für die Regelarbeitszeiten verwenden Sie Zeitwerte, die Sie im Format h:mm eingeben. Das Zellformat **h:mm** wird automatisch zugewiesen.
Überprüfen Sie die Formatierung über **Format → Zellen → Zahlen.**

3 Markieren Sie den zweispaltigen Bereich mit den Wochentagsnamen und den Regelarbeitszeiten und weisen Sie ihm den Bereichsnamen **RZEITEN** zu (s. Abb. 2). Wählen Sie dazu **Einfügen → Namen festlegen** bzw. **Einfügen → Name definieren** (ab Excel 2000). Tragen Sie den Namen ein und bestätigen Sie anschließend mit Klick auf **OK**.

Abb. 2: Bereichsnamen zuweisen

4 Das Erfassungsjahr wird als Zahl im Standardformat eingegeben. Weisen Sie der Zelle, in der sich das Jahr befindet (im Beispiel **B7**) den Bereichsnamen **EJAHR** zu.

5 Legen Sie im Bereich **D2:D13** eine Reihe mit Monatsnamen an. Dazu schreiben Sie einfach den Januar in die erste Zelle und ziehen das Füllkästchen am Zellzeiger nach unten, bis der letzte Monat erscheint. Markieren Sie auch diesen Bereich und weisen Sie ihm den Bereichsnamen **MONATE** zu.

6 Wenn Sie bei der Erfassung Pausenzeiten berücksichtigen müssen, geben Sie die Vorgabezeit in eine Zelle ein (im Beispiel **B18**). Weisen Sie dieser Zelle den Bereichsnamen **PAUSE** zu. ∎

	A	B	C	D
1	Persönliche Daten:			Monatsliste:
2	Vorname:	Ignatz		Januar
3	Name:	Schels		Februar
4	Abteilung:	DV/Org		März
5	Kostenstelle:	10230		April
6				Mai
7	Erfassungsjahr:	2003		Juni
8				Juli
9	Regelarbeitszeiten:			August
10	Montag	08:00		September
11	Dienstag	08:00		Oktober
12	Mittwoch	08:00		November
13	Donnerstag	08:00		Dezember
14	Freitag	04:00		
15	Samstag	00:00		
16	Sonntag	00:00		
17				
18	Mittagspause:	00:45		

Abb. 3: Das INFO-Blatt mit allgemeinen Informationen

3 Das erste Monatsblatt

Legen Sie als Nächstes ein erstes Monatsblatt für den Januar an. Das Blatt ist so gestaltet, dass es sich ohne Änderung für die weiteren Monate kopieren lässt.

1 Benennen Sie die nächste freie Tabelle und weisen Sie ihr den Blattnamen **Januar** zu.

2 Geben Sie in Zelle **A1** die Zahl **1** ein. Im nächsten Blatt müssen Sie nur diese Monatszahl austauschen und alle Formeln werden automatisch angepasst. Sie können die Zahl unsichtbar machen, indem Sie der Zelle mit **Format → Zellen** als Zahlenformat drei Semikola **;;;** zuweisen.

3   Tragen Sie in Zelle **A2** die Überschrift ein. Mit Hilfe einer Verkettungsformel wird sie automatisch den richtigen Monat und das Auswertungsjahr anzeigen. Geben Sie diese Formel ein:
="Zeitkonto " & INDEX(MONATE;A1;1) &" " & EJAHR

4   Für den Übertrag der Zeiten des Vormonats reservieren Sie die Zelle **B3** (s. Abb. 4). Markieren Sie die Zelle und weisen Sie ihr über **Einfügen → Namen festlegen** bzw. **Einfügen → Name definieren** (ab Excel 2000) den Bereichsnamen **VORMONAT** zu.

Abb. 4: Der Kopfbereich mit Überschrift und Monatskennziffer

5   In **Zeile 5** werden die Spaltenüberschriften eingetragen. Verwenden Sie hier doppelzeilige Einträge, indem Sie die Texteingaben mit **Alt** + **Enter** trennen. Damit wird den Zellen automatisch die Formatierung **Zeilenumbruch** zugewiesen, was Sie unter **Format → Zellen → Ausrichtung** nachprüfen können. Setzen Sie auf dieser Registerkarte die **vertikale Ausrichtung** der gesamten Zeile auf **Oben**.

6   Markieren Sie die **Zeile 6** per Klick auf die Zeilennummer und teilen Sie den Bildschirm ab dieser Zeile über die Menüoption **Fenster → Fixierung**. Damit lässt sich die Tabelle nach unten rollen. Der Kopfbereich mit Spaltenüberschriften bleibt stehen. ■

3.1 Die Datumsreihe

Damit die Datumsreihe automatisch für die Monatstabelle generiert werden kann, schreiben Sie kein Datum in die erste Zelle **A6**, sondern erzeugen das Datum aus den bereits angelegten Parametern für das Jahr und den Monat. Das Jahr haben Sie in der **INFO**-Tabelle festgehalten, der Monat entspricht der Ziffer in Zelle **A1**. Geben Sie diese Formel in **A6** ein:

=DATUM(EJAHR;$A$1;ZEILE()-5)

Zur Erklärung: Die Funktion =**DATUM()** erzeugt ein Datum aus den Argumenten **Jahr**, **Monat** und **Tag**. Das Jahr beziehen Sie aus der **INFO**-Tabelle. Hier hatten Sie die Zelle mit dem Erfassungsjahr mit dem Bereichsnamen **EJAHR** versehen. Der Monat wird aus der Monatszahl in Zelle **A1** gebildet. Vergessen Sie nicht, diesen Bezug mit Dollarzeichen absolut zu setzen, damit er beim Kopieren der Datumswerte auf die übrigen Zeilen nicht verändert wird.

Datum formatieren
Sie können das Datum so formatieren, dass es automatisch den Wochentag mit anzeigt. Markieren Sie dazu die Zelle **A6** und weisen Sie ihr über **Format → Zellen → Zahlen** unter der Kategorie **Benutzerdefiniert** dieses Zahlenformat zu. Die Anzahl der Leerzeichen vor dem Wochentagscode **TTT** variiert je nach Spaltenbreite:

TT.MM.JJJJ   TTT

Weisen Sie der gesamten Spalte noch die Ausrichtung **Linksbündig** zu und das Zahlenformat für die Datumsreihe ist perfekt. Jetzt können Sie die Datumsreihe nach unten kopieren. Ziehen Sie dazu das Füllkästchen am Zellzeiger und lassen Sie die Maustaste in der **Zeile 36** los.

3.2 Die Feiertagsliste – gültig für alle Bundesländer

Das Zeitkonto wäre nicht sehr funktionell, wenn es nicht automatisch die Feiertage im Kalender berücksichtigen könnte. Mit der Aufnahme der Feiertage lassen sich Berichte und Statistiken besser präsentieren und die Eingabe der Zeitwerte wird sicherer. Die Feiertagsberechnung ist dank einer genialen Excel-Formel sehr einfach.

1 Legen Sie ein neues Tabellenblatt mit der Registerbezeichnung **Feiertage** an.

2 Geben Sie in Zelle **A1** diese Formel ein, die das Auswertungsjahr aus dem **INFO**-Blatt übernimmt:

=EJAHR

3 Tragen Sie in Zelle **F5** die Formel ein, die automatisch den einzigen beweglichen Feiertag des Jahres berechnet, den Ostermontag:

=DATUM(JAHR;3;28)+REST(24-REST(JAHR;19)*10,63;29)-REST(KÜRZEN(JAHR*5/4)+REST(24-REST(JAHR;19)*10,63;29)+1;7)+1

4 Die übrigen Feiertage geben Sie je nach Art ein. Die beweglichen Tage werden unter Verwendung des Osterdatums berechnet. Für die festen Tage geben Sie Datumswerte ein. In beiden Fällen müssen Sie aber die Funktion =**DATUM()** verwenden, um den Datumswert aus der Jahreszahl in Zelle **A1** zu konstruieren.

5 Die Berechnung der Feiertage für die einzelnen Bundesländer erfolgt nach Auswahl über die Optionsfelder in Spalte **B** mit Hilfe eines Barcodes in der ausgeblendeten Spalte **D** (s. Abb. 5).

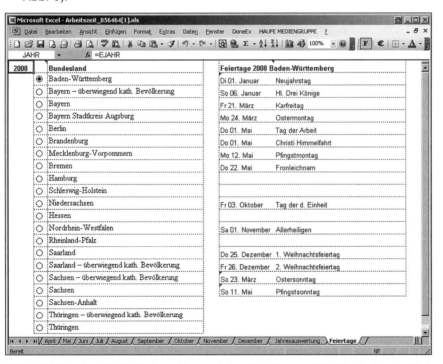

Abb. 5: Die Termine für die Feste und beweglichen Feiertage – gültig für alle Bundesländer dank des Barcodes in der ausgeblendeten Spalte D

6 Um die Formeln in der Zeittabelle kürzer halten zu können, weisen Sie der gesamten Liste den Bereichsnamen **FEIERTAGE** zu. Markieren Sie dazu die Datumswerte und die Beschriftungen (im Beispiel Bereich **A2:B14**) und wählen Sie **Einfügen → Namen festlegen** bzw. **Name definieren**. ■

Feiertage in Kennungsspalte eintragen

Die zweite Spalte des Monatsblattes mit der Spaltenüberschrift **Kennung** präparieren Sie jetzt so, dass automatisch alle auf die Datumswerte fallenden Feiertage angezeigt werden. Markieren Sie dazu die Zelle **B6** und tragen Sie diese Formel ein:

=WENN(ISTNV(SVERWEIS(A6;FEIERTAGE;2;0));"";SVERWEIS(A6;FEIERTAGE;2;0))

Zur Erklärung: Die Funktion **SVERWEIS** findet aus der Liste der Feiertage den Datumswert in der Nachbarzelle und gibt den Text aus der Spalte aus, die im dritten Argument bezeichnet ist (**Spalte 2**). Das letzte Argument **(0)** sorgt dafür, dass der Wert exakt stimmen muss und nicht der nächst kleinere Datumswert akzeptiert wird.

=SVERWEIS(Suchwert;Suchmatrix;Spaltenindex;Bereichsverweis)

Damit der Feiertag nur eingetragen wird, wenn auch einer zu finden ist, verpacken Sie die Funktion in eine **WENN**-Abfrage, die über **ISTNV** noch abfragt, ob der **SVERWEIS** zu einem Fehler führen würde. In diesem Fall wird die Zelle leer bleiben (**Argument** " ").

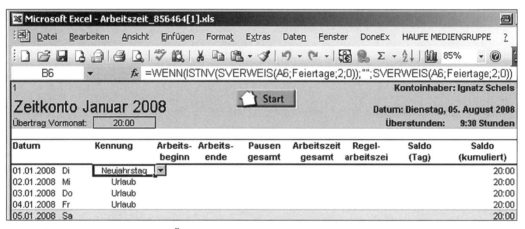

Abb. 6: SVERWEIS-Funktion für die Übernahme der Feiertage

Kopieren Sie die Formel aus Zelle **B6** mit Hilfe des Füllkästchens bis zur letzten Datumszeile.

> **PRAXIS-TIPP**
> Ein Doppelklick auf das Füllkästchen genügt dazu. Excel wird die Formel automatisch bis zur letzten Zeile kopieren, in der ein Datumseintrag in Spalte **A** zu finden ist.

3.3 Kennungen für Urlaub und Krankheit vorsehen

Die Kennungsspalte sollte neben der automatischen Anzeige der Feiertage auch die Möglichkeit bieten, weitere Nicht-Arbeitstage wie Urlaub oder Krankheit auszuweisen. Die Formeln für die Zeitberechnung werden diese Kennungen ebenso berücksichtigen müssen wie die Feiertage. Für diesen Zweck eignet sich am besten eine Gültigkeitsprüfung mit Liste. Der Benutzer wird die Kennung aus einer Auswahlliste holen können, womit fehlerhafte Eingaben verhindert werden.

1 Markieren Sie den Bereich **B6:B36**. In diesem Bereich, der bereits die Formel zur Feiertagsberechnung enthält, soll eine Gültigkeitsliste für freie Eingaben zur Verfügung stehen.

2 Wählen Sie **Daten → Gültigkeit**.

3 Schalten Sie auf der Registerkarte **Einstellungen** in der Auswahlliste unter **Zulassen** auf **Liste** (s. Abb. 7). Geben Sie die Listenelemente in das Feld **Quelle** ein und benutzen Sie jeweils ein Semikolon als Trennzeichen.

Arbeitszeitplanung- und erfassung

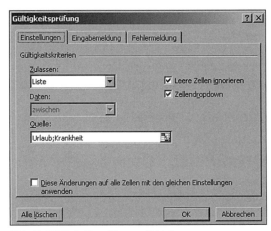

Abb. 7: Gültigkeitsprüfung mit Liste

4 Schalten Sie auf die Registerkarte **Fehlermeldung** um und geben Sie einen Titel sowie eine Fehlermeldung ein. Diese Texte werden im Falle einer Falscheingabe angezeigt.

5 Bestätigen Sie mit Klick auf **OK**. ∎

Die Gültigkeitsprüfung sorgt dafür, dass nur Elemente aus der Liste verwendet werden (die Sie nach Belieben erweitern können). Mit der Fehlermeldung, die unter dem Informationstyp **Stopp** läuft, stellen Sie sicher, dass keine anderen Einträge erlaubt sind. Der Anwender kann die Formel für die Feiertagsberechnung demnach nur mit einem der angebotenen Listeneinträge überschreiben.

> **PRAXIS-TIPP**
>
> Wenn Sie einen anderen Stil auswählen, z. B. **Information**, bieten Sie dem Benutzer die Möglichkeit, nach Bestätigung der Fehlermeldung andere, von der Liste abweichende Einträge einzufügen.

3.4 Bedingte Formatierung für Wochenenden und freie Tage

Mit der Bedingungsformatierung heben Sie optisch die Tage hervor, für die keine Arbeitszeiten einzugeben sind, und das sind im Normalfall die Wochenenden (Samstage und Sonntage).

In unserem Modell sind es aber auch die Tage, die in der Kennungsspalte einen Eintrag haben (Feiertag, Urlaub, Krankheit etc.). Das Bedingungsformat kann die gesamte Zeile eines jeden freien Tages mit einem Muster belegen. Achten Sie auf diese Grundregeln:

- Markieren Sie immer alle Zellen, für die das Format gültig sein soll. Gestalten Sie die Bedingungsformel aber nur für die aktive Zelle (die erste Zelle, die markiert ist).

- Verwenden Sie nur dann absolute Bezüge, wenn es ausdrücklich nötig ist. Mit relativen Bezügen passen Sie die Bedingung automatisch an alle markierten Zellen an.

1 Markieren Sie den Bereich **B6:I36** und wählen Sie **Format → Bedingte Formatierung**.

2 Geben Sie in der ersten Bedingung die Formel ein, die alle freien Tage mit einem Muster versieht. Weisen Sie nur dem Spaltenbuchstaben ein Dollarzeichen zu, damit sich die Formel immer auf die Kennung in der Spalte **B** bezieht:
=$B6<>" "

3 Klicken Sie auf die Schaltfläche **Format** und wählen Sie ein Hintergrundmuster für die Zellen, die über die Kennung als freie Tage ausgewiesen sind.

4 Klicken Sie auf **Hinzufügen** und tragen Sie im zweiten Bedingungsfeld die Formel ein, die alle Samstage und Sonntage mit einem anderen Muster versieht. Die **UND**-Klammer sorgt dafür, dass beide Bedingungen erfüllt sein müssen. Mit **ODER** und der Funktion **WOCHENTAG** geben Sie an, welche Wochentagszahlen errechnet sein müssen, damit die Bedingung erfüllt und das Muster sichtbar ist.
=UND($A6<>"";ODER(WOCHENTAG($A6)=7;WOCHENTAG($A6)=1))
Das Muster weisen Sie wiederum per Klick der Schaltfläche **Format** zu (s. Abb. 8).

5 Bestätigen Sie die Zuweisung des Bedingungsformats mit Klick auf **OK**. ■

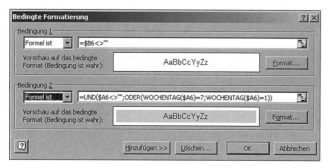

Abb. 8: Die beiden Bedingungen mit Muster

Jetzt werden alle Zeilen, die entweder auf einen Samstag oder Sonntag fallen oder einen Eintrag in der Kennungsspalte aufweisen, mit einem Hintergrundmuster belegt.

4 Saldoberechnungen

Zu den wichtigsten Aufgaben des Zeitkontos gehören neben der Erfassung der **Kommen-/Gehen-Zeiten** auch die **Saldoauswertungen**. Unser Tabellenmodell wird sowohl die täglichen Überstunden oder Fehlzeiten wie auch die kumulierten Salden berechnen, sodass der Anwender stets einen aktuellen Überblick über den Stand seines Zeitkontos hat.

4.1 Arbeitszeiten und Sollzeiten berechnen

Für die Arbeitszeit als Differenz zwischen Arbeitsende und Arbeitsbeginn verwenden Sie eine einfache Subtraktion. Damit die Formel aber auf alle, auch auf nicht ausgefüllte Zellen anwendbar ist, sollten Sie wieder mit **WENN** abprüfen, ob Arbeitsbeginn und -ende erfasst sind:

1 Markieren Sie die Zelle **F6** (Spaltenüberschrift **Arbeitszeit gesamt**).

2 Tragen Sie die Formel ein, die den Arbeitsbeginn sowie die Pausenzeit(en) vom Arbeitsende abzieht:
=WENN(ODER(C6="";D6="");"";D6-C6-E6)

3 Kopieren Sie die Formel per Doppelklick auf das Füllkästchen bis zur letzten Datumszeile der Tabelle. ■

Die nächsten Anpassungen betreffen die Regelarbeitszeiten: Die Spalte mit den Pausenzeiten wird mit der Vorgabe aus dem **INFO**-Blatt belegt und die nächste Spalte wird die Regelarbeitszeit des jeweiligen Wochentages ausweisen.

1 Tragen Sie in die erste Zelle der Pausenspalte Spaltenüberschrift **Pausen gesamt,** Zelle **E6,** die Formel ein, die auf die Standard-Pausenzeit in der **INFO**-Tabelle verweist.
=PAUSE

2 Damit die Pausenzeit nur bei ausgefüllten Arbeitszeitenspalten angezeigt wird, verpacken Sie sie in eine **WENN**-Funktion, die abprüft, ob die Nachbarzellen in den Spalten **C** und **D** leer sind:
=WENN(ODER(C6="";D6="");"";PAUSE)

Für die Berechnung der Sollzeiten, die nach Angaben im **INFO**-Blatt von Wochentag zu Wochentag variieren können, verwenden Sie wieder eine **SVERWEIS**-Funktion.

Mit der Funktion **TEXT** wird zunächst der Wochentag aus dem Datum ermittelt und diesen sucht die Funktion **SVERWEIS** im Bereich **RZEITEN**. Diesen Namen hatten Sie zuvor dem zweispaltigen Bereich für die Regelarbeitszeiten zugewiesen.

1 Tragen Sie die erste Formel in die Zelle **G6** (Spaltenüberschrift **Regelarbeitszeit**) ein:
=SVERWEIS(TEXT(A6;"TTTT");RZEITEN;2;0)

2 Auch diese Formel sollten Sie mit einer **WENN**-Funktion absichern, damit die Zeiten nur ausgewiesen werden, wenn Einträge in den Spalten **C** und **D** zu finden sind:
=WENN(ODER(C6="";D6="");"";SVERWEIS(TEXT(A6;"TTTT");RZEITEN;2;0))

Abb. 9: So wird die Regelarbeitszeit abhängig vom Wochentag berechnet.

4.2 Berechnung des Tagessaldos

Der Tagessaldo errechnet sich zunächst einfach aus der Differenz zwischen Arbeitszeit und Regelarbeitszeit, also aus **IST** minus **SOLL**. Doch so einfach macht es uns Excel nicht. Entsteht ein Minusbetrag, weil die Regelarbeitszeit nicht erreicht wurde, kann dieser nur unter bestimmten Umständen ausgewiesen werden.

1904 macht Minuszeiten möglich

Im Standard-Datumssystem ist es nicht möglich, einen negativen Zeitwert auszuweisen. So würde zum Beispiel die folgende Berechnung einen Minusbetrag ergeben:

A1: 12:00

A2: 20:00

A3: =A1-A2

Excel zeigt anstelle einer Negativzeit eine Nummernkette über die gesamte Zellbreite (s. Abb. 10).

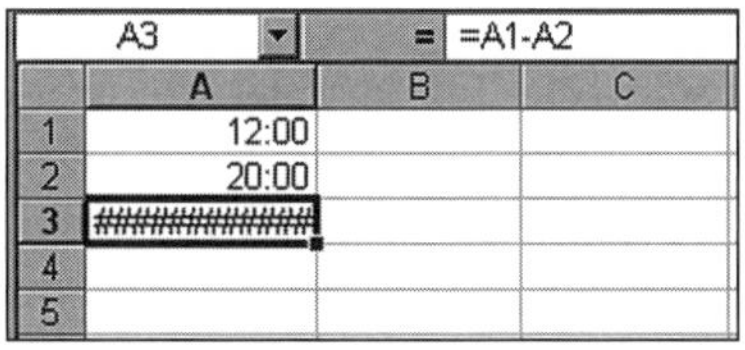

Abb. 10: Nicht möglich: Minuszeitenberechnung

IV. Personalwesen

Schalten Sie auf das **1904**-Datumssystem um, damit Excel die Berechnung von Negativzeiten ermöglicht. Wählen Sie **Extras → Optionen** und kreuzen Sie die entsprechende Option auf der Registerkarte **Berechnung** an.

> **HINWEIS**
> Diese Option gehört zu den wenigen, die für die aktive Mappe gelten. Sie müssen das Datumssystem also für jede Mappe einzeln bestimmen.

Die Formel für den Tagessaldo

Tragen Sie die Formel zur Berechnung der **IST/SOLL**-Differenz in die Zelle **H6** mit der Spaltenüberschrift **Saldo (Tag)** ein:

```
=WENN(ODER(C6="";D6="");"";F6-G6)
```

Kopieren Sie die Formel wieder nach unten, damit sie für alle Datumszeilen gültig ist.

4.3 Kumulierten Saldo berechnen

In der Spalte mit der Überschrift **Saldo (kumuliert)** werden die Differenzen aus **SOLL** und **IST** aufaddiert. Dazu brauchen Sie zwei Formeln: Die erste ermittelt die Summe aus dem Übertrag des Vormonats und dem Tagessaldo, die zweite kumuliert die Tagessalden durchlaufend.

1 Überprüfen Sie, ob der Zelle **B3** der Bereichsname **VORMONAT** zugewiesen ist. Markieren Sie dann die Zelle **I6** und tragen Sie diese Formel ein. Sie überprüft, ob Arbeitszeiten oder Salden vorhanden sind, und addiert den Tagessaldo zum Vormonatswert.

```
=WENN(ODER(C6="";D6="";H6="");"";VORMONAT+H6)
```

2 Tragen Sie in Zelle **I7** die Formel ein, die den jeweils nächsten Tagessaldo auf die Saldensumme addiert. Ist die Vorgängerzelle leer, wird der Tagessaldo eingetragen:

```
=WENN(I6<>"";I6+WENN(H7<>"";H7);H7)
```

3 Kopieren Sie die Formel auf die übrigen Zeilen der Spalte. ■

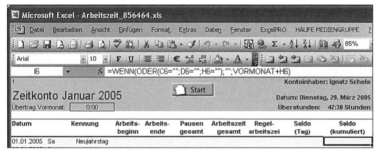

Abb. 11: Die Formel für den kumulierten Saldo

4.4 Spezialformatierungen: Negativsalden rot und Stundenwerte

Mit Spezialzahlenformaten geben Sie Ihrer Tabelle den letzten Schliff: Eine bessere optische Wirkung haben Zahlen, wenn die negativen Werte rot eingefärbt sind. Zu diesem Zweck gibt es neben der Bedingungsformatierung ein altes, aber bewährtes Verfahren mit Farbcodes im Zahlenformat.

Kumulierte Zeitwerte sind außerdem augenscheinlich fehlerhaft, wenn sie den Grenzwert **24** überschreiten. Mit dem Standardformat **hh:mm** wird eine Zeit nur zwischen 0:00 und 24:00 Uhr richtig angezeigt. Für mehr als 24 Stunden gibt es ein Spezialformat.

Rote Minuszeiten

Um Zellen nach der Wertigkeit ihres Inhalts wahlweise mit schwarzer (für positive Zahlen) oder roter Schrift (für negative Zahlen) zu versehen, können Sie auf die bedingte Formatierung zurückgreifen oder alternativ auf die Farbcodierung im Zahlenformat.

Letztere bietet sich in unserem Modell an, da die Bedingungsformate bereits für die optische Anzeige der Feiertage und freien Tage verwendet werden.

1 Markieren Sie den Bereich **H6:I36** mit den Formeln für die Saldenberechnung und die kumulierten Salden.

2 Wählen Sie **Format → Zellen → Zahlen** und tragen Sie unter der Kategorie **Benutzerdefiniert** dieses Zahlenformat ein:
hh:mm;[Rot]-hh:mm

3 Bestätigen Sie mit **OK** und die negativen Zeitwerte werden rot eingefärbt und mit einem Minuszeichen versehen. ∎

Über 24 Stunden

Wenn die Zeitwerte mehr als 24 Stunden betragen, also einen dezimalen Wert größer 1 annehmen, werden sie fehlerhaft angezeigt. Die Berechnung ist aber korrekt, das Zahlenformat lässt keine andere Anzeige zu. Der Effekt lässt sich einfach erklären:

Ein **Zeitwert**, der größer ist als 24 Stunden oder dezimal 1, weist automatisch den nächsten Tag des Excel-Kalenders aus. 36 Stunden sind demnach der 2. Januar 1900, 12:00 Uhr. Excel rechnet jeweils 24 Stunden in Tage des Kalenders um.

Die Lösung für Stundensummen

Das Spezial-Zahlenformat **h:mm** sorgt dafür, dass der Zeitwert in Stunden angezeigt wird, die Stundenangabe wird einfach in eckige Klammern gesetzt.

1 Markieren Sie wieder den Bereich **H6:I36** und wählen Sie **Format → Zellen → Zahlen**.

2 Geben Sie unter der Kategorie **Benutzerdefiniert** dieses Zahlenformat ein, das sowohl positive als auch negative Zeitwerte in Gesamtstunden ausweist:
[h]:mm;[Rot]-[h]:mm ∎

5 Die Zeitkonten-Jahresplanung

Die erste Zeitkontentabelle für den Monat Januar ist fertig und so präpariert, dass sie für alle weiteren Monate einfach kopiert und mit wenigen Handgriffen angepasst werden kann.

1 Erstellen Sie eine Kopie der Januar-Tabelle, indem Sie das Tabellenregister mit gedrückter **Strg**-Taste und Maustaste nach rechts ziehen. Lassen Sie zuerst die Maustaste, dann die **Strg**-Taste los und Sie erhalten eine Kopie mit der Bezeichnung **Januar (2)**.

2 Benennen Sie diese Kopie um. Schreiben Sie **Februar** in das Register, das Sie zuvor doppelt angeklickt hatten.

3 Ändern Sie die Monatszahl in Zelle **A1** und löschen Sie nicht benötigte Datumszeilen. Achten Sie auf Bezugsfehler, die sich dadurch zwangsweise ergeben können, und passen Sie die Formeln entsprechend an.

4 Kopieren Sie die Tabelle erneut und legen Sie so alle weiteren Tabellen bis Dezember an.

5 Damit ist die Excel-Mappe für das persönliche Zeitkonto erstellt. Speichern Sie die Mappe unter der Bezeichnung **ZEITKONTO.XLS** ab. ∎

5.1 Gruppe bilden für Nachbesserungen

Wenn Sie jetzt nachträglich Formeln oder andere Einträge in die Kontentabellen einfügen, müssen Sie diese nicht einzeln auf die Tabellen kopieren. Bilden Sie eine Gruppe, wenn Sie Einträge für alle Tabellen machen wollen:

1. Markieren Sie die **Januar**-Tabelle.
2. Halten Sie die **Shift**-Taste gedrückt und markieren Sie die **Dezember**-Tabelle.
3. Geben Sie die Formeln ein oder formatieren Sie die Tabellen. Alle Änderungen werden automatisch für alle Mitglieder der Gruppe wirksam.
4. Um die Gruppe wieder aufzuheben, markieren Sie eine Tabelle, die nicht dazugehört, oder klicken Sie mit der rechten Maustaste in die Gruppe und wählen Sie dann im Kontextmenü **Gruppierung aufheben**. ∎

5.2 Auswertungsformeln in den Tabellen

Der freie Platz im Kopfbereich der Tabelle eignet sich gut für einige zusätzliche Formeln, die wichtige Informationen enthalten. Holen Sie alle Tabellenblätter in einer Gruppe zusammen und formatieren Sie die drei Zellen **I1:I3** rechtsbündig:

1. Geben Sie in Zelle **I1** die Formel ein, die den Kontoinhaber aus der **INFO**-Tabelle anzeigt:
   I1: `="Kontoinhaber: " &INFO!B2&" "&INFO!B3`

2. Tragen Sie in **I2** die Formel ein, die das Tagesdatum in seiner ausführlichsten Form anbietet:
   I2: `="Datum: " & TEXT(HEUTE();"TTTT, TT. MMMM JJJJ")`

3. Geben Sie in Zelle **H3** die Formel ein, die anzeigt, ob in diesem Monat Überstunden oder Fehlzeiten angefallen sind:
   H3: `=WENN(I36>0;"Überstunden: ";WENN(I36<0;"Fehlzeit: "))`

4. Die Zelle **I3** rechts davon erhält noch einmal den Bezug auf die letzte Zelle und das Zahlenformat, das den Zeitwert mit dem Zusatz „Stunden" anzeigt:
   I3: `=I36`
   Zahlenformat: **[h]:mm" Stunden";-[h]:mm" Stunden"** ∎

Auswertung der Urlaubs- und Fehlzeiten

Mit diesen Formeln berechnen Sie, wie viele Urlaubstage und Fehltage aufgrund von Krankheit in jedem Monat angefallen sind. Vergessen Sie nicht, die Gruppe herzustellen:

A38: Urlaubstage

B38: `=ZÄHLENWENN(B6:B36;"Urlaub")`

A39: Krankheitstage

B39: `=ZÄHLENWENN(B6:B36;"Krankheit")`

5.3 Gesamtauswertungen mit 3D-Bezug

Mit Hilfe einer besonders nützlichen Technik können die Einzelauswertungen aus den Zeitkontentabellen der einzelnen Monate bequem in eine Gesamtauswertung übernommen werden. Der 3D-Bezug bietet die Möglichkeit, die Zellen beliebiger Tabellenblätter zusammenzufassen. Dazu genügt die Angabe der ersten und letzten Tabelle. Alle Tabellen, die sich zwischen diesen befinden, werden automatisch mitbewertet.

1 Erstellen Sie ein neues Tabellenblatt und benennen Sie dieses mit **Jahresauswertung**. Stellen Sie sicher, dass die neue Tabelle neben der **Dezember**-Tabelle liegt und dass die Tabellen von **Januar** bis **Dezember** lückenlos nebeneinander liegen.

2 Geben Sie die erste 3D-Formel ein. Schreiben Sie in Zelle **A2** den Text **Anzahl Arbeitstage**.

3 Setzen Sie den Zellzeiger in die Zelle **B2**. Geben Sie ein:
=ANZAHL(

4 Markieren Sie mit der Maus das Register der Tabelle **Januar**. Halten Sie die **Shift**-Taste gedrückt und markieren Sie das **Dezember**-Blatt.

5 Markieren Sie den Bereich **F6:F36**, schließen Sie die Klammer und bestätigen Sie mit der **Enter**-Taste. Die 3D-Formel ist erstellt, die Zelle zeigt die Anzahl der Einträge in allen Tabellen von Januar bis Dezember. ■

Abb. 12: Die erste Formel mit 3D-Bezug

Die Tabelle 1 zeigt eine Übersicht über weitere Formeln mit 3D-Bezügen, die Sie zur Jahresauswertung einsetzen können.

Auswertung	Formel
Anzahl freie Tage:	=ANZAHL2(Januar: Dezember!F6:F36)-B2
Summe Arbeitsstunden:	=SUMME(Januar: Dezember!F6:F36)
Summe Urlaubstage:	=SUMME(Januar: Dezember!B38)
Summe Krankheitstage:	=SUMME(Januar: Dezember!B39)

Tab. 1: Formeln mit 3D-Bezug

6 Zusammenfassung

Mit Excel lässt sich sehr einfach eine Arbeitszeiterfassung und -auswertung mit allem Komfort erstellen. Die hier vorgestellte Lösung bietet Ihnen folgende Möglichkeiten:

- **Erfassung** von Kommen-/Gehen-**Zeiten**
- **Soll/Ist-Vergleiche** der Arbeitszeit
- **Urlaubsplanung:** Eintrag von Urlaubstagen sowie eine Berechnung des Resturlaubs
- **Abwesenheitserfassung:** Eintrag von Fehlzeiten durch Krankheit, Schulungsmaßnahmen und Fortbildung, Freistellungen
- Berücksichtigung von **Feiertagen** – gültig für alle Bundesländer

Bei der Umsetzung dieser Lösung werden unter anderen folgende Excel-Techniken eingesetzt:

- **Gültigkeit**: Über **Daten** → **Gültigkeit** werden in der Kennungsspalte neben der Anzeige der Feiertage weitere Nicht-Arbeitstage wie Urlaub oder Krankheit zur Eingabe freigegeben.

- Bei der **Berechnung** der **Feiertage** steht die berühmte Oster-Formel im Mittelpunkt:
  =DATUM(JAHR;3;28)+REST(24-REST(JAHR;19)*10,63;29)-REST(KÜRZEN(JAHR*5/4) +REST(24-REST(JAHR;19)*10,63;29)+1;7)+1

- **Bedingte Formatierung**: Wochenenden sowie arbeitsfreie Tage wie Urlaub oder Krankheit werden über **Format** → **Bedingte Formatierung** gekennzeichnet.

- **SVERWEIS**: Bei der Erfassung der Arbeitszeit wird über die Funktion SVERWEIS auf die Angaben im **INFO**-Blatt zugegriffen. Die Syntax lautet dabei:
  =SVERWEIS(Suchwert; Suchmatrix; Spaltenindex; Bereichsverweis)

Urlaubsplaner

Bernd Held, Stuttgart

Urlaubsplanung ist eine sehr komplexe Aufgabe. Besonders dann, wenn bestimmte Personen nicht zur gleichen Zeit in Urlaub gehen dürfen. Urlaubstage sind nicht nur einzutragen und vom Jahresguthaben abzuziehen. Urlaubspläne sind auch dazu da, personelle Engpässe und Handlungsunfähigkeit zu vermeiden – zum Beispiel um auszuschließen, dass alle unterschriftsberechtigten Personen gleichzeitig abwesend sind. Mit der hier vorgestellten Musterlösung können Sie neben dem Urlaub auch Gleit- und Krankheitstage sowie Abwesenheiten zwecks Fortbildung verwalten. Der Planer liefert Ihnen jederzeit den aktuellen Stand. Lesen Sie hier, wie Sie mit Hilfe von Funktionen, Filtern und Diagrammen die Urlaubsplanung überwachen und auswerten können.

> **HINWEIS**
>
> Sie finden die Beispieldatei zu diesem Beitrag auf der CD-ROM unter dem Namen **875088.xls**.

1 Abwesenheiten erfassen

Der Urlaubsplaner ist auf zwei Tabellenblätter aufgeteilt (s. Abb. 1). Das erste Tabellenblatt umfasst die Monate **Januar** bin **Juni**, das zweite Tabellenblatt die Monate **Juli** bis **Dezember**.

Über die Hyperlinks in den Zellen **A1** bis **C2** können Sie den gewünschten Monat schnell aktivieren und Ihre Einträge vornehmen. Dabei bleiben die Spalten **A** bis **G** immer sichtbar. Lediglich die nachfolgenden Spalten werden je nach ausgewähltem Monat entsprechend eingestellt.

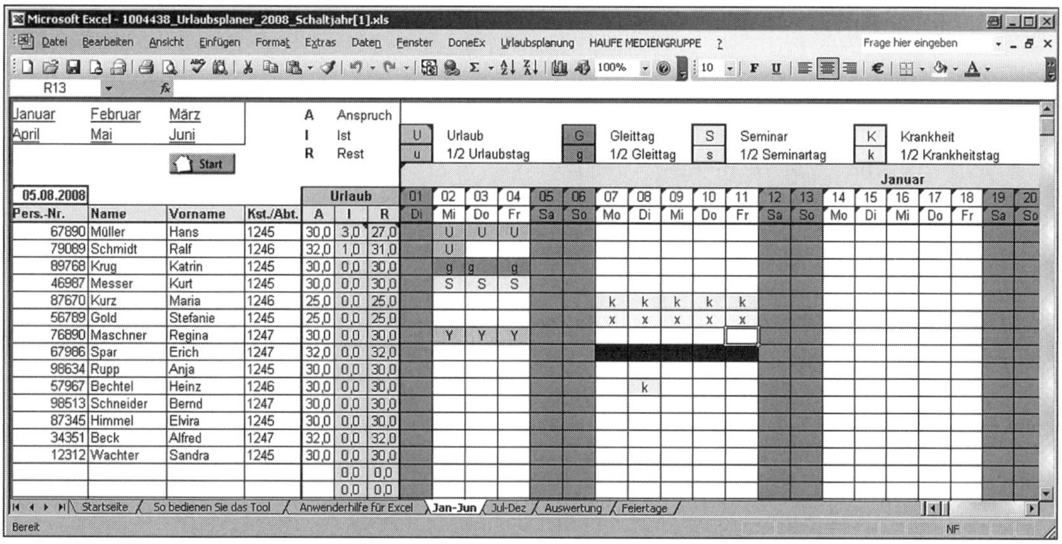

Abb. 1: Der fertige Urlaubsplaner mit den Monatstabellen

In den Spalten **A** bis **D** erfassen Sie die Mitarbeiterdaten. In den Spalten **E** bis **G** werden der Urlaubsanspruch pro Mitarbeiter eingegeben und die Anzahl der genommenen Urlaubstage sowie die noch verbleibenden Urlaubstage gezählt.

IV. Personalwesen

Ab der Zelle **H7** können Sie die einzelnen Abwesenheiten über Buchstaben erfassen. Dabei werden folgende Kürzel verwendet:

- **U** und **u** = Urlaub ganztags oder halbtags (Zellenhintergrund **hellorange**)
- **G** und **g** = Gleittag ganztags oder halbtags (Zellenhintergrund **orange**)
- **S** und **s** = Seminar ganztags oder halbtags (Zellenhintergrund **hellgrün**)
- **K** und **k** = Krankheit ganztags oder halbtags (Zellenhintergrund **weiß**)

Die Einfärbung der Zellen erfolgt automatisch, sobald Sie den entsprechenden Buchstaben in eine Zelle eingeben. Ebenso wird die Formatierung wieder entfernt, wenn Sie den Buchstaben wieder aus der Zelle herauslöschen.

> **HINWEIS**
>
> Im Urlaubsplaner sind bereits einige Testdaten für Urlaub, Schulungen und Gleitzeiten über die Kürzel erfasst worden. Durch den Menübefehl **Urlaubsplanung → Alle Kürzel entfernen** werden alle Einträge für das ganze Jahr bereinigt und Sie können in einer leeren Tabelle ganz neu beginnen.

2 Das Menü zur Urlaubsplanung

Der Urlaubsplaner hat ein eigenes Menü, das beim Öffnen des Planers dynamisch in die bestehende Menüleiste integriert wird. Selbstverständlich wird dieses Menü beim Schließen des Planers wieder entfernt. In diesem Menü finden Sie die folgenden Einträge (s. Abb. 2):

Abb. 2: Das eigene Menü für den Urlaubsplaner

2.1 Wochenenden ermitteln und farblich hervorheben

Über den Menübefehl **Urlaubsplanung → Wochenenden kennzeichnen** werden die beiden Kalenderblätter nacheinander aktiviert und alle Wochenenden mit einer blauen Hintergrundfarbe formatiert (s. Abb. 3).

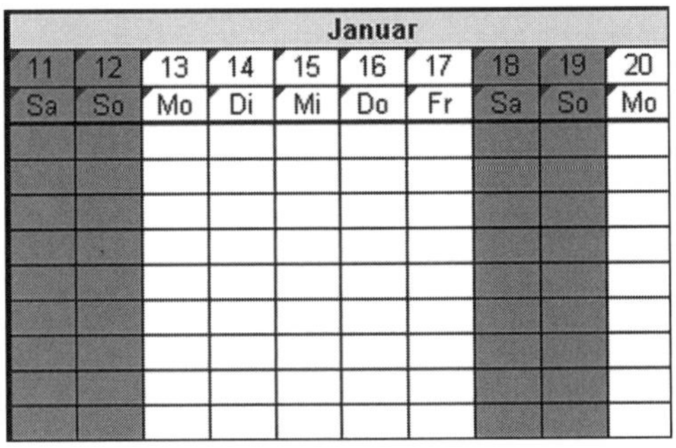

Abb. 3: Die Wochenenden werden farblich markiert.

Über den Menübefehl **Urlaubsplanung** → **Formate zurücksetzen** kann die vorgenommene Formatierung wieder entfernt werden.

2.2 Feiertage ermitteln und kennzeichnen

In der Tabelle **Feiertage** sind die Feiertage in den Spalten **A** und **B** aufgelistet. In der Zelle **A1** können Sie den Urlaubsplaner umstellen, indem Sie in diese Zelle das gewünschte Jahr eintragen (s. Abb. 4).

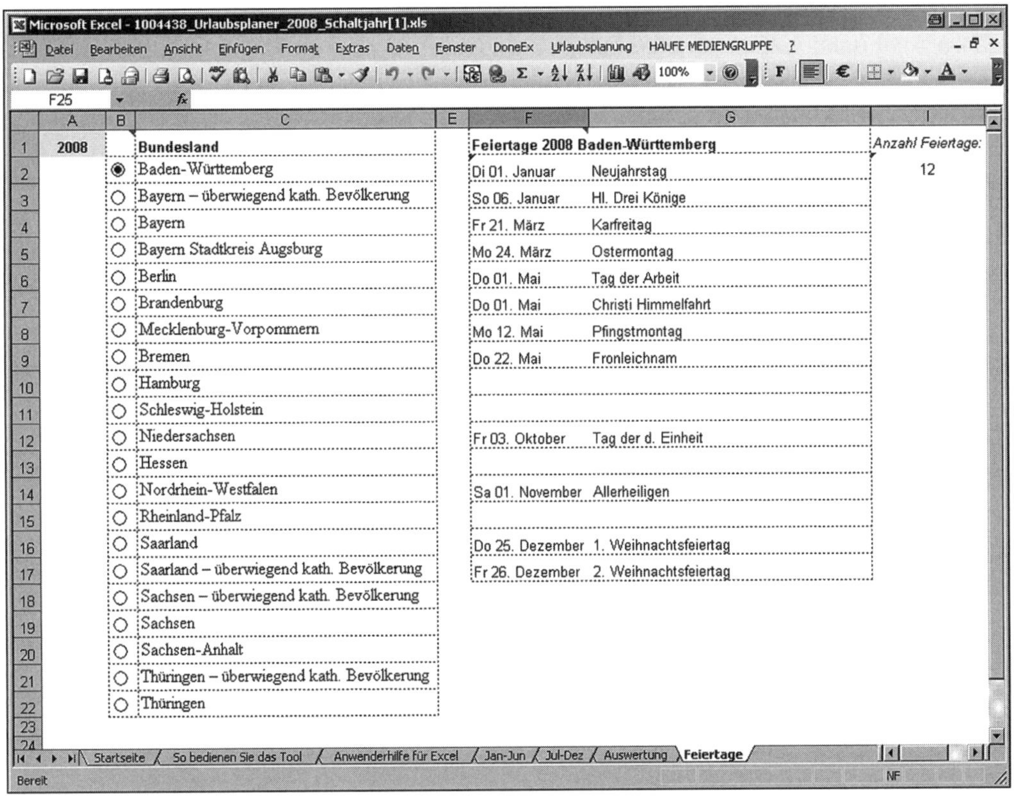

Abb. 4: Die Tabelle Feiertage mit den Formeln zur automatischen Berechnung

Sie müssen dort lediglich die gewünschte Jahreszahl angeben, alles Weitere erledigt das Programm für Sie. Dabei werden die beiden Kalenderblätter (**Jan-Jun** und **Jul-Dez**) dem eingestellten Jahr angepasst und die **Feiertage** in der Tabelle Feiertage automatisch neu berechnet.

> **HINWEIS**
>
> Wenn Sie ein neues Jahr einstellen, dann müssen Sie direkt im Anschluss den Menübefehl **Formate zurücksetzen** und danach die beiden Befehle **Wochenenden kennzeichnen** und **Feiertage kennzeichnen** auswählen, um auch die Formatierung für das eingestellte Jahr nachzuziehen.

Für die schnelle Navigation innerhalb einer Halbjahres-Tabelle stehen Ihnen in der linken oberen Ecke entsprechende Monats-Hyperlinks zur Verfügung. Um zum Beispiel im ersten Halbjahr den Monat März direkt anzuspringen, müssen Sie den Hyperlink **März** auswählen (s. Abb. 5).

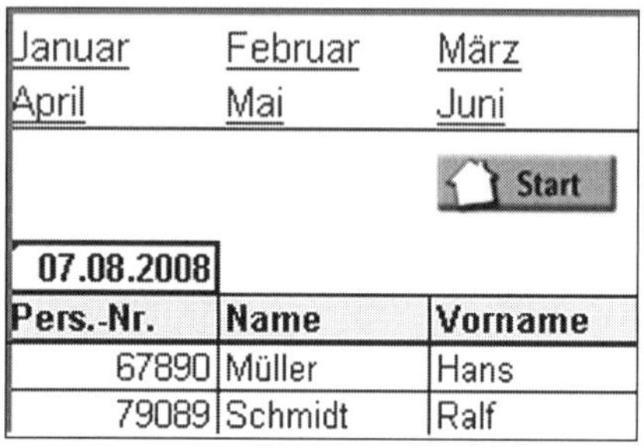

Abb. 5: Die Hyperlinks für die schnelle Navigation

Die Tabelle zeigt dann automatisch den Beginn des angewählten Monats und Sie können Ihre Eingaben an dieser Stelle fortführen.

3 Bereich eingrenzen

Mit Hilfe dieser Funktion, die Sie im Menü **Urlaubsplanung** auswählen können, haben Sie die Möglichkeit, mehr Übersicht in Ihre Kalenderblätter zu bringen. Sie erhalten damit aus einem gewählten zeitlichen Bereich in der Zeile **6** dann nur die Tabellenzeilen und die Namen der Mitarbeiter angezeigt, die auch wirklich Daten enthalten. Alle anderen Zeilen werden in dieser Einstellung ausgeblendet. Gehen Sie dazu mit den folgenden Schritten vor:

1 Wählen Sie aus dem Menü **Urlaubsplanung** den Befehl **Bereich eingrenzen** (s. Abb. 6).

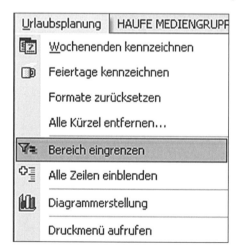

Abb. 6: Der Menübefehl Bereich eingrenzen

2 Daraufhin öffnet sich eine Eingabebox, in die Sie den gewünschten Bereich per Auswahl mit der Maus eingeben können (s. Abb. 7).

Abb. 7: Markieren Sie den Bereich mit der Maus.

3 Sie wählen dort dann also beispielsweise den **1**. bis **9**. Januar aus und bestätigen Ihre Einstellungen mit **OK**. Als Ergebnis erhalten Sie dann nur den gewünschten Ausschnitt der Tabelle angezeigt (s. Abb. 8). ■

> **HINWEIS**
> Beachten Sie, dass die Markierung wirklich nur in der sechsten Zeile, also unterhalb der Zeile mit dem Tagesdatum vorgenommen wird.

Abb. 8: Nur die Mitarbeiter mit eingetragenen Fehlzeiten werden hier angezeigt.

Um wieder in den normalen Ansichtsmodus zurückzukehren, wählen Sie aus dem Menü **Urlaubsplanung** den Befehl **Alle Zeilen einblenden**. Sie erhalten dann wieder die Tabelle mit allen Zeilen Ihres Kalenders eingeblendet.

4 Diagrammfunktion

Dieser Urlaubsplaner stellt Ihnen zwei komfortable automatische Diagrammfunktionen zur Verfügung. Damit können Sie Diagramme auf dynamische Art und Weise erstellen.

Dynamische Diagramme werden bei einer Änderung der Daten automatisch angepasst und müssen nicht immer wieder neu erstellt werden. Sie setzen die Programmfunktion **Diagrammerstellung** wie folgt ein:

1 Wählen Sie dazu aus dem Menü **Urlaubsplanung** den Befehl **Diagrammerstellung** (s. Abb. 9).

Abb. 9: Der Menüpunkt Diagrammerstellung

2 Das Programm wechselt nun automatisch auf die Tabelle **Auswertung** und zeigt dort eine Inputbox an, in der schon vorab ein Bereich angegeben ist (s. Abb. 10).

Abb. 10: Die Inputbox mit dem vorgegebenen Bereich

3 Dieser Bereich liefert die Daten für Ihr Diagramm, in der aktuellen Auswahl für alle Mitarbeiter und alle Fehlzeittypen (s. Abb. 11).

4 Sie können den Bereich selbstverständlich anpassen. Die Spalte **C** muss aber auf jeden Fall immer mit einbezogen werden.

5 Wenn Sie dort nur einzelne Mitarbeiter und auch nur ausgewählte Fehlzeittypen auswählen, dann achten Sie darauf, dass der dazugehörige Bereich in den Spalten **G** bis **J** zusätzlich markiert wird. Um diese Mehrfachmarkierung durchzuführen, halten Sie die Taste **Strg** gedrückt, während Sie die Zellen in Ihrer Tabelle markieren.

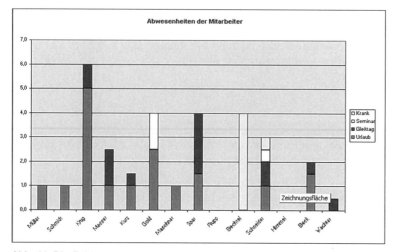

Abb. 11: Die Fehlzeiten aller Mitarbeiter werden farblich nach den unterschiedlichen Typen dargestellt.

6 Sind die gewünschten Bereiche markiert, dann klicken Sie auf **OK**. Ein neues Diagrammblatt mit dem Namen **Diagramm** und einer fortlaufenden Nummer, wie zum Beispiel **Diagramm2**, wird in die Mappe eingefügt. ■

Sie können die eingefügten Diagramme jederzeit wieder löschen, indem Sie die Registerlasche des entsprechenden Blatts mit der rechten Maustaste anklicken und im Kontextmenü den Eintrag **Löschen** wählen.

> **HINWEIS**
>
> Selbstverständlich können Sie Diagramme zur Auswertung Ihrer Daten auch über die Menübefehle **Einfügen** → **Diagramm** auf die gewohnte Weise einfügen.

5 Einzelauswertung der Mitarbeiter

Zusätzlich zur gerade beschriebenen Diagrammerstellung steht Ihnen in der Tabelle **Auswertung** im Bereich **Mitarbeiter auswerten** noch eine weitere Möglichkeit, die Daten über ein dynamisches Diagramm auszuwerten, zur Verfügung (s. Abb. 12).

Es handelt sich dabei um eine Fehlzeitenstatistik für jeden einzelnen Mitarbeiter, die Sie mit den folgenden Schritten bedienen:

1 Wählen Sie mit Hilfe der Auswahlliste in der Zelle **B26** einen Mitarbeiter über dessen Personalnummer aus.

2 Sie erhalten dann die Felder **Namen**, **Vornamen** und **Kst./Abt.** neben der Personalnummer angezeigt.

3 Die Fehlzeitenstatistik des betreffenden Mitarbeiters besteht aus einer Tabelle, in der die Summen aller Fehlzeitentypen aufgelistet sind, und einem Säulen-Diagramm aus den Summen.

4 Sobald Sie einen anderen Mitarbeiter auswählen, werden die angezeigten Daten überschrieben und die des gewählten Mitarbeiters angezeigt. ■

> **HINWEIS**
>
> Soll eine dieser Auswertungen mit den aktuellen Daten zu Dokumentationszwecken erhalten bleiben, dann drucken Sie diese Auswertung über das Standard-Druckmenü von Excel aus.

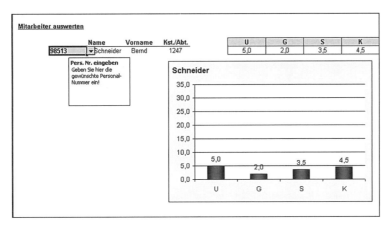

Abb. 12: Nach Auswahl des Mitarbeiters erhalten Sie die zugehörige Fehlzeitenstatistik.

6 Druckfunktionen des Urlaubsplaners

Alle Tabellen sind bereits für den Ausdruck auf DIN-A4-Format optimiert; für die Monatslisten gibt es eigene Druckroutinen.

Damit Sie den Kalender monatsweise ausdrucken können, starten Sie den Ausdruck über die eingebaute Druckroutine. Gehen Sie dazu wie folgt vor:

1 Starten Sie den Druckvorgang über das Menü **Urlaubsplanung** → **Druckmenü aufrufen** (s. Abb. 13).

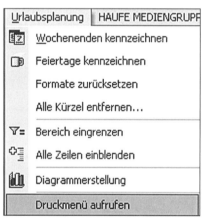

Abb. 13: Das Druckmenü aufrufen

2 Im anschließenden Druck-Dialog können Sie den gewünschten Monat auswählen (s. Abb. 14).

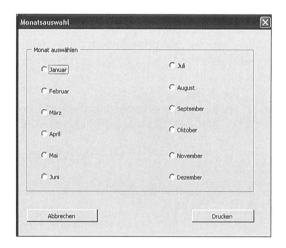

Abb. 14: Komfortabel wird der Monat ausgewählt, alles andere erledigt die Druckroutine.

3 Das Druckprogramm legt dann automatisch fest, welche Spalten dynamisch ausgeblendet werden. Der Druckbereich wird dadurch für die Dauer des Druckvorgangs eingestellt und es wird die Seitenanpassung vorgenommen.

4 Nach dem Ausdruck wird der Ausgangszustand des Urlaubsplaners wieder hergestellt. ∎

7 Tipps für Anpassungen

Diesen Urlaubsplaner können Sie beliebig erweitern und ergänzen. An dieser Stelle nennen wir Ihnen nur ein paar ausgewählte Möglichkeiten.

7.1 Weitere Mitarbeiter anlegen

Sollten Ihnen beispielsweise die angelegten Zeilen für die Mitarbeiter nicht ausreichen, so können Sie in der Tabelle **Auswertung** zusätzliche Zeilen einfügen, indem Sie die entsprechenden Formeln mit dem Ausfüllkästchen nach unten kopieren.

Beachten Sie aber dabei, dass Sie auch die Formeln für die Diagramme entsprechend erweitern, damit die Auswertungen auch für alle Mitarbeiter vorgenommen werden können.

Für die Auswertung der einzelnen Mitarbeiter müssen Sie zudem das Dropdownfeld erweitern, mit dem Sie die Personalnummer des jeweiligen Mitarbeiters auswählen können.

Dazu sind die folgenden Schritte notwendig:

1 Klicken Sie die Zelle mit der Auswahlliste an (in der Musterlösung **B26**) und öffnen Sie über die Menübefehle **Daten → Gültigkeit** den Dialog **Gültigkeitsprüfung**.

2 Im Dialogfenster **Gültigkeitsprüfung** geben Sie unter dem Eintrag **Quelle** den erweiterten Bereich für die Personalnummern an. Markieren Sie dazu in der Tabelle die Zelle **B5** bis zu der Zelle, die das Ende der Erweiterung darstellt (s. Abb. 15).

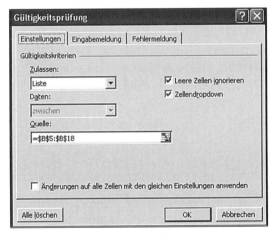

Abb. 15: Über die Funktion Gültigkeit wird die Dropdownliste erstellt.

3 Alle weiteren Einträge in diesem Dialog können Sie unverändert lassen. Verlassen Sie den Dialog mit einem Klick auf die Schaltfläche **OK**. ■

7.2 Die farbliche Gestaltung in der Jahresauswertung ändern

Standardmäßig enthält die Jahresauswertung des Urlaubsplaners in der Tabelle **Auswertung** folgende Funktionalität:

Sobald ein Mitarbeiter die Anzahl seiner ihm zustehenden Urlaubstage überschritten hat, wird die Summe der Urlaubstage rot markiert (s. Abb. 16).

Pers.-Nr.	Name	Vorname	Kst/Abt.	Anspruch	Urlaub	Gleittag	Seminar	Krank
67890	Müller	Hans	1245	30	1,0	0,0	0,0	0,0
79089	Schmidt	Ralf	1246	32	1,0	0,0	0,0	0,0
89768	Krug	Katrin	1245	30	5,0	1,0	0,0	0,0
46987	Messer	Kurt	1245	30	1,0	1,5	0,0	0,0
87670	Kurz	Maria	1246	25	1,0	0,5	0,0	0,0
56789	Gold	Stefanie	1245	25	2,5	0,0	1,5	0,0
76890	Maschner	Regina	1247	30	1,0	0,0	0,0	0,0
67986	Spar	Erich	1247	32	1,5	2,5	0,0	0,0
98634	Rupp	Anja	1245	30	0,0	0,0	0,0	0,0
57967	Bechtel	Heinz	1246	30	0,0	0,0	0,0	4,0
98513	Schneider	Bernd	1247	30	33,5	1,0	3,5	3,5
87345	Himmel	Elvira	1245	30	0,0	0,0	0,0	0,0
34351	Beck	Alfred	1247	32	1,5	0,5	0,0	0,0
12312	Wachter	Sandra	1245	30	0,0	0,5	0,0	0,0

Abb. 16: Sobald die Anzahl der Urlaubstage überschritten ist, wird die Summe rot markiert.

Sie können diese farbliche Gestaltung nun auch ändern oder eine solche Markierung auch für die Einträge der anderen Fehlzeiten vornehmen. Im folgenden Beispiel soll die Summe der Krankheitstage bei Überschreitung von mehr als zehn Tagen farblich gelb gekennzeichnet werden:

1 Markieren Sie dazu den Zellbereich der Zellen **J5** bis **J18**.

2 Öffnen Sie den Dialog **Bedingte Formatierung** über das Menü **Format → Bedingte Formatierung**.

3 Dort geben Sie unter **Bedingung 1** die Bedingung **Zellwert ist größer als 10** ein und wählen unter Format die gelbe Farbe aus.

4 Verlassen Sie den Dialog mit einem Klick auf **OK**. ■

Auf diese Weise können Sie auch für die anderen Fehlzeittypen wie Gleitzeit- oder Seminartage Bedingungen hinterlegen, die Ihnen die Auswertung der Fehlzeiten optisch erleichtert. Sie können damit beispielsweise eine Höchstgrenze für Gleitzeittage oder eine Mindestanzahl Seminartage überwachen.

8 Zusammenfassung

Diese Musterlösung bietet Ihnen eine komfortable Möglichkeit, Urlaubstage, Abwesenheiten zwecks Weiterbildung sowie Gleit- und Krankheitstage zu planen und zu analysieren.

Dabei werden folgende **Kennzeichnungen** in den Tabellen **Jan-Jun** und **Jul-Dez** eingesetzt:

- **U** und **u** = Urlaub ganztags oder halbtags (Zellenhintergrund **hellorange**)
- **G** und **g** = Gleittag ganztags oder halbtags (Zellenhintergrund **orange**)
- **S** und **s** = Seminar ganztags oder halbtags (Zellenhintergrund **hellgrün**)
- **K** und **k** = Krankheit ganztags oder halbtags (Zellenhintergrund **weiß**)

Bei der Arbeit mit diesem Tool unterstützt Sie darüber hinaus das Menü **Urlaubsplanung**, mit dessen Hilfe Sie unter anderem die Kennzeichnung von Wochenenden und Feiertagen festlegen können.

In der Tabelle **Feiertage** werden hierzu nach Eingabe des gewünschten Jahres in **C1** automatisch die Feiertage des Jahres berechnet.

Einen schnellen Überblick über die Abwesenheitszeiten erhalten Sie durch eine **Gesamt-** und **Einzelauswertung** der einzelnen Mitarbeiter in den Tabellen **Auswertung** und **Diagramm1**.

Online: Abrechnung von geringfügig Beschäftigten

Susanne Kowalski

Der pauschale Abgaben- und Steuersatz für geringfügig Beschäftigte ist seit dem 1.7.2006 von 25 auf 30 Prozent gestiegen. Auch für Beschäftigungsverhältnisse in der so genannten Gleitzone zwischen 400,01 und 800 Euro haben sich mit diesem Stichtag Änderungen ergeben. Die Große Koalition will die Minijob-Verhältnisse langfristig abbauen und alternativ sozialversicherungspflichtige Beschäftigungsverhältnisse schaffen. Die erhöhten Pauschalabgaben passen zu diesem Konzept.

> **HINWEIS**
>
> Auf der Onlineversion von Excel im Unternehmen stellen wir Ihnen unter **Premium-Tools** in der Kategorie **Personalarbeit** eine komfortable Musterlösung für die Abrechnung von geringfügig Beschäftigten zur Verfügung.

Verdienstabrechnung für Aushilfen und Geringfügig Beschäftigte		
	Abrechnungsmonat:	Juli 06
Name des Arbeitnehmers	Urlaubsanspruch	30
Anton Mustermann	genommener Urlaub	
Adresse des Arbeitnehmers	bis zum Abrechnungsmonat	10
Kuperstiege 12	im Abrechnungsmonat	10
49458 Düsseldorf	Resturlaub lfd. Jahr	10
Bankverbindung		
Konto-Nr. 172 288 193, Deutsche Bank Mettmann		
Verdienst im Abrechnungsmonat		
Abrechnungsbetrag		400,00 €
Abzüge		
Auszahlungsbetrag		400,00 €
Arbeitgeberabgaben		
Krankenversicherung	13%	52,00 €
Rentenversicherung	15%	60,00 €
Steuer	2%	8,00 €
Gesamt		120,00 €

Abb. 1: Verdienstabrechnung für geringfügig Beschäftigte.

Online: Personalplanung und -auswahl

Susanne Kowalski

Qualifizierte Mitarbeiter sind die Zukunft jedes Unternehmens. Die Suche nach dem richtigen Personal ist jedoch nicht immer einfach, gerade in Zeiten einer anspringenden Konjunktur. Langfristig wird sich diese Entwicklung auf Grund des demografischen Wandels noch verstärken. Grund genug für eine sorgfältige Personalplanung und -auswahl, auch um Fehlinvestitionen zu vermeiden.

Excel im Unternehmen unterstützt Sie bei den einzelnen Phasen der Personalsuche mit einer Vielzahl von Arbeitshilfen. Von der Vorbereitungs-, über die Bewerbungs- bis hin zur Einstellungsphase gibt es unterschiedliche Ansatzpunkte, bei denen Sie Ihr Tabellenkalkulationsprogramm Excel sinnvoll unterstützen kann:

- **Personalplanung**
  Anwesenheit, Kapazitätsbedarf, Berechnung der Zu- und Abgänge, Personalbedarf
- **Mitarbeitersuche**
  Stellenausschreibung, innerbetriebliche Stellenausschreibung, zulässige Fragen
- **Bewerberauswahl**
  Anforderungsprofil, Stellenbeschreibung, Personalfragebogen, Bewertung des Vorstellungsgesprächs

> **HINWEIS**
>
> Auf der Onlineversion von Excel im Unternehmen stellen wir Ihnen unter **Premium-Tools** in der Kategorie **Personalarbeit** eine Musterlösung für die Personalplanung und -auswahl zur Verfügung.

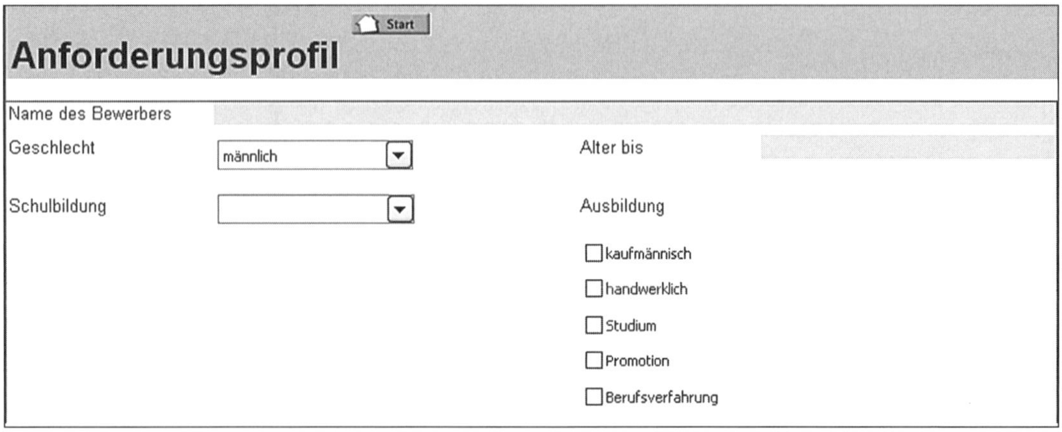

Abb. 1: Kopfteil des Anforderungsprofils

V. Finanzen & Controlling

Wer zu spät an die Kosten denkt, ruiniert sein Unternehmen.
Wer immer zu früh an die Kosten denkt, tötet die Kreativität.

PHILIP ROSENTHAL
Deutscher Unternehmer und Politiker
geb. 23.10.1916

Im Zusammenhang mit Finanzen und Budgets müssen Zahlen geplant und verwaltet, Abweichungen ständig beobachtet und analysiert werden. Auf diese Weise wird eine Selbsteinschätzung der gegenwärtigen und zukünftigen Ertragslage sowie der Wertschöpfung des Unternehmens möglich.

Ein wesentliches Kalkulationsthema in jedem Unternehmen ist die **Preiskalkulation**. Zur Preisbildung gibt es eigene Kalkulationsschemata aus Warenhandel und Industrie. Diese Schemata lernen Sie im Beitrag „Kalkulation: So ermitteln Sie Ihre Preise" kennen. Dabei erfahren Sie, wie Sie mehrere aufeinander folgende, voneinander abhängige Rechengrößen in einem Tabellengerüst geschickt anlegen.

Eine **Budgetkontrolle,** mit deren Hilfe Sie Einnahmen und Ausgaben planen und überwachen können, ermöglicht Ihnen, die vorgesehenen Maßnahmen zu präzisieren und ihre Auswirkungen weitgehend vorhersehbar zu machen.

Unter Liquidität versteht man die Fähigkeit eines Unternehmens, die zu einem bestimmten Zeitpunkt fälligen Zahlungsverpflichtungen erfüllen zu können. Wenn ein Unternehmen nicht liquide ist, steht unter Umständen sein Fortbestand in Frage. Die **Liquiditätssteuerung** ist deshalb ein wichtiges Instrument im Zusammenhang mit der Finanzierung von Unternehmen.

Kreditangebote sind schwer miteinander zu vergleichen. Die Angebote der Banken unterscheiden sich oft in Details wie tilgungsfreie Anlaufzeiten oder variable Zinssätze. Der **Profi-Darlehensrechner** erstellt für die gängigen Darlehensformen einen übersichtlichen Tilgungsplan und berechnet wichtige Vergleichsdaten wie den tatsächlichen effektiven Zinssatz. Bestimmen Sie ab sofort mit diesem Tool ohne Probleme das für Sie günstigste Finanzierungsangebot.

Viele weitere Tools zu diesem Thema finden Sie online unter **www.redmark.de/excel**.

Aus dem Inhalt:

- Kalkulation: So ermitteln Sie Ihre Preise
- Budgetkontrolle
- Liquiditätssteuerung
- Profi-Darlehensrechner
- Online: Abschreibungsrechner
- Online: Erfolgsrechnung mit integriertem Frühwarnsystem
- Online: Ansparpläne mit Zins und Zinseszins

Kalkulation: So ermitteln Sie Ihre Preise

Susanne Kowalski

Die Kalkulation ist nach Kostenartenrechnung und Kostenstellenrechnung die dritte Stufe der laufenden Kostenrechnung. Dabei geht um die Beantwortung der folgenden Fragestellung: Welche Kosten sind für das einzelne Produkt, für die einzelne Leistung, für den Auftrag, d. h. für den Kostenträger, angefallen? Auf der Basis der Ergebnisse werden dann die Preise ermittelt. Wir zeigen Ihnen in diesem Beitrag, wie Sie eine Kalkulation für eigene Erzeugnisse und den Warenhandel in Excel umsetzen.

1 So kalkulieren Sie mit geeigneten Werkzeugen

Je nachdem, ob Sie Waren zukaufen, um diese weiter zu vertreiben, oder ob Sie selber Produkte herstellen und diese verkaufen, muss ein ganz bestimmtes Kalkulationsschema angewandt werden. Schließlich hat ein Warenhandelsunternehmen einen anderen Ansatz als ein Industriebetrieb.

Der Aufbau eines Kalkulationsschemas ist betriebsindividuell sehr unterschiedlich und im Wesentlichen von Produktionsverfahren und Produktionsstruktur abhängig. Dennoch gibt es für die Kalkulation besonders im Industriebetrieb und im Handelsunternehmen einheitliche Grundstrukturen. Im Rahmen dieses Beitrags stellen wir Ihnen folgende Varianten der Zuschlagskalkulation vor:

- Handelswarenkalkulation
- Industriekalkulation für eigene Produkte

Überwiegend benötigen Sie hierfür recht einfache Excel-Formeln. An einigen Stellen werden im Rahmen der Prozentrechnung Berechnungen im Hundert und vom Hundert benötigt. Diese lassen sich in einer einzigen Excel-Formel umsetzen.

> **HINWEIS**
>
> Die fertige Lösungsdatei finden Sie auf unserer CD-ROM unter der Bezeichnung **Kalkulation.xls**. Über die Schaltflächen der Startseite bestimmen Sie, ob Sie eine Warenhandelskalkulation oder eine Industriekalkulation durchführen möchten. Bei Bedarf können Sie über die Startseite auch zwischen den beiden Modellen wechseln. Berücksichtigen Sie, dass Kalkulationsschemata unter Umständen nicht allein einen Verkaufspeis festlegen können, da diese Rechenwege Markteinflüsse, wie z. B. die Konkurrenzsituation, unberücksichtigt lassen.

2 Kalkulationsschema für den Warenhandel

Beginnen wollen wir unsere Ausführungen mit dem Kalkulationsschema für den Warenhandel. Das heißt, es werden Preise für Produkte ermittelt, die zunächst zugekauft und dann weiter veräußert werden. In einem Warenhandelsunternehmen muss die Verkaufsabteilung wissen, zu welchem Einstandspreis eine Ware eingekauft und zu welchem Verkaufspreis sie wieder verkauft werden kann. Die Warenhandelskalkulation geht deshalb von der Einkaufsrechnung aus und führt zur Verkaufsrechnung.

Kalkulation: So ermitteln Sie Ihre Preise

Kalkulation Handelswaren ⌂ Start

Bezeichnung	Zuschlags-satz	Kosten	Anteil am BVP	Zuschlags-satz	Kosten	Anteil am BVP
Bruttolistenpreis						
Mehrwertsteuersatz		- €			- €	
LISTENPREIS OHNE MEHRWERTSTEUER		- €			- €	
Liefererrabatt		- €			- €	
ZIELEINKAUFSPREIS		- €			- €	
Lieferantenskonto		- €			- €	
BAREINKAUFSPREIS		- €			- €	
Bezugskosten						
BEZUGSPREIS		- €			- €	
Geschäftskosten		- €			- €	
SELBSTKOSTEN		- €			- €	
Gewinn		- €			- €	
BARVERKAUFSPREIS (BVP):		- €			- €	
Skonto		- €			- €	
Vertreterprovision		- €			- €	
ZIELVERKAUFSPREIS (ZVP):		- €			- €	
Kundenrabatt		- €			- €	
LISTENVERKAUFSPREIS netto (LVP):		- €			- €	
Mehrwertsteuersatz		- €			- €	
LISTENVERKAUFSPREIS brutto:		- €			- €	

Abb. 1: Handelswarenkalkulation von Listenpreis zu Listenpreis

2.1 Das Tabellengerüst

In den folgenden Ausführungen wird das Anlegen einer Kalkulation Schritt für Schritt einschließlich der verwendeten Formeln erläutert.

1 Die Musterlösung basiert auf einem Tabellengerüst mit den Spalten **Zuschlagssatz**, **Kosten**, **Anteile am BVP** (s. Abb. 1). BVP ist die Abkürzung für Bruttoverkaufspreis.

2 Tragen Sie in **E13** den für das Produkt gültigen Mehrwertsteuersatz ein. Der Mehrwertsteuersatz kann über die Formel =E13 in die Zelle **E30** übernommen werden.

3 Ausgangspunkt der Warenhandelskalkulation ist der Bruttolistenpreis des Lieferanten. Dieser Preis wird in der Zelle **F12** erfasst. Da die Umsatzsteuer für Unternehmer nur ein durchlaufender Posten ist, muss diese zunächst aus dem Bruttolistenpreis herausgerechnet werden. Die zugehörige Formel lautet

=F12/(100%+E13)*E13

Auf diese Weise erhalten Sie den Mehrwertsteueranteil als Betrag.

4 Der Nettolistenpreis, also der Listenpreis ohne Mehrwertsteuer, ergibt sich als Differenz aus Brutto und Mehrwertsteuerbetrag in Zelle **F14**:

=F12-F13

5 Häufig erhält man vom Lieferanten der Waren einen Rabatt. Dieser wird vom Nettolistenpreis abgezogen. Der Rabatt muss als Prozentwert erfasst werden. Der zugehörige Betrag wird in **F15** ermittelt:

=F14*E15

6 Das Ergebnis ist der Zieleinkaufspreis in **F16**:

=F14-F15

7 Der Zieleinkaufspreis wiederum reduziert sich unter Umständen um Lieferantenskonto bei Zahlung der Rechnung vor Fälligkeit. Der Skontowert wird in **E17** erfasst. Der eigentliche Skontobetrag wird in **F17** mit Hilfe der folgenden Formel ermittelt:

=F16*E17

8 Nach Abzug des Skontos vom Zieleinkaufspreis ergibt sich der so genannte Bareinkaufspreis. Dieser wird mit Hilfe der folgenden Formel in **F18** ermittelt:

=F16-F17

9 Unter Umständen erhöht sich der Bareinkaufspreis um Bezugskosten. Dafür ist eine weitere Zeile vorgesehen. Die Bezugskosten werden als absoluter Wert erfasst. Nach Addition der Bezugskosten zum Bareinkaufspreis erhält man den Einstandspreis, auch Bezugspreis genannt, einer Ware in **F20** mit Hilfe der Formel

=F18+F19

10 Das Ordern von Waren ist in der Regel mit verschiedenen Kosten verbunden. In unserer Musterlösung heißen diese Geschäftskosten. Die Angabe der Geschäftskosten erfolgt als Prozentwert. Die Summe aus Geschäftskosten und Bezugspreis wird in **F21** mit Hilfe dieser Formel ermittelt:

=F20*E21

Geschäftskosten entstehen durch verschiedene Kostenfaktoren beim Einkauf der Ware. Dabei handelt es sich zum Beispiel um Personalkosten für die Einkäufer, Steuern, Abgaben, Transportkosten, Versicherungen etc. Da diese Kosten für die Gesamtheit der bezogenen Waren entstehen, lassen sie sich nicht auf die Preise der einzelnen Waren direkt verrechnen. Es handelt sich dabei um Gemeinkosten, die in der Praxis in einer Nebenrechnung aus den Konten der Buchhaltung ermittelt werden.

11 Die Selbstkosten in **F22** ergeben sich durch die Formel:

=F20+F21 ∎

2.2 Von den Selbstkosten zum Bruttoverkaufspreis

Ziel einer unternehmerischen Tätigkeit ist es, Waren mit Gewinn zu verkaufen. Aus diesem Grund muss ein so genannter Gewinnzuschlag in der Kalkulation berücksichtigt werden. Dabei handelt es sich ebenfalls um eine prozentuale Wertangabe. Beim Gewinnzuschlag müssen der Kapitalzins für das im Unternehmen angelegte Eigenkapital, ein Unternehmerlohn für die Tätigkeit des Unternehmers sowie eine Risikoprämie für das unternehmerische Risiko berücksichtigt werden. Schließlich ist die Geschäftstätigkeit mit verschiedenen Gefahren wie zum Beispiel Forderungsausfällen, Schwund, Diebstahl, verdorbenen Waren verbunden. Auch der Gewinnzuschlag wird in der Regel in einer Nebenrechnung als Summe von Kapitalzinsen, Unternehmerlohn und brachenüblicher Risikoprämie ermittelt.

Die Ermittlung der Selbstkosten ist ein wichtiger Meilenstein im Rahmen einer Kalkulation. Mit den notwendigen Zuschlagssätzen verrechnet führen sie zum Barverkaufspreis:

1 Selbstkosten zuzüglich des in Zelle **E23** anzugebenden prozentualen Gewinnzuschlags ergeben zunächst den Barverkaufspreis. Der Gewinnzuschlag ergibt sich in **F23** durch:

=F22*E23

2 Der Barverkaufspreis wird in **F24** errechnet. Geben Sie dazu folgende Formel an:

=F22+F23

3 Falls Sie dem Kunden Skonto bei vorzeitiger Zahlung gewähren, geben Sie den entsprechenden Prozentwert in die Zelle **E25** ein. Der Skontobetrag ergibt sich dann in **F25** wie folgt:

=$F$24*E25/(100%-E25-E26)

In diesem Zusammenhang liegt ein verminderter Grundwert vor: Kundenskonto wird dem Kunden vom Zielverkaufspreis aus gewährt. Aus diesem Grunde muss Skonto im Hundert vom Barverkaufspreis errechnet werden.

4 Häufig muss auch eine Vertreterprovision entrichtet werden. Den zugehörigen Prozentwert tragen Sie in **E26** ein. Die Formel in **F26** lautet:

=$F$24*E26/(100%-E25-E26)

5 Wenn man die Positionen Kundenskonto und Vertreterprovision mit dem Barverkaufspreis verrechnet, erhält man in **F27** den Zielverkaufspreis mit Hilfe der Formel

=F24+F25+F26

6 Schließlich muss unter Umständen noch ein Kundenrabatt berücksichtigt werden. Diesen Wert geben Sie ebenfalls als Prozentwert in **E28** ein. In diesem Zusammenhang arbeiten Sie wiederum mit einem verminderten Grundwert. Der zugehörige Betrag wird so errechnet:

=E28*F27/(100%-E28)

7 Nach Abzug des Kundenrabatts ergibt sich der Listenverkaufspreis in der Zelle **F29**:

=F27+F28

8 In **F30** wird die Mehrwertsteuer errechnet:

=F29*E30

9 Der Bruttoverkaufspreis ergibt sich in **F31**:

=F29+F30 ■

2.3 Die Anteile an den einzelnen Positionen

Zur Ermittlung der Anteile der einzelnen Positionen, die sich im Kalkulationsschema ergeben, setzen Sie die Prozentrechnung ein. Der Barverkaufspreis entspricht 100%. Die Anteile der einzelnen Positionen am Barverkaufspreis können der Spalte **Anteile vom BVP** entnommen werden.

Der Anteil in **G12** ergibt sich durch Division der zugehörigen Position aus Spalte **F** durch den Bruttoverkaufspreis. Die Formel lautet:

=WENN($F$24=0;0;F12/$F$24)

In diesem Zusammenhang ergeben sich folgende Besonderheiten:

- Die Zelle **F24**, in der sich der Bruttoverkaufspreis befindet, muss als absoluter Zellbezug angegeben werden, damit die Formeln in die nachfolgenden Zellen kopiert werden können. Um Zellen absolut zu setzen, arbeitet man mit Dollarzeichen.

- Mit Hilfe einer WENN-Funktion (s. Abb. 2) wird überprüft, ob der Wert in **F24** Null entspricht. Ist das der Fall, soll die Division nicht durchgeführt werden, da die Division durch Null zu Fehlermeldungen führt.

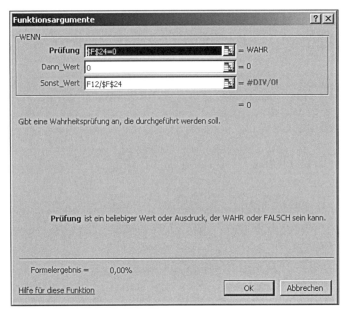

Abb. 2: Der Funktions-Assistent der WENN-Funktion

> **PRAXIS-TIPP**
>
> Eine Tabelle wirkt in der Regel ansprechender, wenn die Gitternetzlinien entfernt werden. Dies erledigen Sie unter **Extras → Optionen** auf der Registerkarte Ansicht, indem Sie dort das Kontrollkästchen **Gitternetzlinien** deaktivieren.

Die Tabelle Handelswarenkalkulation ermöglicht die Kalkulation von bis zu fünf Waren innerhalb einer Tabelle. Die nachfolgenden Spalten wurden analog zu den Spalten **E** und **F** aufgebaut.

3 Zuschlagskalkulation für eigene Erzeugnisse

Jetzt stellen wir ein Kalkulationsschema vor, das in der Praxis häufig bei der Herstellung eigener Erzeugnisse angewendet wird. Bis zur Ermittlung der Selbstkosten unterscheidet sich dieses Schema grundlegend von der Handelswarenkalkulation, da Material-, Fertigungskosten sowie Verwaltungs- und Vertriebsgemeinkosten ins Kalkül gezogen werden müssen. Die Grundstruktur, die in der Praxis und in unserer Musterlösung weiter differenziert wird (s. Abb. 3), sieht folgendermaßen aus:

```
    Materialkosten
+   Fertigungskosten
=   Herstellkosten
+   Verwaltungsgemeinkosten
+   Vertriebsgemeinkosten
=   Selbstkosten
```

Materialkosten fallen im Zusammenhang mit dem Produzieren von Eigenerzeugnissen an. Dazu gehören u. a.: Rohstoffe, Hilfsstoffe, Fremdbauteile und Vorprodukte, Fremdleistungen für eigene Erzeugnisse und Verpackungsmaterial. **Materialgemeinkosten** sind indirekte Kosten wie Raum und Personalkosten des Lagers, die einem Produkt nicht direkt zugeordnet werden können. Sie werden in der Kalkulation in Form von Zuschlägen berücksichtigt.

Bei den **Fertigungskosten**, die ebenfalls im produzierenden Gewerbe anfallen, werden Fertigungseinzelkosten, Fertigungsgemeinkosten und Sondereinzelkosten der Fertigung unterschieden. Mit **Fertigungseinzelkosten** sind die Löhne für die Herstellung von Produkten gemeint. Sie können dem Produkt ohne großen Aufwand direkt zugeordnet werden. Sie entstehen in erster Linie durch geleistete Arbeitsstunden. **Fertigungsgemeinkosten** umfassen zum Beispiel Hilfslöhne und Energieverbräuche und werden über Zuschläge berücksichtigt. Im Gegensatz zu den Fertigungseinzelkosten können sie einem Produkt nicht direkt zugerechnet werden. Typische Fertigungsgemeinkosten sind die Gehälter von Meistern, Vorarbeitern oder die Kosten der Fertigungssteuerung.

Mit den Material- und Fertigungskosten liegen alle Werte zur Ermittlung der Herstellkosten vor. Die zugehörige Formel in Zelle **F24** lautet:

=F17+F23

Die Materialgemeinkosten werden im Anschluss an die Fertigungskosten errechnet. Sie ergeben sich als Produkt aus den zugehörigen Materialkosten und dem zugehörigen Gemeinkostenzuschlagssatz. Die Formel in **F25** lautet:

=E25*F12

Kalkulation Eigenprodukte				Start
Artikelkalkulation für:				
Artikelnummer				
Kundengruppe/Vertriebsweg				
Pos.	Bezeichnung	Zuschlagssatz	Kosten	Anteil am BVP
1	Rohmaterial			
2	Hilfsstoffe			
3	Fremdbauteile/Vorprodukte			
4	Fremdleistungen für Eigenerzeugnisse			
5	Verpackungsmaterial			
	MATERIAL-/WARENEINSATZ		- €	
1	Fertigungskosten Prod.-Bereich 1			
2	Fertigungskosten Prod.-Bereich 2			
3	Fertigungskosten Prod.-Bereich 3			
4	Fertigungskosten Prod.-Bereich 4			
5	Fertigungskosten Prod.-Bereich 5			
	FERTIGUNGSKOSTEN		- €	
	HERSTELLKOSTEN I		- €	
1	Materialgemeinkosten Rohmaterial		- €	
2	Materialgemeinkosten Hilfsstoffe		- €	
3	Materialgemeinkosten Fremdbauteile/Vorproduke		- €	
4	Materialkgemeinkosten Fremdleistungen		- €	
5	Materialgemeinkosten Verpackungsmaterial		- €	
	MATERIALGEMEINKOSTEN		- €	

Abb. 3: Oberer Teil der Kalkulation für eigene Produkte

Die Ermittlung der Fertigungsgemeinkosten erfolgt analog zu den Materialgemeinkosten. Die Fertigungsgemeinkosten errechnen sich in Zelle **F31** mit Hilfe folgender Formel:

=F18*E31

Damit liegen alle Kosten zur Ermittlung der Position **Herstellkosten II** vor. Sie ergeben sich in **F37** aus der Addition der Herstellkosten I, den Material- und Fertigungsgemeinkosten:

=F24+F30+F36

Außerdem müssen die **Sondereinzelkosten der Fertigung** berücksichtigt werden. Sondereinzelkosten können einem Produkt direkt zugeordnet werden. Sie fallen unregelmäßig und nur unter ganz bestimmten Voraussetzungen an. Sie werden beispielsweise durch Lizenzen, Sonderwerkzeuge, Schablonen oder Entwicklungskosten verursacht. Addiert man zu den Herstellkosten die Sondereinzelkosten der Fertigung, erhält man die gesamten Produktionskosten. Zuzüglich der Verwaltungs- und Vertriebsgemeinkosten ergeben sich dann die Selbstkosten in

F47 (s. Abb. 4), die einen wichtigen Meilenstein im Rahmen der Kalkulation bilden:
=SUMME(F44:F46)

Verwaltungsgemeinkosten fallen beispielsweise für Gehälter oder Telefonzentrale an, **Vertriebsgemeinkosten** entstehen z. B. durch die Werbung.

Wie bei der Handelswarenkalkulation müssen Gewinnzuschlag, Kundenskonto, Vertreterprovision, Kundenrabatt und Mehrwertsteuer berücksichtigt werden, um zum Bruttoverkaufspreis zu gelangen.

	MATERIALGEMEINKOSTEN		- €	
1	Fertigungsgemeinkosten Bereich 1		- €	
2	Fertigungsgemeinkosten Bereich 2		- €	
3	Fertigungsgemeinkosten Bereich 3		- €	
4	Fertigungsgemeinkosten Bereich 4		- €	
5	Fertigungsgemeinkosten Bereich 5		- €	
	FERTIGUNGSGEMEINKOSTEN		- €	
	HERSTELLKOSTEN II		- €	
1				
2				
3				
4				
5				
	SONDEREINZELKOSTEN		- €	
	PRODUKTIONSKOSTEN		- €	
	Verwaltungsgemeinkosten		- €	
	Vertriebsgemeinkosten		- €	
	SELBSTKOSTEN		- €	
	Gewinn		- €	
	BARVERKAUFSPREIS (BVP):		- €	
	Skonto		- €	
	Vertreterprovision		- €	
	ZIELVERKAUFSPREIS (ZVP):		- €	
	Kundenrabatt		- €	
	LISTENVERKAUFSPREIS netto (LVP):		- €	
	Mehrwertsteuersatz		- €	
	LISTENVERKAUFSPREIS brutto:		- €	

Abb. 4: Der untere Teil des Kalkulationsschemas für eigene Produkte

4 Excel-Techniken

Bei der Erstellung unserer Musterlösung wurden diverse Excel-Techniken angewandt, die den Umgang mit den Tabellen besonders komfortabel machen.

4.1 Blattschutz

Damit die Formeln im Übersichtsblatt nicht versehentlich überschrieben werden, wurden alle Zellen, bis auf die Eingabezellen, gesperrt. Wenn Sie an einem geschützten Arbeitsblatt Änderungen durchführen möchten, müssen Sie den Zellschutz über **Extras → Schutz → Blattschutz aufheben** deaktivieren. Vergessen Sie anschließend nicht, den Schutz über **Extras → Schutz → Blatt schützen** wieder zu aktivieren.

4.2 Nullwerte unterdrücken

Wenn Sie für einige Positionen keine Eingaben tätigen müssen, werden in Ihren Tabellen möglicherweise zahlreiche Nullen gezeigt. Das macht die Arbeitsblätter unübersichtlich.

Unterdrücken können Sie die Anzeige von Nullen über **Extras → Optionen** auf der Registerkarte **Ansicht** über das Kontrollkästchen **Nullwerte**. Deaktivieren Sie dazu das entsprechende Kontrollkästchen im Bereich **Fensteroptionen** und bestätigen Sie die Einstellung durch einen Klick auf die Schaltfläche **OK**.

4.3 Genauigkeit der Ergebnisse

Bei sehr kleinen Preisen können im Rahmen der Zuschlagskalkulation Rundungsdifferenzen bei den verschiedenen Positionen entstehen. Sollte dies bei Ihrem Zahlenmaterial zutreffen, können Sie diese Rundungsdifferenzen ausgleichen. Dazu wählen Sie **Extras → Optionen → Berechnung** (s. Abb. 5). Aktivieren Sie dort das Kontrollkästchen **Genauigkeit wie angezeigt** und verlassen Sie den Dialog über **OK**.

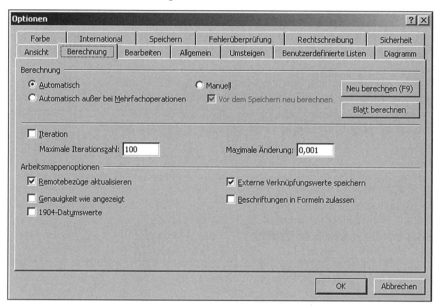

Abb. 5: In diesem Register bestimmen Sie, wie genau Excel rechnen soll

> **HINWEIS**
>
> Allerdings ist hierbei Vorsicht geboten! Wenn die Berechnungsgenauigkeit geändert wird, passt Excel alle konstanten Werte in den Tabellenblättern der Arbeitsmappe dauerhaft an. Wenn zu einem späteren Zeitpunkt eine Berechnung mit voller Genauigkeit durchgeführt werden soll, können die zugrunde liegenden Werte nicht wieder hergestellt werden.

5 Zusammenfassung

Um eine Kalkulation durchzuführen, sollten Sie ein Kalkulationsschema in einer Excel-Tabelle einrichten. Mit Hilfe von Formeln ermitteln Sie die einzelnen Positionen bis hin zum Listenverkaufspreis. Um die Anteile der einzelnen Positionen am Bruttoverkaufspreis zu ermitteln, sollten Sie die Fehlermeldung **#Div/0!** mit Hilfe einer WENN-Funktion abfangen.

Folgende Excel-Techniken sind im Zusammenhang mit einem Kalkulationsschema hilfreich:

- Den Blattschutz aktivieren Sie über **Extras → Schutz → Blatt schützen.**
- Nullwerte werden über **Extras → Optionen → Ansicht** über das Kontrollkästchen **Nullwerte** von der Anzeige ausgeschaltet.
- Rundungsdifferenzen lassen sich unter **Extras → Optionen → Berechnen** mit Hilfe des Kontrollkästchens **Genauigkeit wie angezeigt** ausgleichen.

Liquiditätssteuerung

Reinhard Bleiber, Emsdetten

Die wirtschaftliche Situation vieler kleiner Unternehmen in Deutschland ist geprägt von zurückgehenden Umsatzzahlen, verschlechterten Konditionen und harten Preiskämpfen am Markt. Das hat Auswirkungen auf die finanzielle Situation vieler Mittelständler, die traditionell nicht über üppige Eigenkapitalausstattungen verfügen können. Auf der anderen Seite haben gerade die Banken, die bisher stark im Kreditgeschäft mit Klein- und Mittelunternehmen engagiert waren, durch Basel II eine wesentlich zurückhaltendere Position bezogen. Damit wächst die Bedeutung einer Liquiditätssteuerung, also der Sicherstellung der Zahlungsfähigkeit eines Unternehmens gegenüber der Vergangenheit. Hat dort eine monatliche Kontrolle der Zahlen, verbunden mit einem regelmäßigen Blick auf den Kontostand ausgereicht, um drohende Engpässe zu erkennen, wird heute eine detaillierte Planung der Zahlungsströme und der dazugehörigen Einflussmöglichkeiten notwendig. Dabei kann Ihnen eine Excel-Lösung helfen.

> **HINWEIS**
>
> Die fertige Anwendung zu diesem Thema finden Sie unter dem Namen **Liquiditaetsplan.xls** auf der CD-ROM.

1 Auswirkungen fehlender Liquidität

Temporäre Zahlungsschwierigkeiten hat wohl jedes Unternehmen bereits erlebt und gemeistert. Doch auch diese haben erhebliche Nachteile, auch wenn nicht immer unbedingt Insolvenz die Folge ist. Durch den Verlust an Kreditwürdigkeit kann jedoch auch ein erheblicher Schaden entstehen.

1.1 Vertrauensverlust

Wenn einer Ihrer Kunden sich nicht an die Abmachungen zur Bezahlung der von Ihnen gelieferten Waren und Leistungen hält, werden Sie bei einem Folgeauftrag sehr vorsichtig sein. Genau so verhalten sich Ihre Lieferanten. Selbst langjährige Beziehungen mit positiven Erfahrungen zählen nicht mehr, wenn Sie Ihre Lieferanten außerhalb der üblichen Fristen bezahlen. Vor allem die Kreditversicherer, bei denen Ihre Lieferanten das Risiko eines Forderungsausfalls absichern, reagieren sehr schnell und warnen dann alle weiteren Versicherungsnehmer, die Ihr Unternehmen als Risiko angegeben haben.

> **PRAXIS-TIPP**
>
> Wenn Sie einen drohenden Zahlungsengpass erkennen, reden Sie mit Ihren wichtigsten Lieferanten und versuchen Sie, die Zahlungskonditionen für große Rechnungen zu verlängern. Offenheit bringt in solchen Fällen ein besseres Ergebnis als die nicht abgesprochene Verzögerung der Zahlungen.

1.2 Bestrafungen

Für ungebührliches Verhalten wie die verspätete Zahlung von fälligen Beträgen hält der Markt unterschiedliche Bestrafungen bereit. Noch recht genau zu kalkulieren sind die Verzugszinsen und Zuschläge, die bei Verzug von Steuerzahlungen und Zahlungen an die Sozialversicherungsträger geleistet werden müssen. Lieferantenkredite, nichts anderes sind aufgeschobene Zahlungen an die Geschäftspartner, werden zwar nicht sofort mit Zinsforderungen bezahlt, Skonto geht aber auf jeden Fall verloren. Und das ist, wie jeder kaufmännische Auszubildende schon im kaufmännischen Rechnen lernt, der teuerste Kredit. Diffiziler sind die Bestrafungsmechanismen, die durch das Langzeitgedächtnis der Institutionen bei negativen Vorfällen ausgelöst werden. Zahlungsziele werden reduziert, Vorkasse wird verlangt.

1.3 Insolvenz

Wird aus der kurzfristigen Zahlungsschwierigkeit ein langfristiges Zahlungsunvermögen kommt es zur Insolvenz. Dabei wurden schon gesunde und erfolgreiche Unternehmen zu Grabe getragen, weil der Erfolg nicht in Liquidität umgesetzt werden konnte. Hat z. B. das Unternehmen gut gearbeitet und fehlerfreie Leistungen geliefert, ist es in der Regel schon in Vorleistung gegangen, indem es Löhne, Gehälter und Materialien gekauft und bezahlt hat. Zahlt der Kunde nicht, so kann trotz des lukrativen Auftrages und weiter vollen Auftragsbüchern das Unternehmen nicht weitergeführt werden, zumindest nicht ohne Insolvenzverwalter. Solche Situationen müssen Sie rechtzeitig erkennen.

2 Die Einflussfaktoren der Liquidität

Die Steuerung der Liquidität ist eine komplexe Aufgabe, da es eine Vielzahl von Einflussfaktoren gibt, die dabei beachtet werden müssen. Einige davon sind vorhersehbar in ihrer kurz- und mittelfristigen Entwicklung, andere dagegen können auch kurzfristig nur ungenau geschätzt werden. Jeder Parameter muss bei der Planung und Steuerung beachtet und individuell behandelt werden.

2.1 Einzahlungen von Kunden

Für jedes Unternehmen sind die Zahlungen der Kunden die größte Quelle für liquide Mittel. Sie unterscheiden sich zwischen den Unternehmen hinsichtlich der Planbarkeit und der Sicherheit:

Planbarkeit

Auch bei Ihren Kunden haben sich Zahlungsverhalten eingebürgert, die Sie kennen sollten. Innerhalb der vorgegebenen Zahlungsfristen muss der Kunde seine Pflicht aus dem Kaufvertrag erfüllen. Wenn Sie wenige große Forderungen haben, können Sie diese einzeln bestimmen und den Geldeingang aus den Konditionen heraus berechnen. Bei vielen kleinen Forderungen sind Sie darauf angewiesen, die Durchschnittswerte der Vergangenheit als Planwerte anzusetzen.

Sicherheit

Wie sicher sind die von Ihnen gemachten Planungen? Je größer die Einzelforderung ist, desto größer sind die Auswirkungen auf Ihre Liquiditätssteuerung im Falle einer Verzögerung. Die Erfahrung zeigt, dass vor allem große Mengen kleiner Forderungen sicherer geplant werden können als die wenigen großen Beträge.

2.2 Sonstige Einnahmen

Erstaunlicherweise gehen vielen Unternehmen neben den Kundenzahlungen immer wieder auch beachtliche Zahlungen aus anderen Quellen zu. So wirken sich Steuerrückzahlungen ebenso positiv aus wie die Gewährung von Bankdarlehen oder die Einzahlung von Gesellschaftern. Wichtigster Punkt dürfte der Zahlungseingang aufgrund des Verkaufs von Anlagegütern sein. Werden nicht mehr benötigte Fahrzeuge oder Maschinen verkauft, führt das zu Zahlungsströmen, die jedoch nicht regelmäßig sind. Aus Nebengeschäften kommen Einnahmen in periodischen Abständen ins Unternehmen, z. B. bei der Vermietung von Gebäuden.

> **PRAXIS-TIPP**
> Überschätzen Sie die sonstigen Einnahmen nicht. In der Praxis werden die erwarteten Steuerrückzahlungen oder andere einmalige Vorkommnisse häufig überschätzt, da nur wenig Erfahrung damit vorhanden ist.

2.3 Auszahlungen an Lieferanten und andere Kreditoren

Den Einzahlungen Ihrer Kunden stehen die Auszahlungen an Ihre Lieferanten und andere Kreditoren (z. B. Versicherungen, Vermieter, Energielieferanten) gegenüber. Auch diese werden durch die Konditionen, die Sie ausgehandelt haben, bestimmt:

Die Zielvereinbarung bestimmt die Dauer des Ihnen gewährten Lieferantenkredites. Bis zum Ende der Zahlungsfrist müssen Sie den Betrag anweisen. Die Skontovereinbarung verändert die Höhe der Zahlung, wenn Sie innerhalb der Skontofrist zahlen. Auch die Möglichkeit von Nachlässen und Gutschriften müssen Sie berücksichtigen.

> **HINWEIS**
>
> Alle Zahlungen, gleichgültig ob ein- oder ausgehende, müssen mit eventuellen Steuern berücksichtigt werden. Es geht darum, die echten Zahlungsströme zu erfassen und dazu gehört auch die Umsatzsteuer. Die Zahlung an das Finanzamt wird separat erfasst, da sie häufig auch zeitversetzt erfolgt.

2.4 Steuerzahlungen

Steuerzahlungen sind an vorgegebene Fristen gebunden. Daher sollten diese sehr sorgfältig geplant werden. Insbesondere ist zu berücksichtigen die Zahlung der Umsatzsteuer als Differenz zwischen Mehrwert- und Vorsteuer. Beides ist abhängig von Ihrem Umsatz und dem dadurch ausgelösten Einkaufsverhalten.

Durch die Zahlungsziele Ihrer Kunden und Ihrer Lieferanten kann es sein, dass der Zahlungstermin für die Umsatzsteuer vor dem Zahlungstermin Ihrer Kunden und vor dem Termin für die Zahlung Ihrer Verbindlichkeiten liegt. Dann zahlen Sie bereits Mehrwertsteuer, ohne sie von Ihren Kunden erhalten zu haben, oder ziehen Vorsteuer ab, die Sie noch nicht gezahlt haben. Anders ist es, wenn Sie Ihre Umsatzsteuer nach vereinnahmtem Entgelt zahlen.

Andere im Liquiditätsplan aufzunehmende Steuerzahlungen sind die Vorauszahlungen für Einkommen- oder Körperschaftsteuer und Gewerbesteuer. Auch für die zu erwartenden Nachzahlungen müssen Sie Planwerte berücksichtigen. Die Termine für die Zahlung der Lohnsteuer, die bei der Berechnung von Löhnen und Gehältern anfallen, sind besonders exakt einzuhalten.

2.5 Lohn- und Gehaltszahlungen

Die Lohn- und Gehaltszahlungen teilen sich in verschiedene Zahlungen auf. Zum einen sind die Nettolöhne und Nettogehälter an die Mitarbeiter auszuzahlen. Der Termin hängt ab von tariflichen Vorschriften oder betrieblicher Übung. Zum anderen sind die bereits oben erwähnten Lohnsteuerzahlungen zu leisten und die Abgaben an die Sozialversicherungen. Beide sind zu festen Terminen fällig und werden in den meisten Fällen vom Finanzamt und von den Krankenkassen abgebucht. Kleinere Beträge wie z. B. die vermögenswirksamen Leistungen und eventuelle Pfändungen können bei der Nettozahlung verbucht werden.

Zahlungen zu besonderen Anlässen müssen mit ihrem Zahlungstermin berücksichtigt werden, nicht mit dem Termin, zu dem sie in der Buchhaltung eingebucht werden. So werden z. B. monatliche Rückstellungen für das Urlaubs- und das Weihnachtsgeld gebucht, gezahlt werden die Beträge jedoch im Sommer und im Dezember. Ähnliches gilt für Tantiemen, Provisionen oder Jubiläumszahlungen.

2.6 Privatentnahmen

Vor allem in Einzelunternehmen, wie sie häufig im Handwerk und im Einzelhandel zu finden sind, müssen die Unternehmer aus den Einnahmen ihres Unternehmens die Mittel für ihren Lebensunterhalt entnehmen. Diese Privatentnahmen belasten die Liquidität, da finanzielle Mittel entzogen werden. Sie sind daher bei der Liquiditätssteuerung zu berücksichtigen. Es hat sich als vorteilhaft erwiesen, monatlich gleich bleibende Beträge zu entnehmen und zu planen und größere Beträge z. B. für private Anschaffungen getrennt zu berücksichtigen.

2.7 Sonstige Auszahlungen

Unter die sonstigen Auszahlungen fallen alle nicht zuzuordnenden Zahlungen wie z. B. Spenden oder Strafgelder. Sie zu planen, ist meist besonders schwer. Die einfachste Möglichkeit ist die Übernahme der Werte aus der Vergangenheit.

2.8 Investitionen

Eine besondere Belastung für die Liquidität stellen Investitionen dar. Maschinen, Gebäude, Fahrzeuge, Computer verursachen hohe Auszahlungen, die erst durch das kommende Geschäft profitabel werden sollen. Die Liquidität wird jedoch sofort belastet. Sie müssen daher Investitionen mit besonderer Genauigkeit planen. Das gilt auch für den Fall, dass die Anlagegüter fremd finanziert werden. Dann müssen Sie Ausgaben für die Investition und Einnahmen durch die Finanzierung getrennt planen. Nur so erkennen Sie eventuelle Differenzen in Höhe und Terminen und können die lang andauernden Auswirkungen der Finanzierung korrekt beurteilen.

2.9 Verfügbarkeit liquider Mittel

Mit den bisher beschriebenen Parametern sind alle Ein- und Auszahlungen berücksichtigt. Die Liquidität wird aber auch bestimmt von der Höhe der verfügbaren Mittel. Dazu gehören alle Kassenbestände und Bankguthaben, aber auch eventuell vorhandene Kreditlinien, die noch nicht ausgenutzt sind. Erst wenn die verfügbaren Mittel aufgebraucht sind und die Kreditlinien voll genutzt werden, ist die verfügbare Liquidität null. Veränderungen in den Kassen und auf den Bankkonten ergeben sich durch die Ein- und Auszahlungen. Veränderungen in den Kreditlinien müssen separat in der Liquiditätssteuerung berücksichtigt werden. Läuft also ein Kredit im Laufe des Jahres aus, so ist dies als Auszahlung zu vermerken. Kommt ein neuer Kredit hinzu, ist das eine zusätzliche Einnahme.

3 Schrittweiser Aufbau der Liquiditätssteuerung

Eine zuverlässige Liquiditätssteuerung ist sehr komplex, da verschiedenste Parameter zum größten Teil geschätzt werden müssen. Leider zeigt sich in der Praxis, dass bei fehlender Erfahrung die einzelnen Werte und Zeiten in der Regel falsch eingeschätzt werden. Darum ist der schrittweise Aufbau der Liquiditätssteuerung der richtige Weg. Zunächst wird grob geplant und vor allem sichere Werte werden einbezogen. Später wird die Planung verfeinert.

1 **Zeithorizont und Perioden bestimmen** (Unternehmer)
Sie bestimmen zunächst die Periodenlänge, in der Sie die Liquiditätssteuerung erledigen wollen. In der Regel sind Monatszeiträume ausreichend. Später kann auf die Planung von Kalenderwochen umgestellt werden, sollte dies notwendig sein. Die Planung sollte mindestens das Kalenderjahr umfassen. Rechtzeitig ist ein neues Jahr hinzuzufügen, damit genügend Vorlauf vorhanden ist.

2 **Liquide Mittel und Kreditlinien feststellen** (Buchhaltung)
Die Grundlage der Liquiditätsplanung wird gebildet von den verfügbaren Mitteln. Stellen Sie fest, über welche liquide Mittel Sie zu Beginn der Planung verfügen können und welche Kredite mit welchen Kreditlinien derzeit genutzt werden und welche Veränderungen in den kommenden Monaten bis zum Ende des Planungshorizontes bereits bekannt sind.

3 Bekannte Ein- und Auszahlungen eintragen (Buchhaltung)

Aus der Buchhaltung erhalten Sie Informationen über bereits bekannte und gebuchte Geschäftsvorfälle, die Ein- oder Auszahlungen bewirken. Das sind zum einen die offenen Posten Ihrer Debitoren und die offenen Posten bei Ihren Kreditoren. Auch die übrigen bekannten Zahlungsströme wie Steuervorauszahlungen werden erfasst. Vor allem regelmäßig wiederkehrende Zahlungen können sehr gut in die einzelnen Planperioden eingetragen werden.

Da sich die Buchungssituation täglich ändert, müssen Sie die Daten regelmäßig neu erheben. Es hat sich als sinnvoll herausgestellt, die Planung einmal pro Woche zu aktualisieren. Dabei werden dann die Planwerte aus Schritt 4 durch die Ist-Werte ersetzt.

4 Schätzen der Zukunftswerte (Verkauf, Einkauf)

In der Regel sind die in der Buchhaltung bereits verarbeiteten Werte nur kurz in die Zukunft reichend. Die Liquiditätssteuerung muss jedoch eine Übersicht über zwölf Monate geben. Daher müssen Sie die Ist-Werte aus der Buchhaltung durch Planwerte ergänzen. Gemeinsam mit dem Verkauf schätzen Sie die Umsätze der einzelnen Perioden und errechnen daraus unter Berücksichtigung von Zahlungsfristen, Skontonutzung und anderer Parameter die Zahlungsströme für die Planung. Gleichzeitig schätzen Sie mit Ihrem Einkäufer die sich aus den Umsatzschätzungen ergebenden Beschaffungsnotwendigkeiten, die wiederum unter Berücksichtigung der Zahlungskonditionen zu Zahlungsausgängen führen.

Zusätzlich müssen Sie Ausgaben berücksichtigen, die unabhängig vom Umsatz und vom Einkauf sind, aber immer wieder anfallen. Kommunikationskosten, Versicherungen, Abgaben, Reparaturen usw. können im Anfang global geplant und einbezogen werden. Auch die Privatentnahmen gehören in diese Kategorie.

5 Einfügen der Investitionen (Unternehmer)

Bisher berücksichtigt Ihr Liquiditätsplan die Geschäftsvorgänge im normalen Betriebsablauf. Darüber hinaus kommt es vor allem zu Zahlungsausgängen für Investitionen, die einen erheblichen Einfluss auf die Liquidität haben können. Der Unternehmer muss festlegen, welche Investitionen er plant und wie der diese finanzieren will. Das gilt auch für Ersatzinvestitionen, da diese ebenfalls Zahlungsströme verursachen. Die Angaben werden in die Liquiditätssteuerung übernommen.

> **PRAXIS-TIPP**
>
> Es hat sich vor allem in kleinen Unternehmen als erfolgreich erwiesen, die Investitionsplanung von der Liquiditätsplanung abhängig zu machen. Dabei wird zunächst die Liquidität der einzelnen Perioden ermittelt, ohne die Investitionen einzupflegen. Mit den Informationen aus der Liquiditätssteuerung kann dann festgestellt werden, ob und wann liquide Mittel für Investitionen zur Verfügung stehen. Auch die Entscheidung über Fremd- oder Eigenfinanzierung der Vorhaben kann aufgrund der Planung erfolgen.

6 Ermitteln der Liquidität

Aus den bis zu diesem Zeitpunkt angefallenen Daten errechnen Sie die Differenz zwischen Ein- und Auszahlungen der einzelnen Perioden. Der Saldo der Zahlungsströme in der ersten Periode wird zu den am Anfang des Planungshorizontes verfügbaren liquiden Mitteln addiert. Das Ergebnis sind die liquiden Mittel der ersten Periode. Diese wiederum bilden den Anfangsbestand der zweiten Planperiode. Am Ende der Berechnungen haben Sie für jeden Monat oder jede Woche eine Kennziffer ermittelt. Ist diese positiv, hat Ihr Unternehmen für diesen Zeitraum ausreichende Liquidität, ist sie negativ, fehlen flüssige Mittel.

7 Integration der Maßnahmen

Die Liquiditätsplanung gibt Ihnen Hinweise darauf, in welchem Zeitraum Sie Zahlungsprobleme erwarten können und wann Sie über ausreichende Mittel verfügen. Zur Liquiditätssteuerung wird dies erst dann, wenn Sie durch entsprechende Maßnahmen dafür sorgen, dass in allen Perioden ausreichend flüssige Mittel vorhanden sind. Diese Maßnahmen bzw. deren Auswirkungen auf die Liquidität müssen Sie in Ihre Liquiditätsplanung integrieren. Das geschieht, indem Sie die einzelnen Positionen der Planung entsprechend den Maßnahmen verändern.

4 Einsatz der Excel-Tabelle

Das Excel-Tool **Liquiditätsplanung** bietet Ihnen für den ersten Einstieg in die Liquiditätssteuerung eine hervorragende Hilfe, mit der Sie Erfahrungen sammeln können. Die Tabelle wird dann im nächsten Schritt durch einfache Funktionen weiter ausgebaut.

> **HINWEIS**
>
> Sie sollten generell vor der Benutzung der Tabelle eine Kopie erstellen, mit der Sie weiterarbeiten. Dadurch können Sie immer wieder auf die Ursprungstabelle zurückgreifen. Benutzen Sie dazu die Menübefehle **Datei → Speichern unter** und wählen Sie dann einen anderen Namen für Ihre individuelle Tabelle.

4.1 Nutzung der vorhandenen Tabelle

Bereiten Sie die Tabelle für die eigentliche Arbeit vor, indem Sie in die Monatszeile Ihre Planmonate eintragen. Beginnen Sie mit der Planung im Januar, sollte auch die erste Zahlenspalte mit Januar überschrieben sein. Analog dazu tragen Sie Mai ein, sollten Sie in diesem Monat beginnen. Danach füllen Sie die Tabelle folgendermaßen:

1 Tragen Sie für den ersten Monat die Ihnen zur Verfügung stehen liquiden Mittel in der Soll-Spalte ein. Unterteilen Sie dabei nach Kassenbestand, Kontostand und freier Kreditlinie.

	Januar
	Soll
Bestand an flüssigen Mitteln (Zu Beginn des Monats vorhanden)	
Kasse	1.000,00 €
+ Bank, Postscheck	0,00 €
+ freie Kredite	5.000,00 €
= Summe flüssige Mittel	6.000,00 €

Abb. 1: Flüssige Mittel in Monat 1

2 Schätzen Sie Ihre Einnahmen im ersten Monat und tragen Sie diese in die Soll-Spalte ein. Eine Unterscheidung können Sie vornehmen in Einnahmen aus Forderungen, Barverkäufen, Anzahlungen von Kunden und sonstige Einnahmen.

3 Planen Sie Ihre Ausgaben für den ersten Monat und tragen Sie diese in die Soll-Spalte ein. Die Tabelle gibt Ihnen eine Unterteilung nach Kostenarten und Ausgabegründen vor.

4 Prüfen Sie das durch die Tabelle errechnete Ergebnis des ersten Monats. Es ergibt sich aus der Rechnung „Flüssige Mittel + Einnahmen − Ausgaben".

Ergebnis (Überschuss/Fehlbetrag am Ende des Monats)	
Flüssige Mittel	6.000,00 €
+ Einnahmen	32.200,00 €
- Ausgaben	35.650,00 €
= Überschuss (+) = Fehlbetrag (./.)	2.550,00 €

Abb. 2: Ergebnis für Monat 1

5 Weist die Tabelle einen Überschuss aus, sind nach Ablauf dieses Monats noch liquide Mittel vorhanden. Ein Fehlbetrag zeigt Ihnen, dass im Laufe des Monats alle Mittel aufgebraucht wurden und sogar ein Fehlbetrag entstanden ist. Das Ergebnis wird als neue **Summe flüssige Mittel** des folgenden Monats vorgetragen.

6 Planen Sie die Verteilung der neuen flüssigen Mittel auf Kasse, Bank und freie Kredite. Erfassen Sie Kasse und Kredite, die Kontostände ergeben sich automatisch als Summe der flüssigen Mittel – Kasse – freie Kredite.

7 Planen und erfassen Sie jetzt die Einnahmen und Ausgaben des Monats und verfahren Sie dann mit den weiteren Planmonaten ebenso.

8 Überprüfen Sie die Ergebnisse der einzelnen Monate. Wenn jeder Monat einen Überschuss ausweist, haben Sie kein Liquiditätsproblem. Jeder Fehlbetrag zeigt Ihnen an, dass Sie voraussichtlich in diesem Monat Ihren finanziellen Verpflichtungen nicht vollständig nachkommen können. ■

4.2 Aufbau einer individuellen Tabelle

Gründe für die Anpassung der vorgegebenen Tabelle an Ihre individuellen Bedürfnisse sind vielfach vorhanden. Sie haben besondere Quellen, aus denen Einnahmen kommen, die Sie in der Tabelle auch so bezeichnen wollen oder in Ihrem Unternehmen sind Kostenarten vorhanden, die Sie getrennt von den übrigen Angaben planen wollen.
Grundsätzlich stehen Ihnen zwei Möglichkeiten offen. Sie können die Bezeichnung der Zeile in Spalte **A** überschreiben. Suchen Sie sich eine Einnahmen- oder Kostenart, die Sie nicht benötigen, und überschreiben Sie diese. Oder aber, falls Sie zusätzliche Zeilen benötigen, fügen Sie eine zusätzliche Zeile ein.
Dazu markieren Sie die Zeile „+ sonstige Einnahmen" oder „+ sonstige Ausgaben" komplett, drücken die rechte Maustaste und wählen den Befehl **Zellen einfügen**. Sie erhalten dann eine neue Zeile, die Sie mit Spalte **A** bezeichnen und ab dann wie jede andere Zeile füllen können.

> **HINWEIS**
>
> Achten Sie darauf, wirklich die genannten Zeilen zu markieren. So ist sichergestellt, dass sich die Summenformeln und damit auch das darauf aufbauende Ergebnis der Tabelle automatisch mit verändern. Das ist dann nicht der Fall, wenn Sie eine Zeile am Rand eines Summenbereiches (z. B. die Zeile unterhalb „+ Privatentnahmen") einfügen.

4.3 Maßnahmen in Tabelle integrieren

Sie werden bei Engpässen in den liquiden Mitteln entsprechende Maßnahmen planen. Diese müssen in den Liquiditätsplan übernommen werden. Das können Sie tun, indem Sie die entsprechenden Zeilen der Tabelle verändern. Werden Sie z. B. die Privatentnahmen verringern, verringern Sie die entsprechenden Felder der Tabelle. Dies ist einfach und zeigt Ihnen sofort den Erfolg der Maßnahme, wenn sie so durchgeführt werden kann.

Die direkte Verarbeitung der Maßnahmen in der Tabelle hat jedoch den Nachteil, dass die Vorhaben in der allgemeinen Planung untergehen. Sie müssen den Erfolg überwachen, um gegebenenfalls noch korrigieren zu können. Daher sollten die Maßnahmen in der Tabelle ersichtlich sein. Dazu fügen Sie unter der Zeile für die Einnahmen bzw. Ausgaben, die Sie verändern wollen, eine Leerzeile ein. Diese beschriften Sie in Spalte **A** mit dem Namen der Maßnahme und erfassen in den Monaten die jeweiligen Auswirkungen auf die Plangrößen. Wenn z. B. Ihre Planung für Februar ein Minus von 7.750 EUR aufweist, sieht die Tabelle für die ersten drei Monaten auszugsweise so aus:

	Januar		Februar		März	
	Soll	Ist	Soll	Ist	Soll	Ist
Zahlungsverpflichtungen/Ausgaben (Ausgaben während des Monats)						
Lohn, Gehalt, soziale Aufwendungen	6.000,00 €		9.000,00 €		6.000,00 €	
+ Zahlung an Lieferanten	11.900,00 €		10.000,00 €		12.000,00 €	
+ Bareinkäufe	6.000,00 €		3.000,00 €		2.000,00 €	
+ Anzahlung an Lieferanten	3.000,00 €		6.000,00 €		4.000,00 €	
+ Einlösung Wechsel	1.000,00 €		500,00 €		2.000,00 €	
+ Tilgung von Krediten	1.700,00 €		0,00 €		0,00 €	
+ Zinsen	1.000,00 €		0,00 €		0,00 €	
+ Miete, Nebenkosten	750,00 €		750,00 €		750,00 €	
+ Versicherungen	250,00 €		900,00 €		400,00 €	
+ Leasing	250,00 €		250,00 €		250,00 €	
+ Steuern	300,00 €		500,00 €		50,00 €	
+ sonstige Ausgaben	200,00 €		100,00 €		100,00 €	
+ Privatentnahmen	3.300,00 €		3.300,00 €		5.000,00 €	
= Summe Ausgaben	35.650,00 €		34.300,00 €		32.550,00 €	
Ergebnis (Überschuss/Fehlbetrag am Ende des Monats)						
Flüssige Mittel	6.000,00 €		2.550,00 €		-7.750,00 €	
+ Einnahmen	32.200,00 €		24.000,00 €		47.500,00 €	
- Ausgaben	35.650,00 €		34.300,00 €		32.550,00 €	
= Überschuss (+)	2.550,00 €				7.200,00 €	
= Fehlbetrag (./.)			-7.750,00 €			

Abb. 3: Tabelle mit Fehlbetrag

Durch Verhandlungen mit Ihren Lieferanten gelingt es, das Zahlungsziel für Ihre Verbindlichkeiten einmalig um einen Monat zu verschieben. Sie fügen also eine Zeile ein und korrigieren die Werte entsprechend im Februar und März. Das Ergebnis zeigt Ihnen, ob diese Maßnahmen ausreichend sind oder nicht.

	Januar		Februar		März	
	Soll	Ist	Soll	Ist	Soll	Ist
Zahlungsverpflichtungen/Ausgaben (Ausgaben während des Monats)						
Lohn, Gehalt, soziale Aufwendungen	6.000,00 €		9.000,00 €		6.000,00 €	
+ Zahlung an Lieferanten	11.900,00 €		10.000,00 €		12.000,00 €	
Maßnahme Lieferanten verschieben			-10.000,00 €		10.000,00 €	
+ Bareinkäufe	6.000,00 €		3.000,00 €		2.000,00 €	
+ Anzahlung an Lieferanten	3.000,00 €		6.000,00 €		4.000,00 €	
+ Einlösung Wechsel	1.000,00 €		500,00 €		2.000,00 €	
+ Tilgung von Krediten	1.700,00 €		0,00 €		0,00 €	
+ Zinsen	1.000,00 €		0,00 €		0,00 €	
+ Miete, Nebenkosten	750,00 €		750,00 €		750,00 €	
+ Versicherungen	250,00 €		900,00 €		400,00 €	
+ Leasing	250,00 €		250,00 €		250,00 €	
+ Steuern	300,00 €		500,00 €		50,00 €	
+ sonstige Ausgaben	200,00 €		100,00 €		100,00 €	
+ Privatentnahmen	3.300,00 €		3.300,00 €		5.000,00 €	
= Summe Ausgaben	35.650,00 €		24.300,00 €		42.550,00 €	
Ergebnis (Überschuss/Fehlbetrag am Ende des Monats						
Flüssige Mittel	6.000,00 €		2.550,00 €		2.250,00 €	
+ Einnahmen	32.200,00 €		24.000,00 €		47.500,00 €	
- Ausgaben	35.650,00 €		24.300,00 €		42.550,00 €	
= Überschuss (+)	2.550,00 €		2.250,00 €		7.200,00 €	
= Fehlbetrag (./.)						

Abb. 4: Tabelle mit Maßnahme und korrigiertem Fehlbetrag

Budgetkontrolle

Susanne Kowalski

Kosten haben die unangenehme Eigenschaft, häufig höher auszufallen als ursprünglich erwartet. Damit Ihre Ausgaben nicht völlig aus dem Rahmen laufen, sollten Sie vorbeugen. Nur wer seine Kosten detailliert plant und permanent Soll/Ist-Vergleiche durchführt, kann auf Überschreitungen rechtzeitig reagieren. Begleitend zu diesem Artikel haben wir eine Budgetkontrolle für Sie erstellt, die Sie dabei unterstützt, Ihre Ausgaben im Griff zu halten. Lesen Sie hier, wie Sie die fertige Arbeitsmappe effizient einsetzen.

> **HINWEIS**
>
> Die fertige Anwendung zu diesem Beitrag finden Sie unter dem Namen **Budgetkontrolle.xls** auf der CD-ROM.

1 So behalten Sie den Überblick über Einnahmen und Ausgaben

Der Begriff **Budget** wird in der Betriebswirtschaftslehre und in der betrieblichen Praxis häufig unterschiedlich interpretiert. Im betrieblichen Alltag wird unter Budgetkontrolle eine Gegenüberstellung von Einnahmen und Ausgaben in Form eines Finanzplanes oder Etats verstanden. Für diesen Aufgabenbereich haben wir für Sie die Datei **Budgetkontrolle.xls** konzipiert. Sie orientiert sich von ihrem Aufbau her an der Praxisvorstellung:

- Gearbeitet wird mit einer Umsatztabelle, in der Einnahmen jeglicher Art erfasst werden. Verglichen werden Soll- und Ist-Zahlen. Sowohl für die Einzelpositionen als auch für die Gesamtsummen werden relative und absolute Abweichungen mit Hilfe von Excel-Formeln ermittelt.

- Die Ausgaben werden in Bezug auf die verschiedenen betrieblichen Bereiche gegliedert. Der Aufbau der Ausgabenblätter entspricht dem der Umsatzplanung. Das heißt, auch hier wird mit Soll/Ist-Zahlen sowie Abweichungen gearbeitet.

- Zusätzlich zu der Möglichkeit, Kosten nach Organisationseinheiten zu erfassen, sind Tabellen für Projekte vorgesehen.

- Die Informationen aus der Umsatzplanung und den einzelnen betrieblichen Bereichen werden in einer Gesamtplanung verdichtet (s. Abb. 1). Die Planvorgaben für die einzelnen Bereiche werden wiederum mit den Ist-Werten verglichen. Die Daten werden über Verknüpfungsformeln in die Gesamtübersicht geholt.

- Last but not least werden die Ergebnisse mit Hilfe der Diagrammfunktionen von Excel grafisch darstellt.

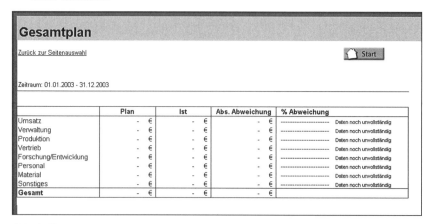

Abb. 1: Einzelpläne laufen zu einem Gesamtplan zusammen

2 Die Arbeitsmappe Budgetkontrolle.xls

Die Arbeitsmappe **Budgetkontrolle.xls** stellt sowohl für die einzelnen betrieblichen Bereiche als auch für die Einzelprojekte eigene Tabellenarbeitsblätter zur Verfügung.

2.1 Betriebliche Bereiche

Für die Budgetkontrolle der einzelnen betrieblichen Bereiche sind folgende Tabellen vorgesehen:

- Verwaltung
- Produktion
- Vertrieb
- Personal
- Material
- Forschung/Entwicklung
- Sonstiges

2.2 Projektblätter für Sonderanalysen

Unabhängig von den betrieblichen Bereichen können bis zu zehn einzelne Projekte, beispielsweise in Form von Investitionen, geplant werden. Diese fließen nicht in den Gesamtplan ein. Sie sind als gesondertes Analyseinstrument zu verstehen.

Zur Verdeutlichung folgendes Beispiel: Ein Unternehmen plant den Bau eines zusätzlichen Verwaltungsgebäudes. Die voraussichtlichen Kosten können somit der Tabelle **Verwaltung** zugeordnet werden. Würde man diese Investition detailliert auf dem Arbeitsblatt **Verwaltung** erfassen, könnte diese nicht mehr von den Positionen unterschieden werden, die standardmäßig in der Verwaltung eingetragen werden. Die Daten der Sondermaßnahme würden mit den übrigen Daten des Verwaltungsbereichs vermischt. Eine genaue Analyse wäre mit erheblichem Aufwand verbunden.

Verhindern kann man dies, indem man ein Projektblatt zur Hilfe nimmt. Im Bereich **Verwaltung** werden lediglich die Gesamtsummen des Projekts „Neubau" erfasst. Die Detailplanung der Investitionsmaßnahme wird auf dem Projektblatt durchführt. Auf diese Weise besteht weiterhin eine genaue Analysemöglichkeit, sowohl für die Verwaltungskosten als auch für die Sondermaßnahme.

2.3 Die Navigation mit Hilfe von Hyperlinks

Hyperlinks verbinden Dokumente und Seiten untereinander und erlauben dem Anwender von Dokument zu Dokument bzw. von Web-Seite zu Web-Seite zu springen. In unserer Musterlösung gelangen Sie über die Tabelle **Seitenauswahl** und deren Hyperlinks bequem zu den einzelnen Tabellen. Dieses Blatt bietet Ihnen über eine bequeme Navigationsmöglichkeit hinaus einen Überblick über die Arbeitsmappe. Einen Hyperlink richten Sie wie folgt ein.

1 Setzen Sie den Cursor in die gewünschte Zelle und tragen Sie einen beliebigen Text, beispielsweise **Material** ein. Auch einen bereits vorhandenen Zelleintrag können Sie als Hyperlink verwenden.

2 Klicken Sie die Schaltfläche **Hyperlink einfügen** (s. Abb. 2) in der Standard-Symbolleiste an oder wählen Sie **Einfügen → Hyperlink**.

Abb. 2: Die Schaltfläche Hyperlink einfügen

3 Sie gelangen in das Dialogfeld **Hyperlink einfügen** (s. Abb. 3). Klicken Sie unter **Link zu** auf die Schaltfläche **Aktuelles Dokument**. Markieren Sie unter **Oder wählen Sie eine Stelle im Dokument** die gewünschte Tabelle aus.

4 Tragen Sie unter **Geben Sie den Zellbezug ein**, zu welcher Zelle der Link führen soll, und verlassen Sie das Dialogfeld über **OK**.

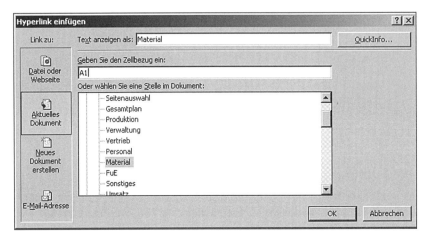
Abb. 3: Hier legen Sie die Links innerhalb einer Arbeitsmappe fest.

5 Der Eintrag erscheint nun in einer besonderen Formatierung. Der Text hat standardmäßig eine blaue Farbe und ist unterstrichen. Excel hat für die Zelle eine spezielle Formatvorlage mit dem Namen **Hyperlink** verwendet. Wenn Sie mit dem Mauszeiger auf die Hyperlink-Zelle zeigen, nimmt dieser die Form einer Hand an und zeigt Ihnen den Link in Form eines Kommentars. ■

Abb. 4: Die Tabelle Seitenauswahl arbeitet mit Hyperlinks.

Budgetkontrolle

> **HINWEIS**
>
> Im Tabellenarbeitsblatt **Seitenauswahl** wird außerdem der Zeitraum eingetragen, für den Sie die Budgetkontrolle durchführen wollen (s. Abb. 4). Diese Information wird automatisch mit Hilfe einer Formel auf die einzelnen Tabellenblätter übertragen.

3 Die Budgetübersichten

Die einzelnen Budgetübersichten (s. Abb. 5) sind identisch aufgebaut. Alle Erfassungstabellen arbeiten mit folgenden Daten:

- Position
- Plan
- Ist
- Abs. Abweichung
- %-Abweichung
- Kommentar

Die Verdichtung der Werte erfolgt in Zeile 18. Die Abweichungen werden von Excel ermittelt. Die übrigen Daten müssen erfasst werden.

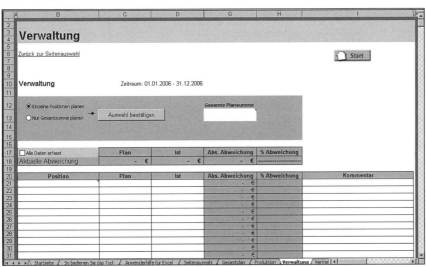

Abb. 5: Die Budgetkontrolle für den Bereich Verwaltung

Die wichtigsten Formeln der einzelnen Budgetübersichten finden Sie in Tabelle 1.

Zelle	Formel	Erläuterung
D10	="Zeitraum: "&Seitenauswahl!C6	Übernahme des Planungszeitraums aus der Tabelle Seitenauswahl
C18	=WENN(H10=2;G13;C1022)	Gesamtsumme Plandaten
D18	=D1022	Gesamtsumme Istdaten
G18	=C18-D18	Absolute Gesamtabweichung Plan/Ist
H18	=WENN(H10=1;WENN(ODER(G18=0;C1022=0);"-----------";G18/C18);WENN(ODER(G18=0;G13=0);"-----------";G18/C18))	Relative Gesamtabweichung Plan/Ist

V. Finanzen & Controlling

Zelle	Formel	Erläuterung
E21	=WENN($H$10=2;"--";C21-D21)	Prüfformel (die Spalten E und F wurden in der Musterlösung über die Befehlsfolge **Format → Spalte → Ausblenden** ausgeblendet)
F21	=ISTFEHLER(E21)	s. o.
G21	=WENN(F21=FALSCH;E21;0)	Absolute Einzelabweichung Plan/Ist
H21	=WENN(ODER(C21=0;D21=0);" ";WENN(G21="--";"";G21/C21))	Relative Einzelabweichung Plan/Ist
AD1	=WENN($H$10=2; "xxxxxxxxxxxxxxxx";"")	Diese Formel wird in die Planspalte kopiert, wenn keine Einzelpositionen geplant werden

Tab. 1: Formeln der Budgetübersichten

Lediglich bei den Projekten gibt es kleinere Abweichungen. Bei der Arbeit mit den Projektblättern ist zum Beispiel eine zusätzliche Eingabemöglichkeit für die Projektbezeichnung vorgesehen (s. Abb. 6).

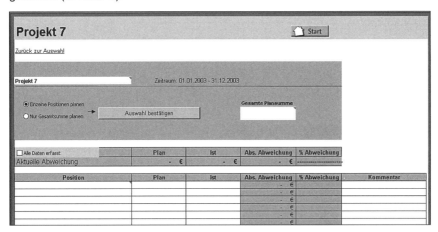

Abb. 6: Die Projektübersicht unterscheidet sich nur geringfügig von den Bereichsübersichten.

Die Daten der Tabelle **Gesamtplan** werden automatisch generiert. Das heißt, dort sind keine Eingaben notwendig. Die zugehörigen Formeln finden Sie in Tabelle 1.

Zelle	Formel
B10	="Zeitraum: "&Seitenauswahl!C6
C14	=Umsatz!$C$18
D14	=Umsatz!$D$18
E14	=Umsatz!$G$18
F14	=Umsatz!$H$18
G14	=WENN(Umsatz!$I$10=WAHR;"";"Daten noch unvollständig")

Tab. 2: Formeln der Tabelle Gesamtplan

Die übrigen Formeln der Tabelle **Gesamtplan** werden entsprechend gebildet. Sie tauschen lediglich den Tabellennamen **Umsatz** gegen den Namen des Arbeitsblattes aus, aus dem die Zahlen geholt werden sollen.

Budgetkontrolle

> **PRAXIS-TIPP**
>
> Die Daten der Tabelle **Gesamtplan** werden grafisch dargestellt (s. Abb. 7 und 8). Über die Schaltflächen Diagramm **Plan/Ist** bzw. Diagramm **Kostenanteile** gelangen Sie zu den entsprechenden Diagrammen.

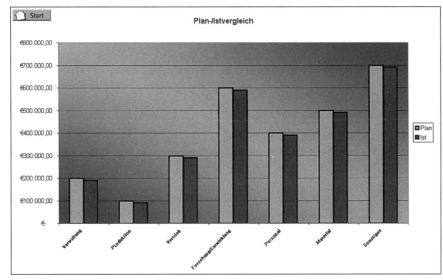

Abb. 7: Grafische Darstellung von Plan- und Ist-Werten

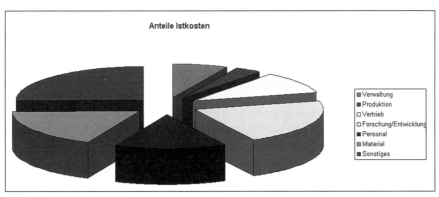

Abb. 8: Für die Darstellung von Kostenanteilen eignet sich ein Kreisdiagramm.

> **HINWEIS**
>
> Das Thema Diagramme wird ausführlich im Kapitel **Perfekt präsentieren** besprochen.

3.1 Die Rechenbasis

Angenommen Sie haben Plankosten in Höhe von 10.000 EUR prognostiziert, tatsächlich fallen Ausgaben von 9.500 EUR an. Daraus ergibt sich eine positive Abweichung von 500 EUR. Liegen die Plankosten beispielsweise bei 5.000 EUR, die Istkosten bei 6.000 EUR wird eine negative Abweichung von 1.000 EUR ausgewiesen.

Umgekehrt verhält es sich bei der Umsatzplanung, in der Sie Einnahmen prognostizieren. Erwarten Sie einen Umsatz in Höhe von 100.000 EUR und erreichen tatsächlich nur 90.000 EUR, ergibt sich eine negative Abweichung in Höhe von 10.000 EUR.

V. Finanzen & Controlling

> **PRAXIS-TIPP**
>
> Sie haben die Möglichkeit, die Daten über eine Eingabemaske zu erfassen. Dazu setzen Sie die Eingabemarkierung unterhalb der Zeile 20 und wählen **Daten → Maske**.

3.2 Arbeiten mit Planwerten

Im Hinblick auf die Plandaten gibt es zwei alternative Vorgehensweisen. Sie können alle Positionen eines betrieblichen Bereichs bzw. Projekts einzeln planen oder lediglich die Gesamtsumme prognostizieren. Die gewünschte Variante wählen Sie über die Optionsfelder:

- Einzelne Positionen planen
- Nur Gesamtsumme planen

Nachdem Sie sich für eine Variante entschieden haben, bestätigen Sie diese über die Schaltfläche **Auswahl bestätigen**. Dieser Schritt ist zwingend notwendig, da damit die Formeln für die weitere Vorgehensweise generiert werden. Optionsfelder richten Sie wie folgt ein:

1 Optionsfelder legen Sie an, indem Sie die Symbolleiste **Formular** über **Ansicht → Symbolleisten** einblenden (s. Abb. 9). Ziehen Sie mit Hilfe der Schaltfläche **Optionsfeld** ein entsprechendes Feld mit gedrückter linker Maustaste auf. Öffnen Sie das Kontextmenü des Feldes mit Hilfe der rechten Maustaste.

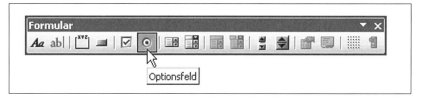

Abb. 9: Die Symbolleiste Formular mit der Schaltfläche Optionsfeld

2 Klicken Sie dort auf den Befehl **Steuerelement formatieren**. Dadurch erreichen Sie das gleichnamige Dialogfeld (s. Abb. 10). Dort aktivieren Sie, falls notwendig, die Registerkarte **Steuerung**.

3 Entscheiden Sie sich unter **Wert** für die Option **Nicht aktiviert** und tragen Sie unter **Zellverknüpfung** die Zelle **H10** ein. Verlassen Sie das Fenster durch einen Klick auf die Schaltfläche **OK**. ■

Je nach ausgewählter Option wird in **H10** eine Ziffer ausgegeben. Diese entspricht dann dem Zustand der Optionsfelder. Bei der Auswahl der Option **Einzelne Positionen planen** erscheint in **H10** die Ziffer **1**. Ist das Optionsfeld **Nur Gesamtsumme planen** aktiviert, gibt **H10** den Wert **2** wieder. In Abhängigkeit von dem Eintrag muss die Tabelle entsprechend reagieren, das heißt bestimmte Einstellungen durchführen, wie zum Beispiel die Planspalte für Einzelpositionen sperren. Die entsprechenden Anpassungsarbeiten führt das Makro **Sub Bestätigen()** für Sie aus. Es ist mit der bereits erwähnten Schaltfläche **Auswahl bestätigen** verbunden.

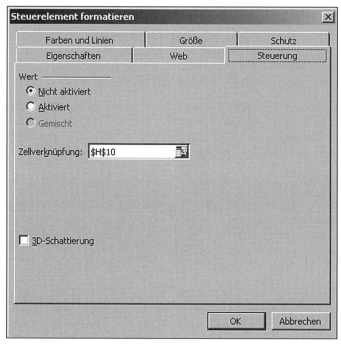

Abb. 10: Die Registerkarte Steuerung im Fenster Steuerelement formatieren

> **HINWEIS**
>
> Den Makrocode von **Sub Bestätigen()** können Sie im VBA-Editor mit Hilfe von **Alt** + **F11** einsehen. Mehr zum Thema Makros finden Sie in unserem Kapitel **Prozesse automatisieren mit VBA**.

3.3 Einzel- und Gesamtsummen kombinieren

Planen Sie nach Möglichkeit alle Positionen einzeln. Nur wenn dies nicht möglich ist, verwenden Sie die Gesamtsumme. Innerhalb einer Arbeitsmappe können auch beide Varianten gleichzeitig eingesetzt werden. Angenommen, Sie planen alle betrieblichen Bereiche detailliert, nur der Bereich **Sonstiges** lässt sich nicht genau vorhersagen: Dann entscheiden Sie sich auf allen Tabellenblättern für die Optionen **Einzelne Positionen planen** und auf dem Blatt **Sonstiges** für **Nur Gesamtsumme planen**.

> **HINWEIS**
>
> Wenn Sie mit der Planung einer Gesamtsumme beginnen, können Sie jederzeit auf eine Erfassung einzelner Positionen umstellen. Alle Ist-Daten bleiben erhalten. Sie müssen lediglich die Plandaten für die einzelnen, bereits erfassten Positionen nachträglich eingeben. Sollten Sie allerdings umgekehrt von Einzel- auf Gesamtplanung umstellen, werden alle Plandaten gelöscht.

3.4 Bewertung der Abweichungen

Im Hinblick auf die Bewertung der Abweichungen ist Folgendes zu beachten: Wenn noch nicht alle Ist-Daten eingegeben wurden, kann sich eine positive Abweichung ergeben, obwohl das Budget unter Umständen überschritten wird. Um dies zu verhindern, besteht die Möglichkeit, für alle Ist-Daten die noch nicht feststehen, zunächst den Planwert in Spalte **Ist** einzutragen. Die Werte werden durch einen entsprechenden Hinweis in der Spalte **Kommentar**, beispielsweise mit dem Vermerk **Vorläufig**, gekennzeichnet.

> **PRAXIS-TIPP**
>
> Über die Funktion **AutoFilter** können Sie alle vorläufigen Angaben selektieren. Dazu müssen Sie allerdings den Blattschutz deaktivieren. Klicken Sie auf den Pfeil hinter **Kommentar** und wählen Sie aus der Liste den Eintrag **Vorläufig**.

Wenn Sie alle Daten einer einzelnen Budgetübersicht eingetragen haben, aktivieren Sie das Kontrollkästchen **Alle Daten erfasst** in Zeile 17 der jeweiligen Budgetübersicht. Solange das Kontrollkästchen nicht abgehakt ist, erscheint in der Gesamtübersicht der Hinweis **Daten noch unvollständig**. Diese Information dient als Hinweis, in welcher Rubrik noch Werte fehlen.

> **HINWEIS**
>
> Da Sondermaßnahmen nicht in die Gesamtübersicht einfließen, fehlt das Kontrollkästchen **Alle Daten erfasst** auf den Projektblättern.

4 Anpassungsarbeiten

Sollten die vorhandenen Tabellen der Arbeitsmappe **Budgetkontrolle.xls** nicht ausreichen, können Sie die Datei jederzeit erweitern. Dazu sind folgende Schritte notwendig:

1 Kopieren Sie eines der vorhandenen Arbeitsblätter mit Hilfe des Befehls **Verschieben/Kopieren** aus dem Kontextmenü des Blattregisters und deaktivieren Sie den Blattschutz des neuen Blattes über **Extras → Schutz**. Führen Sie die textlichen Änderungen durch.

2 Vergeben Sie anschließend einen aussagekräftigen Namen für die neue Tabelle. Dies ist über einen Doppelkick auf die entsprechende Registerlasche möglich. Haben Sie alle Arbeiten an der Tabelle durchgeführt, aktivieren Sie den Blattschutz erneut über das Menü **Extras**.

3 Sofern es sich nicht um ein Projektarbeitsblatt handelt, muss die Tabelle in die Gesamtübersicht eingearbeitet werden. Dazu muss auch hier der Blattschutz aktiviert werden. Fügen Sie eine neue Zeile für den Bereich ein und holen Sie die gewünschten Informationen per Formel in die Tabelle. Aktivieren Sie abschließend den Blattschutz.

4 Damit Sie die neue Tabelle über die Seite **Seitenauswahl** erreichen, richten Sie einen entsprechenden Link ein. ∎

> ## 5 Zusammenfassung
>
> - Die Musterlösung Budgetkontrolle berücksichtigt die Ausgaben aller betrieblichen Bereiche und stellt sie den geplanten Einnahmen gegenüber. Zusätzlich ist die Auswertung von Projektdaten möglich.
> - Hyperlinks erleichtern die Navigation in Arbeitsmappen. Sie werden wahlweise über die Schaltfläche **Hyperlink einfügen** oder die Befehlsfolge **Einfügen → Hyperlink** eingerichtet.
> - Um Optionsfelder anzulegen, benötigen Sie die Symbolleiste **Formular**. Dort genügt ein Klick auf die Schaltfläche **Optionsfeld**. Anschließend können Sie ein entsprechendes Feld mit gedrückter linker Maustaste erstellen.
> - Über den Befehl **Verschieben/Kopieren** aus dem Kontextmenü des Blattregisters haben Sie die Möglichkeit, Tabellenarbeitsblätter zu vervielfältigen.

Profi-Darlehensrechner

Dirk Umbach, Hamburg

Trotz Basel II und der Diskussion um die Eigenkapitalquoten der Unternehmen, hat die Kreditfinanzierung noch immer eine zentrale Bedeutung für die Finanzierung vieler Investitionsvorhaben. Das Angebot an Darlehen ist dabei fast unüberschaubar groß, sodass die Wahl einer Finanzierungsalternative durchaus zur Qual werden kann.

In diesem Beitrag wird die Funktionsweise und Bedienung des Profi-Darlehensrechners vorgestellt, der Ihnen bei dem Vergleich verschiedener Darlehensangebote und der Auswahl einer geeigneten Alternative hilfreich zur Seite steht. Für die beiden gängigsten Darlehensformen, den Ratenkredit mit gleich bleibender Tilgungsrate und das annuitätische Darlehen mit konstanter Rückzahlungshöhe, erstellt Ihnen der Profi-Darlehensrechner automatisch einen übersichtlichen Tilgungsplan und berechnet darüber hinaus noch wichtige Darlehensdaten, wie den tatsächlichen Effektivzinssatz.

Berücksichtigt werden auch Änderungen von Zinssatz oder Tilgungssatz während der Laufzeit sowie vorzeitige Sondertilgungen. Dadurch lassen sich Ihre individuellen Ansprüche abbilden und geben Ihnen ein objektives Bild der möglichen Alternativen.

HINWEIS

Die Musterlösung zu diesem Thema finden Sie unter dem Namen **Darlehensrechner.xls** auf der CD.

1 Darlehensvarianten

Annuitätendarlehen

Bei einem annuitätischen Darlehen vereinbaren Darlehensgeber und -nehmer einen gleich bleibenden Rückzahlungsbetrag für jede Periode – die Annuität. Diese setzt sich zusammen aus Zinszahlung und Tilgungsleistung. Die Zinszahlungen ergeben sich aus dem jeweils aktuellen Darlehensbetrag und dem nominellen Zinssatz. Mit jeder Rückzahlung verringert sich nun der Restbetrag des Darlehens und damit die zu tätigende Zinszahlung. Da der Rückzahlungsbetrag jedoch konstant bleibt, erhöht sich automatisch die Tilgungsleistung nach jeder Rückzahlung um die eingesparten Zinsen.

Monat	Zinssatz (%)	Tilgungssatz (%)	Annuität (Zins + Tilgung)	Zins	Tilgung	Darlehensrest	Sondertilgungen
0						100000	
1	5,00	4,00	750,00	416,67	333,33	99.666,67	
2	5,00	4,00	750,00	415,28	334,72	99.331,94	
3	5,00	4,00	750,00	413,88	336,12	98.995,83	
4	5,00	4,00	750,00	412,48	337,52	98.658,31	
5	5,00	4,00	750,00	411,08	338,92	98.319,39	
6	5,00	4,00	750,00	409,66	340,34	97.979,05	
7	5,00	4,00	750,00	408,25	341,75	97.637,30	
8	5,00	4,00	750,00	406,82	343,18	97.294,12	
9	5,00	4,00	750,00	405,39	344,61	96.949,51	
10	5,00	4,00	750,00	403,96	346,04	96.603,47	
11	5,00	4,00	750,00	402,51	347,49	96.255,98	
12	5,00	4,00	750,00	401,07	348,93	95.907,05	
13	5,00	4,00	750,00	399,61	350,39	95.556,66	
14	5,00	4,00	750,00	398,15	351,85	95.204,81	
15	5,00	4,00	750,00	396,69	353,31	94.851,50	
16	5,00	4,00	750,00	395,21	354,79	94.496,71	
17	5,00	4,00	750,00	393,74	356,26	94.140,45	
18	5,00	4,00	750,00	392,25	357,75	93.782,70	
19	5,00	4,00	750,00	390,76	359,24	93.423,46	
20	5,00	4,00	750,00	389,26	360,74	93.062,73	
21	5,00	4,00	750,00	387,76	362,24	92.700,49	
22	5,00	4,00	750,00	386,25	363,75	92.336,74	
23	5,00	4,00	750,00	384,74	365,26	91.971,48	
24	5,00	4,00	750,00	383,21	366,79	91.604,69	
25	5,00	4,00	750,00	381,69	368,31	91.236,38	
26	5,00	4,00	750,00	380,15	369,85	90.866,53	
27	5,00	4,00	750,00	378,61	371,39	90.495,14	
28	5,00	4,00	750,00	377,06	372,94	90.122,20	
29	5,00	4,00	750,00	375,51	374,49	89.747,71	
30	5,00	4,00	750,00	373,95	376,05	89.371,66	

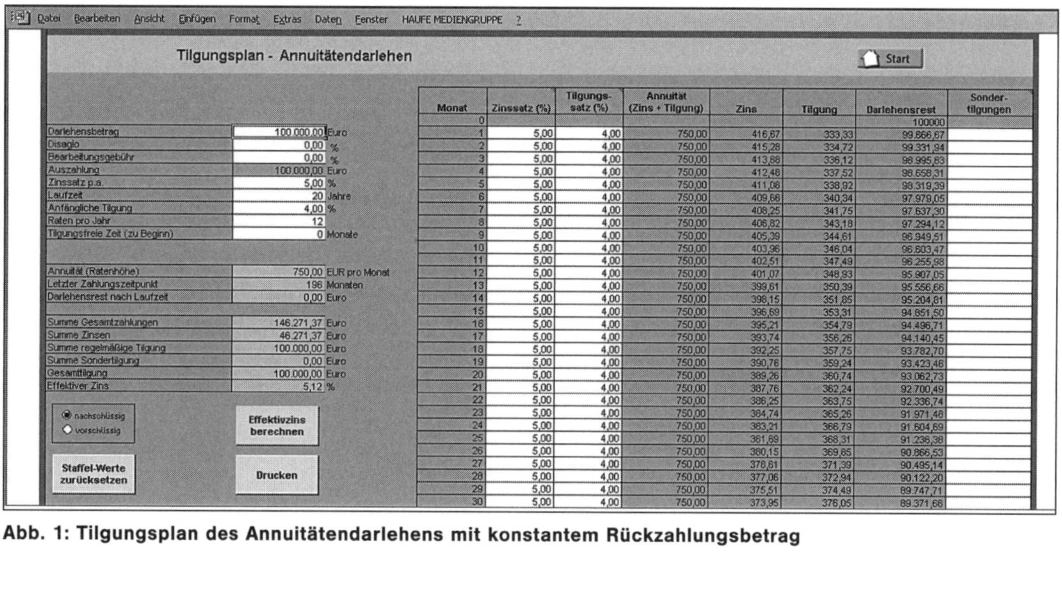

Abb. 1: Tilgungsplan des Annuitätendarlehens mit konstantem Rückzahlungsbetrag

Feste Tilgungsrate

Für ein Darlehen mit fester Tilgungsrate wird hingegen eine konstante Tilgungsleistung pro Periode festgelegt. Auch hier verkleinert jede Rückzahlung den Darlehensrest und die zukünftig anfallenden Zinsen. Da die Tilgungsleistung gleich bleibt, vermindert die kleinere Zinszahlung den jeweils pro Periode zu zahlenden Betrag.

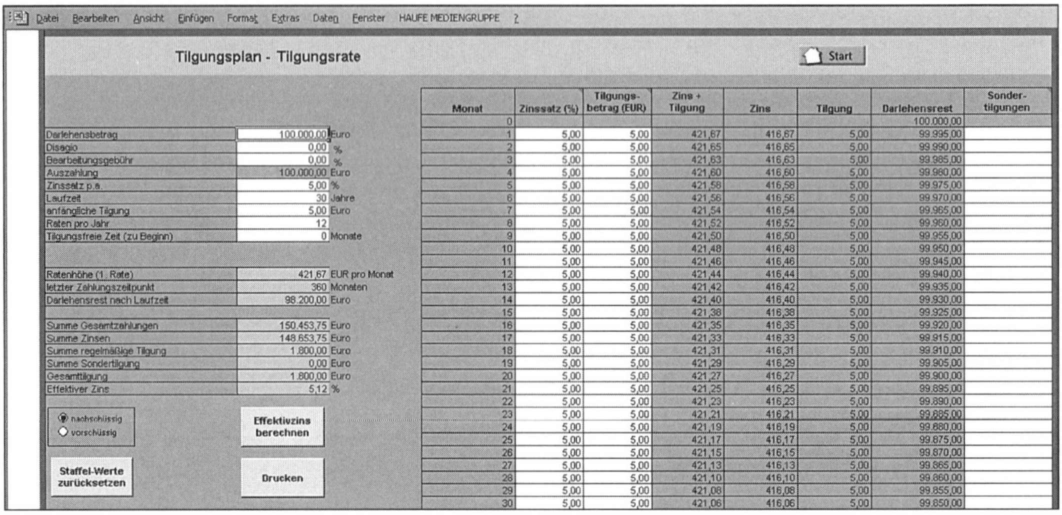

Darlehensbetrag	100.000,00	Euro
Disagio	0,00	%
Bearbeitungsgebühr	0,00	%
Auszahlung	100.000,00	Euro
Zinssatz p.a.	5,00	%
Laufzeit	30	Jahre
anfängliche Tilgung	5,00	Euro
Raten pro Jahr	12	
Tilgungsfreie Zeit (zu Beginn)	0	Monate
Ratenhöhe (1. Rate)	421,67	EUR pro Monat
letzter Zahlungszeitpunkt	360	Monaten
Darlehensrest nach Laufzeit	98.200,00	Euro
Summe Gesamtzahlungen	150.453,75	Euro
Summe Zinsen	148.653,75	Euro
Summe regelmäßige Tilgung	1.800,00	Euro
Summe Sondertilgung	0,00	Euro
Gesamttilgung	1.800,00	Euro
Effektiver Zins	5,12	%

Monat	Zinssatz (%)	Tilgungsbetrag (EUR)	Zins + Tilgung	Zins	Tilgung	Darlehensrest	Sondertilgungen
0						100.000,00	
1	5,00	5,00	421,67	416,67	5,00	99.995,00	
2	5,00	5,00	421,65	416,65	5,00	99.990,00	
3	5,00	5,00	421,63	416,63	5,00	99.985,00	
4	5,00	5,00	421,60	416,60	5,00	99.980,00	
5	5,00	5,00	421,58	416,58	5,00	99.975,00	
6	5,00	5,00	421,56	416,56	5,00	99.970,00	
7	5,00	5,00	421,54	416,54	5,00	99.965,00	
8	5,00	5,00	421,52	416,52	5,00	99.960,00	
9	5,00	5,00	421,50	416,50	5,00	99.955,00	
10	5,00	5,00	421,48	416,48	5,00	99.950,00	
11	5,00	5,00	421,46	416,46	5,00	99.945,00	
12	5,00	5,00	421,44	416,44	5,00	99.940,00	
13	5,00	5,00	421,42	416,42	5,00	99.935,00	
14	5,00	5,00	421,40	416,40	5,00	99.930,00	
15	5,00	5,00	421,38	416,38	5,00	99.925,00	
16	5,00	5,00	421,35	416,35	5,00	99.920,00	
17	5,00	5,00	421,33	416,33	5,00	99.915,00	
18	5,00	5,00	421,31	416,31	5,00	99.910,00	
19	5,00	5,00	421,29	416,29	5,00	99.905,00	
20	5,00	5,00	421,27	416,27	5,00	99.900,00	
21	5,00	5,00	421,25	416,25	5,00	99.895,00	
22	5,00	5,00	421,23	416,23	5,00	99.890,00	
23	5,00	5,00	421,21	416,21	5,00	99.885,00	
24	5,00	5,00	421,19	416,19	5,00	99.880,00	
25	5,00	5,00	421,17	416,17	5,00	99.875,00	
26	5,00	5,00	421,15	416,15	5,00	99.870,00	
27	5,00	5,00	421,13	416,13	5,00	99.865,00	
28	5,00	5,00	421,10	416,10	5,00	99.860,00	
29	5,00	5,00	421,08	416,08	5,00	99.855,00	
30	5,00	5,00	421,06	416,06	5,00	99.850,00	

Abb. 2: Tilgungsplan mit fester Tilgungsrate und fallendem Rückzahlungsbetrag

2 Beschreibung des Darlehensrechners

Der Profi-Darlehensrechner gliedert sich in drei Bereiche:

Eingabebereich: Hier geben Sie die notwendigen Rahmendaten des betrachteten Darlehens ein.

Ausgabebereich: In diesem Bereich werden die Werte aus Ihren Eingaben berechnet.

Tilgungsplan: Hier sehen Sie übersichtlich den Tilgungsplan Ihres Darlehens. Zudem finden Sie hier die Möglichkeit, Zins- und Tilgungsänderungen oder etwaige Sondertilgungen detailliert einzugeben.

2.1 Eingabebereich

Für die Berechnung des Darlehens müssen Sie zunächst die Rahmendaten in diesem Bereich eingeben. Hier sind die folgenden Angaben notwendig:

Darlehensbetrag (nominell): Der nominelle Darlehensbetrag gibt die Höhe der aufgenommenen Darlehenssumme an.

Disagio und Bearbeitungsgebühr: Ein eventuell vereinbartes Disagio (Abzug von der vereinbarten Darlehenssumme) und eine Bearbeitungsgebühr, die zu Beginn der Laufzeit zu zahlen sind, verringern den tatsächlich ausgezahlten Betrag, der direkt darunter ausgegeben wird. Geben Sie gegebenenfalls jeweils das Disagio und die Bearbeitungsgebühr (in % des Darlehenbetrages) ein. Sind Disagio oder Bearbeitungsgebühren nicht vereinbart, geben Sie hier jeweils 0 % ein.

Auszahlung: Aus den obigen Angaben errechnet sich der Betrag, der an den Darlehensnehmer ausgezahlt wird.

Zinssatz (nominell): Der nominale Zinssatz (in % pro Jahr) gibt den Zinssatz an, mit dem der Darlehensbetrag verzinst wird.

Laufzeit: Gibt die Laufzeit des Darlehens in Jahren an. Ist die Laufzeit länger als die Zeit, die für die Rückzahlung des gesamten Darlehens benötigt wird, so berechnet Excel den letzten Zahlungszeitpunkt, zu dem das Darlehen vollständig getilgt wird. Andernfalls berechnet Excel den noch nicht getilgten Darlehensrest zum Ende der Laufzeit.

Anfängliche Tilgung: Bei der anfänglichen Tilgung unterscheiden sich die Darlehensvarianten etwas. Bei den annuitätischen Darlehen geben Sie den anfänglichen Tilgungssatz in % des Darlehensbetrages ein. Für die Darlehen mit fester Tilgungsrate müssen Sie an dieser Stelle den vereinbarten Tilgungsbetrag in Euro eingeben.

Raten pro Jahr: Hier können Sie die Zahlungsperiode auswählen. Zur Wahl stehen monatliche, quartalsweise, halbjährliche oder jährliche Zahlungen.

Tilgungsfreie Zeit (zu Beginn): Falls das Darlehen zu Beginn der Laufzeit nicht sofort getilgt wird, sondern lediglich Zinszahlungen geleistet werden, geben Sie hier die Länge der tilgungsfreien Zeit ein. Die Angabe des Zeitrahmens erfolgt dabei in der Einheit der angegebenen Zahlungsperiode (Monate, Quartale, Halbjahre oder Jahre).

Aus diesen Angaben berechnet Excel nun den Tilgungsplan, der sofort angezeigt wird, sowie die weiteren Darlehensdaten im Ausgabebereich.

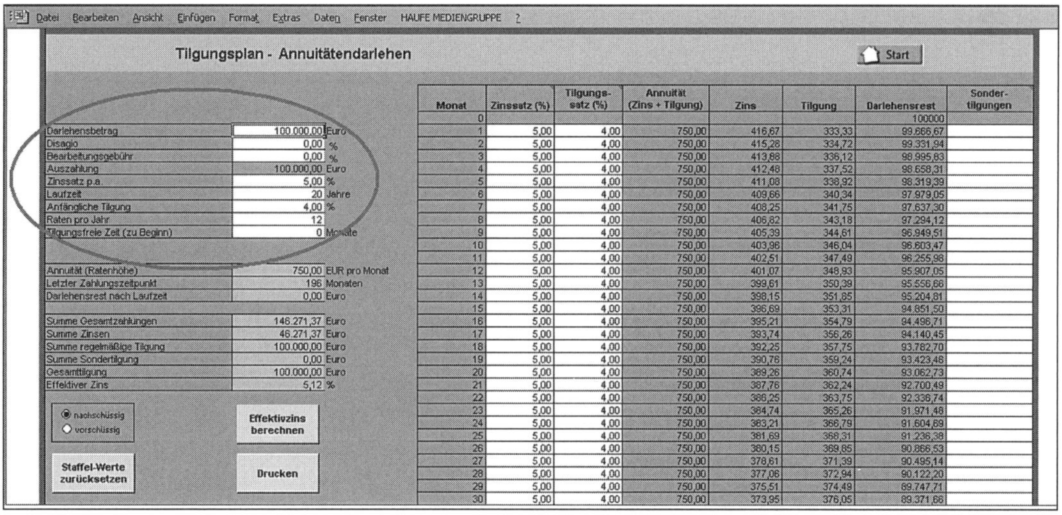

Abb. 3: Eingabebereich des Darlehensrechners

2.2 Ausgabebereich

Folgende Eckdaten werden von Excel im Ausgabebereich angezeigt:

Annuität bzw. Ratenhöhe: Dieser Wert gibt die Gesamtbelastung pro Periode bestehend aus Zinszahlung und Tilgungszahlung an. Bei den annuitätischen Darlehen bleibt dieser Betrag bis zu einer Zins- oder Tilgungssatzänderung konstant. Bei Darlehen mit fester Tilgungsrate gibt Excel hier die Höhe der ersten Rate aus, alle weiteren Raten können dem Tilgungsplan entnommen werden.

Letzter Zahlungszeitpunkt: Gibt den Zeitpunkt der letzten Zahlung an. Dies ist entweder der letzte Zeitpunkt der Laufzeit, wenn das Darlehen nicht innerhalb der Laufzeit vollständig getilgt wird. Oder der Zeitpunkt der letzten Zahlung, mit der das Darlehen vollständig getilgt wird, falls dies innerhalb der Laufzeit erfolgt.

Darlehensrest nach Laufzeit: Gibt den Betrag an, der am Ende der Laufzeit noch nicht getilgt wurde.

Summe Gesamtzahlungen: Die Summe aller geleisteten Zahlungen (Zinsen + Tilgung).

Summe Zinsen: Gibt die Summe aller gezahlten Zinszahlungen an.

Summe regelmäßige Tilgung: Gibt die Höhe des mit den regelmäßigen Zahlungen getilgten Betrags an (ohne Sondertilgungen).

Summe Sondertilgung: Die Summe der gesamten Sondertilgungen.

Gesamttilgung: Summe von regelmäßigen und Sondertilgungen.

Effektiver Zins: Der hier angegebene effektive Zins wird in Anlehnung an die derzeit gültige Preisangabenverordnung berechnet, nach der ebenfalls die Banken und Sparkassen den jeweiligen effektiven Zins angeben müssen. So ist eine Vergleichbarkeit bestmöglich gewährleistet. Bei der Berechnung werden alle Zahlungen auf den Zeitpunkt der Darlehensauszahlung abgezinst. Der effektive Zins ist derjenige Zins, bei dem der Darlehensbetrag gerade der Summe aller abgezinsten Rückzahlungen entspricht. Wenn im Feld effektiver Zins „neu berechnen" angezeigt wird, so betätigen Sie die Schaltfläche **Effektivzins berechnen**.

Auswahl nachschüssig/vorschüssig: Mit der Auswahlschaltfläche kann der Zeitpunkt der periodischen Zahlungen festgelegt werden. Bei der Auswahl **nachschüssig** werden die regelmäßigen Zahlungen jeweils am Ende der Periode getätigt, bei den **vorschüssigen** Zahlungen werden diese jeweils bereits zu Beginn der Periode fällig.

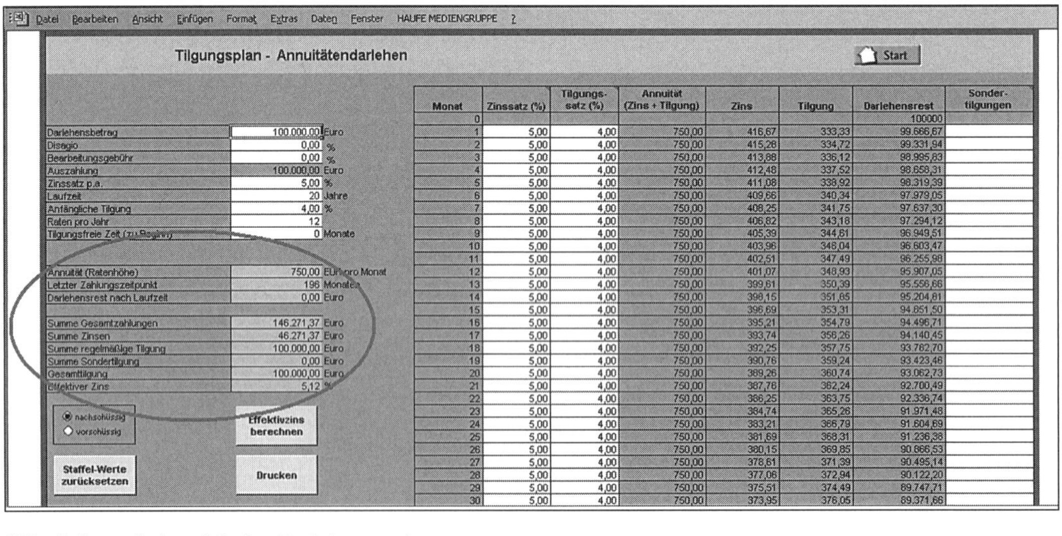

Abb. 4: Ausgabebereich des Darlehensrechners

2.3 Tilgungsplan

Neben der Anzeige des gesamten Tilgungsplans bis zum Ende der Laufzeit dient dieser Bereich auch zur Eingabe von Zins- oder Tilgungssatzänderungen während der Laufzeit. Sobald Sie eine Zinssatzänderung zu einem bestimmten Zeitpunkt eintragen, wird der neue Zinssatz automatisch bis zum Ende weitergeführt. Wollen Sie für die gesamte Laufzeit wieder einen einheitlichen Zinssatz zugrunde legen, geben Sie den neuen Zinssatz im Eingabebereich ein, automatisch wird dieser Zinssatz für die gesamte Laufzeit hinterlegt. Gleiches gilt ebenso für die Anwendung von verschiedenen Tilgungssätzen.

Sondertilgungen tragen Sie zu dem jeweiligen Zeitpunkt in die entsprechende Spalte ein. Diese werden sofort im Tilgungsplan berücksichtigt. Einzelne Sondertilgungen können Sie einfach mit der **Entfernen**-Taste löschen.

Zum Zurücksetzen aller Zins- und Tilgungssätze sowie zum Löschen aller Sondertilgungen dient die Schaltfläche **Staffel-Werte zurücksetzen**.

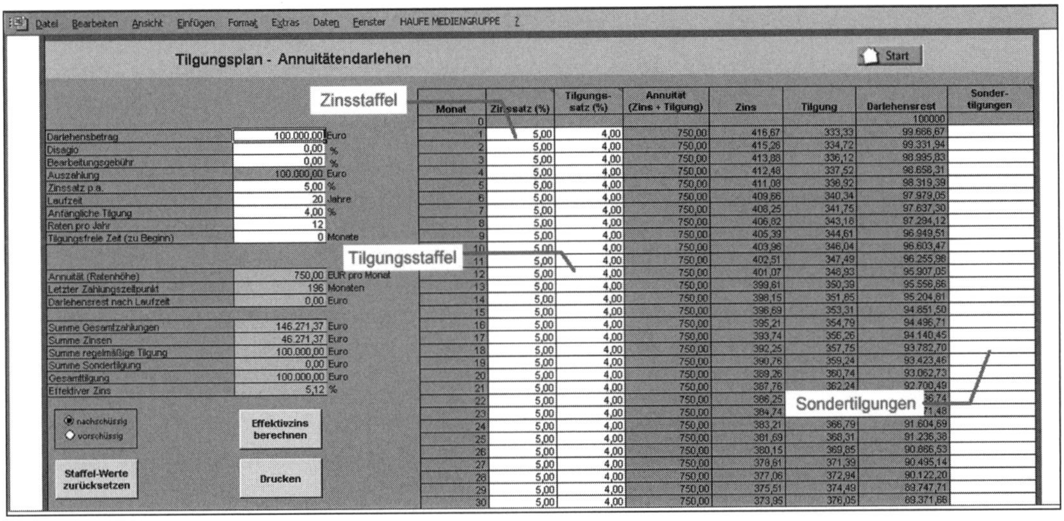

Abb. 5: Tilgungsplan

2.4 Drucken

Der Profi-Darlehensrechner verfügt selbstverständlich auch über eine Druckfunktion, die es ermöglicht, die Rahmendaten sowie den gesamten Tilgungsplan auszudrucken. Der Druckbereich wird dabei automatisch der Länge des aktuellen Tilgungsplans angepasst. Nach dem Betätigen der **Drucken**-Schaltfläche gelangen Sie in die Druckvorschau von Excel, hier können Sie am Bildschirm sehen, wie der Ausdruck erfolgt. Zum Drucken wählen Sie die Excel Druckfunktion und den gewünschten Drucker aus.

3 Zusammenfassung

Mit Hilfe dieses Profi-Darlehensrechners können Sie für einen Ratenkredit mit gleich bleibender Tilgungsrate und für ein annuitätisches Darlehen mit konstanter Rückzahlungshöhe einen übersichtlichen Tilgungsplan erstellen und somit unterschiedliche Angebote bewerten und vergleichen. Dabei werden unter anderem folgende Sonderkonditionen berücksichtigt:

- Tilgungsfreie Anlaufzeiten
- Sondertilgungen
- Variable Zins- und Tilgungsstaffeln
- Disagio und Bearbeitungsgebühren
- Monatliche, quartalsweise, halbjährliche oder jährliche Rückzahlungen

Online: Abschreibungsrechner

Susanne Kowalski

Abschreibungen erfassen die Wertminderungen der Anschaffungs- oder Herstellungskosten von Positionen des Anlagevermögens oder des Umlaufvermögens während der Nutzungsdauer. Die errechneten Wertminderungen können Sie in der Bilanz als Aufwand ansetzen.

Die Abschreibung dient dazu, die Wertminderungen auf die Perioden verteilen zu können, in denen die Wertminderung stattgefunden hat. Grundsätzlich haben Sie die Wahl zwischen verschiedenen Abschreibungsmethoden. Doch welche Methode ist die günstigste? Unser Excel-Abschreibungsrechner stellt die verschiedenen Abschreibungsmodelle

- lineare Abschreibung,
- arithmetisch degressive Abschreibung,
- geometrisch degressive Abschreibung,
- progressive Abschreibung sowie
- leistungsorientierte Abschreibung

vor und vergleicht diese in einer Gesamtübersicht.

> **HINWEIS**
>
> Auf der Onlineversion von Excel im Unternehmen stellen wir Ihnen unter **Premium-Tools** in der Kategorie **Finanzen & Controlling** einen **Abschreibungsrechner** mit einer Übersicht über die verschiedenen Abschreibungsmethoden vor.

Vergleich Abschreibungsbeträge mit Excel-Funktionen

Anschaffungskosten	100.000,00 €
Restwert	- €
Nutzungsdauer in Jahren	5
Abschreibungssatz	30%
Faktor	1,5

Jahr	Abschreibung mit LIA	Abschreibung mit DIA	Abschreibung mit GDA	Abschreibung mit VDB mit Wechsel	Abschreibung mit VDB ohne Wechsel
1	20.000,00 €	33.333,33 €	30.000,00 €	30.000,00 €	30.000,00 €
2	20.000,00 €	26.666,67 €	21.000,00 €	21.000,00 €	21.000,00 €
3	20.000,00 €	20.000,00 €	14.700,00 €	16.333,33 €	14.700,00 €
4	20.000,00 €	13.333,33 €	10.290,00 €	16.333,33 €	10.290,00 €
5	20.000,00 €	6.666,67 €	7.203,00 €	16.333,33 €	7.203,00 €
6				- €	- €
7				- €	- €
8				- €	- €
9				- €	- €
10				- €	- €

Abb. 1: Abschreibungsrechner mit einem Vergleich der verschiedenen Abschreibungsmodelle

Online: Erfolgsrechnung mit integriertem Frühwarnsystem

Susanne Kowalski

Kennzahlen als Steuerungsinstrument werden ihre Aufgabe nur erfüllen, wenn geeignete Informationen möglichst frühzeitig zur Verfügung stehen. Ansonsten können schnell gravierende Probleme auftauchen, weil Chancen und Risiken zu spät erkannt werden bzw. die Reaktionszeiten auf erkannte Sachverhalte zu lang sind.

Im Rahmen unserer Musterlösung werden wichtige Kennzahlen monatlich zusammengestellt. Abweichungen werden in den Ampelfarben Rot, Gelb und Grün dargestellt. Auf diese Weise wird auf den ersten Blick deutlich: Alle rot gekennzeichneten Zahlen sind nicht im Rahmen. Hier muss nachgehakt werden. Die Zahlen müssen dauerhaft in den gelben bzw. grünen Bereich gebracht werden.

> **HINWEIS**
>
> Sie finden diese Musterlösung auf der Onlineversion von Excel im Unternehmen unter **Premium-Tools** in der Kategorie **Finanzen & Controlling**.

Umsatzkennzahlen

Jahr	Januar	Februar	März	April
2008				
Umsatz	414.656,00 €	435.388,80 €		
Gewinn	17.513,00 €	18.388,65 €		
Fremdkapitalzinsen	2.758,00 €	2.895,90 €		
Gesamtkapital	125.894,00 €	132.188,70 €		
Branchenumsatz	1.178.654,00 €	1.237.586,70 €		
Durchschnittlicher Lagerbestand	15.964,00 €	16.762,20 €		
Durschnittlicher Debitorenbestand	65.369,00 €	68.637,45 €		
Anzahl der Mitarbeiter	3	3		
Verkaufsfläche	45	45		
Umsatzrentabilität	6%	6%		
Return on Investment	16%	16%		
Marktanteil	35%	35%		
Umsatz im Verhältnis zu Kostenfaktoren				
Umsatz/Mitarbeiter	138.218,67 €	145.129,60 €		
Umsatz/qm Verkaufsfläche	9.214,58 €	9.675,31 €		
Umsatz im Verhältnis zu Bestandsgrößen				
Umsatz/durchschnittlicher Lagerbestand	25,97	25,97		
Umsatz/durchschnittlicher Debitorenbestand	6,34	6,34		
Kapitalumschlagshäufigkeit	329%	329%		

Ampelfarben bitte individuell einstellen!

Abb. 1: Kurzfristige Erfolgsrechnung mit integriertem Frühwarnsystem auf der Basis von Kennzahlen

Online: Ansparpläne mit Zins und Zinseszins

Susanne Kowalski

Ob ein neues Auto, ein neuer Maschinenpark oder um fürs Alter Vorsorge zu treffen: Wer seine Wünsche nicht nur planen, sondern mit einer klaren Perspektive realisieren möchte, kommt nicht darum herum, sich ernsthafte Gedanken um den Aufbau seines Vermögens zu machen. Nur wer genau analysiert und die Angebote vergleicht, findet die optimale Geldanlage.

Wir zeigen Ihnen, wie Sie mit Excel unabhängig werden und eigene Ansparpläne erstellen. Lernen Sie dabei die wichtigsten Zinsfunktionen kennen und in der Praxis einsetzen.

HINWEIS

Sie finden diese Musterlösung auf der Onlineversion von Excel im Unternehmen unter **Premium-Tools** in der Kategorie **Finanzen & Controlling**.

Ansparplan monatliche Sparbeträge *Sparvertrag 1*

Monatliche Sparrate	100,00 €
Startdatum	01.01.2006
Zinssatz	5,00%
Laufzeit in Jahren	30
Laufzeit in Monaten	360

Start

Datum	vorgesehene Sparrate	Kapital	Änderung Sparrate	Änderung Zinssatz
1/2006	100,00 €	100,42 €	100,00 €	5,00%
2/2006	100,00 €	201,25 €	100,00 €	5,00%
3/2006	100,00 €	302,51 €	100,00 €	5,00%
4/2006	100,00 €	404,18 €	100,00 €	5,00%
5/2006	100,00 €	506,28 €	100,00 €	5,00%
6/2006	100,00 €	608,81 €	100,00 €	5,00%
7/2006	100,00 €	711,76 €	100,00 €	5,00%
8/2006	100,00 €	815,15 €	100,00 €	5,00%
9/2006	100,00 €	918,96 €	100,00 €	5,00%
10/2006	100,00 €	1.023,21 €	100,00 €	5,00%
11/2006	100,00 €	1.127,89 €	100,00 €	5,00%
12/2006	100,00 €	1.233,00 €	100,00 €	5,00%
1/2007	100,00 €	1.338,56 €	100,00 €	5,00%
2/2007	100,00 €	1.444,55 €	100,00 €	5,00%
3/2007	100,00 €	1.550,99 €	100,00 €	5,00%
4/2007	100,00 €	1.657,86 €	100,00 €	5,00%
5/2007	100,00 €	1.765,19 €	100,00 €	5,00%
6/2007	100,00 €	1.872,96 €	100,00 €	5,00%

Abb. 1: Ansparplan mit wechselnden Sparraten und Zinssätzen

VI. Marketing & Vertrieb

*Vergisst du den Kunden,
so hat er dich bereits vergessen.*

HEINZ M. GOLDMANN
Unternehmensberater
geb. 11.8.1919

Kundenzufriedenheit ist die Basis aller Erfolge im geschäftlichen Bereich. Wo Menschen arbeiten, passieren jedoch Fehler. Dies lässt sich nicht vermeiden. Aber Sie können durch ein **Beschwerdemanagement** verhindern, dass Sie die reklamierenden Kunden verlieren. Nicht nur die Produkte müssen stimmen, auch das Umfeld der Kundenbetreuung sollte stets den Kunden fest im Visier haben.

Sie müssen zum Beispiel Ihre wichtigsten Kunden kennen, stets einen Überblick über die Auftragslage haben und mit geeigneten Werbemaßnahmen neue, potenzielle Kunden für sich gewinnen. Die Beiträge und Tools zu diesem Abschnitt unterstützen Sie, Ihre Kunden optimal zu managen und Ihre Produkte zu verkaufen.

Im Rahmen einer **ABC-Analyse** werden wichtige von unwichtigen Kunden unterschieden. In diesem Zusammenhang lernen Sie auch die Analyse-Funktion Histogramm kennen, mit deren Hilfe Sie absolute und kumulierte Häufigkeiten für einen Zellbereich von Daten und Klassen berechnen können.

Die Musterlösung **Marketingplaner** hilft Ihnen bei der Wahl der Werbemittel und ihrer Zuordnung zu unterschiedlichen Kundengruppen. Darüber hinaus gibt Ihnen das Planungsinstrument eine Übersicht über alle Marketingaktivitäten und die damit verbundenen Kosten.

Eine **Auftragskontrolle** verschafft Ihnen einen Überblick über alle bearbeiteten und unbearbeiteten Aufträge. Die zugehörige Statistik macht deutlich, wie viele Aufträge insgesamt aufgelaufen sind und wie viel Prozent davon bereits bearbeitet wurden.

Forderungen bilden heute in vielen Unternehmen den größten Posten auf der Aktivseite der Bilanz. Sie binden Kapital, sind schwierig zu finanzieren und können ausfallen. Optimieren Sie daher Ihre Abläufe und bauen Sie ein aktives und wirkungsvolles **Forderungsmanagement** auf.

Viele weitere Tools zu diesem Thema finden Sie online unter **www.redmark.de/excel**.

Aus dem Inhalt:
- ABC-Analyse: So bewerten Sie die Kundenstruktur
- Marketingplan
- Auftragskontrolle
- Forderungsverwaltung
- Online: Angebotsübersicht
- Online: Konkurrenzanalyse
- Online: Beschwerdemanagement

Die Kundenstruktur mit Hilfe der ABC-Analyse beurteilen

Susanne Kowalski

Die meisten Vertriebsmitarbeiter glauben, ihre wichtigsten Kunden zu kennen. Doch die Mitarbeiter der Buchhaltung oder des Controllings sehen das oft anders. Während die einen den Umsatz als ein entscheidendes Kriterium sehen, favorisieren die anderen die Gewinnspanne oder die Zahlungsmoral. Wir zeigen Ihnen in diesem Beitrag, wie jeder auf seine Art mit Hilfe der ABC-Analyse wichtige von unwichtigen Kunden unterscheiden kann. Dabei stellen wir Ihnen anhand praxisorientierter Bespiele völlig unterschiedliche Arbeitstechniken vor, die den Anwender jede auf ihre Weise zu der gewünschten Schwerpunktbildung führen. Unter anderem werden dazu verschiedene Datenbankfunktionen, die Matrixfunktion HÄUFIGKEIT und die Analyse-Funktion HISTOGRAMM eingesetzt. Darüber hinaus erfahren Sie, wie Sie die Klasseneinteilung für die Kategorisierung des Datenmaterials voll automatisch durchführen oder bei Bedarf mit Hilfe von Drehfeldern variieren können.

> **HINWEIS**
>
> Die Beispieldateien zu diesem Beitrag finden Sie auf der CD-ROM unter der Bezeichnung **ABC_UA.xls** bzw. **ABC_GA.xls**.

1 Diese Fragestellungen beantwortet eine ABC-Analyse

Eine ABC-Analyse ist ein Verfahren zur Schwerpunktbildung, mit deren Hilfe Wichtiges von Unwichtigem unterschieden wird. Das Verfahren können Sie in den unterschiedlichsten betrieblichen Bereichen einsetzen, egal ob es um die Kundenstruktur oder den Personalbestand geht. Üblicherweise werden die Klassen A, B und C gebildet, wobei sich in der Regel zeigt, dass ein verhältnismäßig großer Wertanteil auf nur einen geringen Mengenanteil entfällt (Klasse A), beziehungsweise umgekehrt ein relativ großer Mengenanteil einen geringen Wertanteil aufweist (Klasse C). In der Klasse B ist dagegen das Verhältnis in der Regel ausgeglichen. Die ABC-Analyse führt somit zu folgender Klasseneinteilung, die Sie allerdings bei Bedarf erweitern können:

- Klasse A: wichtig, dringend
- Klasse B: weniger wichtig
- Klasse C: unwichtig

In diesem Beitrag sollen folgende Fragestellungen aus der betrieblichen Praxis geklärt werden:

- Wie viel Prozent der Kunden erwirtschaften wie viel Prozent der Umsätze?
- Wie viele Kunden erwirtschaften welche Gewinne?

Voraussetzung für die Auswertung von Daten in Form einer ABC-Analyse ist ein Datenbestand. Wenn Sie eine Schwerpunktbildung nach Kundenumsätzen durchführen wollen, muss eine Einteilung der einzelnen Kunden nach Umsatzklassen erfolgen. Genauso muss für eine Gewinnanalyse entsprechendes Zahlenmaterial vorhanden sein.

2 Eine Kundenstrukturanalyse nach Umsatzdaten

Für die Analyse der Kunden nach Umsatzdaten haben wir Beispieldaten für Sie vorbereitet (s. Abb. 1). Als Grundlage für unsere Mustervorlage **ABC_UA.xls** dient die Kundenliste der **Nordwind.mdb** aus Access, die um eine Umsatzspalte samt fiktiven Daten ergänzt wurde.

ABC-Analyse

PRAXIS-TIPP

Die Datenbank **Nordwind.mdb** gehört zum Lieferumfang von Access und kann auch eingesetzt werden, wenn Sie für Excel Testdaten benötigen.

	A	B	C	D	E	F	G	H	I	J	K
1	**Kundenliste**									Start	
2											
3	Kunden-Code	Firma	Kontaktperson	Position	Straße	Ort	PLZ	Land	Telefon	Telefax	Umsatz
4	ALFKI	Alfreds Futterkiste	Maria Anders	Vertriebsmitarbeiterin	Obere Str. 57	Berlin	12209	Deutschland	030-0074321	030-0076545	125.000,00 €
5	ANATR	Ana Trujillo Emparedados y helados	Ana Trujillo	Inhaberin	Avda. de la Constitución 2222	México D.F.	05021	Mexiko	(5) 555-4729	(5) 555-3745	54.687,00 €
6	ANTON	Antonio Moreno Taquería	Antonio Moreno	Inhaber	Mataderos 2312	México D.F.	05023	Mexiko	(5) 555-3932		12.000,00 €
7	AROUT	Around the Horn	Thomas Hardy	Vertriebsmitarbeiter	120 Hanover Sq.	London	WA1 1DP	Großbritannien	(71) 555-7788	(71) 555-6750	80.000,00 €
8	BERGS	Berglunds snabbköp	Christina Berglund	Einkaufsleitung	Berguvsvägen 8	Luleå	S-958 22	Schweden	0921-12 34 65	0921-12 34 67	150.789,00 €
9	BLAUS	Blauer See Delikatessen	Hanna Moos	Vertriebsmitarbeiterin	Forsterstr. 57	Mannheim	68306	Deutschland	0621-08460	0621-08924	10.456,00 €
10	BLONP	Blondel père et fils	Frédérique Citeaux	Marketingmanager	24, place Kléber	Strasbourg	67000	Frankreich	88.60.15.31	88.60.15.32	5.469,00 €
11	BOLID	Bólido Comidas preparadas	Martín Sommer	Inhaber	C/ Araquil, 67	Madrid	28023	Spanien	(91) 555 22 82	(91) 555 91 99	78.945,00 €
12	BONAP	Bon app'	Laurence Lebihan	Inhaber	12, rue des Bouchers	Marseille	13008	Frankreich	91.24.45.40	91.24.45.41	1.236,00 €

Abb. 1: Testdaten zu diesem Beitrag

Für die ABC-Analyse ist zunächst eine Klasseneinteilung erforderlich. Anschließend muss gewählt werden, wie viele Kunden jeweils in die einzelnen Umsatzklassen fallen. Dabei gibt es drei Möglichkeiten:

- Die Klasseneinteilung übernimmt Excel.
- Die Klassen werden manuell gebildet.
- Die Klassen werden mit Hilfe von Drehfeldern gebildet.

2.1 Automatische Klassenbildung

Wie eine größenmäßige Einteilung in ABC-Klassen auszusehen hat, kann man generell nicht sagen. Das hängt ganz von dem vorhandenen Datenbestand sowie der Streuung der Werte ab. Folgende Aspekte sollten Sie jedoch beachten:

- Wichtig ist, dass die Einteilung der Klassen vollständig erfolgt.
- Die einzelnen Wertebereiche dürfen sich nicht überschneiden. Das heißt, jeder Wert muss sich eindeutig einer einzigen Klasse zuordnen lassen.
- Es erleichtert die Auswertung, wenn Sie gleich breite Klassen verwenden und die Anzahl der Klassen gering ist. In der Praxis lässt sich dies jedoch nicht immer einhalten.

Wir zeigen Ihnen zunächst in der Tabelle **Automatisch**, wie Sie die Klassen mit Hilfe einer Excel-Formel bilden können. Dazu benötigen Sie zunächst ein Tabellengrundgerüst wie in Abb. 2. Der Bereich **K4** bis **K94** der Tabelle **Kundenliste** unserer Musterlösung trägt den Bereichsnamen **Umsatz**.

HINWEIS

Die Arbeit mit Bereichsnamen wird ausführlich im Beitrag **Richtig rechnen** des Kapitels Kaufmännisch Rechnen beschrieben.

	A	B	C	D	E
1	**Automatische Klasseneinteilung**				
2					
3	Index	Klassen	Häufigkeit	kum. Häufigkeit	relative Häufigkeit
4	1				
5	2				
6	3				

Abb. 2: In dieses Tabellengerüst werden die Daten der ABC-Analyse eingetragen.

Die Klassen in Spalte **B** werden per Formel ermittelt. Dazu wird in **B4** mit folgender Formel gearbeitet:

=RUNDEN($A4/3*MAX(Umsatz);-LOG(MAX(Umsatz)))

Diese komplexe Formel setzt sich aus drei miteinander verschachtelten Funktionen zusammen:
- RUNDEN()
- MAX()
- LOG()

Mit Hilfe der Funktion RUNDEN() werden die Klassen gerundet. Die Syntax der Funktion lautet RUNDEN(Zahl;Anzahl_Stellen). Das Argument **Zahl** ist die Zahl, die Sie runden möchten. **Anzahl_Stellen** gibt an, auf wie viele Dezimalstellen Sie die Zahl runden möchten, in diesem Fall der Logarithmus des maximalen Umsatzes.

Die Funktion MAX() liefert die größte Zahl einer Argumentliste. Die Syntax der Funktion lautet MAX(Zahl1;Zahl2;...). Die Argumente „**Zahl1; Zahl2;...**" sind die Zahlen, von denen Sie die größte suchen. Im aktuellen Beispiel wird das Maximum der Umsatzliste gesucht.

Die Funktion LOG() liefert den Logarithmus einer Zahl zu der angegebenen Basis. Ihre Syntax lautet LOG(Zahl;Basis). Unter dem Argument **Zahl** versteht man die positive reelle Zahl, deren Logarithmus Sie berechnen möchten. **Basis** ist die Basis des Logarithmus. Fehlt das Argument **Basis**, wird zehn angenommen. Die Formel können Sie in die nachfolgenden zwei Zeilen kopieren. Sie erhalten folgende Klasseneinteilung:
- 300000
- 700000
- 1000000

Der Bereich **B4:B6** hat den Namen **Klassen**.

2.2 Die Funktion HÄUFIGKEIT()

In der Spalte **C** wird mit Hilfe der Matrixfunktion HÄUFIGKEIT() das Vorkommen der einzelnen Klassen gezählt:

1 Markieren Sie den Bereich **C4:C6,** der die Häufigkeit zeigen soll. Tragen Sie die folgende Formel ein:
=HÄUFIGKEIT(Umsatz;Klassen)

2 Die Eingabe der Matrixfunktion beenden Sie mit der Tastenkombination **Strg** + **Shift** + **Enter**, um die Formel zu bestätigen. Es ist an dieser Stelle ausgesprochen wichtig, dass Sie tatsächlich die beschriebene Tastenkombination verwenden. Nur so können Sie eine Matrixfunktion abschließen.

3 Der Ausdruck wird automatisch in geschweifte Klammern gesetzt. Dies ist das Kennzeichen einer Matrixfunktion. Die Funktion HÄUFIGKEIT() liefert eine Häufigkeitsverteilung als einspaltige Matrix. In diesem Beispiel verwenden Sie die Funktion, um die Anzahl der Kunden in den einzelnen Klassen zu zählen. Die Funktion ignoriert leere Zellen und Text.

4 In Spalte **D** soll die Häufigkeit kumuliert dargestellt werden. Der Wert in der Zelle **D4** soll dem Wert der Zelle **C4** entsprechen:
=C4

5 In die Zelle **D5** geben Sie die folgende Formel ein und kopieren Sie diese nach **D6**:
=D4+C5

6 Spalte **E** zeigt die relative Häufigkeit in Form prozentualer Anteile einer Klasse an der Summe aller Klassen. Die relative Häufigkeit ist oft aussagekräftiger als die absolute Variante, da sie einen Bezug auf die Gesamtheit der Werte darstellt. Geben Sie hierfür in **E4** den folgenden Ausdruck ein:
=C4/MAX(D:D)

7 Kopieren Sie diese Formel in die nachfolgenden beiden Zellen und formatieren Sie die drei Zellen im %-Format (s. Abb. 3).

	A	B	C	D	E
1	Automatische Klasseneinteilung				Start
2					
3	Index	Klassen	Häufigkeit	kum. Häufigkeit	relative Häufigkeit
4	1	300.000	83	83	91%
5	2	700.000	5	88	5%
6	3	1.000.000	3	91	3%

Abb. 3: Wie viele Kunden auf die einzelnen Klassen entfallen, ermittelt die Funktion HÄUFIGKEIT().

2.3 Die manuelle Klasseneinteilung

Die automatische Klasseneinteilung bringt oft keine sinnvollen Ergebnisse. Insbesondere dann, wenn es bei den Daten große Ausreißer gibt. Wenn Sie sich das Datenmaterial einmal genauer ansehen, werden Sie feststellen, dass einige Kunden nur geringe Umsätze zum Teil unter 1.000 EUR tätigen. Andere dagegen liegen über der Millionengrenze. Manuell würde man die Klassen u. U. anders bilden als die Einteilung, die mit Hilfe der Excel-Formel durchgeführt wurde:

* A-Kunden (Klasse 3) sind diejenigen, deren Umsatz über 150.000 EUR liegt.
* B-Kunden (Klasse 2) liegen zwischen 10.000 und 150.000 EUR.
* C-Kunden (Klasse 1) liegen unter 10.000 EUR.

> **HINWEIS**
> Eine andere Klassenbildung führt zu anderen Analyseergebnissen.

Um die Grundstruktur der Analyse der automatischen Klassenbildung zu übernehmen, kopieren Sie das entsprechende Tabellenarbeitsblatt:

1 Klicken Sie mit der rechten Maustaste in die Registerlasche des Arbeitsblattes mit den bereits erstellten Analysedaten und wählen Sie dort den Befehl **Verschieben/kopieren** aus. Sie gelangen in das Dialogfeld **Verschieben oder kopieren**. Markieren Sie das Tabellenarbeitsblatt, vor dem das kopierte Blatt eingefügt werden soll.

2 Aktivieren Sie das Kontrollkästchen **Kopie erstellen** und verlassen Sie das Dialogfeld über **OK**. Überschreiben Sie die Ergebnisse in Spalte **B** der neu angelegten Tabelle. Sofort ändern sich auch die Häufigkeiten sowie die Anteile an den Klassen.

3 Die Kundenzuordnung

Als Nächstes geht es darum, die einzelnen Kunden den drei Klassen zuzuordnen. Die Klasse 3 entspricht der Klasse A. Diese Klasse soll demnach durch alle Werte repräsentiert werden, die größer sind als 150.000 EUR. B soll zwischen 150.000 EUR und 10.000 EUR liegen. C steht stellvertretend für alle Umsätze bis 10.000 EUR (s. Abb. 4).

Dazu wird in **L4** der Tabelle **Kundenliste** mit der folgenden Formel gearbeitet.

=WENN(K4>=150000;"A";WENN(UND(K4>=10000;K4<150000);"B";"C"))

Die Formel kann kopiert werden.

	A	B	C	D	E
1	**Manuelle Klasseneinteilung**				Start
2					
3	Index	Klassen	Häufigkeit	kum. Häufigkeit	relative Häufigkeit
4	1	10.000	42	42	46%
5	2	150.000	37	79	41%
6	3	1.000.000	12	91	13%

Abb. 4: Die Anteile an den einzelnen Klassen sind von ihrer Größe abhängig.

> **PRAXIS-TIPP**
>
> Um die Einteilung in die verschiedenen Klassen weiter zu verdeutlichen, steht die bedingte Formatierung zur Verfügung. Damit lassen sich den einzelnen Klassen unterschiedliche Farben zuweisen. Sie finden diese Funktion unter **Format → Bedingte Formatierung**.

Zwar ermittelt die Anwendung die mengenmäßigen Anteile der einzelnen Gruppen, eine wertmäßige Aussage erfolgt bislang allerdings noch nicht. Die Umsatzanteile der einzelnen Gruppen sollen als Nächstes ermittelt werden. Mit Hilfe der Funktion SUMMEWENN() besteht die Möglichkeit, Zahlen zu addieren, die mit bestimmten Suchkriterien übereinstimmen. Die Syntax der Funktion lautet:

SUMMEWENN(Bereich; Suchkriterien; Summe_Bereich)

Im Zusammenhang mit der ABC-Analyse entsprechen die Klassenkennzeichen A, B und C dem Suchkriterium. Diese befinden sich in der Beispieldatei in der Tabelle **Kundenliste** im Bereich **L4** bis **L94**. Die zu addierenden Umsatzzahlen befinden sich im benannten Bereich **Umsatz**. Sie entsprechen dem Argument **Summe_Bereich**. Die Formel in **F4** lautet:

SUMMEWENN(Tabelle1!$L$4:$L$94;"C";Umsatz)

Für **F5** und **F6** muss die Formel wie folgt abgewandelt werden:

- **F5**: =SUMMEWENN(Tabelle1!$L$4:$L$94;"B";Umsatz)
- **F6**: =SUMMEWENN(Tabelle1!$L$4:$L$94;"A";Umsatz)

	A	B	C	D	E	F	G
1	**Manuelle Klasseneinteilung**				🏠 Start		
2							
3	Index	Klassen	Häufigkeit	kum. Häufigkeit	relative Häufigkeit	Wert	Wert in %
4	1	10.000	42	42	46%	176.402,00 €	2%
5	2	150.000	37	79	41%	1.682.245,00 €	23%
6	3	1.000.000	12	91	13%	5.305.551,00 €	74%
7	Gesamt					7.164.198,00 €	

Abb. 5: Das Analyseergebnis bei manueller Klasseneinteilung

Abb. 5 zeigt, dass 13 Prozent der Kunden 74 Prozent vom Umsatz machen, während in Klasse C 46 Prozent der Kunden einen Anteil von lediglich 2 Prozent erwirtschaften. In Gruppe B ist das Verhältnis ausgewogener.

4 Eine Gewinnstrukturanalyse

Anhand einer Gewinnstruktur wollen wir Ihnen die ABC-Analyse unter einem anderen Ansatzpunkt vorstellen. Dazu haben wir die Datei **ABC_GA.xls** für Sie vorbereitet. Die Musterlösung enthält im Wesentlichen folgende Tabellenblätter:

- **Kundenliste** (diese enthält die Spalte **Gewinn**, die analysiert werden soll).
- **Klasseneinteilung** (die Herleitung und die mit dieser Tabelle verbundenen Formeln werden nachfolgende detailliert erläutert).
- **Histogramm** (die Entstehung des Histogramms wird ebenfalls auf den folgenden Seiten beschrieben).

Wie bereits erwähnt, hängt die Einteilung der Klassen stark von dem verwendeten Datenmaterial ab. Wenn Sie sich bei der Klassifizierung nicht sicher sind, bilden Drehfelder einen völlig neuen Ansatzpunkt, Klassen zu bilden.

4.1 Vorbereitungsarbeiten

Für die Tabelle **Klasseneinteilung** wird das Tabellengerüst in Abb. 6 benötigt. K4 hat den Namen **Ausgaben**. Der Bereich K4 bis K94 der Tabelle Kundenliste trägt den Namen **Gewinn**. Die Zelle K4 des Analyseblattes soll als Ausgabeverknüpfung für das nachfolgend einzurichtende Drehfeld verwendet werden.

	A	B	C	D	E	F	G	H
1	**Klasseneinteilung**							🏠 Start
2								
3	Klassen	Einteilung	Gewinn	Gewinn	Gewinn in %	Gewinn kumliert	Anzahl	Anzahl kumuliert
4	C							
5	B							
6	A							

Abb. 6: Die Auswertung wird in diese Tabelle geschrieben.

1 Blenden Sie die Symbolleiste **Formular** über **Ansicht → Symbolleisten → Formular** ein. Klicken Sie die Schaltfläche **Drehfeld** (s. Abb. 7) an und ziehen Sie mit gedrückter linker Maustaste ein Drehfeld in der gewünschten Größe außerhalb des Tabellengerüstes auf.

VI. Marketing & Vertrieb

Abb. 7: Die Symbolleiste Formular und die Schaltfläche Drehfeld

2 Öffnen Sie das Kontextmenü des Drehfeldes und wählen Sie dort **Steuerelement formatieren**, um in das gleichnamige Dialogfeld zu gelangen. Klicken Sie dort – falls nötig – auf die Registerkarte **Steuerung** (s. Abb. 8). Dort tragen Sie anschließend die Grundlagen für die Klassenbildung ein. Im Einzelnen müssen Sie den Minimal- und Maximalwert sowie eine Schrittweite für die Klassenbildung definieren.

3 Tragen Sie im Einzelnen folgende Werte ein:
- **Minimalwert**:   100
- **Maximalwert**:   30000
- **Schrittweite**:   1000

Abb. 8: Hier werden die Schritte und Grenzwerte des Drehfeldes definiert.

4 Über die **Zellverknüpfung** legen Sie fest, wo der aktuelle Wert des Drehfeldes angezeigt werden soll. Tragen Sie hier **Ausgabe** ein. Geben Sie in die Zelle **B4** den Wert **5000** ein. Um die Klassen zu bilden, tragen Sie als Nächstes die folgende Formel in die Zelle **B5** ein: =B4+Ausgabe

Kopieren Sie die Formel in die darunter liegende Zelle.

5 Klicken Sie auf den nach oben zeigenden Pfeil des Drehfeldes. Auf diese Weise können Sie nun jederzeit die Intervalle der Klassen erhöhen. Entsprechend verringern Sie die Intervalle durch einen Klick auf den Pfeil nach unten. Für das aktuelle Beispiel wird mit den Eingabewerten aus Abb. 9 gearbeitet. ■

4.2 Die Analyse

Um die Analyse der Kundenliste durchzuführen, werden die Kriterien für die Zuordnung der Klassenstruktur mit Hilfe der eben erzeugten Klassenwerte und logischen Operatoren festgelegt. Die zugehörigen Formeln finden Sie in Tabelle 1.

Zelle	Formel
C4	="<="&B4
C5	="<="&B5
C6	="<="&B6
D4	=F4
D5	=F5-D4
D6	=F6-F5
E4	=D4/$F$6
E5	=D5/$F$6
E6	=D6/$F$6
F4	=DBSUMME(Kundenliste;"Gewinn";$C$3:$C4)
F5	=DBSUMME(Kundenliste;"Gewinn";$C$3:$C5)
F6	=DBSUMME(Kundenliste;"Gewinn";$C$3:$C6)
G4	=H4
G5	=H5-H4
G6	=H6-H5
H4	=DBANZAHL(Kundenliste;"Gewinn";$C$3:$C4)
H5	=DBANZAHL(Kundenliste;"Gewinn";$C$3:$C5)
H6	=DBANZAHL(Kundenliste;"Gewinn";$C$3:$C6)

Tab. 1: Formeln der Tabelle Klasseneinteilung

Das Ergebnis in Abb. 9 zeigt, dass 75 von insgesamt 91 Kunden nur 18 Prozent des Gewinns erwirtschaften, während nur drei Kunden zu 46 Prozent des Gewinns beitragen.

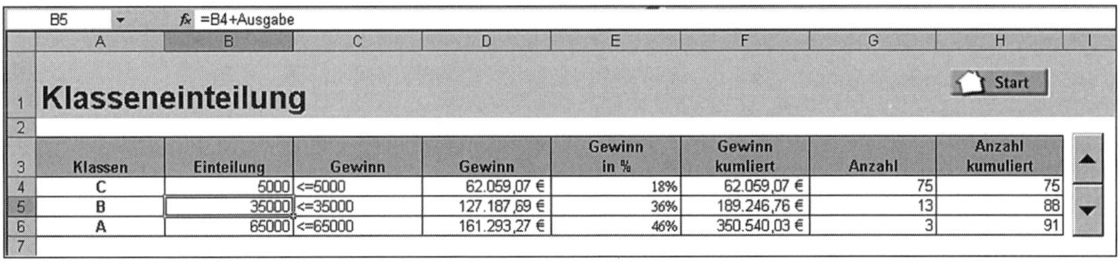

B5 =B4+Ausgabe

Klasseneinteilung

Start

Klassen	Einteilung	Gewinn	Gewinn	Gewinn in %	Gewinn kumliert	Anzahl	Anzahl kumuliert
C	5000	<=5000	62.059,07 €	18%	62.059,07 €	75	75
B	35000	<=35000	127.187,69 €	36%	189.246,76 €	13	88
A	65000	<=65000	161.293,27 €	46%	350.540,03 €	3	91

Abb. 9: Die Ergebnisse der ABC-Analyse

5 Das Histogramm

Eine weitere Möglichkeit, absolute und kumulierte Häufigkeiten für einen Zellbereich von Daten und Klassen zu berechnen, bietet die Funktion HISTOGRAMM. In einer Histogrammtabelle werden die Bewertungsgrenzen zwischen der untersten und der aktuellen Begrenzung dargestellt. Diese Funktion wird ebenfalls anhand der Beispieldaten der Datei **ABC_GA.xls** erläutert.

VI. Marketing & Vertrieb

> **HINWEIS**
>
> Die Analyse-Funktion HISTOGRAMM können Sie über den Eintrag **Analyse-Funktion** im Menü **Extras** aufrufen. Unter Umständen steht dieser Befehl bei Ihnen nicht zur Verfügung. Sollte dies der Fall sein, müssen Sie ihn über **Extras → Add-Ins** (Excel 2000: **Add-Ins-Manager**) aktivieren. In der Dialogbox **Add-Ins** klicken Sie auf **Analyse-Funktionen,** um dort ein Häkchen einzustellen.

Ein Histogramm richten Sie wie folgt ein:

1 Bevor Sie in den nächsten Schritten die Histogramm-Funktion nutzen, sollten Sie den Bereich **B3** bis **B6** auf dem Tabellenblatt **Klasseneinteilung** mit der Gewinnanalyse **Einteilung** nennen. Auf diesen Bereich wird im Histogramm zugegriffen.

2 Wechseln Sie in das Arbeitsblatt mit der Kundendatenbank. Wählen Sie **Extras → Analyse-Funktionen**, um in das gleichnamige Dialogfeld zu gelangen.

3 Klicken Sie nacheinander auf **Histogramm** und **OK**. Sie gelangen in die Dialogbox **Histogramm** (s. Abb. 10). Setzen Sie den Cursor in das Feld **Eingabebereich**. Dort legen Sie den Bezug für den zu analysierenden Datenbereich fest. Drücken Sie die Funktionstaste **F3**.

4 Sie gelangen in das Dialogfeld **Namen einfügen** und wählen **Gewinn**. Dieser Zellbereich wird nun in das Feld **Eingabebereich** übernommen. Geben Sie unter **Klassenbereich** den Begriff **Einteilung** an.

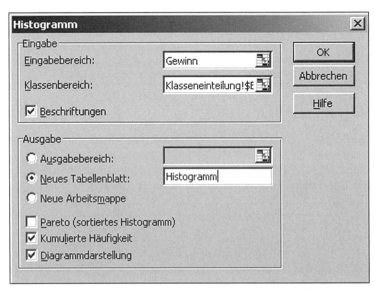

Abb. 10: Im Dialogfeld Histogramm werden verschiedene Angaben verlangt.

> **HINWEIS**
>
> Falls Sie Excel keinen Klassenbereich vorgeben, legt Ihre Tabellenkalkulation die Klassen selber fest. Das Programm erstellt dann eine Reihe von Klassen, die gleichmäßig zwischen dem niedrigsten und dem höchsten Wert des Datenbestandes verteilt sind.

5 Aktivieren Sie die Kontrollkästchen **Beschriftungen**, **Kumulierte Häufigkeit** und **Diagrammdarstellung**. Wenn Sie das Kontrollkästchen **Kumulierte Häufigkeit** aktivieren, erhalten Sie in der Ausgabetabelle eine Spalte für kumulierte relative Häufigkeiten. Falls Sie in der Ausgabetabelle ein eingebettetes Diagramm wünschen, können Sie dies ebenfalls

über das entsprechende Kontrollkästchen regeln. Über das Kontrollkästchen **Pareto (sortiertes Histogramm)** bestimmen Sie, dass die Daten später in der Ausgabetabelle in absteigender Reihenfolge nach ihrer Häufigkeit sortiert gezeigt werden. Andernfalls werden die Daten in aufsteigender Reihenfolge sortiert.

6   Unter **Ausgabe** wählen Sie die Option **Neues Tabellenblatt**. Dadurch erreichen Sie, dass die Ergebnisse ab Zelle **A1** in dieses neue Tabellenblatt eingefügt werden. Um das Tabellenblatt zu benennen, geben Sie in das nebenstehende Feld den Namen **Histogramm** ein. Verlassen Sie das Dialogfeld über **OK** oder drücken Sie die **Enter**-Taste.

> **HINWEIS**
>
> Falls Sie sich im Bereich Ausgabe für die Option **Ausgabebereich** entscheiden, geben Sie den Bezug für die obere linke Zelle der Ausgabetabelle ein. Excel legt die Größe der Ausgabetabelle automatisch fest. Sollten dadurch vorhandene Daten überschrieben werden, erhalten Sie von Excel einen entsprechenden Hinweis. Last but not least besteht noch die Möglichkeit, die Ergebnisse des Histogramms über die Option **Neue Arbeitsmappe** in eine neue Datei einzufügen.

Aufgrund Ihrer Arbeitsschritte erhalten Sie ein neues Tabellenarbeitsblatt mit einer Tabelle und einem Diagramm (s. Abb. 11).

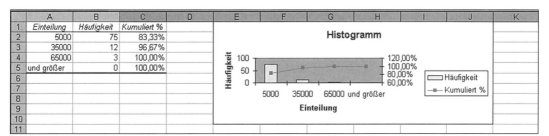

Abb. 11: Das Ergebnis der Arbeit mit der Analyse-Funktion HISTOGRAMM

Wichtig zu wissen ist, dass sich die Daten des Histogramms nicht dynamisch ändern. Das bedeutet, wenn Änderungen am Datenbestand vorgenommen werden, muss die Funktion HISTOGRAMM erneut aufgerufen werden.

6 Zusammenfassung

- Umsatzklassen können Sie mit Hilfe verschachtelter Formeln bilden. Dazu werden die integrierten Excel-Funktionen **RUNDEN()**, **MAX()** und **LOG()** eingesetzt.

- Die Funktion **HÄUFIGKEIT()** gehört zu den Matrixfunktionen. Die Eingabe der Matrix-Funktion bestätigen Sie mit der Tastenkombination **Strg + Shift + Enter**.

- Die Funktion **SUMMEWENN** addiert Werte, die mit bestimmten Suchkriterien übereinstimmen. Die Syntax der Funktion lautet: SUMMEWENN(Bereich; Suchkriterien; Summe_Bereich).

- Um ein Drehfeld einzurichten, verwenden Sie die entsprechende Schaltfläche der **Formular**-Symbolleiste. Letztere blenden Sie über **Ansicht → Symbolleisten → Formular** ein.

- Eine Möglichkeit, absolute und kumulierte Häufigkeiten für einen Zellbereich von Daten und Klassen zu berechnen, bietet die Funktion **HISTOGRAMM**, die unter **Extras → Analyse-Funktionen** zur Verfügung steht.

Marketingplaner

Susanne Kowalski

Erfolgreiches Marketing bedeutet marktorientierte Unternehmensführung und damit marktorientiertes Denken und Handeln im gesamten Unternehmen. Der Marketingplan bildet das Herzstück der Marketingarbeit. In ihm werden alle für die systematische Vorgehensweise notwendigen Schritte und Entscheidungen schriftlich festgehalten.

Die vorliegende Musterlösung bietet Ihnen eine Grundstruktur, die die zentralen Inhalte eines Marketingplans enthält. Den Plan können bzw. müssen Sie noch inhaltlich der jeweiligen Aufgabenstellung anpassen. Die fertige Musterlösung lässt sich durch die komfortablen Bedienungselemente von jedem Anwender intuitiv nachvollziehen.

Lesen Sie hier, wie der Haufe-Marketingplaner aufgebaut ist und wie Sie mit seiner Hilfe sowohl Ihre Termine als auch Ihre Kosten im Griff behalten.

Begleitend zu diesem Beitrag finden Sie auf der CD unter der Rubrik **Musterlösungen** das Tool **Marketingplaner.xls**.

1 Gründe für einen Marketingplan

Planung bedeutet vorausschauendes systematisches Durchdenken und Formulieren von Zielen und Aktivitäten. Ein durchdachter Marketingplan und seine Umsetzung unterstützt Unternehmen dabei, Ziele umzusetzen wie:

- Maximale Ausschöpfung der Marktpotenziale
- Gesundes Wachstum
- Erringen von Wettbewerbsvorteilen
- Größere Unabhängigkeit von einzelnen Kunden, Teil-/Märkten und Regionen

Unser Marketingplaner setzt bei der Zieldefinition Ihres Unternehmens an. Nur wer sich über seine Ziele im Klaren ist, kann konkrete Maßnahmen ergreifen. Unser Planungstool hilft Ihnen bei der Wahl der Werbemittel und ihrer Zuordnung zu unterschiedlichen Kundengruppen. Darüber hinaus verschafft das Planungsinstrument Ihnen eine Übersicht über alle Marketingaktivitäten und die damit verbundenen Kosten. Sowohl Maßnahmen als auch Kosten werden in Monatsübersichten gesammelt und in einer Jahresübersicht verdichtet.

Auch dieser Aspekt spricht für einen Marketingplan: Ein guter Marketingplan ist ein Instrument zur besseren Bewertung im Rahmen der Basel-II-Kriterien und verschafft Ihnen Pluspunkte bei den Ratings.

2 Aufbau des Jahresplaners

Der Jahresplaner enthält folgende Tabellenarbeitsblätter:

- Definitionen
- Ziele
- Checkliste
- Werbemittel
- Budgetübersicht

- Kombinierter Zeit-/Kostenplan für 12 Monate (12 Einzelblätter)
- Kostenübersicht: Verdichtete Werte aus kombiniertem Zeit-/Kostenplan
- Zeitübersicht: Verdichtete Werte aus kombiniertem Zeit-/Kostenplan

Mit den verschiedenen Tabellen erstellen Sie einen Marketingmaßnahmenplan. In diesem Zusammenhang tasten Sie sich in der Tabelle **Ziele** zunächst über die Unternehmens- und Marketingziele vor bis hin zu den konkreten Einzelzielen, wie zum Beispiel:

- Mindestens 100 neue Kunden anwerben
- Mindestens 10 abgesprungene Kunden zurückgewinnen
- Umsatzsteigerung um 5 %
- Fachartikel in der Lokalpresse veröffentlichen, um Bekanntheitsgrad zu steigern

Die Tabelle **Checkliste** hilft Ihnen dabei, sich über grundsätzliche Dinge klar zu werden, die Grundvoraussetzung für eine gute Marketingarbeit sind. Dazu müssen verschiedene Fragen beantwortet werden:

- Welche Produkte/Dienstleistungen wollen Sie bewerben?
- Wer sind Ihre Kunden?

Bei Privatkunden sollten Sie Alter, Beruf, Einkommen und Interessen, bei Unternehmen Größe, Branche, Markt und Region kennen.

Nur wenn Sie wissen, wer Ihre Kunden sind, können Sie folgende Frage beantworten:

- Wie erreichen Sie Ihre Kunden?

Analysieren Sie Ihre Stärken und Schwächen. Dabei unterstützt Sie unsere Konkurrenzanalyse.

- Was können Sie Ihren Kunden bieten?
- Wo sind Ihre Stärken?
- Was können Sie besser als der Wettbewerb?

Erst nachdem Sie diese Fragen beantwortet haben, sollten Sie sich an die Auswahl der Marketingmaßnahmen machen.

3 Überblick: Für jeden Kunden das richtige Werbemittel

Es gibt eine Vielzahl Werbemittel, angefangen bei den Anzeigen in Printmedien, wie Zeitungen und Zeitschriften, über Online-Werbung bis hin zum Sponsoring. Welche die geeignete Maßnahme ist, hängt ganz von Ihren Kunden und Produkten bzw. Leistungen ab. Während die örtliche Gärtnerei über die regionale Tageszeitung die potenziellen Kunden erreicht, ist für internationale Designermode für Damen eine Frauenzeitschrift die richtige Adresse. In unserer Tabelle **Werbemittel** (s. Abb. 1) finden Sie eine Auflistung potenzieller Werbemittel. Sie ist in folgende Kategorien unterteilt:

- Werbeanzeigen in Printmedien schalten
- Printmedien einsetzen

VI. Marketing & Vertrieb

- Werbeanzeigen – none Print
- Online-Werbung
- Veranstaltungen
- Sponsoring
- Sonstiges

In der Tabelle **Werbemittel** ist es möglich, bis zu fünf Kundengruppen zu verwalten (s. Abb. 1). Für jede Kundengruppe können Sie festlegen, ob das Werbemittel sinnvoll für die jeweilige Gruppe erscheint oder nicht. Bitte berücksichtigen Sie: An dieser Stelle geht es noch nicht um die Kosten! Dass sich letztendlich nicht alle sinnvollen Maßnahmen realisieren lassen, ist zu diesem Zeitpunkt noch nicht relevant.

Kundengruppe	A	B
Werbeanzeigen in Printmedien		
Regionale Tageszeitungen	x	
Überregionale Zeitungen		
Qualitätszeitungen (Frankfurter Allgemeine, Welt am Sonntag)		
Wirtschaftszeitungen		
Wochenzeitungen		
Wochenmagazine		
Gratiszeitungen		
Fachzeitungen		x
Monatsmagazine		
Illustrierte		
Frauenzeitschriften		
Männerzeitschriften		
Zeitschriften für Kinder und Jugendliche		
Special-Interest-Zeitschriften (Zeitschriften zu versch. Themen)		x
Gelbe Seiten	x	
Buchwerbung		x
Sonstiges		
Sonstiges		
Printmittel		
Prospekt	x	
Flyer / Handzettel / Flugblätter	x	
Katalog		
Werbebriefe		
Visitenkarte		x
Beilagen in Medien	x	
Rundschreiben		x
Sonstiges		
Sonstiges		

Abb. 1: Ausschnitt aus der Tabelle Werbemittel

Über ein Zelldropdown können Sie festlegen, welche Maßnahme Sie für welche Zielgruppe als sinnvoll erachten. Durch einen Klick in die gewünschte Zelle erscheint ein Listenpfeil. Ein weiterer Klick auf den Pfeil ermöglicht Ihnen die Auswahl des „X". Damit kennzeichnen Sie eine Werbemaßnahme als sinnvoll (Anwendern der Version Excel 97 steht die Auswahlliste nicht zur Verfügung).

Über die **AutoFilter**-Funktion von Excel können Sie per Mausklick alle für eine Kundengruppe relevanten Werbemittel selektieren.

4 Die Budgetierung

Welche Werbemaßnahmen sinnvoll sind und welche Maßnahmen in das Budget passen, ist oft nicht ganz einfach unter einen Hut zu bringen. Hilfestellung soll Ihnen hier unsere Tabelle **Budgetübersicht** bieten (s. Abb. 2). Zunächst wird dort das von der Geschäftsführung genehmigte Werbebudget eingetragen. Die Tabelle **Budgetübersicht** berücksichtigt alle Werbemittel, die auch in der Tabelle **Werbemittel** geführt werden. Dort tragen Sie die voraussichtlichen Kosten der einzelnen Werbemaßnahmen ein.

Das Tool ermittelt automatisch die geplante Gesamtsumme aller Einzelpositionen und gibt Auskunft darüber, ob das Budget überschritten wurde oder finanzielle Mittel für weitere Maßnahmen zur Verfügung stehen. Wird das Budget überschritten, müssen Sie die Tabelle Position für Position abarbeiten und abwägen, welche der einzelnen Maßnahmen dem Rotstrich zum Opfer fallen sollen. Wurden Budget und Einzelmaßnahmen aus finanzieller Sicht in Einklang gebracht, können Sie sich der Zeitplanung in den einzelnen Monatsblättern widmen.

Nach Abschluss der Maßnahmen können Sie die tatsächlich angefallenen Istkosten in die Tabelle **Budgetübersicht** eingeben. Sie erhalten auf diese Weise eine Übersicht über mögliche Abweichungen. Die in diesem Arbeitsblatt verwendeten Formeln finden Sie in Tabelle 1.

Budgetübersicht Werbemittel				
Planungszeitraum	01.01.07 - 31.12.07			
Genehmigtes Werbebudget				
Geplante Einzelpositionen	- €			
Differenz	- €			
Aufteilung des Werbebudgets	Plan	Ist	Abweichung	Kostenanteil/Ist
Werbeanzeigen in Printmedien				
Regionale Tageszeitungen			- €	
Überregionale Zeitungen			- €	
Qualitätszeitungen (Frankfurter Allgemeine, Welt am Sonntag..)			- €	
Wirtschaftszeitungen			- €	
Wochenzeitungen			- €	
Wochenmagazine			- €	
Gratiszeitungen			- €	
Fachzeitungen			- €	
Monatsmagazine			- €	
Illustrierte			- €	
Frauenzeitschriften			- €	
Männerzeitschriften			- €	
Zeitschriften für Kinder und Jugendliche			- €	
Special-Interest-Zeitschriften (Zeitschriften zu versch. Themen)			- €	
Gelbe Seiten			- €	
Buchwerbung			- €	
Sonstiges			- €	
Sonstiges			- €	

Abb. 2: Die Budgetübersicht berücksichtigt neben Plan- auch die Istkosten.

Damit Sie die Überschriften der einzelnen Spalten jederzeit auf dem Bildschirm haben, wurden diese über **Fenster → Fenster fixieren** festgesetzt. Aufheben können Sie die Fixierung über **Fenster → Fixierung aufheben**.

VI. Marketing & Vertrieb

Zelle	Formel	Erläuterung
B6	=B92	Übernahme der gesamten Kostenplansumme
B7	=B5-B6	Differenz aus dem genehmigten Gesamtbudget und der Summe der geplanten Einzelpositionen
D11	B11-C11	Differenz zwischen Plan- und Istwert einer Einzelposition
E11	=WENN($C$92=0;"";C11/$C$92)	Kostenanteil eines einzelnen Werbemittels an der gesamten Istsumme aller Werbemittelkosten
B92	=SUMME(B10:B74)	Summe aller Plankosten
C92	=SUMME(C10:C74)	Summe aller Istkosten

Tab. 1: Formeln für die Budgetübersicht

5 Kombinierter Zeit-/Kostenplan

Die einzelnen Maßnahmen werden in die einzelnen Monatstabellen (s. Abb. 3) eingetragen. Für jeden Tag ist ein Datum vorgesehen. Um einen Überblick zu erhalten, wann die Zahlungen in Verbindung mit den einzelnen Maßnahmen fällig sind, haben wir eine Kostenspalte vorgesehen. Die Daten können an das Rechnungswesen weitergegeben werden und dort im Zusammenhang mit der Liquiditätsplanung Berücksichtigung finden.

Datum	Phase	Werbemaßnahmen Aktionen	Details	Priorität	Bemerkung	Plankosten	Istkosten
Mo 01.01.07							
Di 02.01.07							
Mi 03.01.07							
Do 04.01.07							
Fr 05.01.07							
Sa 06.01.07							
So 07.01.07							
Mo 08.01.07							
Di 09.01.07							
Mi 10.01.07							
Do 11.01.07							
Fr 12.01.07							
Sa 13.01.07							
So 14.01.07							
Mo 15.01.07							
Di 16.01.07							
Mi 17.01.07							
Do 18.01.07							

Abb. 3: Auszug aus der Tabelle Januar

Die Eintragungen der folgenden Spalten werden aus Zelldropdowns ausgewählt:

- Phase
- Werbemaßnahmen/Aktionen
- Priorität

Sobald Sie in eine Zelle dieser Spalten klicken, erscheint ein Pfeil, über den Sie eine Liste mit den zugehörigen Auswahlmöglichkeiten erhalten.

Wenn Arbeitsblätter, wie die Monatsblätter in unserer Musterlösung, identisch aufgebaut sind, sollten Sie diese nicht einzeln anlegen, sondern von der Kopierfunktion Gebrauch machen. Dazu klicken Sie mit der rechten Maustaste auf die Registerlasche der Tabelle, die Sie vervielfältigen wollen, und wählen den Befehl **Verschieben/Kopieren**. Haken Sie das Kontrollkästchen **Kopieren** an und verlassen Sie den Dialog über **OK**.

5.1 Definitionen

Eingabemöglichkeiten über Zelldropdowns schaffen Sie sich mit Hilfe der Funktion **Gültigkeit** aus dem Menü **Daten**. Diese Funktion steht ab der Version Excel 97 zur Verfügung. Die Auswahlmöglichkeiten definieren Sie in der Tabelle **Definitionen** (s. Abb. 4).

Da **Gültigkeit** nicht auf andere Tabellen zugreifen kann, müssen Sie die Informationen mit Hilfe von Formeln in die einzelnen Monatstabellen holen (z. B. **A100:** =Definitionen!A4).

Wir haben einige Aspekte bereits vordefiniert. Sie können diese aber jederzeit überschreiben.

* Phasen
* Werbemaßnahmen/Aktionen
* Priorität
* Zielgruppe

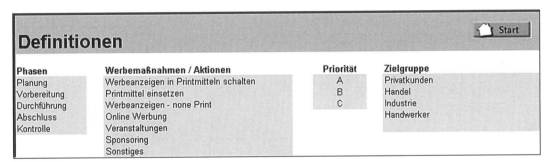

Abb. 4: Hier werden Phasen, Werbemaßnahmen, Aktionen etc. definiert.

HINWEIS

Falls Sie dieses Planungstool für andere Anwendungen wie **Projektmanagement** oder **Budgetplanungen** verwenden wollen, so geben Sie unter **Definitionen** einfach Ihre gewünschten Aktionen oder Phasen ein.

5.2 Die Funktion Gültigkeit

Zelldropdowns richten Sie wie folgt ein:

1 Wenn alle erforderlichen Informationen in der Tabelle, in der Sie mit der Funktion **Gültigkeit** arbeiten wollen, zur Verfügung stehen, wählen Sie **Daten → Gültigkeit**. Aktivieren Sie falls nötig, die Registerkarte **Einstellungen**.

2 Wählen Sie unter **Zulassen** den Eintrag **Liste** aus und geben Sie unter **Quelle** den Bereich an, in dem sich die Eingabekriterien befinden (s. Abb. 5). ∎

VI. Marketing & Vertrieb

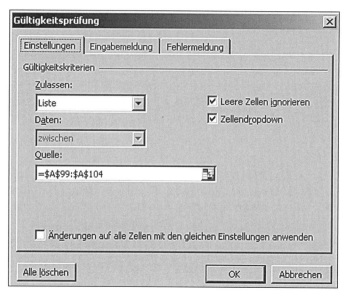

Abb. 5: Das Register Einstellungen im Dialog Gültigkeitsprüfung

5.3 Aktivitäten mit AutoFilter selektieren

Mit Hilfe der **AutoFilter**-Funktion können Sie die Monatsübersichten auswerten. Damit haben Sie die Möglichkeit, zum Beispiel alle Werbemaßnahmen bzw. Aktionen anzuzeigen, die abgeschlossen werden sollen (s. Abb. 6).

Datum	Phase	Werbemaßnahmen Aktionen
Sa 20.01 07	Abschluss	Werbeanzeigen - none Print
Do 25.01 07	Abschluss	Online Werbung

Abb. 6: AutoFilter: Selektion nach Phasen

1 Stellen Sie die Eingabemarkierung in die Tabelle und wählen Sie **Daten → Filter**. Sie erhalten ein Untermenü, in dem Sie **AutoFilter** auswählen.

2 In der Überschriftenleiste erscheinen hinter den Feldnamen so genannte Pulldown-Pfeile. Diese nutzen Sie, um einzelne Daten zu selektieren. Sollte sich die Eingabemarkierung nicht in der Datenliste befinden, erhalten Sie von Excel eine Meldung, dass keine Liste ausgewählt werden kann.

3 Klicken Sie den Pulldown-Pfeil hinter **Phase** an und wählen Sie in der sich öffnenden Dropdown-Liste eine Phase aus, zum Beispiel **Abschluss**. Anschließend werden auf dem Bildschirm die Datensätze gezeigt, die in der Spalte **Phase** den Eintrag **Abschluss** haben. Die übrigen Daten werden ausgeblendet. ∎

Vielleicht werden Sie sich fragen, warum wir mit Auswahllisten und nicht mit individuellen Eingaben arbeiten. Der Vorteil von Auswahllisten liegt darin, dass Sie Listen nach den Kriterien von Zelldropdowns mit Hilfe der **AutoFilter**-Funktion komfortabel verdichten können. Bei individuellen Eingaben schleicht sich schnell ein Tippfehler ein. In diesem Fall würde der falsche Begriff nicht vom Excel-Filter berücksichtigt werden.

5.4 Verdichtete Werte aus kombinierter Zeit- und Kostenplanung

Die Werte der einzelnen Monatsblätter werden in folgenden Kriterien verdichtet:

- Kostenübersicht
- Phasenübersicht
- Aktionsübersicht
- Prioritäten

Die Tabelle Kostenübersicht

In der Tabelle **Kostenübersicht** (s. Abb. 7) werden die Kosteninformationen verdichtet und mit der Budgetierung abgeglichen. Dort werden Planungsfehler sichtbar, die Sie ggf. innerhalb der Einzelmonate bzw. der Budgetierung gemacht haben.

Übersicht Kostenplan						
	Plankosten	Istkosten				
Januar	12.000,00 €	15.000,00 €	Plankosten lt. Budgetierung	138.000,00 €	Istkosten lt. Budgetierung	13.000,00 €
Februar	15.000,00 €		Plankosten lt. Übersicht	140.000,00 €	Istkosten lt. Übersicht	15.000,00 €
März	15.000,00 €		Abweichung	-2.000,00 €	Abweichung	-2.000,00 €
April	10.000,00 €					
Mai	12.000,00 €					
Juni	8.000,00 €					
Juli	9.000,00 €					
August	12.000,00 €					
September	10.000,00 €					
Oktober	15.000,00 €					
November	12.000,00 €					
Dezember	10.000,00 €					
Gesamt	140.000,00 €	15.000,00 €				

Abb. 7: In dieser Übersicht werden die Kosten des gesamten Jahres verdichtet.

Die Plankosten der einzelnen Monate werden am Ende eines jeden Monatsblattes addiert und mit Hilfe einer Formel z. B. **B4**: =Januar!G35 in die Tabelle **Kostenübersicht** geholt.

Die Zeitübersicht

Die Zeitübersicht erlaubt eine Verdichtung nach Phasen, Aktionen und Prioritäten. Die Verdichtungen sind nacheinander, aber nicht gleichzeitig möglich. Die Tabelle ist bis auf die fehlenden Kostenspalten identisch mit dem Aufbau der Monatstabellen.

6 Anpassungsarbeiten

Die Arbeitsmappe **Marketingplaner.xls** können Sie jederzeit Ihren individuellen Bedürfnissen anpassen und für andere Jahresplanungen verwenden. So ist es möglich, die Monatsliste um weitere Spalten zu erweitern. Wenn Sie zum Beispiel eine Spalte für die Zuständigkeit der Mitarbeiter einrichten wollen, gehen Sie wie folgt vor:

1. Setzen Sie die Eingabemarkierung in die Spalte, vor der Sie eine neue Spalte einrichten wollen. Wählen Sie **Einfügen → Spalte**. Erfassen Sie die Überschrift.

2. Wenn Sie für die Spalte Auswahlmöglichkeiten über Zelldropdowns einrichten wollen, wechseln Sie in die Tabelle **Definitionen**. Tragen Sie dort untereinander die Namen der Mitarbeiter ein, die in Ihrem Unternehmen Aufgaben im Rahmen der Marketingplanung übernehmen.

3. Wechseln Sie in das Monatsblatt und übernehmen Sie die Mitarbeiternamen mit Hilfe von Formeln in einen Teil außerhalb der eigentlichen Tabelle. Danach richten Sie das Zelldropdown mit Hilfe der Funktion **Gültigkeit** ein.

4. Ergänzen Sie auch die übrigen Monatsblätter und bei Bedarf die Tabelle **Zeitübersicht**. Die Kostenübersicht wird von den Ergänzungen nicht beeinflusst. ∎

7 Zusammenfassung

Ein guter Marketingplaner setzt bei den Zielen eines Unternehmens an. Denn, nur wer sich über seine Ziele im Klaren ist, kann konkrete Maßnahmen ergreifen. Der Marketingplaner unterstützt Sie bei folgenden Aufgaben:

- Wahl der Werbemittel
- Zuordnung der Werbemittel zu unterschiedlichen Kundengruppen
- Monatliche Planungsgrundlage für Aktivitäten und Kosten
- Übersicht über alle Marketingaktivitäten
- Budgetüberwachung für Marketingmaßnahmen

Beim Erfassen von Informationen in den Monatslisten unterstützen Sie Zelldropdowns, die mit Hilfe der Funktion **Gültigkeit** aus dem Menü **Daten** erstellt werden. Sie benötigen dazu die Registerkarte **Einstellungen** des Dialogs **Gültigkeitsprüfung**. Schränken Sie dort die Eingabemöglichkeiten auf **Liste** ein und verknüpfen Sie diese mit einer **Quelle** aus dem aktuellen Tabellenarbeitsblatt.

Auftragskontrolle

Susanne Kowalski

Bei einer Vielzahl neuer Aufträge geht schnell die Übersicht verloren. Welcher Auftrag ist noch unbearbeitet, welche Aufträge sind demnächst fällig? Die Arbeitshilfe Auftragskontrolle hilft Ihnen dabei, alle noch auszuführenden Aufträge mit einem Excel-Arbeitsblatt im Auge zu behalten und dazu noch den Status der Erledigung zu erfassen. Mit der Zusammenfassung **Auftragsübersicht** sehen Sie auf einen Blick, wie viele Aufträge insgesamt aufgelaufen sind und zu wie viel Prozent diese bereits bearbeitet wurden. Auf dem Tabellenblatt **Auftragskontrolle** können Sie die Aufträge wertmäßig erfassen und in verschiedene Umsatzklassen einteilen. Die Arbeitshilfe berechnet dann verschiedene Kennzahlen zur Überprüfung des Erfolges.

> **HINWEIS**
> Die Mustervorlage zu diesem Thema finden Sie unter dem Namen **931762.xls** auf der CD.

1 So arbeiten Sie mit der Anwendung

Die Anwendung **Auftragskontrolle** enthält folgende Tabellen, in denen Eingaben erforderlich sind:

- Auftragsübersicht
- Auftragskontrolle

Auftragsübersicht

1 Rufen Sie das Tabellenarbeitsblatt **Auftragsübersicht** auf. Dort werden alle Aufträge detailliert erfasst. Tragen Sie **Kunden-Nr.**, **Kunden-Name**, eine **Kurzbeschreibung** des Auftrags, den **Abgabetermin**, den **Auftragswert** sowie die voraussichtlichen **Kosten** in die grau gekennzeichneten Eingabefelder ein.

2 Excel ermittelt den voraussichtlichen Gewinn, den dieser Auftrag mit sich bringt.

3 In einer **Bemerkungsspalte** haben Sie die Möglichkeit, kurze Notizen zu den einzelnen Aufträgen zu hinterlegen.

4 Darüber hinaus können Sie vermerken, wie viel Prozent des Auftrags Sie bereits erledigt haben. Verwenden Sie hierzu ein **x**. Im oberen Tabellenteil wird ausgewertet, welche Aufträge Sie bis zu welchem Teil durchgeführt haben und wie viele Aufträge insgesamt vorhanden sind.

Auftragskontrolle

1 Rufen Sie das Tabellenarbeitsblatt **Auftragskontrolle** auf. Für die Ermittlung der Kennzahlen der Auftragskontrolle geben Sie das erforderliche Datenmaterial in die grau hinterlegten Eingabezellen ein. Folgende Angaben sind zwingend notwendig: **Anzahl der Kunden**, **Anzahl der Angebote**, **Anzahl der Aufträge**, **Wert der Auftragseingänge**, Wert des aktuellen **Auftragsbestandes** sowie die Anzahl der **Reklamationen** (s. Abb. 1).

2 Die übrigen Angaben sind optional. Die **Werteinteilung** der Aufträge ist ein Vorschlag. Sie können diese an Ihre persönlichen Bedürfnisse anpassen.

VI. Marketing & Vertrieb

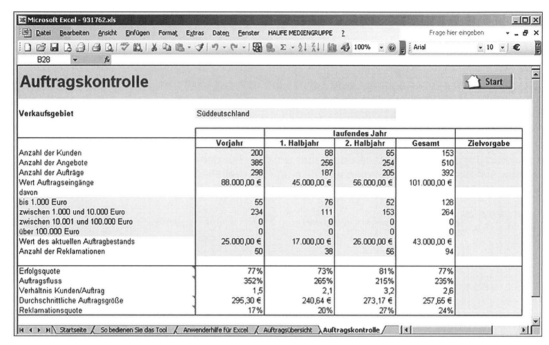

Abb. 1: Diese Arbeitshilfe ermittelt Kennzahlen für die Auftragskontrolle

2 So interpretieren Sie die Ergebnisse

Die Auftragsabwicklung nimmt im Rahmen der absatzpolitischen Aktionsmittel eine Sonderstellung ein, da sie nicht unmittelbar auf die Auftragserzielung ausgerichtet ist. Der Auftragsausführung kommt nur dann eine Bedeutung zu, wenn entsprechende Aufträge bereits vorliegen. In der Praxis kommt es immer wieder vor, dass dem Gewinnen von Aufträgen viel Zeit gewidmet wird, die Aufträge jedoch ohne besondere Sorgfalt abgewickelt oder unter Gesichtspunkten der Kostenminimierung organisiert werden. Da die Qualität der Auftragsabwicklung die künftigen Absatzchancen des Unternehmens maßgeblich beeinflusst, sind geeignete Kontrollmaßnahmen unerlässlich, um die Kundenzufriedenheit dauerhaft zu gewährleisten.

Die Auftragsübersicht

Die Tabelle **Auftragsübersicht** gibt Auskunft darüber, in welchem Maße die Aufträge abgewickelt wurden. Die Bewertung ist von Unternehmen zu Unternehmen unterschiedlich und hängt von den Branchengegebenheiten sowie dem Umfang und der Dauer der Aufträge ab. Wurde der größte Teil der Aufträge vollständig, das heißt bis zu 100 Prozent abgewickelt, bedeutet das möglicherweise, dass die Auslastung in nächster Zeit in Frage gestellt ist, da nicht mehr genügend Arbeit vorhanden ist. Wurde der größte Teil der Aufträge gar nicht oder nur bis zu 25 Prozent abgewickelt, deutet das darauf hin, dass das Unternehmen unter Umständen mit der Ausführung seiner Arbeiten in Verzug ist. Verallgemeinern lassen sich diese Aussagen jedoch nicht, da sie situationsbedingt auf einige Unternehmen nicht zutreffen und außerdem vom Umfang der Aufträge abhängen.

Ergeben die Auswertungen nach Ihrer Auffassung Anlass zur Sorge, muss die Organisation der Auftragsabwicklung verbessert werden. Eine schnelle Auftragsabwicklung setzt unter anderem ein gut organisiertes Lager- und Transportwesen voraus.

Die Auftragskontrolle

Die Tabelle **Auftragskontrolle** ermittelt verschiedene Kennzahlen. Auch hier hängt das Einordnen der Ergebnisse von den Branchengegebenheiten ab. Die Werte können Sie als Halbjahreswerte erfassen. Außerdem können Vorjahresdaten eingetragen werden, sodass Sie Verbesserungen oder Verschlechterungen im Zeitablauf erkennen:

- Die **Erfolgsquote** zeigt das Verhältnis der Anzahl der Angebote zu der Anzahl der Aufträge. Mit einer Erfolgsquote, die gegen 100 Prozent tendiert, darf man in jedem Fall zufrieden sein. Niedrige Erfolgsquoten können zwar branchengebunden üblich sein, sollten jedoch kritisch analysiert werden. In diesem Zusammenhang muss dann geklärt werden, warum nur wenige Aufträge letztendlich zum Vertragsabschluss führen.

- Der Wert des **Auftragsflusses** zeigt das Verhältnis der Auftragseingänge zu den aktuellen Auftragswerten.

- Das Verhältnis Kunden/Auftrag zeigt, wie viele Aufträge Sie durchschnittlich von einem Kunden erhalten. Ob der Wert gut oder schlecht ist, kann hier nicht pauschal beantwortet werden, sondern hängt von den Branchengegebenheiten ab. Tendiert die Zahl gegen 100 Prozent, können Sie in jedem Fall mit dem Ergebnis zufrieden sein.

- Die durchschnittliche Auftragsgröße ist von Unternehmen zu Unternehmen unterschiedlich. Bedenklich ist, wenn der Wert immer weiter fällt.

- Die Reklamationsquote zeigt das Verhältnis der Anzahl von Reklamationen im Vergleich zu der Anzahl der Aufträge. Hier sollte ein möglichst niedriger Wert angestrebt werden. Unter Umständen ist einer wirkungsvollen Qualitätskontrolle eine größere Bedeutung beizumessen.

3 Zusammenfassung

Die Mustervorlage **Auftragskontrolle** gibt Ihnen einen schnellen Überblick über Ihre aktuellen Aufträge. Darüber hinaus können Sie die Aufträge wertmäßig erfassen und in verschiedene Umsatzklassen einteilen. Die Arbeitshilfe berechnet dann Kennzahlen zur Überprüfung des Erfolges wie:

- Erfolgsquote
- Auftragsfluss
- Verhältnis Kunden/Auftrag
- Durchschnittliche Auftragsgröße
- Reklamationsquote

Forderungsverwaltung:
Behalten Sie den Überblick über Ihre Außenstände

Susanne Kowalski

Forderungen bilden heute in vielen Unternehmen den größten Posten auf der Aktivseite der Bilanz. Sie binden Kapital, sind schwierig zu finanzieren, schmälern die Rendite und können ausfallen. Optimieren Sie daher Ihre Abläufe von der Auftragsgewinnung über die Debitorenverwaltung bis zum Inkasso und bauen Sie ein aktives und wirkungsvolles Forderungsmanagement auf.

Excel im Unternehmen unterstützt Sie dabei mit einer Musterlösung zur Verwaltung von Rechnungen und Forderungen. Unter Einsatz von Stammdaten erledigen Sie damit Fakturierungsarbeiten mit nur wenigen Eingaben. Eine Buchungsfunktion ermöglicht die komfortable Verwaltung aller Rechnungen in der Offene-Posten-Liste. Von dort aus ist es möglich, per Mausklick Mahnungen bis zur dritten Mahnstufe zu schreiben. Verschiedene Listen und Tabellen verschaffen Ihnen stets einen Überblick über Höhe und Mahnstufe von Forderungen.

Die Excel-Lösung **Forderungsverwaltung** finden Sie auf der CD unter der Rubrik **Musterlösungen**.

1 So verwalten Sie Rechnungen und Mahnungen

Unsere Musterlösung unterstützt Sie bei allen Arbeiten rund um das Schreiben von Rechnungen und Mahnungen sowie bei der Verwaltung von Außenständen. Im Wesentlichen können Sie mit dieser Lösung folgende Arbeitsschritte durchführen:

- Schreiben von Rechnungen
- Übertragen der geschriebenen Rechnungen in die Offene-Posten-Liste
- Regelmäßige Kontrolle der Offene-Posten-Liste sowie der Mahnlisten
- Reagieren auf überfällige Rechnungen durch das Erstellen von Mahnungen

Das Tool ermöglicht Ihnen eine individuelle Gestaltung von Rechnungen und Mahnungen. Darüber hinaus wertet eine Forderungsstatistik das Datenmaterial aus der Offene-Posten-Liste aus. Mit Hilfe eines Verzugszinsenrechners haben Sie die Möglichkeit, die Höhe von Verzugszinsen zu berechnen. Zahlreiche Info-Schaltflächen, die im Rahmen der Musterlösung zur Verfügung stehen, bieten Ihnen Hilfestellung beim Umgang mit der Anwendung (s. Abb. 1).

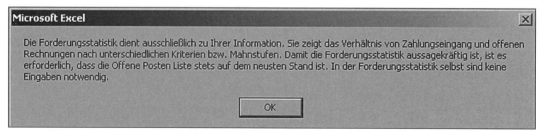

Abb. 1: Hilfe-Fenster unterstützen Sie bei der Arbeit mit der Musterlösung.

2 Aufbau der Musterlösung

Die Musterlösung arbeitet mit verschiedenen Tabellen (s. Abb. 2). Zur Verwaltung der Stammdaten stehen u. a. folgende Arbeitsblätter zur Verfügung:

- Firmenstammdaten
- Artikelstammdaten
- Kundenstammdaten

Zusätzlich zur Eingabe von Texten bzw. Formulierungen:

- Rechnungstexte und Zahlungsziele
- Mahntexte und Fristen

Zum Thema Formular gibt es folgende Arbeitshilfen:

- Rechnung
- Mahnung
- Verzugszinsen

Folgende Übersichten verschaffen Ihnen einen optimalen Überblick über die Höhe Ihrer Außenstände und ihre Fälligkeit:

- Offene-Posten-Liste
- Einmal angemahnte Rechnungen
- Zweimal angemahnte Rechnungen
- Dreimal angemahnte Rechnungen
- Forderungsstatistik

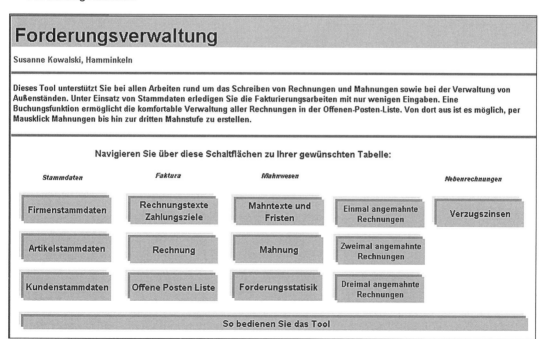

Abb. 2: Die Startseite erleichtert die Navigation und verschafft einen ersten Überblick über die vorhandenen Tabellenarbeitsblätter.

3 So arbeiten Sie mit der Musterlösung

Um die Musterlösung einzusetzen, müssen Sie zunächst alle Stammdaten definieren:

1 Legen Sie alle Stammdaten im Firmenstamm, Artikelstamm und Kundenstamm an. Auf der Tabelle **Firmenstammdaten** erfassen Sie Daten zu Ihrem Unternehmen, u. a. Name, Anschrift, Geschäftsführer, Gerichtsstand und Bankverbindung. Tragen Sie unbedingt die Umsatzsteuer-Identifikations-Nummer ein. Diese Angabe wird vom Finanzamt verlangt.

> **HINWEIS**
>
> In der Tabelle **Firmenstammdaten** wird auch die Angabe der Mehrwertsteuersätze verlangt. Bei einer Mehrwertsteuererhöhung müssen Sie die neuen Mehrwertsteuersätze auf dieser Seite anpassen. Anschließend können Sie wie gewohnt weiterarbeiten. Die bereits erfassten und in die Offene-Posten-Liste übertragenen Rechnungen werden davon nicht berührt.

2 In der Tabelle **Artikel** werden Artikel und Leistungen erfasst. Lassen Sie sich nicht durch die Bezeichnung **Artikelstammdaten** irritieren. Wenn Sie anstelle von Artikeln Dienstleistungen in Rechnung stellen wollen, können Sie diese ebenfalls auf diesem Arbeitsblatt hinterlegen. Diese Stammdatentabelle ist gleichzeitig als Leistungsstamm zu nutzen. In Zelle **B3** befindet sich ein Zelldropdown. Hier können Sie auswählen, ob Sie die Tabelle für Artikel, Leistungen oder Positionen nutzen wollen (s. Abb. 3).

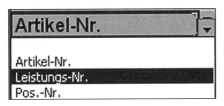

Abb. 3: Die Tabelle Artikelstammdaten passt sich flexibel dem Bedarf des Anwenders an.

3 Im Einzelnen werden in der Tabelle **Artikel** eine Kenn-Nummer zur späteren Identifikation, eine Bezeichnung, ein Nettopreis und die Angabe des zugehörigen Mehrwertsteuersatzes verlangt.

4 Bevor Sie die Kundenstammdaten hinterlegen können, müssen Sie Rechnungstexte und Zahlungsziele in der Tabelle **Rechnungstexte** hinterlegen. Danach haben Sie die Möglichkeit, jedem Kunden einen individuellen Rechnungstext und ein individuelles Zahlungsziel zuzuweisen (s. Abb. 4). Die Tabelle enthält Beispieltexte in den grau hinterlegten Eingabefeldern. Diese Beispieltexte überschreiben Sie bei Bedarf mit Texten Ihrer Wahl.

> **HINWEIS**
>
> Über die Formulierung „netto Kasse gegen Rechnung" erreichen Sie, dass die Rechnung mit Empfang des Rechnungsschreibens fällig wird, das bedeutet, quasi vor Übergabe der Ware.

5 Bei der Definition des Zahlungsziels werden ausschließlich Angaben zum Skonto verlangt. Die Anzahl Tage, in der der Kunde die Rechnung zu begleichen hat, wird im Kundenstamm für jeden Kunden individuell festgelegt. Für Kunden, denen Sie kein Skonto gewähren wollen, steht in der Kundenliste ein entsprechender Leereintrag zur Verfügung.

Forderungsverwaltung

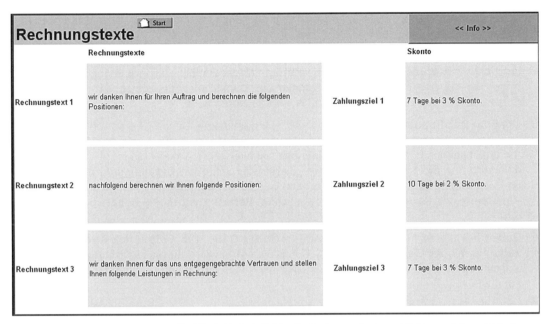

Abb. 4: In dieser Tabelle haben Sie die Möglichkeit, individuelle Rechnungstexte und Zahlungsziele zu hinterlegen.

6 Sobald Sie alle Rechnungstexte definiert haben, wechseln Sie in den Kundenstamm. Dort werden für jeden Kunden u. a. Angaben zu Name und Anschrift verlangt. In der Spalte **Rechnungstexte** wählen Sie aus einem Zelldropdown einen der zuvor definierten Rechnungstexte aus (s. Abb. 5).

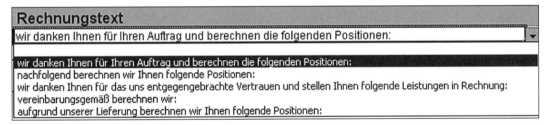

Abb. 5: Pro Kunde können Sie aus fünf Rechnungstexten auswählen.

7 In die Nachbarspalte tragen Sie das Netto-Zahlungsziel ein. Erfassen Sie hier nur die Zahl. Die Einheit **Tage** erscheint automatisch, da den Eingabezellen dieser Spalte über **Format → Zellen → Zahlen** das benutzerdefinierte Zahlenformat #" Tage" zugewiesen wurde.

8 Abschließend wählen Sie aus der Spalte **Skonto** eine der fünf zur Disposition stehenden Skontovarianten für den Kunden aus. ∎

4 Rechnungen schreiben und verwalten

Nachdem Sie alle Stammdaten erfasst haben, können Sie mit den Fakturierungsarbeiten beginnen:

1 Bevor Sie Ihre erste Rechnung schreiben, müssen Sie die Rechnungsnummer, mit der das Programm beginnen soll, im Firmenstamm festlegen. Tragen Sie in das dafür vorgesehene Feld die fortlaufende Zahl ein, mit der die erste Rechnung geschrieben werden soll. Excel schreibt die Rechnungsnummer dann im weiteren Verlauf für die nachfolgenden Nummern

automatisch fort. Dazu steht in Zelle **A4** des Rechnungsformulars die verdeckte Formel
=Firmenstammdaten!D52&"Rg_"&I22
zur Verfügung.

2 Jetzt sind alle Vorbereitungsarbeiten erledigt. Wechseln Sie zum Rechnungsformular und tragen Sie die gewünschte Kundennummer ein. Damit holen Sie die zugehörigen Kundendaten mit Hilfe der Funktion SVERWEIS() in das Adressfeld.

3 Über das Zelldropdown in Zelle **A29** (s. Abb. 6) bestimmen Sie die Überschrift für den Rechnungsteil in Spalte **A**. Zur Disposition stehen die Einträge **Artikel** und **Position**. Erfassen Sie anschließend in Spalte **A** nacheinander wahlweise die Artikel-Nummern bzw. Positionsnummern, die Sie berechnen möchten. Excel übernimmt die Bezeichnung, den Nettopreis und den zugehörigen Mehrwertsteuersatz. Bei Bedarf schalten Sie über die Schaltflächen **Rechnung mit Rabatt** bzw. **Rechnung ohne Rabatt** zusätzliche Rabattspalten ein und aus.

4 Geben Sie die zu berechnende Menge in Spalte **C** ein. Der Einzelpreis wird von der Anwendung mit der Menge multipliziert. Der Gesamtpreis wird automatisch ausgewiesen. Der Gesamtrechnungsbetrag, die Mehrwertsteuer und der Bruttorechnungsbetrag werden ebenfalls vom Programm ermittelt.

5 Über die Schaltfläche **Rechnung buchen**, übertragen Sie die Rechnung in die Offene-Posten-Liste. Dadurch ist gewährleistet, dass die Rechnungsdaten gesammelt werden und eine fortlaufende Nummerierung der Rechnung erfolgt. Die weiteren Schaltflächen der Tabelle **Rechnung** sind selbsterklärend. ∎

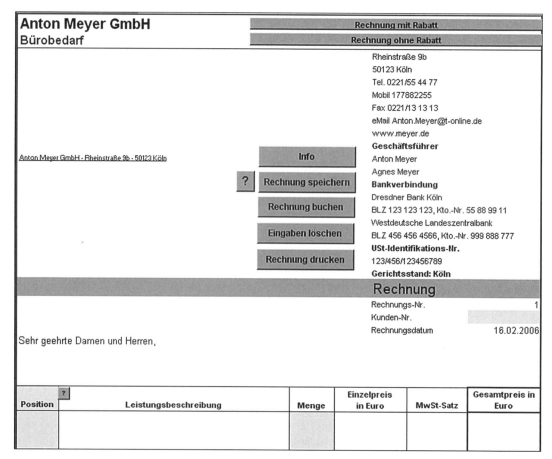

Abb. 6: Im Rechnungsformular können Sie Einfluss auf die Beschriftung der Überschriften nehmen.

> **HINWEIS**
>
> Wenn Sie die Rechnung als separates Formular unabhängig von der Forderungsverwaltung sichern wollen, erledigen Sie das über die Schaltfläche **Rechnung speichern**. Beachten Sie aber, dass Sie über diese Schaltfläche keine Änderungen an der Musterlösung selbst speichern können. Vielmehr erzeugen Sie eine neue Excel-Datei mit der Bezeichnung "Rg_" und der laufenden Rechnungsnummer im aktuell geöffneten Ordner.

5 Offene Forderungen verwalten und anmahnen

Die erstellten Rechnungen werden in der Tabelle **OffenePosten** gesammelt. Von dort können Sie auch die erste Mahnung erstellen. Zuvor sollten Sie jedoch im Arbeitsblatt **Mahntexte** Formulierungen hinterlegen, mit denen Sie Ihre Kunden zur Zahlung auffordern wollen.

5.1 Mahntexte und Fristen

Der klassische Weg, um zu mahnen, ist das Mahnschreiben. In der Tabelle **Mahntexte** (s. Abb. 7) können Sie hierfür Texte definieren:

- 1. bis 3. Mahnung
- Sonstiges
- Schlusssatz
- Mahnkosten
- Mahnargumente
- Gruß

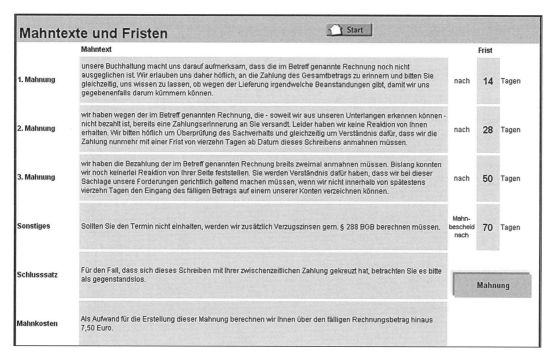

Abb. 7: Definieren Sie hier Mahntexte und Fristen.

Beim Mahnvorgang selber können Sie später individuell für jede Mahnung festlegen, welche Textbestandteile gedruckt werden sollen.

Neben den Mahntexten erfassen Sie im Blatt **Mahntexte** die Fristen, nach denen die erste bis dritte Mahnung sowie der Mahnbescheid erfolgen sollen.

5.2 Von der ersten bis zur dritten Mahnung

Überfällige Rechnungen werden in der Offene-Posten-Liste in der Spalte **Überfällig in Tagen** ausgewiesen. Um die erste Mahnung zu erstellen, gehen Sie wie folgt vor:

1. Tragen Sie in das Feld **Anzumahnende Rechnung** die Rechnungsnummer der anzumahnenden Rechnung ein. Anschließend haken Sie die Kontrollkästchen der Texte ab, die auf der Mahnung erscheinen sollen (s. Abb. 8). Dadurch erhält der Mahnsatz verschiedene Kennzeichen. Über diese Kennzeichen und entsprechende Formeln erkennt die Anwendung in der Tabelle **Mahnung**, welche Textbestandteile in der Mahnung erscheinen sollen.

2. Durch einen Klick auf die Schaltfläche **Ausgewählte Rechnung anmahnen** erstellen Sie eine Mahnung in zweifacher Ausfertigung und übertragen die Mahnung gleichzeitig in die Liste **Einmal-Gemahnt** der gleichnamigen Tabelle.

3. Forderungen, die vom Kunden beglichen werden, erfassen Sie in ihrer Höhe in der Spalte **Gezahlter Betrag**. In der Nebenspalte können Sie notieren, wann die Zahlung eingegangen ist.

4. Wenn Sie die Forderungsstatistik nutzen wollen, müssen Sie die Spalte **Mahnstatus** immer aktuell halten. Den Status selber wählen Sie über ein Zelldropdown aus. Weiterhin erfassen Sie **Verzugszinsen** und **Mahnkosten**, die Sie dem säumigen Kunden in Rechnung gestellt haben, in den dafür vorgesehenen Spalten.

5. Die Vorgehensweise im Hinblick auf das Erstellen von Mahnschreiben in den Tabellen **Einmal-Gemahnt** und **ZweimalGemahnt** erfolgt analog zur Offene-Posten-Liste. **EinmalGemahnt** erstellt die zweite Mahnung, **ZweimalGemahnt** die dritte Mahnung. Die Liste **DreimalGemahnt** schlägt offene Forderungen zum Mahnbescheid vor. ∎

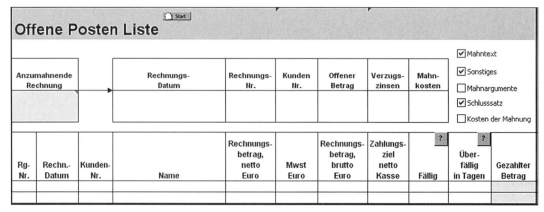

Abb. 8: Ausschnitt aus der Offene-Posten-Liste.

> **PRAXIS-TIPP**
>
> Beliefern Sie Neukunden nicht ohne vorherige Bonitätsprüfung.

5.3 Die Tabelle Mahnung

In der Tabelle **Mahnung** wird mit zum Teil sehr komplexen Formeln ermittelt, welche Texte in der Mahnung ausgedruckt werden sollen. Die wichtigsten Formeln und die Erläuterung finden Sie in Tabelle 1.

Zelle	Formel	Erläuterung
A35	=WENN(UND($I$100=1;$A$75=WAHR); Mahntexte!C7&" "; WENN(UND($I$100=2;$B$75=WAHR); Mahntexte!C9&" "; WENN(UND($I$100=3;$C$75=WAHR); Mahntexte!C11&" ";)))&E35	Wählt je nach Mahnstatus den zu gehörigen Mahntext für die erste, zweite oder dritte Mahnung.
A36	=WENN(E36=FALSCH;"";E36)	Übernimmt den Text **Sonstiges** in das Mahnformular, wenn **E36** den Wahrheitswert **Wahr** hat.
A37	=E37&I37	Verknüpft die Texte der Zellen **E37** und **I37**.
E35	=WENN(UND($I$100=1;$A$76=FALSCH);" ";WENN(UND($I$100=2;$B$76=FALSCH);" ";WENN(UND($I$100=3;$C$76=FALSCH);"";Mahntexte!C19)))	Übernimmt, falls vom Anwender gewünscht, die Mahnargumente der Tabelle **Mahntexte**. Diese Formel wurde verborgen.
E37	=WENN(UND($I$100=1;$A$78=FALSCH);" ";WENN(UND($I$100=2;$B$78=FALSCH);" ";WENN(UND($I$100=3;$C$78=FALSCH);"";Mahntexte!C15)))	Übernimmt, falls vom Anwender gewünscht, den Schlusssatz der **Mahntexte**. Diese Formel wurde verborgen.
I37	=WENN(UND($I$100=1;$A$79=FALSCH);" ";WENN(UND($I$100=2;$B$79=FALSCH);" ";WENN(UND($I$100=3;$C$79=FALSCH);"";Mahntexte!C17)))	Übernimmt, falls vom Anwender gewünscht, den Text Mahnkosten der **Mahntexte**. Diese Formel wurde verborgen.

Tab. 1: Formeln zur Übernahme der Mahntexte

> **PRAXIS-TIPP**
>
> Über das kaufmännische Und (&) und die Funktion Verknüpfen() lassen sich Textpassagen verbinden.

5.4 Verzugszinsen

In der Tabelle **Verzugszinsen** (s. Abb. 9) ermitteln Sie die Höhe der Verzugszinsen: Gerät der Schuldner in Verzug, kommt er also beispielsweise einer mit Fristsetzung versehenen Mahnung nicht durch Zahlung nach, können Sie nach Ablauf der Frist den Ersatz Ihres Schadens verlangen. Darunter fallen unter anderem die Verzugszinsen.

VI. Marketing & Vertrieb

> **HINWEIS**
>
> Gesetzliche Verzugszinsen liegen fünf Prozent über dem Basiszins. Ist Ihr Schuldner nicht Verbraucher, sondern zum Beispiel Kaufmann, können Sie sogar acht Prozent Verzugszinsen über dem Basiszins verlangen.

Geben Sie den offenen Betrag und den Zinssatz, der dem Schuldner in Rechnung gestellt werden soll, in das Tabellenarbeitsblatt ein. Außerdem erfassen Sie, seit wann die Rechnung überfällig ist und bis zu welchem Zeitpunkt die Zinsen berechnet werden sollen. Dieses Datum entspricht dem Abrechnungsdatum.

Die überfälligen Tage ergeben sich als Differenz aus Abrechnungsdatum und dem Termin, seit wann die Rechnung überfällig ist, mit Hilfe der Formel =B11-B9.

Die Zinsen werden tagesgenau mit der Formel =B5*B7*B13/360 ermittelt.

Abb. 9: Zeit ist Geld: Säumigen Schuldnern können Sie Verzugszinsen berechnen.

> **PRAXIS-TIPP**
>
> Legen Sie die Höhe der Verzugszinsen nach Möglichkeit im Vorfeld vertraglich wie folgt fest: „Gerät der Käufer mit der Zahlung des Kaufpreises bzw. Zahlung des Werklohns in Verzug, schuldet er dem Verkäufer für die Dauer des Verzugs Verzugszinsen in Höhe von ... % jährlich."

5.5 Übernahme von Fremddaten

Grundsätzlich haben Sie die Möglichkeit, Informationen aus anderen Anwendungen oder Arbeitsmappen in die Offene-Posten-Liste zu übertragen.

Doch Vorsicht – achten Sie darauf, dass Sie nicht versehentlich unsere zum Teil sehr komplexen Formeln überschreiben. Vergleichen Sie dazu die folgende Tabelle:

Spalte	Spaltenbezeichnung	Formel
I	Fällig	=WENN(A8="";"";B8+H8)
J	Überfällig in Tagen	=WENN(A8="";"";WENN(UND(M8>0;$A$3-I8>0);$A$3-I8-Mahntexte!E7;""))
M	Offener Betrag	=G8-K8

Tab. 2: Formeln zur Berechnung der Positionen in der Offene-Posten-Liste

6 Die Forderungsstatistik

Die Forderungsstatistik dient ausschließlich Ihrer Information. Sie zeigt das Verhältnis von Zahlungseingang und offenen Rechnungen nach Kriterien bzw. Mahnstufen.

Damit die Forderungsstatistik aussagekräftig ist, ist es erforderlich, dass die Offene-Posten-Liste stets auf dem neuesten Stand ist. In der Forderungsstatistik selbst (s. Abb. 10) sind keine Eingaben erforderlich. Alle Daten werden automatisch mit Hilfe von Formeln aus der Offene-Posten-Liste übernommen und ausgewertet.

Eine Auswahl wichtiger Formeln und deren Erläuterung finden Sie in der folgenden Tabelle.

Zelle	Formel	Erläuterung
D7	=SUMME(A20:A10000)	Summe aller Beträge, die in der Offene-Posten-Liste geführt werden.
D9	=SUMME(D20:D10000)	Summe aller gezahlten Beträge, die in der Offene-Posten-Liste geführt werden.
D11	=D7-D9	Offene Forderungen als Differenz der Gesamtbeträge und gezahlten Beträge.
D13	=SUMME(F20:F10000)	Summe aller Verzugszinsen.
D14	=SUMME(G20:G10000)	Summe aller Mahnkosten.
D16	=SUMMEWENN($E$20:$E$10000;"Mahnbescheid";$A$20:$A$10000)	Gesamtbetrag aller offenen Forderungen, für die ein Mahnbescheid erlassen wurde.
E7	=WENN($D$7=0;" ";D7/$D$7)	Prozentuale Anteile der einzelnen Positionen aus Spalte **D**. Diese Formel kann kopiert werden.
G7	=SUMMEWENN($E$20:$E$10000;"einmal gemahnt";$A$20:$A$10000)	Summe aller Beträge, die in der Liste **Einmal-Gemahnt** geführt werden.
G9	=SUMMEWENN($E$20:$E$10000;"einmal gemahnt";$D$20:$D$10000)	Summe aller gezahlten Beträge, die in der Liste **EinmalGemahnt** geführt werden.
G11	=G7-G9	Offene Forderungen als Differenz der Gesamtbeträge und gezahlten Beträge aus der Liste **EinmalGemahnt**.
G13	=SUMMEWENN($E$20:$E$10000;"einmal gemahnt";$F$20:$F$10000)	Summe aller einmal angemahnten Beträge.
G14	=SUMMEWENN($E$20:$E$10000;"einmal gemahnt";$G$20:$G$10000)	Summe aller einmal angemahnten Rechnungsbeträge, die beglichen wurden.
H7	=WENN($G$7=0;" ";G7/$G$7)	Prozentuale Anteile der einzelnen Positionen aus Spalte **G**. Diese Formel kann kopiert werden.
A20	=OffenePosten!E8	Rechnungsbetrag, brutto, wird aus der Offene-Posten-Liste übernommen.
D20	=OffenePosten!K8	Gezahlter Betrag, wird aus der Offene-Posten-Liste übernommen.

Zelle	Formel	Erläuterung
E20	=OffenePosten!N8	Mahnstatus, wird aus der Offene-Posten-Liste übernommen.
F20	=OffenePosten!O8	Verzugszinsen, wird aus der Offene-Posten-Liste übernommen.
G20	=OffenePosten!P8	Weitere Mahnkosten, wird aus der Offene-Posten-Liste übernommen.

Tab. 3: Formeln zur Berechnung der Forderungsstatistik

Forderungsstatistik << Info >>

Position	Betrag	Anteil	Position	Betrag	Anteil	Position	Betrag	Anteil
ges. Rechnungswert	245.831,00 €	100%	ges. Rechnungswert einmal gemahnt	38.901,00 €	100%	ges. Rechnungswert zweimal gemahnt	23.987,00 €	100%
gezahlte Beträge	159.879,00 €	65%	gezahlte Beträge	15.639,00 €	40%	gezahlte Beträge	2.736,00 €	11%
offene Beträge	85.952,00 €	35%	offene Beträge	23.262,00 €	60%	offene Beträge	21.251,00 €	89%
Verzugszinsen	1.745,00 €	1%	Verzugszinsen	512,00 €	1%	Verzugszinsen	801,00 €	3%
Mahnkosten	815,00 €	0%	Mahnkosten	214,00 €	1%	Mahnkosten	541,00 €	2%
Ges. Rechnungswert Mahnbescheid	14.897,00 €	6%						

Abb. 10: Die Forderungsstatistik verschafft Ihnen einen Überblick über das Verhältnis offener Beträge und geleisteter Zahlungen.

7 Zusammenfassung

Unter Einsatz von Stammdaten erledigen Sie die Fakturierungsarbeiten mit nur wenigen Eingaben. Eine Buchungsfunktion ermöglicht die komfortable Verwaltung aller Rechnungen in der Offene-Posten-Liste. Von dort aus ist es möglich, per Mausklick Mahnungen bis hin zur dritten Mahnstufe zu erstellen.

Unsere Musterlösung bietet Ihnen die Möglichkeit, jedem Kunden einen individuellen Rechnungstext und ein individuelles Zahlungsziel zuzuweisen. In der Tabelle **Mahntexte** können Sie hierfür verschiedene Textbausteine definieren.

Überfällige Rechnungen werden in der Offene-Posten-Liste in der Spalte **Überfällig in Tagen** ausgewiesen. Dadurch erkennen Sie, welche Rechnungen Sie anmahnen sollten.

Gerät der Schuldner mit einer Zahlung in Verzug, können Sie **Verzugszinsen** verlangen. Ein Verzugszinsenrechner unterstützt Sie bei der Ermittlung der Höhe dieser Zinsen.

Die **Forderungsstatistik** zeigt das Verhältnis von Zahlungseingang und offenen Rechnungen nach Kriterien bzw. Mahnstufen. Damit die Forderungsstatistik aussagekräftig ist, ist es erforderlich, dass die Offene-Posten-Liste stets auf dem neuesten Stand ist.

Bei der Übernahme von Rechnungsdaten aus anderen Anwendungen oder Arbeitsmappen ist Vorsicht geboten. Achten Sie darauf, dass Sie nicht versehentlich die zum Teil sehr komplexen Formeln überschreiben.

Online: Angebotsübersicht

Susanne Kowalski

Das Ausarbeiten von Angeboten nimmt viel Zeit in Anspruch. Aus diesem Grund sollte stets genau hinterfragt werden, in welchem Verhältnis die Offerten zum eigentlichen Erfolg stehen.

Die Musterlösung Angebotsübersicht verschafft Ihnen schnell einen Überblick über alle abgegebenen Angebote. Außerdem stehen Ihnen verschiedene Auswertungs- und Analysemöglichkeiten des Datenmaterials zur Verfügung.

Sie können zum Beispiel auf einen Blick erkennen, wann welches Angebot in welcher Höhe von welchem Sachbearbeiter an welchen Kunden abgegeben wurde. Wenn Sie außerdem vermerken, welche Angebote zu Aufträgen geführt haben, lassen sich auch Angaben zu den Erfolgsquoten machen.

Die Musterlösung besteht im Wesentlichen aus

- monatlichen Angebotsübersichten, in denen alle abgegebenen Angebote erfasst werden,
- einer Gesamtübersicht, die die Monatsdaten verdichtet sowie
- einer Kurzanleitung zum Einsatz des Tools.

> **HINWEIS**
>
> Die Musterlösung **Angebotsübersicht** finden Sie auf der Onlineversion von Excel im Unternehmen unter **Premium-Tools** in der Kategorie **Marketing & Vertrieb**.

Gesamtübersicht Aufträge

	Angebotswert	Plankosten	Plangewinn	Auftragswert	Plankosten	Plangewinn	Anteil der erhaltenen Aufträge
Januar	70.000,00 €	60.000,00 €	10.000,00 €	50.000,00 €	42.000,00 €	8.000,00 €	71%
Februar	- €	- €	- €	- €	- €	- €	0%
März	- €	- €	- €	- €	- €	- €	0%
April	- €	- €	- €	- €	- €	- €	0%
Mai	- €	- €	- €	- €	- €	- €	0%
Juni	- €	- €	- €	- €	- €	- €	0%
Juli	- €	- €	- €	- €	- €	- €	0%
August	- €	- €	- €	- €	- €	- €	0%
September	- €	- €	- €	- €	- €	- €	0%
Oktober	- €	- €	- €	- €	- €	- €	0%
November	- €	- €	- €	- €	- €	- €	0%
Dezember	- €	- €	- €	- €	- €	- €	0%
Gesamt	70.000,00 €	60.000,00 €	10.000,00 €	50.000,00 €	42.000,00 €	8.000,00 €	71%

Abb. 1: Mit diesem Tool haben Sie eine Übersicht über alle abgegebenen Angebote.

Online: Konkurrenzanalyse

Umfragen von Forschungsinstituten haben ergeben, dass nur wenige Mittelständler und Kleinbetriebe genau über ihre Mitbewerber informiert sind. Fakt ist: Je besser Sie Ihre Konkurrenz kennen, desto eher sind Sie in der Lage, die eigene Wettbewerbsposition durch strategisch kluge Entscheidungen zu sichern und gegebenenfalls auszubauen. Grund genug, eine systematische Konkurrenzanalyse durchzuführen. Wer Fremdkapital benötigt, ist darüber hinaus nach Basel II künftig ohnehin gezwungen, sich mit den Mitbewerbern am Markt auseinander zu setzen.

Die Excel-Arbeitshilfe Konkurrenzanalyse ermöglicht es Ihnen, Ihre Produkte bzw. Produktgruppen mit denen zweier Hauptkonkurrenten zu vergleichen. Parameter sind unter anderem Image, Qualität, Preis, Kommunikation, Distribution, Produktion und Service. Verschiedene Ranking-Ordnungen zeigen Ihnen, wo Sie bzw. Ihre Konkurrenten liegen. Eine Grafik veranschaulicht zudem die Profile der drei Firmen (Stärken/Schwächen) auf einen Blick.

> **HINWEIS**
>
> Die Musterlösung **Konkurrenzanalyse** finden Sie auf der Onlineversion von Excel im Unternehmen unter **Premium-Tools** in der Kategorie **Marketing & Vertrieb**.

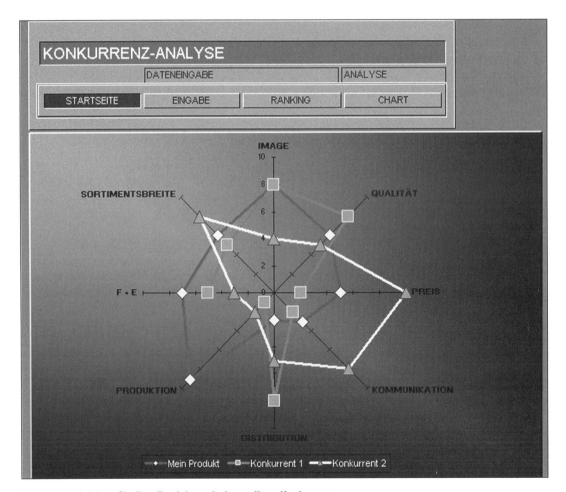

Abb. 1: Vergleichen Sie Ihre Produkte mit denen Ihrer Konkurrenz

Online: Beschwerdemanagement

Susanne Kowalski

Kundenzufriedenheit ist die Basis aller Erfolge im Geschäftsleben. Nehmen Sie Beschwerden nicht auf die leichte Schulter. Es ist wesentlich leichter und kostengünstiger, alte Kunden zu halten, als neue Kunden zu gewinnen.

Beschwerden sind somit kein Ballast. Mit dem richtigen Management werden sie sogar zu einer Chancen für mehr Umsatz und Erfolg. Kunden, die damit zufrieden sind, wie mit ihrer Kritik umgegangen wird, fühlen sich dem Unternehmen enger verbunden als zuvor.

Die Gründe für die Unzufriedenheit eines Kunden zu kennen und den Ärger auszuräumen, ist Aufgabe des Beschwerdemanagements. Mit Hilfe dieses Excel-Tools sind Sie in der Lage, allen bekannten Beschwerdeursachen nachzugehen, diese zu beheben, Wiederholungsfehlern vorzubeugen und gegebenenfalls Ihre Kunden zurück zu gewinnen.

> **HINWEIS**
>
> Die Musterlösung **Beschwerdemanagement** finden Sie auf der Onlineversion von Excel im Unternehmen unter **Premium-Tools** in der Kategorie **Marketing & Vertrieb**.

Abb. 1: Nutzen Sie die Beschwerden Ihrer Kunden für die Optimierung Ihrer Produkte

VII. Unternehmensführung

*Ein Geschäft zu eröffnen ist leicht;
schwer ist es, es geöffnet zu halten.*

CHINESISCHES SPRICHWORT

Ein Unternehmen ist nur dann auf Dauer wirklich erfolgreich, wenn die Unternehmensleitung das komplette Umfeld stets im Blick hat. Bei dieser Aufgabe unterstützt Sie das Tabellenkalkulationsprogramm Excel in vielfacher Hinsicht, in erster Linie beim Verdichten und Analysieren von Zahlenmaterial.

Wichtige Kenngrößen wie **Deckungsbeiträge** spielen eine bedeutende Rolle und werden mit Hilfe von Formeln ermittelt. Durch die stufenweise Fixkostendeckungsrechnung erhalten Sie einen Einblick in die Erfolgsstruktur Ihres Unternehmens.

Balanced Scorecard steht für „ausgewogener Berichtsbogen" und ist ein strategieorientiertes Informationsinstrument zur Unternehmenssteuerung. Das Verfahren soll Unternehmensstrategien in einen Aktionsplan umsetzen. Wir zeigen Ihnen, wie Sie diese Problematik in der Praxis in Excel umsetzen.

Risikomanagement ist eine Art Vorsorgetherapie für Unternehmen zur Früherkennung und Vorbeugung von ernsthaften Krisen. Dazu gehört unter anderem ein Risikoerfassungs- und Reportingbogen. Ein Stärken- und Schwächenprofil wird sowohl in Tabellenform als auch in grafischer Form dargestellt.

Ziel von **Basel II** ist die Erhöhung der Stabilität des internationalen Finanzsystems. Wer Fremdkapital benötigt, muss sich einer detaillierten Bonitätsprüfung unterziehen. Wir zeigen Ihnen, wie Sie mit Hilfe des Tools **Easy-Rating** von Ernst & Young eine Selbstanalyse durchführen und sich für die Vorschriften im Rahmen von Basel II rüsten.

Viele weitere Tools zu diesem Thema finden Sie online unter **www.redmark.de/excel**.

Aus dem Inhalt:
- Deckungsbeitragsrechnung
- Balanced Scorecard
- Risikomanagement
- Rating nach Basel II
- Online: Businessplan
- Online: Stundenverrechnungssätze
- Online: GuV- und Bilanzanalyse

Deckungsbeitragsrechnung

Susanne Kowalski

Die Deckungsbeitragsrechnung ist ein Instrument der Erfolgsrechnung und Angebotskalkulation, die die Nachteile der traditionellen Vollkostenrechnung ausschaltet. Dieser Beitrag beschäftigt sich nach unterschiedlichen Gesichtspunkten mit der Thematik. Wir stellen Ihnen zunächst eine mehrstufige Deckungsbeitragsrechnung vor und zeigen Ihnen anschließend Rechenbeispiele zu Engpasssituationen im Produktionsbereich.

> **HINWEIS**
>
> Die Mustervorlagen zu diesem Thema finden Sie unter den Namen **Deckungsbeitragsrechnung.xls** und **Engpass.xls** auf der CD.

1 Gute Gründe für eine sorgfältige Deckungsbeitragsrechnung

Der Deckungsbeitrag (DB) wird häufig auch als Bruttogewinn oder Grenzkostenergebnis bezeichnet und ergibt sich aus der Differenz zwischen Erlösen und variablen Kosten. Im Gegensatz zur Vollkostenrechnung werden in der Deckungsbeitragsrechnung die Kostenträger nur mit den Kosten belastet, die ihnen eindeutig zugerechnet werden können. Die übrigen Kosten werden gesammelt und dem Betriebsergebnis in einer Summe oder falls möglich in Stufen zugeordnet. Voraussetzung für die Durchführung einer Deckungsbeitragsrechnung ist somit die Aufteilung der Kosten in fixe und variable Bestandteile. Variable Kosten fallen im Gegensatz zu fixen Kosten in Abhängigkeit von der Produktionsmenge an. Typische variable Kosten sind Materialien oder Löhne. Gehälter der Geschäftsleitung oder Raummieten hingegen sind charakteristische fixe Kosten.

Im Rahmen dieses Beitrags stellen wir Ihnen Lösungen zu folgenden Problemen vor:

- Durch die stufenweise Fixkostendeckungsrechnung unserer Datei **Deckungsbeitragsrechnung.xls** erhalten Sie einen Einblick in die Erfolgsstruktur Ihres Unternehmens. Bereits mit Hilfe sehr einfacher Formeln, die auf den Grundrechenarten basieren, erkennen Sie, ob und in welchem Umfang ein Produkt über die Deckung der von ihm verursachten Kosten zur Deckung allgemeiner Fixkosten und zum Gewinn beiträgt.

- Entscheidungen darüber, welche Artikel produziert werden sollen, können nur dann anhand ihrer Deckungsbeiträge getroffen werden, solange die Kapazitäten eines Unternehmens nicht ausgeschöpft sind. Ansonsten muss ein Faktor gebildet werden, der sowohl die Höhe des Deckungsbeitrags als auch die Engpasssituation berücksichtigt. Diese Rechengröße soll feststellen, mit welcher Geschwindigkeit sich im Engpass ein bestimmter Gewinn bzw. Deckungsbeitrag erzielen lässt.

- Noch komplizierter wird die Situation, wenn nicht nur ein, sondern mehrere Engpässe vorliegen. In derart gelagerten Problemfällen, hilft der Solver weiter. Dabei handelt es sich um ein Zusatzprogramm zur Lösung von linearen und nichtlinearen Gleichungen.

2 Mehrstufige Deckungsbeitragsrechnung

Die Musterlösung **Deckungsbeitrag.xls** besteht aus einer Tabelle, in der eine mehrstufige Deckungsbeitragsrechnung durchgeführt wird (s. Abb. 1). Sie ist eine Weiterentwicklung der einstufigen Deckungsbeitragsrechnung. Hierbei ziehen Sie nicht am Ende die Fixkosten en bloc ab, sondern untersuchen, inwieweit sich der Fixkostenblock weiter differenzieren und auf die verschiedenen Artikel verteilen lässt. Diese Vorgehensweise hat zwar einen erheblichen Rechenaufwand zur Folge, ermöglicht jedoch die Betrachtung der beeinflussbaren fixen Kosten auf jeder Stufe und damit gezielte betriebspolitische Maßnahmen, z. B. Produktions- oder Sortimentsentscheidungen.

Mehrstufige Deckungsbeitragsrechnung

		Produkt 1	Produkt 2	Produkt 3	Produkt 4	Produkt 5
Umsatzerlös		100.000,00 €	200.000,00 €			
Frachten		20.000,00 €	15.000,00 €			
Provisionen		10.000,00 €	20.000,00 €			
Verpackung		5.000,00 €	5.000,00 €			
absatzbedingte Leistungskosten		35.000,00 €	40.000,00 €	- €	- €	- €
Reduzierter Erlös		65.000,00 €	160.000,00 €	- €	- €	- €
erzeugungsbedingte Leistungskosten		10.000,00 €	8.000,00 €			
Deckungsbeitrag I		55.000,00 €	152.000,00 €	- €	- €	- €
direkt zurechenbare Einzelkosten		25.000,00 €	125.000,00 €			
Deckungsbeitrag II		30.000,00 €	27.000,00 €	- €	- €	- €
Summe der Deckungsbeiträge	57.000,00 €					
nicht direkt zurechenbare Einzel- und Mischkosten	5.000,00 €					
Deckungsbeitrag III	52.000,00 €					
Gemeinkosten	5.000,00 €					
Deckungsbeitrag IV	47.000,00 €					
ausgabenferne Kosten	2.000,00 €					
Deckungsbeitrag V	45.000,00 €					

Abb. 1: Auszug aus der Musterlösung Deckungsbeitrag

2.1 Die Eingaben

Mit Hilfe dieser Tabelle können Sie bis zu zehn Artikel analysieren. Dazu müssen folgende Informationen vorliegen und in der Tabelle erfasst werden:

- Umsatzerlöse
- Frachten
- Provisionen
- Verpackung
- Erzeugungsbedingte Leistungskosten
- Direkt zurechenbare Einzelkosten

Für das Gesamtunternehmen müssen Sie folgende Daten kennen:

- Nicht direkt zurechenbare Einzelkosten und Mischkosten
- Gemeinkosten
- Ausgabenferne Kosten

> **HINWEIS**
>
> Erläuterungen zu den einzelnen Positionen finden Sie innerhalb der Tabelle in den Kommentaren, die über **Einfügen → Kommentar** eingerichtet werden. Mit Hilfe der Befehlsfolge **Ansicht → Kommentar** zeigen Sie alle Kommentare gleichzeitig an. Zellen, die einen Kommentar enthalten, sind durch ein kleines rotes Dreieck in der rechten oberen Ecke gekennzeichnet.

Bei den verwendeten Formeln zur Ermittlung der nachfolgenden Deckungsbeiträge handelt es sich im Wesentlichen um Grundrechenarten, auf die wir an dieser Stelle nicht weiter eingehen:

- Der **Deckungsbeitrag I** ist der Produktbeitrag und zeigt Ihnen, wie hoch der Deckungsbeitrag nach Abzug der variablen, d. h. dem Produkt direkt zurechenbaren Kosten ist.
- Den **Deckungsbeitrag II** erhalten Sie, wenn Sie vom DB I die direkt zurechenbaren Einzelkosten, wie z. B. Fertigungslöhne, abziehen. Auch die direkt zurechenbaren Einzelkosten werden je Artikel erfasst. Alle weiteren Kosten werden en bloc eingegeben.
- Um die nicht umlagefähigen Fixkosten abzuziehen, berechnet das Programm die Summe der Deckungsbeiträge aller eingegebenen Artikel. Hiervon wird nun der **DB III** berechnet, indem die nicht direkt zurechenbaren Einzel- und Mischkosten, wie zum Beispiel Fremdstrom, von der Summe des Deckungsbeitrags II abgezogen werden.
- Der **DB IV** errechnet sich aus der Differenz des DB III und den Gemeinkosten, die beispielsweise durch Werbung anfallen.
- Der **DB V** entspricht dem Netto-Betriebsergebnis und zieht vom errechneten DB IV noch die ausgabenfernen Kosten wie z. B. kalkulatorische Abschreibung oder kalkulatorische Zinsen ab.

2.2 Anwendung ausweiten

Die Tabelle können Sie jederzeit um weitere Produktspalten erweitern. Dazu führen Sie folgende Arbeitsschritte durch:

1 Deaktivieren Sie zunächst den Blattschutz über **Extras → Schutz → Blattschutz aufheben** und kopieren Sie die letzte Produktspalte so häufig wie nötig in die nachfolgenden Spalten.

2 Korrigieren Sie die Formel in Zelle **B14**. Dort wird die Summe der Deckungsbeiträge ermittelt. Die Formel lautet in der riginaldatei =SUMME(C13:L13). Sie muss an die neue Spaltensituation angepasst werden.

3 Nachdem Sie alle Änderungen an der Tabelle durchgeführt haben, aktivieren Sie den Blattschutz über **Extras → Schutz → Blatt schützen** erneut. ■

> **PRAXIS-TIPP**
>
> Die Tabelle **Deckungsbeitragsrechnung** ist sehr komplex. Das hat zur Folge, dass nicht alle Informationen der Tabelle auf dem Bildschirm sichtbar sind. Wenn Sie den Bildschirm scrollen, verschwinden unter Umständen Spalten- und Zeilenüberschriften. Dies verhindern Sie, wenn Sie das Fenster fixieren. Um das Fenster zu fixieren, setzen Sie die Eingabemarkierung in die Zelle **B3** unterhalb der Überschriften und wählen **Fenster → Fenster fixieren**. Die Fixierung wird durch eine Linie kenntlich gemacht. Über den Befehl **Fixierung aufheben**, entfernen Sie die Fixierung wieder.

2.3 Die Auswertung

Auf folgende Punke sollten Sie bei den Auswertungen der mehrstufigen Deckungsbeitragsrechnung achten:

- Langfristig kann ein Unternehmen nur existieren, wenn es mindestens eine volle Deckung seiner Gesamtkosten erzielt. Das heißt, der Deckungsbeitrag V muss langfristig positiv sein.
- Solange der Umsatz über den variablen Kosten liegt, wird zumindest ein Teil der fixen Kosten gedeckt. Erwirtschaftet ein Artikel keinen positiven Deckungsbeitrag, bedeutet dies, dass nicht einmal die variablen Kosten gedeckt werden. Das Produkt trägt nichts zur Deckung der fixen Kosten beziehungsweise eines Gewinns bei. Dann ist die Kostenstruktur auf eventuelle Sparmaßnahmen zu untersuchen. Unter Umständen muss in diesem Fall die Produktion des Produkts eingestellt werden.

3 Engpasssituationen

Solange die Kapazitäten eines Unternehmens nicht ausgeschöpft sind, können Entscheidungen darüber, welche Artikel produziert werden, anhand ihrer absoluten Deckungsbeiträge getroffen werden. Ist der Deckungsbeitrag positiv, so trägt der entsprechende Artikel zur Deckung der fixen Kosten beziehungsweise eines Gewinns bei. Ist der Deckungsbeitrag negativ, so werden nicht einmal die beschäftigungsabhängigen variablen Stückkosten gedeckt und das Produkt sollte - wenn kein Absatz- oder Produktionsverbund besteht - aus dem Programm gestrichen werden.

Anders verhält es sich in Engpasssituationen. Ein Engpass liegt dann vor, wenn alle oder eine Reihe von Produkten gemeinsam eine Maschine durchlaufen, die nur über begrenzte Kapazitäten verfügt. In diesem Fall muss ein Faktor gebildet werden, der sowohl die Höhe des Deckungsbeitrags als auch die Engpasssituation berücksichtigt. Diese Rechengröße – auch Speedfaktor genannt - soll feststellen, mit welcher Geschwindigkeit sich im Engpass ein bestimmter Gewinn bzw. Deckungsbeitrag erzielen lässt:

```
Bruttogewinn pro Einheit der Engpassbelastung = Deckungsbeitrag x
Engpassbelastung in Bezugsgrößeneinheiten pro Stück
```

Nachfolgend zeigen wir Ihnen anhand eines praktischen Beispiels (Datei **Engpass.xls**, Tabelle **Engpass**), wie Sie ein optimales Produktionsprogramm mit Hilfe von Deckungsbeiträgen im Zusammenhang mit einem Engpass planen.

Ein Unternehmen stellt vier Artikel her. Die Kapazität des Unternehmens reicht aufgrund eines Engpasses nicht aus, um alle Produkte, die abgesetzt werden können, auch wirklich herzustellen. Die Kapazität im Engpass beträgt 86.000 Einheiten. Um alle absetzbaren Mengen zu produzieren, benötigt man 122.000 Einheiten. Eine Rangfolge nach Deckungsbeiträgen kommt nicht in Frage, da die verschiedenen Produkte den Engpass in unterschiedlicher Höhe beanspruchen. Es muss also ein Faktor gebildet werden, der sowohl den Deckungsbeitrag, als auch die Engpasssituation ausreichend berücksichtigt. Die Absatzhöchstmengen der Produkte und deren Preise finden Sie in Abb. 2.

	A	B	C	D	E	F	G	H	I	J	K
1	Deckungsbeitragsrechnung bei einem Engpass										
2											
3	Produkt	Absatz-höchstmenge	Preis	variable Stückkosten	Deckungs-beitrag	Engpass-belastung	Kapazität	Restkapazität	Faktor	tatsächl. Kapazität	Produktions-menge
5	1	10000	12,00 €	10,00 €		6					
6	2	15000	16,00 €	12,00 €		2					
7	3	12000	14,00 €	10,50 €		1					
8	4	10000	10,00 €	7,00 €		2					
9											
10											
11	Gesamtkapazität		86000								
12	benötigte Kapazität		0								
13											

Abb. 2: Die Beispieldaten

Die Formeln zur Ermittlung von Deckungsbeiträgen, Kapazitäten, Faktoren und Produktionsmengen zeigt Abb. 3.

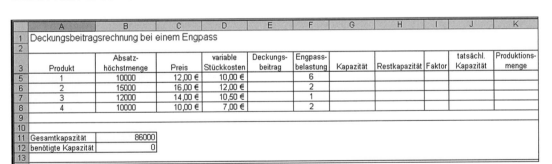

	E	F	G	H	I	J	K
3	Deckungs-beitrag	Engpass-belastung	Kapazität	Restkapazität	Faktor	tatsächl. Kapazität	Produktions-menge
5	=C5-D5	1	=F5*B5	=H4-G5	=(C5-D5)/F5	=WENN(H4>G5;G5;H4)	=WENN(J5<0;0;ABRUNDEN(J5/F5;0))
6	=C6-D6	2	=F6*B6	=H5-G6	=(C6-D6)/F6	=WENN(H5>G6;G6;H5)	=WENN(J6<0;0;ABRUNDEN(J6/F6;0))
7	=C7-D7	2	=F7*B7	=H6-G7	=(C7-D7)/F7	=WENN(H6>G7;G7;H6)	=WENN(J7<0;0;ABRUNDEN(J7/F7;0))
8	=C8-D8	6	=F8*B8	=H7-G8	=(C8-D8)/F8	=WENN(H7>G8;G8;H7)	=WENN(J8<0;0;ABRUNDEN(J8/F8;0))
9			=SUMME(G5:G8)				

Abb. 3: Die Formeln zur Lösung von Engpassproblemen

Um das Ergebnis abschließend nach dem Faktor zu sortieren, gehen Sie wie folgt vor:

1 Setzen Sie den Cursor in eine beliebige Zelle in der fünften bis achten Zeile und wählen Sie **Daten → Sortieren**. Sie gelangen in das gleichnamige Dialogfeld. Dort wählen Sie aus der Liste unter **Sortieren nach** den Eintrag **Faktor**. Entscheiden Sie sich für die Option **Absteigend** und verlassen Sie das Dialogfeld über **OK**.

2 Bei der Option **Absteigend** wird das Produkt mit dem höchsten Speedfaktor in der Rangfolge ganz nach oben gesetzt. Das ist das Produkt 3, das zwar mit 3,50 EUR nicht den höchsten Deckungsbeitrag hat, allerdings den Engpass nur mit einer Einheit belastet (s. Abb. 4). ▪

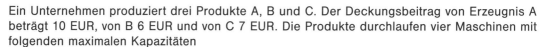

Abb. 4: Das optimale Programm für die Engpasssituation

4 Solver: Deckungsbeitragsrechnung bei mehreren Engpässen

Bislang wurde nur mit einem Engpass gearbeitet. Die Kapazitätsrestriktionen können sich in der Praxis aber durchaus auf mehrere Engpässe beziehen. Dazu ein weiteres Beispiel:

Ein Unternehmen produziert drei Produkte A, B und C. Der Deckungsbeitrag von Erzeugnis A beträgt 10 EUR, von B 6 EUR und von C 7 EUR. Die Produkte durchlaufen vier Maschinen mit folgenden maximalen Kapazitäten

- Maschine 1: 60
- Maschine 2: 80
- Maschine 3: 90
- Maschine 4: 96

Die Produktionseinheiten, die die einzelnen Erzeugnisse für die verschiedenen Maschinen benötigen, entnehmen Sie unserer Tabelle. Die Bearbeitungszeiten sind unterschiedlich und betragen in Min/Stück:

Maschine	Produkt A	Produkt B	Produkt C
Maschine 1	12	4	4
Maschine 2	14	3	8
Maschine 3	8	15	9
Maschine 4	12	16	0

Tab. 1: Benötigte Kapazitäten

Das Produkt A durchläuft also 12 Minuten die Anlage 1, 14 Minuten die Anlage 2, 8 Minuten werden für die Fertigung bei 3 und 12 Minuten bei 4 benötigt.

Deckungsbeitragsrechnung

Die Frage lautet: Welche Mengen müssen von welchem Produkt hergestellt werden, damit die Gesamtsumme der Deckungsbeiträge einen maximalen Wert erhält?

Derartige Probleme werden mithilfe der linearen Programmierung formalisiert und gelöst. Die Aufgabe der linearen Programmierung besteht in der Maximierung oder Minimierung einer linearen Zielfunktion, wobei bestimmte lineare Nebenbedingungen einzuhalten sind.

4.1 Der Solver

In Excel steht Ihnen zur Lösung derart gelagerter Problemfälle der Solver zur Verfügung. Der Solver ist ein Zusatzprogramm zur Lösung von linearen und nichtlinearen Gleichungen. Im aktuellen Beispiel existieren drei Unbekannte und zwar die Mengen der drei Erzeugnisse. Sie finden das Beispiel in der Datei **Engpass.xls** in der Tabelle **Engpässe**.

> **HINWEIS**
>
> Damit der Solver zur Verfügung steht, muss im **Add-Ins-Manager** (Menü **Extras**) das Kontrollkästchen **Solver Add-In** aktiviert sein. Wird der Eintrag **Solver** im Dialogfeld des Add-Ins-Managers nicht aufgeführt, klicken Sie auf **Durchsuchen** und ermitteln das Laufwerk, den Ordner und den Dateinamen des Add-Ins **Solver.xla**. Falls Sie die Datei nicht finden können, installieren Sie den Solver nachträglich von Ihrer Microsoft Office-CD-ROM bzw. Microsoft Excel-CD-ROM.

4.2 Vorbereitungsarbeiten

Bevor Sie den Solver einsetzen können, müssen zunächst die Beispieldaten in ein leeres Tabellenarbeitsblatt eingetragen werden (vgl. Abb. 5). Die grau markierten Zellen enthalten Formeln. Die Formeln können Sie einsehen, wenn Sie in der Beispieltabelle über **Extras → Optionen** auf der Registerkarte **Ansicht** im Bereich **Fensteroptionen** das Kontrollkästchen **Formeln** aktivieren. Wichtig ist, dass alle abhängigen Größen formelmäßig erfasst werden. Die veränderbaren Mengen werden zunächst der Einfachheit halber auf 1 gesetzt.

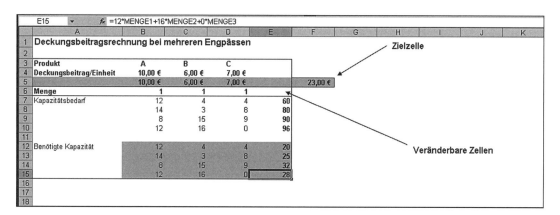

Abb. 5: Beispiel für mehrere Engpässe

> **HINWEIS**
>
> Zur besseren Übersicht wurden die Zellen, für die der Solver die Werte ermitteln soll, benannt (Zelle **B6** = Menge1, **C6** =Menge2 und **D6** =Menge3).

4.3 Der Einsatz des Solvers

Nachdem alle Vorbereitungen getroffen wurden, können Sie den Solver aufrufen:

1 Wählen Sie **Extras → Solver**, um das Dialogfeld **Solver-Parameter** aufzurufen. Geben Sie als Zielzelle **F5** an und übernehmen Sie unter **Zielwert** die Option **Max**. So erreichen Sie, dass die maximale Summe der Deckungsbeiträge ermittelt wird.

2 Tragen Sie unter **Veränderbare Zellen** die Zellen ein, die vom Solver so lange verändert werden sollen, bis die Nebenbedingungen erfüllt sind und der Zielwert erreicht ist. Für unser Beispiel sind das die Zellen **B6** bis **D6** (s. Abb. 6).

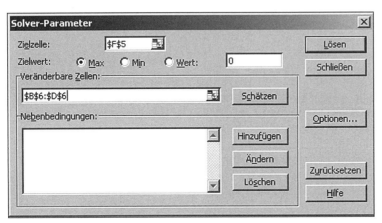

Abb. 6: Der Dialog Solver-Parameter ist Dreh- und Angelpunkt zum Lösen linearer Gleichungssysteme

3 Um die verschiedenen Nebenbedingungen zu definieren, klicken Sie auf die Schaltfläche **Hinzufügen**. Excel ruft das Dialogfeld **Nebenbedingungen hinzufügen** auf. An der Fertigungsmaschine 1 steht eine Maximalkapazität von 60 zur Verfügung. Um diese Nebenbedingung zu definieren, geben Sie als Zellbezug die Zelle **E12** an, da dort die Formel zur Berechnung der Produktionszeit für die Maschine 1 enthalten ist. Als Operator stellen Sie **<=** ein. Geben Sie unter **Nebenbedingung** 60 an.

4 Klicken Sie wieder die Schaltfläche **Hinzufügen** an, um die nächste Nebenbedingung zu definieren. Sie erhalten ein neues Dialogfeld **Nebenbedingungen** hinzufügen. Definieren Sie, dass **E13** kleiner gleich **(<=)** 80 sein soll. Genauso legen Sie die Bedingungen für die Fertigungsmaschinen 3 und 4 fest.

5 Produktionsmengen dürfen keine negativen Werte annehmen. Dazu müssen Sie noch die Nichtnegativitätsbedingungen angeben. Definieren Sie nacheinander, dass **Menge1** bis **Menge3** positive Zahlen sein müssen **(>=0)**.

6 Eine weitere Bedingung ist, dass die produzierten Mengen ganze Zahlen sein müssen. In der Dialogbox **Nebenbedingungen hinzufügen** wählen Sie für **Menge1** bis **Menge3** jeweils als Operator **ganz**.

Hier alle Nebenbedingungen auf einen Blick:

```
E12<=60
E13<=80
E14<=90
E15<=96
Menge1=GANZZAHLIG
Menge1>=0
```

```
Menge2=GANZZAHLIG

Menge2>=0

Menge3=GANZZAHLIG

Menge3>=0
```

7 Verlassen Sie das Dialogfeld über die Schaltfläche **OK**. Sie gelangen zurück in das Dialogfeld **Solver-Parameter**. Dort sind jetzt alle Nebenbedingungen eingetragen. Klicken Sie auf die Schaltfläche **Lösen**, um die Suche nach dem höchsten Gewinn zu starten.

8 Nach kurzer Berechnungsdauer blendet Excel die Dialogbox **Ergebnis** ein (s. Abb. 7). Dort entscheiden Sie, ob Sie die vom Solver ermittelten Werte übernehmen oder die ursprünglichen Werte wieder einstellen möchten. Unter Umständen müssen Sie das Dialogfeld **Ergebnis** verschieben, damit Sie die Lösungen im Tabellenarbeitsblatt sehen können. Bestätigen Sie die Lösung ggf. durch einen Klick auf die Schaltfläche **OK**. ■

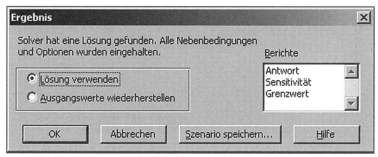

Abb. 7: Das Fenster Ergebnis

Für die Beispielanwendung liefert der Solver das Ergebnis 70.

> **HINWEIS**
>
> Falls es keine realisierbare Lösung gibt, blendet Excel einen entsprechenden Hinweistext in der Dialogbox **Ergebnis** ein.

5 Zusammenfassung

- Eine mehrstufige Deckungsbeitragsrechnung kann bereits mit relativ einfachen Formeln durchgeführt werden.

- Die Funktion **Daten → Sortieren** hilft beim Aufstellen optimaler Produktionsprogramme.

- Der Solver ist ein Zusatzprogramm zur Lösung von linearen und nichtlinearen Gleichungen. Über **Extras → Solver** rufen Sie das Dialogfeld **Solver-Parameter** auf. Dort definieren Sie Zielzelle und Zielwert. Definieren Sie die veränderbaren Zellen und legen Sie anschließend die Nebenbedingungen fest. Über die Schaltfläche **Lösen** starten Sie die Ergebnissuche.

- Kommentare richten Sie über **Einfügen → Kommentar** ein. **Ansicht → Kommentar** zeigt alle Kommentare gleichzeitig.

- Um ein Fenster zu fixieren, setzen Sie die Eingabemarkierung in die gewünschte Zelle und wählen **Fenster → Fenster fixieren**. Über **Fenster → Fixierung aufheben** entfernen Sie die Fixierung wieder.

Balanced Scorecard

Dirk Umbach, Hamburg

Die Balanced Scorecard (BSC) stellt derzeit eines der wohl populärsten Werkzeuge der modernen Unternehmenssteuerung dar. Die BSC verbindet hierarchieübergreifend das operative und das strategische Management. Kern der Idee ist es, unkoordiniertem Handeln, wie es noch häufig in Unternehmen vorkommt, entgegenzuwirken und alle Aktivitäten auf ein Ziel auszurichten. Dabei sind die Erkenntnisse nicht völlig neu, denn als Autofahrer ist es für uns völlig selbstverständlich, vor Beginn einer Fahrt das Ziel zu kennen. Bei längeren Fahrten werden die Funktionsfähigkeit des Fahrzeuges überprüft und gegebenenfalls Übernachtungen sowie Fahrerwechsel gemeinsam geplant. Während der Fahrt wird man sich der Instrumente für Benzin, Öl, Temperatur und Geschwindigkeit bedienen und auf eine angemessene Fahrweise achten, die den Motor nicht zu stark belastet.

In diesem Artikel soll zunächst kurz die grundsätzliche Idee der Balanced Scorecard erläutert werden. Im Anschluss finden Sie eine Beschreibung des Excel-Werkzeugs, das Sie bei der Implementierung der Balanced Scorecard in Ihrem Unternehmen und bei der Auswertung der Daten unterstützt.

> **HINWEIS**
> Die Musterlösung zu diesem Thema finden Sie unter dem Namen **BSC.xls** auf der CD.

1 Grundlagen

Die Einführung einer Balanced Scorecard (BSC) beginnt mit der Formulierung einer Vision. Aus diesem von der Geschäftsführung vorgegebenen Leitgedanken ergibt sich die Mission und es werden daraus Strategien abgeleitet, die zu einem kontrollierbaren Kennzahlenkatalog ausgearbeitet werden. Dabei werden nicht nur die so genannten „harten" Kriterien, wie z. B. Finanzkennzahlen berücksichtigt, sondern ebenso „weiche" Faktoren ausgewogen mit in die Bewertung einbezogen. Durch den Einsatz der BSC lässt sich so das zielgerichtete strategische Denken und Handeln auf allen Unternehmensebenen fördern.

1.1 Vision

Im ersten Schritt muss die Vision, d. h. ein Leitziel für das Unternehmen festgelegt und festgehalten werden. Dabei muss es sich um ein unternehmensweites Ziel handeln, das es gemeinsam zu erreichen gilt. Der Geschäftsführung kommt hierbei eine große Verantwortung zu, denn es gilt, die zukünftige wirtschaftliche Entwicklung zu beurteilen sowie mögliche Anpassungen in der Organisationsstruktur und den Prozessen zu berücksichtigen. Schnellschüsse oder Entscheidungen aus dem Bauch heraus sollten hier unbedingt vermieden werden.

Mögliche Zielsetzungen könnten zum Beispiel sein: „Wir sind in zwei Jahren Marktführer im Produktsegment XY." Oder: „In den nächsten zwei Jahren etablieren wir ein neues Marktsegment mit dem Produkt YX." Die Vision darf jedoch nicht zu unscharf formuliert sein. Aussagen wie „Wir werden unsere Leistung verbessern" sind zu wenig konkret, um als Vision für die BSC eingesetzt zu werden.

1.2 Mission

Damit alle Mitarbeiter an einem Strang ziehen, ist der Aufbau eines einheitlichen Verständnisses und der entsprechenden Motivation sehr wichtig. Die Vision als langfristiges Ziel ist dazu meist nur wenig geeignet. Die Mission erlaubt den Mitarbeitern, sich mit dem Unternehmen zu identifizieren und auch in der Außenwirkung die Corporate Identity auf- und auszubauen. Die Mission drückt aus, was Dritte mit dem Unternehmen als Erstes verbinden sollen. Die Mission sollte möglichst plakativ und einprägsam formuliert sein. Der Slogan „Vorsprung durch Technik" wäre als Formulierung einer Mission z. B. gut geeignet.

1.3 Strategien

In Bezug auf den langfristigen Charakter der Vision empfiehlt es sich, diese in kleinere Meilensteine zu zerlegen und daraus strategische Ziele abzuleiten. In der Regel werden hier mehrere Strategien für die verschiedenen Unternehmensbereiche entwickelt, die jeweils zur Erreichung des Ziels beitragen sollen. Wichtig ist es, die einzelnen Bereiche nicht getrennt zu betrachten, sondern die Wechselwirkungen und gegenseitigen Abhängigkeiten mit zu berücksichtigen. Insbesondere in diesem Punkt liegt eine der Stärken des Konzeptes der BSC, Interdependenzen aufdecken und transparent zu machen. Den betroffenen Funktionsbereichen dienen diese Meilensteine zugleich als Zielvorgaben und bieten so eine Kontrollmöglichkeit. Auf diese Weise werden bereits frühzeitig Abweichungen und Schwierigkeiten erkannt, auf die dann angemessen reagiert werden kann.

Für die Vision der Marktanteilsvergrößerung, kann sich z. B. die Strategie der Kostenführerschaft eignen. Daraus ließe sich wiederum als verbundene Strategie eine Kostensenkungsstrategie für den Produktionsbereich ableiten. Aus Kundensicht könnte eine Strategie zur Qualitätsverbesserung ebenso dieses Vorhaben erfolgreich unterstützen.

Schon an diesem sehr kleinen Beispiel lässt sich das Zusammenspiel der einzelnen Strategien des gesamten Strategiebündels erkennen und welche Bedeutung die zielgerichtete Abstimmung für den Gesamterfolg hat.

Um ein möglichst vollständiges Strategiemodell zu erhalten, das zudem ausgewogen (balanced) monetäre und nicht-monetäre Strategien enthält, wird das Unternehmen aus unterschiedlichen Blickwinkeln durchdacht. Diese verschiedenen Perspektiven dienen dazu, keinen Bereich übergewichtig einfließen zu lassen, sondern für eine ausgewogene Berücksichtigung aller relevanten Faktoren zu sorgen. In aller Regel finden sich die folgenden vier Perspektiven bei der Umsetzung der BSC:

- Finanzperspektive
- Kundenperspektive
- Prozessperspektive
- Entwicklungsperspektive

1.4 Strategische Ziele und Kennzahlen

Um die Strategien im täglichen Geschäft auch umzusetzen, bedarf es meist mehr als den guten Vorsatz, eben dies zu tun. Beim Einsatz der BSC werden daher für jede der Perspektiven strategische Ziele abgeleitet, die als Anhaltspunkt und Zielrichtung für das Handeln und die Aktivitäten dienen. Zu den jeweiligen Zielen müssen dann noch geeignete Kennzahlen definiert werden, die eine Messbarkeit des Erfolgs ermöglichen. Oft stehen solche Kennzahlen, insbesondere in der Finanzperspektive, schon bereit. Ist dies nicht der Fall, können und müssen auch neue Kennzahlen entwickelt und zukünftig erfasst werden.

Finanzperspektive

Typische Ziele der Finanzperspektive sind Ziele, die Aussagen über die Ertrags- und Kostensituation machen. Beispielhaft lassen sich die folgenden Ziele nennen: „Rendite steigern", „Umsatz um 30% erhöhen" oder „geringere Kapitalbindung realisieren". Die Kennzahlen, mit denen die Zielerreichung gemessen werden kann, liegen in der Regel bereits allesamt vor (z. B. ROI,

Umsatzredite usw.). Die BSC hilft, aus der Vielzahl der in diesem Bereich ermittelten Kennzahlen diejenigen zu fokussieren, die in Hinblick auf das gewählte Ziel am aussagekräftigsten sind. Entscheidend bei der Auswahl ist dabei die Qualität und nicht die Quantität der Kennzahlen.

Die finanziellen Ziele erfüllen im BSC-Konzept eine Doppelrolle, zum einen sind sie die Ziele der Finanzperspektive, zum anderen geben sie die Endpunkte für die weiteren Perspektiven vor. Die Ziele jeder anderen Perspektive sollten grundsätzlich über eine Ursache/Wirkungs-Beziehung mit denen der Finanzperspektive verbunden sein.

Kundenperspektive

Ziele der Kundenperspektive sind gerichtet auf die Kunden- und Marktsegmente, in denen das Unternehmen aktiv ist bzw. werden möchte. Die Kundenperspektive kann z. B. folgende Ziele und Kennzahlen enthalten: „Ausbau der Marktposition". Als Messgröße wäre hier ggf. der relative Marktanteil geeignet. Als Indiz für das Ziel „Kundenbindung erhöhen" kann z. B. die Wiederverkaufsquote dienen. Das mögliche Ziel „Großkundenanteil steigern" gibt uns die relevante Messgröße schon direkt vor.

Prozessperspektive

Die Ziele der Prozessperspektive beschreiben, welche Leistung von welchen Prozessen erbracht werden muss, um die Finanz- und Kundenziele zu erreichen. Wird z. B. eine Kostensenkung angestrebt, kann das Ziel „höherer Standardisierungsgrad bei den verwendeten Komponenten" in der Prozessperspektive erheblich dazu beitragen. Viele Kennzahlen, die Ziele der Prozessperspektive messbar machen, existieren bereits im Unternehmen, jedoch wird ihnen oft nur wenig Beachtung geschenkt. Der Einsatz der BSC hilft hier, die Zusammenhänge zu verdeutlichen und den Stellenwert der Kennzahlen zu erkennen. Als einige weitere Ziele und zugehörige Kennzahlen aus der Praxis lassen sich z. B. nennen: Ziel „Entwicklungszeiten verkürzen". Als Kennzahl könnte dafür die Zeit von der Planung bis zur Markteinführung dienen. Für das Ziel „Auslastung steigern" wäre der Auslastungsgrad der Produktionsanlagen als Kennzahl zu verwenden.

Entwicklungsperspektive

Als wichtigste Aspekte der Entwicklungsperspektive werden häufig die Mitarbeiterqualifikation, die Leistungsfähigkeit des Informationssystems und die Motivation und Zielausrichtung von Mitarbeitern genannt. Die Ziele dieses Bereichs dienen zur Sicherstellung der Handlungsfähigkeit für die in der Zukunft geplanten Aktivitäten. Ein Unternehmen, das z. B. eine Globalisierungsstrategie verfolgt, könnte das Ziel „Fremdsprachenbeherrschung bei unseren Mitarbeitern steigern" formulieren, um die Kommunikation mit anderssprachigen Kunden und Lieferanten sicherzustellen. Sollen die Reaktionszeiten auf Kundenanfragen verringert werden, so könnte das Ziel „Medienbrüche verringern" zu einer schnelleren Informationsbereitstellung beitragen.

1.5 Zusammenfassung

Das Konzept der BSC bietet erhebliche Vorteile bei der Zielfindung und der anschließenden Strategieentwicklung und -umsetzung. Es zwingt zu einer sehr strukturierten Vorgehensweise und schließt alle beteiligten Hierarchieebenen ein. So hilft die BSC, das Denken und Handeln in einem Unternehmen auf einen Leitgedanken hin auszurichten und den Erfolg messbar zu machen.

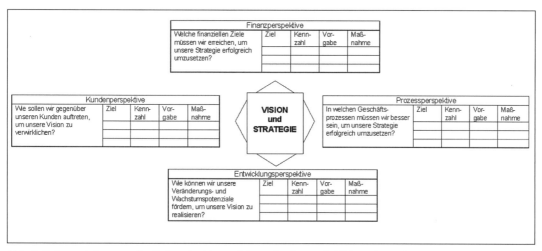

Abb. 1: Balanced Scorecard mit den vier Perspektiven der Strategiebildung (nach Kaplan/Norton)

2 Bedienung

Die Balanced-Scorecard-Excel-Anwendung hilft Ihnen dabei, die zahlreichen Aufgaben bei der Einführung gezielt abzuarbeiten und präsentationsfähig aufzubereiten. Die tabellarischen Übersichten geben jederzeit detailliert Auskunft über die definierten Kennzahlen. Die grafische Auswertung zeigt im Überblick das bisher erreichte Ergebnis der Bemühungen im Vergleich zu den festgelegten Soll-Werten.

2.1 Unternehmensdaten

Das Blatt **Unternehmensdaten** enthält die grundlegendsten Informationen. Tragen Sie hier zunächst ein, für welches Unternehmen und für welche Unternehmenseinheit (z. B. Abteilung) diese spezielle BSC angelegt wird. Weiterhin sollte ein verantwortlicher Mitarbeiter benannt werden.

2.2 Deckblatt

Auf dem Deckblatt wird die Vision formuliert, die als Leitziel für das Unternehmen festgelegt wurde, ebenso die Mission für die Außendarstellung. Hier sollten auch die festgelegten Hauptstrategien angegeben werden. Die BSC dient ja gerade der Umsetzung dieser Zielrichtungen. Zum Abschluss müssen nun noch die ausgewählten Perspektiven festgelegt werden. Die vier „Standard"-Perspektiven (Finanz-, Kunden-, Prozess- und Entwicklungsperspektive) sind hier bereits eingetragen. Diese Standardperspektiven haben sich für viele Scorecards als praktikabel erwiesen. Sie müssen aber nicht zwangsläufig für Ihre individuelle BSC passen. Scheuen Sie sich an dieser Stelle nicht, gegebenenfalls noch weitere relevante Perspektiven aufzunehmen bzw. die vorgeschlagenen anzupassen.

2.3 Kennzahlenübersicht

Auf dem Blatt **Kennzahlenübersicht** werden die strategischen Überlegungen heruntergebrochen und so weit konkretisiert, dass sich daraus Aktionsziele, geeignete Maßnahmen und Kennzahlen entwickeln lassen.

Perspektiven und Strategien

Zunächst werden die Perspektiven und die zugehörigen Strategien, die zuvor auf dem Deckblatt festgelegt werden, einzeln auf diesem Bogen erfasst. Jede einzelne Strategie wird in mindestens einer Zeile in der Kennzahlenübersicht vermerkt. Der Übersichtlichkeit halber sollten zur gleichen Perspektive gehörige Strategien blockweise sortiert werden.

Aktionsziele

Anschließend wird für jede Strategie mindestens ein Aktionsziel festgelegt. Es ist durchaus möglich, dass für eine Strategie mehr als ein Aktionsziel gefunden wird. Im Beispiel lässt sich erkennen, dass die Strategie „Markanteil ausbauen" sowohl durch die Gewinnung von Neukunden über verstärkte Vertriebsaktionen umgesetzt werden soll, parallel dazu soll jedoch auch der Absatz an Altkunden durch direkte Ansprache und Produktwerbung erhöht werden.

Aktion

Im nächsten Schritt muss für jedes Aktionsziel eine Aktion/Maßnahme festgelegt werden, die zur Erreichung des Aktionsziels geeignet ist und als klare Handlungsvorgabe für den dafür verantwortlichen Bereich gilt. Im Beispiel soll das Aktionsziel „Senken der Reklamationsquote auf weniger als 1%" durch die Einführung von regelmäßigen Qualitätsprüfungen nach jedem Arbeitsgang erreicht werden.

Balanced Scorecard - Kennzahlenübersicht

Perspektive	Strategie	Aktionsziel	Aktion	Kennzahl
Kunden	Verbesserung der Kundenzufriedenheit	Senken der Reklamationsquote auf weniger als 1%	Einführen von Qualitätsprüfungen nach allen Arbeitsgängen durch die Bearbeiter selbst	Anzahl Re eines Jahr Inbetriebna
Kunden	Marktanteil ausbauen	Für den Vertriebsbereich: Steigerung der Neukundengewinnung um 200% innerhalb von 2 Jahren	Pro Tag werden mindestens 40% Interessenten (= potenzielle Neukunden) besucht	Anteil der I
Kunden	Marktanteil ausbauen	Umsatzanteil der "Altkunden" innerhalb drei Jahren verzehnfachen	Intensive, auf Bestandskunden ausgerichtete Produktwerbung via eMails und Mailings	Anzahl Fol
Kunden	Bekanntheitsgrad bei Kunden und potenziellen Kunden von 50% erreichen	Die Reputation des Unternehmens in Fachkreisen soll zielgerichtet durch Hausmessen verbessert werden.	Veranstaltung von Hausmessen, für die durch Mailings, in der Fach- und Regionalpresse eingeladen wird	Anzahl der Unternehm

Abb. 2: Kennzahlenübersicht

Kennzahl und Messverfahren

Für jedes Aktionsziel muss nun noch festgelegt werden, welcher Wert als Messwert für die Zielerreichung verwendet werden soll und wie der jeweils erreichte Wert im Unternehmen ermittelt wird. Diese Festlegung ist wichtig, um überprüfen zu können, ob die ausgewählte Aktion auch tatsächlich umgesetzt und durchgeführt wird. Ohne diese Festlegung ist eine Erfolgskontrolle kaum möglich und führt schnell dazu, dass die Strategien im täglichen Geschäft „in Vergessenheit" geraten. Nach der vollständigen Erstellung gibt die Tabelle alle Kennzahlen wieder, die im Unternehmen erfasst werden müssen. Für das Aktionsziel „Senkung der Reklamationsquote", das zur Verbesserung der Kundenzufriedenheit führen soll, wurde im Beispiel die Kennzahl „Anzahl Reklamationen innerhalb eines Jahres nach Auslieferung bzw. Inbetriebnahme" festgelegt.

Zusätzlich zur Auswahl der Kennzahl muss ebenfalls der angestrebte Planwert der Kennzahl festgesetzt werden. Zahlenmäßig nicht bestimmte Forderungen nach einer Verbesserung bringen häufig nicht den gewünschten Erfolg, da die Motivationskraft solcher unscharfer Forderungen sehr viel geringer ist als bei der Festlegung eines sehr konkreten Ziels. Bei der Bestimmung der Zahlenwerte sollte jedoch darauf geachtet werden, dass der Zielwert eine Herausforderung ist, aber nicht unrealistisch wird. Von vornherein unrealistische Ziele wird keiner verfolgen. Die Akzeptanz bei den Mitarbeitern ist aber unerlässlich für den Erfolg bei der Strategieumsetzung. Als angestrebter Wert für die Verringerung der Kundenreklamationen ist in unserem Beispiel der absolute Wert 40 Reklamationen verwendet worden. Häufig werden an dieser Stelle jedoch Verhältniszahlen gewählt, da sie unabhängiger von anderen Entwicklungen sind. Hier wäre das Verhältnis Reklamationen bezogen auf die Anzahl ausgelieferter Produkte (Reklamationsquote) eine bessere Wahl, da damit zu rechnen ist, dass bei mehr ausgelieferten Produkten auch eine größere Zahl Reklamationen zu erwarten ist.

Planwert und Istwert

In diese Spalten werden der gewählte Planwert, der angesteuert wird, und der Istwert, der zurzeit im Unternehmen gemessen wurde, eingetragen.

Planquote und Istquote

Der Wert der Planquote ist immer auf 100% normiert. Dies ist ja gerade der Wert, der durch die Maßnahmen erreicht werden soll. Der zu dieser Zeit realisierte Wert wird in der Spalte Istquote zu diesem in Beziehung gesetzt. Bei der Berechung der Istquote ist zu beachten, dass der richtige Wert als Grundwert für die Prozentberechnung ausgewählt wird. Dazu wählen Sie in der Spalte **Positiv, wenn der Planwert...** aus, ob jeweils eine Unterschreitung oder eine Überschreitung des Planwertes positiv zu bewerten ist.

Wählen Sie hier **unterschritten wird**, wenn der Messwert umso besser zu bewerten ist, je kleiner er ist. Als Beispiel lässt sich hier eine Fehlerquote anführen, die als besser einzustufen ist, je weiter sie unterhalb des festgelegten Planwertes bleibt. Bei diesen Messwerten berechnet sich die Istquote als Planwert dividiert durch den Istwert. Ist dagegen die betrachtete Größe mit wachsendem Wert besser, so muss der Eintrag **überschritten wird** ausgewählt werden. Zum Beispiel bedeutet eine höhere Anzahl Folgeaufträge als geplant eine noch größere Verbesserung gegenüber der Ausgangsposition als der Planwert. In diesem Fall wird die Istquote bestimmt als Istwert dividiert durch Planwert.

Diese Vorgehensweise bietet den Vorteil, dass später bei der Überprüfung im Diagramm ein Wert von über 100 % immer als Übererfüllung des Plans eingestuft werden kann, während ein Wert unter 100 % anzeigt, dass hier noch Verbesserungsbedarf besteht.

Kennzahl	Messverfahren	Positiv, wenn der Planwert..	Planwert	Istwert	Planqote	Istquote
Anzahl Reklamationen innerhalb eines Jahres nach Auslieferung bzw. Inbetriebnahme	Anzahl der Reklamationen, bezogen auf die Gesamtzahl ausgelieferter Produkte	unterschritten wird	40	27	100	148
Anteil der Interessententermine	Grundlage ist die Anzahl von Interessentenbesuchen, bezogen auf die Gesamtzahl an Kundenbesuchen (incl. Altkunden).	überschritten wird	40	48	100	120
Anzahl Folgeaufträge	Alle Aufträge, bei denen kein neuer Kundenstammsatz angelegt wurde, werden gezählt.	überschritten wird	3000	2400	100	80
Anzahl der teilnehmenden Unternehmen	Zahl der teilnehmenden Unternehmen ermitteln	überschritten wird	200	80	100	40

Abb. 3: Planwert/Istwert

2.4 Einzelne Perspektiven

Für jede einzelne ausgewählte Perspektive gibt es ein eigenes Tabellenblatt, auf dem nur die Daten der betrachteten Perspektive zu sehen sind. Diese Tabellenblätter dienen dazu, die einzelnen Bereiche mit den jeweils für sie interessanten Informationen versorgen zu können, ohne die gesamte BSC präsentieren zu müssen. Die Einträge in diesen Blättern verweisen auf die entsprechenden Zellen auf dem Tabellenblatt **Kennzahlenübersicht** und sind so direkt mit den dort hinterlegten Daten verknüpft. Änderungen auf dem Übersichtsblatt sind so auch immer aktuell auf den Blättern der einzelnen Perspektiven vorhanden. Ändern Sie daher keine Einträge für einzelne Perspektiven per Hand.

2.5 Diagramm

Das Diagramm gibt Ihnen einen Überblick über alle Kennzahlen, die auf dem Tabellenblatt **Kennzahlenübersicht** definiert wurden. Es stellt für jede Kennzahl die auf 100% normierte Planquote der jeweils erreichten Istquote gegenüber. So ist auf einen Blick zu erkennen, wo der Plan bereits erfüllt wird bzw. die Maßnahmen den Plan sogar übertreffen und bei welchen Aktionszielen noch Verbesserungsbedarf besteht. Die gewählte Darstellung im Netzdiagramm bietet auch bei einer größeren Zahl von Kennzahlen noch eine gute Übersicht.

Zur Erstellung des Diagramms gehen Sie wie folgt vor:

1 Markieren Sie auf dem Tabellenblatt **Kennzahlenübersicht** zunächst die Spalte, in der die Kennzahlen benannt sind. Halten Sie dann die **Strg**-Taste gedrückt, um gleichzeitig die Spalten **Planquote** und **Istquote** zusätzlich markieren zu können. Die vollständige Markierung sehen Sie in Abb. 4.

Kennzahl	Messverfahren	Positiv, wenn der Planwert..	Planwert	Istwert	Planqote	Istquote
Anzahl Reklamationen innerhalb eines Jahres nach Auslieferung bzw. Inbetriebnahme	Anzahl der Reklamationen, bezogen auf die Gesamtzahl ausgelieferter Produkte	unterschritten wird	40	27	100	148
Anteil der Interessententermine	Grundlage ist die Anzahl von Interessentenbesuchen, bezogen auf die Gesamtzahl an Kundenbesuchen (incl. Altkunden).	überschritten wird	40	48	100	120
Anzahl Folgeaufträge	Alle Aufträge, bei denen kein neuer Kundenstammsatz angelegt wurde, werden gezählt.	überschritten wird	3000	2400	100	80
Anzahl der teilnehmenden Unternehmen	Zahl der teilnehmenden Unternehmen ermitteln	überschritten wird	200	80	100	40
Fehler in der Null-Serie	Erfasst wird die Anzahl neuer Produkte, die bereits in der Null-Serie ohne Fehler produziert worden sind, bezogen auf alle Produkte.	unterschritten wird	10	12	100	83
Anzahl der vom Außendienst ermittelten und dokumentierten Kundenwünsche	Jede von einem Kunden geäußerte Idee wird gezählt, unabhängig von den Realisierungschancen.	überschritten wird	360	330	100	92
Anzahl der Produktideen im Jahr	Die in der Ideenwerkstatt eingegangenen Vorschläge werden gezählt.	überschritten wird	120	132	100	110

Abb. 4: Notwendige Markierungen für die Erstellung des Netzdiagramms

2 Rufen Sie nun den Diagramm-Assistenten aus dem Menü **Einfügen** mittels des Befehls **Diagramm** oder über die Symbolschaltfläche auf.

3 Wählen Sie im ersten Schritt des Diagramm-Assistenten den Eintrag **Netz** für das Netzdiagramm und klicken Sie auf **Weiter**.

4 Überprüfen Sie im zweiten Schritt des Diagramm-Assistenten, ob die gewünschten Daten ausgewählt sind, und korrigieren Sie gegebenenfalls die Markierung.

5 Im dritten Schritt des Diagramm-Assistenten sollten Sie nun noch einen Diagrammtitel eingeben, der als Überschrift für das gesamte Diagramm verwendet wird.

6 Im abschließenden vierten Schritt wählen Sie als Platzierung des Diagramms die Option **Als neues Blatt**, um eine möglichst großflächige Darstellung zu erhalten.

7 Klicken Sie anschließend auf **Fertig stellen**, damit das Netzdiagramm erstellt wird. ∎

Ein Beispiel eines solchen Diagramms, das auf den ersten Blick eine Einschätzung der ausgewählten Kennzahlen ermöglicht, sehen Sie in der Abb. 5.

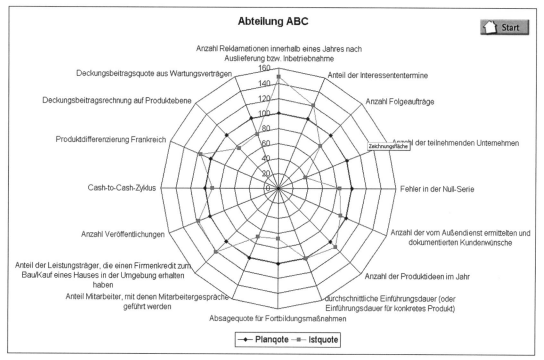

Abb. 5: Übersichtsgrafik Balanced Scorecard mit der Gegenüberstellung der Plan- und Istquoten

3 Zusammenfassung

Die Balanced Scorecard (BSC) ist eines der derzeit wohl populärsten Werkzeuge der modernen Unternehmenssteuerung. Die BSC verbindet hierarchieübergreifend das operative und das strategische Management. Dabei wird das Unternehmen aus unterschiedlichen Blickwinkeln mit Hilfe von überprüfbaren Kennzahlen durchdacht. In aller Regel finden sich die folgenden vier Perspektiven bei der Umsetzung der BSC:

- Finanzperspektive
- Kundenperspektive
- Prozessperspektive
- Entwicklungsperspektive

Eine übersichtliche Gegenüberstellung der Plan- und Istwerte erreichen Sie mit einem Netzdiagramm (**Einfügen** → **Diagramm** → **Netz**).

Risiken in Unternehmen frühzeitig erkennen und analysieren

Susanne Kowalski

Öffentliche Insolvenzstatistiken geben derzeit ein trauriges Bild ab. Die Zahl der Unternehmenszusammenbrüche bewegt sich in den letzten Jahren auf einem hohen Level. Analysen zeigen, dass diese Insolvenzen in vielen Fällen auf Managementfehler zurückzuführen sind. Das heißt, sich abzeichnende Schwierigkeiten wurden nicht rechtzeitig erkannt oder es wurde zu spät darauf reagiert. Bereits seit einigen Jahren fordert der Gesetzgeber ausdrücklich eine Art von Risiko-Controlling. Unternehmen, die nicht unter dieses Gesetz fallen, sind trotzdem gut beraten, Risikoanalysen durchzuführen. Lesen Sie im folgenden Artikel, wie Excel Sie bei diesen Aufgaben unterstützen kann.

> **HINWEIS**
>
> Sie finden auf der CD-ROM die Datei **Risikomanagement.xls**. Diese enthält alle hier vorgestellten Vorlagen.

1 Risikomanagement mit Excel

Risikomanagement hat viele Gesichter. Im Rahmen dieses Beitrags stellen wir Ihnen verschiedene Lösungsansätze auf der Basis von Excel-Tabellen vor:

- **Risikoerfassungs- und Reportingbogen**: Dort haben Sie die Möglichkeit, durch Steuerelemente zum Beispiel Risikoklassen oder Risikokategorien zu definieren.
- **Risikofaktoren**: Die Bewertung von Risikofaktoren erfolgt in einem eigenen Bogen unter Einsatz von Excel-Funktionen wie ZÄHLENWENN().
- **Berichtsformular**: Ein herkömmlicher Soll/Ist-Vergleich wird um eine stets zu aktualisierende Jahresvorschau sinnvoll ergänzt. In diesem Zusammenhang sind lediglich einfache Excel-Formeln erforderlich.
- **Verkettung von Indikatoren**: Eine Hochrechnung ermittelt die Wahrscheinlichkeit von Werbung im Hinblick auf potenzielle Vertragsabschlüsse.
- **Konkurrenzanalyse**: Eine Beurteilung der Mitbewerber im Vergleich zum eigenen Unternehmen. Dazu wird lediglich eine einfache Excel-Tabelle benötigt.
- **Prognose-Checkliste**: Eine Beurteilung der gesamtwirtschaftlichen Entwicklung sowie der Marktverhältnisse in einer Excel-Tabelle.
- **Stärken/Schwächen-Profil**: Ein Stärken- und Schwächenprofil in Tabellenform, das mit Hilfe der Diagramm-Funktionen von Excel grafisch dargestellt wird.

2 Warum Risikomanagement für jedes Unternehmen wichtig ist

Risikomanagement ist eine Art Vorsorgetherapie für Unternehmen zur Früherkennung und Vorbeugung von ernsthaften Krisen.

2.1 Definition

Das Haufe Wirtschaftlexikon definiert Risikomanagement wie folgt: „Risikomanagement, das auch als Risk-Management oder Risikopolitik bezeichnet wird, ist eine Form der Unternehmensführung, welche auf die Reduktion von Risiken abzielt."

Risiken werden in diesem Zusammenhang als Informationsdefizite über das Erreichen von Zielen verstanden. Risikomanagement vollzieht sich in verschiedenen Phasen. Im Anschluss an die Risikoidentifikation folgt die Risikoanalyse, die eine Untersuchung des jeweils vorliegenden Ursache-Wirkungs-Komplexes umfasst. Schließlich werden in Form von Risikomeidung, Risikominderung, Risikoteilung, Schadenverhütung, Risikoreservebildung sowie Schadenkostenüberwälzung risikopolitische Maßnahmen ergriffen.

Dem Risikomanagement kommt durch Basel II eine besondere Bedeutung zu. Es gehört zum Kriterienkatalog von Basel II. Durch das **KonTrag** (Gesetz zur Kontrolle und Transparenz im Unternehmensbereich) wurde ein Risikomanagementsystem für eine Reihe von Unternehmen gesetzlich vorgeschrieben.

Das zum 1.5.1998 in Kraft getretene **KonTrag** verpflichtet Kapitalgesellschaften, im Jahresabschluss auf Risiken der künftigen Unternehmensentwicklung einzugehen. Börsennotierte Aktiengesellschaften müssen darüber hinaus ein Risikomanagementsystem einrichten. Gefordert wird ein internes Überwachungssystem, Controlling und ein Frühwarnsystem. Verschiedene Gesetze und Paragraphen des Aktiengesetzes und des HGB bilden die Grundlage für das Risikomanagement.

Exkurs: Basel II

Basel II ist ein Regelwerk, das die Nachfolge von Basel I angetreten hat. Ziel von Basel II ist die Erhöhung der Stabilität des internationalen Finanzsystems. In diesem Zusammenhang sollen die Risiken im Kreditgeschäft besser erfasst und die Eigenkapitalvorsorge der Kreditinstitute risikogerechter ausgestaltet werden. Das heißt im Klartext, dass die Kreditinstitute zukünftig umso mehr Eigenkapital vorhalten sollen, je höher das Risiko des Kreditnehmers ist, an den sie einen Kredit vergeben. Anders ausgedrückt: Die Kreditinstitute müssen künftig verstärkt auf die Bonität der Kunden achten. Obwohl es im Kern um die Eigenkapitalvorschriften für Kreditinstitute geht, sind somit mittelbar deren Firmenkunden von diesen Veränderungen betroffen. Die deutschen Kreditinstitute sind aufgrund § 18 KWG zur Prüfung der Vermögensverhältnisse ihrer Kreditnehmer verpflichtet. Um die Bonität des Kreditnehmers festzustellen, werden die Unternehmen von Banken oder Rating-Agenturen einer umfassenden Prüfung unterzogen.

> **HINWEIS**
>
> Unter Rating versteht man eine Kennziffer bzw. Benotung der Beurteilung und Einstufung der Bonität eines Unternehmens im Hinblick auf die vollständige und termingerechte Rückzahlung (Tilgung + Verzinsung) seiner Verbindlichkeiten. Ratings werden durch Kreditinstitute (internes Rating) oder Rating-Agenturen (externes Rating) erstellt. Eine erste Einschätzung, mit welchem Rating-Urteil Ihr Unternehmen in etwa rechnen kann, liefert das von Ernst & Young entwickelte Tool Easy-Rating. Lesen Sie hierzu auch den Beitrag **Rating nach Basel II**.

2.2 Notwendigkeit

In Zeiten, in denen die wirtschaftliche Situation angespannter denn je ist, ist es besonders wichtig, sich abzeichnende Schwierigkeiten und Probleme rechtzeitig zu erkennen. Immer wieder werden Krisen eines Unternehmens zu spät erkannt, sodass eine hohe Zahl von Insolvenzen die Folge ist. Das führt zu folgenden Fragestellungen:

- Warum wurde der Ernst der wirtschaftlichen Lage so spät erkannt?
- Wer hat versagt? Das Management, das Controlling – oder beide?

2.3 Die Fehler

Wer versagt hat, spielt letztendlich keine Rolle. Wichtiger ist es, Fehler künftig rechtzeitig zu erkennen und in der Zukunft abzustellen. Folgende Fehler kommen in Unternehmen häufig vor:

- Probleme werden nicht rechtzeitig erkannt.
- Es steht kein aktuelles aussagekräftiges Datenmaterial zu Analysezwecken zur Verfügung.
- Kalkulationsfehler führen zu falscher Preisbildung.
- Mangelhafte Betriebsorganisation zieht Kosten nach sich.
- Schlechte kaufmännische Kenntnisse führen zu Fehlinvestitionen.
- Fehleinschätzung der Marktlage.
- Ein unzureichendes Rechnungswesen verhindert die Früherkennung von Risikofaktoren.
- Getätigte Investitionen werden nicht korrekt ausgeschöpft.

Kritische Situationen in Unternehmen werden häufig erst dann erkannt, wenn diese bereits in Zahlungsschwierigkeiten stecken. Vorläufer von Zahlungsschwierigkeiten sind Umsatz- bzw. Gerinnrückgang oder gar Verluste. Aber auch diese Faktoren haben einen Vorläufer. Ihnen geht zum Beispiel eine Verschlechterung der Wettbewerbsposition voraus.

2.4 Die Phasen

Da Unternehmen in unserer schnelllebigen Zeit ständig mit sich verändernden Parametern konfrontiert werden, gewinnt das Thema Risikomanagement zunehmend an Bedeutung. Der Prozess Risikomanagement kann in folgende Phasen gegliedert werden:

- Formulierung einer Risikostrategie
- Risikoidentifikation
- Risikoanalyse
- Risikobewertung
- Risikogestaltung bzw. -steuerung
- Risikodokumentation
- Risikoüberwachung

2.5 Das System

Daraus ergeben sich folgende Bestandteile eines Risikomanagement-Systems:

- Internes Überwachungssystem
- Risiko-Controlling
- Frühwarnsystem

Das Risikomanagement als solches gibt es nicht. Vielmehr setzt es sich aus einer Vielzahl von Maßnahmen und Faktoren zusammen, wie:

- Führen von Checklisten
- Durchführen von Analysen

- Bewertung von Situationen und Projekten
- Einrichten eines aussagekräftigen Berichtswesens und damit verbunden das Führen regelmäßiger Berichte
- Durchführen regelmäßiger effizienter Kontrollen
- Führen einer Risk-Map in Form eines Risikoerfassungs- und Reportingbogens

2.6 Die Risiken

Von Unternehmen zu Unternehmen werden die einzelnen Maßnahmen anders aussehen. Das resultiert daraus, dass es je nach Unternehmen unterschiedliche Risiken gibt:

- Beschaffungsmarktrisiken (z. B. Verfügbarkeit von Roh-, Hilfs- und Betriebsstoffen)
- Absatzmarktrisiken (z. B. Umsatz, Preise, Konjunktur, Mitbewerber)
- Schadensrisiken (z. B. Umwelt, Feuer)
- Finanzwirtschaftliche Risiken (z. B. Forderungsausfälle, Kredite)
- Rechtliche Risiken (z. B. Steuern, Umweltschutz)
- Personalrisiken (z. B. Fluktuation, mangelnde Kompetenz)
- Fertigungsrisiken (z. B. Ausfall von Produktionsanlagen)
- Forschungsrisiken (z. B. Scheitern von Forschungsprojekten)

Die Arten der Risiken sind von Unternehmen zu Unternehmen unterschiedlich. So gibt es in einem Handelsunternehmen keine Fertigungsrisiken und in der Regel haben diese Unternehmen auch nicht mit Umwelt oder Forschungsrisiken zu kämpfen. Dienstleistungsunternehmen müssen sich in der Regel nicht um die rechtzeitige Verfügbarkeit von Roh-, Hilfs- und Betriebsstoffen kümmern. Das zeigt, dass Risikomanagement gezielt auf das Unternehmen abgestimmt werden muss.

3 Excel im praktischen Einsatz

Excel unterstützt Sie beim Risikomanagement bei verschiedenen Aufgaben, wie zum Beispiel:

- Erstellen von Checklisten
- Durchführen von Analysen
- Bewertung von Risikofaktoren
- Erstellen von Berichten und Auswertungen

Da Risikomanagement je nach Art des Unternehmens unterschiedlich ist, sind die vorgestellten Beispiele flexibel anzuwenden.

Ziel dieses Beitrags ist es deshalb nicht, Ihnen eine endgültige Lösung zu präsentieren, sondern im Vordergrund steht die Anregung, wie Sie eigenständig effektives Arbeitsmaterial für die Bedürfnisse Ihres Risikomanagements zusammentragen.

4 Eine Risk-Map erstellen

Ein Risikoerfassungs- und Reportingbogen dient als Dokumentation des Risikomanagement-Prozesses und erfasst wesentliche Fakten eines Risikos (s. Abb. 1).

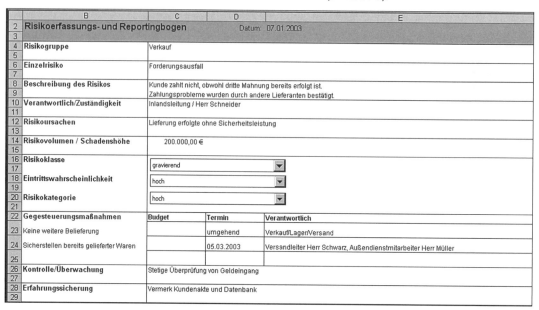

Abb. 1: Risikoerfassungs- und Reportingbogen

Eine entsprechende Vorlage lässt sich in Excel problemlos ohne große Schwierigkeiten einrichten. Um einen Risikoerfassungs- und Reportingbogen zu erstellen, gehen Sie folgendermaßen vor:

1 Öffnen Sie ein neues, leeres Tabellenarbeitsblatt. Die Eingabefelder werden später farblich gekennzeichnet. Eintrittswahrscheinlichkeit, Risikokategorie und Risikoklasse können über Dropdown-Felder ausgewählt werden (s. Abb. 2).

Abb. 2: Dropdown-Felder erleichtern die Klassifizierung von Risikofaktoren.

2 Die Auswahlpunkte für das Dropdown-Feld werden in einem Bereich des Tabellenarbeitsblattes erfasst, der für den eigentlichen Reportingbogen nicht benötigt wird. In der fertigen Musterlösung finden Sie die Eingaben im Bereich **C51:D55**.

3 Um ein Kombinationsfeld einzurichten, benötigen Sie die Symbolleiste **Formular**, die Sie mit **Ansicht → Symbolleisten → Formular** einblenden. Klicken Sie auf die Schaltfläche **Kombinationsfeld** und ziehen Sie damit ein Auswahlfeld auf. Öffnen Sie mit Hilfe der rechten Maustaste das Kontextmenü des Kombinationsfeldes und wählen Sie **Steuerelement formatieren**.

4 Im gleichnamigen Dialogfeld wechseln Sie auf die Registerkarte **Steuerung**. Geben Sie unter **Eingabebereich** den Bereich **B51:B55** an. Das sind die Zellen, in denen Sie zuvor die Auswahlkriterien hinterlegt haben. Eine Zellverknüpfung wird nicht benötigt. Die Vorgabe im Feld **Dropdownzeilen** können Sie übernehmen. Bestätigen Sie mit **OK**.

Die Angabe einer Zellverknüpfung ist nur für den Fall notwendig, in dem die Auswahl aus dem Dropdown-Feld für weitere Berechnungen oder Auswertungen herangezogen werden muss. Im Falle des Risk-Map dient die Auswahl ausschließlich Informationszwecken.

5 Richten Sie zwei weitere Kombinationsfelder ein. Für beide Felder benötigen Sie als Eingabereich **C51** bis **C54**. ■

Durch einen Klick auf die Schaltfläche **Neues Formular generieren** erstellen Sie ein neues Formular. Die Schaltfläche ist mit dem Makro **Reporting** verbunden. Dieses Makro blendet das gleichnamige versteckte Blatt ein, kopiert es und versteckt das Original anschließend wieder. Den Makrocode finden Sie im Visual Basic Editor, den Sie über **Extras → Makro → Visual Basic Editor** erreichen.

> **HINWEIS**
>
> Das Thema Makros wird ausführlich im Kapitel **Prozesse automatisieren mit VBA** besprochen.

5 Ermittlung von Risikofaktoren

Checklisten zur Beurteilung von Projektrisiken lassen sich ebenfalls mit einfachen Mitteln erstellen. Eine Lösung zur Bewertung von Risikofaktoren zeigt die Abbildung 3. Die Klassifizierung wird durch den Eintrag des Buchstabens **x** gekennzeichnet. In der Zeile **Anzahl** werden automatisch die vorhandenen Einträge mit Hilfe der Funktion ZÄHLENWENN() ermittelt.

So arbeiten Sie mit der Funktion ZÄHLENWENN():

1 Mit **Einfügen → Funktion** gelangen Sie auf das Dialogfeld **Funktion einfügen**. Entscheiden Sie sich für die Funktionskategorie **Statistik**. Innerhalb dieser Kategorie benötigen Sie die Funktion ZÄHLENWENN.

2 Die Funktion ZÄHLENWENN arbeitet mit den Argumenten **Bereich** und **Suchkriterien**. Mit **Bereich** sind die Zellen gemeint, in denen die Funktion suchen soll. Das Argument **Suchkriterien** gibt an, wonach gesucht werden soll.

3 Geben Sie die gewünschten Argumente ein und bestätigen Sie die Eingaben mit **OK**. Kopieren Sie die Formel bei Bedarf in die nachfolgenden Spalten.

4 Die Bewertung der Risiken erfolgt mittels Punktzahlen. Die Risiken der Spalte **hoch** werden mit drei Punkten bewertet, die der Spalte **mittel** mit zwei Punkten und die der Spalte **niedrig** mit einem Punkt. Die mit Hilfe der Funktion ZÄHLENWENN ermittelte Anzahl wird mit der entsprechenden Punktzahl nach folgender Formel multipliziert:

=C29*3+D29*2+E29*1

5 Der Risikosatz ergibt sich aus dem Vergleich der maximal zu erreichenden Punktzahl (im Beispiel **39** aus **13 * 3**) mit der tatsächlich erreichten Punktzahl. Dazu dient die folgende Formel: =C32/C33 ■

> **HINWEIS**
>
> Um die Tabelle **Bewertung von Risikofaktoren** Ihren Bedürfnissen anzupassen, benötigen Sie möglicherweise weitere Zeilen. Diese fügen Sie mit Hilfe der Tastenkombination **Strg** + **+** (Pluszeichen) ein. Berücksichtigen Sie, dass Sie für diesen Fall die maximale Punktzahl erhöhen müssen.

Bewertung von Risikofaktoren			
	Bewertung		
Risikofaktoren	Hoch	Mittel	Niedrig
Projekt allgemein			
Innovationsgrad	x		
Erforderliches Know-how	x		
Kapazitätsbindung	x		
Koordinationsproblematik		x	
Informationsproblematik		x	
Projektvolumen			x
Kunde			
Klar formulierte Anforderungen			x
Zahlungsausfall	x		
Reklamationshäufigkeit		x	
Schlüsselperson beim Kunden			x
Interne Faktoren			
Fähigkeiten Projektleiter			x
Fähigkeiten Projektteam			x
Umfeldrestriktionen			
Vorschriften, Normen			x
Anzahl	4	3	6
Bewertung	24	62%	
Maximale Punktzahl	39		
Minimale Punktzahl	13		

Abb. 3: Risikobewertung mit Punktzahl

6 Berichte mit Blick in die Zukunft

Unter Ergänzung einer so genannten **Feed-Forward-Sicht** in einen klassischen Soll/Ist-Vergleich ist es möglich, die Voraussage der zu erwartenden Zahlen innerhalb des Jahres zu korrigieren. Damit ist ein Vergleich über die eigentlichen Plandaten hinaus mit den zum Jahresende zu erwartenden Werten möglich.

6.1 Dreiteiliges Berichtsformular

Das **Berichtsformular** für die Vorlage der Musterlösung ist in folgende drei Bereiche eingeteilt:

- Monat
- Kumulation über das Jahr
- Jahresvorschau

Die einzelnen Bereiche sind identisch aufgebaut: Plan- und Ist-Daten werden verglichen. Dabei werden sowohl absolute als auch relative Abweichungen ermittelt. Beachten Sie dazu:

- In der Zelle **E6** ergibt sich die absolute Abweichung von Plan und Ist beim Bruttoumsatz durch die Formel: `=D6-C6`
- Bei der relativen Abweichung wird mit folgender Formel gerechnet:
  `=WENN(D6=0;"";E6/C6)`

Die neuen Werte der jeweiligen Monate aus den Spalten **C** und **D** werden mit Hilfe eines Makros in den Bereich **Kumulation** übertragen. Das Makro ist in der Musterlösung mit der Schaltfläche **Bericht aktualisieren** verbunden.

7 Abhängigkeit und Auswirkung verketteter Indikatoren

Die beteiligten Indikatoren stehen in einem Abhängigkeitsverhältnis zueinander, sodass Aussagen über die Auswirkung dieser Verkettung möglich sind. So können Sie beispielsweise ermitteln, mit wie vielen Vertragsabschlüssen Sie rechnen dürfen, wenn Sie eine bestimmte Anzahl von Adressen haben. Das Beispiel in Abbildung 4 zeigt, wie sich die Anzahl von möglichen Interessenten eines Produkts bis hin zum eigentlichen Kaufabschluss reduziert.

- Die möglichen Interessenten entsprechen 100 Prozent.
- 10 Prozent der möglichen Interessenten sind latente Interessenten.
- 1 Prozent der möglichen Interessenten können als konkrete Interessenten eingestuft werden.
- 0,5 Prozent sind ernsthafte Interessenten. Das heißt, Sie können möglicherweise ein konkretes Angebot einreichen.
- Bei 0,1 Prozent können Sie mit einem Kaufabschluss rechnen.

> **HINWEIS**
> Beachten Sie, dass für Ihr Produkt und Ihre Branche möglicherweise andere Prozentsätze gelten. In diesem Fall müssen Sie die Prozentwerte entsprechend abändern.

Status	Abhängig von	Erforderliche Anzahl
Mögliche Interessenten	Anzahl der verfügbareren Adressen	1000
Latente Interessenten	Mit Werbematerial angeschriebene Adressen	100
Interessenten	Präsentation des Produkts	10
Ernsthafte Interessenten	Einreichen eines Angebotes	5
Kunden	Erfolgreicher Vertragsabschluss	1

Abb. 4: Diese Tabelle zeigt die möglichen Auswirkungen.

Die Formel zur Ermittlung der latenten Interessenten in **D6** lautet: =$D$5*E6

Analog dazu wird die Formel in die nachfolgenden Zellen kopiert. Die Prozentvorgaben aus Spalte **E** wurden aus optischen Gründen ausgeblendet, indem die Schrift mit Hilfe der Schaltfläche **Schriftfarbe** weiß formatiert wurde.

8 Checklisten und Analysewerkzeuge

Für ein erfolgreiches Risikomanagement benötigen Sie weitere Checklisten und Analysewerkzeuge. Zu den wichtigsten zählen vor allem Prognose-Checklisten, eine Konkurrenzanalyse und eine Stärken-Schwächen-Analyse. Dazu stellen wir Ihnen nachfolgend die entsprechenden Vorlagen vor.

8.1 Prognose-Checklisten

Die Abbildung 5 zeigt einen Ausschnitt aus einer Prognose-Checkliste. Formblätter nach diesem Muster eignen sich sowohl für das Ausfüllen von Hand als auch zur Bearbeitung direkt in Excel. Zur Erstellung benötigen Sie lediglich Excel-Formatierungstechniken.

Prognose-Checkliste				
Analyse der	Vorhandensein von Datenmaterial	Aktualität der Unterlagen	Berücksichtigung im Rahmen der Planung	Beschaffung/ Bereitstellung von Informationen
...gesamtwirtschaftlichen Entwicklung				
Unternehmen	ja im Controlling	ca. 1,5 Jahre alt	ja	Controlling muss Daten aktualisieren
Geschäftsbereich	Geschäftsfeld II - Vertriebsleitung	Daten der letzten 3 Jahre bis heute	ja	
...Marktverhältnisse				
Marktanteile	10%	ca. 1,5 Jahre alt	nein	Vertriebsleitung und Controlling müssen detaillierte Analysen durchführen
Marktvolumen	15 Mio Euro per anno	ca. 1,5 Jahre alt	ja	
Wachstum	1,50%	ca. 1 Jahr alt	ja	
Preistrends	stagnierend	aktuell	ja	

Abb. 5: Ausschnitt aus einer Prognose-Checkliste

8.2 Konkurrenzanalyse

Das Formblatt der Konkurrenzanalyse eignet sich ebenfalls für handschriftliche Eintragungen oder Eingaben direkt am Computer (s. Abb. 6). In dieses Formblatt geben Sie die entsprechenden Daten oder Bemerkungen Ihres eigenen Unternehmens und die der Mitbewerber ein.

Wünschen Sie eine Auswertung des Beurteilungsbogens, dann können Sie zusätzlich für jeden Beurteilungspunkt eine Ranking-Kennziffer oder eine Punktzahl vergeben. Fügen Sie dazu nach jedem Unternehmen eine weitere Spalte ein, in die Sie die Punktzahl eingeben. Diese werden abschließend addiert und Sie erhalten auf diese Weise eine Hitliste der beurteilten Unternehmen.

Konkurrenzanalyse					
Einflussfaktoren	Eigenes Unternehmen	Wettbewerber A	Wettbewerber B	Wettbewerber C	Wettbewerber D
Marktanteil %					
Veränderung des Marktanteils					
Ursachen der Veränderung					
Kostenniveau					
Anzahl Vertriebsmitarbeiter					
Marketing					
Preispolitik					
Servicequalität					
Produktqualität					
Entwicklunskapazität					
Wichtige Neueentwicklung					
Stärken					
Schwächen					

Abb. 6: Formblatt zur Konkurrenzanalyse

> **HINWEIS**
>
> Sollen die Prozentwerte Nachkommastellen enthalten, dann ist zu beachten, dass durch das Formatieren über die Schaltfläche **Prozent** der Symbolleiste **Format** standardmäßig auf glatte Zahlenwerte gerundet wird. Durch einen Klick auf die Schaltfläche **Dezimalstelle hinzufügen** erhalten Sie die gewünschten Nachkommastellen.

8.3 Stärken-Schwächen-Analyse

Ein Stärken-Schwächen-Profil ist ein Instrument zur Darstellung von Stärken und Schwächen eines Unternehmens. Grafisch lassen sich diese Profile mit Hilfe von Diagrammen umsetzen. In der Abbildung 7 sehen Sie die Vorlage für ein Stärken-Schwächen-Profil in Excel.

Risikomanagement

Stärken-Schwächen-Profil						
Schlüsselfaktoren	3	2	1	-1	-2	-3
Sortiment		x				
Preis-Leistungsverhältnis					x	
Termintreue		x				
Produktqualität					x	
Kundendienst						x
Mitarbeiterqualifikation				x		
DV-Unterstützung			x			

Abb. 7: Vorlage für ein Stärken-Schwächen-Profil

Damit die Daten des Stärken-Schwächen-Profils grafisch umgesetzt werden können, sind folgende Vorbereitungsarbeiten zu leisten:

1 Zunächst müssen in einer Hilfsspalte die Schlüsselfaktoren zahlenmäßig ausgewertet werden. Das heißt, Sie müssen ermitteln, in welcher Spalte des Profils sich ein **x** befindet. Dazu geben Sie in Zelle **I5** folgende Formel ein:

=WENN(C5="x";3;WENN(D5="x";2; WENN(E5="x";1;WENN(F5="x";-1; WENN(G5="x";-2;WENN(H5="x";-3; 0)))))).

2 Formatieren Sie die Zelle **I5** aus optischen Gründen mit Hilfe der Schaltfläche **Schriftfarbe** mit der Farbe **Weiß**. Kopieren Sie das Format in die nachfolgenden Zeilen.

3 Aus dem Datenmaterial erstellen Sie nun ein Diagramm. Markieren Sie dazu mit gedrückter **Strg**-Taste den Zellbereich **B5:B11** und **I5:I11**.

4 Klicken Sie in der Standard-Symbolleiste auf das Symbol **Diagramm-Assistent**. Im ersten Dialog des Assistenten wählen Sie den **Diagrammtyp Fläche** aus und als **Diagrammuntertyp** die **3D-Fläche**. Mit der Schaltfläche **Weiter** gelangen Sie in den nächsten Dialog des Assistenten (s. Abb. 8).

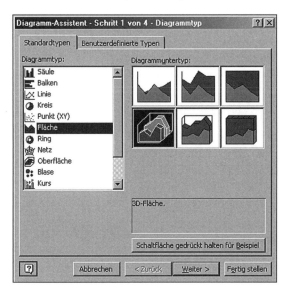

Abb. 8: Das Profil soll als Flächendiagramm dargestellt werden.

5 Den **Schritt 2** des Diagramm-Assistenten können Sie überspringen. Im dritten Schritt legen Sie im Register **Titel** als Bezeichnung **Stärken-Schwächen-Profil** für das Diagramm fest. Deaktivieren Sie auf der Registerkarte **Legende** das Kontrollkästchen **Legende anzeigen**.

6 Im letzten Schritt des Assistenten klicken Sie nacheinander auf **Als neues Blatt** und **Fertig stellen**. Im fertigen Diagramm wird abschließend die Ausrichtung der Texte in der waagerechten Achse geändert. Klicken Sie die Achse mit der rechten Maustaste an und wählen Sie **Achse formatieren**.

7 Im folgenden Dialogfeld benötigen Sie die Registerkarte **Ausrichtung**. Dort legen Sie die Gradzahl etwa bei **12** an. Verlassen Sie das Dialogfeld über die Schaltfläche **OK** (s. Abb. 9). ■

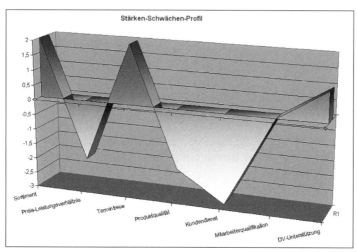

Abb. 9: Das Diagramm zeigt deutliche Schwächen des Unternehmens

> **HINWEIS**
>
> Die Arbeit mit Diagrammen wird ausführlich im Kapitel **Perfekt Präsentieren** vorgestellt.

9 Zusammenfassung

Risikomanagement ist eine Art Vorsorgetherapie zur Früherkennung und Vorbeugung von ernsthaften Krisen. Excel unterstützt Sie beim Risikomanagement bei verschiedenen Aufgaben, wie zum Beispiel beim Erstellen von Checklisten, beim Durchführen von Analysen, bei der Bewertung von Risikofaktoren und beim Erstellen von Berichten und Auswertungen:

- **Risk-Map**: Ein Risikoerfassungs- und Reportingbogen dient als Dokumentation des Risikomanagement-Prozesses und erfasst wesentliche Fakten eines Risikos.
- **Bewertungsbögen**: Checklisten zur Beurteilung von Projektrisiken lassen sich bereits mit einfachen Mitteln erstellen.
- **Feed-Forward-Sicht**: Korrekturbericht, um die Voraussage der zu erwartenden Zahlen innerhalb des Jahres zu korrigieren. Damit ist ein Vergleich über die eigentlichen Plandaten hinaus mit den zum Jahresende zu erwartenden Werten möglich.
- **Prognose-Checklisten**: Formblätter zur Beurteilung verschiedener Sachverhalte wie zum Beispiel die gesamtwirtschaftliche Entwicklung.
- **Konkurrenzanalyse**: Formblatt zur Beurteilung der Mitbewerber.
- **Stärken-Schwächen-Profil**: Instrument zur Darstellung von Stärken und Schwächen eines Unternehmens, auch in grafischer Form.

Rating nach Basel II

Dr. Karsten Füser und Dr. Mirjam Heidusch, Ernst & Young AG Stuttgart

Auch in den kommenden Jahren werden die meisten Unternehmen wiederholt in Verhandlungen mit ihrer Bank über Kreditverlängerungen oder die Gewährung neuer Kredite treten. In Basel II werden die Banken dabei ihre modifizierten oder neu entwickelten Rating-Verfahren verwenden. Für die Unternehmen bedeutet dies, dass sie sich in Zeiten von Basel II umfassend auf die mit den anstehenden Kreditverhandlungen verbundenen Rating-Prozesse vorbereiten müssen. Dieser Beitrag und das von Ernst & Young entwickelte Excel-Tool **Easy-Rating** gibt Antwort auf die Frage, mit welchem Rating-Urteil Ihr Unternehmen in etwa rechnen kann.

1 Das eigene Rating

Für viele Unternehmen stellen sich die Rating-Verfahren der Banken als Blackbox mit ungewissem Ausgang dar. Selbst wenn die Strukturen sowie die wesentlichen Kriterien der Ansätze der Banken zur Bonitätsbeurteilung bekannt sind, bleibt i. d. R. die folgende Frage offen:

Mit welchem Rating kann bzw. muss das Unternehmen rechnen?

Zur Beantwortung dieser Frage kann das nachfolgend vorgestellte Rating-Verfahren **Easy-Rating** dienen, das von der Ernst & Young AG zur Bonitätsbeurteilung mittelständischer Unternehmen entwickelt wurde und jedem Unternehmen die Ermittlung eines „eigenen" Ratings ermöglicht. Das so ermittelte „Bonitätsurteil" ist kein Rating in dem Sinne, dass sich daraus die mit dem Unternehmen verbundene Ausfallwahrscheinlichkeit und damit die zukünftig zu erwartenden Kreditkonditionen „zweifelsfrei" ableiten ließen. Ein Easy-Rating ermöglicht es dem Unternehmer jedoch, eine Ersteinschätzung selbst vorzunehmen, und kann ihm damit bei der Entscheidung helfen, ob schon heute ein Kreditantrag bei der Bank gestellt werden kann bzw. sollte oder ob zuvor Maßnahmen zur Optimierung des Ratings ergriffen werden müssen.

2 Easy-Rating

Das von Ernst & Young entwickelte Easy-Rating lehnt sich an die typische Struktur bankinterner Rating-Ansätze an und verwendet die Kriterien, die auch von einem Großteil der Banken berücksichtigt werden (s. Abb. 1).

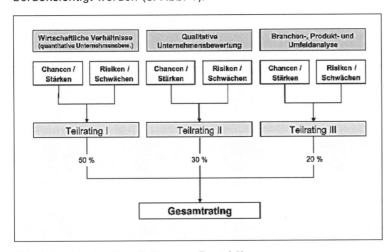

Abb. 1: Struktur des Easy-Ratings von Ernst & Young

Seine grundlegende Struktur wird durch die drei Teilratings

- „Wirtschaftliche Verhältnisse (quantitative Unternehmensbewertung)",
- „Qualitative Unternehmensbewertung" sowie
- „Branchen-, Produkt- und Umfeldanalyse"

beschrieben, die mit unterschiedlichem Gewicht in das Gesamtrating eingehen.

Jedes Teilrating ergibt sich zu gleichen Teilen aus der Analyse der mit ihm assoziierten „Chancen/Stärken" bzw. „Risiken/Schwächen", die jeweils anhand mehrerer Kriterien bewertet werden. Diese Aufgliederung ermöglicht es dem Unternehmer, genau zu identifizieren, wo die Schwachstellen seines Unternehmens liegen und welche Gegenmaßnahmen den größten Nutzen für eine Optimierung des Ratings bieten. Die Bonitätseinstufung erfolgt in eine von sechs Rating-Klassen, deren Bezeichnung sich an die Symbole der großen Rating-Agenturen anlehnt (s. Tab. 1).

Rating-Klassen	Beschreibung
AAA/AA	Hohe Bonität, geringes Ausfallrisiko
A	Überdurchschnittliche Bonität, etwas erhöhtes Risiko
BBB	Noch gute Bonität, mittleres Risiko
BB	Vertretbare Bonität, erhöhtes Risiko
B	Schlechte Bonität, sehr hohes Risiko
CCC	Geringste Bonität, höchstes Risiko

Tab. 1: Klassen des Easy-Rating von Ernst & Young

Die oberste Rating-Klasse („AAA/AA") ist nur für wenige Unternehmen mit wirklich sehr hoher Bonität zu erreichen; ein Unternehmen mit überdurchschnittlich guter Bonität fällt in die Rating-Klasse „A". Ergibt das eigene Rating eines Unternehmens das Rating-Urteil „B" oder „CCC", sollte vor einem Kreditantrag bei einer Bank überprüft werden, ob Potenziale zur Verbesserung der Bonität bestehen.

3 Teilrating I „Wirtschaftliche Verhältnisse (quantitative Unternehmensbewertung)"

Das erste Teilrating befasst sich mit den wirtschaftlichen Verhältnissen des Unternehmens und bewertet es anhand (vorwiegend) quantitativer Größen. Mit einem Gewicht von 50 % hat es den größten Einfluss auf das Gesamtrating, womit sich die Bedeutung einer soliden finanziellen Basis für den Fortbestand eines Unternehmens widerspiegelt. Die „Chancen/Stärken" dieses Teilratings umfassen sowohl eine Analyse des aktuellen Jahresabschlusses – gemessen anhand verschiedener Kennzahlen zur Vermögens-, Finanz- und Ertragslage – als auch die Entwicklung dieser Kennzahlen seit der letzten Bilanz. Weiterführend, d. h. in die Zukunft blickend, werden zudem die Angaben aus der Plan-Bilanz/-GuV bewertet.

Zur Beurteilung der **Vermögenslage** des Unternehmens werden die Eigenkapitalquote sowie die Anlagendeckungsgrade I und II berechnet, in die Bewertung der **Finanzlage** gehen Kennzahlen zur Liquidität des Unternehmens (Liquidität I, II und III) sowie die Cash Flow-Marge ein. Die **Ertragslage** eines Unternehmens macht Aussagen über dessen Rentabilität (hier gemessen anhand der Umsatz- und Gesamtkapitalrentabilität), dessen Verschuldungsgrad sowie den Zinsaufwand. Darüber hinaus wird die „Güte" der Erträge bewertet, da nur solche aus wiederkehrenden Geschäften bzw. Aufträgen Aussagen über die zukünftige Zahlungsfähigkeit des Unternehmen machen können.

Zum Zeitpunkt eines Kreditantrags und damit eines Ratings liegt der letzte Bilanzstichtag oft bereits mehrere Monate zurück, sodass der Jahresabschluss nur noch eingeschränkt Aussagen über die aktuelle finanzielle Situation des Unternehmens machen kann. Daher wird zusätzlich die **Entwicklung** der Vermögens-, Finanz- und Ertragslage **seit der letzten Bilanz** bewertet, wie sie sich in der betriebswirtschaftlichen Auswertung (BWA) widerspiegelt. Die Bewertung dieses Kriteriums fällt im Rahmen des Teilratings I negativ aus, wenn im Unternehmen keine regelmäßigen, zeitnahen BWAs erstellt werden.

Da anhand eines Ratings die zukünftige Zahlungsfähigkeit eines Unternehmens beurteilt werden soll, werden schließlich die **Planungen** zur Vermögens-, Finanz- und Ertragslage bewertet. Dabei ist neben quantitativen Angaben entscheidend, dass innerhalb des Unternehmens Plan-Bilanzen und -GuV-Rechnungen aufgestellt sowie detaillierte Angaben zu Aufwand und Ertrag über einen Zeithorizont von mindestens zwei bis drei Jahren gemacht werden.

Chancen/Stärken		Risiken/Schwächen	
Vermögenslage	20 %	Bilanzierungsverhalten	25 %
Finanzlage	20 %	Kontoführung	25 %
Ertragslage	25 %	Planungs- und Prognosequalität	20 %
Entwicklung seit der letzten Bilanz	20 %	Zins- und Währungsrisiken	10 %
Plan-Bilanz/-GuV	15 %	Adressenausfallrisiken	10 %
		Sachanlageschäden durch exogene Einflüsse	10 %

Tab. 2: Kriterien zum Teilrating I „Wirtschaftliche Verhältnisse (quantitative Unternehmensbewertung)"

Den Chancen und Stärken in Bezug auf die wirtschaftlichen Verhältnisse des Unternehmens stehen verschiedene Risiken und Schwächen gegenüber, die den Aussagegehalt von Jahresabschlüssen und Planzahlen einschränken bzw. die finanziellen Reserven eines Unternehmens in der Zukunft bedrohen können.

Großen Einfluss auf den Jahresabschluss hat etwa das **Bilanzierungsverhalten** des Unternehmens, d. h. die Frage, ob alle gesetzlich eingeräumten Spielräume zur „Bilanzkosmetik" in der Vergangenheit genutzt wurden oder ob die Abschlüsse eine neutrale/konservative Sicht auf das Unternehmen erlauben. Anhand der **Kontoführung**, d. h. der Verteilung der Kontoumsätze über das Jahr, der Anzahl der Überziehungen oder der Auslastung zugesagter Kreditlinien, werden Zahlungsschwierigkeiten eines Unternehmens oft bereits erkennbar, wenn dem Jahresabschluss noch keine Auffälligkeiten zu entnehmen sind. Daraus begründet sich der große Einfluss dieses Kriteriums auf das erste Teilrating. Darüber hinaus wird die **Planungs- und Prognosequalität** beurteilt, d. h. die Frage gestellt, ob die Planungen für die nächsten Jahre plausibel im Branchenvergleich sind und ob sie in der Vergangenheit weitestgehend eingehalten wurden, denn nur dann ist dies auch für die Zukunft zu erwarten.

Die Werthaltigkeit von Anlage- und Umlaufvermögen kann innerhalb kurzer Zeit durch verschiedene Faktoren zum Teil erheblich gemindert werden. Von besonderer Relevanz sind dabei **Zins- und Währungsschwankungen**, die Bedeutung des Ausfalls eines bedeutenden Kreditors **(Adressenausfallrisiken)** oder die **Beschädigung von Sachanlagen** durch exogene Einflüsse wie Feuer oder Sturm. Im Rahmen der Bewertung dieser Kriterien werden sowohl die Höhe des möglichen Schadens als auch eventuelle risikomindernde Maßnahmen (z. B. Abschluss geeigneter Versicherungen) berücksichtigt.

4 Teilrating II „Qualitative Unternehmensbewertung"

Die wirtschaftliche Situation eines Unternehmens ist nur ein Aspekt im Rahmen einer umfassenden Bonitätsbeurteilung. Von großer Bedeutung ist darüber hinaus die im Unternehmen vorhandene Fach-, Führungs- und Organisationskompetenz, da nur durch sie ein gewinnbringender Einsatz der zur Verfügung stehenden finanziellen Mittel garantiert werden kann.

Im Rahmen der Bewertung der Chancen und Stärken der „Qualitativen Unternehmensbewertung" hat die Beurteilung von **Management** und **Strategie** den größten Einfluss auf das Teilrating. Um ein Unternehmen erfolgreich zu führen, benötigen die Entscheidungsträger eine ausreichende fachliche, kaufmännische, aber auch persönliche Qualifikation sowie umfangreiche Kenntnisse über das Betätigungsfeld des Unternehmens bzw. der Branche. Die Beurteilung des Managements bezieht sich jedoch nicht allein auf die oberste Führungsebene. Auch die unmittelbar unterhalb der Unternehmensführung angesiedelten Verantwortlichen (zweite Führungsebene) müssen ihren Aufgaben entsprechende Kompetenzen vorweisen können. Auskunft über die Qualität des Managements gewinnt eine Bank unter anderem durch die in der Vergangenheit gemachten Erfahrungen aus früheren Geschäftsbeziehungen bzw. -gesprächen mit dem zu untersuchenden Unternehmen/Unternehmer. Daher ist im Rahmen der Bewertung der Managementqualität auch zu beurteilen, ob die Beziehung zur Bank seitens des Unternehmens stets offen und kooperativ war.

Die Strategie des Unternehmens sollte klar formuliert und schriftlich fixiert sein. Entscheidend ist, dass sie auf intensiven Umfeld- und Unternehmensanalysen basiert und nicht hauptsächlich durch das Tagesgeschäft bestimmt wird („strategische Planung" versus „taktisches Handeln").

Für die Effizienz und Effektivität innerhalb eines Unternehmens sind der Aufbau der Organisation und die Gestaltung der (Major-)**Prozesse** entscheidend. Dazu gehören insbesondere eine schriftliche Dokumentation der Aufbau- und Ablauforganisation, eine klare Aufgaben- und Kompetenzverteilung sowie ein leistungsfähiges Informationsmanagement. Die Organisationsstruktur des Unternehmens sollte so aufgebaut sein, dass sie sich auch kurzfristig auf neue Wettbewerbssituationen einstellen sowie Störfällen begegnen kann.

Rechnungswesen und Controlling sind dafür verantwortlich, jederzeit Auskunft über den Status quo des Unternehmens geben zu können. Sie sind überdies die Basis für realistische Zukunftsprognosen und müssen ein effektives Debitorenmanagement garantieren. Die frühzeitige Identifikation und laufende Überwachung potenzieller Risiken sind Aufgaben des **Risikomanagement- und Frühwarnsystems**. Grundlegend ist in diesem Zusammenhang, dass bei allen wichtigen Entscheidungen das „Vier-Augen-Prinzip" eingehalten wird.

Chancen/Stärken		Risiken/Schwächen	
Management	25 %	Nachfolgeregelung	30 %
Strategie	25 %	Mitarbeiterfluktuation und Facharbeitermangel	20 %
Organisation und Prozesse	10 %	Bedrohung von Erfolgsfaktoren	20 %
Rechnungswesen und Controlling	10 %	Absatzmarktrisiken	15 %
Risikomanagement- und Frühwarnsystem	10 %	Beschaffungsmarktrisiken	15 %
Kernkompetenzen (Organisation) Mitarbeiter	10 %		

Tab. 3: Kriterien zum Teilrating II „Qualitative Unternehmensbewertung"

Um sich von seinen Wettbewerbern absetzen zu können, muss ein Unternehmen über so genannte **Kernkompetenzen**, d. h. Fähigkeiten, verfügen, die es ihm ermöglichen, bestimmte Wertschöpfungsaktivitäten deutlich besser zu erfüllen als andere. Im Rahmen der qualitativen Unternehmensbewertung sind unter anderem die Kernkompetenzen von besonderer Bedeutung, die sich auf die Unternehmensorganisation beziehen. Dazu zählen insbesondere eine ausgeprägte Vertriebskompetenz, Flexibilität, Innovations- und Lernfähigkeit, eine ausgeprägte Kompetenz im strategischen Bereich sowie umfangreiche Erfahrungen im Finanz- und Portfoliomanagement. Von größter Bedeutung für den Erfolg eines Unternehmens sind darüber hinaus **Mitarbeiter**, die über eine gute Fach-, Methoden- und Entwicklungskompetenz verfügen und im Rahmen ihrer Vorgaben eigenverantwortlich, d. h. unternehmerisch denkend, arbeiten. Als Maß für die Motivation der Mitarbeiter können etwa das Betriebsklima oder die Fluktuation herangezogen werden.

Für die Beurteilung der Bonität eines Unternehmens ist eine gewisse Kontinuität in der Unternehmensführung wichtig, denn ein potenzieller Kreditgeber möchte wissen, ob er sich auch in einigen Jahren noch auf diese verlassen kann. Daher hat die Existenz einer **Nachfolgeregelung** im Unternehmen den größten Einfluss auf die Bewertung der Risiken und Schwächen im Kontext der qualitativen Unternehmensbewertung. Durch dieses Kriterium wird beispielsweise hinterfragt, ob eine schriftliche Notfallplanung existiert sowie qualifizierte (potenzielle) Nachfolger bereits benannt und frühzeitig in das Unternehmen integriert worden sind.

Mit jedem Mitarbeiter, der das Unternehmen verlässt, gehen Wissen und Kompetenz verloren. Dies kann insbesondere dann zu einem Problem werden, wenn es schwierig ist, neue qualifizierte Facharbeiter zu akquirieren. Zudem ist der zukünftige Erfolg eines Unternehmens nur dann gesichert, wenn die Faktoren, die diesen in der Vergangenheit garantiert haben, nicht bedroht sind (etwa durch den Ausfall von Maschinen oder einzelnen Mitarbeitern). Diese Aspekte sind Inhalt der Kriterien **Mitarbeiterfluktuation und Facharbeitermangel** bzw. **Bedrohung von Erfolgsfaktoren**, die ebenso in das Teilrating II eingehen.

Auch ein gut organisiertes Unternehmen kann nur dann auf Dauer Gewinn erwirtschaften, wenn es weder auf der Absatz- noch auf der Beschaffungsmarktseite großen Risiken ausgesetzt ist. **Absatzmarktrisiken** ergeben sich aus der Abhängigkeit von einzelnen Kunden sowie aus der Schwankung der Absatzpreise. Entsprechend sind **Beschaffungsmarktrisiken** durch die Abhängigkeit von einzelnen Lieferanten sowie der Volatilität der Beschaffungspreise bestimmt.

5 Teilrating III „Branchen-, Produkt- und Umfeldanalyse"

Die Kriterien, die innerhalb des dritten Teilratings „Branchen-, Produkt- und Umfeldanalyse" untersucht werden, beziehen sich vornehmlich auf das konkrete Geschäftsfeld bzw. die Geschäftsfelder des Unternehmens. Die Chancen und Risiken dieses Teilratings werden dabei maßgeblich von der Bewertung der Branche sowie der Produkt- und Dienstleistungsqualität determiniert. Die größten Risiken und Schwächen beziehen sich auf den Markteintritt neuer Wettbewerber innerhalb der eigenen Branche sowie die Gefahr durch Substitutionsprodukte von Unternehmen anderer Branchen. Das Kriterium „Branche" fasst eine Reihe verschiedener Faktoren zusammen, denen das zu beurteilende Unternehmen sowie seine Wettbewerber in gleichem Maße ausgesetzt sind. Dazu zählen insbesondere:

- Branchenprognosen für die kommenden Jahre
- Insolvenzquote der Branche
- Abhängigkeit von Konjunkturzyklen
- Verhältnis zwischen Export und Binnenmarktnachfrage
- Nationale und internationale Konkurrenz
- Regulierungen und staatlicher Einfluss

Die Frage, womit ein Unternehmen konkret seinen Umsatz bzw. seinen Gewinn erzielt, ist von zentraler Bedeutung für seine zukünftige Zahlungsfähigkeit und fließt über das Kriterium **„Produkt und Dienstleistung"** in das Rating-Urteil ein. Bei der Bewertung werden sowohl die Qualität bzw. das Preis/Leistungs-Verhältnis als auch der Bekanntheitsgrad bzw. das Image des Unternehmens und seiner Produkte berücksichtigt. Darüber hinaus wird analysiert, inwieweit das Unternehmen die Weiterentwicklung seiner eigenen Produktpalette betreibt und damit die Branche vorantreibt.

Neben **Kernkompetenzen** im Bereich der Unternehmensorganisation sollte ein Unternehmen auch über solche in den Bereichen Forschung/Entwicklung und Produktion verfügen. Dazu zählen nicht nur eine ausgeprägte F&E-Kompetenz sowie Verfahren zur wirtschaftlichen Produktion, sondern auch solche Fähigkeiten, die ein Streben nach Kosteneffizienz, die Entwicklung einer Marke, das Bilden von Netzwerken, den Schutz von Rechten oder die Schaffung von Kundennähe fördern.

Um Schwankungen der Produktqualität und damit letztlich auch des Absatzes zu vermeiden, bedarf es eines leistungsfähigen Qualitätsmanagements. Anzustreben ist z. B. eine Zertifizierung gemäß DIN ISO 9001:2000. Innerhalb des Kriteriums **„Qualitätsmanagement"** wird beim dritten Teilrating zudem hinterfragt, ob das Unternehmen Kundenreklamationen aufnimmt und zur Qualitätsverbesserung analysiert. Eng mit diesem letzten Aspekt verbunden ist auch die **Servicequalität** des Unternehmens, da über deren Ausbau potenziell ein nachhaltiger Wettbewerbsvorteil erzielt werden kann.

Neben den Besonderheiten einzelner Wirtschaftszweige bzw. Branchen kann auch das regionale Umfeld, d. h. der Standort, eines Unternehmens maßgeblichen Einfluss auf dessen Bonität haben. Hierbei spielen die regionale Konkurrenzsituation, die Nähe zu den (potenziellen) Kunden und Lieferanten sowie der Anschluss an wichtige Verkehrswege eine Rolle. Erhebliche Auswirkungen auf einzelne Jahresabschlusspositionen können darüber hinaus die regionalen Miet- und Kaufpreise, behördliche Auflagen sowie die örtlichen Gewerbesteuersätze haben.

Chancen/Stärken		Risiken/Schwächen	
Branche	25 %	Markteintritt neuer Wettbewerber	30 %
Produkt und Dienstleistung	25 %	Substitutionsgefahr	30 %
Kernkompetenzen (Produkt und Entwicklung)	20 %	Haftungsrisiken	20 %
Qualitätsmanagement	10 %	Technische Risiken	20 %
Service	10 %		
Standort	10 %		

Tab. 4: Kriterien zum Teilrating III „Branchen-, Produkt- und Umfeldanalyse"

Auch wenn sich ein Unternehmen zum jetzigen Zeitpunkt durch die Qualität seiner Produkte bzw. Dienstleistungen oder den von ihm gewährten Service positiv von seinen Wettbewerbern abhebt, kann diese Position heute bereits innerhalb eines kurzen Zeithorizonts gefährdet werden. So kann sich die Wettbewerbssituation rasch durch den **Markteintritt neuer Wettbewerber** grundlegend ändern. Zur Beurteilung dieses Kriteriums werden die Markteintrittsbarrieren für neue Wettbewerber hinterfragt sowie die möglichen Reaktionspotenziale der etablierten Marktteilnehmer bewertet. Die Wettbewerbssituation kann jedoch nicht nur durch neue Anbieter derselben Branche, sondern auch durch **Substitutionsprodukte** aus anderen Branchen gefährdet werden. Daher ist zu analysieren, ob andere Branchen in der Vergangenheit (erfolgreich) versucht haben, Produkte auf dem Markt zu etablieren, die denen der eigenen Branche vergleichbar sind bzw. mit ihnen im Wettbewerb stehen.

Mit der Betriebstätigkeit eines Unternehmens ist eine Vielzahl möglicher Haftungsrisiken verbunden, die in der Regel jedoch über geeignete Versicherungen abgedeckt werden können. Zu nennen sind hierbei die Betriebshaftpflicht- sowie die Produkthaftpflichtversicherung. Der Ausfall zentraler Komponenten innerhalb der Produktionsanlagen kann sich sowohl negativ auf die Lieferfähigkeit als auch auf die Produktqualität auswirken. Diesem Aspekt wird durch das Kriterium **„Technische Risiken"** Rechnung getragen.

Online: Businessplan

Michael Kiermeier, Randersacker

Ein Businessplan ist das Konzept für alle geschäftlichen Aspekte eines neuen Projekts. Dazu gehören die Geschäftsidee, ihre Umsetzung in die Realität, alle geschäftlichen Rahmenbedingungen und Abläufe und vor allem die finanziellen Auswirkungen und Notwendigkeiten.

Er kann sowohl für ein komplett neu geplantes Unternehmen als auch nur für ein Projekt oder Teilprojekt erstellt werden. Die vorliegende Musterlösung ist für Anwender gedacht, die einen Businessplan zur Präsentation vor Entscheidungsträgern benötigen oder für den Produktmanager, der einen neuen Produktzweig einführen möchte.

Aber auch dann, wenn es darum geht, Investoren für eine Firmenerweiterung oder ein zusätzliches Geschäftsfeld zu gewinnen, ist ein vernünftig ausgearbeiteter Geschäftsplan zur Untermauerung dieses Vorhabens notwendig.

> **HINWEIS**
>
> Die Musterlösung **Businessplan mit Excel** finden Sie auf der Onlineversion von Excel im Unternehmen unter **Premium-Tools** in der Kategorie **Unternehmensführung**.

Liquiditätsplanung 1. Geschäftsjahr

Geldeingänge	Summe	Jan.	Febr.	März	April	Mai	Juni	Juli	Aug.	Sept.	Okt.	Nov.	Dez.
Geplante Umsätze (netto)	529.050 €	44.700	45.700	42.250	44.700	43.700	44.500	43.850	46.450	41.700	34.000	44.800	52.700
Vereinnahmte Umsatzst.	84.648 €	7.152	7.312	6.760	7.152	6.992	7.120	7.016	7.432	6.672	5.440	7.168	8.432
Sonstige Einnahmen (n.)	12.800 €	500	800	1.500			3.500	3.000	3.500				
Vereinnahmte Umsatzst.	2.048 €	80	128	240	0	0	560	480	560	0	0	0	0
Eigeninvestition													
Geamteingänge (netto):	541.850	45.200	46.500	43.750	44.700	43.700	48.000	46.850	49.950	41.700	34.000	44.800	52.700

Geldausgänge	Summe	Jan.	Febr.	März	April	Mai	Juni	Juli	Aug.	Sept.	Okt.	Nov.	Dez.
Betriebsausgaben (netto)	-508.735 €	45.174	31.374	37.374	37.173	31.424	52.173	51.974	50.974	42.474	31.374	44.373	52.874
Verauslagte Vorsteuer	-52.600 €	4.968	2.920	3.320	3.688	2.928	5.608	6.056	6.056	4.136	2.760	4.360	5.800
Sonstige Ausgaben (n.)	-6.500 €		3.000	1.000	500			1.000			1.000		
Verauslagte Vorsteuer	-1.040 €	0	480	160	80	0	0	160	0	0	160	0	0
Gesamtausgänge (netto):	-515.235	45.174	34.374	38.374	37.673	31.424	52.173	52.974	50.974	42.474	32.374	44.373	52.874

| Saldo Umsatz-/Vorsteuer: | -33.056 € | -2.264 | -4.040 | -3.520 | -3.384 | -4.064 | -2.072 | -1.280 | -1.936 | -2.536 | -2.520 | -2.808 | -2.632 |

| Überschuss/Bedarf: | -6.441 € | -2.238 | 8.086 | 1.856 | 3.643 | 8.212 | -6.245 | -7.404 | -2.960 | -3.310 | -894 | -2.381 | -2.806 |

Finanzierung durch	Summe	Jan.	Febr.	März	April	Mai	Juni	Juli	Aug.	Sept.	Okt.	Nov.	Dez.
kurzfristige Fremdmittel	25.000 €	25.000											
langfristige Fremdmittel	0 €												

| Liquidität: | 18.559 € | 22.762 | 8.086 | 1.856 | 3.643 | 8.212 | -6.245 | -7.404 | -2.960 | -3.310 | -894 | -2.381 | -2.806 |
| Liquidität fortlaufend: | | 22.762 | 30.848 | 32.704 | 36.347 | 44.559 | 38.314 | 30.910 | 27.950 | 24.640 | 23.746 | 21.365 | 18.559 |

Abb. 1: Überzeugen Sie Ihre Geldgeber durch einen professionellen Businessplan

Online: Ermitteln Sie den individuellen Stundenverrechnungssatz für Ihr Unternehmen

Michael Kiermeier, Randersacker

Wer die tatsächlich benötigten Stundenverrechnungssätze seines Betriebes nicht kennt, ist auch nicht in der Lage, bei der Angebotserstellung zu ermitteln, wie viel Euro nach Abzug aller Kosten noch übrig bleiben. In Zeiten des harten Wettbewerbs ist die Ermittlung des optimalen Angebotspreises oft eine Gratwanderung.

Auf der einen Seite soll das Angebot konkurrenzfähig sein, auf der anderen Seite soll vermieden werden, bereits in der Angebotsphase im Hinblick auf die Mitbewerber in die so genannte Unterdeckung zu kalkulieren. Darüber hinaus zeigt die Aufschlüsselung von Kosten und Produktivität sowie deren Verhältnis untereinander oft schon, wo der Hebel angesetzt werden muss, wenn der individuell ermittelte Stundenverrechnungssatz über dem tatsächlich Geforderten liegt.

Die vorliegende Musterlösung hilft Ihnen dabei, die Stundenverrechnungssätze ganz speziell auf die individuellen Gegebenheiten Ihres Unternehmens abzustimmen und möglichst exakt zu ermitteln.

> **HINWEIS**
>
> Die Musterlösung **Stundenverrechnungssatz** finden Sie auf der Onlineversion von Excel im Unternehmen unter **Premium-Tools** in der Kategorie **Unternehmensführung**.

Stundenverrechnungssätze (Verkauf)

Basisdaten für Gemeinkosten, kalkulatorische Kosten und Materialerlös

Produktive Gesamt-Jahresstunden:	15.949,3 STD
Gemeinkosten, Gesamtsumme:	135.532,00 € = Gemeinkosten pro produktiver Stunde: 8,50 €
Kalkulatorische Kosten, Gesamtsumme:	119.508,00 € = Kalkulatorische Kosten pro produktiver Stunde: 7,49 €
Materialeinkauf (netto pro Jahr):	540.500,00 €
Materialzuschlag (durchschnittlich in %):	17,50 % = Materialerlös/produktiver Stunde: 5,93 €

	Kostensatz (pro produktiver Stunde)	Unternehmer	Arbeiter (vollbeschäftigt)	Angestellte (produktiv)	Beschäftigte (geringfügig)	Lehrlinge	Leiharbeiter
	Lohnkostensatz:	34,12 €	27,69 €	30,19 €	23,72 €	18,20 €	21,75 €
zzgl.	Gemeinkosten:	8,50 €	8,50 €	8,50 €	8,50 €	8,50 €	8,50 €
zzgl.	Kalkulatorische Kosten:	7,49 €	7,49 €	7,49 €	7,49 €	7,49 €	7,49 €
ergibt	Stundenverrechnungssatz ohne Materialertrag	50,11 €	43,68 €	46,18 €	39,71 €	34,19 €	37,74 €
abzgl.	Materialerlös:	5,93 €	5,93 €	5,93 €	5,93 €	5,93 €	5,93 €
ergibt	Stundenverrechnungssatz inklusive Materialertrag	44,18 €	37,75 €	40,25 €	33,78 €	28,26 €	31,81 €

Abb. 1: Ermitteln Sie Ihre individuellen Stundenverrechnungssätze

Online: GuV- und Bilanzanalyse

Michael Kiermeier, Randersacker

Durch eine Analyse Ihrer Bilanz sowie Ihrer Gewinn- und Verlustrechnung (GuV) werden die Daten des Jahresabschlusses so aufbereitet, dass sinnvolle Aussagen über die wirtschaftliche und finanzielle Situation eines Unternehmens gemacht werden können. Auch die Bilanz vom letzten oder gar vorletzten Jahr ist längst nicht „Schnee von gestern" und somit uninteressant.

Während das bei vielen Informationen zutreffen mag, verhält es sich bei diesen Daten anders: Sie bleiben zum einen wichtige Informationsquellen für externe Stellen, wie etwa das Kreditinstitut. Darüber hinaus stellen sie zum anderen für den Firmeninhaber ein wichtiges Instrument dar, um zu beurteilen, wohin der (finanzielle) Weg seines Unternehmens führt.

> **HINWEIS**
>
> Die Musterlösung **GuV- und Bilanzanalyse** finden Sie auf der Onlineversion von Excel im Unternehmen unter **Premium-Tools** in der Kategorie **Unternehmensführung**.

GuV-Daten

Umschalten - Anzeige der Relationen — Start

Abweichungen zum Vorjahr	2003	2004	Abweich.	2005	Abweich.	Durchschnitt
ERTRÄGE						
Erträge - Handwerk	42.054.000	49.289.000	17,2	50.123.000	1,7	9,5
Erträge - Handel/Dienstleistg.	0	0		0		
Bestandsveränderungen	0	0		0		
Sonstige betriebliche Erträge	123.000	149.000	21,1	89.000	-40,3	-9,6
GESAMTERTRAG	42.177.000	49.438.000	17,2	50.212.000	1,6	9,4
KOSTEN						
Material-/Wareneinsatz	20.444.000	23.995.000	17,4	24.500.000	2,1	9,8
Handwerk	20.444.000	23.995.000	17,4	24.500.000	2,1	9,8
Handel/Dienstleistung	0	0		0		
Fremdleistungen	0	0		0		
Sonstiges	0	0		0		
ROHERTRAG	21.733.000	25.443.000	17,1	25.712.000	1,1	9,1
Betriebskosten	16.844.000	18.480.000	9,7	20.111.000	8,8	9,3
Personalkosten	13.513.000	13.895.000	2,8	14.550.000	4,7	3,8
Raumkosten	1.875.000	1.902.000	1,4	2.210.000	16,2	8,8
Versicherungen/Beiträge	302.000	321.000	6,3	445.000	38,6	22,5
Besondere Kosten	120.000	125.000	4,2	234.000	87,2	45,7
Kfz-Kosten (o.Steuer)	443.000	452.000	2,0	478.000	5,8	3,9
Werbe-/Reisekosten	158.000	165.000	4,4	345.000	109,1	56,8
Kosten der Warenabgabe	265.000	272.000	2,6	487.000	79,0	40,8
Reparatur/Instandhaltung	100.000	235.000	135,0	312.000	32,8	83,9
Sonstige Kosten	68.000	1.113.000	1536,8	1.050.000	-5,7	765,6
Abschreibungen	1.884.000	2.182.000	15,8	2.150.000	-1,5	7,2
Rückstellungen (auch Sopora)	99.000	978.000	887,9	879.000	-10,1	438,9
BETRIEBSERGEBNIS	2.906.000	3.803.000	30,9	2.572.000	-32,4	-0,8

Abb. 1: Analysieren Sie Ihre Bilanz und GuV

VIII. Projektmanagement

*Nur wenn man das kleinste Detail im Griff hat,
kann man präzise arbeiten.*

NIKI LAUDA
Österreichischer Autorennfahrer und Unternehmer
geb. 22.2.1949

In den Unternehmen werden immer mehr Arbeiten in Projektform abgewickelt. Gründe hierfür sind unter anderem Aufgabenstellungen, die ganz bewusst in Projekten formuliert werden, weil sie beispielsweise nur einen zeitlich befristeten Horizont haben.

Die Kalkulation und Steuerung von Projekten stellt daher andere Anforderungen als beispielsweise die klassische Kalkulation von Produkten oder Leistungen. Im Rahmen der **Projektkalkulation** ist der Einsatz von Excel sowohl im Hinblick auf die Kostenanalyse als auch unter zeitlichen Aspekten ein sinnvolles Werkzeug zur optimalen Koordination der Projektdaten.

Auch bei der Analyse von Projekten leistet Excel wichtige Hilfestellungen. In diesem Zusammenhang lernen Sie u. a. den **Szenario-Manager** kennen, mit dessen Unterstützung Sie sich in Form von Was-wäre-wenn-Analysen durch das Vergleichen verschiedener Szenarien an eine Lösung für ein bestimmtes Problem herantasten. In diesem Beitrag erfahren Sie, wie Sie diese Funktion auf verschiedene betriebliche Probleme anwenden können.

Microsoft Outlook unterstützt Sie bei Ihrer täglichen Terminplanung und Organisation Ihrer Aufgaben. Im Zusammenhang mit der Projektplanung kommt Outlook daher eine bedeutende Rolle zu. Der Beitrag **Projektmanagement mit Outlook und Excel** zeigt Ihnen anhand eines praktischen Beispiels, wie Sie die Vorteile der einzelnen Applikationen optimal verbinden können.

Viele weitere Tools zu diesem Thema finden Sie online unter **www.redmark.de/excel**.

Aus dem Inhalt:
- Projektmanagement mit Outlook und Excel
- IT-Projekte durch Controlling erfolgreich machen
- Projektkalkulation
- Planspiele mit Excel: Der Szenario-Manager
- Online: Projektplaner
- Online: Budgetkontrolle für mehrere Projekte

Projektmanagement mit Outlook und Excel

Ignatz Schels, Wolnzach

Das Projektmanagement gehört zu den wichtigsten Aufgaben in Unternehmen jeder Größenordung. Es erfordert konsequentes und diszipliniertes Erledigen aller Aufgaben von der Konzeption und Planung bis zur Durchführung und Dokumentation und verlangt somit Höchstleistungen von allen Beteiligten. Ohne PC-Unterstützung wäre Projektarbeit heutzutage kaum möglich: Die Software hilft bei der Administration und stellt die Kommunikation im Projektteam sicher. Dieser Beitrag zeigt, wie Projektaufgaben im Zusammenspiel zwischen den Office-Produkten Excel und Outlook zu managen sind. Dafür bieten wir Ihnen die Musterlösung **ProjektXP.xls** und zeigen Ihnen an einem Beispielprojekt, wie dieses in der Praxis bestens organisiert wird.

> **HINWEIS**
>
> Beachten Sie, dass Sie für diese Mustervorlage sowohl Outlook als auch die VBA-Bibliothek von Outlook benötigen. Wie Sie diese Bibliothek einschalten können, erfahren Sie am Ende des Beitrags.

1 Vorarbeiten fürs Projektteam

Die wichtigsten Aufgaben im Projekt sind Planung, Überwachung und Kommunikation zwischen den Mitgliedern des Projektteams. Dieses Team setzt sich idealerweise aus einem Projektleiter, einem für die Koordination und Strategie verantwortlichen Lenkungsteam und einem für die Projektaufgaben zuständigen Projektteam zusammen. Die Fragen der Datenverarbeitung orientieren sich an der Projektgröße und den unternehmensspezifischen Installationen (PC-Einsatz, Netzwerk, Kommunikation).

1.1 Zuständigkeiten und Arbeitsabläufe klären

Vor dem Erstellen des eigentlichen Projektplans sollten folgende Aufgaben und Abläufe verteilt bzw. geregelt werden:

- Die Projektplanung, -überwachung und -dokumentation wird vom Projektleiter oder einem Mitglied des Lenkungsteams übernommen.

- Die Dateien (Excel-Tabellen, Word-Berichte, Access-Datenbanken) stehen auf dem Netzwerkserver in einem nur für das Projektteam zugänglichen Ordner zur Verfügung. Schreibberechtigt ist nur der zuständige Bearbeiter, alle übrigen Projektteam-Mitglieder haben Lesezugriff.

- Die Kommunikation erfolgt im Idealfall über das firmeninterne Mail-System mit Exchange-Server als Mailzentrale und Outlook als Client für die einzelnen Mitglieder. Wenn das Team nicht vernetzt ist oder dezentralisiert arbeitet, kann die Kommunikation auch über Internet-Mail erfolgen.

> **PRAXIS-TIPP**
>
> Erstellen Sie eine Verteilerliste in Outlook und fügen Sie alle Projektmitarbeiter in diese Liste ein. Damit können Terminanfragen und Nachrichten schnell an alle Mitglieder versandt werden. Wählen Sie dazu in **Outlook → Extras → Adressbuch → Datei → Neue Gruppe.**

1.2 Ziele formulieren und prüfen

Vor der Planung eines Projekts steht immer die Konzeption und dieser gehen wichtige Grundüberlegungen voraus:

- Von der Idee zum Auftrag: Das Projektziel sollte eindeutig definiert, formuliert und als Auftrag fixiert sein.
- Machbarkeit und Rentabilität: Prüfen Sie im Vorfeld, ob das Projekt machbar ist, sich mit anderen Systemen und Prozessen verträgt und in Bezug auf Zeit, Kosten und Ressourceneinsatz rentabel ist.

Ist das Ziel des Projektes bekannt und das Projektteam aufgestellt, können Sie mit dem Projektplan beginnen.

1.3 Beispiel: Windows XP-Einführung

Unser Beispielprojekt soll die Einführung von Windows XP in einem kleineren Unternehmen als Projektziel enthalten. Das Projekt hat damit eine klare Zielsetzung. Beginn und Ende des Projektes lassen sich ebenfalls eindeutig fixieren und die Aufgaben sind eindeutig zuzuordnen.

1.4 Den Projektplan strukturieren

Die Liste mit den im Projekt geplanten Aufgaben sollte gut strukturiert und in einzelne, nicht zu große Gruppen oder Phasen aufgegliedert sein. Erstellen Sie zunächst eine lose, unsortierte Liste mit allen Aufgaben, die am besten im „Brainstorming" mit allen Teammitgliedern gesammelt werden. Ist diese Liste vollständig, wird sie in Phasen untergliedert. Jede Phase sollte so beschaffen sein, dass sie in sich selbst abgeschlossen ist und einen Entscheidungspunkt als Nachfolger hat. Im Projektmanagement nennt man diese Punkte Meilensteine. Sie sind über das Projekt verteilt und markieren Projektstellen, an denen über den weiteren Verlauf des Projektes entschieden wird.

2 Aufbau der Musterlösung

Öffnen Sie die Mappe **ProjektXP.xls**. In der Tabelle **Projekt XPE Übungstabelle** finden Sie eine unbearbeitete Liste mit Projektvorgängen, Phasenbegriffen und Meilensteinen. Die Liste enthält in der ersten Zeile diese Felder (Spalten):

- Nr.
- Projektvorgang
- Beginn
- Ende
- Dauer
- Ressource geplant
- erledigt von
- erledigt am
- Material/Raum

In der Nummernspalte **A** finden Sie die fortlaufende Nummer jedes Vorgangs. Um die Liste später gut filtern zu können, ist jeder Phasenbegriff mit dem Buchstaben **P** und jeder Meilenstein mit **M** gekennzeichnet.

VIII. Projektmanagement

Sie können weitere Projektvorgänge eintragen und neue Phasenbegriffe erfinden. Erstellen Sie auch Meilensteine vor und nach den Phasen (s. Abb. 1). Der erste Meilenstein **Projektbeginn** ist mit der Zelle, in der das Projektanfangsdatum steht, im Beispiel **C2**, verknüpft.

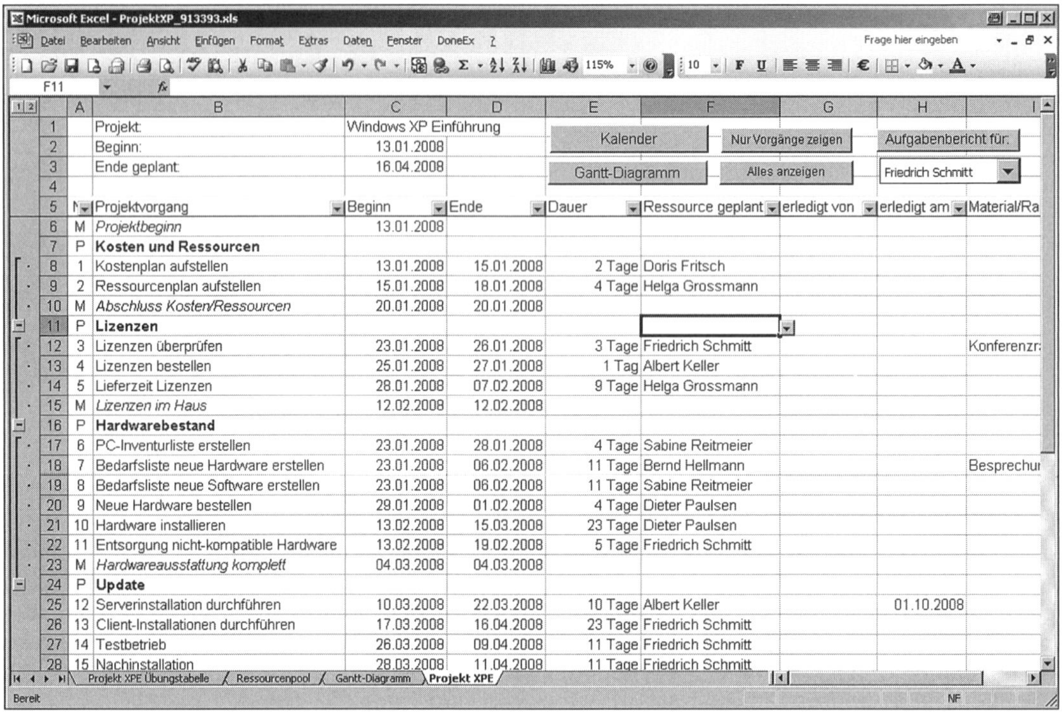

Abb. 1: Projektplan mit Vorgangsliste

> **HINWEIS**
>
> Unterscheiden Sie zwischen tatsächlich durchführbaren, konkreten Aufgabenstellungen und allgemeinen Kategorisierungen. Jeder Vorgang, der zu erledigen ist, sollte eindeutig als solcher gekennzeichnet sein. Dazu schreiben Sie Tätigkeitsbegriffe wie „erstellen, installieren" etc.

2.1 Projekt nach Phasen gliedern

Um ganze Phasen wahlweise ein- und auszublenden, wird die **Gliederungsfunktion** verwendet. Damit werden einzelne Zeilen dem Phasenbegriff untergliedert. Ein Klick auf das Minuszeichen links außen in der damit erstellten Gliederungsleiste genügt, um die untergeordneten Vorgänge auszublenden. Mit dem Pluszeichen blenden Sie Phasenvorgänge wieder ein.

2.2 Vorgänge gruppieren

Das Gruppieren der zu den einzelnen Projektphasen gehörenden Aufgaben erledigen Sie so:

1 Markieren Sie die Zeilen der Vorgänge unter der ersten Phase ohne den Oberbegriff selbst – zum Beispiel Kosten und Ressourcen, Lizenzen usw. (s. Abb. 2). Ziehen Sie dazu den Mauszeiger mit gedrückter Maustaste über die Zeilennummern.

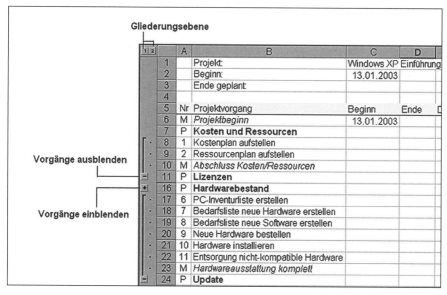

Abb. 2: Gliederungsfunktion für Phasen nutzen

2 Wählen Sie **Daten** → **Gruppierung und Gliederung** → **Gruppierung**.

3 Markieren Sie die Vorgänge der nächsten Phase und drücken Sie **F4**, um den Gliederungsvorgang zu wiederholen.

4 Untergliedern Sie alle weiteren Vorgänge wie beschrieben. ∎

> **PRAXIS-TIPP**
>
> In Excel 97 bietet die Symbolleiste **PivotTable** Symbole zum Ein- und Ausblenden von Gliederungsebenen an. Sie können die Leiste über **Ansicht** → **Symbolleisten** einschalten.

3 Der Ressourcenpool

Die einzelnen Projektvorgänge sind mit Ressourcen verknüpft. Das sind in erster Linie natürlich die Mitarbeiter, die den Auftrag erhalten, die im Vorgang definierte Aufgabe zu erledigen. Zu den Ressourcen gehören aber auch Betriebsmittel wie Besprechungsräume oder Maschinen, die für den Vorgang mit einem festen Termin belegt werden müssen. Die Ressourcen finden Sie in der zweiten Tabelle namens **Ressourcenpool**. Die Spalten mit den Ressourcenzuordnungen sind so formatiert, dass diese alle Ressourcen in einer Liste zur Auswahl anbieten. Damit lassen sich sowohl bei der Projektplanung als auch in der Durchführung schnell Ressourcen zuordnen und auswechseln.

Der ausgelagerte Ressourcenpool hat noch weitere Vorteile: Sie können die Urlaubsplanung und Abwesenheitsplanung der Mitarbeiter hier vornehmen oder – mit Makrounterstützung – aus den Outlook-Kalendern übernehmen. Wechselt ein Teammitglied oder wird das Team verstärkt, stehen die neuen Mitarbeiter automatisch in der Vorgangstabelle zur Auswahl.

Der **Ressourcenpool** beinhaltet folgende Spalten (s. Abb. 3):

- Name
- Abteilung
- E-Mail
- Ressourcenart

Den Mitarbeitern wird die Ressourcenart **A** und den Materialressourcen die Ressourcenart **M** zugewiesen. Erfassen Sie die Namen von Mitarbeitern Ihrer Firma und geben Sie in Spalte **C** die E-Mail-Adressen ein.

	A	B	C	D
1	Name	Abteilung	E-Mail	Ressourcenart
2	Bernd Hellmann	EDV/Org	bhellmann@schels.de	A
3	Doris Fritsch	Sekretariat	dfritsch@schels.de	A
4	Albert Keller	EDV/Org	akeller@schels.de	A
5	Friedrich Schmitt	EDV/Org	fschmitt@schels.de	A
6	Helga Grossmann	Sekretariat	hgrossmann@schels.de	A
7	Sabine Reitmeier	Controlling	sreitmeier@schels.de	A
8	Dieter Paulsen	Controlling	dpaulsen@schels.de	A
9	Besprechungsraum 1. OG	EDV/Org	braumog@schels.de	M
10	Konferenzraum EG	Sekretariat	kraumeg@schels.de	M

Abb. 3: Ressourcenpool in einer neuen Tabelle

> **PRAXIS-TIPP**
>
> Wenn Sie die Hyperlinks, die bei Eingabe der E-Mail-Adresse automatisch entstehen, stören, markieren Sie die Zelle und wählen Sie **Einfügen → Hyperlink → Hyperlink entfernen**.

3.1 Ressourcenliste als Bereichsname anlegen

Damit die Ressourcennamen in der Vorgangstabelle zu verwenden sind, muss die erste Spalte mit einem Bereichsnamen versehen sein. Dieser Name ist bereits erstellt. Sie müssen nur dafür sorgen, dass der gesamte Bereich über alle Mitarbeiterdaten (bis jetzt **A1:D10**) den Bereichsnamen **RLISTE** trägt. Kontrollieren und korrigieren Sie diesen Namen über **Einfügen → Namen → Festlegen** bzw. **Einfügen → Namen → Definieren**. Die Gültigkeitsprüfung, die für diese Liste später benutzt wird, akzeptiert nämlich keine externen Bezüge auf andere Tabellen, wohl aber Bereichsnamen, denn diese sind für die gesamte Mappe gültig.

3.2 Ressourcenliste bereitstellen

Die Ressourcenliste ist mit der Vorgangsliste verknüpft. Sie finden in der Tabelle der Vorgänge eine weitere Spalte für die Materialressourcen mit der Spaltenbezeichnung **Material/Raum**. Wenn Sie planen, einem Vorgang mehr als eine Ressource zuzuordnen, brauchen Sie noch weitere Ressourcenspalten, da mit dieser Methode nur jeweils eine Ressource zugeordnet werden kann. Sie können auch nur Ressourcen aus der Tabelle **Ressourcenpool** zuordnen, da diese mit Hilfe der Gütigkeitsprüfung (**Daten → Gültigkeit**) überprüft werden. Ansonsten erhalten Sie eine Fehlermeldung (s. Abb. 4).

Projektmanagement mit Outlook und Excel

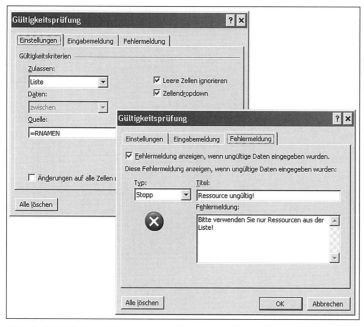

Abb. 4: Gültigkeitsprüfung mit Fehlermeldung

Um weitere Ressourcen zur Verfügung zu stellen, markieren Sie eine beliebige Zelle in der Spalte. Klicken Sie dann auf den Listenpfeil am rechten Zellrand, um die Ressource auszuwählen (s. Abb. 5).

Abb. 5: Die Gültigkeitsprüfung für die Spalte F liefert alle Namen in einer Liste.

4 Termine erfassen per Kalender

Für die Eingabe der Termine in die Spalten **Beginn** und **Ende** ist ein Kalender eingebaut, mit dessen Hilfe Sie Termine direkt durch die Auswahl eingeben können. Wechseln Sie jetzt in die Tabelle **Projekt XPE**. Hier sind die Projektdaten aus der Übungstabelle bereits mit Terminen versehen und im Kopfbereich stehen Schaltflächen zum Aufruf der Makros bereit.

Die Eingabe von Datumswerten über den Kalender funktioniert auf folgende Weise:

1 Sie wählen die Zelle mit der Maustaste aus, in die der neue Termin eingegeben werden soll.

2 Anschließend öffnen Sie über die Schaltfläche **Kalender** den eingebauten Kalender.

3 Wählen Sie dort das gewünschte Datum aus und klicken Sie darauf. Der Termin wird in das Tabellenblatt übernommen (s. Abb. 6). ■

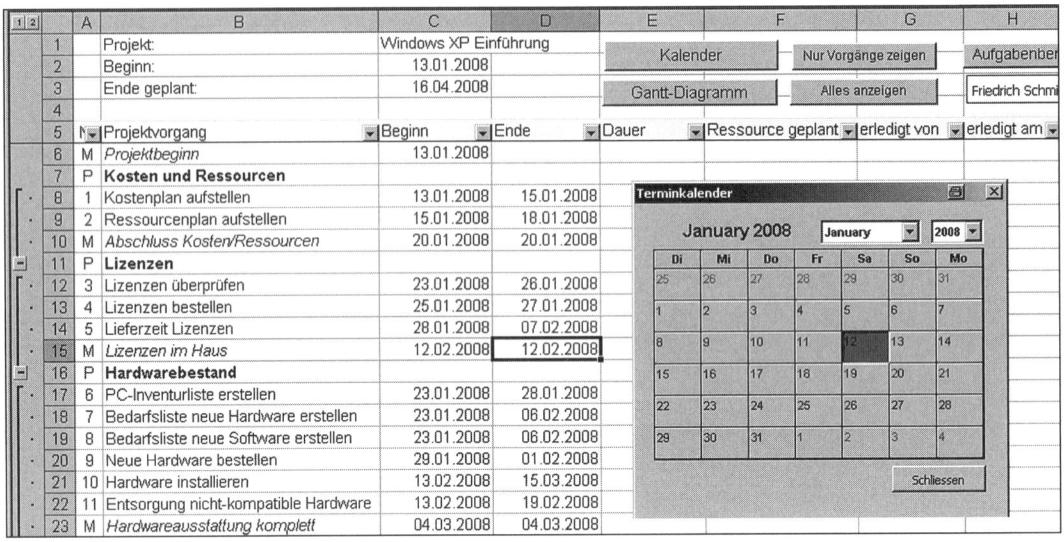

Abb. 6: Das Kalenderdatum wird in die Zelle geschrieben.

4.1 Vorgangsdauer berechnen

Die Vorgangsdauer berechnet sich aus der Differenz zwischen Vorgangsbeginn und Vorgangsende. Automatisch wird im Beispiel die Dauer der Arbeitstage mit Hilfe der Funktion NETTOARBEITSTAGE berechnet. Das ist im Projekt sinnvoller, als die Kalendertage zu berücksichtigen, da diese Daten als Grundlage für Kostenrechnungen, Ressourcenauslastungsberichte u. a. dienen.

> **HINWEIS**
>
> Sollten Sie jedoch für Ihr Projekt die Berechnung der Kalendertage zwischen Anfangs- und Endtermin wünschen, müssen Sie das in der Spalte Dauer entsprechend ändern.

4.2 Projektende berechnen

Das größte Datum in der **Ende**-Spalte ist gleichzeitig das geplante Projektende, das in der Zelle **C3** berechnet wird. Soll dieses Datum über dem des letzten Vorgangs liegen, fügen Sie einen Meilenstein mit der Bezeichnung **Projektende** hinzu und terminieren diesen auf das gewünschte Datum.

> **HINWEIS**
>
> Die Berechnung des Projektendes in der Zelle **C3** erfolgt mit der Funktion KGRÖSSTE(), die den größten Wert eines Bereiches zurückgibt. Die Formel lautet: =KGRÖSSTE(D:D;1).

5 Projektverlauf überwachen

Der Projektplan ist mit verschiedenen Filterfunktionen versehen, um die Projektüberwachung effizienter zu gestalten. Die Darstellung der zeitlichen Abläufe in einem Gantt-Diagramm macht die Projektberichte visuell erfassbar.

5.1 Vorgänge filtern

Um die Vorgangsliste nach bestimmten Einträgen wie zum Beispiel nach zugewiesenen Ressourcen oder nach Terminbereichen zu filtern, verwenden Sie den **AutoFilter**. Dieser Filter setzt je einen Filterpfeil pro Spalte auf die Kopfzeile der Vorgangsliste und in diesem können Sie den Filterbegriff abrufen.

Achten Sie darauf, dass die Vorgangsliste eindeutig als Liste zu erkennen ist. Rechts neben der letzten Spalte muss dazu eine Spalte frei bleiben und über der Kopfzeile sollte eine Leerzeile stehen (s. Abb. 7).

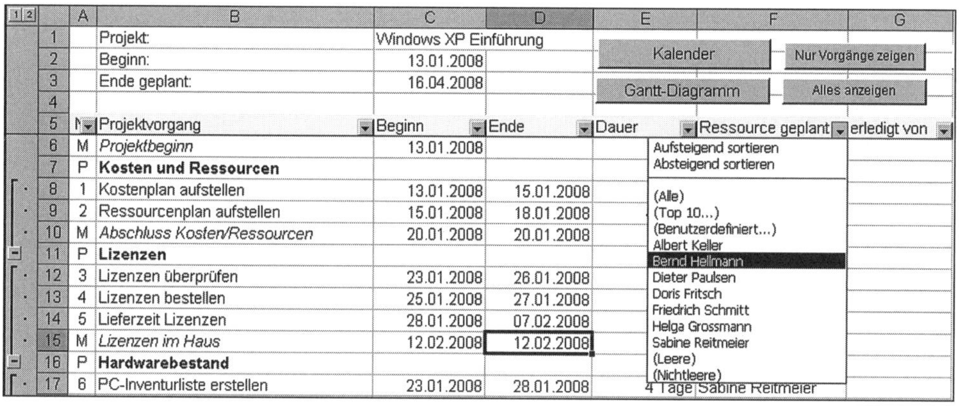

Abb. 7: Der AutoFilter in Aktion

Sie können natürlich mehr als eine Spalte filtern und so eine UND-Bedingung herstellen. Zeigen Sie beispielsweise alle Vorgänge einer bestimmten Ressource, die zu einem Termin aus der Spalte **Beginn** geplant sind, indem Sie die Spalte **Ressource geplant** und die Spalte **Beginn** filtern. Unter **Daten → Filter → Alle anzeigen** deaktivieren Sie alle gesetzten Filter.

5.2 Phasen und Meilensteine ausblenden

Mit Hilfe des benutzerdefinierten Filters und der Nummernspalte blenden Sie alle Phasenbegriffe und Meilensteine aus und zeigen damit nur echte Vorgänge mit einer Zeitdauer an.

Diese Aktion werden Sie sehr häufig brauchen. Aus diesem Grund gibt es dafür ein Makro, das über Schaltflächen im Tabellenblatt **Projekt XPE** aufgerufen werden kann:

- **Nur Vorgänge anzeigen:** Blendet alle Meilensteine und Phasenbegriffe aus.
- **Alles anzeigen:** Blendet alle Zeilen ein.

5.3 Das Gantt-Diagramm

Ein Gantt-Diagramm ist die grafische Standard-Anzeige für den Projektverlauf. Es zeigt die Projektvorgänge als Balken auf einer Zeitachse, die vom Projektbeginn bis zum Ende reicht. Excel bietet dafür den Diagrammtyp **Balkendiagramm**. Da die Kapazität der Diagrammachsen im Gantt-Diagramm aber beschränkt ist, eignet sich diese Aktion nur für kleinere Listen (ca. 20 Vorgänge). Erstellen Sie in größeren Projekten für die einzelnen Phasen je ein separates Diagramm.

Voraussetzung für das Gantt-Diagramm ist, dass die Liste nur Vorgänge, keine Meilensteine oder Phasenbegriffe anzeigt. Verwenden Sie dazu den zuvor gezeigten Filter, der in der Nummernspalte die numerischen Einträge herausfiltert.

Nach einem Klick auf die Schaltfläche **Gantt-Diagramm** im Kopfbereich der Tabelle wird das Diagramm mit den aktuellen Werten angezeigt (s. Abb. 8).

VIII. Projektmanagement

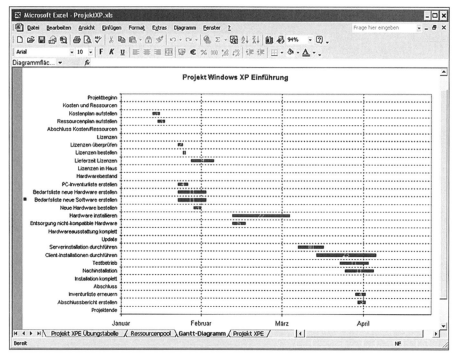

Abb. 8: Der Projektverlauf im Gantt-Diagramm

5.4 Diagramm per Makro automatisieren

Damit das Diagramm jede Änderung im Plan anzeigt und die von den Formeln berechneten Werte übernimmt, ist ein Makro erstellt worden. Es sorgt dafür, dass nach jeder Änderung ein neues Diagramm erstellt wird. Klicken Sie für den Start dieses Makros in der Tabelle **Projekt XPE** auf die Schaltfläche **Gantt-Diagramm**. Außerdem ist gewährleistet, dass das alte Diagrammblatt gelöscht und ein komplett neues erstellt wird.

> **HINWEIS**
> Sie brauchen sich bei der Anwendung also darum nicht zu kümmern, solange Sie keinen anderen Diagrammtyp haben möchten oder die Struktur der Daten grundlegend ändern.

6 Ergebnisse kommunizieren

Das A und O guter Projektüberwachung und -koordination ist die regelmäßige Information der Teammitglieder. Daneben sind Berichte an übergeordnete Stellen erforderlich. Für diese Aufgaben bietet der Projektplaner komfortable Makros.

6.1 Berichte per Outlook versenden

Um den periodischen Aufgabenbericht an die einzelnen Teammitglieder so komfortabel wie möglich zu gestalten, ist diese Aktion mit Formularelementen und Makros automatisiert. Excel kann nämlich die Mails selbst verschicken. Outlook muss dazu gar nicht geöffnet oder benutzt werden. Die Mailadressen der Projektmitarbeiter hatten Sie im **Ressourcenpool** festgehalten – diese Adressen liest das Makro automatisch aus. Um einen Aufgabenbericht an einen Projektmitarbeiter zu versenden, wählen Sie zunächst den Namen des Mitarbeiters aus der Dropdown-Liste. Anschließend betätigen Sie die Schaltfläche **Aufgabenbericht für:** und das Makro erstellt eine neue Outlook-E-Mail, die Sie nur noch versenden müssen.

Projektmanagement mit Outlook und Excel

Outlook-Bibliothek einschalten

Beachten Sie aber, dass Sie Outlook auch installiert haben müssen und die VBA-Bibliothek von Outlook geladen sein sollte. Diese wird benötigt, damit die Outlook-Befehle in Excel zur Verfügung stehen. Dabei spielt es keine Rolle, wenn Ihr Outlook nicht die gleiche Version wie Excel ist. Sie müssen dann eben nur den Ihrer Version entsprechenden Eintrag in der VBA-Bibliothek finden.

1. Wechseln Sie mit Hilfe der Tastenkombination **Alt** + **F11** in die Entwicklungsumgebung.

2. Wählen Sie im Menü **Extras** den Befehl Verweise.

3. Scrollen Sie abwärts bis zum Eintrag **MS Outlook ... Object Library**. Je nach Version steht in der Mitte eine andere Zahl. So hat Outlook 2003 die Ziffer „11.0", Outlook 2002 hat „10.0", Outlook 2000 hat „9.0" usw. Auf Ihrem Rechner gibt es in jedem Fall nur eine Bibliothek.

4. Klicken Sie auf das Kästchen links neben der Objektbibliothek. Die Bibliothek ist nun aktiviert.

5. Bestätigen Sie mit einem Klick auf die Schaltfläche **OK** und wechseln Sie wieder aufs Tabellenblatt zurück.

6. Speichern Sie die Arbeitsmappe mit **Strg** + **S**. Die Bibliotheken sind nun permanent aktiviert.

Ihrem Berichtsversand steht nun nichts mehr im Weg, außer Sie möchten noch eine persönliche Mitteilung an den Adressaten oder Ihre Signatur einfügen (s. Abb. 9).

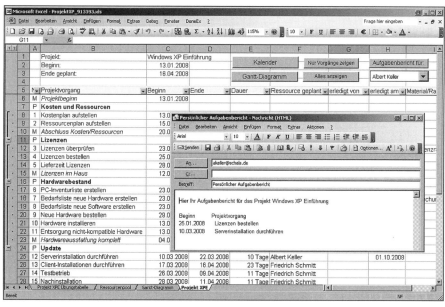

Abb. 9: Das persönliche Portfolio wird per Mail verschickt.

7 Projektplan individuell anpassen

Sie haben nun natürlich die Möglichkeit, den vorliegenden Projektplan Ihren eigenen Anforderungen anzupassen oder zu ergänzen. Beachten Sie diese Vorgaben, damit die Makros weiterhin funktionieren:

- Ändern Sie keine Blattnamen in den Tabellenregistern.
- Wenn Sie die Liste im Ressourcenpool ändern, achten Sie darauf, dass der Bereichsname **RLISTE** alle Zeilen und Spalten einschließt.

8 Zusammenfassung

Dieser Beitrag zeigt, wie Sie komplexe Projektaufgaben im Zusammenspiel zwischen den Office-Produkten Excel und Outlook managen können. Dafür wird in dieser Lösung eine breite Palette an Excel- und Outlook-Funktionalitäten eingesetzt:

Verteilerliste in Outlook:
Wählen Sie dazu in **Outlook** → **Extras** → **Adressbuch** → **Datei** → **Neue Gruppe**.

Daten gruppieren und gliedern:
Markieren Sie die entsprechenden Zeilen und wählen Sie anschließend **Daten** → **Gruppierung und Gliederung** → **Gruppierung**.

Bereichsnamen definieren und erweitern:
Der Name **RLISTE** ist bereits erstellt. Bei einer Erweiterung der Lösung müssen Sie dafür sorgen, dass der gesamte Bereich über alle Mitarbeiterdaten (bis jetzt **A1:D10**) den Bereichsnamen trägt. Kontrollieren und korrigieren Sie dazu diesen Namen über **Einfügen** → **Namen** → **Festlegen** bzw. **Einfügen** → **Namen** → **Definieren**.

Gültigkeit:
Über die Spalte **Material/Raum** können Vorgängen Ressourcen aus der Tabelle **Ressourcenpool** mit Hilfe eines Drop-Down-Menüs zugeordnet werden. Hierzu sind die möglichen Einträge in der Spalte über eine Gültigkeitsprüfung (**Daten** → **Gültigkeit**) mit den Ressourcen verknüpft.

Berechnung der Vorgangsdauer:
Die Vorgangsdauer in Spalte **E** berechnet sich aus der Differenz zwischen Vorgangsbeginn und Vorgangsende mit Hilfe der Funktion **NETTOARBEITSTAGE**.

Die Formel lautet: =NETTOARBEITSTAGE(C8;D8)

Berechnung des Projektendes:
Die Berechnung des Projektendes in der Zelle **C3** erfolgt mit der Funktion KGRÖSSTE(), die den größten Wert eines Bereiches zurückgibt. Die Formel lautet: =KGRÖSSTE(D:D;1).

Outlook-Bibliothek einschalten:
Um auf Outlook direkt von Excel aus zugreifen zu können, müssen Sie Outlook zum einen natürlich auch installiert und zum anderen die VBA-Bibliothek von Outlook geladen haben. Wechseln Sie hierzu mit Hilfe der Tastenkombination **Alt** + **F11** in die VBA-Entwicklungsumgebung und wählen Sie im Menü **Extras** den Befehl **Verweise**. Scrollen Sie abwärts bis zum Eintrag **MS Outlook ... Object Library**. Je nach Version steht in der Mitte eine andere Zahl. So hat Outlook 2003 die Ziffer „11.0", Outlook 2002 hat „10.0", Outlook 2000 hat „9.0" usw. Auf Ihrem Rechner gibt es in jedem Fall nur eine Bibliothek. Klicken Sie auf das Kästchen links neben der Objektbibliothek. Die Bibliothek ist nun aktiviert. Bestätigen Sie mit einem Klick auf die Schaltfläche **OK** und wechseln Sie wieder aufs Tabellenblatt zurück. Speichern Sie die Arbeitsmappe mit **Strg** + **S**. Die Bibliotheken sind nun permanent aktiviert.

IT-Projekte durch Controlling erfolgreich machen

Reinhard Bleiber, Emsdetten

Investitionen in moderne IT-Systeme sind für viele auch kleine Unternehmen lebensnotwendig. Die Ausgaben für die IT-Unterstützung steigen immer weiter, während auf der anderen Seite die Budgets immer knapper werden. Erfahrungen aus der Vergangenheit zeigen, dass Projekte für neue IT-Lösungen auch auf der Kostenseite nur schwer kontrollierbar sind. Die steigende Komplexität in der EDV durch das Zusammenwachsen von Datenverarbeitung und Kommunikationstechnologie macht die Projekte weiter unübersichtlich und wenig planbar. Hier muss sich etwas ändern. Die kostspieligen Aktivitäten für die Investitionen in die EDV müssen geplant und überwacht werden. Dazu gehört zum einen die typische Projektsteuerung mit zeitbezogenen Meilensteinen und inhaltlichen Definitionen. Dazu gehört aber auch die Steuerung der Projekte auf der Kostenseite. Die Ermittlung der Plankosten, das Festhalten der Ist-Kosten und der Vergleich der Plan- und Ist-Werte miteinander sind typische mathematische Funktionen, die mit Excel einfach und sicher erledigt werden können. Das Tool **IT-Projektcontrolling** hilft Ihnen dabei.

> **HINWEIS**
>
> Die Mustervorlage zu diesem Thema finden Sie unter dem Namen **IT-Projektcontrolling.xls** auf der CD.

1 Die Sollwerte werden geplant

Zunächst werden in der Projektorganisation die Kosten für das IT-Vorhaben geplant. Dabei ist es vorteilhaft, wenn die zeitliche Planung des Projektes bereits erledigt ist. Dann ist Ihre Aufgabe der zeitlichen Zuordnung der Kosten etwas einfacher. Grundsätzlich lässt sich die Kostenplanung von IT-Projekten in die folgenden Schritte gliedern:

1 Festlegen von **Kostenblöcken**, in denen die zu erwartenden Beträge besser geschätzt und eingeordnet werden können. Auch hilft die logische Gliederung der Kosten, die Vollständigkeit sicherzustellen. In IT-Projekten können die Kosten in die Blöcke

- Vorbereitung (umfasst alle Kosten der Projektplanung)
- Hardware (enthält alle Ausgaben für Maschinen, Leitungen, Netzwerke)
- Software (mit Werten für die Programme, deren Anpassungen usw.)
- Ausbildung (umfasst die Kosten für Einweisung, Schulung und Literatur)
- Sonstiges (für Klein- und Materialkosten sowie neue Kostenarten)

gegliedert werden. Das Tool hat diese Gliederung bereits vorgegeben.

2 Unterteilung der Kostenblöcke in die einzelnen **Kostenarten**, die als Summe die Kosten der Blöcke ergeben. Einzelne **Kostenarten** können in allen oder mehreren Blöcken vorkommen, so z. B. die Personalkosten. Es lohnt sich, auch für kleinere Kostenarten eine eigene Zeile in die Tabelle zu übernehmen. Damit können Sie später sowohl die Höhe der Kostenart als auch das reale Eintreten des Kostenfalles überwachen.

3 Ermittlung der **Gesamtkosten** für jede der angenommenen Kostenarten und damit für das gesamte Projekt. Diese Beträge werden von den Fachleuten aus der IT-Abteilung bzw. vom Controlling und der Buchhaltung bereitgehalten.

4 Verteilung der Gesamtkosten auf die Projektlaufzeit, wozu die Festlegung eines Startdatums und der Projektdauer notwendig ist. Die Planperioden umfassen in der Regel einen Monat. Hier helfen Ihnen vor allem die Kenntnisse in der IT-Abteilung, die Kosten auf die einzelnen

Perioden zu verteilen. Da es sich hier um ein Projektcontrolling und nicht um eine Buchhaltung oder eine Wirtschaftlichkeitsberechnung handelt, werden die Perioden dann mit den Kosten belastet, wenn die Leistung der Lieferanten, Berater und Partner erbracht wird. Zahlungsziele sind wichtig für die Liquiditätssteuerung, Aktivierungsvorschriften für die Gewinnermittlung. Im Projektcontrolling verhindern Sie die effektive Steuerung, da der exakte Leistungszeitpunkt im Projekt wichtig ist. ∎

> **PRAXIS-TIPP**
>
> Organisieren Sie den Aufbau der Planung in Blöcke, Kostenarten und Perioden gemeinsam mit der Buchhaltung. Die Übereinstimmung der logischen Einheiten im Projektcontrolling und in der Buchhaltung hilft Ihnen, die Ist-Werte später schnell und wirtschaftlich zu erfassen.

Die Planung wird auf Korrektheit überprüft, indem der Gesamtwert der Kosten für das Projekt mit dem Wert aus der Wirtschaftlichkeitsberechnung verglichen wird. Wenn alles richtig angegeben und berücksichtigt wurde, müssen aus der Projektplanung die gleichen Kosten zu ermitteln sein wie auch aus den Überlegungen, die zur Entscheidung für das Projekt geführt haben.

2 Ist-Wert ermitteln

Nach dem Start des Projektes entstehen nach und nach die Ist-Kosten. Diese müssen für das Controlling von IT-Projekten erfasst und ausgewertet werden. Dabei kommt es darauf an, die Beschaffung so wirtschaftlich wie möglich zu gestalten, um nicht zusätzliche Kosten allein durch das Controlling zu verursachen. Besonders wichtig für die rechtzeitige Reaktion ist die zeitliche Zuordnung der Kosten.

2.1 Die Beschaffung der Ist-Werte

Die Ist-Werte werden im nächsten Schritt mit den Planwerten verglichen. Daher müssen Sie sowohl zeitlich als auch in Bezug auf die Kostenblöcke und Kostenarten wie die Planwerte organisiert werden. Aus diesem Grund auch der Hinweis darauf, die Strukturen bereits im Planungsstudium mit der Buchhaltung abzustimmen. Diese liefert Ihnen den größten Teil der benötigten Kostendaten.

> **PRAXIS-TIPP**
>
> Versuchen Sie, die Buchhaltung frühzeitig in das Controlling des IT-Projektes einzubeziehen. Dann gelingt es Ihnen erfahrungsgemäß, die Arbeit für die Beschaffung der Ist-Kosten-Daten zu vereinfachen, da bereits bei der Buchung die notwendigen Angaben gemacht werden können.

Neben den effektiven Kostendaten werden auch Informationen über den Anfall der Leistung benötigt. Lieferscheine und Stundenzettel erhalten Sie ebenso von den Mitgliedern des Projektteams wie deren Aufschreibungen, aus denen weitere Daten für die Ermittlung der bisher angefallenen Ist-Kosten gewonnen werden können.

2.2 Die zeitliche Zuordnung der Istkosten

Die Planwerte wurden oft mit hohem planerischen Aufwand auf die Laufzeit des Projekts verteilt. Um daraus die richtigen Schlüsse ziehen zu können, müssen die Kosten für das Projekt den richtigen Zeiträumen zugeordnet werden.

- Es ist nicht wichtig, wann die Rechnung für eine Leistung in der Buchhaltung eingeht. Wenn z. B. Schulungsmaßnahmen im Voraus bezahlt werden müssen, kann die Rechnung bereits Monate vor der Durchführung vorliegen. Der Grund für die Kosten entsteht jedoch erst in dem Moment, in dem die Schulung durchgeführt wird.
- Ebenso ist es nicht wichtig, auf welche Perioden die Buchhaltung die Ausgaben als Kosten verteilt. Investitionen werden aktiviert und über die Abschreibung auf Jahre hinaus verteilt. Für das Projektcontrolling ist es wichtig zu wissen, wann die Leistung erbracht wurde.
- Unabhängig vom Zugang der Rechnung und vom Buchungsverhalten der Buchhaltung werden für das Projektcontrolling die Kosten in der Periode verbucht, in der die Leistung dafür vom Lieferant erbracht und vom Projekt verbraucht wurde.

Da die meisten Rechnungen mit einiger Verspätung ins Unternehmen kommen, z. B. wenn Beratungsstunden erst nach Ende des Projektes abgerechnet werden, muss eine Möglichkeit geschaffen werden, die Kosten bereits vorher zu erfassen. Dazu dienen Belege, die als Grundlage für die Berechnung genommen werden, aber im Zeitpunkt der Leistung vorhanden sind.

- Lieferscheine zeigen an, wann bestimmte Teile geliefert wurden. Die Bewertung mit Preisen muss in der Regel anhand von Angeboten oder Preislisten erfolgen.
- Stundenzettel oder Tätigkeitsnachweise können als Grundlage für die Verbuchung von Dienstleistungen verwendet werden.
- Aufschreibungen der Projektbeteiligten geben Anlass zur Verbuchung von Schulungskosten oder anderem mitarbeiterbezogenen Aufwand.

> **HINWEIS**
>
> Nur wenn die Zuordnung der Kosten zu den Perioden im Projekt dem Leistungsverbrauch folgt, kann das Projektcontrolling im Vergleich zwischen Plan und Ist zur rechten Zeit Hinweise für überhöhte Kosten oder unterbliebene Ausgaben liefern.

3 Der Vergleich

Sinn des Projektcontrollings ist es, möglichst frühzeitig Abweichungen von den geplanten Kosten zu erkennen. Der Vergleich muss daher in regelmäßigen Abständen durchgeführt werden, im Regelfall pro Planperiode. Verglichen werden die kumulierten Planwerte aller bisher abgelaufenen Perioden mit den kumulierten Ist-Werten. Erst in der Kumulation lässt sich eine wirkliche Abweichung erkennen, da sonst Über- oder Unterschreitungen in den Vorperioden untergehen würden.

Damit sich positive und negative Entwicklungen in den unterschiedlichen Kostenarten nicht ausgleichen, muss der Vergleich auf der Ebene der Kostenarten, zumindest jedoch auf der Ebene der Kostenblöcke erfolgen. Der Projektleiter erhält eine Übersicht über alle Kostenarten mit den Plan- und Ist-Werten sowie die bisher aufgelaufenen Abweichungen. Dabei muss sowohl eine absolute Abweichung in Euro angegeben werden als auch eine prozentuale Abweichung, um die Bedeutung richtig einschätzen zu können. Eine Grafik kann die Entwicklung veranschaulichen und einfacher verständlich machen als reine Zahlenkolonnen. Dabei wird eine Beschränkung auf die Kostenblöcke vorgenommen, um das Bild nicht zu komplex werden zu lassen.

> **HINWEIS**
>
> Der Projektleiter ist dafür verantwortlich, dass die Abweichungen nicht nur festgestellt werden. Die Gründe für die Differenzen der Ist-Werte von der Planung müssen analysiert werden. Negative Tendenzen sind mit geeigneten Maßnahmen einzudämmen, positive Tendenzen sollten möglichst verstärkt werden.

4 Die Umsetzung mit Hilfe des Tools

Das Tool **IT-Projektcontrolling** hilft Ihnen dabei, Ihre IT-Projekte durch Controlling erfolgreich zu machen. Dazu müssen Sie nur die beschriebenen Punkte konsequent umsetzen und die vorgegebene Tabelle nutzen. Für weitere Entwicklungen oder gänzlich unpassende individuelle Gegebenheiten können Sie die Tabelle auch anpassen.

> **HINWEIS**
>
> Arbeiten Sie immer nur mit einer Kopie der Originaltabelle. Das gilt auch für Veränderungen, die Sie später an der bereits gefüllten oder veränderten Tabelle durchführen. Damit haben Sie die Chance, immer wieder auf den vorhergehenden Stand zurückzugehen.

4.1 Die vorliegende Tabelle nutzen

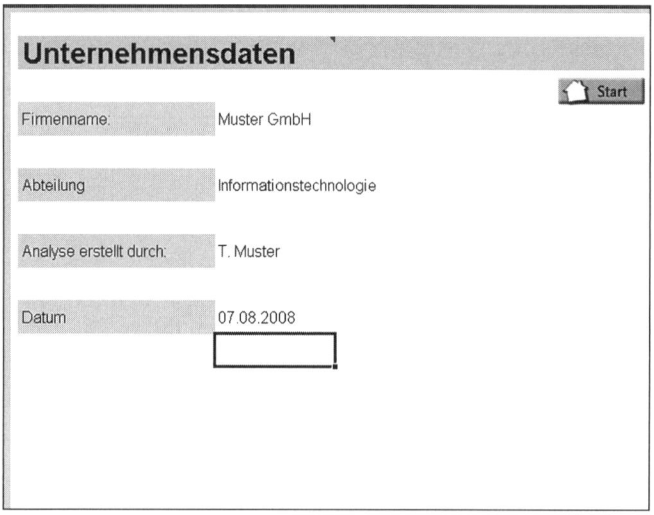

Abb. 1: Allgemeine Daten für Kopfzeile

Im ersten Tabellenblatt **Unternehmensdaten** erfassen Sie einige allgemeine Angaben zum Unternehmen, zum Anwender und zum Druckdatum. Diese Daten können mit der Funktion **Kopfzeile Bearbeiten** aus dem Menüpunkt **HAUFE MEDIENGRUPPE** in die Kopf- oder Fußzeile übernommen werden. Das Datum kann manuell erfasst werden, muss dann jedoch immer wieder angepasst werden, wenn neu gedruckt wird. Sie können auch mit der Formel **=HEUTE()** dafür sorgen, dass immer das Tagesdatum erscheint.

Planwerte erfassen

Im Tabellenblatt **Planung** werden die Planwerte für das gesamte Projekt erfasst. Dazu geben Sie dem Projekt zunächst einen Namen, den Sie im Tabellenkopf eintragen. Er wird automatisch in alle anderen Blätter übernommen. Das Startdatum des Projektes ist der Auslöser für die Berechnung der einzelnen Perioden der Planung. Nach dessen Eingabe werden die Monate der Spalten aller Blätter automatisch errechnet.

Planung

Projektname: CRM
Projektstart: 01.05.2008

Planperiode	Mai. 08	Jun. 08	Jul. 08	Aug. 08	Sep. 08	Okt. 08	Nov. 08
	1	2	3	4	5	6	7
Literatur	450						
Weiterbildung	3.500	1.850					
Beratung	2.500	2.500					
Personalkosten	800	1.500					
Vorbereitung	7.250	5.850	0	0	0	0	0
Server				10.000			
Netzwerk				5.000			
Frontend				0		5.000	5.000
Peripherie				2.000		1.000	1.000
Beratung				0			
Installation				0			
Handbücher				100			
Personalkosten				2.500	500	2.500	2.000
Hardware	0	0	0	19.600	500	8.500	8.000

Abb. 2: Eingabefelder für Projektname und Startdatum sowie für erste Planwerte und Planmonate

Dann beginnt die Fleißarbeit, die Planwerte in die Monatsspalten entsprechend den Kostenarten einzutragen. Die Tabelle bietet Ihnen die Kostenblöcke, die typischerweise bei einem IT-Projekt anfallen. Die Werte werden pro Kostenblock und als Gesamtwert addiert. Da es später auf jeden Fall Abweichungen geben wird, ist es ausreichend, die Planung mit glatten Beträgen z. B. auf 100 EUR gerundet vorzunehmen. Genauere Werte, z. B. mit Cent, gaukeln eine Genauigkeit vor, die nicht gegeben ist.

Das gilt selbst dann, wenn einige Beträge exakt bekannt sind. Wird z. B. im Kostenblock **Vorbereitung** Literatur gekauft, die exakt 134,50 EUR kosten wird, und werden Weiterbildungskosten in Höhe von 2.800,00 EUR geschätzt, zeigt die Summe von 2.934,50 EUR so exakte Angaben, dass eine Täuschung über den Genauigkeitsgrad wahrscheinlich ist.

> **PRAXIS-TIPP**
>
> Benutzen Sie die zeitliche Verteilung der Summen **nicht** als Hilfsmittel für eine Liquiditätsplanung dieses Projektes. Wie beschrieben, erfolgt die zeitliche Verteilung nicht aufgrund der Zahlungsströme oder Rechnungseingänge. Ausschlaggebend ist bei der Planung allein der Anfall der Leistung oder der Lieferung.

Ist-Werte erfassen

Die wichtigste Eingabe im Blatt **Istwerte** für die weitere Verarbeitung ist die Angabe der Planperiode. Nur Spalten, die in diesem Feld einen Eintrag besitzen, werden später in den Vergleich einbezogen. Beginnen Sie mit dem Wert 1 und zählen Sie die Planperioden einfach weiter durch.

Istwerte

Projektname: CRM
Projektstart: 01.05.2008

Planperiode	Mai. 08	Jun. 08	Jul. 08	Aug. 08	Sep. 08
	1	2	3	4	5
Literatur	100	250	100		
Weiterbildung	2.500	2.500			
Beratung	1.000	2.500	1.500		
Personalkosten	500	500	1.000		
Vorbereitung	4100	5750	2600	0	0
Server			2.000	9.540	
Netzwerk				4.100	800
Frontend				0	
Peripherie				0	
Beratung				0	
Installation				0	
Handbücher				0	
Personalkosten				0	1.000

Abb. 3: Blatt Istwerte

Erfassen Sie die Werte monatlich. Sie erhalten für jeden Monat und jede Kostenart die entsprechende Summe addiert zum Kostenblock und zur Gesamtsumme. In der äußerst rechten Spalte erkennen Sie ebenfalls pro Kostenart, Kostenblock und für das gesamte Projekt, wie viel Kosten bereits angefallen sind.

> **HINWEIS**
> Damit ist die von Ihnen verlangte Erfassungsarbeit bereits beendet. Der Vergleich wird vom System selbstständig durchgeführt.

Der Vergleich

Der Vergleich berücksichtigt immer alle eingegebenen Ist-Werte. Ausschlaggebend ist die äußerst rechte Spalte in dem Tabellenblatt **Istwerte**. Für die Planwerte muss zunächst noch die Kumulation der Planwerte bis zur aktuellen Planperiode durchgeführt werden. Das geschieht im Tabellenblatt **Planperioden**. Hier werden alle Planwerte der Perioden dargestellt und addiert, die zu Perioden mit einem Eintrag im Feld **Planperiode** des Tabellenblattes **Istwerte** (wie beschrieben) verfügen. Die Übernahme erfolgt automatisch, Sie müssen nicht eingreifen, sollten dies auch im normalen Ablauf nicht tun.

Der eigentliche Plan/Ist-Vergleich übernimmt in dem Tabellenblatt **Plan-Ist-Vergleich** die kumulierten Plan- und Ist-Werte und stellt die Abweichungen fest. Unterschreitungen des Planwertes werden negativ und rot dargestellt, Überschreitungen schwarz. Die Abweichung wird sowohl absolut in Euro als auch in Prozent dargestellt. Auch dieses Tabellenblatt verlangt keine Eingabe von Ihnen, die Ergebnisse kommen aus den vorherigen Blättern und werden von Ihnen lediglich ausgewertet.

Plan-Ist-Vergleich

Projektname: CRM
Projektstart: 01.05.2008
Alle Werte in Euro

Planperiode	Plan	Ist	Abw. absolut	Abw. Prozent
	Nov. 08	Nov. 08		
Literatur	450	450	0	0,0%
Weiterbildung	5.350	5.000	-350	-6,5%
Beratung	5.000	5.000	0	0,0%
Personalkosten	2.300	2.000	-300	-13,0%
	0	0	0	0,0%
Vorbereitung	13.100	12.450	-650	-5,0%
Server	10.000	11.540	1.540	15,4%
Netzwerk	5.000	5.400	400	8,0%
Frontend	10.000	6.800	-3.200	-32,0%
Peripherie	4.000	2.500	-1.500	-37,5%
Beratung	0	0	0	0,0%
Installation	0	0	0	0,0%
Handbücher	100	0	-100	-100,0%
Personalkosten	7.500	3.500	-4.000	-53,3%
	0	0	0	0,0%
Hardware	36.600	29.740	-6.860	-18,7%
Standardanwendung	7.500	7.500	0	0,0%
Anpassung Standard	5.500	500	-5.000	-90,9%
Individualanwendung	3.000	0	-3.000	-100,0%
Schnittstellen	7.300	5.500	-1.800	-24,7%
Tools	1.500	1.560	60	4,0%
Beratung	24.000	27.500	3.500	14,6%
Handbücher	250	0	-250	-100,0%
Personalkosten	15.000	12.680	-2.320	-15,5%
	0	0	0	0,0%
Software	64.050	55.240	-8.810	-13,8%
Einweisung	2.000	1.150	-850	-42,5%
Schulung individuell	5.000	2.510	-2.490	-49,8%
Schulung Gruppe	7.500	7.450	-50	-0,7%
Literatur	1.000	785	-215	-21,5%
Personalkosten	6.000	5.995	-5	-0,1%
	0	0	0	0,0%
Ausbildung	21.500	17.890	-3.610	-16,8%

Abb. 4: Ergebnis der Arbeit: Der Plan/Ist-Vergleich

Zur Verbesserung der Darstellung werden die Ergebnisse des Vergleichs auch grafisch dargestellt. Dabei wird auf die einzelnen Kostenarten verzichtet. Verwendet werden die Kostenblöcke, um die Übersichtlichkeit zu bewahren.

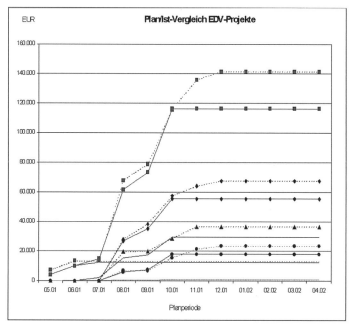

Abb. 5 Grafische Darstellung Plan/Ist-Vergleich

4.2 Die Tabelle individuell anpassen

Die vorhandene Tabelle berücksichtigt bereits viele Erfahrungen aus der Praxis. Es zeigt sich jedoch, dass immer wieder Anpassungen notwendig werden, um die Tabelle optimal nutzen zu können. Sie können dies auf unterschiedlichen Wegen tun.

Jeder Kostenblock enthält am Ende eine Leerzeile, der Kostenblock „Sonstiges" sogar zwei. Diese Zeile können Sie sowohl mit einer Bezeichnung als auch mit den Plan- und Ist-Werten versehen. Die Informationen werden automatisch in die folgenden Tabellenblätter übernommen. Sie müssen keine weiteren Anpassungen vornehmen.

Sollte das nicht ausreichen, können Sie vorhandene Zeilen, die Sie nicht mit den vorgegebenen Bezeichnungen benötigen, mit einer neuen Zeilenbeschriftung versehen und dann die dazugehörigen Plan- und Ist-Werte erfassen. Sie müssen keine weiteren Anpassungen vornehmen.

Wenn Ihnen immer noch Zeilen innerhalb der vorhandenen Blöcke, die Sie übrigens auch einfach umbenennen können, fehlen, können Sie eigene Zeilen einfügen. Tun Sie dies immer nur mitten in einem Block, also nach der ersten Zeile oder vor der letzten Zeile, damit Sie die Summenformeln automatisch anpassen. Sie müssen die folgenden Schritte durchführen:

1 Beginnen Sie im Tabellenblatt **Planung**.

2 Blenden Sie die Zeilen- und Spaltenköpfe ein (Menüpunkt **HAUFE MEDIENGRUPPE**).

3 Markieren Sie die komplette Zeile, die nach dem Einfügen nach unten verschoben werden soll, und kopieren Sie diese komplett.

4 Lassen Sie die Markierung der Zeile bestehen und fügen Sie die kopierte Zeile ein (**rechte Maustaste → Kopierte Zellen einfügen**). Damit schieben Sie die unteren Zeilen nach unten, erweitern die Summenformeln automatisch und übernehmen die Formeln der Zeile.

5 Verändern Sie die Bezeichnung der Zeile auf den gewünschten Text. Kontrollieren Sie den Zeileninhalt, da Sie bereits in der kopierten Zeile enthaltene Planwerte übernommen haben könnten. Geben Sie besonders auffällige Zahlenwerte in einige Felder in der neuen Zeile ein.

6 Kontrollieren Sie die Summenfelder des Kostenblocks, der Gesamttabelle und der Kostenart anhand der eingegebenen auffälligen Zahlenwerte.

7 Wiederholen Sie die Schritte 2, 3 und 4 im Tabellenblatt **Istwerte**. Die Bezeichnung der Zeile wird automatisch übernommen. Prüfen Sie auch die Summen der Ist-Werte durch die Eingabe besonders auffälliger Zahlen.

Wiederholen Sie die Schritte 2, 3 und 4 im Tabellenblatt **Planperioden**. Hier werden sowohl die Bezeichnung als auch die Planwerte übernommen. Kontrollieren Sie dies anhand der in Schritt 5 erfassten auffälligen Zahlenwerte.

> **HINWEIS**
> Sollten die Planwerte nicht wie gewünscht übernommen worden sein, kann es daran liegen, dass Sie noch keine Planperioden bei den Ist-Werten erfasst haben. Holen Sie dies nach, um das Ergebnis prüfen zu können.

8 Wiederholen Sie die Schritte 2, 3 und 4 im Tabellenblatt **Plan/Ist-Vergleich**. Hier müssen jetzt die kumulierten Summen aus der Planung und den Ist-Daten erscheinen. Prüfen Sie dies anhand der erfassten auffälligen Zahlenwerte.

9 Löschen Sie die auffälligen Zahlenwerte aus den Erfassungsblättern für die Planung und die Ist-Daten. Da die Grafik nur die Summen der Kostenblöcke darstellt, müssen dort keine Veränderungen vorgenommen werden. ∎

5 Zusammenfassung

IT-Projekte haben die unangenehme Eigenschaft, dass sie zumeist kostenmäßig aus dem Ruder laufen. Dieses Tool ermöglicht Ihnen einen ständigen Überblick über die aufgelaufenen Kosten durch

- eine detaillierte Planung der Plan-Kosten,
- ein Festhalten der auflaufenden Ist-Kosten
- sowie einen tabellarischen und grafischen Vergleich der kumulierten Plan- und Ist-Werte.

Projektkalkulation

Jörgen Erichsen, Leverkusen

Immer mehr Arbeiten in den Unternehmen werden in Projektform abgewickelt. Gründe hierfür sind unter anderem Aufgabenstellungen, die ganz bewusst in Projekten formuliert werden, weil sie beispielsweise nur einen zeitlich befristeten Horizont haben. Größere organisatorische Änderungen im Betrieb oder die Zusammenlegung von Betriebsteilen bzw. ganzer Unternehmen werden meist als Projektaufgabe formuliert, da diese Arbeiten nicht innerhalb der klassischen Unternehmensorganisation von den Mitarbeitern zusätzlich übernommen werden können. Die Arbeit in Projekten ist für viele Betriebe auch eine Möglichkeit, wichtige Vorhaben außerhalb der teilweise festgefahrenen und hierarchischen Unternehmensstrukturen zu erledigen. Das bedeutet für die Betriebswirtschaft, dass an die Kalkulation und Steuerung von Projekten andere Anforderungen gestellt werden müssen als beispielsweise an die klassische Kalkulation von Produkten oder Leistungen. In diesem Beitrag stellen wir Ihnen kurz und bündig die Funktionsweise dieser Musterlösung vor.

> **HINWEIS**
>
> Sie finden die Lösungsdatei zu diesem Thema unter dem Namen **664751.xls** auf der CD.

1 Aufbau der Musterlösung

Die Excel-Datei **Projektkalkulation** enthält folgende Arbeitsblätter:

- Deckblatt
- Steckbrief
- Meilensteine
- Preis-Mengen-Gerüst
- Dokumentation
- Kalkulation
- Kennzahlen
- Sensitivität
- Nachbetrachtung
- Kurzinfo
- Checkliste

> **HINWEIS**
>
> In jedem Blatt sollten nur die Felder ausgefüllt bzw. verändert werden, deren Schrift **blau** oder **grün** ist und die sich innerhalb des jeweiligen Blattes befinden. Felder mit schwarzer Schrift sollten hingegen unverändert bleiben. Blaue Schriften besagen, dass der Anwender beliebig Zahlen oder Texte eingeben kann, ohne dass eine Formel überschrieben wird. Grüne Schriften bedeuten, dass die Felder automatisch durch eine Formel gefüllt werden, sie aber vom Anwender überschrieben werden können (Näheres beim Blatt **Kalkulation**). Negative Zahlen und Ergebnisse werden immer in Rot dargestellt.

VIII. Projektmanagement

Um zu einem sinnvollen Ergebnis zu gelangen, sollten Sie die Arbeitsblätter

- Steckbrief
- Meilensteine
- Preis-Mengen-Gerüst und
- Kalkulation

in jedem Fall bearbeiten! Alle anderen Blätter müssen Sie nicht zwingend ausfüllen; es erleichtert Ihnen aber die Arbeit bei anstehenden Auswertungs- und Analyseschritten. Bearbeiten Sie alle Arbeitsblätter für ein Projekt, so erhalten Sie einen Ausdruck über maximal 14 Seiten einschließlich des Deckblattes, das jedem Projekt vorgeheftet wird, und der Checkliste, die jedoch nicht projektbezogen ausgerichtet ist. Verwenden Sie nicht alle Blätter für ein Projekt, können Sie die Arbeitsblätter auch einzeln ausdrucken. Der Ausdruck erfolgt normal über die Funktion **Datei** → **Drucken** und die Auswahl **Gesamte Arbeitsmappe** bzw. **Ausgewählte Blätter**. Alle Seiten sind so formatiert, dass zusätzliche Einstellungen nicht nötig sind. Die Arbeitsblätter **Kalkulation, Preis-Mengen-Gerüst** und **Dokumentation** bilden das Kernstück der Anwendung.

Deckblatt & Steckbrief

Das **Deckblatt** erfüllt lediglich die Funktion eines Buchrückens für jedes Projekt. Es hilft Ihnen später, wenn eine größere Anzahl von Projekten vorliegt, die Übersicht zu behalten. Alle für die Erstellung des Deckblattes erforderlichen Daten werden automatisch übernommen, Sie brauchen in diesem Blatt keine Eingaben vorzunehmen.

Der **Steckbrief** erfasst die allgemeinen Projektdaten. Der Steckbrief beinhaltet in letzter Konsequenz sämtliche Stammdaten eines Projektes. Einige Zahlen im Steckbrief müssen Sie eingeben (Felder mit blauer Schrift); andere Daten werden aus den anderen Arbeitsblättern übernommen (Felder mit schwarzer Schrift).

Meilenstein- und Preis-Mengen-Planung

Im Blatt **Meilensteine** können Sie je Projekt bis zu acht Meilensteine beliebig definieren (s. Abb. 1). In den Textfeldern können Sie beispielsweise Abweichungsursachen oder Besonderheiten erläutern. Projektbeginn und -ende müssen Sie ausfüllen, alle anderen Meilensteine sind lediglich Solleingaben. Im Blatt **Meilensteine** können Sie sowohl Plan- als auch Istwerte eingeben. Die Terminzellen sind mit dem Datumsformat **TT.MM.JJ** voreingestellt.

Meilensteinplanung

Projekt: Relaunch Internet-Auftritt Nummer: 0045/04

Meilenstein		Termine		Ergänzungen/Bemerkungen
		Plan	Ist	
1	Projektstart			
2	Projektdefinition & Zielklärung	01. Jan 04	01. Jan 04	
3	Agenturbriefing	01. Feb 04	15. Feb 04	
4	Agenturauswahl	01. Mrz 04		
5	Verabschiedung Lastenheft	01. Apr 04		
6	Definition Shopfunktionen/Design	01. Apr 04		
7	Sonstige Elemente Homepage	01. Mai 04		
8	Projektabnahme	01. Jun 04		
9				
10	Projektende			

Abb. 1: Hier können Sie die Meilensteine des Projektes festhalten.

Das Blatt **Preis-Mengen-Gerüst** wird immer benötigt, um zu gültigen und nachvollziehbaren Aussagen bei Preisen und Mengen zu gelangen. Das Eingabemuster der Datei zwingt Sie einerseits, sich konkret Gedanken über die zu verkaufenden Mengen und deren Preise zu machen. Andererseits müssen Sie auch ausführliche Angaben zu den jeweiligen Kosten und dem entsprechenden Ressourcenverbrauch tätigen. Das Blatt **Preis-Mengen-Gerüst** sollten Sie dabei immer in Kombination mit dem Arbeitsblatt **Dokumentation** anwenden.

Kalkulation

In dem Blatt **Kalkulation** werden nahezu alle Planerlös- und -kostendaten aus dem Blatt **Preis-Mengen-Gerüst** übernommen und zusammengeführt (Spalte **E** Planwerte, schwarze Schrift), sodass am Ende das Projektergebnis steht. Lediglich die Steuern und sonstigen Abgaben müssen Sie manuell ausfüllen und in das Kalkulationsblatt übernehmen. Die Planwerte können Sie überschreiben, beispielsweise wenn das Arbeitsblatt **Preis-Mengen-Gerüst** nicht genutzt werden soll. Da zunächst keine Istdaten vorliegen, ist das Blatt so eingestellt, dass in der Spalte **E** Istwerte die Planwerte automatisch übernommen werden. Das Gleiche gilt für die Erwartungswerte in Spalte **I**.

Während des Projektlebenszyklus fallen laufend Istkosten an, die vom Anwender manuell nachgetragen werden müssen (Spalte **G** Istwerte, blaue Schrift), sodass Sie im Laufe der Zeit einen Plan/Ist-Vergleich (mitlaufende Kalkulation) erstellen können. Eingang in das Kalkulationsschema finden vor allen Dingen direkte projektbezogene Aufwendungen, etwa für planungsrelevante Aufwendungen:

- Personal
- Dienstleistungen
- Reisekosten
- Projektleitung (soweit nicht Personal)
- Materialkäufe
- Integrationsleistungen
- Schulungen
- Beratungsleistungen
- sonstige Dienstleistungen Externer oder
- DV-Aufwendungen

Indirekte Kosten wie beispielsweise

- Kosten für allgemeine Verwaltung
- Grundlagenentwicklung
- IV-Kosten oder Qualitätssicherung

können Sie ebenfalls in die Kalkulation aufnehmen.

Kennzahlen

Das Arbeitsblatt **Kennzahlen** dient dazu, die wichtigsten Projektdaten für Projektmanagement, Controlling und Geschäftsleitung zusammenfassend darzustellen.

> **HINWEIS**
>
> Beachten Sie, dass Sie in diesem Arbeitsblatt verschiedene Eingaben manuell tätigen müssen! Hierzu sind für die Spalten **M** und **O** manuelle Eingaben vorgesehen.

Tragen Sie dazu die zu einem bestimmten Stichtag angefallenen kumulierten Umsätze, Deckungsbeiträge und Ergebnisse im **Plan** und im **Ist** ein. Auf diese Weise können Sie die vorgegebenen Kennzahlen mit relativ geringem Arbeitsaufwand darstellen.

Sensitivitätsanalyse

Das Arbeitsblatt **Sensitivitätsanalyse** soll Ihnen helfen, die Durchführungsentscheidung für eine Kalkulation zu untermauern. Sie soll dem Projektmanager, dem Controller und der Geschäftsleitung zeigen, was passiert, wenn sich bestimmte Komponenten, sei es auf der Umsatz- oder Kostenseite, anders entwickeln als geplant. In den Arbeitsblättern wird das bereits besprochene Kalkulationsschema wiedergegeben. Die Spalte mit der Überschrift **Standard** ist dabei die 100-%-Planung des Projektes, die aus den Blättern **Preis-Mengen-Gerüst** und **Kalkulation** resultiert. Hier fließen die Erwartungswerte für Umsätze, Kosten, Investitionen etc. ein.

> **HINWEIS**
>
> In den Spalten **Positiv** und **Negativ** können Veränderungen zum 100-%-Wert der Kalkulation abgebildet werden. Fest voreingestellt sind Abweichungen von +/–10 % bei Umsätzen und variablen Kosten. Die einzustellenden Parameter befinden sich im Steckbrief.

Mit Hilfe dieser Einstellungen erhalten Sie schnell einen Überblick darüber, wie sich die Kalkulationsdaten verändern, wenn sich beispielsweise die Kosten bei gleich bleibenden Umsätzen um 15 % erhöhen oder umgekehrt. Sie erhalten hierdurch wertvolle zusätzliche Entscheidungshilfen und können innerhalb kürzester Zeit mehrere Alternativszenarien aufzeigen und diese z. B. mit der Geschäftsleitung besprechen.

Nachbetrachtung

Es ist für jedes Unternehmen – zumindest bei größeren und wichtigen Projekten – unabdingbar, nach Projektende eine **Nachbetrachtung** durchzuführen, dies mit dem Ziel festzustellen, welche Dinge gut gelaufen sind und bei welchen Sachverhalten Verbesserungsbedarf besteht. Verwenden Sie dafür das entsprechende Tabellenblatt **Nachbetrachtung**, das Sie auch für einen strukturierten und vollständigen Abschlussbericht verwenden können.

Für eine Nachkalkulation können Sie nach Projektende das Blatt **Kalkulation** betrachten, hier werden Plan-, Ist- und Erwartungswerte des Projektes positionsweise gegenübergestellt. Aus den Abweichungen und den Ursachen, die zu den Abweichungen geführt haben, können Sie konkrete Hinweise für Verbesserungen bei Folgeprojekten erhalten.

2 Zusammenfassung

Die hier vorgestellte Musterlösung ermöglicht Ihnen eine professionelle Kalkulation und Steuerung von Projekten. Um zu einem sinnvollen Ergebnis zu gelangen, sollten Sie die Arbeitsblätter

- Steckbrief
- Meilensteine
- Preis-Mengen-Gerüst und
- Kalkulation

vorrangig bearbeiten.

Planspiele mit Excel: Der Szenario-Manager

Susanne Kowalski

Mit dem Szenario-Manager stellt Excel eine Art Planspiel für Was-wäre-wenn-Analysen zur Verfügung. Dieses Werkzeug ermöglicht es Ihnen, sich durch das Vergleichen verschiedener Szenarien an eine Lösung für ein bestimmtes Problem heranzutasten. Lesen Sie hier, wie Sie den Szenario-Manager optimal einsetzen können bei solch verschiedenen Praxissituationen wie:

- Berechnung der Umsatzerwartungen
- Optimierung von Kreditbelastungen
- Planung von Personalkosten
- Kalkulation von Deckungsbeiträgen

> **HINWEIS**
> Die Lösungsdatei zu diesem Beitrag finden Sie auf der CD-ROM unter dem Namen **Bsp_SzenarioManager.xls**.

1 Anforderungen aus der Praxis

Was-wäre-wenn-Analysen sind für die Unternehmensplanung in den unterschiedlichsten Bereichen der betrieblichen Praxis immer wieder von großer strategischer Bedeutung. Excel bietet Ihnen mit dem Szenario-Manager eine Funktionalität mit deren Hilfe Sie auf sehr elegante Weise auch komplexe Zukunftsszenarien vergleichen können. Im Rahmen dieses Beitrags wird die Funktionsweise des Szenario-Managers anhand verschiedener Praxisbeispiele vorgestellt:

- **Management:** Was wäre, wenn sich das Marktvolumen meines Produktbereichs negativ verändern würde und sich gleichzeitig der Marktanteil reduziert? Wie wirkt sich darüber hinaus die Preisentwicklung auf die Umsatzerwartungen aus?
- **Finanzen & Controlling:** Was wäre, wenn ich mein Kreditvolumen reduzieren könnte und wenn gleichzeitig die Zinsen gesenkt würden?
- **Personalwesen:** Wie wirken sich Änderungen in der Mitarbeiterzahl, in den durchschnittlichen Lohnkosten und in der Lohnsteigerungsrate auf die gesamten Personalkosten aus?
- **Marketing:** Wie ist der Einfluss von Einkaufs- und Verkaufspreisen im Zusammenhang mit der Absatzmenge auf den Deckungsbeitrag eines Unternehmens?

Obwohl die Arbeit mit dem Szenario-Manager mit zunehmender Komplexität interessanter wird, wollen wir Ihnen die Funktionsweise dieses Instruments anhand dieser einfachen Beispiele zeigen. So ist die Vorgehensweise verständlich und gut zu durchschauen.

2 Der Szenario-Manager

Ein Szenario ist eine Art Gedankenexperiment oder auch Planspiel, mit dessen Hilfe das Zusammenwirken verschiedener Faktoren auf bestimmte Situationen oder Entwicklungen hin abgeschätzt werden kann. Ziel ist es in der Regel, sich durch das Vergleichen verschiedener Szenarien an eine Lösung für ein bestimmtes Problem heranzutasten. Szenarien bieten dabei eine Hilfestellung, die Folgen von Planungen abzuschätzen oder Zusammenhänge zu erkennen, die vorher nicht deutlich gewesen sind. Zugrunde liegt meist eine Fragestellung, die mit den Mitteln eines oder mehrerer Szenarien geklärt werden soll.

Übertragen auf eine Excel-Tabelle bedeutet ein Szenario, dass das Modell mit einem Satz von veränderlichen Werten durchgespielt wird: Szenario A arbeitet mit dem Wertsatz 1, Szenario B mit dem Wertesatz 2, Szenario C mit dem Wertesatz 3 usw. Dabei werden Werte in Zellen geändert. Auf diese Weise prüft die Tabellenkalkulation, in welcher Weise sich die Änderungen auf die Ergebnisse von Formeln im Tabellenblatt auswirken. Der Szenario-Manager berücksichtigt dabei bis zu 32 Variablen. Der Vorteil in der praktischen Arbeit besteht darin, dass Excel die Variablen statt auf einer Vielzahl Tabellen auf nur zwei Arbeitsblättern abbildet. In der einen Tabelle befinden sich die Ausgangsdaten, in der zweiten Tabelle der Szenariobericht. Dadurch bleibt Ihr gesamtes Arbeitsmappenprojekt übersichtlich.

Bevor Sie mit dem Szenario-Manger arbeiten können, müssen Sie das Tabellenmodell aufbauen und festlegen, welche Daten variabel sein sollen. Die entsprechenden Zellen werden später im Szenario-Manager als veränderbar angegeben.

Der Szenario-Bericht, den Sie per Mausklick generieren, zeigt alle Szenarien auf einen Blick. Damit haben Sie die Möglichkeit, die verschiedenen Parameter und die daraus resultierenden Ergebnisse zu vergleichen.

3 Praxisbeispiel: Die Umsatzerwartungen des Managements

Zunächst ein Beispiel aus dem Bereich **Management**. Das Management eines Unternehmens will die voraussichtlichen Umsatzerwartungen für seine drei Produktgruppen ermitteln. Ausgehend vom Marktvolumen und dem eigenen Marktanteil wird zunächst die Absatzmenge ermittelt. Diese wird mit dem Verkaufspreis multipliziert und ergibt den Umsatz. Folgende Werte sind dabei variabel:

- Marktvolumen
- Marktanteil
- Verkaufspreis

Zum Zeitpunkt der Prognose ist keiner der drei Faktoren genau bekannt. Alle drei Komponenten müssen geschätzt werden. Der Umsatz wird mit verschiedenen Annahmen durchgerechnet.

3.1 Vorbereitungsarbeiten

Legen Sie zunächst das Tabellengrundgerüst zur Eingabe des Datenmaterials in einem leeren Tabellenarbeitsblatt fest.

	A	B	C	D	E
1	Szenario für die voraussichtliche Umsatzentwicklung				
2					
3		Produkt A	Produkt B	Produkt C	Gesamt
4	Marktvolumen	5100	4900	7100	
5	Marktanteil	10%	12%	15%	
6	Absatzvolumen	510	588	1065	
7	Preis	98,00 €	49,00 €	21,00 €	
8	Umsatz	49.980,00 €	28.812,00 €	22.365,00 €	101.157,00 €

Abb. 1: Das Tabellengerüst zur Ermittlung der voraussichtlichen Umsatzdaten mit kursiv dargestellten variablen Werten

3.2 Tabellengerüst anlegen

Zunächst geben Sie die Modelldaten in ein weiteres Arbeitsblatt ein:

1 Tragen Sie zunächst die Daten der Abbildung 1 in ein neues Tabellenblatt ein. In die Zellbereiche **B6:D6** sowie **B8:E8** werden Formeln eingeben. Die Formel in **B6** lautet
=B4*B5
und kann in die beiden Nachbarzellen kopiert werden.

2 Der Umsatz in **B8** ergibt sich aus dem Produkt von Preis und voraussichtlicher Absatzmenge:
=B6*B7
Auch diese Formel muss in die beiden Nachbarzellen kopiert werden.

3 Der Gesamtumsatz in **E8** ist die Summe der Einzelumsätze der drei Produktgruppen:
=SUMME(B8:D8) ∎

Welche Zellen veränderbar sind, ist von Modell zu Modell völlig unterschiedlich. Im aktuellen Beispiel sind Marktvolumen, Marktanteil und Verkaufspreis variabel. Dadurch werden sowohl die einzelnen Umsätze als auch der Gesamtumsatz variieren.

3.3 Zellbezeichnungen festlegen

Bevor Sie mit dem eigentlichen Erstellen der Szenarien beginnen, sollten Sie die veränderbaren Zellen benennen. Die Arbeit mit Namen anstelle von abstrakten Zellbezügen hat folgende Vorteile:

- Excel benennt – wie Sie im Verlauf des Beispiels noch sehen werden – die veränderbaren Zellbereiche in der Dialogbox **Szenariowerte**. Ohne die Namen müssten Sie hier mit abstrakten Zellbezügen arbeiten. Dadurch würde das Tabellengerüst unübersichtlich.
- Die Namensdefinitionen werden später für die Berichterstellung übernommen. Auch dort werden die Namen anstatt der Zellbezüge verwendet. Auf diese Weise werden die Berichte übersichtlicher und besser lesbar.

> **HINWEIS**
> Bei der Namensvergabe werden im Dialogfeld **Szenariowerte** nur die ersten 16 Zeichen verwendet. Wählen Sie aus diesem Grunde die Namen nicht zu lang.

Namen definieren Sie wie folgt:

1 Markieren Sie die Zelle, der Sie einen Namen zuweisen möchten, und rufen Sie über den Befehl **Einfügen** → **Namen** → **Definieren** (Excel 97: **Festlegen**) die Dialogbox **Namen definieren** (Excel 97: **Namen festlegen**) auf (s. Abb. 2).

2 Im Feld **Namen in der Arbeitsmappe** tragen Sie die gewünschte Bezeichnung ein. Über die Schaltfläche **Hinzufügen** wird dieser Begriff als Bereichsname übernommen. Verlassen Sie das Dialogfeld über **OK**. ∎

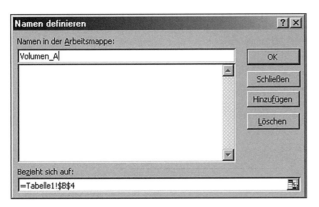

Abb. 2: Bei der Arbeit mit dem Szenario-Manager empfiehlt sich dringend die Arbeit mit Namen.

In der Beispielanwendung wird mit den Namen aus Tabelle 1 gearbeitet.

Zelle	Name
B4	Volumen_A
C4	Volumen_B
D4	Volumen_C
B5	Marktanteil_A
C5	Marktanteil_B
D5	Marktanteil_C
B7	Preis_A
C7	Preis_B
D7	Preis_C
E8	Gesamtumsatz

Tab. 1: Bezeichnungen der veränderbaren Zellen

4 Ein Szenario Schritt für Schritt einrichten

Nachdem Sie alle Vorbereitungen getroffen haben, rufen Sie den Szenario-Manager auf:

1 Markieren Sie den Zellbereich **B4:D5** und **B7:D7**. Mehrfachmarkierungen erreichen Sie mit Hilfe der Taste **Strg**. Wählen Sie **Extras** → **Szenarien** (Excel 2000/97: **Szenario Manager**). Über die Schaltfläche **Hinzufügen** gelangen Sie in das Dialogfeld **Szenario hinzufügen** (s. Abb. 3).

Abb. 3: Im Dialogfeld Szenario hinzufügen werden die markierten Zellen als veränderbar übernommen.

2 Das aktuelle Beispiel soll folgende Szenarien enthalten:
- Günstige Prognose
- Ungünstige Prognose

Tragen Sie in das Feld **Szenarioname** einen Namen – in unserem Beispiel den Begriff „Günstige Prognose" – für das Szenario ein.

Achten Sie an dieser Stelle darauf, dass Sie möglichst sinnvolle Namen verwenden. Dadurch haben Sie es später in komplexeren Anwendungen leichter, die gewünschten Daten aufzufinden. Wenn Sie Namen wie Plan I, Plan II etc. verwenden, wissen Sie später nicht mehr, was sich hinter dieser Bezeichnung verbirgt.

3 Excel übernimmt in das Feld **Veränderbare Zellen** die Zelle bzw. den Zellbereich, der momentan im Tabellenarbeitsblatt markiert ist. Wenn Sie die veränderbaren Zellen bereits im Vorfeld markiert haben, können Sie dieses Feld überspringen.

Falls Sie mehrere Bezüge angeben möchten, die nicht nebeneinander liegen, geben Sie diese jeweils durch Semikola getrennt ein oder markieren diese mit Hilfe der **Strg**-Taste im Tabellenblatt. Zellbezüge auf andere Tabellenarbeitsblätter sind nicht erlaubt. Falls Sie mit Bereichsnamen arbeiten, können Sie diese mit Hilfe der Taste **F3** einfügen.

4 Bei Bedarf besteht noch die Möglichkeit, einen Kommentar zu dem Szenario anzulegen. Automatisch erscheinen hier der Benutzername und das Erstelldatum des Szenarios. Wenn Sie einen Kommentar erfassen möchten, brauchen Sie lediglich in das entsprechende Textfeld zu klicken und dort die gewünschte Anmerkung einzutragen.

5 Entscheiden Sie sich unter **Schutz** für die gewünschte Variante und haken Sie ggf. das gewünschte Kontrollkästchen an. Mit **Änderungen verhindern** erreichen Sie, dass das Szenario nicht geändert werden kann, wenn Sie es anschließend über **Extras → Schutz → Blatt schützen** vor Änderungen sichern. Dabei haben Sie die Möglichkeit, für jede der angelegten Varianten unterschiedlich vorzugehen. Das heißt, Sie können die pessimistischste Variante schützen, während Sie die günstigste Prognose freigeben.

> **PRAXIS-TIPP**
>
> Wenn Sie das Kontrollkästchen **Ausblenden** aktivieren, wird das aktuelle Szenario in der Liste im ersten Dialogfeld nicht aufgeführt. Dies gilt allerdings nur für den Fall, dass die Datei insgesamt geschützt ist. Auf diese Weise bleibt die Variante für Unbefugte unsichtbar.

6 Verlassen Sie die Dialogbox über die Schaltfläche **OK**. Auf diese Weise gelangen Sie automatisch in das Dialogfeld **Szenariowerte**. Dort werden die gewünschten Werte für die veränderbaren Zellen eingetragen. Sie können hier ebenfalls die Ausgangswerte aus der zuvor angelegten Tabelle übernehmen. Prozentangaben werden in Dezimalwerte umgewandelt.

7 Im Dialogfeld **Szenariowerte** (s. Abb. 4) sind nicht alle veränderbaren Zellen zu sehen, sodass Sie diese über die Bildlaufleiste sichtbar machen müssen. Lassen Sie sich nicht dadurch irritieren, dass die Ziffern eins bis fünf nicht angepasst werden. Tragen Sie die Prognosewerte in die einzelnen Felder des Fensters **Szenariowerte** ein. Die Beispieldaten entnehmen Sie Tabelle 2.

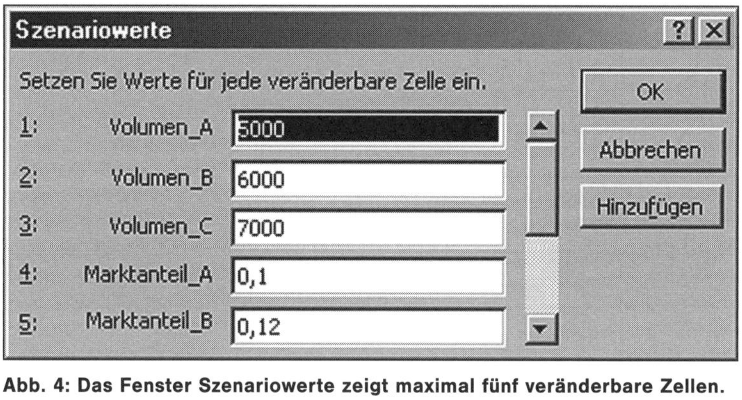

Abb. 4: Das Fenster Szenariowerte zeigt maximal fünf veränderbare Zellen.

VIII. Projektmanagement

> **PRAXIS-TIPP**
>
> In das Fenster **Szenariowerte** dürfen Sie nicht nur feste Werte, sondern auch Formeln eintragen. Sie erreichen zum Beispiel mit der Multiplikation eines Ursprungswertes mit der Zahl 1,1 eine Erhöhung des Wertes um 10%.

8 Verlassen Sie die Dialogbox **Szenariowerte** über **OK**. Sie gelangen wieder in das Dialogfeld **Szenario-Manager**. Wenn Sie diese Dialogbox ebenfalls über die Schaltfläche **OK** verlassen, haben Sie die Möglichkeit, das Szenario unter den neuen Bedingungen anzusehen. Für das Beispiel sollen jedoch weitere Szenarien eingetragen werden.

9 Klicken Sie wiederum die Schaltfläche **Hinzufügen** an. Tragen Sie im Feld **Szenarioname** den Begriff „Ungünstige Prognose" ein. Diese Prognose soll sich durch ein niedriges Marktvolumen und niedrige Verkaufspreise auszeichnen (s. Abb. 5). ■

Abb. 5: Hier werden die unterschiedlichen Prognosen angezeigt.

Prognose	Zelle	Wert
Günstig	Volumen_A	5000
Günstig	Volumen_B	6000
Günstig	Volumen_C	7000
Günstig	Marktanteil_A	0,10
Günstig	Marktanteil_B	0,12
Günstig	Marktanteil_C	0,15
Günstig	Preis_A	100
Günstig	Preis_B	50
Günstig	Preis_C	20
Ungünstig	Volumen_A	4500
Ungünstig	Volumen_B	5500

Prognose	Zelle	Wert
Ungünstig	Volumen_C	6500
Ungünstig	Marktanteil_A	0,10
Ungünstig	Marktanteil_B	0,12
Ungünstig	Marktanteil_C	0,15
Ungünstig	Preis_A	95
Ungünstig	Preis_B	45
Ungünstig	Preis_C	15

Tab. 2: Prognosedaten

PRAXIS-TIPP

Über die Schaltfläche **Anzeigen** im Szenario-Manager lässt sich nachprüfen, welche Ergebnisse ein bestimmtes Szenario liefert. Alternativ führen Sie einfach einen Doppelklick auf den Namen aus.

5 Der Szenario-Bericht

In der Regel ist es angebracht, alle Szenarien auf einen Blick anzusehen. Dann kann man direkt die verschiedenen Parameter und die daraus resultierenden Ergebnisse – im Beispielfall die Umsätze – vergleichen.

1 Um einen Bericht zu erstellen, klicken Sie in der Dialogbox **Szenario-Manager** auf **Zusammenfassung** (Excel 97: **Bericht**). Sie gelangen in das Fenster **Szenariobericht** (s. Abb. 6).

2 Unter **Berichtstyp** wählen Sie **Szenariobericht** (Excel 97: **Übersichtsbericht**). Verlassen Sie das Dialogfeld über **OK**.

Abb. 6: Über dieses Dialogfeld generieren Sie mit einem Mausklick eine Übersicht über Ihre Szenarien.

3 Sie erhalten automatisch einen Übersichtsbericht über die aktuellen Werte und die eingetragenen Szenarien in einem eigenen Tabellenarbeitsblatt (s. Abb. 7). ■

Szenariobericht				
		Aktuelle Werte:	Günstige Prognose	Ungünstige Prognose
Veränderbare Zellen:				
	Volumen_A	5100	5000	4500
	Volumen_B	4900	6000	5500
	Volumen_C	7100	7000	6500
	Marktanteil_A	10%	10%	10%
	Marktanteil_B	12%	12%	12%
	Marktanteil_C	15%	15%	15%
	Preis_A	98,00 €	100,00 €	95,00 €
	Preis_B	49,00 €	50,00 €	45,00 €
	Preis_C	21,00 €	20,00 €	15,00 €
Ergebniszellen:				
	Gesamtumsatz	101.157,00 €	107.000,00 €	87.075,00 €

Abb. 7: Der Übersichtsbericht

6 Szenarien löschen und bearbeiten

Szenarien können Sie jederzeit löschen und bearbeiten.

6.1 Ein Szenario löschen

Szenarien lassen sich vollständig entfernen. Dazu folgende Informationen:

- Der Löschvorgang erfolgt ohne Sicherheitsabfrage.
- Löschbefehle im Zusammenhang mit Szenarien lassen sich nicht rückgängig machen.
- Beim Löschen eines Szenarios übernimmt die Tabelle die Werte des zuletzt angezeigten Szenarios.

1 Um ein Szenario zu löschen, wählen Sie im Menü **Extras** → **Szenarien** (Excel 2000/97: **Szenario Manager**).

2 Markieren Sie im folgenden Dialolg den Namen des Szenarios, das Sie entfernen möchten, und klicken Sie anschließend auf die Schaltfläche **Löschen**. ■

6.2 Bearbeiten eines Szenarios

Szenarien lassen sich nachträglich bearbeiten. Wenn Sie nach Änderung eines Szenarios dessen Namen beibehalten, werden die Werte im ursprünglichen Szenario durch die neuen Werte für die veränderbaren Zellen ersetzt:

1 Um ein Szenario zu bearbeiten, wählen Sie **Extras** → **Szenarien** (Excel 2000/97: **Szenario Manager**). Klicken Sie auf den Namen des zu bearbeitenden Szenarios und anschließend auf die Schaltfläche **Bearbeiten**.

2 Führen Sie die gewünschten Änderungen durch und tragen Sie im Dialogfeld **Szenariowerte** die neuen Werte für die veränderbaren Zellen ein. Durch einen Klick auf die Schaltfläche **OK** übernehmen Sie die Änderungen. ■

Szenario-Manager

> **HINWEIS**
> Wenn Sie Anpassungsarbeiten an einem Szenario durchführen, wird dies im Kommentarfeld festgehalten. Auf diese Weise haben Sie Zugriff auf eine Art Journal, das die Änderungen protokolliert.

7 Weitere Praxisbeispiele

In der Datei **Bsp_SzenarioManager.xls** finden Sie weitere Bespiele für den Einsatz des Szenario-Managers. Dabei werden neben dem Lösungsansatz aus dem Bereich „Management" Praxisprobleme zu folgenden Bereichen vorgestellt:

- Finanzen und Controlling
- Personalbereich
- Marketing und Vertrieb

Über die Schaltflächen der Startseite der Anwendungsdatei gelangen Sie bequem zu dem gewünschten Beispiel (s. Abb. 8).

Abb. 8: Über diese Schaltflächen navigieren Sie in der Arbeitsmappe.

7.1 Finanzen und Controlling

Für den Bereich Finanzen und Controlling haben wir ein Beispiel aus dem Kreditbereich gewählt (s. Abb. 9). Die Höhe der monatlichen Rückzahlungen eines Darlehens soll mit verschiedenen Annahmen durchgerechnet werden.

Folgende Daten beeinflussen den Rückzahlungsbetrag und werden im Szenario als variabel definiert:

- Kreditvolumen (Zelle **B3**)
- Zinssatz (Zelle **B4**)
- Laufzeit in Monaten (Zelle **B5**)

Die monatliche Rückzahlung wird mit der Funktion **RMZ** aus der Kategorie der finanzmathematischen Funktionen ermittelt. Die monatliche Rate setzt sich dabei aus der Tilgung einer Periode zuzüglich der Zinsleistung der zugehörigen Periode zusammen. Sie erhalten für alle Perioden ein identisches Ergebnis, da mit sinkenden Zinsen der Tilgungsanteil steigt. Das heißt, die monatliche Rate bleibt immer identisch.

> **HINWEIS**
> Wichtig bei dieser Funktion ist, dass Sie für die Zinsen und den Zeitraum zueinander passende Zeiteinheiten verwenden. Das heißt, bei einer monatlichen Betrachtungsweise müssen Sie den Zinssatz durch 12 dividieren und dementsprechend als Zeitraum 60 Monate bei einer fünfjährigen Laufzeit eingeben.

	A	B
1	**Szenario für die Finanzen und Controlling**	
2		
3	Kreditvolumen	110.000,00 €
4	Zinssatz	4,75%
5	Laufzeit in Monaten	60
6	Monatliche Rückzahlung	-2.063,26 €
7		

Formel: =RMZ(B4/12;B5;B3)

Abb. 9: Auch Kreditberechnungen eignen sich für den Einsatz des Szenario-Managers.

7.2 Personalbereich

Eine Personalkostenplanung (s. Abb. 10) für das kommende Jahr soll für die betrieblichen Bereiche Verwaltung, Vertrieb, Produktion und Material durchgeführt werden. Für jeden dieser Bereiche wird die Mitarbeiterzahl, die Höhe der durchschnittlichen Personalkosten pro Mitarbeiter sowie die erwartete Lohnsteigerungsrate angegeben. Damit ergeben sich für dieses Beispiel zwölf variable Zellen. In der Bespieltabelle entspricht das dem Bereich (**B4:E6**).

Die voraussichtlichen Personalkosten für einen Bereich ergeben sich aus dem Produkt der Anzahl Personen (Personalbedarf) und den durchschnittlichen Personalkosten. Diese werden mit der voraussichtlichen Lohnsteigerungsrate inflationiert. Die gesamten Personalkosten ergeben sich als Summe der Gesamtkosten der einzelnen Bereiche.

	A	B	C	D	E	F
1	**Szenario für die Personalkostenplanung**					
2						
3		Verwaltung	Vertrieb	Produktion	Materialbereich	Gesamt
4	Personalbedarf	12	8	10	6	36
5	Durchschnittl. Personalkosten	3.200,00 €	3.300,00 €	2.500,00 €	2.200,00 €	**11.200,00 €**
6	Lohnsteigerung	1,85%	1,85%	1,85%	1,85%	1,85%
7	**Gesamtkosten**	39.110,40 €	26.888,40 €	25.462,50 €	13.444,20 €	**104.905,50 €**

Abb. 10: Für die voraussichtlichen Personalkosten wird mit unterschiedlichen Szenarien gearbeitet.

7.3 Marketing & Vertrieb

Im Bereich Marketing und Vertrieb ist es wichtig, die Deckungsbeiträge von Produktgruppen zu kennen (s. Abb. 11). Der Deckungsbeitrag ist die Differenz zwischen Verkaufs- und Einkaufspreis. Multipliziert mit der Absatzmenge ergibt sich der Deckungsbeitrag für eine Produktgruppe. Der Gesamtdeckungsbeitrag eines Unternehmens ergibt sich aus der Summe der Einzeldeckungsbeiträge. Die variablen Werte für dieses Beispiel sind:

- Einkaufspreis (**B4:B6**)
- Verkaufspreis (**C4:C6**)
- Absatzmenge (**D4:D6**)

	A	B	C	D	E
1	**Szenario für die Deckungsbeitragsrechnung**				
2					
3		EK	VK	Absatzmenge	Deckungsbeitrag
4	Produktgruppe A	95,00 €	215,00 €	1000	120.000,00 €
5	Produktgruppe B	192,00 €	412,00 €	550	121.000,00 €
6	Produktgruppe C	39,00 €	209,00 €	2120	360.400,00 €
7	**Gesamt**				**601.400,00 €**
8					
9					

Abb. 11: Beispiel aus dem Bereich Marketing und Vertrieb

8 Zusammenfassung

Der Praxisfall für die Erstellung eines Planspiels in Ihrem Unternehmen mit Hilfe des Szenario-Managers wird in der Regel von den hier geschilderten einfachen Berechnungsformeln weit abweichen. Das grundsätzliche Vorgehen ist jedoch identisch.

1 Erstellen Sie die Berechnungsformel für Ihr Praxisproblem in einem Tabellenblatt.

2 Benennen Sie die veränderbaren Zellen Ihres Modells über **Einfügen → Namen → Definieren** (Excel 97: **Festlegen**) mit sprechenden Bereichsnamen. Auf diese Weise behalten Sie die Übersicht bei der Definition komplexer Szenarien.

3 Rufen Sie über **Extras → Szenarien** (Excel 2000/97: **Szenario Manager**) den Szenario-Manager auf und definieren Sie mit **Hinzufügen** Ihre gewünschten Szenarien. Markieren Sie dabei alle Zellen, die in Ihrem komplexen Modell veränderbar sein sollen.

4 Definieren Sie für jede Variante die gewünschten veränderlichen Szenariowerte.

5 Einen schnellen Vergleich Ihrer verschiedenen Szenarien erhalten Sie über **Zusammenfassung** (Excel 97: **Bericht**) mit Hilfe des Szenario-Berichts.

VIII. Projektmanagement

Online: Projektplaner

Diese Arbeitshilfe ermöglicht Ihnen eine präzise Projektplanung. Sie können festhalten, wer was in welchem Zeitrahmen erledigen oder betreuen wird und sehen für Ihr Projekt anhand von Balkendiagrammen auf einen Blick, ob die Koordination unter Mitarbeitern und Projektphasen optimal abläuft. Die Arbeitshilfe erlaubt zudem das Setzen von Meilensteinen.

> **HINWEIS**
>
> Das Tool **Projektplaner** finden Sie auf der Onlineversion von Excel im Unternehmen unter **Premium-Tools** in der Kategorie **Projektmanagement**.

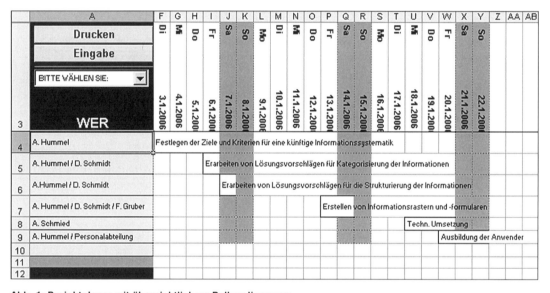

Abb. 1: Projektplaner mit übersichtlichem Balkendiagramm

Online: Budgetkontrolle für mehrere Projekte

Susanne Kowalski

Budgetkontrolle wird im betrieblichen Alltag als Gegenüberstellung von Einnahmen und Ausgaben in Form eines Finanzplanes oder Etats definiert. Diese Musterlösung arbeitet mit einer Umsatztabelle, in der Einnahmen jeglicher Art erfasst werden. Die Ausgaben werden in Bezug auf die verschiedenen betrieblichen Bereiche gegliedert.

Dabei orientiert sich die Budgetkontrolle an betrieblichen Organisationseinheiten wie Verwaltung, Produktion etc. Mit diesem Excel-Tool sind Sie in der Lage Soll-/Ist-Vergleiche durchführen und Ihr Budget zu kontrollieren.

> **HINWEIS**
>
> Sie finden dieses Tool auf der Onlineversion von Excel im Unternehmen unter **Premium-Tools** in der Kategorie **Projektmanagement**.

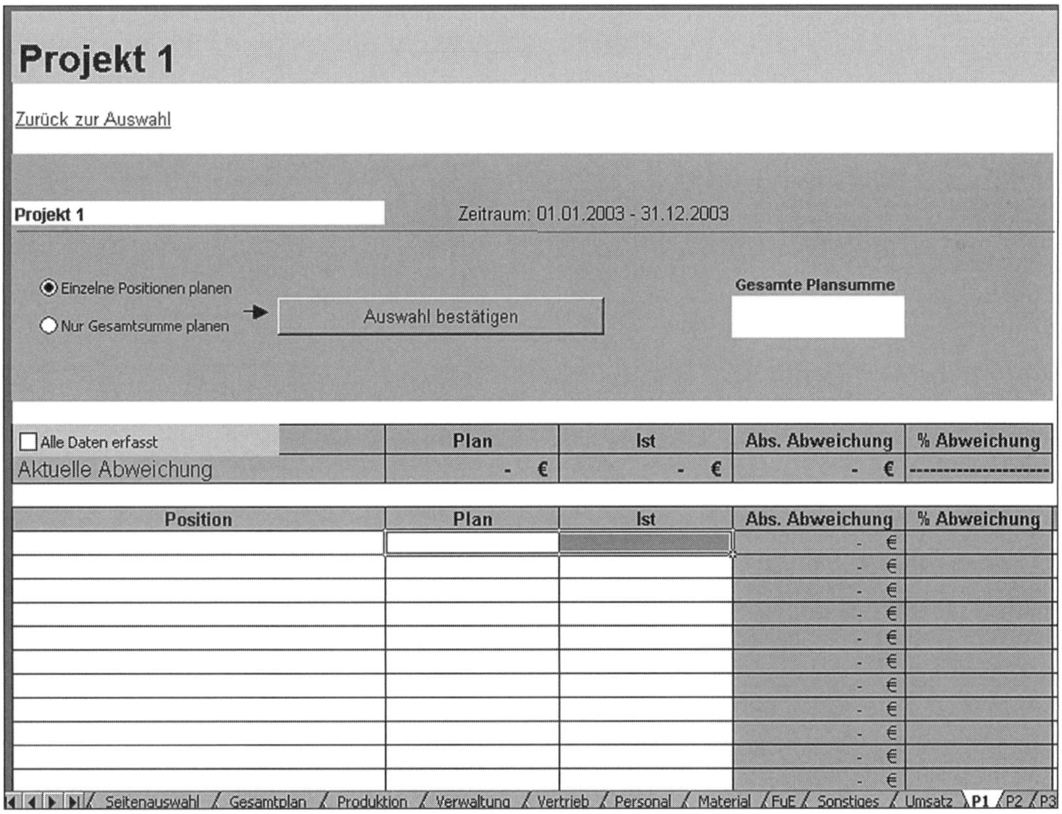

![Screenshot Projekt 1]

Abb. 1: Budgetkontrolle mit Soll-/Ist-Vergleich für mehrere Projekte

IX. Prozesse automatisieren mit VBA

*Der Computer arbeitet deshalb so schnell,
weil er nicht denkt.*

GABRIEL LAUB
Deutsch-polnischer Schriftsteller
24.10.1928 – 3.2.1998

Makroprogrammierung mit der Makrosprache Visual Basic für Applikationen (VBA) ist kein Zauberwerk und auch für Nicht-Programmierer erlernbar. Die Makrosprache VBA, die in allen Programmen der Office-Familie enthalten ist, bietet die Möglichkeit, Programme zu schreiben, die Routinetätigkeiten auf Knopfdruck abarbeiten.

Prüfen Sie anhand dieser Checkliste, ob Sie den Sprung in die Makroprogrammierung wagen sollten:

- Führen Sie häufig manuelle Arbeiten an Mappen, Tabellen und Diagrammen durch, die oft gleich sind, aber immer viel Zeit kosten?
- Arbeiten Sie mit externen Quellen, zum Beispiel mit Textdatenimports und SAP-Berichten im XLS-Format, oder müssen Sie immer wieder Daten mit Copy & Paste aus unterschiedlichen Listen zusammenstellen?
- Erstellen Sie häufig Tabellenmodelle mit Funktionen wie SVERWEIS und SUMMEWENN oder mit Teilergebnisberechnungen, Filtern und Pivot-Tabellenberichten?

Wenn Sie nur eine dieser Fragen mit Ja beantworten können, wird es wahrscheinlich Zeit für Sie, die Makroprogrammierung mit VBA zu erlernen. Die tägliche Arbeit mit Excel kostet Sie nämlich mehr Zeit als nötig und die Makrosprache kann Ihnen eine Menge zeitlichen Aufwand sparen.

In unserem Einstieg – „VBA für Pragmatiker" – lernen Sie anhand eines Praxisbeispiels die grundsätzlichen Möglichkeiten kennen, VBA-Code zu erstellen. Sie erfahren, wie Sie ein Makro mit Hilfe des Makrorecorders aufzeichnen. Dabei wandelt VBA die einzelnen Schritte der Makro-Aufzeichnung in Visual-Basic-Code um. Die zweite Variante ist, den VBA-Code im VBA-Editor direkt zu erfassen.

Die Techniken der Makroprogrammierung lassen sich am besten über Beispiele aus der Praxis einüben und nachvollziehen. In unseren Beiträgen „Makros im Praxiseinsatz: Die VBA-Beispiel-Datenbank" und „Dialogfenster im Praxiseinsatz: Die UserForm-Toolbox" stellen wir Ihnen daher aufbauend auf diesen Grundlagen fortgeschrittene Beispielmakros vor, die Sie leicht Ihren Bedürfnissen anpassen können. Hier erfahren Sie zum Beispiel, wie Sie zur komfortablen Ein- und Ausgabe von Informationen eigene Dialogfelder erstellen. Diese lassen sich genauso bedienen wie die Dialoge, die Excel selber zur Verfügung stellt.

Aus dem Inhalt:

- Der Einstieg – VBA für Pragmatiker
- Makros im Praxiseinsatz: Die VBA-Beispiel-Datenbank
- Dialogfenster im Praxiseinsatz: Die UserForm-Toolbox

Der Einstieg – VBA für Pragmatiker

Ignatz Schels, Wolnzach

Kalkulieren Sie noch oder programmieren Sie schon? Diese Frage könnte auftauchen, wenn Sie entscheiden müssen, ob Sie weiter manuell an Arbeitsmappen, Tabellen, Zellen und Diagrammen feilen oder ob Sie sich nicht bald schon das Leben erleichtern wollen, indem Sie wiederkehrende Aufgaben automatisieren und die Arbeit an Makros delegieren.

In diesem Beitrag stellen wir Ihnen anhand des Praxisbeispiels eines Projektberichts das Rüstzeug für eine professionelle Programmierung mit Visual Basic for Applications (VBA) vor: den **Makrorecorder** zum Aufzeichnen von Aktionen, den **Visual Basic Editor** für die Programmierung, das zugrunde liegende **VBA-Objektmodell** sowie schließlich die **UserForms** für eine komfortable Dialogsteuerung.

> **HINWEIS**
>
> Die Beispieldatei **Projektbericht.xls** finden Sie auf der CD.

1 Programmierung in Excel – Luxus oder Notwendigkeit?

Excel ist nicht nur ein exzellentes Kalkulationsprogramm mit ausgereifter Formeltechnik und umfangreichem Funktionsangebot, sondern ein Entwicklungswerkzeug für automatisierte Abläufe und Dialoge. Die Makrosprache VBA, die in allen Programmen der Office-Familie enthalten ist, bietet die Möglichkeit, Programme zu schreiben, die Routinetätigkeiten auf Knopfdruck abarbeiten. Mit modernster Objektorientierung, mit Objektbibliotheken und einer Dialogschnittstelle über UserForms bietet VBA alles, was zur Erstellung professioneller Programme nötig ist. Nur Programmieren müssen Sie noch selbst.

1.1 Eine Checkliste für VBA-Anwärter

Prüfen Sie anhand dieser Checkliste, ob Sie den Sprung in die Makroprogrammierung wagen sollten:

- Führen Sie häufig manuelle Arbeiten an Mappen, Tabellen und Diagrammen durch, die oft gleich sind, aber immer viel Zeit kosten?
- Arbeiten Sie mit externen Quellen, zum Beispiel mit Textdatenimports, SAP-Berichten im XLS-Format, oder müssen Sie immer wieder Daten mit Copy & Paste aus unterschiedlichen Listen zusammenstellen?
- Erstellen Sie häufig Tabellenmodelle mit Funktionen wie SVERWEIS und SUMMEWENN oder mit Teilergebnisberechnungen, Filtern und Pivot-Tabellenberichten?

Wenn Sie nur eine dieser Fragen mit Ja beantworten können, wird es wahrscheinlich Zeit für Sie, die Makroprogrammierung mit VBA zu erlernen. Die tägliche Arbeit mit Excel kostet Sie nämlich mehr Zeit als nötig und die Makrosprache kann Ihnen eine Menge davon sparen.

1.2 Praxisbeispiel: Projektbericht

Die Techniken der Makroprogrammierung lassen sich am besten über ein Beispiel aus der Praxis einüben: Die Projekte, die in Ihrem Unternehmen parallel laufen, stehen unter der Leitung verschiedener Projektleiter. Sie erhalten per Datentransfer aus dem SAP-System täglich eine Liste mit den aktuellen Projekten (s. Abb. 1). Ihre Aufgabe besteht darin, Statistiken über die Projektstände anzufertigen, Soll/Ist-Vergleiche über die Projektkosten zu errechnen und diese Daten den Projektleitern per Mail zu übermitteln.

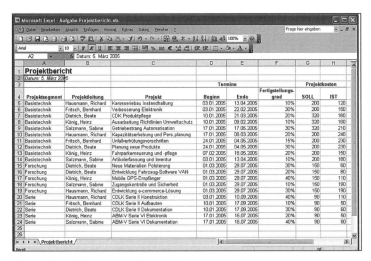

Abb. 1: Der tägliche Projektbericht

Da die Projektliste ständig neue Projekte führt und alte, abgeschlossene Projekte nicht mehr listet, erstellen Sie am besten eine Makrolösung, die wahlweise einzelne Projektleiterberichte oder alle Berichte in einem „Batch"-Prozess anfertigt. Auch der Versand als Mailanhang lässt sich per VBA-Makros automatisieren.

2 Die Werkzeuge für die VBA-Programmierung

Programmierer bezeichnen sich als Handwerker, gute Programmierer sind Künstler. Ob Handwerker oder Künstler, beide Berufszweige brauchen gute Werkzeuge, um ihre Produkte zu fertigen. Excel stellt mit der Grundinstallation alles zur Verfügung, was zur Fertigung von Makros erforderlich ist, es sind keine zusätzlichen Programme nötig:

2.1 Der Makrorecorder

Das wichtigste Werkzeug sowohl für Einsteiger als auch für fortgeschrittene Makroprogrammierer ist der Recorder. Wie sein Pendant in der Unterhaltungselektronik, der Videorecorder, Filme auf Magnetband oder DVD aufzeichnet, registriert er alles, was in der Excel-Oberfläche passiert:

- Öffnen von Dateien und Aktivieren von Arbeitsmappen und Tabellen
- Zellzeigerbewegungen, Blättern in Tabellen und Mappen
- Menüaufrufe, Ausfüllen von Dialogen
- Markierungen und Datenerfassung in Zellen
- Zeichnen von Objekten und Diagrammen

Der Makrorecorder „merkt" sich im Hintergrund die Aktion und schreibt den Befehl aus der Programmiersprache VBA in ein Modulblatt. Wird der Recorder dann beendet, besitzen Sie ein fertiges Makro, das sofort funktionsfähig ist und mit der Aktivierung die aufgezeichneten Bedienungsschritte wieder ausführt.

> **HINWEIS**
>
> Obwohl aufgezeichnete Makros sofort ablauffähig sind, sollten Sie sich nicht darauf verlassen, dass sie auch funktionieren. Der Makrorecorder „merkt" sich nämlich absolute Positionen von Zellzeiger und Daten und das Makro funktioniert nur, wenn die Arbeitsumgebung so vorliegt wie bei der Aufzeichnung.

2.2 Praxisbeispiel: Projektbericht erstellen und aufzeichnen

Zeichnen Sie ein erstes Makro auf, das aus der Liste in der Tabelle **Projektbericht** einen Einzelbericht für einen Projektleiter erstellt.

Aufzeichnung starten

1. Legen Sie mit **Einfügen** → **Tabellenblatt** (bzw. **Einfügen** → **Tabelle** in älteren Versionen) eine neue Tabelle neben Ihrem Projektbericht an. Nennen Sie dieses Tabellenblatt **START**.

2. Wählen Sie **Extras** → **Makro** → **Aufzeichnen**.

3. Geben Sie einen Namen für das Makro ein, aber verwenden Sie für den Namen keine Leerzeichen oder Sonderzeichen: `ProjektberichtEinzeln`

4. Stellen Sie sicher, dass unter **Makro speichern** in der Eintrag **Diese Arbeitsmappe** zu sehen ist (s. Abb. 2). Mit **Neue Arbeitsmappe** würde eine neue Mappe erstellt und das Makro in dieser hinterlegt werden und **Persönliche Makroarbeitsmappe** speichert das Makro in einer Mappe mit der Bezeichnung PERSONL.XLS.

5. Geben Sie unter Tastenkürzel einen Buchstaben ein, den Sie für den Aufruf zusammen mit der **Strg**-Taste benutzen wollen.

6. Bestätigen Sie mit **OK**, um die Aufzeichnung zu starten. ■

Abb. 2: Das Makro wird aufgezeichnet.

Der Makrorecorder startet. In der Statusleiste erscheint der Hinweis **Aufzeich.**, gleichzeitig wird die Symbolleiste **Aufzeichnung** eingeblendet (s. Abb. 3).

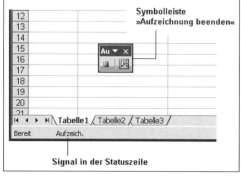

Abb. 3: Der Makrorecorder ist aktiv.

Aktionen durchführen

Sie können jetzt die Aktionen durchführen, die Sie brauchen, um einen Projektbericht für einen einzelnen Projektleiter zu erstellen:

1. Wechseln Sie in die Tabelle Projektbericht.

2. Setzen Sie den Zellzeiger in die Zelle **A4** (die erste Zelle der Listenüberschrift).

3 Drücken Sie nacheinander die Tastenkombinationen **Strg** + **Shift** + → (Cursor rechts) und **Strg** + **Shift** + ↓ (Cursor nach unten). Damit wird die Liste markiert.

4 Wählen Sie **Daten** → **Filter** → **AutoFilter.**

5 Markieren Sie in der Filterliste der Spalte **B** einen beliebigen Projektleiter (der Name wird nach der Aufzeichnung variabel programmiert).

6 Markieren Sie die Spalten **D, E** und **F** und blenden Sie sie über **Format** → **Spalten** aus.

7 Markieren Sie ab der Zelle **C4** die gefilterte Liste, drücken Sie dazu wieder **Strg** + **Shift** + → (Cursor rechts) und **Strg** + **Shift** + ↓ (Cursor nach unten) (s. Abb. 4).

	A	B	C	G	H	I
1	Projektbericht					
2	Datum: 5. März 2005					
3				Projektkosten		
4	Projektsegment	Projektleitung	Projekt	SOLL	IST	
7	Basistechnik	Dietrich, Beate	CDK Produktpflege	320	180	
12	Basistechnik	Dietrich, Beate	Planung neue Produkte	200	230	
15	Forschung	Dietrich, Beate	Neue Materialien Polsterung	150	60	
16	Forschung	Dietrich, Beate	Entwicklung Fahrzeug-Software VAN	150	80	
22	Serie	Dietrich, Beate	CDLK Serie II Dokumentation	90	60	
25						
26						
27						

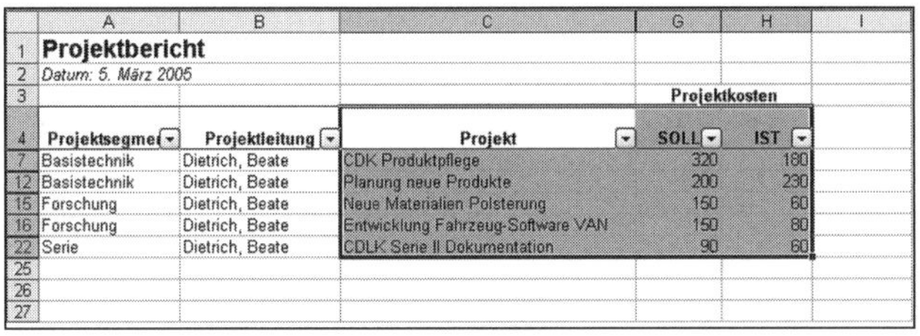

Abb. 4: Die Liste ist gefiltert, jetzt kann der Einzelbericht erstellt werden.

8 Kopieren Sie die markierte Liste mit **Strg** + **C,** wählen Sie **Einfügen** → **Tabellenblatt** und setzen Sie die kopierte Liste mit der Eingabetaste in die neue Tabelle.

9 Klicken Sie auf das Symbol des Diagramm-Assistenten und erstellen Sie ein Balkendiagramm mit den Projekten des ausgewählten Projektleiters. ■

Damit sind alle Aktionen durchgeführt, die das Makro übernehmen soll. Sie können einzelne Schritte zurücknehmen: klicken Sie auf das **Rückgängig**-Symbol oder drücken Sie **Strg** + **Z**. Jede einzelne Aktion wird in einen VBA-Makrobefehl aufgezeichnet.

Aufzeichnung beenden

Beenden Sie die Aufzeichnung mit Klick auf das Symbol in der Symbolleiste **Aufzeichnung beenden**, (s. Abb. 5) oder – falls diese nicht sichtbar war – mit **Extras** → **Makro** → **Aufzeichnung beenden.**

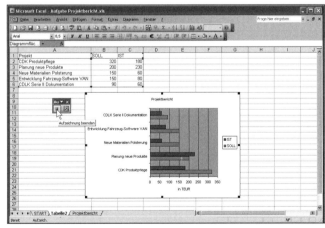

Abb. 5: Die Makroaufzeichnung wird beendet.

Das aufgezeichnete Makro ist jetzt Bestandteil der Mappe, es steht unter **Extras** → **Makro** → **Makros** in der Makroliste und kann dort markiert und ausgeführt werden. Aber wie viele Makros, die per Makrorecorder erzeugt werden, wird auch dieses nicht ohne Änderungen im Quellcode lauffähig sein, und diesen bearbeiten Sie im Visual Basic-Editor.

2.3 Der Visual Basic-Editor

Dieser Editor ist das einzige Excel-Werkzeug, das nicht im Programmfenster aktiv wird. Der VBA-Editor hat sein eigenes Fenster, er kann im Hintergrund jederzeit aktiv oder inaktiv sein, was auf die Verfügbarkeit der Makros keinen Einfluss hat. Im Editor können Sie die Makros aus allen aktiven Arbeitsmappen bearbeiten, löschen oder neue Makros anlegen.

1 Wählen Sie **Extras** → **Makro** → **Visual Basic-Editor** oder drücken Sie einfach die Tastenkombination **Alt** + **F11**.

2 Der Visual Basic-Editor wird in einer neuen Task gestartet (s. Abb. 6) Sie können über die Taskleiste zwischen den beiden Fenstern wechseln. ■

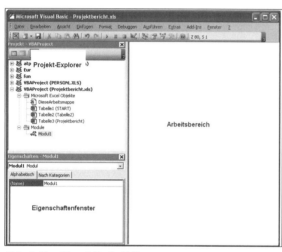

Abb. 6: Der Visual Basic-Editor

Projekt-Explorer
Links oben im Editor-Fenster finden Sie den Projekt-Explorer, hier sind alle aktiven Arbeitsmappen und alle Add-Ins als Projekte gelistet. Klicken Sie auf ein Pluszeichen, um ein Projekt zu öffnen. Den Inhalt eines Objektes (DieseArbeitsmappe, Tabelle oder Modul) erhalten Sie im Arbeitsbereich angezeigt, wenn Sie das Objekt doppelt anklicken.

Eigenschaften-Fenster
Das Fenster links unten zeigt alle Eigenschaften des Objektes, das in Bearbeitung ist. Wenn Sie beispielsweise auf eine Tabelle im Projekt-Explorer klicken, zeigt das Fenster den Namen der Tabelle (Eigenschaft **Name**) und weitere Eigenschaften wie **EnableSelection, StandardWidth** oder **Visible**.

Arbeitsbereich
In diesem Bereich werden die Modulblätter mit den Makros abgelegt. Der Bereich ist zunächst leer. Klicken Sie doppelt auf das Modul mit dem Namen **Modul1** im Projekt der aktiven Arbeitsmappe, zeigt der Arbeitsbereich das Modul an und Sie können die Makros darin bearbeiten.

Module
Die Makros in einem Projekt werden in Modulen bearbeitet, ein Modul ist praktisch das „Kodierblatt" für Prozeduren und Funktionen. Wenn Sie den Makrorecorder zum Aufzeichnen des ersten Makros benutzt haben, erhalten Sie ein Modul mit der Bezeichnung **Modul1**, das nächste Modul wird **Modul2** heißen usw. Der Recorder zeichnet seine Makros im zuletzt benutzten Modul auf, öffnet aber ein neues, wenn Sie in der Zwischenzeit Excel oder das Projekt geschlossen hatten. Neue Module werden mit **Einfügen** → **Modul** erstellt, jedes Modul kann per Doppelklick im Projekt-Explorer geöffnet werden.

> **HINWEIS**
> Diese und weitere Fenster können Sie gezielt über den Menüpunkt **Ansicht** ein- oder ausschalten.

2.4 Projektberichtmakro mit Kommentaren dokumentieren

Das aufgezeichnete Makro, das die Liste aus der Tabelle **Projektbericht** filtert und eine neue Tabelle mit Diagrammobjekt erstellt, finden Sie im Modul mit der Bezeichnung **Modul1**.

Aktivieren Sie das Modul per Doppelklick und überprüfen Sie den Makrocode. Verwenden Sie Kommentarzeilen, die mit einem Apostroph (') eingeleitet werden, um die Codeblöcke zu kommentieren. Löschen Sie alle überflüssigen Anweisungen und Kommentare aus dem Makro.

```
Sub ProjektberichtEinzeln()
    ' Makro erstellt Einzelbericht aus der Projektliste
    ' Tabelle mit Projektbericht ansteuern
    Sheets("Projektbericht").Select
    ' Zelle A4 markieren
    Range("A4").Select
    ' Liste markieren
    Range(Selection, Selection.End(xlToRight)).Select
    Range(Selection, Selection.End(xlDown)).Select
    ' Autofilter setzen
    Selection.AutoFilter
    Selection.AutoFilter Field:=2, Criteria1:="Dietrich, Beate"
    ' Spalten ausblenden
    Columns("D:F").Select
    Selection.ColumnWidth = 0
    ' Gefilterte Liste markieren
    Range("C4").Select
    Range(Selection, Selection.End(xlToRight)).Select
    Range(Selection, Selection.End(xlDown)).Select
    ' Liste in eine neue Tabelle kopieren
    Selection.Copy
    Sheets.Add
    ActiveSheet.Paste
    Application.CutCopyMode = False
    ' Automatische Spaltenbreite für Spalte A
    Columns("A:A").EntireColumn.AutoFit
    Charts.Add
    ActiveChart.ChartType = xlBarClustered
    ActiveChart.SetSourceData _
Source:=Sheets("Tabelle2").Range("A1:C6"), PlotBy:=xlColumns
    ActiveChart.Location Where:=xlLocationAsObject, Name:="Tabelle2"
    With ActiveChart
        .HasTitle = True
        .ChartTitle.Characters.Text = "Projektbericht"
        .Axes(xlCategory, xlPrimary).HasTitle = False
        .Axes(xlValue, xlPrimary).HasTitle = True
      .Axes(xlValue, xlPrimary).AxisTitle.Characters.Text = "in TEUR"
    End With
End Sub
```

IX. Prozesse automatisieren mit VBA

Projektliste zurücksetzen

Zeichnen Sie ein weiteres Makro auf, das die gefilterte Projektliste wieder in den ursprünglichen Zustand zurückversetzt. Starten Sie die Aufzeichnung wieder aus der leeren Starttabelle.

```
Sub ProjektlisteZurücksetzen()
   Sheets("Projektbericht").Select
   Columns("C:G").EntireColumn.AutoFit
   Range("A4").Select
   Selection.AutoFilter
End Sub
```

2.5 Makros aufrufen über Schaltflächen

Für den schnellen Aufruf der Makros brauchen Sie Dialogelemente. Sie könnten zwar unter **Extras → Makro → Makros** ein Makro in der Liste markieren und ausführen, aber das wäre nicht besonders elegant. Nutzen Sie die Techniken des Makrodialogs mit Schaltflächen.

Schaltflächen im Startblatt

Die einfachste und oft sicherste Methode des Makroaufrufs ist die Schaltfläche. Sie wird als Grafikobjekt in die Tabelle gezeichnet:

1 Schalten Sie im Excel-Fenster zur Tabelle **START** um.

2 Wählen Sie **Ansicht → Symbolleisten → Formular**.

3 Klicken Sie auf das Werkzeug **Schaltfläche** und zeichnen Sie ein Rechteck in die Tabelle.

4 Die Makrozuweisung erscheint. Wählen Sie das erste Makro **ProjektBerichtEinzeln** und schließen Sie mit **OK** ab.

5 Ersetzen Sie auf der Schaltfläche den Text **Schaltfläche1** durch **Projektbericht einzeln**.

6 Klicken Sie auf eine beliebige Zelle der Tabelle, so ist die Schaltfläche aktiv. Um die Zuweisung oder die Beschriftung zu ändern, klicken Sie die Schaltfläche mit der rechten Maustaste erneut an.

7 Zeichnen Sie eine weitere Schaltfläche und weisen Sie ihr das zweite Makro zu. Geben Sie ihr die Beschriftung **Projektliste zurücksetzen** (s. Abb. 7). ∎

Starten Sie das zweite Makro zuerst, damit die Projektliste wieder im Ausgangszustand steht, und aktivieren Sie dann das Makro für einen Einzelbericht. Es filtert die Liste wieder und produziert eine neue Tabelle. Das Diagramm wird aber wieder auf die Tabelle gezeichnet, die bei der Aufzeichnung angelegt wurde.

Abb. 7: Makroschaltflächen über die Symbolleiste Formular

2.6 Fehler und Entwurfsmodus

Wenn das Makro nach dem Aufruf auf einen Fehler im Programm stößt, bricht es die Ausführung ab und meldet den Fehler über eine Fehlermeldung (s. Abb. 8). Sie können sich entscheiden, ob Sie vorzeitig aussteigen oder den Fehler „debuggen" (vom englischen bug = Wanze).

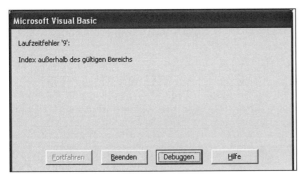

Abb. 8: Fehler im Programm: Beenden oder Debuggen

Wenn Sie sich für das Debuggen entscheiden, schaltet Excel in den Editor um und markiert die fehlerhafte Codezeile mit gelber Farbe. Ändern Sie den Code, wenn möglich, und starten Sie das Makro wieder. Lässt sich der Fehler nicht so einfach entfernen, brechen Sie mit der Schaltfläche **Zurücksetzen** ab.

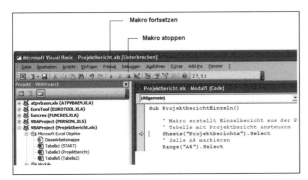

Abb. 9: Der Fehler wird im Makrocode markiert

3 Die Kunst, Makros zu schreiben

Mit dieser ersten Übung und dem aufgezeichneten Makro wird deutlich, dass VBA-Programmierung auf einem eigenen Denkmodell, dem objektorientierten Programmieren, aufbaut. In diesem Modell entsprechen in VBA alle Elemente des Programms Excel wie Zellen, Zeilen und Tabellen bestimmten Objekten. Die meisten davon muss der Programmierer nicht kennen, er lässt sie sich einfach vom Makrorecorder liefern. Die sich in vielen Fällen wiederholende Syntax und der Aufbau der einzelnen Befehle müssen trotzdem bekannt sein.

3.1 Objektorientiert programmieren

VBA ist eine objektorientierte Programmiersprache. Im OOP (Object Orientated Programming) dreht sich alles um Objekte, Eigenschaften und Methoden, und eine Windows-Applikation wie Excel hat mit ihren zahlreichen Menübefehlen und Funktionen eine ganze Menge davon. Das Gleiche gilt für Ereignisse: Schon die Bewegung des Mauszeigers ist ein Ereignis, das mit VBA ebenso programmierbar ist wie das Öffnen einer Mappe, das Drucken von Daten oder die Neuberechnung Ihrer Tabelle.

IX. Prozesse automatisieren mit VBA

Objekte – der Begriff

Ein reelles Objekt lässt sich über seine Eigenschaften und Methoden definieren. Beispiele:

Objekt	Eigenschaften	Methoden
Auto	Farbe, Polsterung, Motor, Bereifung	Fahren, Bremsen, Einparken
Gartenteich	Wasser, Algen, Fische	Füllen, Austrocknen, Reinigen

Tab. 1: Objekte, Eigenschaften und Methoden

So wie ein reelles Objekt liefert auch Excel für sich selbst (Application) oder seine Bestandteile Eigenschaften, Methoden und Ereignisse. Sehen Sie sich die Aufzeichnung des Recorders an und überprüfen Sie die Anweisungen auf Objekte.

Objekt	Eigenschaft	Methode
Workbook (Arbeitsmappe)	Hidden, Saved	Open, Close, Save, Delete
Sheets (alle Tabellen)	Protected, Hidden	Select, Delete
Range (Zellbereich)	Selected, Protected	Select, Copy, Paste

Tab. 2: Excel-Objekte

Das Objektmodell in der Hilfe

Eine grafische Komplettübersicht aller Objekte finden Sie in der Hilfe. Tippen Sie die Begriffe **Objektmodell Excel** in das Suchfenster rechts oben ein und Sie erhalten als ersten Eintrag diese Übersicht.

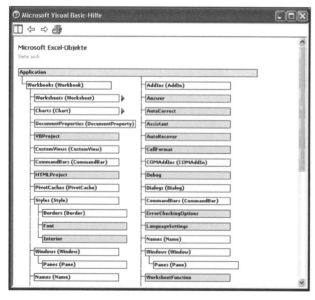

Abb. 10: Das Excel-Objektmodell

Beispiele: Programmieren mit Objekten, Eigenschaften und Methoden

Das folgende Makro dimensioniert eine Objektvariable (**wb**) und weist dieser über die **Set**-Anweisung die aktive Arbeitsmappe zu. Dann nutzt es die Eigenschaft **Sheets** (alle Blätter) und von dieser wieder die Eigenschaft **count**, um die Blätter der Mappe zu zählen. Alles zusammen wird in einer Meldung (**MsgBox**) ausgegeben:

```
Sub ObjektTest()
   Dim wb As Workbook
   Set wb = ActiveWorkbook
   MsgBox wb.Sheets.Count
End Sub
```

Im nächsten Makro wird eine weitere Variable eingeführt und die **Set**-Anweisung benutzt gleich eine Methode (**Add**), um ein neues Tabellenblatt damit zu erstellen. Die Eigenschaft **Range** ("**B1**") bezeichnet eine Zelle, von dieser wird die Eigenschaft **Value** mit dem Tagesdatum versehen:

```
Sub ObjektTest2()
    Dim wb As Workbook
    Dim ws As Worksheet
    Set wb = ThisWorkbook
    Set ws = wb.Worksheets.Add
    ws.Range("B1").Value = Date
End Sub
```

3.2 Codiertechniken

Der VBA-Editor bietet mit seinen Modulblättern einen Interpreter, der den eingetippten Makrocode sofort nach Syntaxfehlern durchsucht. Hier die wichtigsten Codierungstechniken für Makros:

Einrückungen

Die Einrückungen einzelner Programmzeilen dienen nur optischen Zwecken. Sie müssen nicht unbedingt einrücken, sollten es aber, um die Anweisungen zu kennzeichnen, die unter eine bestimmte Struktur fallen. Drücken Sie für eine Einrückung am Zeilenanfang die **Tab**-Taste oder klicken Sie auf die Einzugssymbole in der Symbolleiste **Bearbeiten**. Die Zeilen zwischen Sub und End Sub werden einmal eingerückt:

```
Sub Makro1()
   Codezeile 1
   Codezeile 2
   ...
   Codezeile n
End Sub
```

In IF-Kontrollstrukturen und Schleifen wird ebenfalls eingerückt:

```
If Vertragssumme > 10000 Then
   Provision = Vertragssumme * 0.03
Else
   Provision = Vertragssumme * 0.02
End If
```

Kommentare

Sie können jederzeit Kommentare in eigenen Zeilen vor oder nach der Anweisung hinzufügen, indem Sie einen beliebigen Text mit einem Apostroph (') einleiten:

```
Range("A1:E7").Select' Datenbereich markieren
```
oder
```
Range("A1:E7").Select
' Datenbereich markieren
```

Zeilenfortsetzung

Einige Anweisungen sind zu lang, um in einer Zeile Platz zu finden. Sie dürfen aber Codezeilen nicht einfach mit der **Enter**-Taste abschließen und in der nächsten Zeile weiterschreiben, da mit **Enter** die Anweisung selbst zu Ende gebracht wird. Verwenden Sie, wenn eine zweite Zeile benötigt wird, die Zeilenfortsetzung. Geben Sie am Zeilenende ein Leerzeichen und einen Unterstrich ein und drücken Sie dann **Enter**. Schreiben Sie die Anweisung in der zweiten Zeile weiter. Verfahren Sie so auch mit mehreren Zeilen. Rücken Sie die Folgezeilen ein Stück ein:

```
Sub Testmakro2
Dim mtext$
Mtext = "Das ist ein sehr langer Text, " _
     & "er würde garantiert nicht in eine Codezeile " _
     & "passen und ist deshalb auf mehrere Teile aufgeteilt." _
MsgBox mtext
End Sub
```

Sprungmarken (Labels)

Für direkte Sprünge im Makrocode geben Sie eine Sprungmarke ein. Verwenden Sie einen beliebigen Begriff ohne Leerzeichen und Sonderzeichen und schreiben Sie einen Doppelpunkt dahinter. Angesteuert wird die Marke mit **GoTo**, hier aber ohne Doppelpunkt:

```
Sub Testmakro
...
EingabeBetrag:
...
GoTo EingabeBetrag
End Sub
```

QuickInfo

Der Interpreter weist nicht nur auf Syntaxfehler hin, er unterstützt auch bei der Eingabe von Befehlen, indem er die einzelnen Argumente in einer kleinen Info an der Schreibmarke anzeigt. Hier am Beispiel der Anweisung **MsgBox**: Nach Eingabe der Anweisung und der Leertaste erscheint die QuickInfo. Der Teil, der als Nächster erforderlich ist, wird fett markiert (s. Abb. 11). Sie können die QuickInfo zu jeder Zeit reaktivieren. Klicken Sie auf das Symbol in der Symbolleiste **Bearbeiten**.

Abb. 11: Die QuickInfo am Cursor meldet die Syntax der Anweisung.

Objekthilfe

Nicht nur bei der Eingabe von Befehlen hilft der Editor, sondern auch bei der Zuweisung von Eigenschaften und Methoden an Objekte (siehe unten: Objektkatalog). Sobald der Name eines Objektes eingegeben und ein Punkt gesetzt wird, erscheint eine Liste mit allen Eigenschaften und Methoden, die dieses Steuerelement anbietet (s. Abb. 12).

Abb. 12: Die Objekthilfe nach dem Punkt

Wählen Sie die passende Eigenschaft aus der Liste und drücken Sie die **Tab**-Taste, um den Eintrag zu übernehmen. Damit bleiben Sie in der Zeile und können weiterschreiben (mit **Eingabe** wird die Zeile beendet). Geben Sie den ersten Buchstaben des Wertes ein, wenn dieser bekannt ist.

VBA-Hilfe nutzen

Nutzen Sie die Hilfe zur Programmiersprache VBA. Sie ist nicht immer ideal und vollständig, dafür steht sie schneller zur Verfügung als alle anderen Quellen. Markieren Sie den Begriff im Makrocode und drücken Sie die Funktionstaste **F1**. Das Hilfefenster zeigt die Hilfe zum markierten Wort oder Begriff an. Im Kopfbereich des Hilfefensters finden Sie unter **Siehe auch** immer weitere Hilfeangebote, die garantiert passen. Besonders hilfreich sind die kleinen Beispielmakros, die unter **Beispiele** angeboten werden. Diese können Sie einfach markieren und aus dem Hilfetext herauskopieren.

3.3 Praxisbeispiel: Variablen und Dialoge

Doch nach diesem kurzen Exkurs über den VBA-Editor zurück zum Praxisbeispiel. Am Beispiel eines einfachen Eingabe- und Ausgabedialogs werden Sie nun Makrobefehle kennen lernen, die sich nicht mit dem Recorder aufzeichnen lassen. Hier unterscheidet VBA zwischen diesen Elementgruppen:

- Variablen
- Eingabe und Ausgabe
- Kontrollstrukturen

Das Makro zeigt bisher immer nur den Einzelbericht für einen bestimmten Projektleiter an, nämlich für den, der bei der Aufzeichnung als Filterkriterium diente. Außerdem findet es neue Tabellenblätter nicht und benutzt für das Diagrammobjekt immer die zuerst angelegte Tabelle. Schreiben Sie daher den Makrocode um, indem Sie Variablen anlegen und diese für sich arbeiten lassen.

> **HINWEIS**
>
> Variablen sind Platzhalter im Makrocode, die einen Wert zwischenspeichern. Es gibt viele Variablentypen (String, Integer etc). Für den Anfang reicht es, wenn Sie nur die Variable dimensionieren. Geben Sie keinen Variablentyp an, wird der Typ **Variant** zugewiesen und die Variable nimmt alles an, was ihr zugewiesen wird.

Schreiben Sie diese Codezeilen unmittelbar nach der Startanweisung: Sub ProjektberichtEinzeln:

```
Dim PLeiter, NeuesBlatt, Diabereich
    PLeiter = InputBox("Bitte geben Sie einen Projektleiter ein:")
    If PLeiter = "" Then Exit Sub
```

Die DIM-Anweisung legt den Namen und Typ der Variable fest. Mit der Inputbox-Anweisung erhalten Sie eine Dialogbox, in die der zu filternde Name eingetragen werden kann. Mit der Anweisung IF … Then … fragen Sie den Inhalt der Variablen ab und beenden das Makro (Exit Sub), wenn diese leer ist.

Ändern Sie als Nächstes die Codezeile, die dem Autofilter einen Projektleiter zuweist, indem Sie dem Filter den Inhalt der Variablen zuweisen:

```
Selection.AutoFilter Field:=2, Criteria1:=PLeiter
```

Fügen Sie dann eine Zeile unter der Anweisung ein, mit der die kopierten Daten im neuen Tabellenblatt abgelegt werden. Schreiben Sie hierzu den Namen des Blattes in die zweite Variable, die mit DIM dimensioniert wurde. Auch die Adresse der markierten Daten wird in einer Variablen festgehalten.

```
ActiveSheet.Paste
    NeuesBlatt = ActiveSheet.Name
    Diabereich = Selection.Address
```

Jetzt können Sie die Anweisungen suchen, aus denen das Diagramm seine Datenquelle bezieht. Fügen Sie die Variableninhalte an Stelle des Tabellennamens und der festen Bezüge ein:

```
ActiveChart.SetSourceData _
Source:=Sheets(NeuesBlatt).Range(Diabereich), PlotBy:=xlColumns
ActiveChart.Location Where:=xlLocationAsObject, Name:=NeuesBlatt
```

```
' Liste in eine neue Tabelle kopieren
Selection.Copy
Sheets.Add
ActiveSheet.Paste
' Name der neuen Tabelle in eine Variable schreiben
NeuesBlatt = ActiveSheet.Name
' Adresse der kopierten Daten in eine Variable schreiben
Diabereich = Selection.Address
Application.CutCopyMode = False
' Automatische Spaltenbreite für Spalte A
Columns("A:A").EntireColumn.AutoFit
Charts.Add
ActiveChart.ChartType = xlBarClustered
' Datenquelle aus den Variablen bestimmen
ActiveChart.SetSourceData _
Source:=Sheets(NeuesBlatt).Range(Diabereich), PlotBy:=xlColumns
ActiveChart.Location Where:=xlLocationAsObject, Name:=NeuesBlatt
With ActiveChart
```

Abb. 13: Das leicht abgeänderte Makro benutzt Variablen, um die Datenquelle über eine Eingabe zu beziehen.

Der Titel des Diagramms sollte den Namen des Projektleiters/der Projektleiterin enthalten. Mit der Variable ist das jetzt kein Problem, hängen Sie diese einfach mit **&**-Zeichen an den bereits erstellten Titel an (achten Sie auf das Leerzeichen zwischen Text und Variable):

```
With ActiveChart
  .HasTitle = True
  .ChartTitle.Characters.Text = "Projektbericht für " & PLeiter
```

Eine Meldung zum Schluss
Für Ausgaben auf dem Bildschirm nutzen Sie die Messagebox. Schreiben Sie vor der letzten Anweisung End Sub diese Codezeile, die den Benutzer darauf hinweist, dass der Einzelbericht erstellt wurde:

```
MsgBox "Einzelbericht für Projektleiter" _
       & vbCr _
       & PLeiter _
       & " erstellt"
```

Wenn Sie das Makro über die Schaltfläche im Startblatt aktivieren, sollte zuerst die Inputbox angezeigt werden. Geben Sie einen Projektleiter ein. Achten Sie auf die Schreibweise, die Eingabe muss einem Eintrag der Spalte **B** entsprechen (s. Abb. 14).

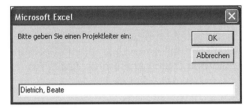

Abb. 14: Inputbox für den Projektleiter

Die Messagebox meldet nach Ablauf des Makros Vollzug. Dieser muss bestätigt werden, erst dann können Sie in der Tabelle weiterarbeiten (s. Abb. 15).

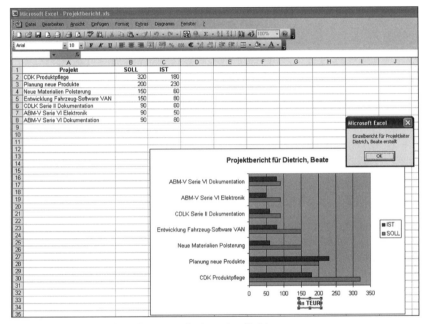

Abb. 15: Die MsgBox-Anweisung produziert eine Meldung.

4 UserForms für mehr Dialog

Eingaben und Ausgaben über Inputbox und Messagebox sind nicht nur mager in der Gestaltung, sie bieten auch nicht den Komfort, den eine programmierte Anwendung heutzutage zu bieten hat. Schalten Sie, wenn Sie Dialoge mit dem Benutzer Ihrer Makros zu führen haben, so schnell wie möglich auf UserForms um. Dies sind Masken, die sich nach allen Regeln der (Programmier-)Kunst gestalten und mit Daten füllen lassen.

4.1 UserForms anlegen und mit Elementen bestücken

1 Schalten Sie in den VBA-Editor um und markieren Sie im Projekt-Explorer Ihr Projekt.

2 Wählen Sie **Einfügen** → **UserForm**.

3 Zeichnen Sie mit den Werkzeugen aus der Werkzeugsammlung Steuerelemente wie Schaltflächen, Listen, Textfelder u. a. in die UserForm.

4 Tragen Sie im Eigenschaftenfenster für die markierten Steuerelemente die Eigenschaften ein (z. B. Name oder Caption = Beschriftung).

5 Ein Doppelklick auf ein Element aktiviert das Modulblatt der UserForm und legt gleichzeitig ein Steuermakro für das Element an. Schreiben Sie die Anweisungen, die das Element oder die UserForm steuern. ∎

4.2 Praxisbeispiel: Eine Projektleiterauswahl

Damit Sie bei der Auswahl des Projektleiters für die Einzelberichte in unserem Praxisbeispiel keine Fehler mehr machen können, erstellen Sie eine UserForm mit einer Liste, einem Bezeichnungsfeld für die Beschriftung und zwei Schaltflächen, die den Dialog steuern (s. Abb. 16).

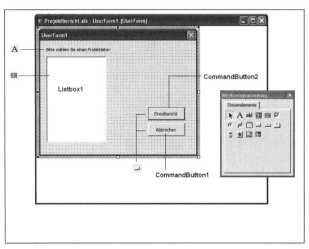

Abb. 16: Die UserForm für die Projektleiterauswahl entsteht.

4.3 Die Makros im Modulblatt der UserForm

Die UserForm wird über ihr eigenes Modulblatt gesteuert, das Sie entweder über das Symbol **Code anzeigen** links oben im Projekt-Explorer oder einfach per Doppelklick auf die UserForm oder auf ein Element aktivieren. In diesem Codeblatt werden die Ereignisse programmiert, die an und mit dieser UserForm ausgelöst werden. Schalten Sie in diesem Codeblatt auf das Element (Liste links oben) und wählen Sie aus der Liste rechts oben ein passendes Ereignis, zum Beispiel Click für den einfachen Klick auf die Schaltfläche **CommandButton1** mit der Aufschrift **Abbrechen** (s. Abb. 17):

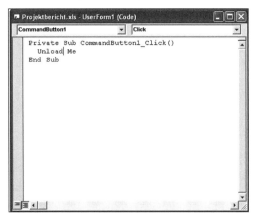

Abb. 17: Die erste Schaltfläche ist programmiert.

> **PRAXIS-TIPP**
>
> Mit der Funktionstaste **F5** können Sie die UserForm im Editor testen. Drücken Sie die Taste, wird die Dialogbox eingeblendet.

Projektleiter einlesen beim Start

Das UserForm-Ereignis **Initialize** ist für die Übernahme der Daten vor dem Start der Box zuständig und in unserem Praxisbeispiel wird es benötigt, um die Projektleiter in die Liste zu setzen. Benutzen Sie die Anweisung With, um das Objekt für mehrere Methodenzeilen einmal einzuführen, mit End With schalten Sie sie wieder ab:

```
Private Sub UserForm_Initialize()
  With Me.ListBox1
    .AddItem "Hausmann, Richard"
    .AddItem "Fritsch, Bernhard"
    .AddItem "Dietrich, Beate"
    .AddItem "König, Heinz"
    .AddItem "Salzmann, Sabine"
  End With
End Sub
```

Projektbericht des ausgewählten Projektleiters starten

Die zweite Schaltfläche aktiviert den Einzelbericht für den Projektleiter, der vom Anwender der UserForm in der Liste markiert wurde. Prüfen Sie dazu die Eigenschaft **Listindex** der Listbox ab, sie hat den Wert **-1**, wenn nichts markiert ist, **0** für den ersten Eintrag, **1** für den zweiten usw.

```
Private Sub CommandButton2_Click()
  If Me.ListBox1.ListIndex >= 0 Then
    Call ProjektberichtEinzeln(Me.ListBox1.Value)
    Unload Me
  End If
End Sub
```

Startmakro und Schaltfläche für die UserForm

Das Makro, das diese UserForm aktiviert, schreiben Sie in das Modul, in dem sich auch das aufgezeichnete und modifizierte Makro für die Einzelberichte befindet. Es besteht aus einer einzigen Anweisung mit der Methode Show des Objektes UserForm1:

```
Sub UF_Start()
 UserForm1.Show
End Sub
```

Makro für einzelne Projektberichte an UserForm anpassen

Bevor Sie den ersten Test starten, müssen Sie das Makro für den Einzelbericht noch geringfügig korrigieren. Löschen Sie die Anweisungen für die Inputbox und die Dimensionierung der Variablen PLeiter. Diese Variable wird mit dem Makro auf der Schaltfläche der UserForm bereits übergeben. Tragen Sie daher die Variable PLeiter in die Klammer der Prozedur ein:

```
Sub ProjektberichtEinzeln(PLeiter)
    Dim NeuesBlatt, Diabereich
    ' Makro erstellt Einzelbericht aus der Projektliste
    ' Tabelle mit Projektbericht ansteuern
    Sheets("Projektbericht").Select
       ...
```

Die Schaltfläche im Startblatt muss natürlich auch noch angepasst werden. Klicken Sie mit der rechten Maustaste auf das Objekt und weisen Sie das neue Makro **UF_Start** zu (das Berichtsmakro lässt sich nicht mehr selbstständig starten, weil es mit der Variablen in der Klammer eine Übergabe erwartet).

4.4 Eine ausbaufähige Makrolösung

Ihre komfortable Makrolösung zur automatischen Berichterstattung ist nun fertig. Zur Erstellung eines Einzelberichts klicken Sie auf die Schaltfläche im Startblatt, wählen einen Projektleiter und starten den Bericht mit Klick auf die Schaltfläche **Einzelbericht** (s. Abb. 18).

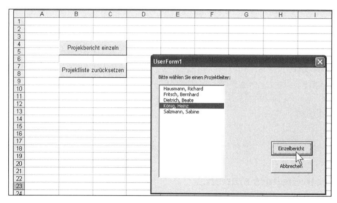

Abb. 18: Makro mit UserForm für Einzelberichte

In einer Ausbaustufe können Sie diese Lösung um ein weiteres Makro erweitern, das die neue Tabelle umbenennt, aus der Mappe kopiert und als eigenständige Arbeitsmappe speichert. Die Anweisungen dazu können Sie wie gewohnt mit dem Makrorecorder aufzeichnen. Im nächsten Schritt produzieren Sie ein Makro, das eine neue E-Mail in Ihrem E-Mail-Programm (z. B. Outlook) anlegt und die Mappe mit dem Projektbericht als Anhang einträgt. Später können Sie eine Liste mit den E-Mail-Adressen der Projektleiter anlegen und alle Berichte makrogesteuert versenden.

5 Zusammenfassung

Makroprogrammierung mit der Makrosprache VBA ist kein Zauberwerk und auch für Nicht-Programmierer erlernbar.

- Der **Makrorecorder** (**Extras → Makro → Aufzeichnen**) ist ein unverzichtbares Hilfsmittel. Aufgezeichnete Makros müssen aber, wie das Praxisbeispiel gezeigt hat, immer nachbearbeitet werden.

- Der **Visual Basic-Editor** (**Extras → Makro → Visual Basic-Editor** oder **Alt + F11**) ist das einzige Excel-Werkzeug, das nicht im Programmfenster aktiv wird. Im Editor können Sie die Makros aus allen aktiven Arbeitsmappen bearbeiten, löschen oder neue Makros anlegen.

- VBA ist eine **objektorientierte Programmiersprache**. In diesem Objektmodell entsprechen in VBA alle Elemente des Programms Excel wie Zellen, Zeilen und Tabellen bestimmten Objekten.

- Die einfachste und oft sicherste Methode des Makroaufrufs ist die Schaltfläche. Wählen Sie **Ansicht → Symbolleisten → Formular → Schaltfläche** und zeichnen Sie ein Rechteck in die Tabelle.

- Komfortable Eingabe- und Ausgabemöglichkeiten bieten UserForms. Wählen Sie im VBA-Editor **Einfügen → UserForm**.

Makros im Praxiseinsatz: Die VBA-Beispiel-Datenbank

Bernd Held, Stuttgart

Wer Excel automatisieren und erweitern möchte, dem bietet es eine eigene Entwicklungsumgebung, in der Sie Makros und Funktionen anlegen und speichern können. Mit VBA (Visual Basic for Application) können Sie die Tabellenkalkulation Excel beliebig ausbauen und noch besser machen. Dieser Artikel gibt Ihnen anhand von Praxisbeispielen einen guten Start in die Programmierung von Excel. Dabei werden die wichtigsten Objekte in Excel erläutert. Die hier vorgestellten Beispielmakros sind Teil unserer **VBA-Beispiel-Datenbank** mit über hundert fertigen Makro-Lösungen. In dieser Datenbank können Sie gezielt nach Lösungen suchen und diese nach Belieben anwenden und Ihren Bedürfnissen anpassen.

> **HINWEIS**
>
> Sie finden die VBA-Beispiel-Datenbank auf der CD-ROM unter dem Namen **VBA_Datenbank.xls**.
> Beachten Sie, dass unter **Extras** → **Makro** → **Sicherheit** die **Sicherheitsstufe** im gleichnamigen Register auf **Mittel** oder **Niedrig** eingestellt ist, da ansonsten die VBA-Beispiel-Datenbank nicht gestartet werden kann. Unter Excel XP und Excel 2003 muss zusätzlich auf der Registerkarte **Vertrauenswürdige Herausgeber** das Kontrollkästchen **Zugriff auf Visual Basic Projekt vertrauen** gesetzt sein.

1 Zellenprogrammierung

Das wohl am häufigsten verwendete Objekt ist die Zelle. Diese Zelle wird in Excel als Range bezeichnet. Damit können Sie eine Zelle, mehrere Zellen und sogar ganze Bereiche ansprechen. Für die Programmierung von Zellen stehen Ihnen pro Tabelle als Obergrenze die Zellen aus 256 Spalten und insgesamt 65536 Zeilen zur Verfügung. In den allermeisten Fällen werden Sie diese Kapazität nie ausnutzen.

1.1 Umlaute ersetzen

Im ersten Praxisbeispiel sollen in einer Tabelle in allen markierten Zellen die Umlaute ersetzt werden. Um diese Aufgabe zu erledigen, fügen Sie ein neues Modul in der Entwicklungsumgebung ein, indem Sie über die Tastenkombination **Alt** + **F11** in die Entwicklungsumgebung wechseln und dort aus dem Menü **Einfügen** den Befehl **Modul** wählen. Erfassen Sie danach das folgende Listing:

```
Sub ZeichenTauschen()
Dim zelle As Range
For Each zelle In Selection
  With Selection
     .Replace What:="ä", Replacement:="ae", LookAt:=xlPart
     .Replace What:="ö", Replacement:="oe", LookAt:=xlPart
     .Replace What:="ß", Replacement:="ss", LookAt:=xlPart
     .Replace What:="ü", Replacement:="ue", LookAt:=xlPart
End With
Next zelle
End Sub
```

Bei diesem Makro werden alle Umlaute in Zellen, die Sie vorher markiert (**For Each Zelle In Selection**) haben, ersetzt. Um das Makro zu starten, wählen Sie in der Tabelle aus dem Menü **Extras** den Befehl **Makro** → **Makros** und starten das Makro mit einem Doppelklick auf den Eintrag **ZeichenTauschen** im Listenfeld.

Dieses Makro können Sie selbstverständlich anpassen und beispielsweise durch andere Zeichen ersetzen. Dazu geben Sie im Argument **What** das Zeichen an, das ersetzt werden soll. Im Argument **Replacement** geben Sie dann das Zeichen an, das als Ersatz herangezogen werden soll.

1.2 Leerzeichen entfernen

Viele Probleme können entstehen, wenn sich führende bzw. nachfolgende Leerzeichen in Zellen befinden. Diese Leerzeichen können beispielsweise oft nach Importen von Daten aus Fremdsystemen auftreten und erschweren Auswertungen mit Excel-Standardfunktionen und Pivot-Tabellen. Eine sichere Methode, um Leerzeichen aus Zellen zu entfernen, bietet das folgende Listing:

```
Sub LeerzeichenEntfernen()
Dim Zelle As Range

For Each Zelle In Selection
  Zelle.Value = Trim(Zelle.Value)
Next Zelle
End Sub
```

Beim diesem Listing werden alle führenden und nachfolgenden Leerzeichen in den markierten Zellen (**For Each Zelle In Selection**) entfernt. Sollen nicht alle Leerzeichen, sondern nur Leerzeichen am linken Zellenrand entfernt werden, dann ersetzen Sie die Funktion **Trim** im Makro durch die Funktion **LTrim**. Müssen lediglich die Leerzeichen am rechten Rand der Zellen entfernt werden, dann ersetzen Sie die Funktion **Trim** im Makro durch die Funktion **RTrim**.

2 Zeilen- und Spaltenprogrammierung

Das nächste Objekt in der Hierarchie von Excel sind die Zeilen und Spalten. Auch zu diesen Objekten folgen nun zwei Beispiele.

2.1 Jede zweite Zeile ausblenden

Im folgenden Beispiel wird in der aktiven Tabelle jede zweite Zeile ausgeblendet.

```
Sub JedeZweiteZeileAusblenden()
Dim lngZ As long
For lngZ = 1 To ActiveSheet.UsedRange.Rows.Count
If lngZ Mod 2 = 0 Then
    Rows(lngZ).EntireRow.Hidden = True
End If
Next lngZ
End Sub
```

Dieses Makro können Sie anpassen, wenn Sie beispielsweise nur jede dritte Zeile ausblenden möchten, indem Sie den Befehl **lngZ Mod 2 = 1** durch den Befehl **lngZ Mod 3 = 1** ersetzen. Die Funktion **Mod** gibt den Rest einer ganzzahligen Division zweier Zahlen zurück. Über die Variable **lngZ** wird die jeweilige Zeile dargestellt. Es wird also die jeweilige Zeilennummer (**Rows(lngZ)**) beispielsweise durch **3** geteilt. Bleibt ein Rest von **0** übrig, dann wird die komplette Zeile (=**EntireRow**) ausgeblendet (=**Hidden**). Mit der Anweisung **ActiveSheet.UsedRange.Rows.Count** wird übrigens die Anzahl der verwendeten Zeilen in einer Tabelle ermittelt.

2.2 Gefilterte Zeilen auf eine neue Tabelle übertragen

Etwas Arbeit kann man sich ersparen, wenn man auf einer Tabelle mit einem Datenfilter (s. Abb. 1) alle gefilterten Zeilen auf eine neue Tabelle automatisch überträgt.

	A	B	C	D	E	F
1	Pers.-Nr.	Name	Vorname	Kst./Abt.		
2	67890	Müller	Hans	1245		
4	89768	Krug	Katrin	1245		
5	46987	Messer	Kurt	1245		
7	56789	Gold	Stefanie	1245		
10	98634	Rupp	Anja	1245		
13	87345	Himmel	Elvira	1245		
15	12312	Wachter	Sandra	1245		

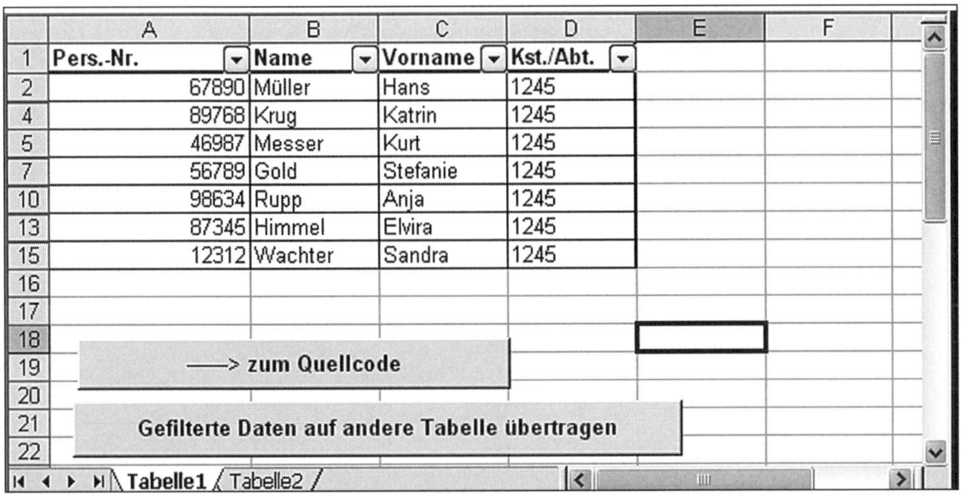

Abb. 1: Die gefilterte Liste soll automatisch auf eine neue Tabelle übertragen werden.

Dabei sieht das Makro für diese Aufgabe wie folgt aus:

```
Sub GefilterteDatenKopieren()
 ActiveSheet.Range("A1").CurrentRegion.SpecialCells(xlVisible).Copy
 Worksheets.Add
 ActiveSheet.Paste
 Application.CutCopyMode = False
End Sub
```

Beim gerade vorgestellten Makro wird angenommen, dass der Datenfilter in Zeile **1** eingestellt ist. Beginnt der Datenfilter beispielsweise in Zelle **A3**, dann ersetzen Sie den Befehl **ActiveSheet.Range("A1")** durch den Befehl **ActiveSheet.Range("A3")**. Mithilfe der Eigenschaft **CurrentRegion** wird der um diese Zelle liegende Bereich ermittelt. Über die Methode **SpecialCells** können Sie alle sichtbaren Zellen ermitteln, indem Sie dieser Methode die Konstante **xlVisible** zuweisen. Der Befehl **Copy** sorgt dafür, dass diese sichtbaren Zeilen in die Zwischenablage kopiert werden. Über den Befehl **Worksheets.Add** fügen Sie eine neue Tabelle ein. Danach wenden Sie die Methode **Paste** an, um den Inhalt der Zwischenablage in die neue Tabelle einzufügen. Um den Laufrahmen, der beim Kopieren entsteht, zu entfernen, setzen Sie die Eigenschaft **CutCopyMode** auf den Wert **False**.

3 Tabellenprogrammierung

Nach den Zellen, Zeilen und Spalten stellt das nun folgende Objekt die Tabelle dar. Die Tabelle wird in Excel über das Objekt **Worksheet** angesprochen. Sehen Sie auch hier nun zwei praktische Beispiele:

3.1 Tabellen zusammenfahren

Beim folgenden Beispiel aus Abb. 2 werden alle gleich strukturierten Tabellen einer Arbeitsmappe auf der ersten Tabelle untereinander zusammengestellt. Diese Aufgabe manuell zu erledigen, wäre sehr zeitintensiv.

Abb. 2: Gleich strukturierte Tabellen zusammenfahren

```
Sub TabellenKopierenUntereinander()
Dim KBereich As Range
Dim ZBereich As Range
Dim i As Integer

With ActiveWorkbook
  .Worksheets.Add Before:=.Worksheets(1)
  For i = 2 To .Worksheets.Count
    Set KBereich = .Worksheets(i).UsedRange
    Set ZBereich = .Worksheets(1).Cells(Rows.Count, "A").End(xlUp)(2)
    KBereich.Copy Destination:=ZBereich
  Next
End With
End Sub
```

Im vorherigen Makro wird eine neue Tabelle zu Beginn der aktiven Arbeitsmappe eingefügt. Danach wird eine Schleife aufgebaut, die beginnend bei der zweiten Tabelle alle Tabellen der Arbeitsmappe abarbeitet. Auf diesen Tabellen wird zunächst der verwendete Bereich (**=UsedRange**) ermittelt und in der Variablen **KBereich** festgehalten. Danach wird auf der ersten Tabelle die Einfügeposition ermittelt, indem in Spalte **A** die letzte Zelle (**Cells (Rows.Count, "A").End(xlUp)**) ermittelt wird. Die nachfolgende **2** bedeutet, dass zu dieser letzten verwendeten Zelle noch zwei Zellen hinzuaddiert werden sollen. Damit entsteht dann nach jedem kopierten Block eine Leerzeile. Diese Zahl können Sie beispielsweise durch den Wert 1 ersetzen, wenn Sie keine Leerzeilen zwischen den kopierten Blöcken wünschen. Diese so ermittelte Einfügeposition wird in der Variablen **ZBereich** festgehalten. Mithilfe der Methode **Copy** wird nun der ermittelte Bereich aus jeder Tabelle auf die erste Tabelle an die vorher ermittelte Einfügeposition kopiert.

3.2 Alle Tabellen einblenden

Das folgende nützliche Makro blendet in einer Arbeitsmappe alle versteckten Tabellen ein. Standardmäßig können versteckte Tabellen nur einzeln über den Menübefehl **Format → Blatt → Einblenden** wieder sichtbar gemacht werden – eine recht langwierige Geschichte ...

```
Sub AlleVerstecktenTabellenEinblenden()
Dim Blatt As Worksheet

For Each Blatt In ActiveWorkbook.Worksheets
 Blatt.Visible = True
Next Blatt
End Sub
```

In einer Schleife werden alle Tabellen der aktiven Arbeitsmappe durchlaufen. Innerhalb der Schleife werden die einzelnen Tabellen eingeblendet, indem Sie die Eigenschaft **Visible** auf den Wert **True** setzen.

4 Arbeitsmappenprogrammierung

Als letztes Objekt in diesem Artikel wird nun die Arbeitsmappe beschrieben, die durch das Objekt **Workbook** angesprochen werden kann. Auch zu diesem Objekt folgen zwei Beispiele:

4.1 Datum der letzten Speicherung abfragen

Wenn Sie einen Blick auf den Dialog **Eigenschaften** aus dem Menü **Datei** → **Eigenschaften** werfen, dann sehen Sie auf der Registerkarte **Statistik** das letzte Änderungsdatum der Arbeitsmappe. Wie aber können Sie dieses Datum abfragen und gegebenenfalls in eine Zelle schreiben. Die Antwort auf diese Frage liefert das Makro aus dem folgenden Listing.

```
Sub LetztesSpeicherungsdatumAbfragen()
  MsgBox "Das letzte Änderungsdatum der Arbeitsmappe war am: " & _
  ActiveWorkbook.BuiltinDocumentProperties("Last save Time")
  Sheets("Tabelle1").Range("A1").Value = _
  CDate(ActiveWorkbook.BuiltinDocumentProperties("Last save Time"))
End Sub
```

Über die Eigenschaft **BuiltinDocumentProperties** können Sie Zugriff auf die Dokumenteigenschaften der aktiven Arbeitsmappe gewinnen. Über die Konstante **Last save time** wird beispielsweise das letzte Änderungsdatum ermittelt. Die Konstante **Creation date** würde beispielsweise das Erstellungsdatum der Arbeitsmappe zurückgeben. Die Konstante **Last print date** liefert den Zeitpunkt des letzten Druckens der Mappe. Wenn Sie diese Eigenschaften in eine Zelle übertragen möchten, dann müssen Sie die Funktion **CDate** vorschalten, da sonst das jeweilige Datum als Zahl ausgegeben würde. Diese Funktion sorgt demnach dafür, dass das Datum auch als Datum in der Zelle ankommt.

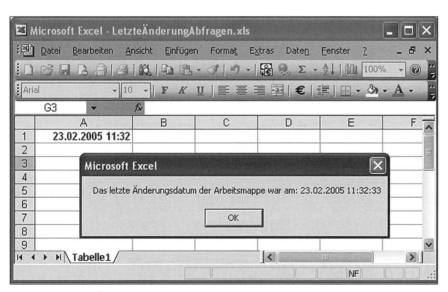

Abb. 3: Das letzte Änderungsdatum einer Arbeitsmappe wird ermittelt.

4.2 Alle verknüpften Arbeitsmappen ermitteln

Bei der letzten Aufgabe in diesem Artikel werden alle verknüpften Arbeitsmappen einer Mappe dokumentiert. Die verknüpften Arbeitsmappen können Sie ebenso einsehen, wenn Sie aus dem Menü **Bearbeiten** den Befehl **Verknüpfungen** wählen. Leider ist in diesem Dialog nicht der komplette Pfad zu sehen. Beim folgenden Makro wird eine neue Tabelle eingefügt und es werden die Namen sowie Pfade der verknüpften Arbeitsmappen ausgegeben.

```
Sub VerknüpfteDateienAusgeben()
Dim Mappe As Workbook
Dim VLink As Variant
Dim i As Integer

Worksheets.Add
Set Mappe = ActiveWorkbook
VLink = Mappe.LinkSources(xlExcelLinks)
If Not IsEmpty(VLink) Then
    For i = 1 To UBound(VLink)
        Cells(i, 1).Value = "Verknüpfung " & i
        Cells(i, 2).Value = VLink(i)
    Next i
    ActiveSheet.Columns("A:B").AutoFit
End If
End Sub
```

Über die Methode **Add** fügen Sie eine neue Tabelle ein. Danach werden die Namen aller verknüpften Arbeitsmappen **(Mappe.LinkSources(xlExcelLinks))** automatisch in einem Datenfeld **(VLink)** eingelesen. Dieses Datenfeld wird im Anschluss ausgelesen. Da Sie vorher nicht wissen, wie viele Verknüpfungen zu anderen Arbeitsmappen bestehen, liefert die Funktion **UBound** genau diese Information. Dabei greift diese Funktion auf den letzten Eintrag im Datenfeld **(VLink)** zu, indem die letzte verknüpfte Arbeitsmappe verzeichnet ist. Schreiben Sie nun die einzelnen Informationen aus dem Datenfeld direkt in die neue Tabelle. Passen Sie am Ende die Spaltenbreiten an, indem Sie die Methode **AutoFit** einsetzen.

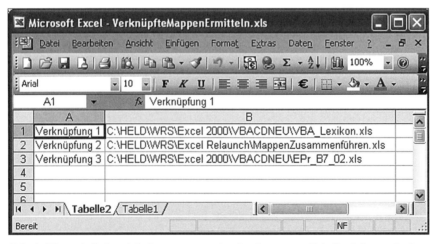

Abb. 4: Alle verknüpften Arbeitsmappen werden in einer neuen Tabelle dokumentiert.

5 Die VBA-Datenbank

Auf der CD-ROM finden Sie die Datei **VBA_Datenbank.xls**. Über diese Lösung können Sie nach bereits fertigen Makros suchen, indem Sie nach dem gewünschten Begriff forschen. Nach dem Öffnen der Arbeitsmappe steht Ihnen die Tabelle aus der folgenden Abbildung zur Verfügung. Über den Datenfilter können Sie vorab eine Kategorie einstellen, um nach einer bestimmten Lösung zu suchen. Mit einem Klick auf den Hyperlink in Spalte **C** öffnen Sie die jeweilige Beispieldatei.

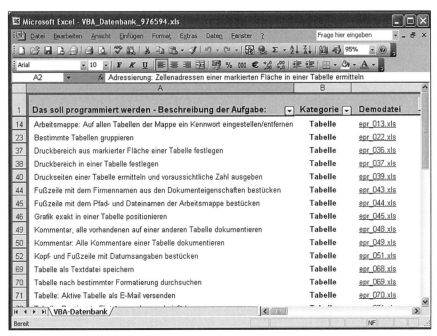

Abb. 5: Die VBA-Datenbank mit Filterfunktion

Möchten Sie eine Suche nach einem bestimmten Makro über einen Dialog vornehmen, dann klicken Sie in der Tabelle **VBA-Datenbank** auf die Schaltfläche **Suchen**.

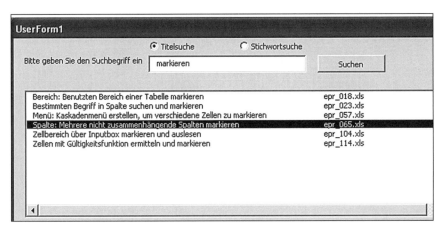

Abb. 6: Die Suchen-Funktion

Geben Sie in das Eingabefeld den Suchbegriff ein und klicken Sie im Dialog auf die Schaltfläche **Suchen**. Markieren Sie die gewünschte Beispieldatei im Listenfeld und klicken Sie anschließend die Schaltfläche **Öffnen** an.

Dialogfenster im Praxiseinsatz: Die UserForm-Toolbox

Ignatz Schels, Wolnzach

Diese Werkzeugsammlung bietet Ihnen eine hervorragende Auswahl an über 35 fertigen Elementen für das Programmieren von Dialogfenstern – den so genannten UserForms. Alle Beispiele können Sie auf der CD interaktiv ausprobieren und den Quellcode in einem separaten Fenster anzeigen lassen. Eine Exportfunktion sorgt dafür, dass Sie das gewünschte Listing in Ihr eigenes VBA-Projekt übernehmen können.

> **HINWEIS**
>
> Beachten Sie, dass unter **Extras → Makro → Sicherheit** die **Sicherheitsstufe** im gleichnamigen Register auf **Mittel** oder **Niedrig** eingestellt ist, da ansonsten die Toolbox nicht gestartet werden kann. Unter Excel XP und Excel 2003 muss zusätzlich auf der Registerkarte **Vertrauenswürdige Herausgeber** das Kontrollkästchen **Zugriff auf Visual Basic Projekt vertrauen** gesetzt sein.

> **HINWEIS**
>
> Sie finden diese Datei unter dem Namen **UserForm-Toolbox.xls** auf der CD-ROM.

1 Bedienungshinweise

Nach dem Öffnen der User-Form-Toolbox enthält die angezeigte Excel-Tabelle einen Einleitungstext und eine Abbildung der eigentlichen Toolbox. Zum Aktivieren klicken Sie einfach auf das Bild.

Die UserForm-Toolbox wird aktiv. Auf der linken Seite sehen Sie ein Abbild der Werkzeugsammlung, die für die Gestaltung und Programmierung von UserForm-Elementen benötigt wird (s. Abb. 1). Zeigen Sie mit der Maus auf eines der Werkzeuge. Eine Quick-Info zeigt den Original-Namen des Werkzeugs an.

Abb. 1: Oberfläche UserForm-Toolbox

- Klicken Sie auf das erste Werkzeug. Jetzt erhalten Sie in der Themenliste (oberes Listenfeld) die Beispiele, die für dieses Werkzeug zur Verfügung stehen.
- Klicken Sie auch auf die übrigen Werkzeuge, um die passenden Beispiele in die Liste zu importieren.

1.1 Toolbox-Beispiele verwenden

Um eines der in der Themenliste angezeigten Beispiele anzusehen, markieren Sie dieses. Sie können direkt in der UserForm den Makrocode einsehen und die Beispiel-UserForm aktivieren. Wollen Sie das Beispiel in Ihren Makros einsetzen, exportieren Sie es in Form einer Datei mit der Endung **frm**. Dabei wird die gesamte UserForm mit allen Makros exportiert.

1.2 Demo aufrufen und testen

Wenn Sie ein Beispiel auswählen und ausprobieren möchten, verfahren Sie wie folgt:

1 Klicken Sie zuerst auf ein Werkzeug links in der Sammlung und markieren Sie dann ein Thema in der Themenliste rechts oben.

2 Das untere Listenfeld erhält den Makrocode des ausgewählten Beispiels. Sie können die Liste nach unten blättern, um alle Codezeilen einzusehen. Das Codefenster zeigt den Makrocode des oben markierten Beispiels an. Im oberen Listenfeld können Sie das Beispiel auswählen - wie z. B. die Ausgabe des aktuellen Datums in einem Bezeichnungsfeld - im unteren Fenster wird der Code angezeigt (s. Abb. 2).

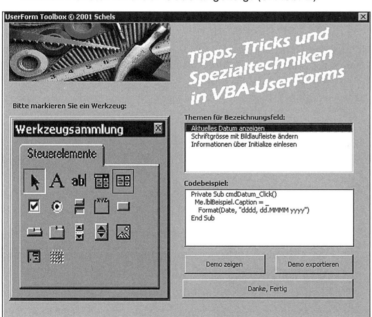

Abb. 2: Die UserForm-Toolbox mit den Listenfeldern für die Themenauswahl und mit dem Codebeispiel

3 Um die Demo-Anwendung des in der Themenliste aufgeführten Beispiels zu starten, klicken Sie auf die Schaltfläche **Demo zeigen**.

4 Testen Sie die Anwendung. Klicken Sie dazu auf die Schaltfläche **Datum hier anzeigen** in der Mitte der Box (s. Abb. 3). Das Bezeichnungsfeld übernimmt daraufhin das aktuelle Datum.

5 Per Klick auf die Schaltfläche am unteren Rand gelangen Sie zurück zur Toolbox. ■

Abb. 3: Beispiel-UserForm mit der Anzeige des aktuellen Datums

1.3 Demo exportieren

Alle Beispielanwendungen sind als eigenständige UserForms in der UserForm-Toolbox gespeichert. Sie können das angezeigte Thema in Dateiform speichern und in eine andere Mappe importieren.

1 Stellen Sie zuerst sicher, dass Sie den Ordner angemeldet haben, in dem Sie die UserForm-Dateien speichern wollen. Verlassen Sie die Toolbox und wählen Sie **Datei → Öffnen**. Der angezeigte Pfad (Laufwerk und Ordner) ist der Speicherort Ihrer neuen Dateien. Achtung: Die Dateien werden ohne Rückfrage erstellt und auch überschrieben.

2 Starten Sie die Anwendung wieder, markieren Sie ein Werkzeug, dann ein Thema und klicken Sie auf die Schaltfläche **Demo exportieren**.

3 Die Datei wird angelegt. Als Dateiname wird die Original-UserForm-Bezeichnung aus dem Makro verwendet. Excel weist den Dateien die Endung **.bas** zu. Nach Abschluss des Speichervorgangs erhalten Sie eine Meldung (s. Abb. 4). ∎

Abb. 4: Meldungsfenster nach erfolgreichem Speichern der Demo-Datei

1.4 UserForm in eigenes Projekt einbinden

Die Datei mit der Endung **.bas** können Sie später in jedes VBA-Projekt einfügen. Markieren Sie dazu im Projekt-Explorer mit der rechten Maustaste das Projekt, wählen Sie im Kontextmenü **Datei importieren** und suchen Sie die Datei. Mit Klick auf **Öffnen** holen Sie die UserForm mit allen Makros in das Projekt.

1.5 UserForm-Toolbox beenden

Mit Klick auf die Schaltfläche **Danke, Fertig** beenden Sie die UserForm-Toolbox.

Wechseln Sie in den VBA-Editor und sehen Sie sich den umfangreichen Makrocode des Dialogs an. Im Projekt-Explorer finden Sie weiterhin die einzelnen Demo-UserForms, die Sie auch ohne die Basisanwendung aktivieren können (s. Abb. 5).

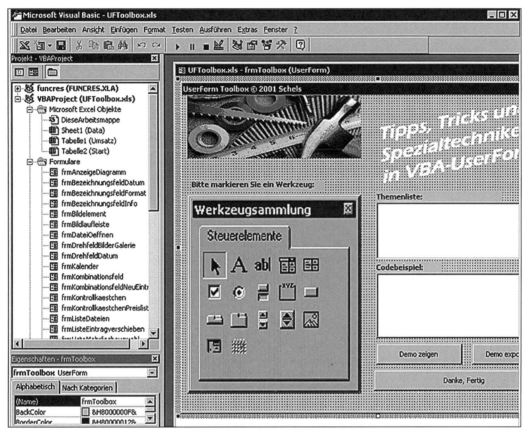

Abb. 5: Die UserForm-Toolbox in der VBA-Entwicklungsumgebung

2 Zusammenfassung

Ob Dateneingabeformular, Fehlermeldung, Hinweis, Warnung oder Programmsteuerung – das Einsatzspektrum der UserForm deckt alle Ebenen der Kommunikation mit dem Anwender ab. Die Dialogschnittstelle des Visual-Basic-Editors ist an Flexibilität nicht zu überbieten. Richtig eingesetzt, schafft die Kombination aus Steuerelementen und Ereignisprozeduren jeden beliebigen Freiraum für VBA-Makros – und das bei optimalem Benutzerkomfort.

Diese UserForm-Toolbox bietet Ihnen eine hervorragende Auswahl an über 35 fertigen Elementen für das Programmieren von Dialogfenstern im Praxiseinsatz wie zum Beispiel:

- Passwortabfrage per Textfeld
- Laufwerk, Ordner, Dateiauswahl per Dialogfenster
- Bildergalerie mit Drehfeld
- Datumswerte per Klick verändern

X. Anhang

Excel-Shortcuts – schneller arbeiten mit Tastaturkürzeln

Funktionstaste	Bedeutung
F1	Ruft die Online-Hilfe auf
F2	Bringt Sie in die direkte Zellenbearbeitung von Excel
F3	Hiermit können Sie Namen in Excel festlegen
F4	Wiederholt die zuletzt vorgenommene Aktion/den letzten Befehl
F5	Ruft den Dialog **Gehe zu** auf
F6	Wechselt zum nächsten Ausschnitt
F7	Ruft die Rechtschreibprüfung auf
F8	Erweitert eine Markierung
F9	Berechnet alle Blätter in allen geöffneten Arbeitsmappen
F10	Aktiviert die Menüleiste
F11	Fügt ein Diagramm ein
F12	Ausführen des Befehls **Speichern unter**

Tab. 1: Die Belegung der Funktionstasten in Excel

Tastenkombination	Bedeutung
Strg + C	Daten kopieren
Strg + X	Daten ausschneiden
Strg + V	Daten einfügen
Strg + K	Hyperlink einfügen
Strg + S	Arbeitsmappe speichern
Strg + Z	Aktion widerrufen
Strg + P	Tabelle drucken
Strg + O	Arbeitsmappe öffnen
Strg + F	**Suchen**-Dialog aufrufen
Strg + H	**Ersetzen**-Dialog aufrufen
Strg + N	Neue Arbeitsmappe anlegen
Strg + Y	Wiederholen der letzten Aktion
Strg + F4	Arbeitsmappe schließen
Strg + F6	Wechseln zur nächsten geöffneten Arbeitsmappe

Tab. 2: Shortcuts für gängige Befehle

Excel-Shortcuts

Tastenkombination	Bedeutung
Strg + A	Alle Zellen in einer Tabelle markieren
Strg + Pos1	Zum Anfang der Tabelle springen
Strg + Ende	Zum Ende der Tabelle springen
Shift + Tabulator	Bewegen innerhalb der Markierung von rechts nach links oder um eine Zelle nach oben, wenn nur eine Spalte markiert ist
Shift + Pos1	Erweitern der Markierung bis zum Anfang der Zeile
Strg + Shift + Ende	Erweitern der Markierung bis zur letzten verwendeten Zelle der Tabelle
Strg + Shift + Pos1	Erweitern der Markierung bis zum Anfang der Tabelle
Strg + Bild nach unten	Nächstes Tabellenblatt aktivieren
Strg + Bild nach oben	Vorheriges Tabellenblatt aktivieren
Strg + Leertaste	Spalte markieren
Shift + Leertaste	Zeile markieren
Strg + 9	Zeilen ausblenden
Strg +)	Ausgeblendete Zeilen einblenden
Strg + 8	Spalten ausblenden
Strg + (	Ausgeblendete Spalten einblenden
Strg + - (Minuszeichen)	Zelle/Zeile/Spalte löschen
Strg + + (Pluszeichen)	Zelle/Zeile/Spalte einfügen

Tab. 3: Schnelles Navigieren und Markieren

Tastenkombination	Bedeutung
Strg + Shift + !	Formatiert eine Zahl mit zwei Nachkommastellen
Strg + Shift + $	Formatiert eine Zahl in der Standardwährung mit zwei Nachkommastellen
Strg + Shift + %	Formatiert eine Zahl als Prozentsatz (ohne Nachkommastellen)
Strg + Shift + §	Anwenden des Formats **Datum** mit Tag, Monat und Jahr
Strg + 1	Dialog **Zellen formatieren** aufrufen
Strg + 2	Schriftschnitt **Fett** anwenden
Strg + 3	Schriftschnitt **Kursiv** anwenden
Strg + 4	Schriftschnitt **Unterstreichen** anwenden
Strg + 5	Schriftschnitt **Durchstreichen** anwenden
Strg + Shift + - (Minuszeichen)	Zelle mit einem Rahmen versehen
Alt + Enter	Zeilenumbruch erzwingen

Tab. 4: Kürzel für flottes Formatieren

Stichwortverzeichnis

#"Tage", benutzerdefiniertes Zahlenformat 263
#DIV/0!, Fehlermeldung 75
#NV, Fehlermeldung 162
3D-Bezug, Zeitkontenauswertung 188
3D-Diagramm 146

A

ABC-Analyse, Musterlösung 238
–, Histogramm 245
–, Kunden zuordnen 242
Abschreibungsrechner, Musterlösung 234
Achsenbeschriftung 142
Add-In, Analyse-Funktionen 171
Add-Ins-Manager 171
Aktualisierung, automatische 73
Amortisationsrechnung 62
Analyse-Funktionen, aktivieren 171
Angebotskalkulation, Deckungsbeitragsrechnung 276
Angebotsübersicht, Musterlösung 271
Annuität 50
Annuitätendarlehen 229
Arbeitsmappe, schützen 108
Arbeitstag, ermitteln 171
Arbeitszeit, Feiertage ermitteln 193
–, Gesamtauswertungen per 3D-Bezug 193
–, Pausen berücksichtigen 184
–, Soll/Ist-Abweichung 177
–, Tagessaldo ermitteln 185
–, Überstunden ermitteln 177
–, Zeitkonten verwalten 177
Arbeitszeitplanung und -erfassung, Musterlösung 177
Artikelliste, Praxisbeispiel 99
Auftragsabwicklung 258
Auftragsfluss 259
Auftragskontrolle 257
–, Auftragsübersicht 257
–, Erfolgsquote 259
–, Kennzahlen ermitteln 259
–, Kosten 257
–, Musterlösung 257
Aufzinsung 45
AutoFilter, Daten selektieren 79
–, Option (Top 10) 80
AutoFilter, selektieren 254
AutoFilter, Funktion 251
AutoGliederung, Daten auswerten 85
–, Bereiche und Ebenen bestimmen 86

B

Balanced Scorecard, Musterlösung 284
–, Kennzahlen identifizieren 285
Balkendiagramm 140
Barverkaufspreis 206
Barwert 49
Basel II, Risikomanagement 293
–, s. a. Rating
Bearbeitungsgebühr, Darlehen 230
Benutzerdefinierte Funktion, Praxisbeispiele 57
Berechnung, iterativ 72
–, kaufmännisch 20
–, verbergen 113
Bereichsname, Datenbank optimieren 101
–, vergeben 29
Berichtswesen, Musterlösung 165
Beschwerdemanagement, Musterlösung 273
Betriebswirtschaft, Kennzahlen 53
Bildergalerie, Makro 379
Bilanzanalyse, Musterlösung 311
Blattschutz 109
Bonität 293
Bonitätsbeurteilung, Rating 303
BSC s. Balanced Scorecard
Budgetkontrolle 220
–, Abweichungen bewerten 227
–, Finanzplan 220
–, Gesamtsumme planen 226
–, Investitionen planen 221
–, Musterlösung 220, 349
–, Plandaten 226
–, Positionen planen 226
–, Soll-/Ist-Zahlen 220
Budgetübersicht, Formeln 223
Businessplan, Musterlösung 309

C

Cash Flow, Musterlösung 53
Chart s. Diagramm
Checkliste, Risikomanagement 299
Controlling 120
–, Mindestangebot ermitteln 120
–, professionelle Instrumente 166
–, Projektcontrolling 325
Copyright-Schutz, Musterlösung 123

Stichwortverzeichnis

D

Damnum 43
Darlehen, annuitätisch 229
–, Bearbeitungsgebühr 230
–, Disagio 230
–, feste Tilgungsrate 230
–, Laufzeit 231
–, Rückzahlungsszenarien 345
–, tilgungsfreie Zeit 231
–, Zahlungsperiode 231
–, Zinssatz 231
Darlehensrechner 229
–, Angebote vergleichen 229
–, Darlehensbetrag 230
–, Musterlösung 229
–, Tilgungsplan 232
Daten 78
–, Abfragen logisch verknüpfen 81
–, als Grafik versenden 112
–, auswerten per AutoFilter 78
–, auswerten per Funktion Teilergebnisse 83
–, auswerten per Pivot-Tabelle 88
–, auswerten per Spezialfilter 81
–, dynamisch in Word integrieren 135
–, erfassen per Datenmaske 104
–, Excel als Datenbank einsetzen 99
–, exportieren nach PowerPoint 135
–, gruppieren und gliedern 85
–, Gültigkeit 253
–, Listen richtig aufbauen 100
–, selektieren 79
–, sensible Geschäftsdaten schützen 108
–, sortieren 105
–, Umsatz auswerten 116
–, Veränderungen ausschließen 109
–, Zellbereiche ein- und ausblenden 85
Datenbank 100
–, Bereichsnamen einsetzen 101
–, Formeln 101
–, Listen 100
–, Navigation 103
–, Praxisbeispiel 101
–, Summe bilden 117
Datenbankfunktion 114
–, kommentierte Übersicht 115
–, Liste auswerten 114
Datenmaske 104
Datum, Liste nach Geburtsmonat sortieren 168
–, Monatsletzter ermitteln 173
–, Rechengrundlagen 168
–, Wochentag anzeigen 180
–, Wochentag hervorheben 173
Datums- und Zeitfunktionen 27
Datumsformat, Text erkennen 172
Datumsfunktion, kommentierter Überblick 169
Datumswert, per Makro ändern 379
Deckungsbeitrag, ermitteln 278
–, Praxisbeispiel 346
Deckungsbeitragsrechnung 276
–, Engpasssituation analysieren 276
–, Musterlösung 276
Diagramm 126, 130
–, 3D 146
–, Balkendiagramm 140
–, benutzerdefinierte Typen 151
–, Businessgrafik exportieren 135
–, Darstellungsformen 126
–, Datenquelle ändern 157
–, Datenreihen auswählen 158
–, Datentabelle 129
–, dynamisch 153
–, dynamisch verknüpfen, PowerPoint 135
–, Elemente formatieren 133
–, Excel-Diagramm in PowerPoint präsentieren 135
–, Formatierung 133
–, Formatierungsregeln 144
–, Grafikobjekt einfügen 149
–, Häufigkeitsvergleich 140
–, Hintergrund 144
–, interaktiv 158
–, Korrelationsvergleich 141
–, Kreisdiagramm 130
–, Kreisfläche herausziehen 146
–, Legende nachtragen 147
–, Liniendiagramm 132, 154
–, manuell anpassen 155
–, mitwachsendes 153
–, neu sortieren 144
–, Rangfolgevergleich 140
–, Rubrikenbeschriftung 142
–, Säulendiagramm 127, 154
–, Skalierung 134
–, Standarddiagramm definieren 150
–, Strukturvergleich 139
–, Text einfügen 142
–, Titel einfügen 143
–, Zeitreihenvergleich 140
–, Zusammenhänge darstellen 126
Diagramm-Assistent 126, 162
Diagramm-Menü 126
Diagrammblatt, Mustervorlage 152
Diagrammgestaltung, Grundregeln 138
Diagrammlayout, Diagrammtypen 150
–, Elemente 150
–, Farbe 150
–, Schrift 150

Diagrammobjekt, in Diagrammblatt verwandeln 130
Diagrammtyp 126
–, benutzerdefiniert 151
Dialog, UserForm programmieren 365
Dialogfenster, per Makro auf Verzeichnisstruktur zugreifen 379
–, VBA-Werkzeugsammlung 376
Disagio 230

E

Effektivverzinsung 39
Effektivzins 42
Eigenkapital-Rentabilität 54, 60
–, benutzerdefinierte Funktion 57
Eigenschaften-Fenster (VBA) 356
Einzelkosten, Deckungsbeitragsrechnung 277
Endwert, Zinsrechnung 42
Engpasssituation, analysieren 279
–, Deckungsbeitragsrechnung 279
Erfolgsquote, Auftragskontrolle 259
–, Werbung 121
Erfolgsrechnung, Deckungsbeitragsrechnung 276
–, Musterlösung 235
Ergebnis, automatisch aktualisieren 73

F

Fälligkeit, Termine berechnen 172
Feed-Forward-Sicht 298
Fehlermeldung, #Div/0! 74
–, #NV 162
Fehlertyp, kommentierte Übersicht 74
Feiertag, hervorheben 173
–, ermitteln und kennzeichnen 193
–, Liste nach Bundesländern 181
Fenster, fixieren 251, 283
Fertigstellung, Termine berechnen 171
Fertigungskosten 208
Filterfunktion, AutoFilter 79
Finanzierungsvergleich, Musterlösung 76
Finanzmathematik, Funktionen 26
Finanzplan, Budgetkontrolle 220
Firmenlogo in Diagramm einfügen 149
Fixkosten, Deckungsbeitragsrechnung 276
Forderungsstatistik 269
Forderungsverwaltung, Verzugszinsen 266
–, Forderungsstatistik 269
–, Mahnstatus 266
–, Mahntexte anlegen 265
–, Mahnung 266
–, Musterlösung 260
–, offene Posten 265

–, Rabatt gewähren 264
–, Rechnungstext anlegen 262
–, Zahlungsziel anlegen 262
Formatieren, Tastaturkürzel 383
Formatierung, Diagramm 133
Formel 101
–, auswerten 65
–, Detektiv 70
–, Datenbankanwendung 101
–, Festwerte ersetzen 113
–, Kalkulation schützen 111
–, kopieren 23
Formular, Symbolleiste 158
Foto, in Diagramm einfügen 149
Funktion 25
–, ABS 47
–, Aufbau 28
–, AutoFilter 254
–, Bedeutung 25
–, benutzerdefiniert 57
–, BEREICH.VERSCHIEBEN 156
–, BW 49
–, Datenbankfunktion, kommentierte Übersicht 115
–, DATENREIHE 129, 157
–, Datum und Zeit 27
–, Datumsfunktion 169
–, Effektiv 47
–, eingeben 25
–, finanzmathematische 26
–, Gültigkeit 253
–, HÄUFIGKEIT 241
–, HISTOGRAMM 245
–, IKV 65
–, ISPMT 47
–, ISTFEHLER 74
–, LOG 240
–, mathematische und trigonometrische 27
–, MAX 240
–, mehrere verschachteln 28
–, MITTELWERT 28
–, NOMINAL 47
–, NV 161
–, PIVOTDATENZUORDNEN 96
–, POTENZ 45
–, Praxisbeispiele 108
–, QIKV 47
–, RMZ 51
–, RUNDEN 240
–, statistische 27
–, SUMME 269
–, SUMMEWENN 269
–, SVERWEIS 264
–, TREND 132
–, UND 267

–, WENN 161, 267, 269
–, WENN-Funktion 28
–, XINTZINSFUSS 47
–, ZINSZ 40
–, ZW 46
–, ZW2 48
Funktions-Assistent 25

G

Gantt-Diagramm 321
Geldanlage, Zinsrechnung 47
Genauigkeit, Rundungsdifferenz ausgleichen 211
Geringfügig Beschäftigte, Musterlösung 201
Gesamt-Rentabilität 54, 60
Geschäftsbericht, exportieren nach Word 135
Geschäftskosten, berechnen 206
Gewinnstruktur analysieren 243
Gewinnvergleichsrechnung 62
Gewinnzuschlag 206
Gleichung, linear und nichtlinear 281
Grafik, Daten professionell aufbereiten 137
–, externe in Excel-Diagrammobjekt 149
Grafikobjekt s. Diagramm
Grundwert, Prozentrechnung 35
Gültigkeit, Daten 253
–, Funktion 253
GuV- und Bilanzanalyse, Musterlösung 311

H

Handel, Kalkulationsschema 204
Häufigkeitsvergleich, Diagramm 140
Herstellkosten, Kalkulation 209
Histogramm, ABC-Analyse 245
Hyperlink, einrichten 221

I

Insolvenz vermeiden, Liquidität 213
Investition 221
–, analysieren 61
–, Budgetkontrolle 221
–, Liquiditätssteuerung 326
–, Mindestangebot erstellen 120
Investitionsrechnung 61
–, statische Verfahren 61
–, Kostenvergleichsrechnung 62
–, Rentabilitätsrechnung 62
–, dynamische Modelle 64
–, Kapitalwertmethode 64
–, interne Zinssatzmethode 64
–, Amortisationsrechnung 62
–, Gewinnvergleichsrechnung 62
–, Musterlösung 61

IT-Projekt, Controlling, Musterlösung 325
–, Kosten planen 325
–, Soll-/Ist-Vergleich 327
Iteration s. Zirkelbezug

K

Kalkulation 111
–, Barverkaufspreis berechnen 206
–, Fertigungsgemeinkosten 208
–, Fertigungskosten berechnen 208
–, Geschäftskosten berechnen 206
–, Gewinnzuschlag berücksichtigen 206
–, Herstellkosten berechnen 209
–, Materialkosten berechnen 208
–, Mehrwertsteueranteil berechnen 205
–, Musterlösung 205
–, Nettolistenpreis 205
–, Rabatt ermitteln 205
–, Schema anlegen 205
–, Selbstkosten ermitteln 206
–, Vertriebsgemeinkosten berechnen 210
–, Verwaltungsgemeinkosten berechnen 210
–, Warenhandel 204
–, Zieleinkaufspreis ermitteln 206
Kalkulationsschema, Musterlösung 37
Kalkulationszinsfuß 49
Kapital 39
–, Zinseszinsen ermitteln 45
–, Zinsrechnung 39
Kapitalwertmethode, Investitionsrechnung 64
Kennzahlen 53
–, Balanced Scorecard 285
–, betriebswirtschaftliche 53
–, Liquidität 54
–, Musterlösung 53
–, Rentabilität 53
–, Umschlag 55
Kennziffer, Rating 293
Klasseneinteilung, ABC-Analyse 238
–, automatisch 239
–, manuell 241
Konkurrenzanalyse, Musterlösung 272
–, Risikomanagement 300
–, Musterlösung 249
Kontrollkästchen, ausrichten oder verteilen 160
–, Symbol 159
–, vertikal zentrieren 160
–, zeichnen 159
–, Zellverknüpfung angeben 160
Kopfzeile 100
–, fixieren 104
Korrelationsvergleich 141
Kosten 325

–, Auftragskontrolle 257
–, IT-Projekt 325
–, zeitlich zuordnen 326
Kostenanalyse, Diagramm 148
Kostenartenrechnung 204
Kostenrechnung 204
–, Zuschlagskalkulation 204
Kostenstellenrechnung 204
Kostenvergleichsrechnung 62
Kreditdauer 55, 60
Kreditsumme, Zinsrechnung 42
Kreisdiagramm, Einsatzmöglichkeit 130
Kundenrabatt, Prozentrechnung 38
Kundenstrukturanalyse 238
Kundenzufriedenheit 258

L

Lager 102
–, Kennzahlen 55
–, Mindestmenge berechnen 102
Lagerdauer 55, 60
–, benutzerdefinierte Funktion 58
Lagerumschlagshäufigkeit 55, 60
Lagerwirtschaft, Datenbankfunktion einsetzen 120
Lagerzinsen 55, 60
Laufzeit, Darlehen 231
Leasing, Musterlösung 76
Legende, Diagramm 147
Lieferantenkredit, Skonto, Vorteil ermitteln 44
Liniendiagramm 132
–, Punktmarkierung 147
–, Umsatzprognose 132
Liquidität 1., 2. und 3. Grad 54, 60
–, benutzerdefinierte Funktion 59
–, Insolvenz vermeiden 213
–, Kennzahlen 54
–, planen und sichern 213
Liquiditätssteuerung 212
–, Investitionen planen 215
–, Liquiditätssteuerung 215
–, Musterlösung 212
–, Privatentnahme 214
–, Rückstellungen bilden 214
–, Zahlungsfähigkeit 212
Liste, Aufbau 100
–, Datenbankfunktionen einsetzen 114
–, Excel 2003 106
–, markieren 103
–, Navigation 103
Listenautomatik, Excel 2003 106
Logo, in Diagramm einfügen 149

M

Mahnstatus, aktuell halten 266
Mahnung 266
Makro, aufzeichnen per Recorder 354
–, mit VBA-Editor bearbeiten 356
–, Module bearbeiten 356
–, Schaltflächenaufruf 358
–, VBA-Datenbank 369
Makrobefehl, Elementgruppen 363
Makrocode, Variablen verwenden 363
Makrorecorder 353
Makrosprache s. Visual Basic for Applications (VBA)
Marketingplaner, Werbemittel 249
–, Anpassungsarbeiten 256
–, Budgetübersicht 251
–, Kostenübersicht 255
–, Musterlösung 248
–, Zeit-/Kostenplan 252
–, Zeitübersicht 255
–, Ziele 248
Markieren, Tastaturkürzel 383
Massendaten verwalten 99
Materialkosten, Kalkulation 208
Matrixfunktion 240
Mehrwertsteueranteil, Kalkulation 205
Meilenstein, Projektmanagement 316
–, Projektkalkulation 334
Mindestlagermenge 102
Mindestverzinsung, Investitionsrechnung 66
Mini-Job, Musterlösung 201
Mischkosten, Deckungsbeitragsrechnung 277
Modul s. Makro
Monatsletzter, ermitteln 173
Musterlösung
–, ABC-Analyse 238
–, Abschreibungsrechner 234
–, Angebotsübersicht 271
–, Arbeitszeitplanung und -erfassung 177
–, Auftragskontrolle 257
–, Balanced Scorecard 284
–, Berichtswesen 165
–, Beschwerdemanagement 273
–, Budgetkontrolle 220
–, Businessplan 309
–, Cash Flow 53
–, Copyright-Schutz 123
–, Darlehensrechner 229
–, Deckungsbeitragsrechnung 276
–, Finanzierungsvergleich 76
–, Forderungsverwaltung 260
–, GuV und Bilanzanalyse 311
–, Investitionsrechnung 61

–, IT-Projektcontrolling 325
–, Kalkulationsschema 36
–, Kennzahlen 53
–, Konkurrenzanalyse 272
–, Leasing 76
–, Liquiditätssteuerung 212
–, Marketingplaner 248
–, Mini-Jobs abrechnen 201
–, Personalauswahl 202
–, Preiskalkulation 205
–, Projektkalkulation 333
–, Projektmanagement 314
–, Projektplaner 348
–, Rating (Basel II) 303
–, Risikomanagement 292
–, Stundenverrechnungssatz 310
–, Unternehmens-Cockpit 166
–, Urlaubsplaner 191
–, UserForm-Toolbox 376
–, VBA-Beispiel-Datenbank 369

N

Name s. Rechnen
Namen, definieren 156
Navigation, Datenbank 103
–, Liste 103
–, per Hyperlink 221
–, Tastaturkürzel 383
–, Tastenkombination 103
–, Zellzeiger 103
Negativwert, rot darstellen 186
Nettolistenpreis s. Kalkulation 205
Nullwert, unterdrücken 210

O

Objekt s. Programmierung
Operator 21
–, Liste der wichtigsten Operatoren 22
–, s. a. Rechnen
Outlook, VBA-Bibliothek aktivieren 323

P

Passwort knacken 113
Passwortabfrage, VBA-Makro 379
Pause s. Arbeitszeit
Personalauswahl, Musterlösung 202
Personalkostenplanung, Praxisbeispiel 346
Personalplanung, Musterlösung 202
Pivot-Diagramm 97
Pivot-Symbolleiste 91
Pivot-Tabelle 88
–, AutoFormat 95
–, Differenz berechnen 93
–, Einsatzmöglichkeiten 88

–, formatieren 95
–, Seitenfelder einsetzen 92
–, Struktur festlegen 91
Pivot-Tabellenbericht 101
Pivot-Tabellendaten, weiter verrechnen 96
PivotChart 98
–, nachträglich erstellen 98
PivotChartAssistent, aktivieren 89
PivotTable, aktivieren 89
Plandaten, Budgetkontrolle 226
Planspiel, Szenario-Manager 337
Planwert, zeitlich zuordnen 326
Platzhalter, Variable 363
Praxisbeispiel
–, Artikelliste 99
–, Datenbank 101
–, Darlehensrückzahlung 345
–, Deckungsbeitrag berechnen 346
–, Fälligkeitstermine 171
–, Formeln & Funktionen 114
–, Kostenanalyse 148
–, Lagerwirtschaft 120
–, makrogesteuerter Projekbericht 352
–, Makrolösungen 369
–, Mindestangebot ermitteln 120
–, Personalkostenplanung 346
–, Szenario-Manager 337
–, Tilgungsplan 51
–, Umsatzdaten auswerten 116, 127
–, Was-wäre-wenn-Analyse 337
–, Werbemaßnahmen auswerten 121
Preiskalkulation, Musterlösung 205
Privatentnahme, Liquiditätssteuerung 214
Produktion, Termine berechnen 171
Programmierung, objektorientiert
  (VBA) 359
Projekt, Arbeitstage ermitteln 171
–, Planwerte zuordnen 326
Projekt-Explorer 356
Projektbericht, makrogesteuert, Praxisbeispiel 352
Projektkalkulation, Musterlösung 333
–, Meilenstein definieren 334
Projektmanagement, Musterlösung 314
–, Aufgabenbericht per E-Mail senden 322
–, Dauer berechnen 320
–, Gantt-Diagramm für Projektverlauf 321
–, Meilenstein 316
–, Ressourcen planen 317
–, Termine planen 319
–, Vorgänge gruppieren 316
–, Vorgangsliste filtern 321
–, Ziele festlegen 315
Projektplan, Outlook und Excel 314
Projektplaner, Musterlösung 348

Prozentrechnung 32
–, Grundwert berechnen 34
–, Grundwert, auf Hundert 35
–, Grundwert, im Hundert 35
–, Grundwert, vermehrt 35
–, Grundwert, vermindert 35
–, Kundenrabatt 38
–, Vertreterprovision 37
–, Zinsen berechnen 39
Prozentsatz, berechnen 33
Prozentwert, ermitteln 32

R

Rabatt 205
–, berechnen 264
–, s. a. Kalkulation
Rangfolgevergleich, Diagramm 140
Ratenkredit 229
Rating, Basel II, Bonitätsbeurteilung 303
–, Musterlösung Rating 303
–, Basel II, professionelles Berichtswesen 165
–, Risikomanagement 293
–, Teilrating Chancen-Risiko-Analyse 307
–, Teilrating qualitativ 306
–, Teilrating quantitativ 304
–, Vermögenslage beurteilen 304
Rechnen 20
–, mit Formeln 20
–, mit Namen 29
–, mit Operatoren 21
Rechnungstext, individuell anlegen 262
Reklamationsquote 259
Rendite, interner Zins 66
Rentabilität, Kennzahlen 53
Rentabilitätsrechnung 62
Ressource, Projektmanagement 317
Restschuld, Zinsrechnung 51
Risiko-Chancen-Analyse, Teilrating Basel II 307
Risikoanalyse 295
Risikofaktor, ermitteln 297
Risikomanagement
–, Basel II 293
–, Checklisten 299
–, Konkurrenzanalyse 300
–, Musterlösung 292
–, Reporting 296
Rubrikenbeschriftung anordnen 142
Rückstellung, Liquiditätssteuerung 214
Rundungsdifferenz, ausgleichen 211

S

Saldo, Negativwert rot färben 186
Säulendiagramm, erstellen 127

–, neu anordnen 144
Schaltfläche, Objekte markieren 159
Schutz, Arbeitsmappe 108
–, Passwort knacken 113
–, Tabellenblatt 109
Selbstkosten s. Kalkulation 206
Sensitivitätsanalyse 336
Shortcut s. Tastaturkürzel
–, s. Tastenkombination
Skalierung, Diagramm 134
Skonto 44
–, auswählen 263
Soll/Ist-Vergleich, Feed-Forward-Sicht 298
–, IT-Projekt 327
Soll/Ist-Zahlen, Budgetkontrolle 220
Solver, Gleichungen 281
Sortieren nach mehreren Spalten 105
Spalte, einfügen 256
Sparplan, Musterlösung 236
Sparrate, monatliche 52
Spezialfilter, Abfragen verknüpfen 78
Stammdaten, anlegen 262
Standarddiagramm, definieren 150
Stärken-Schwächen-Profil 300
Steuerelement, formatieren 160
Strategieentwicklung, Balanced Scorecard 286
String s. Variablentyp
Strukturvergleich, Diagramm 139
Stunde, über 24 Stunden summieren 170
Stundensatz, variabel berechnen 176
Stundenverrechnungssatz, Musterlösung 310
Summenbildung, Divisionsfehler umgehen 74
–, Datenbank und Listen 117
–, Fehlerquellen 28
Symbolleiste, Formular 158
–, Zeichnen 159
Szenario-Manager, Praxisbeispiel 337
–, Szenario bearbeiten 344
–, Szenario löschen 344
Szenariobericht 343

T

Tabelle 371
–, markieren 103
–, Schutz knacken 113
Tabellenblatt gliedern 85
–, schützen 109
Tabellenfunktion s. Funktion 173
Tagessaldo, Arbeitszeit 185
Tageszinsen, Zinsrechnung 39
Tastaturkürzel, Excel-Befehle 382

–, zum Formatieren 383
–, zum Markieren 383
–, zum Navigieren 383
Tastenkombination, Liste markieren 103
–, Navigation 103
Teilergebnis, Funktion, Einsatzmöglichkeiten 84
Teilrating, Rating 304
Termin 319
–, Fälligkeit berechnen 173
–, Projektmanagement 319
Text, in Datumsformat umwandeln 172
Tilgung, anfängliche 231
–, Zinseszinsrechnung 39
Tilgungsplan, Darlehensrechner 232
–, Praxisbeispiel 51
Tilgungsrate, feste 230
Trendlinie, berechnen 132

U

Überstunden, Arbeitszeit 177
Umsatz 116
–, Diagramm erstellen 127
–, Vertriebsdaten auswerten 116
Umsatz-Rentabilität 54, 60
Umsatzanalyse, Säulendiagramm 141
Umsatzbericht, nach PowerPoint exportieren 135
Umsatzdaten, Kundenstrukturanalyse 238
Umsatzprognose, Liniendiagramm 132
Umsatzübersicht, Diagramm 127
Umschlag, Kennzahlen 55
Unternehmens-Cockpit, Musterlösung 166
Unternehmensplanung, Was-wäre-wenn-Analyse 337
Urlaubsplaner, Diagrammfunktionen, dynamisch 195
–, Druckroutine 198
–, Musterlösung 191
UserForm 365
UserForm-Toolbox 376

V

Variable, Makrocode mit Platzhaltern 363
Variablentyp, Integer 363
–, String 363
VBA s. Visual Basic for Applications (VBA) 352
VBA-Projekt, Dialogfenster einbinden 378
Vermögenslage s. Rating 304
Vertreterprovision s. Prozentrechnung 37
Vertrieb, Umsatz ermitteln 116
Vertriebsgemeinkosten, Kalkulation 210
Verwaltungsgemeinkosten, Kalkulation 210

Verzugszinsen 267
Videobild, in Diagramm einfügen 149
Visual Basic for Applications (VBA) 352
–, Arbeitsmappenprogrammierung 373
–, Beispieldatenbank 369
–, Makros anlegen 369
–, Objektbibliothek aktivieren 323
–, Praxisübung, Makroprogrammierung 352
–, Tabellenprogrammierung 371
–, Zeilen- und Spaltenprogrammierung 370
–, Zellenprogrammierung 369
Visual Basic-Editor 355
Vorgang, Dauer berechnen 320
Vorlage, Standarddiagramm erstellen 150

W

Warenhandelskalkulation 204
Was-wäre-wenn-Analyse, Praxisbeispiel 337
Werbung, Erfolgsquote ermitteln 121
Werkzeugsammlung
–, auf Verzeichnisstruktur per Dialog zugreifen 379
–, Bildergalerie mit Drehfeld 379
–, Datumswerte per Klick verändern 379
–, Dialogfenster 376
–, Passwortabfrage 379
–, UserForm-Toolbox 376
Wochenende, hervorheben 173
–, ermitteln und kennzeichnen 192
Wochentag, anzeigen 180

Z

Zahlenformat, benutzerdefiniert 263
Zahlungsfähigkeit, Liquiditätssteuerung 212
Zahlungsperiode, Darlehen 231
Zahlungsschwierigkeit, Auswirkungen 212
Zahlungsziel, individuelles 262
Zeichnen, Symbolleiste 159
Zeit, Ziffernblockeingabe 173
Zeiterfassung s. Arbeitszeit
Zeitfunktionen 27
Zeitkonto, Arbeitszeit 177
Zeitreihenvergleich, Diagramm 140
Zeitwert, interpretieren 168
–, über 24 Stunden 187
Zeitzählung, Optionen 169
Zellbezug, absolut 23
–, relativ 23
Zellendropdown, einrichten 253
–, erstellen 118
Zellzeiger 103
Ziel, Projektmanagement 315
Zieleinkaufspreis, Kalkulation 206
Zins 39, 66

–, effektiven Zins berechnen 232
–, interner 66
Zinseszinsrechnung 45
–, Aufzinsung 45
–, Endwert 42
–, Funktion POTENZ 43
–, Funktion ZW 46
Zinsformel, allgemein 39
–, Monatszinsen 39
–, Tageszinsen 39
Zinsfuß 39, 66
Zinsrechnung 26, 39
–, allgemeine Zinsformel 39
–, Barwert, Zahlungszeitpunkte vergleichen 49
–, Damnum 43
–, Effektivzins berechnen 43
–, Endwert 47
–, Funktion ZINSZ 40
–, Funktionen 47
–, Kalkulationszinsfuß 49
–, Kapital verzinsen 39
–, Kreditsumme 42
–, Laufzeit 42
–, Monatszinsen berechnen 52
–, periodische Geldanlage verzinsen 47
–, Restschuld 50
–, Tageszinsen berechnen 39
–, Tilgung 50
Zinssatz, Darlehen 231
Zinssatzmethode, interne 64
Zirkelbezug 71
–, aufspüren 72
–, beabsichtigt 72
–, irrtümlich 71
–, iterative Berechnung 72
Zusatzprogramm, Solver 281
Zuschlagskalkulation 36, 204
–, eigene Erzeugnisse 208
Zwischenergebnis, Formelauswertung 69